W0386812

ULRICH VON
WILAMOWITZ-MOELLENDORFF

DER GLAUBE DER HELLENEN

ERSTER BAND

1984
WISSENSCHAFTLICHE BUCHGESELLSCHAFT
DARMSTADT

Unveränderter reprografischer Nachdruck der zweiten, unveränderten Auflage
1955

CIP-Kurztitelaufnahme der Deutschen Bibliothek

Wilamowitz-Moellendorff, Ulrich von:
Der Glaube der Hellenen / Ulrich von Wilamowitz-Moellendorff. – Nachdr. – Darmstadt: Wissenschaftliche Buchgesellschaft
ISBN 3-534-00646-1
Bd. 1 – Unveränd. reprograf. Nachdr. d. 2., unveränd. Aufl. 1955. – 1984.

2345

Bestellnummer 0646-1

Druck und Einband: Wissenschaftliche Buchgesellschaft, Darmstadt
Printed in Germany

ISBN 3-534-00646-1

VORWORT

Eine Vorrede kann ich erst dem vollendeten Werke beigeben, ebenso die hier unentbehrlichen Register und Nachträge. Die folgende kurze Inhaltsübersicht wird wenigstens etwas orientieren. Aber dem Mangel kann ich nicht abhelfen, daß aus diesem Bande noch gar nicht klar wird, was das Ganze leisten will. Und doch mag ich hier nicht mehr darüber sagen, als sich aus den Überschriften der drei folgenden Abschnitte entnehmen läßt: Panhellenische Götter, Weltgeltung und Verfall des Hellenentums, Restauration und Untergang. Wenn mir Gott die Kraft dazu erhält, darf ich hoffen, daß der Schlußband in Jahresfrist erscheinen kann. Bis dahin wird sich ein Urteil über das Erschienene nicht abgeben lassen.

Nur eins muß ich gleich aussprechen. Wenn der Druck und die zahlreichen Zitate hier eine in meinen Büchern ungewöhnliche Korrektheit zeigen, so hat das die stetige Hilfe meines Schülers und Freundes Günther Klaffenbach erreicht.

Westend, Ostern 1931.

ÜBERSICHT DES INHALTS

GOTT UND GÖTTER

Die Götter der Hellenen pflegen so behandelt zu werden, als wären sie feste Gestalten gewesen, von Homer und Hesiod bis zu Nonnos, in Theben und Milet, in Athen und Antiocheia, Komana und Massalia ziemlich dieselben. Die Belege werden aus allen Zeiten und allen Orten unter den Götternamen zusammengetragen, und man erfährt dann staunend, wie vielseitig das Wirken der einzelnen Götter gewesen ist. Daneben geht eine Deutung der Götter, die je nach der Mode wechselt; eine Weile waren sie Sonne, Mond, Wasser und Wind, dann war das Chthonische beliebt, jetzt ist es der Vegetationsgott. Aber die Götter leben im Glauben. Glaube hat sie erzeugt, in ihm und durch ihn wandeln sie sich, sterben mit ihm, können aber als schöne Schatten fortleben. Das bezweifelt niemand, aber die Folgerung wird selten gezogen, Glaube und Mythos noch seltener geschieden. Ich mache den Versuch, das Werden, die Wandlungen und das Übergehen aus dem Glauben in den Mythos und das Schwinden dieses Glaubens, während der Kultus bleibt, durch die Jahrhunderte an den Göttern der Hellenen, aber nur an diesen zu verfolgen.

Als das Christentum Staatsreligion geworden war, hat es in dem griechischen Osten die hellenischen, semitischen, ägyptischen Götter nicht nur aus ihrem Besitze vertrieben, sondern ihr Gedächtnis so vollkommen ausgerottet, daß nicht einmal die Wochentage ihre alten Namen behielten, weil sie von den Planetengöttern stammten, obwohl die Astrologie sich nicht ausrotten ließ, sondern zu der Wissenschaft gehörte, welche die Araber übernahmen. Selbst als böse Dämonen brauchten die alten Götter kaum noch bekämpft zu werden; die Mönche der Wüste hatten mit den Teufeln der Sinnenlust heftig zu kämpfen, aber Aphrodite war nicht mehr die Versucherin, wie sie es einst für Antisthenes gewesen war[1], Frau Venus für Tannhäuser werden sollte. Der Grund des vollkommenen Sieges über die alten göttlichen Personen war natürlich, daß sie längst aus dem lebendigen Glauben verschwunden waren. Wohl erbten die vergöttlichten Personen des neuen Glaubens die altgeheiligten Stätten, zogen manchmal in die alten Gotteshäuser ein, aber kaum je steckt in diesen Personen der alte Inhaber. Wenn z. B. die Inkubation fortgeübt ward, so war darum Asklepios in den neuen Wundertätern nicht mehr vorhanden. Was von den alten Gestalten und Namen sich im Volksglauben erhielt, war wenig und enthielt Züge, die mindestens mit der literarisch verbreiteten Vorstellung nicht stimmen, Charos ist der Tod, die Nereiden sind nicht die harmlos spielenden Töchter des Meeres[2]. Die Sitte behielt manches; im inneren Syrien ißt man auch heute noch keine Fische; namentlich der Dienst der Toten behielt dauernd sehr viel von dem Alten bei. Vieles übernahm der Kultus; das Weihwasser an der Türe des Heiligtumes stammt zwar nicht aus althellenischem, aber doch später weit verbreitetem Gebrauche; die bauliche Anlage der griechischen Altarfront ist von der Bühnenfront entlehnt. Aber alles war ganz verchristlicht. In den Gedichten der Schule von Gaza spielen die mythologischen Namen noch dieselbe Rolle wie etwa bei Claudian und seinen Nachfolgern; das verschwindet dann, soviel ich weiß. In der bildenden Kunst behalten Elementarwesen noch lange die überlieferte Menschengestalt, aber nur weil man in ihr nichts Göttliches empfand[3]. Dann erstarb auch das. Byzanz erhielt die alte Literatur und mit ihr die Tradition der alten Bildung; aber für das Volk war hellenisch soviel wie heidnisch.

Die römische Kirche ist anders verfahren. Namentlich in den oberflächlich romanisierten Landschaften war der Glaube an die alten Götter noch stark, auch wenn sie römisch umgenannt waren, und erst recht galt das für die Germanen, zu denen die Missionare

[1] *τὴν Ἀφροδίτην κἂν κατατοξεύσαιμι, εἰ λάβοιμι*, bei Clemens Str. II 485 P.

[2] Ich habe einmal gelesen, daß auf Keos ein heiliger Artemitos als Geburtshelfer angerufen würde, den man von Artemis nicht leicht trennen kann. Es klingt sehr bedenklich.

[3] Wenn auf dem bekannten Bild aus dem Pariser Psalter ein bukolischer David die Vermutung nahelegt, daß eine Illustration zu Theokrit zugrunde liegt, so ist die Muse durch die Beischrift *μελωδία* des Heidentums entkleidet.

zogen. Da ging der neue Glaube mit rücksichtsloser Gewalt vor, aber er konnte die feindlichen Götter nicht für wesenlose Erfindungen erklären. So blieben sie mächtig, taten Wunder und griffen weiter in das Menschenleben ein; sie waren nur Abgötter geworden, gegen die sich zu wehren die Kirche mit ihrem kräftigeren Zauber half. Dämonen hatte ja Christus selbst in die Säue gejagt. Ganz anders stand es mit den römischen Götternamen, die jeder, der die Kirchensprache lernte, in den Dichtern fand; die Schule setzte ja die alte grammatisch-rhetorische Praxis fort. Diese Götter waren unter lateinischem Namen die Personen der griechischen Poesie, waren überwiegend wirklich kaum mehr als Metonymien. *Sine Cerere et Baccho friget Venus* bedeutete nicht mehr, als daß Hunger und Durst sich mit der Liebe schlecht verträgt, und das stand schon bei Terenz. Diese Götter gingen die Religion in der Tat nichts mehr an. So durften die Namen in der lateinischen Schulpoesie weiter erscheinen, die sich im Laufe der Jahrhunderte immer mehr ausbreitete, allerdings auch stark verweltlichte, zumal als Ovid nicht weniger als Vergil nachgeahmt ward. Die Götter- und Heldengeschichten waren ein Fabelstoff wie andere mehr, zwischen beiden kein Unterschied. Man empfand das Bedürfnis, sich kurz über den Zusammenhang der Personen und Geschichten zu unterrichten; so entstand die Schrift des Albericus, dann die genealogia deorum von Boccaccio; da hatte die Renaissance der lateinischen Literatur begonnen, die durch Poeten und Schulmeister bald in die weitesten Kreise drang. Allmählich beginnt auch die Malerei mythologische Figuren und Geschichten darzustellen, zunächst ohne Rücksicht auf die Reste der antiken Kunst, dann wirkt auch diese ein. So kommt es, daß in den Jahrhunderten des Barock und Rokoko, die wir wohl die romanischen Jahrhunderte nennen können, weder die Dichtung noch die Malerei ohne Kenntnis der Mythologie verständlich ist. Das gilt für das strengkatholische Spanien ebenso wie für Schweden, wo sich die lateinischen Namen in den urwüchsigen Liedern Bellmans seltsam genug ausnehmen, zumal nordische Götternamen, den antiken geglichen, daneben stehen. Kein Wunder, daß Mythologie ein Lehrgegenstand der Schule war, ungefährlich, denn an Religion dachte dabei niemand, weder an Götter noch an Teufel. Nur griff man gern nach dem Stoffe, der nicht nur nackte Leiber, sondern auch laszive Szenen darbot; Ehrfurcht erheischte er nicht. Sowohl Michel Angelo wie Velazquez gaben in Bacchus einen Trunkenbold, Correggio malte Symplegmen, die sich kein Hellene erlaubt hat. Venus war für alle nur eine Aktfigur.

Die griechische Poesie lag diesen Jahrhunderten ganz fern. Das änderte sich erst, als der germanische Geist in England und Deutschland zu wirken begann und zu einem allgemeinen Stilwandel führte. Es war bezeichnend, daß die Homerübersetzer die griechischen Götternamen beibehielten (nur Zevs hatte man sich früher erlaubt, weil es so kurz wie das englische Jove war), aber zunächst blieb das äußerlich. Goethe hat den Unterschied niemals begriffen, gewöhnte sich nur die Metonymien ab; der Mond hieß nicht mehr Luna. Immer noch war die Götterwelt Fabelwelt: da glaubte Mörike sich eine andere ausdenken zu dürfen. Es ist vorwiegend ein Erfolg der Wissenschaft, daß Aphrodite und Eros den leidlich Gebildeten mehr sind als Venus und Amor, Dionysos kein Bacchus mehr ist. Aber die Entdeckung echtgriechischer Götterbilder hat auch dazu beigetragen. Die medizeische und auch die melische Venus können so heißen, aber die Athena des Myron und den Hermes des Praxiteles kann niemand Minerva und Mercur nennen. Es ist schon recht ungebildet, wenn eine nackte Läuferin Diana benannt wird: Artemis wäre undenkbar, fast blasphemisch. In diesem Falle ist der Anschluß an die antike Formensprache aufgegeben, wodurch die Benennung ganz sinnlos wird. Andererseits wirkt sie am unrechten Orte nach, wenn die ganz gestaltlosen nordischen Götter dargestellt werden sollen. Schließlich leben manche hellenischen Erfindungen unvergänglich. Die Nymphe bleibt, auch wenn sie passend Quelle genannt wird, und der Deutsche wird nicht aufhören, gegen seine Sprache die Liebe männlich und den Sieg weiblich zu bilden. Das Werk des alten Archermos wirkt über Rauch hinaus und wird weiter wirken.

Selbst wenn die Gestaltenfülle dieser Mythologie nichts wäre als ein Erzeugnis dichterischer und künstlerischer Phantasie, müßte man sie auf das höchste bewundern; sie würde auch noch wirksam sein, wenn ihr Ursprung völlig vergessen würde. Aber so viel auch die Erfindungsgabe von Dichtern und Künstlern in Ernst und Spiel hinzugetan hat, der Ursprung liegt doch in der Religion der Hellenen; nur weil diese Götter und Heroen einmal im ernsten Glauben lebendig gewesen sind, haben sie auch als Gebilde einer scheinbar frei spielenden Phantasie ihre Lebenskraft nicht verloren. Daher verlangen wir bis in jene Zeiten vorzudringen und die Götter so zu sehen, wie sie der echte Glaube gesehen hat, womöglich, wie dieser Glaube in den Herzen der Menschen erwachsen ist. Dann gilt es nicht Mythologie, sondern Religion zu begreifen.

Der Weg zu diesem Ziel war schwer zu finden, denn die große Masse der griechischen und alle lateinischen Schriften stammen aus Zeiten, in denen die Religion nur noch äußerlich an den göttlichen Personen hing und Mythologie den Glauben an sie überwuchert hatte, selbst Homer, der doch der älteste Zeuge war scheint auf den ersten Blick die Götterwelt schon ganz so wie Vergil oder Goethes Achilleis in freiem Spiele zu verwenden. Und was Winckelmann und noch die nächsten Generationen in den römischen Museen vor sich hatten, stammte auch fast alles erst aus den Zeiten einer nicht mehr wirklich religiösen Kunst. Der Apoll von Belvedere, dem Winckelmann seinen Hymnus widmete, die Zeusmaske von Otricoli und gar die Iuno Ludovisi, die Goethe in seinem Hause aufstellte, können höchstens mit Werken wie der Sixtina Raffaels und der Assunta Tizians verglichen werden, an denen die Kunst mehr Anteil hat als die Religion. Aber damals hatte man auch noch kein Auge für die finstere Erhabenheit des Pantokrator und die jede Zutraulichkeit abwehrende Theotokos der Byzantiner, ja nicht einmal für die jungfräuliche Gottesmutter der Florentiner in ihrer Seligkeit, dem himmlischen Kinde zu dienen, oder für ihren Mutterschmerz, wenn sie die Leiche des Sohnes auf den Knien hält, wie sie zuerst die Deutschen gebildet haben. Mag der Künstler noch so unbeholfen sein, wer Religion mitzuempfinden weiß, wird sie bei ihm finden. So ist es auch bei den Hellenen. Wer in der Kapitolinischen Venus die Aphrodite Sapphos sieht, profaniert auch diese. In der Berliner hocharchaischen Göttin solonischer Zeit spürt jetzt jeder unverbildete Betrachter das Göttliche; der Name ist ganz gleichgültig. Wir haben anders sehen gelernt als Winckelmann und Goethe; dem entspricht es, daß wir auch fähig sind, der alten echten Religion nachzuempfinden.

Es hatte sehr lange gedauert, bis die Bindung durch die christlichen Kirchen so weit gelockert war, daß die alten Götter nicht nur als teuflische Dämonen oder leere Erfindungen von Priestern, Staatsmännern, Dichtern genommen wurden, wozu auch die antike Aufklärung, wie man sie bei Cicero fand, verführen konnte. Aber der Fortschritt des Rationalismus lag nur darin, daß der antike Glaube nicht mehr bloß heidnische Blindheit war, sondern überall eine „natürliche" Religion zugrunde liegen sollte, geradezu ein Monotheismus. Wie aus diesem die Vielheit der Olympier geworden war, das blieb unerklärt, oder man griff auf die antiken Erklärungen zurück. Es war auch nur ein anderer Rationalismus, wenn alle antiken Religionen auf eine orientalische Urweisheit zurückgeführt wurden, nur daß diese auch als göttliche Offenbarung gefaßt werden konnte, so daß man sich bei den Phantasmen der späten Neuplatoniker besonders wohl fühlte. Es ist bezeichnend, daß G. Hermann, der Rationalist, und Creuzer sich gar nicht schlecht verstanden und Goethe eben darum bei der Mythologie blieb, weil er mit beiden in Beziehung stand[1], aber gegen Welcker eingenommen war. Von dem Glauben an einen primitiven Monotheismus, wie er dem rationalistischen Deismus erwünscht war, hat sich Welcker niemals ganz frei gemacht, obwohl W. v. Humboldt, den keine jüdischen oder christlichen Dogmen, auch keine philosophische Schule band, es ihm verwies. „Ich kann mich nicht davon überzeugen, daß gerade die rohe Idee Eines Gottes die ursprüngliche Idee der Menschheit gewesen und nur nachher verdunkelt und verloren gegangen sei. Da jedoch die wahre Religion ursprünglich allerdings in der menschlichen Natur selbst liegt, wenn auch ihre Idee nicht immer an den Tag kommt, so kann auch ohne Mitteilung bei allen Völkern und zu allen Zeiten ein Schimmer der ewigen Wahrheit sein und muß es sogar"[2]. Damit war ein Gedanke ausgesprochen, dessen tiefe Wahrheit freilich nicht aus geschichtlicher Forschung, sondern aus dem religiösen Gefühle Humboldts stammt. Welcker hatte in Rom im Umgange mit ihm und dem genialen Zoega, der ihm auch von Vicos Gedanken mitteilte, die entscheidenden Anschauungen gewonnen, durch die er einer der Begründer der wahren Altertumswissenschaft geworden ist; er trug ein Gesamtbild des hellenischen Lebens in der Seele, in dem Poesie und bildende Kunst zu der Seele des Volkes, also auch zu seiner Religion führte. So ernst hatte sie noch niemand genommen, es sei denn Philipp Buttmann, der Begründer der griechischen Grammatik, von dessen tiefem Verständnisse für den religiösen Gehalt der Mythologie einige wenige Aufsätze Zeugnis legen. Aber Welcker trug seine Lehren lange nur mündlich vor,

[1] Der Verbindung mit Creuzer entstammen die herrlichen „Urworte orphisch", deren Herrlichkeit aber ganz und gar goethisch, am allerwenigsten orphisch ist.

[2] Briefe an Welcker 72.

so daß ihm Otfried Müller mit den Prolegomena zu einer wissenschaftlichen Mythologie zuvorkam. Da redete der Historiker, der mit der Sonderbehandlung der griechischen Stämme das Tor zu einer Geschichte des alten Hellas geöffnet hatte, was für ihre Götter noch mehr bedeutete, als er selbst erreichen konnte. Dem religiösen Fühlen und Denken geht das Buch noch wenig nach. Es war ein Unglück, daß Welcker erst als Greis zum Abschluß seiner Götterlehre kam, so daß sie nicht die verdiente Beachtung fand. Mittlerweile hatten die Philologen um Hermann und Boeckh diese Forschungen vernachlässigt, und im Gefolge der vergleichenden Sprachforschung war eine vergleichende Mythologie aufgekommen, deutete die Götternamen und Göttermythen mit einem ephemeren, aber sehr starken Erfolge aus dem Indischen und endete mit einer Auflösung der Mythologie in Meteorologie, auch dies wieder ein Rückfall in die Spekulation eines ionischen Sophisten. Besondere Mondmythologen, auf germanischem Gebiete besonders auch Sonnenmythologen, fehlten nicht. Überwiegend herrschen diese Deutungen in dem sonst mit Recht einflußreichen Buche L. Prellers, dessen Stoffsammlungen durch spätere Bearbeiter vermehrt, von höchstem Werte sind; nach dieser Seite ist weiter Bedeutendes geleistet. Unleugbar war ein großer Fortschritt erzielt, aber freilich war es noch wesentlich Mythologie. Denn vorwiegend ward die Deutung der Götter in den Mythen gesucht, gleich als ob ein Gott sich wie ein Heros oder ein Heiliger die Göttlichkeit durch Taten oder Leiden verdienen müßte, während ein Gott vorhanden sein muß, ehe man ihm Eltern gibt und Einzelgeschichten von ihm erfindet. Der Glaube konstatiert nur das Vorhandensein des Gottes.

Der Kultus, also die Form der gemeinsamen Verehrung der Götter, konnte erst mit Aussicht auf Erfolg untersucht werden, als bildliche Zeugnisse in großer Zahl entdeckt wurden, vollends als bedeutende heilige Stätten im ganzen wieder ans Licht kamen. Wichtiger als tausend Einzelheiten des Opferrituals und der Zeremonien, der *δρώμενα* und *δεικνύμενα*, auch als die Äußerungen privater Magie, die zum Aberglauben gehört, ist es, daß hier die Religionsübung Sache der Gemeinde, oft des ganzen Volkes ist. Dies ist ein notwendiges Komplement dazu, daß die Götterlehre von dem verehrten Wesen ausgeht. Die Gläubigen oder doch die Teilnehmer am Gottesdienste müssen auch betrachtet werden, denn ein Gott gewinnt erst dann seine vollkommene persönliche

Göttlichkeit, wenn eine Gemeinde ihn verehrt. Lange können sich Formen seines Dienstes erhalten, obgleich sie leer geworden sind; aber vieles wird allmählich abgestoßen, auch mancher einst hoch verehrte Gott ganz vergessen.

Das Menschenleben selbst führt immer und überall zur Feier bestimmter Phasen, Geburt, Mannbarkeit, Hochzeit, Tod, ebenso der Wechsel der Jahreszeiten und der durch sie bedingten Hauptarbeiten, Saat und Ernte vor allem. Das fordert Heiligung, so daß die religiösen Gefühle im wesentlichen dieselben bleiben, wie immer sie sich ausdrücken, und die Götter, an welche sich Bitte und Dank richten, wechseln können, ohne daß es für die Religion und selbst den Festbrauch viel ausmacht. Namentlich Mannhardt ist nach dieser Seite ein Führer geworden. Nur soll man nicht verlangen, daß dieselben Punkte des jährlichen Zeitenwechsels und der jährlichen Arbeit überall geheiligt werden müßten, noch daß die Formen der Heiligung notwendig übereinstimmten.

In den letzten Jahrzehnten ist Religionsgeschichte zu einer besonderen Disziplin ausgewachsen, für die in Deutschland sogar Stellen in der Theologischen Fakultät geschaffen sind; an der Arbeit sind aber Gelehrte vieler Völker beteiligt. Schon in der Mitarbeit von Theologen zeigt sich, daß die Entstehung des Gottesglaubens und seine weitere Geschichte über die ganze Erde hin verfolgt wird und alle Offenbarungs- und Buchreligionen mit hineingezogen sind. Der Anstoß, den Glauben und die Gebräuche der auf tiefster Stufe beharrenden Völker heranzuziehen, ist von England gekommen; daß alle Menschen einmal auf derselben Stufe gestanden haben, ist als Axiom anerkannt, so grundfalsch dieses Axiom ist, und an seiner Anwendung auch auf die indogermanischen Völker wird besonders gearbeitet. Es kann schon imponieren, was aus der „Mythologie" geworden ist. Am imposantesten hat H. Usener in einem Aufsatze, der noch den Titel Mythologie trägt[1], das Programm dieser Disziplin formuliert. Die unvergleichliche Gelehrsamkeit, der Weitblick, vor allem das Ethos des Mannes, wissenschaftlich und religiös zugleich, hat ihn zu ihrem Haupte gemacht; die künstlerische Form seiner Schriften tut auch nicht wenig dazu. Es ist schon ein gewaltiger Fortschritt, daß die Verachtung auch des blindesten Heidentums, der errores profanarum religionum, überwunden ist, wie sich Firmicus Maternus

[1] Archiv für Religionsgeschichte VII.

ausdrückte, als er kaum den Glauben an die Astrologie abgelegt hatte. Wenn einer versucht, die griechische Religion möglichst katholisch zu machen, wie sie einmal in lutherische Beleuchtung gezogen worden ist, so kann das kaum noch eine Wirkung ausüben. Auch das ist überwunden, was ein berühmter „liberaler" Theologe einmal gesagt hat, Religion beginne mit dem Glauben an eine Offenbarung – wenn man nicht sagen will, daß der Mensch erst Mensch ward, als ihm in der Seele die Ahnung des Göttlichen aufging. Das testimonium animae, über das Tertullian in einer glücklichen Stunde geschrieben hat, ist freilich eine Offenbarung, aber die kommt von innen, nicht aus einem Buche. Bei den Religionshistorikern hat man allzuoft den Eindruck, als führte ihre Historie zur Aufhebung der Religion, zu dem alten Verse *primus in orbe deos fecit timor* und liefe der Gottesdienst auf Magie hinaus, die schädigende Mächte abwehren, nützende in Dienst stellen wollte, oder auch als ob die Furcht vor den Toten den Keim der Religion bildete. Dann ist sie in jedem Falle ein Erzeugnis der „Urdummheit", ein Ausdruck von K. Th. Preuß, den Gilbert Murray in seinem geistreichen Buche *Four stages of Greek religion* aufgegriffen hat. Demgegenüber wird man vielleicht ein κρονόληρος scheinen, wenn man sich zu Humboldt bekennt und mit Welcker sagt, „daß sich auch in den rohesten Zeichen und Bräuchen, welche die Stelle der Religion vertreten, der Gottessinn der menschlichen Seele beweist". Was den Menschen einmal heilig gewesen ist, müssen wir als heilig annehmen, um es zu würdigen, was mit der schärfsten Abweisung des Aberglaubens vereinbar ist, denn der weiß, daß er das eigentlich nicht glauben und tun dürfte, dem er sich feige oder arglistig hingibt. Wie ich, als ich zuerst von einem Gotte handelte, ausgesprochen habe, man müsse an ihn glauben, um ihn zu verstehen, hat ganz ähnlich Frickenhaus auf hellenischem Boden empfunden, und ich setze gern seine Worte her „man kann nicht Religionshistoriker sein, ohne den Glauben an die alten Götter in seinem Herzen nachzuschaffen".

So warm wird man freilich nur für die großen Götter empfinden und erst von da aus auch den anderen ihr Recht werden lassen. Nur aus diesem herzlichen Gefühle heraus schreibe ich dieses Buch; ich meine, es ist an der Zeit, denn es ist auffallend, daß die modernen Religionshistoriker für die Olympier wenig übrig haben; sie scheinen wirklich den Verfall der Religion da anzusetzen, wo die historische Zeit anfängt, und ihr Interesse beginnt erst wieder, wenn die alte Religion in Verwesung ist und der wüste Aberglaube der Zauberpapyri sich an ihre Stelle drängt, der eben nicht Religion ist.

Das Axiom, alle Menschen sind gleich, dürfte gerade von der Naturwissenschaft umgestoßen oder doch berichtigt sein. Die Vererbung und die körperliche und geistige Veredlung bewirken, daß von einer Gleichheit der Menschen selbst innerhalb desselben Volkes nicht die Rede sein dürfte, wenn nicht die lügnerische politische Phrase zur Zeit herrschte, was die Wissenschaft nicht beirren darf. In einer Gesellschaftsordnung, einem Staate, der mit dem Axiom Ernst macht, wird nur eine andere Klassenherrschaft begründet, die der Masse, Ochlokratie, und es ist nur folgerichtig, wenn das eingestanden und durch die Vernichtung der höher gezüchteten Volksgenossen durchgeführt wird. Noch viel einleuchtender sollte es sein, daß für die verschiedenen Menschenrassen die Gleichheit des Geistes noch viel weniger denkbar ist wie notorisch für ihre Körper. Damit will ich prinzipiell gar nicht bestreiten, daß die Vorstellungen der Völker, die sich über die niedrigste Stufe des Menschentums nicht zu erheben vermocht haben, für die Embryologie der griechischen Religion etwas ausgeben können; aber diese hatte ihre Kinderjahre, Jahrhunderte hinter sich, als sie sich von dem indogermanischen Urvolke absonderte, hatte vorher Jahrhunderte in diesem gelebt, und bis zu dem Zustande des Menschen der Eiszeit waren wohl Jahrtausende. Da sollte doch einleuchten, daß die Hypothese der immer noch gleichen religiösen oder vorreligiösen Vorstellungen auf etwas sehr raschen Schlüssen beruht. Ich verstehe die Sprachen nicht, aus denen die zur Zeit beliebten Wörter, Tabu und Totem, Mana und Orenda, entlehnt sind, halte es aber auch für einen zulässigen Weg, mich an die Griechen zu halten und über Griechisches griechisch zu denken. Es dürfte doch auch hier so sein wie bei der Sprache, wo es doch eigentlich auf das Griechische ankommt, das wir lesen können, und erst dieses verhilft uns dazu, einigermaßen wie die Griechen zu denken und zu fühlen. Denn was ein Wort für die Griechen bedeutet hat, kann uns seine Etymologie nicht lehren, zu der uns die Sprachvergleichung oft verhilft. Überhaupt pflegt wichtiger zu sein, was ein Volk und auch ein Mensch Besonderes hat, als was allen gemeinsam ist, und es liegt eine tiefe Wahrheit in der Ansicht des Aristoteles von dem *πρότερον φύσει*, das ein anderes ist als das in der Erscheinung Frühere. Im ältesten Hellenentum lag der Keim der platonischen Gottheit. Wenn ich eine Theologie brauchen soll, so liegt mir die der griechischen Philosophen am nächsten, von der die Religionshistoriker selten Notiz nehmen, und wenn ich andere Religionen vergleichen soll, so sehe ich lieber auf die Nachbarn der Griechen, Semiten und Ägypter und lerne bei Wellhausen und Erman.

Useners Blick ist ebenso auf die Griechen gerichtet, deren Philosophie er beherrscht und deren Lebensäußerungen er wie kaum ein anderer überschaut; er späht in allen Zeiten, auch den christlichen, nach Überlebseln primitiver Denkart und hält sich für berechtigt, alle irgendwie ähnlichen Erscheinungen nach den Prinzipien auszudeuten, die er in der Vorrede seiner Götternamen angibt, religiöse Begriffsbildung, Personifikation, Metapher; ganz zuletzt kommt erst der Kultus. Da liegt alles im Bereiche des Verstandes, der immer klüger ist als der Mensch, der in seinem Herzen, oft auch mit seinen Augen, eines Gottes gewahr wird, weil er seine übermächtig wirkende Gegenwart fühlt. Hat denn Faust unrecht, wenn er sagt „Gefühl ist alles"? Zu einem Begriffe betet kein Mensch. Phantasie schafft die Gestalten der Götter; erst wenn sie da sind, besser wenn sie schwinden, kommt der Verstand und sucht Begriffe hinter ihnen. Von den römischen Sondergöttern, auf die Usener so viel Gewicht legte, sind nach der Kritik durch Otto und Wissowa immer noch einige Reihen übriggeblieben, die in gewissen Litaneien aufgeführt wurden, auch wohl priesterliche Opfer erhielten und ein jeglicher zu einem bestimmten Akte menschlicher Betätigung ihren Segen geben sollten. Darin liegt allerdings eine theologisch-juristische Begriffsspaltung, bei der man an den Juristenhimmel erinnert wird, wie ihn einmal R. v. Jhering mit ergötzlichem Spotte geschildert hat. Für die pontifikale Theologie ist das wichtig und damit auch für das römische Wesen in seinem Gegensatze zu den Hellenen, bei denen es nichts Ähnliches gibt, aber lebendige Götter sind Vervactor, Redarator, Imporcitor usw., Adolenda, Commolenda, Deferunda nicht geworden. Die Priester mochten ihnen opfern, für das Volk waren sie gar nicht vorhanden und für die Priester in Wahrheit auch keine Götter, denn der Verstand hatte sie geschaffen. Ganz anders steht es mit Aius Locutius; dessen Stimme ist einmal gehört, dafür erhält er einen Altar; damit wird er abgefunden sein, wenn er nicht wieder spricht. Der Chor des Euripides, Bakch. 585, erlebt ein Erdbeben, in dem ist Macht, ist ein Gott, den er *Ἔνοσι πότνια* anredet.

Damit wird die Ἔνοσις zu keinem Kultgotte, ist für den Chor nicht weiter vorhanden als sie wirkt. Wir werden sehr große Götter finden, die immer wirken, aber keinen Kult finden, weil sie nicht persönlich mit dem Menschen in Verbindung treten.

Religion, was ist sie? Alle modernen Sprachen sind genötigt, das fremde Wort zu brauchen; die Griechen müßten es heute eigentlich auch tun. Aber es ist nicht mehr die lateinische *religio*, so daß auf die Etymologie und den antiken Sprachgebrauch[1] nichts ankommt. Wir Deutschen können wohl Glauben sagen, und die Definition des Hebräerbriefes 11, 1 ist nicht übel πίστις ἐλπιζομένων ὑπόστασις, πραγμάτων ἔλεγχος οὐ βλεπομένων. Selbstverständlich müssen spezifisch christliche Nebentöne weder im Glauben noch in der Religion gehört werden. Schillers Erklärung, eben aus Religion sich zu keiner der bestehenden Religionen zu bekennen, führt auf den Gegensatz, der in seiner entscheidenden Bedeutung erfaßt werden muß und niemals vergessen werden darf. Religion ist einmal der ganz persönliche Glaube an das, was auf metaphysischem und moralischem Gebiete dem einzelnen als heilige Wahrheit gilt und sein Handeln bestimmt oder doch nach seinem eigenen Gefühle bestimmen soll. Es ist unwesentlich, ob er den Inhalt dieses Glaubens für absolute Wahrheit hält, denn er braucht keinen Kultus und macht keine Propaganda. Gerade wenn er denkfähig und frei genug ist, weiß er, daß jede Metaphysik, die sich einbildet, alle Welträtsel gelöst zu haben, mag sie sich Offenbarung oder Wissenschaft nennen, ihrer selbst spottet und der alte Xenophanes recht behält, δόκος ἐπὶ πᾶσι τέτυκται. Platon beweist seine Größe nicht zum mindesten darin, daß er die Grenze der wissenschaftlichen Erkenntnis nicht übersah und zur Poesie, zum Mythos griff, um darüber etwas zu sagen, was wirklichem Wissen unerreichbar ist. Dann tritt die πίστις[2] ein, die dadurch nicht an bindender Kraft verliert, daß sie objektiv auf Verbindlichkeit keinen Anspruch erheben kann. Mehr als solcher Glaube hat auch für Platon die Existenz der Götter und auch seines Gottes nicht begründet. Eine solche Religion hört nicht auf, wenn das Göttliche gar nicht mehr persönlich gefaßt wird; wir sind berechtigt, von Religion zu reden, wo immer der Mensch sich einer Idee, einer Sache opfert, weil sie

[1] F. W. Otto, Archiv für Religionswissenschaft XII 33.

[2] Gorgias 524 hinter dem Mythos ἀκηκοὼς πιστεύω ἀληθῆ εἶναι, Staat 534 usw. Gesetze 966d δύ' ἐστὸν τὼ περὶ θεῶν ἄγοντε εἰς πίστιν.

ihm heilig ist. Denn nicht ein Kultus oder ein Katechismus macht die Religion, sondern das gläubige Herz und das freie Handeln gemäß diesem Glauben.

Neben dieser individuellen Religion des Herzens, die dem einzelnen doppelt heilig ist, weil er sie sich selbst erworben hat, steht die Religion der Gemeinschaft mit ihrem Kultus und der Bindung ihrer Mitglieder. Die Gemeinschaft wird zuerst mit dem Staate, wie immer er auch beschaffen sei, zusammenfallen, was dann auch nicht nur staatliche Pflichten, sondern ein Staatsgefühl erzeugt, das durchaus religiös genannt werden darf, und erst in der Gemeinschaft der Menschen können die moralischen Pflichten entstehen, die dann erst in die Religion, die der Gemeinschaft (wo sie zum Rechte führen) und ebenso die des Herzens, aufgenommen werden. Es ist eine fundamentale Tatsache, die nie vergessen werden darf, sooft es auch geschieht, daß die Moral im Zusammenleben der Menschen entsteht, anders als der Glaube an die Götter, die selbst erst spät von den Menschen zu moralischen Wesen umgebildet werden. Es kann sich auch auf Grund eines besonderen Glaubens mit seinem Kultus und seiner Bindung eine Gemeinschaft bilden, die neben dem Staate steht, aber auch selbst staatliche Funktionen übernimmt. Zumeist berufen sich solche Kirchen, wie zu sagen erlaubt sei, auf eine Offenbarung und ein heiliges Buch, beanspruchen die einzige, absolute Wahrheit zu geben und wollen ihre Mitglieder fest an ihre Sätze und an ihre kultische Praxis binden. Sie können mit dem Staate und seinem Gottesdienste in Konflikt kommen, erstickt werden, können ihn auch überwinden und an seine Stelle treten. Die Masse der Menschen besteht immer aus Gattungswesen, ihr *πιστεύειν* ist ein *πείθεσθαι*, aber es erheben sich doch manche zu eigenem Denken und haben ihren Glauben, auch wenn sie um der Gemeinschaft willen sich nicht absondern und auch an den Formen des Kultus teilnehmen. Man braucht nur Clemens zu lesen, um zu sehen, wie früh das Christentum sich dem hat fügen müssen. Aber auch die kirchliche Metaphysik und ihre praktische Moral verschiebt sich, wenn auch die Formeln bleiben und der Anspruch auf offenbarte Wahrheit das Abgestorbene abzustoßen verhindert. Es fehlen auch in keiner Gemeinschaft die vielen, deren individuelle Religion die *κοιλία* als Gott verehrt, wie Paulus sagt, *τῆι γαστρὶ καὶ τοῖς αἰσχίστοις μετροῦντες τὴν εὐδαιμονίαν*, wie Demosthenes sich ausdrückt. Es ist die Religion des euripideischen Kyklopen, V. 335. Sie gehen uns nichts an, sie sind ja eigentlich

Tiere wie der Kyklop. Aber die menschliche Gesellschaft und ihre Gemeinschaftsreligion muß sich mit ihnen ebenso abfinden wie mit denen, die selbst denken, also an dem Überlieferten kein Genüge finden; Wissenschaft und Glaube sind eben Asymptoten.

Es darf aber auch nie aus den Augen verloren werden, daß in dem Gemeinschaftsleben der Menschen Bindungen des einzelnen erwachsen, welche eine religiöse Heiligung gewinnen, weil sie allein diese Gemeinschaft erhalten. Ehe, Geschlecht, Stamm sind das schon für die Indogermanen gewesen, und sie verlieren die natürliche Heiligung nicht, wenn die göttlichen Exponenten verschwunden sind, die einst einen Kultus erfuhren. Und es ist eine verderbliche Verengerung, wenn die Religion auf die theologische Metaphysik, den Glauben an mehr oder minder persönliche Gottheiten, beschränkt wird. Religiös ist die Hingabe des Menschen an alles, was ihm heilig ist, dem er bereit ist, sich zu opfern; ob er dem noch das Prädikat Gott geben mag, macht nichts aus. Und diese Religion kann sowohl ganz persönlich sein, wie bei den zum Glück immer noch zahlreichen Menschen, die sich einer „Sache" opfern, sie kann auch Gemeingefühl sein, wie die Hingabe an das Vaterland, deren Verleugnung die Ausstoßung des Verräters aus der Gemeinschaft zur Folge haben müßte, weil er sich selbst aus ihr gelöst hat.

In der langen Geschichte der hellenischen Religion wird uns dies alles begegnen; Ähnliches hat sich später wiederholt und wird sich wiederholen. Denn im Flutstrom der Geschichte wechselt Wellenberg und Wellental. Wenn die Spannung allzu groß wird zwischen dem, was die Menschen glauben können, und was die im Gottesdienste geübte Gesellschaftsreligion als Glauben voraussetzt, dann geschieht es wohl, daß neben dünkelhafter Verachtung aller Religion Rückfälle in alle Arten des blödesten Aberglaubens eintreten. Da wird für den Menschen, der denken kann, die Pflicht nur um so dringender, sich Religion im eigenen Herzen zu erhalten, zu hören auf die *ϑεῖοι ἄνδρες*, Propheten, Dichter, Weise, denen vergönnt war und ist, ein Ewiges zu künden; auch sollen wir das Göttliche schauen, hören und fühlen in den Werken jeder echten Kunst. Und schließlich bleibt die Offenbarung Gottes in der Natur und in dem menschlichen Herzen von Ewigkeit zu Ewigkeit.

Wir können das Wort Religion nicht entbehren, wenn wir den Glauben irgendeines Volkes behandeln, also auch den griechischen. Aber nicht minder nötig ist es zu wissen, wie der griechische Sprachgebrauch ist, denn nur aus dem, wie ein Volk spricht, können wir abnehmen, wie es denkt und fühlt. Die Griechen haben kein Wort für Religion und auch Frömmigkeit läßt sich eigentlich auf griechisch nicht wiedergeben. Bei den Tragikern haben zwar εὐσεβής und die zugehörigen Wörter diesen Sinn, aber das kommt daher, daß sie voraussetzen oder fordern, daß die Erfüllung der kultischen Pflichten und was sonst als Gebot der Götter gilt, wirklich aus frommem Sinne geschieht. Kein Zweifel, daß diese Auffassung der εὐσέβεια damals viele Herzen beherrscht hat; sie galt als eine der Tugenden, die der ἀνὴρ ἀγαθός besitzen sollte[1]. Aber Platon beweist gegenüber dem Pfaffen Euthyphron, daß die εὐσέβεια nichts ist als eine θεραπεία τῶν θεῶν, aber mit dem ὅσιον, dem moralisch Reinen, nichts zu tun hat, dem die durch den Mythos bestimmten Vorstellungen von den Göttern selbst nicht genügen. In dem Worte ὅσιον, das dem alten Epos noch fehlt[2], ist ein neuer Begriff aufgekommen, der von dem kultisch Unanstößigen und Reinen zu dem moralisch Reinen gesteigert ist. Apollon ist der vollkommene ὅσιος. Damit ist gesagt, daß wir von dem Moralischen, überhaupt von der subjektiven Frömmigkeit bei dem εὐσεβής absehen müssen, wenn wir seine eigentliche Bedeutung suchen, so wie das erste Gebot der hellenischen populären Pflichtenlehre das σέβεσθαι θεούς verlangt. Die Stoa definiert daher die εὐσέβεια als δικαιοσύνη πρὸς θεούς, also nur eine Unterart dieser Tugend, die im-

[1] Den Seher Amphiaraos charakterisiert Aischylos, Sieben 610, als vollkommenen Mann σώφρων δίκαιος ἀγαθὸς (d. i. ἀνδρεῖος) εὐσεβὴς ἀνήρ. Er besitzt also die vier platonischen Kardinaltugenden. Ich hatte den Vers als Zusatz bezeichnet, muß aber bekennen, daß ich widerlegt bin. Der Gebrauch von ἀγαθός allein hätte mich belehren sollen.

[2] Odyssee χ 412 steht οὐχ ὁσίη von einer Handlung, die nach dem sittlichen Gefühle unfromm ist. Ein Mensch kann ὅσιος sein wie Admetos, zu dem daher Apollon kam und ihn zum Lohne dem frühen Tode entriß, Eurip. Alkest. 10. Andererseits kann ein Ort ὅσιος sein, weil an ihm erlaubt, ὅσιον, ist, was auf heiliger Stätte, im ἱερόν, ἀνόσιον sein würde, z.B. Gebären, Aristoph. Lysistr. 743. Von anderer Seite betrachtet ist derselbe Ort βέβηλος. Dieses Wort (βάβαλος in Kyrene) bezeichnet auch Menschen, die „profan" sind, d.h. nicht geweiht und daher von den betreffenden ἱερά ausgeschlossen. Ein Tadel liegt nicht darin. Den Begriff Ketzer kennt die hellenische Denkart und Sprache nicht, müßte ἄθεοι oder ἀνόσιοι dafür sagen. Euripides, Bakch. 370, führt eine Ὁσία ein, die des Pentheus ἀνόσιος ὕβρις ahnden soll. Da ist sie geradezu die

mer das Verhältnis zu unserem Nächsten angeht[1]. Dazu gehören die Götter; denn daß es sie gibt, ist als selbstverständlich vorausgesetzt; anders denken die Griechen nicht.

Die Schrift des Theophrastos[2] *περὶ εὐσεβείας* scheint beabsichtigt zu haben, die Form des Opferdienstes zu reformieren; wir wissen nicht, ob er sich über die Entstehung des Götterglaubens geäußert hat, aber er setzt ihn und damit die Verpflichtung zur kultischen Verehrung der Götter voraus. Die gleichnamige Schrift des Philodemos verlangt in scharfer Polemik gegen die herrschende Göttermythologie und auch gegen die Wirksamkeit der Götter dennoch die Anerkennung ihrer Existenz. Die Beteiligung der Epikureer an dem herrschenden Kultus wird dabei freigestellt, und sie haben sich ihr nicht entzogen. Am wichtigsten ist, daß sowohl Platon wie Aristoteles in der Gesellschaftsordnung ihrer Idealstaaten den Kultus der väterlichen Götter bestehen lassen, so unvereinbar diese Götter mit ihrem Gottesbegriffe sind. Das geschieht wohl im Grunde, weil sie wissen, daß die Masse des Volkes ihrer Religion unzugänglich ist, aber das wird nicht ausgesprochen, und entscheidend war, daß die Götter nun einmal seit Urzeiten für das Volk da waren und ein hellenischer Staat ohne ihren Kultus undenkbar war. Bei Platon wirkte die Frömmigkeit seiner Kindheit ohne Zweifel stark mit. Beiden aber waren die Himmelskörper selbst göttlich und in ihrem stetigen Wandel eine Offenbarung der Gottheit, *ἐπιφανεῖς θεοί*. Aristoteles beruft sich sogar auf die *πάτριος*

rechte Religiosität, die den verstockten Ungläubigen vernichtet. Eigentümlich verwendet der Hermeshymnus das Wort. 470 liebt Zeus den Apollon *ἐκ πάσης ὁσίης* und gibt ihm Geschenke und Ehren. 130 möchte Hermes von den geschlachteten Rindern essen, *ὁσίης κρεάων ἠράσσατο*. 173 prahlt Hermes *ὁσίης ἐπιβήσομαι ἧσπερ Ἀπόλλων*. Hier ist es deutlich die Würde des *ὅσιος*, worin kaum die Reinheit liegen kann, vielmehr eine gesteigerte *τιμή*, und mit der kommt man wohl an den anderen Stellen aus. Hermes möchte wie die älteren Götter Opferfleisch erhalten, ihr Vorrecht, und ähnlich 470. Aber seltsam ist alles, und das Schweigen der Erklärer ist es auch.

[1] Die Skeptiker definieren nach dem Euthyphron *ἐπιστήμη θεῶν θεραπείας*, Sextus adv. phys. I 123. Daß sie praktisch *κατὰ τὰ πάτρια ἔθη καὶ τοὺς νόμους* die Existenz der Götter nicht leugnen und die *εὐσέβεια* beobten, schickt Sextus der skeptischen Behandlung des *εἰ εἰσὶ θεοί* voraus, 49.

[2] Sie ist anders als die botanischen Schriften sorgfältig stilisiert, also für ein weiteres gebildetes Publikum bestimmt und gibt uns allein eine Vorstellung von seinem gefälligen Stile.

δόξα und glaubt, daß sich trotz allen Katastrophen, die über die Erde und die Menschheit hingegangen sind, aus einer fernen Urzeit eine Erkenntnis seines wahren Gottes ἐν μύθου σχήματι erhalten hätte[1].

Die Götter sind da. Daß wir dies als gegebene Tatsache mit den Griechen erkennen und anerkennen, ist die erste Bedingung für das Verständnis ihres Glaubens und ihres Kultus. Daß wir wissen, sie sind da, beruht auf einer Wahrnehmung, sei sie innerlich oder äußerlich, mag der Gott selbst wahrgenommen sein oder etwas, in dem wir die Wirkung eines Gottes erkennen. Wir selbst oder Menschen, von deren Autorität wir abhängen, haben zu der Wahrnehmung gesagt: dies ist Gott. Das ist also ein Prädikatsbegriff. Was prädiziert wird, würden wir leichter sagen können, wenn das Wort θεός[2] durchsichtig wäre; aber es hat sich bisher jeder verläßlichen Deutung entzogen. Halbvergessen steht in δῖος, δῖα θεάων, Διός, διογενής der Stamm, von dem Inder und Latiner ihr Wort für Gott abgeleitet haben, und das ist eine gesteigerte, sozusagen absolute Göttlichkeit; von θεῖος kann man einen Komparativ bilden. δῖα θεάων zeigt den Gradunterschied. Das Wort ist nur im Epos erhalten, auch da nur noch formelhaft. Der Wortgebrauch bestätigt, daß θεός ein Prädikatsbegriff war. Hesiodos, Erga 764, hat die Macht der φήμη geschildert, des Geredes und Gerüchtes der Gesellschaft über eins ihrer Mitglieder, und fügt abschließend hinzu: θεός νύ τίς ἐστι καὶ αὐτή. Damit stellt er sie als einen neuen Gott zu den vielen seiner Theogonie, Hunger und Alter, Hader und Schmerzen, Schlaf und Tod usw. Um die doppelte Eris, von der

[1] Metaphysik Λ 8 am Ende. Da sagt er, daß die einst erkannte Wahrheit ausgeartet ist πρὸς τὴν πειθὼ τῶν πολλῶν καὶ πρὸς τὴν εἰς τοὺς νόμους καὶ τὸ συμφέρον χρῆσιν, also ziemlich die später geläufige Kritik der Volksreligion. Von der εὐσέβεια redet er in der Ethik überhaupt nicht mehr. Die Erkenntnis der Götter hatte er früher ziemlich so wie Platon in den Gesetzen ἀπὸ τῶν μετεώρων καὶ τῶν περὶ τὴν ψυχὴν συμβάντων abgeleitet. Im Leben hielt er sich an die εὐσέβεια, wie die delphische Weihung zugunsten des Hermias und sein Testament zeigen. Von Platon sind bestimmte Handlungen der Art nicht bekannt, aber kein Zweifel, daß er es darin wie Sokrates gehalten hat; die Akademie hat Kult der Musen, wohl auch des Eros getrieben, auch vom Peripatos kennen wir Musenfeste.

[2] Auf δαίμων, dessen Behandlung man hier erwarten wird, kann ich noch sehr lange nicht eingehen. Kultus hat er nicht und seine Bedeutung kann passend erst hinter der Götterwelt Homers erläutert werden.

seine Erga ausgehen, steht es nicht anders. Er redet so, weil er in *ἔρις* und *φήμη* eine wirkende Kraft anerkennt, stärker als der Mensch, der daher dafür sorgen wird, daß ihm die *φήμη* günstig wird; er hätte das auch so ausdrücken können wie bei der *ἔρις*, daß man sich an die gute *φήμη* halten, vor der bösen hüten sollte. Aischylos Choeph. 60 „das *εὐτυχεῖν* ist den Menschen Gott und mehr als Gott". Im Sinne des Dichters ist das ein falscher Glaube. Sophokles Oed. 872 sagt von den *νόμοι ἄγραφοι*, dem ewigen Sittengesetze, um seine unbedingte Verbindlichkeit zu bezeichnen, *μέγας ἐν τούτοις θεός*. Bei Euripides sagt Helene, 560, als sie ihren Gatten erkennt, überwältigt von der freudigen Überraschung *ὦ θεοί· θεὸς γὰρ καὶ τὸ γιγνώσκειν φίλους*[1]. Prädiziert wird immer eine dem Menschen überlegene Macht. *τὸ κρατοῦν γὰρ πᾶν νομίζεται θεός*, so formuliert es Menander[2]. Das Göttliche ist das *κρεῖττον* uns gegenüber. *κρείττονες* heißen die Götter oft. Und da es solcher Mächte zahllose gibt, sind auch die Götter unzählbar. Das Leben in der Natur ließ den Menschen diese *κρείττονα* unmittelbar wahrnehmen, denn überall fühlte er sich abhängig von ihnen. Sie waren ihm schädlich und nützlich, seiner Herrschaft unzugänglich. Sonnenbrand und Winterfrost, Ungewitter und Überschwemmung, milder Regen und Hagelschlag zog über ihn, sein Vieh, seinen Acker hin. Droben jagten Wolken und Stürme, blinkten die Sterne, zogen die Himmelslichter in stetigem Wechsel ihre ewigen Bahnen. Ein anderes Leben sah er vor sich, denn es lebte ja der grünende und blühende Baum, der rieselnde Quell, all das große und kleine Getier, von

[1] Die Gesinnung, aus der Euripides seine Helene so reden läßt, ist allerdings ganz anders. Darin, daß sie nun weiß, Menelaos ist wirklich ihr Mann (daher der Infinitiv des Präsens) liegt die Offenbarung einer göttlichen Macht, denn nur sie konnte das Wunder bewirken. Es gibt also wirklich Götter. Es liegt dasselbe darin wie in dem Bekenntnis in den Hiketiden 732 nach der Befreiung der Leichen, *νῦν θεοὺς νομίζω*. „Was wir nicht mehr hoffen konnten, hat sich erfüllt: ja, es lebt ein gerechter Gott." Wohl könnte auch ein gläubiger Christ ähnlich sprechen, aber bei dem ist es die Bekräftigung seines Glaubens, bei Euripides die erfreuliche Widerlegung des Zweifels. Sehr bezeichnend, daß Laertes, als ihm Odysseus seinen Sieg meldet, sagen kann „es gibt noch Götter auf dem Olymp, wenn die Freier wirklich gebüßt haben", *ω* 351, schon sehr euripideisch; in der Ilias wäre so etwas undenkbar. Ein guter Beleg, was die Leute alles als „homerisch" in einen Topf werfen.

[2] *Καρίνηι* bei Stobaeus III 32, 11. *πᾶν* für *νῦν* Cobet aus einer anderen Fassung.

der Biene, die den wunderbar süßen Saft erzeugte, bis zu dem wilden Bären und Büffel. Aber dieses Leben zeigte zugleich das ewige Rätsel der Geburt und des Todes, Werden und Vergehen, und doch Dauer im Wechsel. In allem wo Leben war, ein Lebendiges, woher Wirkung kam, ein Wirkendes und damit Wollendes, so wie der Mensch selbst lebend, wirkend, wollend. Denn nur von sich aus konnte er sich das andere vorstellen. Das Wirkende und Wollende war übermächtig, einwirkend auf das Irdische, erhaben über Werden und Vergehen: da war es *ϑεός*.

Gegeben war es durch seine sinnliche Erscheinung oder seine Wirkung, aber nicht immer zugleich in ihr, und dann um so mehr Gott. Wohl kann im Blitze der Gott sein, aber der Blitz kann auch aus der Hand des Gottes kommen, der ihn schleudert. Der Quell kann Gott sein, aber es kann auch einer in der Erdtiefe wohnen, der ihn emportreibt. Sein Getreide säet der Mensch und pflanzt seinen Weinstock, aber daß sie wachsen und daß die Ernte reift, bewirkt der Gott im Boden und auch der, welcher Regen schickt und trockenes Erntewetter.

Es läßt sich also gar nicht im voraus bestimmen, worin ein Volk einen Urheber, einen Gott, gesucht und gefunden hat, und noch viel weniger, welcher von den zahllosen *κρείττονες* zu einer vollen Persönlichkeit wird, die dann ihr Wirkungsgebiet weiter ausdehnt, so daß ganz vergessen werden kann, aus welcher ersten Wahrnehmung der Glaube an diesen Gott erwachsen ist. Wenn wir auch mit Recht sagen, daß alles Elementare einen Gott in sich habe, so kann doch die Prüfung einer bestimmten Religion Überraschungen geben. Bei den Indern ist das Feuer ein großer Gott, Agni, die Hellenen haben dieses Wort verloren, ihr *πῦρ* ist ein Neutrum, und ein Gott steckt schlechterdings nicht im Feuer. Wenn Hephaistos schon in der Ilias *B* 426[1] metonymisch für Feuer gesagt wird, so ist er kein hellenischer Gott, übrigens auch

[1] Die Metonymie ist gar nicht sehr häufig, so etwas wie in einem angeblich homerischen Verse *γρυνοὶ μὲν δαίοντο, μέγας δ' Ἥφαιστος ἀνέστη* (Schol. Lycophr. 86) klingt uns befremdend, während wir *Vulcanum naribus efflant* (Ovid. Met. VII 104) ganz natürlich finden. Ein Dithyrambiker hatte gesagt *σπινθῆρες Ἡφαίστου σταλαγμοί*, was man gewagt fand (Philodem Rhet. I 179), sehr viel kühner heißen die Funken *Ἡφαίστου κύνες*, was wohl ein Tragiker gewagt hatte (von Komikern aufgenommen, Alexis *Μιλησίαι*, Eubulos *Ὀρθάννῃ*), aber da ist der Gott zwar Herr des Feuers, aber nicht das Feuer.

eigentlich nicht das Feuer, sondern der Schmied, der es zu seiner Kunst braucht. Eine Geschichte, wie die von der Magd Ocresia, die von einem Gotte, der als Phallus aus dem Herdfeuer aufsteigt, befruchtet wird, gibt es bei den Hellenen nicht. Empedokles sucht nach Namen, die er metonymisch für seine vier Elemente verwenden kann, aber für das Feuer hat er keinen und muß sich mit *Αἰθήρ* behelfen; allerdings fehlte ihm auch ein Gott des Wassers, *ὕδωρ* so neutral wie *πῦρ*, so daß er eine verschollene *Νῆστις* aufgreift, die nur in den *Νηίδες*, nicht im *νηστεύειν* etwas Verwandtes hat. Auch das Licht, von dem aus petitio principii die Modernen so viel fabeln, ist ein Neutrum. Man kommt also um die geschichtliche Prüfung nicht herum, und die Forderung, das muß es gegeben haben, ist ebenso unberechtigt wie die Berufung auf den Glauben verwandter Völker.

Auch das kann nur durch die geschichtliche Prüfung festgestellt werden, ob sich die Anerkennung einer göttlichen Macht zu der Schaffung einer leibhaften göttlichen Person verdichtet hat. Wie oft sagen die Griechen, daß *οἱ θεοί* oder *θεός* (*τις*) oder auch *ὁ θεός* etwas bewirkt; nur in dem letzten Falle ist ein Gott soweit bestimmt, daß ihm die betreffende Einwirkung besonders zusteht, aber so wenig wie einen besonderen Namen erhält er eine eigene Person. *ὕει* es regnet[1], *ὁ θεὸς ὕει*, das ist der, welcher den Regen schickt; das muß offenbar ein Gott tun, aber mehr wird nicht ausgesagt. Erst *ὁ Ζεὺς ὕει* führt einen Gott ein, der ist Wettergott überhaupt, kann aber nun in besonderem Falle *ὑέτιος* heißen. Erst wenn Zeus den Regen schickt, kann man mit den Athenern beten *ὗσον ὗσον ὦ φίλε Ζεῦ*. Ein unbestimmter *θεός* kann gar keinen Kultus erhalten, weil er keine Person geworden ist. Wie soll man ihn zum Opfer laden? Und könnte er kommen? Wer nicht kommen kann, hat in der alten Zeit kein Opfer erhalten. Als eine schöne Metonymie stehe daneben das Theokritische *χὠ Ζεὺς ἄλλοκα μὲν πέλει αἴθριος, ἄλλοκα δ' ὕει*. Da ist Zeus der Himmel. Daß etwas Materielles, das zum *θεός* nicht werden kann, wenigstens *θεῖον* heißt, ist eine Seltenheit. Das Salz heißt *θεῖον* (*I* 214), die unentbehrliche kräftige Würze. Seit der Schwefel *θεῖον* (aus *θέειον*) hieß, werden die Griechen auch in diesem Reinigungs- und Entsühnungsmittel das Göttliche verstanden haben. Wichtig ist nur, daß ein Mensch

[1] Ich kann nicht glauben, daß in *ὕει νίφει* ein unausgesprochener Gott stecke; wenn das verborgene Subjekt benannt werden soll, ist es der *ὑετός*, and the rain, it raineth every day.

ϑεῖος heißen kann, wenn er eine göttliche Begabung hat wie der *ἀοιδός*, dann auf einzelne überragende Personen übertragen, also wie *δῖος*, bei den Spartanern die Bezeichnung dessen, der geworden ist, was der vollkommene Spartiat werden soll. Damit war der Weg beschritten, in einem Menschen einen *ϑεός* zu finden: auch da noch ist es zuletzt die Macht, die in seiner Person liegt und auf uns wirkt.

Scharf muß man von dem Göttlichen das *ἱερόν* scheiden, das „einem Gotte gehörig" bedeutet, aber der Sprachgebrauch geht so weit, daß Sprachvergleicher zwei ursprünglich verschiedene Wörter darin sehen. Die Übersetzung „heilig" führt in die Irre. Gebäude, Schmuck und Hausrat eines Gottes mag man so nennen; wer sie stiehlt ist ein *ἱερόσυλος*. Wenn ein Mensch *ἱερός* heißt, kann das ein Tempelsklave sein, ein Kultbeamter wie die *ἱεροί* in Delphi, ein von den Göttern entführter Sterblicher (Kallimachos Epigr. 22), aber auch ein den Göttern verfallener homo sacer. Das Schlachttier wird ein *ἱερεῖον*, weil es der Priester den Göttern weiht, *ἱερεύει*. Der König, der sein Amt von Zeus hat, besitzt ein *ἱερὸν μένος* (Alkinoos), alte Könige, die heroische Ehren erhalten, sind *ἱεροί* (Pindar Pyth. 5, 97). Telemachos, der legitime Erbe eines Thrones, hat eine *ἱερὴ ἴς*. Es ist wohl Ausartung, daß eine Feldwache ein *ἱερὸν τέλος* sein soll (*K* 56. *Ω* 681), aber wenn sie *ἐν τέλει* sind, so haben sie eine Autorität, die von Zeus stammt, so gut wie die des Königs. Fische sollen die Menschen der Ilias nicht essen, daher kann ein Fisch *ἱερός* heißen, auch wenn sich jemand an ihm vergreift (*Π* 407). Später heißt so ein bestimmter Fisch, der geschont wird (Athen. VII 283). Bei Alkman ist der *κηρύλος* ein heiliger Vogel: der Dichter wünscht sich wie dieser über das Meer zu fliegen. Die Biene, von der die Götterspeise stammt, ist *ἱερά*. Das ist alles gut verständlich; schwieriger scheint zunächst, daß im Epos *ἦμαρ* und *κνέφας ἱερά* sind, denn da liegt keine Verbindung mit den Göttern vor. Aber höre man, wie Andromeda bei Euripides ihre Arie mit *ὦ νὺξ ἱερά* anfängt; wir hören gleich, daß die Nacht am Himmel dahinfährt, da ist sie Person, wenn auch nicht die Urpotenz der Theogonien. Aber wir fühlen, daß Euripides dem epischen Gebrauch folgt, weil er die Stimmung gibt. Die einsame dem Tode Geweihte schaudert in der einsamen Stille: diese Nacht gehört den Göttern. Das Elementare selbst wird nicht mehr als Gott empfunden, aber hinter ihm, in ihm birgt sich ein Gott. Wir sagen 'die liebe Gottessonne', ganz ähnlich, und wer solche Stimmung nicht selbst empfindet, der kann sie bei Dichtern aller Zeiten finden. So hat schon ein alter Epiker bei Tagesanbruch und Abenddämmerung empfunden und die Formeln geprägt. Ich meine, wir sollen ihn loben, stellen aber schließlich die Epilepsie, die *ἱερὴ νοῦσος*, daneben, in der das Wort das unheimlich Übernatürliche bezeichnet; *θεία νόσος* und ähnliches ist von Göttern geschickt, *θεήλατος*.

ἁγνός ist castus, kann also von Göttern gesagt werden, ebenso von Menschen, auch von einer Reinheit in bezug auf bestimmte Befleckung, z.B. Blutschuld, ähnlich *ἁγνὰ θύματα*, blutlose Opfer. *ἅγιος* ist kein altes Wort, ionischer Herkunft, gebräuchlich nur von einem besonders heiligen Orte, also *ἱερὸν ἅγιον*, sacrosanctum, vereinzelt wie dieses auch von einem Menschen. Steigerung von *ἁγνῶς* bei Isokrates, Busiris 25, und so einzeln in gutem Attisch. Von den Christen für ihre heiligen Menschen aufgegriffen[1].

Daß die Götter da sind, weiß der Mensch, vor allem aus der sinnlichen Wahrnehmung; mancher hat sie gesehen, und sie zeigen sich gelegentlich, so daß er auf ihren Anblick gefaßt sein darf. Der Glaube war nicht erstorben, solange man von einzelnen Epiphanien der großen Götter erzählen konnte, wenn das auch seltene Wunder waren und die Kunst bereits diesen Göttern feste menschliche Gestalt gegeben hatte. Apollonios, II 675, hat in dieser Zeit eine solche Epiphanie schön geschildert. Die Argonauten sehen in der Morgendämmerung den Apollon, wie er durch die Lüfte zu den Hyperboreern fliegt, und gründen ihm einen Altar. Für den Dichter mag das Mythus sein, *αἴτιον* des Kultus auf einer Insel des Pontos, aber der Altar des *ἑῷιος* war da, und der Glaube an eine solche Epiphanie, die sich wiederholen konnte, hatte ihn gegründet[2]. Im alten Epos kann jede solche Szene Erfindung des Dichters sein, aber sie war nur möglich, weil der Glaube bestand. Bereits haben die Götter Menschengestalt; daher kann in einem unbekannten Menschen, der plötzlich bemerkt und angestaunt wird, ein Gott vermutet werden. Odysseus zweifelt, ob nicht Nausikaa mit ihren Mägden Artemis mit ihren Nymphen sei[3]. Poseidon

[1] Man müßte den Zusammenhang kennen, um zu verstehen, wie es bei Kratinos *μιαρός* bedeuten konnte, Bekk. An. 337.

[2] Herodoros, den Apollonios kannte, hatte das Wunder beseitigt und ließ den Altar gegründet sein, weil die Argonauten am Morgen gelandet waren. Offenbar hielt er Apollon für die Sonne, die ihnen das Land zeigte.

[3] Euripides, Iph. Taur. 270, läßt den skythischen Hirten in den beiden hellenischen Jünglingen Seegötter vermuten. Ihm dient das zur Charak-

hat in der Gestalt des Kalchas eine Mahnrede an die beiden Aias gerichtet und ist verschwunden, so schnell wie ein Habicht. Da sagt der Lokrer Aias (*N* 70) „das war nicht Kalchas; als er fortging, habe ich das Schreiten eines Gottes erkannt; Götter sind ja leicht zu erkennen". Andererseits sagt der viel jüngere Dichter des *π* 161 *οὐ γάρ πω πάντεσσι θεοὶ φαίνονται ἐναργεῖς*, als Athena dem Odysseus in ihrer gewohnten göttlichen Gestalt sichtbar ist, aber von dem daneben stehenden Telemachos gar nicht bemerkt wird[1]. Und *Y* 131 sagt Hera selbst *χαλεποὶ δὲ θεοὶ φαίνονται ἐναργεῖς*: der Mensch verträgt diesen Anblick schwer. Daher nehmen sie meist die Gestalt eines Menschen an, meist eines demjenigen bekannten, mit dem sie in Verbindung treten wollen. Aber vergessen ist die Tiergestalt nicht. Als Vögel sitzen Apollon und Athena auf einer Eiche, *H* 59, als Schwalbe fliegt Athena auf den Dachbalken des Saales, *χ* 240, als Möwe fliegt Leukothea über die Wogen, *ε* 352. Die athenische Phalanx freute sich, wenn eine Eule durch ihre Reihen flog, in der sie die Botin ihrer Göttin sahen[2]; einst war es sie selbst in Eulengestalt gewesen. Der Delphin begleitet die Schiffe; er wird verschont, ist also geheiligt, und wenn eine gefahrvolle Fahrt gelingt, so ist ein Gott in ihm gewesen, Apollon *δελφίνιος* im phythischen Hymnus. Die Kyrenäer führte Apollon in der Gestalt eines Raben zu der Quelle Kyra. Götter haben später ihre Lieblingstiere zu Begleitern, Artemis die Hinde, Dionysos den Panther, Zeus den Adler: einst hatten sie diese Gestalt getragen. Dies darum, weil einst Menschen die Empfindung gehabt hatten, daß eine Hirsch-

teristik des Barbaren, der noch solche kindliche Vorstellungen hat. Thoas wird daher leicht von Iphigeneia betrogen; er nimmt es ernst, daß das Götterbild befleckt ist und gewaschen werden muß. Unter den Zuschauern waren viele, die ganz wie die Skythen dachten, und die Waschung des Bildes war ihnen von den Plynterien her vertraut.

[1] Dies ist allerdings eine Szene, die bereits eine Ausartung des Verkehres der Götter mit den Menschen voraussetzt, wie das in den jüngeren Teilen der Odyssee häufig ist. Es steckt kaum noch ein Glaube hinter der Erfindung des Dichters. Das Äußerste hat sich später der Dichter des Rhesos erlaubt, bei dem Athena zu den Griechen in eigener Person zu Aineias als Aphrodite spricht. Da es Nacht ist, hören die Personen nur ihre Stimme, aber die Zuschauer sehen die Göttin. Wer so etwas dem Euripides und dem 5. Jahrhundert zutraut, bekennt damit, daß er für den Glauben ebenso unempfänglich ist wie für die Stilisierung der alten Tragödie.

[2] Aristophanes Wesp. 1086.

kuh, die ihnen entfloh, ein Bär, der plötzlich erschien und verschwand, die Herrin des Waldes gewesen war, der es beliebte, diese Gestalt anzunehmen. Gab es doch noch keine feste Vorstellung von der eigenen Körperlichkeit der Götter. Begreiflich, daß es die Tiere des Waldes, nicht die zahmen Haustiere waren, in denen die Phantasie der gläubigen Menschen einen Gott wahrnahm, und daß der flüchtige Vogel noch im Epos von den Göttern besonders gewählt wird. Wir werden von theriomorphen Göttern wiederholt zu handeln haben; hier ist nur nachdrücklich zu erklären, daß die Tiere darum keineswegs Verehrung finden. Wer von Totemismus bei den Hellenen redet, beweist nur, daß er von ihnen nichts weiß. Die Arkader heißen nach dem Bären, aber die Bären haben sie bald ausgerottet, einer ihrer Stämme heißt nach dem Wolfe *Λυκᾶνες*[1]; der Ahn ist ein Wolf gewesen und weil der Wolf ein böses Tier war, wächst dem Sohn eine entsprechende Geschichte zu; den Werwolf wird sich kein Volk zum Ahnherrn wählen. Die Phoker haben ganz vergessen, daß Phokos die Robbe ist. Bei den Encheleern redet niemand von den Aalen, aus denen sie einmal entstanden sein werden, und es ist eine späte Ausdeutung, die in *Βοιωτός* das Rind findet. Heilige Tiergattungen gibt es kaum, und die Götter gehen sie nichts an. Die Hausschlange, in der sich ein Verstorbener zeigt, ist eine Ausnahme, die in ein anderes Reich gehört. In den Tempeln Asiens werden mehrfach heilige Tiere gehalten, in Hellas nicht[2]; die delphischen Tauben im Ion des Euripides sind nicht heiliger als die auf dem Marcusplatze Venedigs.

Götter, die in ihrem Elemente wohnen, das den Menschen bekannt und zugänglich ist, im Baum und Busch, Quelle und Wiese, brauchen nicht eine Gestalt anzunehmen, damit der Mensch ihrer Göttlichkeit bewußt wird; er kann ihnen seine Verehrung und seine Gaben an ihr Element bringen. Aber in seinem Glauben

[1] Die Form bezeugt Theognostos 26 Cramer neben *᾿Αζάν* (wie natürlich zu lesen ist). Bei Stephanos steht dasselbe unter *Λυκαονία*, aber die Stelle ist lückenhaft und auf die Asiaten wird man sie nicht beziehen. Wenn sie aber in den Ethnika erscheint, ist sie nicht Nebenform des heroischen Namens *Λυκάων*.

[2] In der sizilischen Arethusa schont man die Fische, weil ihre Anwesenheit ein Wunder scheint. Die Hunde und Schlangen des Asklepios sind Diener des gegenwärtigen Gottes, der selbst als Schlange in seine Filialen zieht. Das ist ein Aufleben überwundenen Glaubens, der in solchen Fällen immer entstellt wird.

werden sie Personen, und dann denkt er sie sich dem Eindrucke entsprechend, den er von Busch und Quelle und Wiese hat, freundlich, lieblich, lustig, und im Abendnebel, der sich vom Fluß über die Wiese verbreitet, zeigt ihm das Mondlicht, wie die Mädchen, die Nymphen, tanzen. Sonne und Mond zeigen unmittelbar ihre Gestalt, beweisen täglich ihre Macht und Göttlichkeit, *ἐπιφανεῖς θεοί* sind sie immer gewesen und geblieben und werden für empfängliche Seelen immer ihre Epiphanien haben. Aber sie sind dem Menschen unnahbar, und ein Gott, mit dem er sich nicht berühren kann, ist auch für Gebet und Opfer unempfänglich: wozu ihm einen Kultus stiften?

Es war ein großer Fortschritt, als die Menschen inne wurden, daß auch in ihrem Innern *κρείττονα* waren, Mächte, denen sie nicht widerstanden, sondern trotz besserer Einsicht oder auch trotz dem Drängen eigener Begehrlichkeit folgen mußten. Dann verdienten sie das Prädikat *θεός*. Die Stoiker reden von der Vergöttlichung der *πάθη*, der Leidenschaften; es reicht aber viel weiter. Wir Modernen sind in Versuchung von Personifikation und Allegorie zu reden, also die vielen Abstrakta der römischen Kaisermünzen und schon die Personen, die auf der Apotheose Homers dem Dichter huldigen, für gleicher Art mit den zahllosen Göttern zu halten, die Hesiods Theogonie aufzählt. Es geht auch durch alles dieselbe Ausdrucksweise hindurch, so daß die Übergänge von realem Glauben zu der Verwendung einer leeren Figur unsicher werden. Man könnte sagen, die Sprache selbst hätte mit der Personifikation angefangen, als sie den Abstrakta männliches und weibliches Geschlecht gab. Aristophanes von Byzanz hat klug über diese homerische *εἰδωλοποιία* gehandelt[1], denn mehr sah er schon nicht in den homerischen göttlichen Personen dieser Art; er wird auch in der Charis und den Horen, in Schlaf und Tod nicht mehr gesehen haben; Ate und Litai im Iota können auch wir kaum anders als eine *εἰδωλοποιία* des Dichters nennen, aber die Ate, Tochter des Zeus, ist auch für diesen noch mehr gewesen, und es war ein weiter Weg von Homer bis zu dem Rationalismus des Grammatikers. Tiefreligiöse Dichtungen und herrliche Kunstwerke waren auf diesem Wege entstanden, denn Geschöpfe hoher Kunst haben

[1] Porphyrios zur Ilias S. 42 Schrader *Ἀριστοφάνης .... λέγει ὅτι Ὅμηρος τοῖς πάθεσι καὶ τοῖς δι' αὐτῶν ἀποτελουμένοις πράγμασιν ὁμωνύμους τινὰς ἐφιστᾶι δαίμονας εἰδωλοποιουμένους μυθικῶς, ἐφ' ὧν καὶ τὸ ἀποτελοῦν ἤγουν παρασκευαστικὸν νοεῖται καὶ τὸ ἀποτελούμενον ἐναργῶς.*

nicht nur für die Seele verständnisvoller Hörer und Betrachter, sondern schon für ihre Schöpfer Leben und Macht, also auch etwas Göttliches. In diese hellenische Art zu denken und zu schauen muß man sich hineingelebt haben, und jede neue Gestalt oder auch jede neue Dichterstelle verlangt diese Interpretation der Worte und der Gefühle. Ein homerisches Beispiel zeige die Freiheit des Dichters und die Übergänge vom Abstrakten zur Person. *Λ* 164 entführt Zeus den Hektor aus Männermord, Blut und Getümmel, *κυδοιμός*. *E* 593 schreiten vor dem Heere der Troer Ares und Enyo *ἔχουσα Κυδοιμὸν ἀναιδέα δηιότητος*. Da schwankt man heute wie im Altertum, ob sie einen Gott *κυδοιμός* hält (was richtig ist) oder ein *τέρας κυδοιμοῦ*, irgend etwas, das durch Zauber Getümmel erregt, wie *Ἔρις*, selbst eine solche nur sehr viel persönlicher empfundene Gottheit, ein *τέρας πολέμοιο* hält (*Λ* 4). *Σ* 535 erscheint Kydoimos selbst neben Eris in der Schlacht, ist also auf dem Schilde als Person gebildet. Daß solche göttlichen Personen, die ihren Ursprung zumeist in dichterischer Phantasie haben, keinen Kultus erfahren, ist natürlich, aber Prüfung ist doch nötig, denn Chariten und Horen z. B. kennen wir nur als Götter, und manche hesiodische Personifikation hat Altar und Opfer erhalten. Eros und Nike sind lebendiger geblieben als viele große Götter.

Ate ist eine verderbliche Macht, und so zählt Hesiod sehr viele ihresgleichen auf. Im Volksbewußtsein sind sie nicht lebendig. Die hesiodische Dichtung von Pandora, die mit der Religion nichts zu tun hat, erzählt von den vielen *κακά*, die überall herumfliegen und die Menschen heimsuchen. Personen werden sie nicht, noch viel weniger sucht sie der Mensch durch Kultus zu beschwichtigen, auch die Krankheiten nicht. Ein Altar des *Λοιμός*, der bei Hesiod unter den bösen Mächten aufgezählt wird, ist undenkbar. In Rom hat die Febris ihren Altar; der Gegensatz ist bedeutsam. Das Böse oder der Böse ist dem Hellenen kein Gott. An seine Götter und Heroen wendet er sich um Schutz gegen die *κακά*. Wohl sind verderbliche Ungeheuer aufgetreten, aber die sind umgebracht oder verjagt, die Sphinx, die *Ποινή*, welche Koroibos erschlug, die Harpyien, die von den Boreaden getötet oder in eine Höhle gebannt sind. Wenn eine Heimsuchung kommt, wie die Pest vor Ilios, so hat sie Apollon gesandt, menschlichen Frevel zu strafen. Gegen die *κακά* wird mancher Zauber angewandt; das geschieht heute noch. Wenn eine schädigende Macht droht oder im Lande ist, so versucht man sie zu vertreiben, *ἔξω τὸν βούλιμον*; *στρίγγ' ἀποπομ-*

πεῖν. Natürlich muß man sie kennen. Isokrates (Philipp. 117) stellt den Olympiern, die Gutes tun, die Götter gegenüber, die keine Opfer erhalten, sondern denen man ἀποπομπαί veranstaltet, weil sie ἐπὶ συμφοραῖς καὶ τιμωρίαις τεταγμένοι sind. Es ist eine Antithese, die nur im Groben zutrifft, immer aber bekannte göttliche Personen und Mächte im Auge hat. Wenn heute aber Mode ist, alle möglichen Bräuche, z.B. bei der Hochzeit oder der Aufnahme eines Sklaven in das Haus als Abwehr böser Geister zu erklären, so muß man die Geistergläubigen bitten, sich auf griechisch auszudrücken. Wollen sie etwa Κῆρες sagen? Zwei Κῆρες nennt Mimnermos, die jeden Menschen packen, Alter und Tod. Gegen die hilft kein Zauber. Dieser übrigens auf die Poesie beschränkte Name paßt nicht. Oder hat es die πονηρὰ δαιμόνια, von denen die stoische Theologie und später der Aberglaube redet, gegeben, als die Hochzeitsbräuche sich bildeten? Es ist eine Anschauungsweise, die anderswo bestehen mag, aber mit dem griechischen Glauben unvereinbar ist, der alles, was wirkt und daher Gott werden kann, persönlich faßt und daher benennt. Wer von bösen Geistern redet, hat Hesiods Theogonie niemals mit Bedacht gelesen[1].

Gegen das Schädliche und Böse, das den Menschen und seinen Besitz immerfort von allen Seiten bedroht, will er sich schützen und verteidigen, nicht nur durch die Anrufungen rettender Götter, die gegen die Naturgewalten, Dürre und Wolkenbruch, Blitzschlag und Erdbeben allein helfen können, sondern durch mannigfache Vorkehrungen, die man mit der Vertilgung des Ungeziefers und der Prophylaxis gegen ansteckende Krankheiten vergleichen mag. Das gehört nicht zur Religion, beruht aber auf derselben geistigen Einstellung, die auch für die Praxis des Kultus bestimmend wird. Wenn wir das von unserem Verstande und unserer Einsicht in die

[1] Ernst Samter, den ich als Gelehrten und Menschen hochgeschätzt habe, hat mit den bösen Geistern viel gewirtschaftet. Wie er darauf kommen konnte, ist mir durch das sehr lesenswerte Buch von Lidsbarski „Auf rauhen Wegen" klar geworden. Er schildert aus den Erfahrungen seiner Jugend die jüdische Religion, wie sie in Plock bestand, neben der rabbinischen theologischen Kasuistik praktisch kindische Dämonenfurcht. Der Gott, dessen Namen nicht ausgesprochen werden darf, ist fern. Die bösen Geister lauern überall und immer, und der Mensch ist ihr Sklave. Offenbar hatte Samter ähnliches, wenn nicht erlebt, so doch mit ihm in Berührung gestanden.

Natur aus betrachten, ist das alles Zauber und Magie, erfolglos zugleich und widersinnig, und dann kommt man dazu, von Urdummheit zu reden. Solche Praxis stirbt nicht aus. Vielleicht malt niemand mehr ein Pentagramma, aber ein Hufeisen wird noch auf manche Schwelle eines Pferdestalles genagelt, damit das Böse nicht hineinkommen kann. Jetzt nennt man das Aberglauben, aber auf die alte Zeit, in deren Denken wir uns hineinleben müssen, trifft diese Bezeichnung nicht zu, denn der Aberglaube ist sich bewußt, daß er etwas tut, was gegen die Vernunft verstößt, etwas glaubt, was er eigentlich nicht glauben dürfte. Dagegen entsprach dasselbe einstmals nicht nur dem allgemeinen Glauben, sondern gehörte zu dem durch Erfahrung bekräftigten Wissen ebensogut wie das, was auch wir dazu rechnen. Unsere Heilkunde hat auch lange Mittel angewandt, die sich später als wertlos herausgestellt haben, manche Praxis angewandt, die schädlich wirkte, im besten Glauben, etwas sowohl in der Erfahrung Bewährtes und sogar wissenschaftlich Begründetes anzuwenden. Auch in der Zeit, die überwiegend Praktiken trieb, die wir Zauber nennen, werden die Leute sehr zufrieden gewesen sein, wenn sie ein blutstillendes oder sonst heilkräftiges Kraut kannten, wie es Chiron dem Peleus gezeigt hatte, statt Besprechungen anzuwenden oder an einem heiligen Orte auf den Rat eines Gottes zu warten. Und auch heute wird von nur zu vielen, wenn der Arzt keine Hilfe weiß, ein unzünftiger Berater aufgesucht, dessen geheimes Wissen auf Zauberei hinausläuft. Nicht selten hat das auch Erfolg, wozu der Glaube nicht wenig beiträgt. Das hat er zu allen Zeiten getan. Die Menschheit aber, der es gelungen war, die Haustiere zu zähmen, die Nährpflanzen zu bauen, das Steinmesser zu schleifen, die Matte zu flechten, den Lauf der Jahreszeiten nach den Sternen zu bestimmen, waren über die Urdummheit weit hinaus, und mit den ersten Verzierungen ihrer Töpfe, ja schon mit der Bemalung ihrer Leiber war der erste Schritt zur Kunst getan. Was im Laufe der Entwicklung als Wissenschaft und Magie zu Gegensätzen ward, kommt aus derselben Wurzel. Der Mensch will Herr über die Mächte werden, die in der Natur sind oder ihm zu sein scheinen, so weit er kann; es gibt genug, wo er zu schwach ist, sich vor ihnen zu schützen. Anders steht es mit der modernsten Technik auch nicht. Auch in dem primitiven Menschen steckt das Staunen, das *θαυμάζειν*, steckt der Wissensdrang. Das Suchen nach einem Verstehen, *συνιέναι*, zur Philosophie, das heißt zur Wissenschaft, zu steigen, ist freilich nur den Griechen gelungen. Zauberer (μάγοι γόητες) hat es immer gegeben, aber ihre Namen haben schon im fünften Jahrhundert einen üblen Klang, es sind recht kümmerliche Medizinmänner. Sehr wichtig, daß kein großer Gott sich mit dem Zaubern so tief eingelassen hat wie Odin[1]. Auch eine Doktrin des Zaubers, also auch Zauberbücher, hat es nicht gegeben, während Traumbücher und Sammlungen verwendbarer Sehersprüche bestanden.

In dem Kultus der Götter steckt vielerlei, was ursprünglich magische Kraft haben sollte und dauernd in dem Ritual sorgfältig beobachtet wird, manchmal symbolisch gedeutet, auch wohl durch eine ätiologische Fabel motiviert. Selten hat es religiöse Bedeutung, die eine Erwähnung verdiente. Der eine Gott verlangt dieses Opfertier, der andere jenes, stellt auch an seine Beschaffenheit besondere Forderungen, hat Vorliebe für bestimmte Blumen und dies oder jenes Räucherwerk. Nicht jedes Holz paßt für jedes Feuer; es gibt auch ἄγρια ξύλα, auf denen man Böses, Unreines verbrennt, aber nicht die Opferstücke. Die Haltung der Betenden kann verschieden sein, Verhüllung des Hauptes, auch wohl der Hände gefordert. Rechts und links wird bedeutungsvoll, auch die Farben, schwarz, weiß, rot. Feste Formen für die Anrufung des Gottes, zumal für die sakralen Rufe der Gemeinde, werden auch in fremden Kulten bewahrt, die hellenisch geworden sind. Das ist heute auch nicht anders. Der jüdische Gott verlangt, daß der Mann seinen Kopf bedeckt, der christliche, daß er den Hut abnimmt. Weihwasser ist aus dem orientalischen Kultus an der Tür des Gotteshauses beibehalten. Ein Kreuz wird immer noch geschlagen, an seine magische Wirkung vielfach geglaubt, und um die Fingerhaltung ist in Rußland ein Schisma entstanden. Mit Halleluja steht es wie mit εὐοῖ, und Amen wirkt feierlich, weil es unverstanden ist. Das hat alles seine geschichtliche Berechtigung und sein Existenzrecht. Aber ebensosehr muß einleuchten, daß diese Äußerlichkeiten, an deren Beobachtung die gläubige Gemeinde hängt, zur

[1] Einzelne Götter führen zauberkräftige Attribute, Zeus die Aegis, die zuerst ein Ziegenfell gewesen sein wird; er gibt sie anderen Göttern ab, so daß sie zuletzt nur ein Schmuck Athenas wird. Aphrodite hat ihren κεστός, Hermes seine Rute. Höchstens die Aegis ist mehr als Dichtererfindung. Geradezu ein Zauber steckt in dem πολέμοιο τέρας, das Eris in den Händen hält (Λ 4); das Gorgohaupt und der Phobos sind so etwas, und weil die Menschen es auf ihren Schilden haben, bekommt es auch Athena.

Religion nicht gehören, sondern nur ihre Einhaltung, die Wahrung der Tradition, im Grunde also die Unterwerfung unter den Willen des Gottes, das heilige Gesetz. Ob das die Gemeinde kennt oder nur der Priester dieses Gottes, ob es in allen Heiligtümern dasselbe ist oder, wie oft bei den späteren Griechen, sehr verschieden, macht keinen Unterschied. Hesiodos, Erga 337, spricht den Grundsatz kurz und treffend aus, alles soll *ἁγνῶς καὶ καθαρῶς* geschehen. Das erste verlangt die reine Einhaltung der vorgeschriebenen Gebräuche, das andere die Reinheit dessen, der sie vollzieht, und der übrigen Teilnehmer[1], was zu peinlichen Vorschriften, Speiseverboten, Fasten, geschlechtlicher Enthaltung führt, schließlich auf das Moralische übernommen werden kann.

Nur auf einen Zauber muß nachdrücklich hingewiesen werden, in dem eine gewaltige Kraft steckt, immateriell, aus der Seele des einen Menschen in die Seele des anderen strömend, auf den Zauber des lebendigen Wortes, „dessen Kraft so mächtig dort war, weil es ein gesprochenes Wort war". Wir wissen alle, was der Klang des befehlenden Wortes über Tier und Mensch vermag, und nennen das Suggestion. Der rechte Führer überträgt seinen Willen durch ein Wort auf eine Menschenschar, aber auch in manchem einmal autoritativ gesprochenen Schlagworte liegt eine Kraft, die weit über den Kreis der Hörer hinaus reicht: *ζῶντα περιποτᾶται*, wie Sophokles es von den delphischen Gottesworten sagt. Der Mordprozeß der Athener, geheiligt von diesem Gotte, rechnet mit der Macht des gesprochenen Verbotes, geheiligte Orte zu betreten, selbst über das Gewissen des unbekannten Mörders[2]. So soll denn auch das richtig gesprochene Wort den Gott heranrufen, eine feindliche Macht abwehren, und das Gebet soll den göttlichen Willen bestimmen. Das sinkt schließlich zu den Albernheiten des Hokuspokus und Perlicke, Perlacke, zu dem Plärren der sieben Vokale und des Abrakadabra der Zauberpapyri, aber zuerst ist es ganz ernst, und die magische Verwendung im Gottesdienste ist wohl verständlich. Denn in seiner Seele bleibt der Gott immer menschenähnlich, selbst wenn seine Körperlichkeit aufgegeben wird, daher wird er auf das reagieren, was an den Menschen erprobt ist.

[1] In Athen rief der Priester *τίς τῇδε*; und die Gemeinde antwortete *πολλοὶ κἀγαθοί*, Aristophanes Fried. 968 mit Schol. Damit ist die Reinheit bezeugt.

[2] Antiphon VI 4, eine für die alte Religiosität besonders wichtige Stelle.

Im Fluche wirkt die Kraft des Wortes am stärksten; der des Oedipus ist für uns das leuchtendste Beispiel, da Aischylos ihn bis zum Untergange des Geschlechtes verfolgt, auf dem er liegt. Der Bann, der einen flüchtigen Hochverräter, also auch Verräter an den heimischen Göttern trifft, bestimmte Verbrechen im voraus ächtet, gehört zur Ergänzung des staatlichen Strafrechtes und wird in Athen vor jeder Volksversammlung ausgesprochen. Notwendig muß dann der Fluch selbst, die *Ἀρά*, zu einer wirkenden Person werden, aber schon Homer kennt als Vollstreckerinnen die Erinyen *I* 571 (angerufen waren andere Götter), die sich daher selbst *Ἀραί* nennen (Aisch. Eum. 417). Der Fluch des Ermordeten ruft den Rächer zu seinem Werke (Choeph. 406). Noch ungleich stärker greift in das Leben der Eid ein, und der ist nur als Selbstverfluchung für den Fall des Eidbruches überhaupt verständlich und bleibt es, auch wenn die Formel es allmählich verschleiert. Denn die Götter, die angerufen werden, sind nur Zeugen; daß sie gerade die Verfolgung der Eidbrüchigen übernehmen, liegt nicht darin, aber Götter werden es besorgen[1]; der Staat greift nicht ein, obwohl er überall Eide, promissorische und assertorische nötig hat und daher fordert. Das hat freilich dazu geführt, daß mancher wie Auto-

[1] Der Horkos selbst läuft hinter dem Spruche des ungerechten, also eidbrüchigen Richters her, Hesiod Erga 219. Bei dem Verfasser der Hemerai 803 besorgen es bereits die Erinyen (*ὅρκον τινυμένας* kann allein die echte Fassung sein, wenn auch die Variante *γινόμενον* verbreiteter und von Vergil Georg. I 278 gelesen ist). Achilleus ruft *A* 234 gar keine Götter zu Zeugen, sondern sagt *ναὶ μὰ τόδε σκῆπτρον* und schließt *ὃ δέ τοι μέγας ἔσσεται ὅρκος*. Damit macht er den Stock nicht zu einem Gotte oder zu einem Symbol eines Gottes. Man muß nur recht auf das hören, was er von dem Stocke sagt, der *οὐκ ἀναθηλήσει*, aber jetzt in den Händen derer ist, welchen Zeus die *θέμιστες* anvertraut hat: so wahr der Stock nicht wieder grünen wird, aber wer ihn trägt, Wahrer des Rechtes sein soll, wird Agamemnon sich einmal nach der Hilfe des Achilleus sehnen. Nicht einmal Zeus ist als Rächer gedacht, sondern die Unabänderlichkeit seines Entschlusses spricht Achilleus aus, und die Folge daraus ist ebenso unabänderlich. Aristophanes Lysistr. 203 wird vor der Vereidigung von dem, der den Eid abnimmt, neben der *Πειθώ* die *κύλιξ φιλοτησία* angerufen, aus der die Schwörenden gemeinsam trinken sollen. Soll da der Becher zu einem „Augenblicksgotte" werden? Die *φιλία*, die in der Gemeinde vorhanden ist, soll auch bewirken, daß sie den Eid halten: sie ist Gott so gut wie die Peitho, die Macht der Gründe, welche zu dem Gemeindebeschluß geführt haben.

lykos (τ 396) mit Eiden zu betrügen wagte, aber selbst als die Nichtachtung des griechischen Eides so groß war, wie zur Zeit des Polybios, hat niemand an der Straflosigkeit des Meineides gerüttelt. Um so ernster muß man es in der alten Zeit nehmen, wenn in Gortyn der Richter „unter Eid" sein Urteil fällt und der homerische Staatsvertrag die Selbstverfluchung in sich schließt, Γ 279[1]. Wenn jetzt der gänzlich profane Staat den Eid nur als eine Formel verwendet, die eine Aussage bekräftigen soll, und die Verletzung der Wahrhaftigkeit mit schweren Strafen belegt, so ist der Eid nur ein Überlebsel aus einer religiös eingestellten Zeit, und die Konsequenz der Ochlokratie mag ihn beseitigen. Den promissorischen Eid pflegen Juristen und Nichtjuristen vollends als bloße Form zu betrachten; so sind diejenigen, welche sich gebunden fühlen, im Leben gegen die Gesinnungsgenossen des Autolykos im Nachteil. Freilich werden es solche sein, die auch ohne Eid die Wahrheit sagen.

In allen Flüchen und Beschwörungen kommt es auf die peinliche Einhaltung der zauberkräftigen Worte an, dann also auch darauf, daß der Gott bei seinem richtigen Namen gerufen wird. Wie die Menschen den erfahren haben, kann nicht mehr gefragt werden, aber was er bedeutet, hat man früh gefragt, und Hesiod hat mit einer Etymologie von Aphrodite angefangen. Die antike Theologie hat niemals aufgehört das Wesen des Gottes in dem Namen zu suchen, in den sie hineinzwang, was sie hören wollte, und die Modernen haben es nur noch ärger getrieben, wenn das Griechische trotz aller Gewalt nicht zureichte, nach dem Semitischen, Indischen, zuweilen gar dem Lateinischen gegriffen. Es sieht so aus, als wollten uns die Götter necken wie Rumpelstilzchen und packten wir sie, wenn wir den Namen wüßten. Wahrscheinlich werden sehr viele Götternamen immer *σιγῶντα* bleiben, wie sie Euripides nennt (Phaethon 781, 13). Gerade darin liegt das Problem, daß die Griechen zwar viele unmittelbar verständliche Götternamen haben, aber gerade die der größten Götter zumeist unverständlich und ungriechisch sind. Die Lösung kann die Etymologie nicht geben, vielmehr allein die Geschichte. Wenn der Name nicht griechisch ist, dann ist es der Gott auch nicht. Wir werden übrigens sehen, daß ein Gott auch ohne Eigennamen nach dem Orte bezeichnet werden kann, wo er wohnt.

[1] Auch das römische foedus schließt die Selbstverfluchung ein, Livius I 24. Mommsen, Staatsrecht I 252.

Wenn bekannt ist, wo der Gott wohnt oder doch gern verkehrt, so kann man zu ihm gehen, um ihn zu verehren oder zu bitten, daher die Prozessionen, die bis auf die Berge steigen. Sonst heiligt man ihm einen Platz, Hain, Wiese, Opferstätte, und ladet ihn dahin ein, bereitet ihm einen Opfertisch, auf dem er die Gaben finden kann, auch einen Sitz davor. Sehr früh verlangt man irgendein sichtbares Zeichen, das den unsichtbar Anwesenden vertritt. Das kann ein roher Stein, ein Brett sein, zwei verbundene Balken konnten in Therapnei die göttlichen Zwillinge vorstellen, aber Bilder sind das keineswegs, und noch viel weniger die Götter, welche sie vertreten. Götter sind die Steine nicht, welche in Thespiai den Eros, in Orchomenos die Chariten vertraten, wenn es auch nicht ausbleiben konnte, daß der Stein von Fréjus sagt „ich bin Aphrodites Diener Terpon“, um kenntlich zu machen, was er bedeutet. Die Zeus *ἔνδενδρος* auf Rhodos und Paros[1], Dionysos *ἔνδενδρος* in Böotien wohnten ohne Zweifel in Bäumen, und deren Zweige werden voll von Weihgaben gewesen sein, insofern gibt es einen Baumkultus, aber der Baum ist nicht der Gott, sondern ist dem Gotte gehörig, *ἱερός*. Wohl hat der Baum eine Seele, weil er lebt, das ist die *Δρυάς*, wie ihr Name sagt[2], aber die bekommt ja jenen Kult nicht, sondern große Götter. So sind auch die menschengestaltigen Götterbilder der späteren Zeit nur *ἱερὰ ἀγάλματα*, selbst wenn sie vom Himmel gefallen sein sollen, denn das wird ja nur erzählt, weil sie für besonders heilig gelten, wie schwarze Madonnen der heilige Lukas gemalt haben soll. Sie bleiben auch Bilder, selbst wenn sich an ihnen Wunder vollziehen, die Athena von Ilion sich von dem Anblick abkehrt, als ihre Priesterin vergewaltigt wird, wie es christliche Bilder auch getan haben; diese tun selbst Wunder, was die der griechischen Götter nicht tun. Die rohen hölzernen Xoana mußten gewaschen, neu bemalt und bekleidet werden; daraus ward ein Fest, und die Anwesenheit Athenas bei diesem ward gewiß einmal geglaubt, aber das Bild war

[1] Hesych *ἔνδενδρος*, IG. XII 5, 1027 mit der Vorschrift *μέλιτι σπένδεται*. Der Baum wird eine Eiche gewesen sein, und der Gott, der gern in ihr wohnte, war Herr eines Haines und erhielt Spenden von dem Honig, den die heiligen Bienen in hohlen Eichenstämmen bereiteten.

[2] Wenn mit diesem Glauben an die Dryas in jedem Baume Ernst gemacht wäre, hätten die Menschen kein Holz schlagen können. Daher wird nur ein einzelner Baum oder ein Hain geheiligt, übrigens dann lieber einem großen Gotte.

darum doch Bild, und die Göttin ward nicht ausgezogen und gewaschen. Wenn die arkadischen Knaben und ähnlich Abruzzesen ihre Enttäuschung über mangelnde Hilfeleistung ihrer Götter an deren Bildchen auslassen, so entscheiden solche Ausschreitungen nicht über die Religion, sondern bestätigen nur, daß auch die rohesten Vorstellungen nicht aussterben. Aber Menschen dieser Art haben niemals auch nur den Kultus, geschweige die Religion bestimmt. Die Portugiesen, die in den Götterbildern oder Symbolen[1] der Neger Fetische sahen und uns dieses Wort zugeführt haben, waren selbst Fetischdiener, wir aber sollen in allen diesen Fetischen den Gott nicht verkennen, den der Gläubige anbetet.

Die Absicht des Kultus mit allen seinen Praktiken ist mit dem Gotte in Verbindung zu treten und auf ihn einzuwirken. Das geschieht nach zwei Seiten, das Wohlwollen und die Gnade des Gottes zu gewinnen oder seinen Zorn zu beschwichtigen. Im ersten Falle werden dieselben Mittel angewandt, wie sie sich an Menschen, zumal mächtigen bewährt haben, Schmeichelworte, Versprechungen, Geschenke. Man ladet ihn zum Mahle, erfreut ihn durch Düfte, durch Musik, Gesang und Tanz. Gegen drohenden Zorn wird vorbeugend schon manches getan, haben sich aber die Folgen des göttlichen Zornes fühlbar gemacht, so fühlt der Mensch sich schuldig und sucht die Schuld auf ein Tier oder einen Menschen zu übertragen, deren Tod sie mit sich in das Feuer oder das Wasser nimmt. Diese Allgemeinheiten mögen hier genügen, wenigstens

[1] Der Ausdruck ist bequem, aber für die Neger deutete der Fetisch den Gott nicht an, sondern der Gott war wirklich in dem Dinge. So wird vieles im Kultus und im profanen Gebrauche zum Symbol. Sowohl das Szepter des Königs wie der Feldherrnstab gehen auf den Stock zurück, die Stütze (*σκῆπτρον*) des würdigen Mannes, schon bei Homer geführt von dem Fürsten, auch von dem Redner in der Volks- eigentlich Heeresversammlung. Aber Odysseus macht von seinem Stocke gegen Thersites denselben Gebrauch wie der spartiatische Offizier in dem okkupierten Athen, der wieder dem centurio entspricht, den seine virga bezeichnet. Die kann wieder zu der Rute des Hermes, zum Zauberstabe führen. Merkwürdig ist das alles, sind die Symbole auf Münzen und Wappen, ist die Bekränzung als Zeichen der Weihe, dann des Amtes in Athen, ist alles, was Uniform heißen kann und doch zuerst die Gleichgekleideten aus der Masse heraushob und durch besondere Abzeichen innerhalb der Uniformierten Unterschiede markierte. Vieles davon geht den Kultus und seine Teilnehmer an, aber alles gehört nicht zur Religion.

für den hellenischen Kultus; bei anderen Völkern mag er noch anderes bezwecken.

Die Hauptsache ist, daß die Verehrung der Götter Sache der Gemeinde, also in alter Zeit des Stammes ist, des Staates, soweit es einen Staat gibt. Und so ist es immer geblieben; wir sagen wohl, Staat und Kirche fallen zusammen. Daraus folgt, daß der Priester ein Organ des Staates ist und bleibt. Wohl besitzt er allein, wie auch immer erworben, die Kenntnis der Riten, weiß allein, wie es der Gott haben will, muß also das Opfer für den Staat darbringen. Doch ist auf seinem Hofe der Herr zuständig, den Göttern dieses Hofes zu opfern, und gerade die für das Wohl des Stammes notwendigsten regelmäßigen „väterlichen" Pflichten der θεραπεία liegen dem Stammhaupte, dem Könige ob; es werden ursprünglich die Gottesdienste seines Geschlechtes sein. Eine Folge dieser Stellung des Priesters ist, daß er zwar gewisse Ehren genießt, auch Einkünfte aus seinem Amte, aber weder politisch noch als Lehrer des Volkes irgendwelchen Einfluß hat. Nur sein Gott geht den Priester an; außer dem Staate ist keine Instanz da, die darüber entschiede, welche Götter durch allgemeine Feste geehrt werden sollten[1], also weder ein Kollegium der Priester noch ein Oberpriester. Der Gegensatz zu Indern, Römern und Kelten, um bei den Indogermanen zu bleiben, ist stark. Die Germanen haben es wie die Griechen gehalten. Die Frauen des Stammes haben ihre besonderen, den Männern unzugänglichen Kulte, also auch ihre Priesterinnen. Die Jungfrauen sind vielfach zu Prozessionen und Reigentänzen für Göttinnen aufgeboten. Auch das ganze Volk oder auch der Heerbann schreiten wohl in Prozession zu Ehren des Stammgottes oder bei Sühnfesten. Später ist wohl ziemlich jeder ansehnliche Vollbürger ein oder das andere Mal zur aktiven Teilnahme an dem staatlichen Gottesdienste herangezogen worden. Sein persönlicher Glaube blieb dabei vollkommen frei, aber die εὐσέβεια gegenüber den anerkannten Göttern des Staates war unverbrüchliche Bürgerpflicht. Daran hat keine Zeit gerüttelt. Noch im römischen Reiche, als die Kulte der Einzelgemeinden ihre bindende Kraft verloren hatten, gehört die Beteiligung an dem Reichskulte, der die Form des Kaiserkultes angenommen hatte, zu den Pflichten des Reichsbürgers. Daher verleugneten die Christen durch die

[1] Daher machen die Ordnungen der Jahresfeste des Kirchenjahres sozusagen den Eindruck der Willkür, sind also zwar für die einzelne Stadt wichtig, aber für die Religion im ganzen unergiebig.

Weigerung an dem Kulte teilzunehmen, bewußt ihre Zugehörigkeit zum Reiche und war damit der Kampf auf Leben und Tod gegeben.

Zwischen dem Stamme und den Hausständen, also Geschlechtern (γένη οἶκοι) bestehen später Zwischenglieder, Vaterschaften (πάτραι), bei den Ioniern Bruderschaften (φρατρίαι, aber die Bedeutung wird vergessen), oft auch diesen übergeordnet φυλαί, also eigentlich Stämme, und Zusammenschluß von kleinen Stämmen wird auch das erste gewesen sein. Immer ist dabei Blutsverwandtschaft vorhanden oder geglaubt, die Fiktion wird beibehalten, auch wo die ganze Gliederung durch einen Willkürakt geschaffen wird. Alle diese Gemeinschaften haben einen Kultus, in dem sich das Gemeingefühl ausspricht. Man sollte erwarten, daß der Exponent dieses Gefühles der Ahn wäre, und dann würde der Staat auf einem Ahnenkulte beruhen und könnte der von manchen Theoretikern angenommene Ursprung der Götter aus diesem Kulte erwogen werden. Es ist aber ganz anders. Bei den Hebräern sind Jakob, Joseph usw. zugleich Heroen- und Stammnamen. Aber wenn am Anfange von Genealogien ein Lakedaimon, Sikyon, Lokros, Aitolos, Ion usw. stehen, sind sie blutlose Schemen, viele einfach Erfindungen der Genealogen. Die wirklichen Schutzgötter der Stämme und Staaten gehören zu den großen Göttern; selbst die attischen Phratrien, die sich nach einem Ahn nennen, haben zu ihren Göttern Zeus und Athena. Schon der griechische Name beweist, daß das Geschlecht nicht die Bedeutung hatte wie in Rom. Δημοσθένης Δημοσθένους gegen M. Tullius M. f. Im allgemeinen greift man über den Großvater nicht zurück, so daß sich im Enkel der Großvater erneuert, was auch die Namengebung berücksichtigt[1]. So viel Ahnen verlangt die Demokratie von dem Archon (Pollux VIII 85) und sagt danach auch δοῦλος ἐκ τριγονίας. Namen von Geschlechtern kennt schon die Ilias; Achilleus ist Aiakide, allerdings nach dem Großvater. Solche Namen hat es zur Zeit der Adelsherrschaft viele gegeben, aber die Kypseliden, Orthagoriden, Peisistratiden zeigen, wie sich das in der Praxis verschob, in der Demokratie die Buseliden der Makartatosrede. Der echte Adel sollte auf Götterblut beruhen, wie es die Stammbäume der Heroen in den Eöen taten. Das traf auf die Könige Spartas zu, sonst ist es

[1] In den wenigen höher hinauf führenden Stammbäumen wiederholen sich allerdings die Namen nicht, auch nicht in denen der Heroen. Es mag die Sitte der Namengebung also gewechselt haben.

selten, und die Zurückführung auf einen Heros war schon viel; an dessen göttlichen Ahn ward kaum gedacht[1]. Ein allgemeiner Kult der Vorfahren bestand zuweilen, und gerade da zeigen die *τριτοπάτορες* oder *τριτοπατρεῖς* in Athen und Kyrene wieder die *τριγονία*. Die verstorbenen Familienmitglieder wurden ursprünglich und so in der Regel keine in dieses Leben hinüber wirkenden Mächte. Von einem Ahnenkulte, der zum Götterglauben oder zur Bildung des Stammes geführt hätte, kann also keine Rede sein.

Es ist dem einzelnen Hausstande unbenommen, neben den Göttern des Stammes auch andere zu verehren. Durch den Verkehr mit näher und ferner wohnenden, verwandten und fremden Stämmen werden andere Götter bekannt, in denen manchmal dieselben Mächte nur andere Kultformen und andere Namen erhalten haben, aber auch unter anderen Lebensbedingungen wirklich neue Götter geworden sind. Noch viel stärker wirkt auf die Vermehrung ihrer Zahl die Wanderung des Stammes, der auf neuer Erde die Götter der früheren Einwohner vorfindet und ihren Kult übernehmen muß, denn ihnen gehört ja das Land. Wie das im einzelnen zugegangen ist, läßt sich nicht erschließen, wir kennen nur das Ergebnis, die weite Verbreitung mancher Götter, die Verehrung derselben Macht unter verschiedenen Namen und die Übernahme stammfremder Götter. Das muß im einzelnen geprüft werden. Prinzipielle Bedeutung hat nur, daß neben dem jedermann verpflichtenden Götterdienste des Stammes auch andere allmählich eindringen und schließlich allgemein anerkannt werden. Die Zahl der geglaubten und dann auch verehrten Götter wird somit steigen, und es treten auch solche hinzu, die als verehrt vorgefunden sich im Glauben einen Platz erobern. Die Wanderungen bringen mit sich, daß die zuerst an einen Ort gebundenen Götter sich von diesem lösen, und wenn sie auch an einem anderen angesiedelt werden, kann sich doch ihr Wesen freier, persönlicher entwickeln. Auch die reichere innere Erfahrung wird sich in dem Glauben fühlbar machen. Das aber bleibt, daß die Götter die *κρείττονες* sind, keine sittlichen Mächte. Denn die Ordnung der Gesellschaft und die daraus für den einzelnen erwachsenen Pflichten kommen nicht aus der Religion, und es dauert noch lange, bis der Mensch sich an

[1] Die Philaiden Athens haben sich weiter nach einem vermutlich historischen Ahn Philaios genannt, auch als sie diesen zu einem Sohne des Aias gemacht hatten, was übrigens erst geschehen konnte, als Athen mit Salamis den Aias Telamons Sohn annektierte.

diese Pflichten auch religiös gebunden fühlt. Erst dann wird er die ἀρεταί, die der Mensch üben soll, auch von seinen Göttern verlangen.

Uns scheint es so, als wären die Menschen der alten Zeit in sehr viel stärkerer Weise Gattungsmenschen gewesen, als sie es nach Entfesselung des Individualismus im Unterschiede von der durch tiefere Bildung gezüchteten Oberschicht immer bleiben. Der Kultus der Gemeinschaftsreligion geht alle gleichermaßen an, und der Stamm, später der Staat mit seiner Moral und seiner Erziehung strebt danach, den Individualismus niederzuhalten. Allein Körperkraft und Mut hat doch die Führer an die Spitze gebracht, und das Selbstgefühl des Herrn, der auf seinem Hofe ein König ist, gibt dem des Stammeshauptes kaum nach. Da hat es an Unterschieden in Intellekt und Phantasie auch nicht gefehlt, in Männern und Frauen (die hier nicht unterschätzt werden dürfen), welche der Gott in ihrer Brust zu tieferer Erfassung von Religion und Moral befähigte. So wandelt sich allmählich der Glaube, langsamer oder schneller, in ruhigem Fortschritte oder in Kämpfen, deren Erfolg auch der Untergang der Neuerer nur steigern kann. Wir hören von solchen Gestalten oder erschließen ihr Wirken freilich erst aus viel späterer Zeit, aber der Fortschritt in der Religion und auch im Kultus fordert die Annahme.

Wo können wir also die Träger der fortschreitenden geistigen und religiösen Entwicklung suchen? Jeder Hausvater übt den Gottesdienst auf seinem Hofe selbst nach der ererbten Weise. Die Wahrnehmung der Götter und die Ordnung ihrer Verehrung lag weit zurück, aber einmal war sie als eine große Neuerung erfolgt. Ganz so stand es mit den Priestern; sie boten keine Lehre und beschränkten sich darauf, die feststehenden Formen ihrer Kultpraxis zu erfüllen und die Gläubigen zu derselben anzuhalten. Sie werden irgendwelche Begründungen für die einzelnen Zeremonien angegeben haben, aber diese Ätiologien haben kaum einen Wert, jedenfalls keinen religiösen[1]. Es gibt Seher[2], von den Göt-

[1] Solche Erklärungen mochten sie nicht Mythen nennen, obwohl solche oft vorausgesetzt werden, sondern reden von einem ἱερὸς λόγος. Pausanias ist voll von solchen fast immer wertlosen, aber von ihm ernsthaft behandelten Aitia. Da mag das meiste ganz spät sein. Aber schon die attischen Exegeten-Atthidographen bringen nicht wenig der Art, auch mit Heranziehung der Heldensage (z.B. bei den Blutgerichtshöfen).

tern mit der Fähigkeit begabt, Vorzeichen zu deuten, die Götterworte zu verstehen, die Zukunft vorauszuschauen. Auch dies wird eine Kunst, die sich vererbt, und der Seher wird oft ein landfahrender, durch seine Kunst geschützter Mann wie die anderen fahrenden Künstler oder Handwerker. Aus diesen Kreisen mag manches, namentlich in den Sühngebräuchen, welche Unheil abwehren sollen, gekommen sein; für den Glauben des Volkes kann man ihnen aber keine Bedeutung beimessen. Wo ein Gott Orakel gibt, braucht er *ὑποφῆται*, die seine Antwort vermitteln oder deuten. Aus einer solchen Priesterschaft konnte eine mächtige neue Lehre emporkommen und sich verbreiten; in Delphi ist es geschehen, aber das ist spät und einzigartig[1].

Entscheidend sind bei den Hellenen der Blütezeit die Dichter. Sie sind es immer gewesen, lange vor Homer und Hesiod. Wer anders hat von den Göttern erzählt, ihnen Eltern und Kinder gegeben, sie untereinander handelnd eingeführt. Wer anders hat vom Werden der Erde, den wechselnden Geschlechtern der Götter und Menschen zu berichten gewußt. Auch die Sänger waren Dichter, ein Stand wie die Seher und Handwerker, der keinen festen Wohnsitz hat, aber von den Mächtigen gern in Dienst genommen wird[2]. Wir kennen sie zunächst als die Träger der geschichtlichen Erinnerung und erkennen damit, daß sie in die heroische Zeit, für

Die Religion geht es nichts an. Schon Hesiodos bringt in der Prometheusgeschichte der Theogonie eine Erfindung, die nur den Wert hat, daß wir erkennen, man nahm schon damals Anstoß an der Verteilung des geopferten Tieres zwischen Göttern und Menschen.

[2] *μάντις* scheint sich nicht deuten zu lassen. *μηνύειν* würde passen, wenn es die Grammatik erlaubte, *μαίνεσθαι* paßt auf die hellenischen Seher durchaus nicht, wohl aber auf die asiatische Sybille und die *φοιβόληπτοι*, also die von dem Geiste des fremden Gottes besessenen Frauen, die Pythia und die Kassandra.

[1] Die Iamiden in Olympia hatten die Orakel in ihrer Hand (Pindar, Ol. 8, 1), aber sie haben damit keinen weitreichenden Einfluß erreicht. Einzelnen, die wandernde Seher wurden, ist es besser geglückt. Nur die Götter, die bemüht werden, um Olympia, das für die allgemeine Religon niemals maßgebend gewesen ist, höhere Würde zu verleihen, Kronos, Herakles, die Daktylen verraten, daß sie als Theologen mit ihren *ἱεροὶ λόγοι* früh tätig gewesen sind.

[2] Die Skalden sind vergleichbar, aber der Sänger hat nicht die Aufgabe, den Ruhm seines Brotherrn zu verbreiten; er dient nicht der Gegenwart.

uns die Urzeit, zurückreichen müssen, denn nur im Liede konnte die Erinnerung an die Kriege des Mutterlandes und die goldreichen Burgen der Argolis nach Asien hinüberkommen und fortleben. Der Gottesdienst hat wohl immer Gesang und Tanz, also rituelle Lieder gebraucht, aber nicht in diesen hat sich die belehrende Erfindungskraft der Dichter ausgesprochen, höchstens mittelbar, denn wenn jene Lieder auch die Geschichten erwähnen mochten, in denen der Gott seine Macht erwiesen hatte, seine ἀρεταί, so setzte das die Geschichten voraus; hier war keine Gelegenheit sie zu erzählen. Die Dichter stehen auch nicht im Dienste von anderen Göttern als in dem der Muse, ihrer eigenen olympischen Göttin: darin liegt, daß sie mit ihrem Wissen und ihrer Kunst auf sich stehen. Als Epiker, Erzähler haben sie auch von den Göttern erzählt. Homer und Hesiod haben zahllose Dichter zu Vorfahren, und von diesem ganzen Stande gilt es, daß er den Hellenen ihre Theogonie geschaffen hat, sagen wir besser gleich, ihre Mythologie.

Mit dem Proteste gegen die Gleichsetzung der hellenischen Religion mit Mythologie haben wir begonnen, hier müssen wir feststellen, daß um die Religion, wie sie sich fortgebildet hat, ein dichter Schleier von Mythologie liegt, den die Dichter gewoben haben, indem sie die Fortbildung der Religion zugleich förderten und auf die Dauer hemmten. μῦθος ist zuerst die gesprochene Rede, ihren Inhalt geht das Wort niemals an. Es kann der Spruch des Richters sein (*A* 545, Hesiod, Erga 263), aber nur als Aussprache des Urteils ohne Rücksicht auf den Inhalt. Der Gegensatz zu λόγος, das an die Stelle von μῦθος tritt, ist scharf. Daher wird Mythos zu einer Geschichte, wie man sie sich erzählt, und lebt nur noch als *fabula*, die Tierfabel und das Kindermärchen heißen so; es liegt in dem Worte zunächst noch nicht, daß der Inhalt spielende Erfindung ist, aber daß er Wahrheit ist, liegt niemals darin. „Den Kindern erzählt man Mythen, τοῦτο δέ που, ὡς τὸ ὅλον εἰπεῖν, ψεῦδος· ἔνι δὲ καὶ ἀληϑῆ“, sagt Platon, Staat 377. Er redet überaus häufig von Mythologie und μυϑολογεῖν, hat ja selbst viele Mythen gedichtet, in denen er unbeweisbare, aber darum ihm nur um so teurere Wahrheiten allein auszusprechen wußte. Selbst was in seinen Gesetzen aufgestellt und zum Teil bewiesen wird, nennt er Mythologie. Mythos ist seine ganze Kosmogonie, und gerade ihr ist es begegnet für offenbarte Wahrheit genommen zu werden. Die Götterdynastien des Hesiodos sind nichts anderes. Dichter vor ihm und er selbst haben sie erdacht, mit ebensoviel Anspruch auf Wahrheit wie der Timaios. In dem *μυθοποιεῖν* liegt keine besondere Einstellung des Denkens, es ist ein Dichten gleicher Art wie bei Empedokles und bei Platon: die Wahrheit reicht eben dem Dichter jenen Schleier, auf daß er ihre heilige Nacktheit verhülle, die auch das Auge der Seele nimmer zu schauen vermag. Welcker (Götterlehre I 77) hat den Mythos und seine Entstehung also gepriesen: „in den Zeiten ihrer Entstehung waren die Mythen Offenbarung und machten ihren tiefen religiösen Eindruck dadurch, daß sie auch der einzige und überraschende Ausdruck großer Wahrheiten waren, daß in diesen Bildern gewisse Gedanken sich selbst erkannten und verstanden. Der Mythos ging im Geist auf, wie ein Keim aus dem Boden hervordringt, Inhalt und Form eins, die Geschichte eine Wahrheit." Das dürfte sich nur von der Genesis des Götterglaubens sagen lassen; und auch da ist die Wahrnehmung der Götter zuerst einzelnen Menschen zuteil geworden, in dem Volke war nur die Empfänglichkeit für den Glauben vorhanden. Der Mythos, die Geschichten von den Göttern, setzt ihre Existenz ebenso voraus wie der Kultus, und er entsteht in der Phantasie des Dichters, der eine große Wahrheit ahnend erfassen und als solche hinstellen kann, wie Diotima den Aufstieg bis zu der Schönheit an sich, wahrlich eine große religiöse Wahrheit, die doch auch den Schleier der Poesie trägt. Im Totengerichte des Staates ist dieser Schleier nur sehr viel dichter, weil eine Geschichte aus alten und neuen Mythen zusammengewoben ist.

Die Götter sind da. Das ist auch hier die entscheidende Voraussetzung. Dann wollen wir wissen, wie sie geworden sind, wie sie aussehen und leben, unter sich und im Verkehre mit den Menschen, von deren vergangenen Geschlechtern die Muse die Erinnerung bewahrt und ihren Dienern mitteilt, nicht nur Wahrheiten, sondern auch der Wahrheit ähnliche Erfindungen, wie sie es selbst dem Hesiodos gesagt hat. Es sind blutwenige Geschichten, Mythen, die zugleich mit den göttlichen Personen also auch mit ihrem Kultus gegeben sind, und auch sie können kaum anders als im Glauben eines einzelnen Form gewonnen haben[1]. Gleich

[1] Adonis muß sterben und wieder auferstehen; ein in das Menschenleben einwirkender Gott ist dieser Fremdling nie geworden. Die Hellenen haben in ihm nur die Symbolik des jährlichen Naturlebens und die Tragik des „auch das Schöne muß sterben" empfunden, und fremd

die Geburtsgeschichten mancher Götter, die in dem Glauben und in den rituellen Liedern eine große Rolle spielen, können nur Dichterwerk sein, jede einzelne allmählich erwachsen, aber doch einmal aufgekommen. Sie fehlen den Römern und den Germanen ganz, wir dürfen sagen, den Indogermanen. Die Erkenntnis, daß die Göttergeschichten von den Dichtern stammen, daß sie Poesie sind, nimmt ihnen den Wert für die Religion keineswegs, verhilft aber allein dazu, die vielen so befremdliche Freiheit zu verstehen, mit welcher Homer von den Göttern handeln kann, geradezu unehrerbietig, wie man gegenüber nicht nur der Götterschlacht, sondern auch der *Διὸς ἀπάτη* zugestehen muß. Selbst aus solchem Spiele läßt sich nicht wenig für die Religion und ihre Entwicklung gewinnen. Der Hermeshymnus ist geradezu ein Schwank, und er wird uns höchst bedeutend werden. Nur weil die Götter da sind, den Menschen so nahe stehen, darf man auch mit ihnen scherzen. Erst wem es ganz natürlich und so recht hellenisch geworden ist, daß Aristophanes sich alles gegen die Götter erlauben und dicht daneben ganz ernsthaft und fromm zu ihnen beten kann, der kann dem lebendigen Glauben nachempfinden, der allein das Verständnis der fremden Religion erschließt. Die spezifisch hellenische Phantasie und Religiosität in Ernst und Spiel führt in einem und demselben Strome von den Dichtern vor Homer hinab bis zu Pindaros und zu Aristophanes. Ihre Dichter sind die Lehrer und dann auch immer mehr die Erzieher der Hellenen gewesen und haben von ihrer Dichterfreiheit den weitesten Gebrauch gemacht. Man mag sagen, daß das Schlingwerk der mythischen Lianen dem Stamme des Götterglaubens schließlich allen Saft ausgesogen habe, aber daneben sollen wir nicht vergessen, daß es die Dichter gewesen sind, welche das Sittliche erst in die Religion hineingezogen haben, die Erzieher des Volkes. Sie werden von den Philosophen abgelöst, und auch deren Metaphysik kann des *μυθολογεῖν* nicht entraten, wenn sich die meisten darüber auch nicht so klar sind, wie es Platon gewesen ist. Aber wenn er selbst den Mythos nicht entbehren konnte, so war vollends die Volks- und Staatsreligion samt ihren Mythen unüberwindlich, wovon freilich der Erfolg sein mußte, daß eine neue hellenische Gemeinschafts- und Volks-

blieb sein Fest immer. In Asien hatten die Orgien der Göttermutter mit Attis eine ganz andere religiöse Bedeutung. Die Anodos der Kore ist vergleichbar, aber da ist auch die Schöpfung des Mythos an einem Orte, also durch einen, unverkennbar.

religion nicht entstand. Nur um diesen sehr teuren Preis konnten uns die Hellenen die Wissenschaft, die Philosophie und damit eine Religion des Herzens schenken, die unsterblicher ist als alle persönlichen Götter.

Auch in der Moral sind die Dichter zu Lehrern und Erziehern des Volkes geworden und haben sie mit den Göttern in Beziehung gesetzt. So war es zunächst durchaus nicht, denn die Religion, soweit wir sie bisher betrachtet haben, also der Glaube an Götter, hat die Menschen nicht zur Sittlichkeit erzogen. Sie ist in dem Verkehre der Menschen untereinander entstanden, also in der Gesellschaft, welcher der Mensch angehörte. Keine Gemeinschaft kann bestehen ohne eine gewisse Lebenshaltung bei ihren Gliedern vorauszusetzen und den Eigenwillen des einzelnen zur Einhaltung gewisser Grenzen zu zwingen. Wie lose auch immer, gebunden wird der Mensch durch die Gemeinschaft, in welcher er steht. Das muß er auf sich nehmen, denn er ist zum Leben in der Gemeinschaft geboren, *φύσει πολιτικὸν ζῷον*. Damit liegt auf ihm die Pflicht und das Recht, die das Griechische so gut mit dem *δίκαιον* bezeichnet, denn darin liegt sowohl was er als gerecht zu üben wie was er von den anderen als gerecht zu erwarten und zu fordern hat. Dafür ist minder wichtig, was der jeweilige Staat erzwingt oder doch verlangt, als was seine Bürger für gerecht und schicklich halten, also ihr Rechtsgefühl und ihre Moral, also keine äußeren sondern innere Gebote. Dieses nicht absolute Rechtsgefühl, sondern das *νομιζόμενον δίκαιον* wird dem Sklaven, dem Fremden, dem untergeordneten oder gleichgestellten Stammesgenossen gegenüber verschieden sein, anders in dem Krieger, anders in dem Bauern, wieder anders im Händler. Aber sei auch verschieden, was ihnen für recht und unrecht, sagen wir einmal mit einem Worte, das germanischem, nicht hellenischem Denken und Reden entspricht, was für ehrenhaft und ehrlos gilt, das Gefühl für die eigene Ehre soll entscheiden, und das wird nicht verstummen, wenn Leidenschaft die Pflichten des *ἀνὴρ ἀγαθός* verletzt, vielleicht auch höhere Pflicht die Verletzung fordert. Eine Spannung zwischen dem Rechte, das die staatliche Gesellschaft vorschreibt, und dem Rechtsgefühle des einzelnen besteht immer, und dieses ist und bleibt in den verschiedenen Gesellschaftskreisen verschieden, sintemal die verderbliche Fiktion, nach der alle Menschen gleich sein sollen, zwar ein Rechtsbuch anerkennen mag, aber die Natur spottet ihrer, und das ewige und göttliche Sittengesetz ist eben darum ewig und göttlich, weil es kein solches Rechtsbuch ist. Damit dieses Göttliche erkannt werden konnte, mußte der große Fortschritt getan werden, daß *Αἰδώς* und *Νέμεσις* Götter wurden; das wurden sie erst, als die Menschen sich bewußt wurden, daß diese Mächte von ihnen Gehorsam forderten. Als sie die *κρείττονες* zu Göttern machten, waren sie noch nicht so weit; daher sind diese Götter an keine Moral gebunden, und das gehört auch zu ihrem „leichten Leben". Daher haben sie, zumal wie sie im Mythos auftreten, es auch nicht vertragen, daß die Einhaltung des Sittengesetzes von ihnen verlangt ward, und wichen daher immer mehr aus der Religion in die Mythologie.

DIE WANDERUNGEN DER HELLENISCHEN STÄMME

Diese Vorbemerkungen schienen angebracht, um die hellenische Religion von dem allgemeinen Begriffe zu scheiden. Jeder denkt dabei an die Welt von ganz individuellen Gestalten, die nebeneinander im Glauben und im Kultus stehen, Zeus, Hera, Apollon, Athena, Demeter, Dionysos und wie sie weiter heißen, und er denkt zugleich an die Mythen, die von allen erzählt werden. Wenige bedenken, wie seltsam diese Vielheit ist, wie die Menschen dazu gekommen sind, an sie alle zu glauben. Fast alle diese Götter sind schon im homerischen Epos vorhanden, da aber erfahren wir viel mehr von den Mythen als von Kult und Religion. Von der Zeit, in der wir das Leben aus schriftlichen und monumentalen Zeugnissen einigermaßen kennenlernen, ist die Ilias durch Jahrhunderte getrennt, denn das erreichen wir erst im sechsten Jahrhundert, und wenn es auch ein verbreiteter und naheliegender Irrtum ist, die homerischen Götter mit denen der solonischen oder gar noch späterer Zeit gleichzusetzen, es kostet nur ein wenig Nachdenken einzusehen, daß es ein Irrtum ist, der jedes geschichtliche Verständnis verbaut. Auf welchem Wege sollen wir es nun anfangen, das Werden dieser Götterwelt zu begreifen, wie sie bei Homer und dann in der geschichtlich faßbaren Zeit vor uns steht, was sich doch erst allenfalls vom Beginne des 6. Jahrhunderts sagen läßt. Da ist die über die Küsten des Mittelländischen Meeres weit verstreute hellenische Nation sich der Einheit ihres Blutes und ihres Glaubens bewußt, was auch moralische Forderungen und Bindungen an *νόμοι κοινοὶ Ἑλλάδος* einschließt; aber sie zerfällt in eine große Zahl von selbständigen Bünden, Städten, Stämmen, und dem entspricht die Verschiedenheit der Gottesdienste, da sie jede Gemeinschaft selbständig ordnet. In keiner werden alle Götter vom Staate verehrt, die Bewertung der einzelnen ist vollends verschieden. Nur wenige Heiligtümer erfahren von anderen Staaten und Bürgern Verehrung, heißen daher panhellenisch; manche haben hier und da Filialen gegründet. Die Unterabteilungen der Staaten und viele Familien haben ihre besonderen Götter und Kulte. Wer das Bedürfnis empfindet, mag seinem Gotte auch einen Altar, selbst auf heiligem Boden, errichten, auf dem dann auch andere opfern mögen. Den im Staate zugelassenen Fremden ist ihr Kultus nicht verwehrt; nicht selten führt er auch Bürger zur Teilnahme, so daß schließlich seine Aufnahme unter die Staatskulte erfolgt. Daneben besteht überall eine die ganze hellenische Göttergesellschaft umfassende Mythologie, verbunden mit der kaum geringer gewerteten Heldensage, deren Personen zu Heroen erhöht sind; Götter und Heroen und ihre Geschichten beginnen von der Kunst, namentlich der Malerei dargestellt zu werden. Die Grundlage dieser Mythologie ist das homerisch-hesiodische Epos, aber die Dichtung ist nie zum Stillstand gekommen. Dichter werden zum Gottesdienste herangezogen und wirken stark auf Moral und Religion, so daß nicht nur die Mythologie in beständigem Flusse bleibt, sondern auch die Religion nach den verschiedensten Richtungen neue Anregungen erfährt. Kult, Mythologie und Religion berühren sich, wirken aufeinander, aber sie decken sich keineswegs. Die Mythologie erzählt von Göttern, die nirgend für die Religion, kaum irgendwo für den Kultus existieren, und der Kult erstreckt sich überall auch auf Gottheiten, von denen die Dichter nichts wissen. Von diesen außerordentlich komplizierten Zuständen auszugehen und analytisch rückwärts zu schließen ist ganz undurchführbar.

Mit Homer anzufangen, wie es im Altertum und weiter gewöhnlich war, hat nur zur Erkenntnis der tiefen Kluft geführt, die seine Mythologie von dem Glauben und dem Kultus der uns bekannten Zeiten trennt. Gangbar scheint nur ein anderer Weg. So wenig wir auch über das Jahrtausend der griechischen Geschichte wissen, das vor 600 liegt, und so unzusammenhängend alles ist, die entscheidenden Etappen sind doch durch die Schichtung der hellenischen Stämme gegeben, die schon vor 600 abgeschlossen vorliegt. Dazu verhelfen in erster Linie die Mundarten; da hat die Grammatik die Führung. Ferner liegen aus dem ganzen Jahrtausend, das zwischen der ersten Festsetzung von Hellenen im Peloponnese und Solon liegt, monumentale Zeugnisse vor, heilige und profane Bezirke und Gebäude, Gegenstände des Kultus, Götterbilder und

Weihgeschenke, *Gräber* und ihr Hausrat. Da hat die Archäologie die Führung. Geschichtliche Überlieferung steckt in der Heldensage, sowohl in den Angaben der Dichter wie in der Lokaltradition, die bei den Gelehrten des Altertums besser als bei den Historikern bewahrt ist. Da ist umsichtige Sonderung, historisch-kritische Interpretation der Zeugnisse nötig, wie sie O. Müller gleich mit seiner Dissertation begonnen hat. Wer seinen Bahnen zu folgen verschmäht und eigene Phantasmen an die Stelle der verworfenen Sage setzt, mag verkünden, wie es hätte sein müssen, aber wie es gewesen ist, kann er nicht sagen, weil er nicht lernen will. Es liegt hierin, daß kaum jemand alle diese Zeugnisse mit eigenem sachverständigem Urteil heranziehen und verwerten kann; die Synthese bleibt also immer unvollkommen und ist jedem unbehaglich, der an die Analyse voll verstandener Einzelerscheinungen gewöhnt ist. Aber hier muß es gewagt werden. Außer den Irrtümern, welche die eigene Unzulänglichkeit verschuldet, geht der Fortschritt unserer Erkenntnisse durch neue Entdeckungen so schnell, wird an so vielen Orten durch Ausgrabungen neues Material gewonnen und führt zu neuen Schlüssen, die weiter reichen, als die Entdecker selbst sogleich ziehen können, daß jede Zusammenfassung veraltet ist, ehe sie an das Licht tritt, und doch muß es gewagt werden. Denn die Scheidung der Perioden, wie sie sich hier für die Geschichte der Religion aufdrängt, wird sich nicht anders machen lassen, und wenn sie für andere Seiten des Lebens etwas anders ausfällt und anders benannt wird, so ergibt das keine Widersprüche, sondern ergänzt und bereichert nur die Zeichnung desselben Bildes. Die urhellenische Religion gehört den Hellenen, die noch im Innern der Balkanhalbinsel wohnen; sie ist nur durch Rückschlüsse aus dem ältesten kenntlichen Zustande einigermaßen zu erschließen. Ihre Einwanderung führt sie in Berührung mit der älteren Bevölkerung des späteren Hellas und mit Kreta. Von dort erhalten sie die stärkste Einwirkung und erheben sich zur ersten Blüte von Macht und Kultur. Das ist die mykenische Zeit. Die Kunstgeschichte kann sie als etwas Besonderes absondern. Das ist auf dem geistigen und religiösen Gebiete nicht möglich. Hier kann nur eine Scheidung des Fremden von dem versucht werden, was die Einwanderer mitbrachten, einmal die, welche in der mykenischen Zeit zu hoher Kultur gelangten, zum anderen die, welche diese Kultur zerstörten, selbst von vorne anfingen und langsam das Hellenentum erzeugten, das wir bis zu der Erschließung der in der Erde verborgenen Schätze allein kannten. Es muß also die geometrische Periode der Archäologie hinzugenommen werden. Sie kontrastierte immer mit der Welt und Kunst Homers. Warum, ist erst jetzt verständlich geworden. Das Epos gehört den Auswanderern, die von neuen Stämmen vertrieben in Asien die Erinnerungen an ihre glückliche Vorzeit bewahrten, zugleich aber auch stärkste Anregungen von den Völkern ihrer neuen Heimat erfuhren. Das geht dem auf sich beschränkten Leben des Mutterlandes parallel, bis mit und durch das Epos die in Asien erwachsene neue geistige und materielle Kultur über das Meer dringt und sogar neue asiatische Götter mitführt. Aus der Verbindung der beiden Kulturen entsteht was wir als panhellenisch um 600 vor uns haben; die volle Ausgleichung ist niemals erreicht. Wenn also Rückschlüsse auf die Urreligion mit ihren ältesten Göttern nur so gezogen werden können, daß zuvor die fremden Götter ausgesondert werden, so muß hierbei alles fernbleiben, was erst die Auswanderer in Asien übernommen und verarbeitet haben. Es handelt sich also um einen Zustand, der zwar die Zeit der Iliasdichter noch überdauert, aber insofern vorhomerisch heißen kann, als die Götter des Epos noch nicht bestimmend, zum Teil noch nicht vorhanden sind. Danach muß die Religion bei den Hellenen Asiens für sich behandelt werden, die man homerisch nennen mag. Indem diese in das Mutterland eindringt, das auch aus sich das Althellenische gesteigert hat, reift das Hellenentum, das um 600 als ein vielgestaltiges Ganzes vor uns steht. Aber die Gegensätze innerhalb dieses Hellenentums sind nicht ausgeglichen; sie reduzieren sich schließlich auf Dorisch gegen Ionisch, verschärfen sich zugleich und führen zu dem Zusammenbruche der politischen Macht der Hellenen. Wohl hat es niemals eine spezifische ionische oder dorische Religion gegeben, dennoch ist auch hier das Verständnis der historischen Entwicklung daran gebunden, daß die Stämme unterschieden werden, wie sie nacheinander einwandern und nachher weiterziehen nach Ost und West. So wenig auch im einzelnen darüber gesagt werden kann, zumal an dieser Stelle, eine Übersicht muß doch vorausgeschickt werden, ehe die Religion durch die nun bezeichneten Perioden verfolgt werden kann.

Bis ans Ende des dritten Jahrtausends v. Chr. sitzen die hellenischen Stämme noch nördlich von dem künftigen Hellas im Innern der Balkanhalbinsel. Dies ist die erste Periode der griechischen Sprache und Religion, denn was in den Zeiten vor der Aussonderung der Urhellenen aus dem Indogermanenvolke gewesen ist, muß trotz seiner Bedeutsamkeit unerörtert bleiben, wenn auch selbst einzelne Götternamen und erst recht verwandte Vorstellungen vorhanden sind, die göttliche Exponenten erzeugt haben[1]. Dann folgt die Wanderzeit, die in mehreren unterscheidbaren Stößen die Stämme in den Süden der Halbinsel führt, wo sich allmählich ihre Verteilung auf die einzelnen Landschaften vollzieht, wie sie im achten, wohl schon im neunten Jahrhundert besteht. Mehr noch als in ihren äußeren Lebensformen haben die Hellenen in dem Kult ihrer Götter von anderen übernommen, und gerade von dem Kreise der Götter, der später die bedeutendsten umfaßt, ist die Hälfte schon im Namen ungriechisch. Denn schon in ihren ältesten Sitzen hatten sie im Austausche mit indogermanischen Stämmen ihrer Nachbarschaft gelebt, die sich manchmal gar nicht sicher von den Urhellenen scheiden lassen. Es muß versucht werden, alle die fremden Elemente aus dem hellenischen Glauben auszuscheiden, um das zu gewinnen, was seine gemeinsame Grundlage gewesen ist, wobei freilich von den anderen Völkern her kaum eine Hilfe kommt, da wir von ihnen allen wenig, von manchen gar nichts wissen. So ist es ein offenkundiger Widersinn, wenn die Leute so anmaßlich von reiner Rasse reden, wo immer ein wenig Adelshochmut im Hintergrunde liegt[2]. Rassenreinheit gibt es weder bei Menschen noch bei Göttern, aber die Hellenen haben es vermocht, recht viele Fremde zu hellenisieren, Menschen und Götter. Wir müssen sie dann auch als hellenisch behandeln, selbst wenn es gelingt, ihre fremde Herkunft festzulegen.

Im Norden der Balkanhalbinsel waren die Nachbarn der Hellenen zwei Völker, die ebenso wie diese in zahlreiche, für uns unkontrollierbare Stämme zerfielen. Wir nennen sie Illyrier und Thraker. Beide haben es niemals vermocht sich zu einer Einheit zusammenzuschließen und sind der Hellenisierung unzugänglich

[1] Das sind Übereinstimmungen, die bald hierhin, bald dorthin weisen, so daß Folgerungen über alte ethnische Verbindungen nicht angängig sind. Selbstverständlich ist das Urvolk als Einheit samt seiner Sprache eine praktische Fiktion, denn das Volk hat immer aus einer Summe von Stämmen bestanden, die sich bald sonderten, bald mischten, auch mit anderen Rassen.

[2] Platon Theaetet 175 *ὑπὸ ἀπαιδευσίας ... οὐ δύνανται λογίζεσθαι ὅτι πάππων καὶ προγόνων μυριάδες ἑκάστωι γεγόνασιν ἀναρίθμητοι ... καὶ βασιλῆς καὶ δοῦλοι, βάρβαροί τε καὶ Ἕλληνες.*

geblieben. Die Illyrier haben an der Westseite der Halbinsel tief hinuntergereicht und stark nach Italien übergegriffen, im Norden bis Verona, im Süden bis Kroton. Sie lassen sich von den Stämmen von Epirus, dem „Festlande“, wie es die Griechen des ursprünglich ganz illyrischen Kerkyra nennen, nicht sicher sondern, wenn die Epiroten auch später oberflächlich hellenisiert sind; bei Strabon werden sie zu den Barbaren gerechnet, was freilich über die ethnische Zugehörigkeit nicht entscheidet. Auch die wilden Stämme, die den alten Namen Aetoler aufgriffen, werden zu den Epiroten gehören. Beimischung von Illyriern ist auch unter hellenischen Auswanderern kenntlich, und daß einmal Hellenen aus Epirus verdrängt sind, lehrt die hellenische Enklave Dodona[1]. Athamanen finden wir in Epirus, Südthessalien und an der Kopais, wer weiß, welcher Rasse, und wenn die nun äolischen Hörigen der Thessaler Penesten heißen, so klingt der Name so illyrisch, daß man vermutet hat, es dauere in ihm die Erinnerung an einen einmal eingedrungenen Stamm. Die Griechen haben ebenso in der neueren Zeit mit besonderem Erfolge Albanesen hellenisiert, sind doch besonders viele der Führer in ihren Befreiungskriegen albanesischen Blutes gewesen. Wir wissen über die alten Illyrier blutwenig, von ihren Göttern so gut wie nichts. Ihnen werden die Hellenen nichts verdanken.

Ganz anders die Thraker, *Θρά(σ)ικες, Θρέικες*. Wir begreifen unter diesem hellenischen Namen alle Stämme, die den ganzen Nordosten der Halbinsel von der Chalkidike oder gar dem Olympos bis

[1] An Dodona haftet der Name *Γραικοί*, Aristoteles, Meteorol. 14, offenbar nach der Bearbeitung der hesiodischen Kataloge, Fr. 4, die wir sonst nur durch Laur. Lydus kennen. Der Name *Γραῆς* haftet an Oropos, das selbst als Ortsname in Thesprotien wiederkehrt (Steph. Byz.). Daher halte ich an dem fest, was ich Herm. 21, 113 gesagt habe. Daß Tanagräer, d.h. Graer mit nach Kyme-Neapolis gewandert sind, habe ich selbst aus der dortigen Phyle *Εὐνοστίδαι* und dem tanagräischen Heros Eunostos geschlossen, aber daß von da die lateinische Benennung der Graeci hergekommen sei, ist ein unbedachter Einfall, denn wie wären von Neapel die Graiker nach Dodona gekommen? Da kennt sie ein Hesiodeer, in Neapel kennt sie niemand. Aber dieselben Chaoner, die bis Kroton gelangt waren, als die Hellenen dorthin kamen, wohnten in Epirus. Der Eponymos Gras muß bedeutend gewesen sein, also auch sein Stamm, denn er gehört nicht nur zu den Führern der sogenannten äolischen Wanderung, sondern kommt als Königsname auch auf Kypros vor, Head Hist. numm. S. 739.

an und über die Donau bewohnt haben, auf die Gefahr hin, daß wir zu rasch sein können. Schon im zweiten Jahrtausend sind thrakische Stämme über den Hellespont gezogen, Phryger haben das Hethiterreich zerstört und die Herrschaft über das innere Asien erlangt. Als Bebryker sitzen sie bei Kyzikos, als Briger im Balkan, sind aber früh verschwunden. Die Troas ist thrakisch geworden, doch teilen die Dardaner, die Homer kennt, den Namen mit einem angeblich illyrischen Stamme. Dann kamen die Myser, schon so spät, daß sie hellenische Auswanderer verdrängten, später die rasch hellenisierten Bithyner. In Hellas selbst weiß man von Thrakern östlich vom Parnaß[1] und in Megara mit Eleusis: vergeblich ist diese Tradition bestritten[2]; auch die Inseln vor der europäischen Küste sind thrakisch gewesen oder geworden, bis sie in dauernden Besitz der Hellenen kamen; es fehlt nicht an sicheren Spuren älterer karischer Besiedelung. Die thrakische Religion macht einen zwiespältigen Eindruck, einmal finden wir Götter, die den hellenischen nah verwandt waren, so daß sie Artemis und Hermes heißen können, daneben stehen orgiastische Kulte sowohl in Europa wie in Asien, die durch die Aufnahme des Dionysos-Bakchos das ganze religiöse Gefühlsleben der Hellenen umgestaltet haben, und ein Sabos Sabazios, der schon im fünften Jahrhundert in Athen seine Bekenner hat, ist in der Kaiserzeit weiterhin verehrt. In Thrakien ist damals der Hauptgott der Reiter Heros, nachweisbar schon in alter Zeit, dessen Name bei den Hellenen zuerst den adligen Herrn

[1] Neben dem Thrakernamen kommt der der Phlegyer in Betracht, denn dies Volk sitzt als Feind des delphischen Gottes an derselben Stelle wie die Thraker und verschwindet dann. Die Ilias, *N* 301, scheint es in Thrakien oder dem damals noch thrakischen Nordthessalien zu kennen. Phlegyas kommt daher in thessalische Genealogien. An der Stelle der Phlegyer erscheinen auch Dryoper, *οἱ ἀπὸ δρυός*; über sie Homer und Ilias 363. Für die helikonischen Thraker sind die *Θαμυρίδδοντες* einer böotischen Inschrift wichtig Bull. Corr. Hell. L 401, denn Thamyris ist ein Thraker. Selbst über Orchomenos hat ihr Gebiet gereicht, wenn ein Thraker *Τεγύριος* heißt, apollodor. Biblioth. III 202.

[2] Da sowohl Pandion wie Tereus in Megara vorkommen, gehört die früh nach Athen gezogene Geschichte von Prokne dorthin; Hesiod mag das noch voraussetzen. Ein Thraker ist Tereus immer, wird im Namen mit dem Odrysen Teres zusammenhängen, um dessentwillen Sophokles ihn nach Thrakien versetzt hat. Die megarische Sage kennt Thraker bei Pagai nur noch in einem Winkel; aber die Thraker von Eleusis treten hinzu.

bezeichnet[1]. Daneben knüpft sich ein ganz anders gerichteter Glaube an einem Propheten Zamolxis, eine Art Unsterblichkeitslehre und Menschenvergottung: sie hat auf die Hellenen nicht hinübergewirkt. Da in Bulgarien die Bodenforschung jetzt tüchtig betrieben wird, ist auf Wichtiges zu hoffen, falls es gelingt, in die alte Zeit vorzudringen. Scheidung der thrakischen und getischen Stämme ist besonders erwünscht.

Der Druck der Illyrier und Thraker hat die Hellenen südwärts gedrängt, nach Osten die Flußtäler hinab an den Thermäischen Busen und dann über die Berge. Die Leute, auf welche sie stießen, hießen Pierer und galten für Thraker, aber der Berg, an dessen Fuße sie wohnten, führt den Namen Olympos, der in Asien wiederkehrt, offenbar dem Volke gehörig, das ganz Hellas innehatte, also den Thrakern gewichen war. In historischer Zeit wohnen in Pierien die Makedonen, Vettern der Hellenen; daß reine Hellenen einmal dort gesessen haben, sichert uns nur die Erinnerung der nach Asien Ausgewanderten, denn ihr Epos hat den pierischen Olymp als Sitz des Zeus mit seinen Kindern und mit den Musen zu allgemeiner Anerkennung gebracht. Auch das Randgebirge, das Thessalien vom Meere scheidet, war von Perrhaebern und Magneten besetzt, die wie die Makedonen nur als Vettern der Hellenen betrachtet werden können[2]; sie sind von diesen früh bezwungen, soweit sie nicht auswanderten, und haben deren Sprache angenommen.

Die Einwanderung in das spätere Hellas hat natürlich in vielen Einzelzügen stattgefunden, und es sind immer wieder neue Stämme von Norden eingedrungen, aber wir können nicht weiter zurückkommen als zu einer Besitzergreifung, die bereits den Peloponnes,

[1] Daß er noch in ganz später Zeit dreiköpfig dargestellt werden kann, beweist, wie primitiv diese Religion blieb. Was er bedeutete, kann natürlich niemand sagen. Die Ergänzung θεῷ πανθοποιῷ Arch. Anz. 1929, 235 ist durchaus nicht sicher.

[2] Das viele Gerede über die ethnische Stellung der Makedonen und ihrer Sprache hätte man sich sparen können, wenn man sich an die hesiodische Genealogie gehalten hätte, wie sich gebührt. Makedon und Magnes stehen nicht unter, sondern neben Hellen. Dazu stimmt, was die Sprache und die Sitten lehren. Die Magneten müssen zuerst nach Asien abgezogen sein, von den nachdrängenden Aeolern und Ioniern die Täler des Hermos und Maeander hinauf gedrängt, wo wenigstens ihr Name erhalten ist. Dieser auch auf Kreta, so schwer wir das begreifen, wenn auf die alte Tradition Verlaß ist. Hermes XXX, Gött. Anz. 1900, 571.

mindestens seine Ostseite bis zur Mündung des Eurotas umfaßte. In geschichtlicher Erinnerung ist nur die letzte große Zuwanderung der Dorer geblieben, die in die allerletzten Zeiten des zweiten Jahrtausends gefallen sein mag. Stämme, die von ihr nicht berührt wurden, Arkader und Athener, erhoben den Anspruch Autochthonen zu sein. Dasselbe liegt darin, wenn der Fluß des Landes als Ahnherr betrachtet wird, aber das geschieht auch, wenn er einen vorgriechischen Namen führt, Inachos, Asopos, ist also erst aufgekommen, als die Namen nicht mehr als fremd empfunden wurden[1]. Demgegenüber hat schon Hekataios ausgesprochen, daß der ganze Peloponnes einmal den Barbaren gehörte, und die spätere Kritik hat es mit Recht auf ganz Griechenland ausgedehnt. Die vorgriechische Bevölkerung hat ihre wichtigsten Spuren in den Namen von Bergen, Flüssen und Siedelungen hinterlassen, bestimmte Suffixe in den Ableitungen sind erkannt worden, und die Griechen werden noch viel mehr aus dieser fremden Sprache entlehnt haben, als bisher erkannt ist. Sie nennen dieses Volk im Mutterlande meist Karer oder Leleger[2], und die Wiederkehr von Namen und Wortbildungen in Asien hat bewiesen, daß in der Tat dasselbe Volk in Asien weithin gesessen hat. Der Karername hat sich dort in einer Landschaft erhalten, ist zweifellos Stammname, aber es sei verstattet, ihn für das ganze Volk zu verwenden, das auch in Europa in Stämme mit verschiedenen Namen zerfallen war[3].

[1] Anspruch auf Autochthonie liegt auch darin, wenn die Lokrer aus Steinen entstanden sein wollen; ihnen gehört diese Sage zugleich mit der deukalionischen Flut. Umgekehrt sind sie den Lelegern gleich gesetzt worden, also für ursprünglich barbarisch erklärt. Vermutlich hatten sich bei ihnen Reste der sogenannten Leleger lange erhalten, sie aber erfanden die Flut, in der alles zugrunde ging und in ihnen ein neues Geschlecht erstand. Die Flutsage, die in Böotien und Athen mit einem Urkönige Ogygos verbunden ist, leitet die Menschen aus dem Wasser ab; aber Ogygos-Okeanos ist karisch. Das mag denn auch von der Ableitung des Eponymos von dem Flußgotte gelten, aber diesen Glauben haben dann die Hellenen sich ganz zu eigen gemacht.

[2] Homer kennt Leleger am Satnioeis, aber da kann ein Stammname aus dem Mutterlande von dem Dichter verwandt sein, wie er es mit Pelasgern und Kaukonen gemacht hat. Zuverlässig ist die Angabe bei Plutarch qu. Gr. 46, die Leleger neben Minyern in Tralles kennt.

[3] Verschollene Stammnamen Temmiker, Aithiker, Aoner, Kaukonen bleiben ethnisch unbestimmt, Thoer am Athos, Porphyr. abstin. II 8, u.a. Es ist müßig, über sie etwas zu vermuten.

An der Oeta haben sich ungriechische Kylikranen als Hörige lange erhalten, die für Lyder gelten, was schwerlich einen Unterschied gegen die Leleger des benachbarten Lokris bedeutet[1]. Daß ziemlich alle Inseln von Karern bis tief in die hellenische Zeit besetzt waren, ist sicher überliefert. Ihre Wohnplätze und Gräber zeugen für einen tiefen Stand der Kultur, was wir auf das europäische Festland übertragen dürfen. Hier ist es, soviel ich weiß, noch nicht gelungen, das Karische von dem Hellenischen der ersten Zeit sicher zu unterscheiden, und es ist sehr schwierig, da wir nicht wissen, wieweit die Kultur von Kreta schon auf die europäischen Karer gewirkt hatte. In den Burgen des östlichen Hellas, Orchomenos, Theben und namentlich der Argolis, also an Stätten, welche bewohnt und benannt waren, als die Griechen kamen, herrscht dann durchaus der kretische Einfluß. Auf der ganzen Westküste fehlt es an alten Städten, Kalydon ausgenommen, und was an Tongeschirr mykenisch ist, stammt eben von dort, nicht aus Kreta, ebenso die Anlage von Kuppelgräbern, z. B. bei dem Samos, das die Homertheologie Pylos zu nennen fortfährt. Denn mit Recht heißt diese ganze Kultur mykenisch[2], seit sich herausgestellt hat, daß schon die Bewohner der Schachtgräber Hellenen waren. Die fabelhafte Macht und Pracht der mykenischen Oberkönige und ihrer Vasallen ist die Realität, deren Gedächtnis in den Heroen des asiatischen Epos fortlebt, die erste Blüte Griechenlands, die aber ausschließlich der ersten Schicht der Einwanderer gehört.

Gemeiniglich macht man zwischen den Karern, den Vorbewohnern Griechenlands, und den Kretern keinen Unterschied. Das kann schwerlich zutreffen. Der Gegensatz in der ganzen Kultur hebt die Kreter höher über die Karer der Inseln, die sie beherr-

[1] Athen. 461. Hyanten, deren Name in dem phokischen Hyampolis dauert, sollen nach Westen bis Pleuron gezogen sein, Apollodor 205 Jac. Herodian (Theognost. 28) weiß, daß sie vor den *᾿Εγκτῆνες* in Böotien saßen. Dies die echte Form, sonst steht *᾿Εκτῆνες*. Es sind die *ἐγκεκτημένοι*. Umgekehrt nennen die Rhodier die Eingeborenen *῞Ιγνητες*, wohl eher *῞Ι-γνητες* als *῎Ιγ-γνητες*.

[2] Wir können diese Mykenäer zuversichtlich Danaer nennen, denn Homer verwendet diesen Namen als Gesamtnamen wie *᾿Αργεῖοι*, und er ist in Argos erhalten, gerade in Mykene, dessen spätere Herren ihrem Heros Perseus, von dem Homer nur in der Heraklessage etwas weiß, eine *Δανάη* zur Mutter geben.

schen, als es innerhalb desselben Volkes denkbar ist[1]. Andererseits finden sich nicht wenige Ortsnamen auf Kreta, die zu solchen auf karisch-asiatischem Gebiete stimmen[2], so daß die Erklärung naheliegt, daß die Insel einmal dieselbe Bevölkerung hatte wie die Inseln, Hellas und große Teile Asiens, zumal auch Rhadamanthys[3] und Hyakinthos (*Βάκινθος* kretisch) karische Namen sind. Daß die „echten Kreter“ sich im Osten der großen Insel lange hielten, ist durch die Inschriften von Prasos[4] gesichert. Waren die echten Kreter etwa die von den Einwanderern zurückgedrängte Bevölkerung, während jene erst die große kretische Macht und Kultur geschaffen haben? Der Einfall ist natürlich abzuweisen, daß die Eteokreter Einwanderer, die von Knossos die echten Kreter wären. Wir haben keinen Grund der Überliefung zu mißtrauen, welche in den Kydonen des Westens ein besonderes Volk sieht[5].

[1] In Phylakopi auf Melos scheint das Kretische von dem primitiven Karisch deutlich geschieden.

[2] Auszunehmen sind Namen wie Miletos, die einer kretischen Ansiedelung angehören, was man bei dem nahen Priansos-Priene leicht ebenso annimmt. Das kretische Malla gehört wohl mit Mallos in Kilikien zusammen, obwohl dieses auf den Münzen Marlos heißt.

[3] Bei dem vielleicht lakonischen Epiker Kinaithon (Pausan. VIII 53) hat Rhadamanthys eine rein kretische Genealogie, über Phaistos (von Malten aus *Ἥφαιστος* hergestellt) von Talos. Weniger ist auf seine Verbindung mit Minos zu geben, da sie in dem Kataloge der Liebschaften des Zeus steht, *Ξ* 322. Später tritt als dritter Bruder der Lykier Sarpedon hinzu, der so heißt wie zwei Vorgebirge, eins in Kilikien, eins in Thrakien: da muß der Name wohl „karisch“ sein. Wenn die Phaeaken den Rhadamanthys nach Euboia gebracht haben und er in Böotien mit Alkmene verbunden wird, so weist das von Kreta fort. Ob er zum Totenrichter geworden ist, weil er ein gerechter Richter war (*Ῥαδαμάνθυος ὅρκος*), und daher auf die Inseln der Seligen gekommen ist, oder war er dahin aus irgendeinem Grunde entrückt (Aischylos Karer) und bekam deswegen das Amt als Totenrichter? Ich wage nicht zu entscheiden.

[4] Die meisten fahren fort, die Stadt Praisos zu nennen, obwohl sich der Name erhalten hat und mit und ohne das stumm gewordene Iota geschrieben wird.

[5] Daß die Quitte nach ihnen heißt, also aus ihren Gärten stammt, zeugt von einer besonderen Kultur, die noch ihres Entdeckers harrt. Das Westkap heißt Diktynnaion, also nach der Göttin, deren Namen von der Dikte, dem Berge des Ostens nicht zu trennen ist; die Göttin konnte hier so gut übernommen sein, wie sie es mehrfach in Griechenland ist.

Demnach ist es geraten, einen Unterschied zwischen dem zu machen, was die hellenischen Einwanderer im Lande vorfanden und was sie aus Kreta übernahmen. Wir werden voraussetzen, daß sie die alten Kultplätze, wie auch immer diese beschaffen waren, heilig hielten; da konnten sie ihre Götter ansiedeln, konnten die fremden übernehmen oder mit den eigenen gleichsetzen, wie sie es später immer und überall getan haben: das muß in jedem Falle besonders untersucht werden. Mit einer überlegenen Kultur sind sie nur in Kreta zusammengestoßen, und ihre Fürsten haben sich dieser ganz hingegeben; dabei konnte die niedere Bevölkerung in ihrer ganzen Lebenshaltung auf sehr tiefer Stufe beharren, und erst recht die geknechtete alte Bevölkerung. Die gewaltigen Mauern, die den Späteren ein Werk von Riesen zu sein schienen, können nur durch den Frondienst einer unfreien Menge errichtet sein wie die Pyramiden Ägyptens. In Kreta wohnten die Fürsten in gewaltigen Palästen, und die Städte konnten auf jede Befestigung verzichten; da hat also eine mächtige Flotte die in sich befriedete Insel geschützt und jene Seeherrschaft ausgeübt, die im Gedächtnis erhalten und mit dem Namen des Minos verbunden blieb. Ihre Spuren sind auch auf den Inseln nicht verschwunden[1]. Wie sollen wir nun erklären, daß die Hellenen unabhängig und mächtig blieben und sich doch der kretischen üppigen Kultur ganz unterwarfen? Auch hier erschließen wir, daß eine Seemacht vorhanden war, die es mit der kretischen aufnehmen konnte. An Wikingerzügen der Mykenäer hat es nicht gefehlt, aber sie konnten wohl Beutestücke und Gefangene heimbringen, die Übernahme der Künste und der Sitten aber nicht bewirken. Handelsverbindungen genügen auch nicht: sie konnten nichts exportieren und dagegen die Massen von Gold eintauschen[2]. Die Heere und die Fürsten der Argolis müssen selbst auf Kreta gewesen sein. Also ist der mehrfach gezogene Schluß zwingend, daß die Zerstörung des älteren Palastes von Knossos durch eine vorübergehend erfolgreiche Invasion der Griechen herbeige-

[1] Selbst auf Skyros ist ein Kreterhafen, Fredrich IG. XII 8, S. 175.

[2] Das Gold schätzen wir zu leicht nach seinem heutigen Werte. Es war nur ein Metall, das durch seinen Glanz lockte, den kein Rost anfraß. Zum Schmucke empfahl es sich durch seine Weichheit, war aber eben deshalb für praktischen Gebrauch untauglich. Für Eisen würden sie das Hundertfache an Goldgewicht gegeben haben. Wo die Masse Gold herkam, ist eine Frage für sich. Flüsse wie der Paktolos führten ohne Zweifel viel mit sich.

führt ist, die aber diesmal noch abgeschlagen ward, worauf eine Zeit des regen friedlichen Verkehres folgte, und da die überreife kretische Kultur in sich niederging, zogen auch kretische Handwerker und Künstler dorthin, wo sie in der Argolis und Böotien Beschäftigung fanden. Wir sehen das nur an dem, was sich in der Erde erhalten konnte, müssen es aber verallgemeinern. An einzelnen Punkten auf der großen Insel werden sich auch hellenische Eindringlinge festgesetzt haben: Idomeneus[1] und Meriones kämpfen unter Agamemnon. Da hat es eine nahe Berührung der beiden in der Rasse, der geistigen Einstellung und der äußeren Gesittung grundverschiedenen Völker gegeben, die sich mit dem Verhältnis der Römer und der Germanen in der Völkerwanderungszeit wohl vergleichen läßt.

Diese Parallele zu verfolgen ist überhaupt belehrend. Das althellenische Königtum kennen wir von Epiroten und Makedonen her: es ist alles andere als patriarchalisch absolut, denn es beruht auf dem Treueide, den Fürst und Volk, d.h. der Heerbann einander schwören. Der König ist also Beamter seines Staates, auch wenn ihn sein Götterblut zu dieser Stellung berechtigt. Daneben stehen Stämme ohne König, Phoker, Lokrer, Ätoler, ganz wie bei den Germanen in ihrer ältesten Zeit. In kritischen Zeiten und für einen Heereszug wählt man einen Herzog, dem mehrere Stämme folgen; so ist es in den *ταγοί* der Thessaler erhalten. Natürlich unterwerfen sich starke Könige auch mehrere Stämme, wie die Makedonen. So haben es die Gothen getan, Fürsten wie Fritigern und Alarich, auch früher schon Maroboduus. Theodorich aber herrscht in Ravenna auf römischem Boden über Gothen und Römer, immer mehr in römischer Weise. Ganz so haben sich hellenische Fürsten in Theben und Mykene in alte Städte gesetzt, die sie erst zu festen Burgen machten. Andere Fürsten waren ihre Vasallen; so ist es auch in Makedonien einmal gewesen. Davon ist ein Nachhall in der Stellung des Königs Agamemnon der Ilias, der als Herzog des Kriegszuges viele Könige unter sich hat[2]. Das Vasallenverhältnis

[1] Der Rhodier *Ἰδαμενεύς* IG. XII 1, 737 hat seinen Namen schwerlich aus dem Epos und ein Dorer wird er auch nicht sein; Griechen der Heroenzeit sind ja vor den Dorern der Argolis auf Rhodos gewesen. Ein Ort *Ἰδομενή* in der Nähe von Ambrakia, Thukydides III 112, klingt wohl nur zufällig an.

[2] Noch in der Telemachie *δ* 174 will Menelaos dem Odysseus eine Stadt in seinem Reiche schenken, also den Herrn der winzigen Insel zu seinem Vasallen machen.

schimmert nur einzeln durch, für die meisten gilt es nicht, ist also später durch den Eid der Freier um Helene ersetzt. Das Entscheidende ist immer der Stamm gewesen, der zu der πόλις, dem Staate geworden ist, aber formal immer ein Stamm sein wollte, wie seine Gliederung zeigt[1]. Und der König war Geschlechtshaupt, wie es unser Königsname noch in sich trägt, aber der geborene Führer freier Männer: ἄρχειν ist vorangehen.

Von den politischen, sozialen und wirtschaftlichen Zuständen, auf denen die Macht und der Glanz der Herren namentlich in der Argolis beruhte, können wir schwerlich jemals auch nur in den Grundzügen eine Vorstellung gewinnen. Kurz kann diese heroische Zeit, wie wir sie nennen dürfen, nicht gewesen sein. Die Anlage fester Straßen und Brücken im Umkreis von Mykene, die Abzugsstollen der Kopais bedeuten mehr als die Griechen später durchgeführt haben. Uns überwältigt der Hausrat und der Schmuck der Paläste und Gräber, die kyklopischen Mauern; daran ist das meiste kretisch, aber die Hausanlage und die kyklopischen Mauern sind nordisch-hellenisch und so auch manches in der Bewaffnung. Wie weit ist nun auf geistigem Gebiete der fremde Einfluß gegangen? Wer annimmt, daß die unterworfene Bevölkerung gleicher Rasse und Sprache gewesen sei wie die Kreter, wird es hoch anschlagen, aber das ist unbewiesen und ich kann es nicht glauben. Waren die Kreter aber ein ganz fremdes Volk, also auch früher mindestens zumeist ein feindliches, so stellt sich's anders. Waffen und Schmuck, Malerei und Hausrat läßt sich übernehmen, ohne daß die Menschen auch innerlich anders werden. Die Akrobaten mit ihren Stieren konnte man sich kommen lassen wie die Maler; daß die männlichere Freude an Krieg und Jagd nicht wie bei den dekadenten Knossiern erstarb, zeigen die Monumente. Schreiben haben die Mykenäer nicht gelernt[2]; dem Rasieren ha-

[1] Gegenüber dem herrschenden Gerede von dem Stadtstaate, das fortwährend πόλις im Sinne von Stadt und im Sinne von Staat durcheinander wirft, hat Gelzer sehr treffend von „Gemeindestaat und Reichsstaat in der römischen Geschichte" geredet. Das ersetzt πόλις durch δῆμος. Will man das vorziehen, soll es mir recht sein, denn begrifflich genügt es, aber den hellenischen politischen Gebilden entspricht mein Stammstaat genauer.

[2] Die Inschrift von Asine in kyprischer Schrift ist eine wunderbare Überraschung; kann sie aber nicht aus Kypros stammen? Die weiteren Schlüsse von Persson scheinen voreilig, wie es immer gehen muß. Aber die Hoffnung auf einstige Lesung der kretischen Schrift darf man hegen.

ben sie sich unterworfen, fein und modisch wollten sie auch sein. So bin ich denn wenig geneigt, an einen starken geistigen Einfluß der fremden Religion zu glauben, der mit der Herübernahme von Geräten und äußerlichen Formen des Kultus nicht notwendig gegeben ist. Die Grabbauten und was durch sie für den Totenkult und Glauben folgt, übertreffen das Kretische weit. Schon die Anlage, welche die Schachtgräber heiligte, und das Schatzhaus des Atreus in seinen Verhältnissen und in der künstlerischen Idee sind bereits eine vollkommene Offenbarung des echtesten und edelsten Hellenentumes. Da ist Maß und Harmonie, gerade was den Kretern fehlt.

Die Vergleichung mit Theodorich in Ravenna und Geiserich in Karthago trifft zu, aber die kretischen Götter lassen sich mit der Macht des Christentumes nicht vergleichen, das in der Kirche gewissermaßen den zerstörten römischen Staat beerbte. Daher wird die spätere Behandlung zeigen, daß ich gerade durch die anders gerichteten Forscher zu der Überzeugung gelangt bin, den kretischen Einfluß auf das hellenische Volk nicht hoch einzuschätzen. Auf der Insel selbst war das natürlich anders, da dauerten sowohl Kulte wie Götter unter den alten oder auch einem neuen Namen, konnten auch noch auf das Festland hinüberwirken, aber das war nicht beträchtlich; gerade in der entscheidenden geometrischen Zeit scheint die Verbindung mit Kreta seltsam gering gewesen zu sein.

Die ganze mykenische Kultur ist ebenso versunken wie die kretische; nur bei den Auswanderern in Asien hat sich das Gedächtnis in der Heldendichtung, die nur in Asien weiterblühte, erhalten. In der Heimat waren auch die Helden alle vergessen und sind erst durch Homer zurückgekehrt. Nicht einmal die Zeit der Katastrophe können wir angeben, und auffälligerweise ist von den Kämpfen, die einen so vernichtenden Erfolg hatten, keine Erinnerung geblieben[1], trotzdem wir in dem Zuge der Sieben gegen Theben[2] etwas über einen Krieg der Heroenzeit erfahren. Ob

[1] Eine Ausnahme ist der Kampf zwischen dem Kalydon des Meleagros und Pleuron, das einen griechischen Namen führt. Da siegen aber noch die Herren der Burg, die einen vorgriechischen Namen führt. Aber die homerische Thebais kannte den Kalydonier Tydeus als Landflüchtigen.

[2] Diesen gelang die Eroberung nicht, sondern erst Nordvölkern; der Epigonenzug ist ja epische Erfindung, allerdings vor der Ilias, ein Beweis, daß die Thebais älter war, freilich nicht die Thebais, die man im fünften Jahrhundert las.

auch der Raubzug des Minos gegen Keos, Athen, Megara, die Verbindung von Troizen mit Kreta noch auf eine Erinnerung an die kretische Seeherrschaft zurückgeht, mag fraglicher sein; ich wüßte aber keine andere Erklärung. Daß die neuen hellenischen Zuwanderer die Erinnerung an ihren siegreichen Einzug verloren haben, ist nicht verwunderlich; sie haben auch von den nächsten Jahrhunderten alles vergessen, ebenso wie der Bruch in allen Künsten vollkommen ist und die geometrische Periode ganz von vorn anfängt. Die Auswanderer in Asien und ihre Dichter sind nicht müde geworden, das Gedächtnis des alten Ruhmes und der alten Helden zu pflegen; von der Not und der Schande ihrer Vertreibung mochten sie nichts sagen.

Es ist sehr wohl möglich, daß an der asiatischen Küste schon in den Zeiten der mykenischen Macht einzelne Punkte besetzt waren, so daß die Vertriebenen dort ihre Zuflucht suchen konnten, denn auf Kypros ist die hellenische Kolonie so früh vom Peloponnes aus gegründet, daß die Bilderschrift angenommen und nicht durch die semitischen Buchstaben ersetzt ward, also in den letzten Jahrhunderten des zweiten Jahrtausends[1]. Daß die Tradition sich bewahrheitet hat, welche die Kyprier aus Arkadien unter Agapenor kommen läßt, ist von hoher Bedeutung. Auch der in einigen Städten Pamphyliens[2] dauernd gesprochene griechische Dialekt läßt die Sagen von Zügen an die Südküste Asiens bis in das fruchtbare Kilikien sehr glaublich erscheinen; Aspendos und Sillyon können sehr wohl die Reste einer viel umfassenderen Ansiedlung sein, die den Hethitern, vielleicht erst den Assyrern erlag. Für Kilikien fehlt es nicht an Spuren alter Einwanderung, geknüpft an die Sehernamen Amphilochos und Mopsos[3]. Wenn aber diese fernen Gegenden erreicht waren, müssen Etappen auf

[1] Jüngst sollen Ausgrabungen die Besiedlung schon auf die Zeit um 1300 festgelegt haben. Ich weiß davon nur durch die kurze Mitteilung in den schönen Berichten der École française Bull. Corr. Hell. 1928, 501.

[2] Der Name besagt, daß die Griechen Leute verschiedener Rasse und Sprache vorfanden, also dasselbe wie im Mäandertale, wo die Griechen ihn von den Unterworfenen brauchen; dort stießen Lyder und Karer zusammen. Es ist also nicht genau, wenn wir die Hellenen nach den Nichthellenen Pamphyler nennen.

[3] *Μόψος* gehört zusammen mit dem thessalischen Orte *Μόψιον* und dem Stammnamen *Μόψοπες*, den die hellenistischen Gelehrten ausgegraben und auffälligerweise auf die Athener bezogen haben.

dem Wege besetzt sein, und so fehlt es nicht an sicheren Spuren, daß Kos und Rhodos bereits hellenische Besiedler hatten, ehe die Dorer hinkamen. Danach ist dasselbe für die nördlichere Küste an sich glaublich, wo freilich die Kreter in Milet und auf Chios nach der örtlichen Überlieferung erst zu vertreiben waren.

Die Tradition nennt diese Auswanderung die äolische und die ionische. Das geschieht, weil sich in Asien die beiden Mundarten Äolisch und Ionisch zu wirklichen Sprachen ausgebildet haben, denen auch später Bünde der Städte entsprachen. Die Dorer des Südens traten dazu, ohne daß ihre Auswanderung zu einem einmaligen Zuge gemacht wird. So ist die in der antiken Grammatik herrschende Dreiteilung der Dialekte entstanden, die doch auf die Mundarten des Mutterlandes gar nicht paßt. Daß die Landschaft Kynuria im Westen (Herodot 8, 73) und die ganze Nordküste des Peloponneses einmal ionisch gewesen ist, hat man nie vergessen, Troizen und Epidauros (Pausan. II 26) ebenso wie die westliche Landschaft, Aigialos, die Küste, benannt, ehe der Name Achaia aufkam. Den Ioniern im weiteren Sinne gehört Attika, Euboia, aber auch die *Γραική* bis Anthedon. Andererseits soll Orestes oder Teisamenos nach Lesbos gezogen sein; in Kyme heißt ein alter König daher Agamemnon (Pollux IX 83). Aber auch Böotien betrachtet sich als den Lesbiern verwandt, und da Achilleus und Iason, Haupthelden der äolisch-ionischen Sage, aus Thessalien stammen, führt uns die Tradition zu dem Schlusse, daß ganz Griechenland einmal nur von Angehörigen dieser Sprachstämme bewohnt war, die also die erste Schicht der Einwanderer bilden. Das wird durch den Befund der Dialekte bestätigt. In Thessalien hat die äolische alte Bevölkerung ihre Sprache den fremden thessalischen Herren mitgeteilt, im Böotischen sind äolische Bestandteile erhalten. Dasselbe haben die ältesten Inschriften von Argos gelehrt. Das Arkadische, von dem das Kyprische stammt, ist sowohl mit dem Äolischen wie mit dem Ionischen verwandt; es hat in dem Lakonischen viele Spuren hinterlassen, und sie werden durch andere geschichtliche, auch kultgeschichtliche Beobachtungen gestützt, so daß wir zuversichtlich sagen dürfen, daß die drei südlichen Landzungen der Halbinsel einmal von arkadischen Stämmen bewohnt waren, und nach Westen und Norden sind die Grenzen Arkadiens niemals fest gewesen. Man darf nur die scharfe Sonderung der Dialekte, wie sie sich in Asien herausgebildet hat, nicht in die Urzeit projizieren, sondern muß Übergänge in den

Mundarten annehmen, wie sie das in sich gar nicht einheitliche Arkadische, übrigens auch das Thessalische noch zeigt. Ionisch-Äolisch darf also gegen die später auftretenden Sprachen als eine Einheit zusammengefaßt werden, die Sprache der ersten Schicht[1].

Ihrer Vielgestaltigkeit entsprach die Menge der einzelnen Stämme, aber wenn einmal so ziemlich der ganze Peloponnes unter der politischen Oberherrschaft von Mykene (also dem Stamme der Danaer) zusammengefaßt war, so muß das Volk auch einen gemeinsamen Namen gehabt haben, und den hat Philipp Buttmann[2] in den Pelopern entdeckt, die in dem Namen der Halbinsel unverkennbar stecken; schon die Bildung verrät den Stammnamen. Der Eponymos Pelops ist dementsprechend in der Ilias Vorfahr der Könige von Mykene; ein Vater wird nicht genannt. Aber neben diesem aus Homer beibehaltenen Wohnsitze macht Olympia auf ihn Anspruch, das älteste panhellenische Heiligtum, wo er auch sein Heroengrab hat, und eine Tradition läßt ihn von da die Halbinsel beherrschen. Pindar, Nem. 2, 21 kann die Schluchten des Isthmos als die des Pelops bezeichnen, weil sie die Grenzen seiner Insel sind. Vater des Pelops ist hier Tantalos; er heißt ein Lyder, weil die Auswanderer den Tantalos mitgenommen und am Sipylos angesiedelt hatten. Aber sein Name ist durchsichtiges Griechisch, und er ist Träger des Himmels gewesen wie Atlas[3]. Längst ist der Zusammenhang dieser beiden Namen erkannt und Atlas als der Gott des Berges, in dessen Grotte seine Tochter den Hermes geboren hat, der Götterberg der Peloper, ehe ihnen das Epos den Olympos aufdrängte. Sehr nahe liegt der Schluß, daß *Πέλοπες* Kurzname zu *Πελασγοί* ist oder eine verwandte Stammesbezeichnung. *Πελασγοί* wird dann aus *Πελασγλοί* geworden sein, die Fahlen neben den Glänzenden, denn daß *αἴγλα* aus *ασγλα* geworden ist, steht fest. Daß Pelasger zwar immer und überall, auch in der thessalischen Pelasgiotis, eine bestimmte, aber nur relative Stammes-

[1] Es wird schwer sein, im Wortschatze beträchtliche Unterschiede zwischen den beiden Dialekten aufzuzeigen, die in die Urzeit zurückreichten. In Asien trat natürlich Mischung und Ausgleichung ein.

[2] Mythologus II 170.

[3] Im Schol. Eurip. Orest. 982 trägt Tantalos den Himmel. Am Sipylos ist Niobe, Tochter des Tantalos, ein ungriechischer Name. In Argos ist sie die erste Geliebte des Zeus, Mutter des Argos, jetzt nur ein Name, die sicherlich einst vorhandene Sage ist ganz verschollen. Auch ihre Versetzung nach Theben bleibt unklar.

bezeichnung ist, eine faktisch oder präsumptiv ältere oder die Urbevölkerung, braucht nicht weiter ausgeführt zu werden, sooft auch der Unverstand auf Grund von Herodots unverbindlichen Kombinationen irrlichteliert.

Die Kretermacht war den Herren von Orchomenos, Theben, Mykene, Lakedaimon nicht mehr gefährlich gewesen. Aber hellenischen Stämmen, die in immer neuen Stößen von Norden kamen, haben sie weichen oder sich unterwerfen müssen. Die Thessaler werden nur die letzten sein, daher die, welche in dem Lande blieben, zwar als seine Herren, aber sich selbst der reicheren Sprache und Kultur ihrer äolischen Untertanen unterwerfend, wie die Germanen auf römischem Boden. Aus sich haben sie nichts hinzugebracht. Die Ilias kennt sie nicht, wohl aber die Böoter, ihre Vorgänger, denn diese sind aus Thessalien in das fruchtbare Land gekommen ohne sich in den Bergen davor aufzuhalten. Koroneia, wo ihr Bundesheiligtum war, heißt nach einem Lapithen Koronos, und auch die Bundesgöttin stammt aus Südthessalien. Äoler und Ionier wichen an die Küste, über den Euripos, nach Asien[1]. Die Böoter drangen allmählich bis an das Meer und über den Kithairon nach Megara vor, wo unter ihnen die Thraker verschwanden, die Dorer später den Böotern die Herrschaft entrissen[2].

Sehr viel früher müssen in sehr viel stärkerer Zahl die Stämme in den Peloponnes eingedrungen sein, welche der Herrlichkeit der Burgen in der Argolis ein jähes Ende bereiteten und die ältere Bevölkerung über das Meer jagten, soweit sie sich nicht in das arkadische Bergland und an die Ränder der Halbinsel drängte. Über die Einwanderer zur Klarheit zu kommen, ist es gut, zunächst die

[1] Wir treffen die Auswanderer nicht nur auf Lesbos, sondern ebenso gut an der Mykale (die den Namen mit dem böotischen Mykalessos teilt) und in Milet: dies hat noch bei einer neuen Phylenteilung eine nach dem Asopos genannt. An der Mykale liegt auch ein Theben, und Hellanikos 101 hat die Bewohner von Priene *Καδμεῖοι* genannt.

[2] Nisa, das erst die Dorer nach ihren Herrenhäusern Megara genannt haben, ist im Schiffskataloge böotisch, Homer. Unters. 292. Das Ignorieren nimmt meinem Schlusse nichts an seiner Wahrheit. Ende des dritten Jahrhunderts sind die Megarer noch freiwillig in den böotischen Bund getreten und haben böotisch geschrieben. Die attische Annexion des Wunsches, die den Theseus am Isthmos eine Stele setzen ließ, zur Bekräftigung dafür, daß da Ionien anfängt, sollte uns wirklich nicht mehr befangen. Erfunden wird es sein, als Athen Megara bezwungen hatte.

hesiodischen Kataloge zu verhören, von denen ich gerade diesen Teil dem Hesiodos selbst zu belassen geneigt bin[1]. Er begann mit Deukalion[2] und Pyrrha[3]; den Vater Deukalions Iapetos[4] dürfen wir aus der Theogonie ergänzen; der ist ein Titan, die Menschheit stammt hier also von den Urmächten, Himmel und Erde. Aber Pyrrha gebiert den Hellen[5] dem Zeus[6], Hellen zeugt mit einer Nymphe der Othrys[7], was seinen Wohnsitz in dem Hellas Homers festlegt, drei Söhne, von denen Aiolos dem Vater

[1] Wer den Ursprung der Hellenen in der Phthiotis ansetzte, wird, wenn nicht dort, so doch in einem Lande gelebt haben, dessen Bewohner von dort stammen wollten. Das trifft auf Hesiodos zu, denn die Böoter wollten aus dem südthessalischen Arne gekommen sein, und die Äoler Asiens, von denen Hesiodos stammte, aus Böotien. – Die Genealogie der Kataloge habe ich behandelt, Sitz. Ber. Berl. 1925, 52, Einleitung zum Ion des Euripides 6, wo ich die Bestätigung, den Kult des Xuthos in der Tetrapolis, IG. I 190, übersehen habe. Ion als *στρατάρχης* der Athener kennt auch Herodot XIII 44.

[2] *Δευκαλίων* möchte man zu *Πολυδεύκης* stellen, aber schon bei diesem gefällt die antike Gleichsetzung von *δευκ-* mit *γλυκύς* wenig. *Δεύκων* ist in Böotien Eigenname. IG. VII 2559. Epicharm 117 hat *Λευκαρίων* gesagt, und *Λεύκαρος* kennen wir mehrfach als Eigenname aus Euboia, auch aus Dodona (Schwyzer, Gr. Dial. Inschr. 308). Der Weiße könnte gut zu der Roten passen, aber freilich kann Epicharm gespielt haben.

[3] Man darf nicht *Πύρσα* verlangen; zugrunde liegt *πυρϝός*, das in vielen dorischen Dialekten belegt ist.

[4] Dieser Titan ist nur aus Hesiodos und *Θ* 479 (wenn das nicht schon von Hesiodos abhängt) schon dem Altertum bekannt gewesen, so daß es nur wertlose Fabeleien über ihn gibt und alles moderne Gerede müßig ist. Als Vater des Deukalion ist er in anderen Genealogien durch den bekannteren Titanen und Menschenfreund oder Menschenvater Prometheus ersetzt. Rätselhaft ist *Δευκαλίδαι σάτυροι* bei Hesych.

[5] Die *Ἕλληνες* gehören mit den *Σελλοί* von Dodona zusammen, können aber auch von den *Ἔλλοπες* schwerlich getrennt werden; ich habe dies und ähnliches vor Jahren in dem Kapitel über die Sage vor dem Herakles des Euripides behandelt.

[6] Nicht erhalten, folgt aber daraus, daß selbst die Vettern des Hellen Zeussöhne sind, Fr. 5.

[7] Der Name der Nymphe ist nicht ganz sicher, da er an allen Fundstellen verdorben ist, Schol. Plat. Symp. 208d, Vitruv IV 1 (geht auf *Ὀχρηίδος* zurück), Apollodor I 49, Antonin. Lib. 22. *Ὀθρυίδος* kam den Schreibern unglaublich vor, so daß sie änderten. Die Othrys ist selten in den Sagen, aber es stimmt vortrefflich, daß von ihr aus die Titanen gegen die Olympier kämpfen, Theogon. 632.

in seiner Herrschaft folgt, Doros zieht an den Parnaß, Xuthos aller Wahrscheinlichkeit nach in die attische Tetrapolis, dessen Söhne Ion und Achaias in den Peloponnes, Achaios bekommt Lakonien, Ion die Nordküste. Zur Zeit des Dichters gehörte Lakedaimon den Dorern, an der Nordküste saßen Leute, die sich Achäer nannten. Da ist der Schluß nicht zu vermeiden, daß erzählt oder zum mindesten vorausgesetzt war, daß die Achäer von den Dorern vertrieben nach dem späteren Achaia zogen, die Ionier vor ihnen wichen und nach Asien auswanderten. Wenn Argos nicht erscheint, so wird schon damals der Sitz der Atriden gegen Homer nach Sparta verlegt gewesen sein, wie es die Telemachie und die Lyrik des sechsten Jahrhunderts annimmt; das ist selbstverständlich Annexion durch die mächtigen Spartaner. Dann konnte aber auch Orestes oder Teisamenos bereits nach der asiatischen Äolis ziehen. Es ist eine andere Gliederung als die asiatische Drittelung der Hellenen, daher sehr wichtig, und Hesiodos hilft weiter. Er hat den Aiolos in Phthia-Hellas sitzen und alle anderen Nachkommen des Hellen südwärts ziehen lassen. Daß Ionier und auch zum Teil die Achäer im Peloponnes nicht blieben, fügt sich von selbst hinzu. Dazu stimmt, daß die Kataloge, deren Bruchstücke namentlich die apollodorische Bibliothek ergänzt, den Peloponnes von Nachkommen des Aiolos besiedeln lassen. Sisyphos kommt nach Korinth, Perieres, Idas, Neleus, Amythaon nach dem Westen und Südwesten, der Weg geht zum Teil über Ätolien, aus dem auch lakonische Heroen, selbst Helene und die Dioskuren abgeleitet werden, was schwerlich ursprünglich ist.

Damit fassen wir eine zweite Schicht der Einwanderer, und wieder geben die Dialekte Bestätigung. Denn nicht nur in Mittelgriechenland wird unbeschadet aller kleinen Absonderlichkeiten, die auch innerhalb der allesamt unliterarischen Mundarten bestehen, so ziemlich dieselbe Sprache gesprochen, in Böotien auf einer Unterlage der ersten Schicht, sondern ebenso im Norden des Peloponnes, Achaia mit seinen Nachbarn, und auch am Saronischen Busen ist die städtische Sprache von Argos nur wenig wirksam, liegt aber keineswegs gleich Ionisch darunter. In Lakonien ist die sprachliche Sonderung schwer, aber gerade da ist durch Götter und Heroen eine Besiedelung durch diese Schicht von den Dorern sichergestellt[1]. Messenien hat nichts Altes und überhaupt zu wenig.

[1] Wahrscheinlich werden wir in den Minyern, die am Taygetos und später auch in Triphylien gewohnt haben sollen, diese vordorischen

Wenn wir Hesiod folgen könnten, müßte gerade diese Sprache äolisch heißen; er denkt gar nicht an die Hellenen Asiens. Jetzt fehlt ein Name, was mich zwingt, immer nur von der zweiten Schicht zu reden. Dies Fehlen ist bezeichnend für den Mangel einer zusammenfassenden Herrschaft, wie sie die dorischen Staaten Argos und Sparta brachten, die dementsprechend die Bedeutung des Dorernamens erweiterten.

Das Verständnis der Sprachen sowie der Geschichte des Peloponneses hängt daran, daß diese zweite Schicht sowohl von der ersten, der die Träger der mykenischen Kultur angehören, wie von den beiden letzten Zuwanderern, Eleern und Dorern unterschieden wird. Nur von diesen ist es unvergessen geblieben, daß sie eingewandert sind, aber da sich die mächtigsten Staaten, Argos und Sparta, als Dorer fühlten, Korinth und einige kleinere ebenfalls, konnte die ganze Halbinsel dorisch heißen und ging der Unterschied der Dorer von der zweiten Schicht verloren, obwohl die Einzelsagen ihn überall erkennen lassen.

Die Überlieferung, wie sie Ephoros maßgebend festgestellt hat, läßt die Eleer zugleich mit den Dorern von Naupaktos aus einwandern, aber es ist ausgemacht, daß auf diese ganze spät zurechtgemachte Geschichte gar kein Verlaß ist. Wir müssen nicht nur alles, was die Rückkehr der Herakliden angeht, ablösen, sondern auch die Verbindung der Eleer unter Oxylos mit der dorischen Wanderung aufgeben. Die Eleer haben sich immer als Verwandte der Ätoler betrachtet, und für den Übergang von dorther ist Naupaktos der gegebene Platz. Ihre Sprache ist stark mit dem Arkadischen gemischt; sonst wird sich kaum scheiden lassen, was sie mitbrachten und was der zweiten Schicht angehört, die dem Peneios seinen altthessalischen Namen gegeben hat und ihre Heroen als Äoliden betrachtete, selbst Salmoneus, der doch der Vertreter der triphylischen Stadt Salmona war.

Über die Dorer zur Klarheit zu kommen, ist das erste, daß wir uns an diejenigen Angaben halten, die von der angeblichen Rückkehr der Herakliden unabhängig sind. Da wissen wir über Kreta gar nichts, denn Kolonisierung von Sparta aus wird niemand

Elemente zu erkennen haben. Aber die Sage von der Besiedlung Theras und Kyrenes ist mit anderen Elementen so durchsetzt, daß die Minyer gerade unsicher bleiben. In Orchomenos vertreten sie die zweite Schicht, von den Böotern erst spät bezwungen.

ernst nehmen. Es bleibt für Korinth, daß es von der Seeseite her erobert ist, Thukyd. IV 42, und für Argos dasselbe, denn nach dem Eroberer Temenos heißt Temenion an der Küste der argolischen Ebene[1]. Über Sparta hören wir nur, daß die Dorer in dieser Stadt sitzen, die sie tatsächlich so statt Lakedaimon benannt haben[2], und daß Amyklai ihnen sehr lange widerstand. Erst nachdem sie dies erobert hatten, konnten sie flußabwärts weiter bis an die Küste vordringen. Also können sie nicht den Eurotas hinauf gekommen sein. Dann gestattet das Gelände nur zwei Möglichkeiten. Entweder sie kamen von Westen, das Alpheiostal hinauf, das Eurotastal hinab, oder von Argos über die Hochebene, wo später Tegea und Mantineia liegen. Denn ein Durchmarsch über die nordarkadischen Gebirge ist ebensowenig denkbar wie eine Landung etwa bei Epidauros Limera; da wären sie auf ein ganz unwirtliches Gebirge gestoßen. Auf dem ersteren Wege konnten sie mit den Eleern gekommen sein, aber gerade das obere Eurotastal haben sie erst von Sparta aus den Arkadern abgenommen. Der andere Weg verlangt, daß sie sich von denen abgezweigt hätten, die Argos behaupteten.

Die ursprünglichen Sitze des dorischen Stammes zu bestimmen, hatte man im Altertum nur den Anhalt, daß ein paar unbedeutende Dörfer nördlich am Parnaß dorisch hießen; da hat schon Hesiodos den Doros angesiedelt, Herodot auch, der ihnen einige Stationen vorher zuweist, I 56, woher, ist unbestimmbar, daher auch unverwendbar[3]. Der Volksname wird so viel beweisen, daß ein Splitter im Lande blieb, als die Hauptmasse auswanderte; ob sich diese Dorer in ihrer Mundart von den Nachbarn unterschieden, etwa Charakteristisches mit Kretern und Spartanern gemein hatten, läßt sich nicht kontrollieren. Für verläßlich halte ich die Schlüsse, welche sich aus den drei Phylen der Dorer und ihren Namen ergeben. Hylleer und Dymanen, dazu die Mischphyle *Πάμφυλοι*, sind nicht nach Geschlechtern, also Ahnherren, benannt, ob-

[1] Landung von der Seeseite und Kampf mit den *Ἀργεῖοι* auch in der singulären Geschichte bei Polyaen II 12.

[2] Genauer nach der Stadt, die auf dem anderen Ufer bei dem Menelaion gelegen hatte.

[3] Herodot sagt öfter, daß die Doris des Parnaß vorher von Dryopern bewohnt war, die auch sonst als Feinde des delphischen Gottes vorkommen; Herakles hat sie vertrieben. Das wird dasselbe bedeuten wie die Einwanderung der Dorer.

gleich sie natürlich im Altertum so gedeutet sind[1], sondern sind selbst Volksnamen[2]. Die Hylleer kennen wir als einen illyrischen[3] oder epirotischen Stamm gegenüber von Korkyra, ihr Eponymos ist Hyllos, Sohn des Herakles. Dieser Stamm hat also ein Recht sich als Herakliden zu betrachten; aber das ist erst spät erfunden, als die dorische Wanderung zur Rückkehr der Herakliden gemacht war. Dymanes läßt sich von Dyme, der Stadt an der Nordostecke des Peloponneses, nicht trennen. Also sind die Dorer kein einzelner Stamm, sondern eine Vereinigung mehrerer Elemente wie Sachsen und Franken; in den Pamphylern sind mehrere kleinere Gruppen zusammengefaßt. *Δωριεῖς* kann von Doros nicht stammen, entzieht sich der Deutung[4]. Sie haben sich als eine gemischte Schar von Auswanderern unter diesen Namen gestellt. Man schließt dann, daß sie aus dem Innern der Balkanhalbinsel und Epirus nach Süden gezogen sind, und da finden wir die Akarnanen, in deren Namen der spezifisch dorische Gott Karnos steckt[5]. Auf der nächsten Etappe schließen sich die Dymanen an, wenn nicht Dyme nach Zurückbleibenden heißt. Dann fahren sie zu Schiff zunächst nach Kreta, dann landet ein Teil am Temenion in der Argolis. Der ganz primitive Zustand der Gesellschaft und der Sitte, den wir in Kreta und Sparta treffen, stimmt gut zu dieser Herkunft, auch daß der Lyder Alkman sagt, ich bin kein Thes-

[1] Ephoros 15 Jac. Der Vater ist Aigimios, König der Dorer in der apollodorischen Bibliothek II 154. Nach ihm heißt ein hesiodisches Gedicht, aber den spärlichen Resten ist nicht zu entnehmen, was der Titel bedeutete.

[2] Daß sie weiter keine Unterabteilungen haben, ist bezeichnend. Die bilden sich erst später an den einzelnen Orten. In Sparta hat die lykurgische Reform selbst die Geschlechter zerstört, die in Kreta überwiegend hervortreten.

[3] Vortrefflich stimmt hierzu, wenn sich die Forschungen von A. von Blumenthal bewähren, der Illyrisches im Dorischen nachweisen will (Glotta XVIII und seine Hesychstudien). Ich habe das noch nicht prüfen können.

[4] Die Meeresgöttin Doris bei Hesiod ist ebenso rätselhaft und stammt, wo sie später vorkommt, von ihm. Mit den Dorern läßt sie sich nicht verbinden. W. Schulze hält den Namen für abgekürzt aus *δωρίμαχοι*, aber der Speer ist für sie nicht charakteristisch, auch gibt es zu einer solchen Bennenung keine Analogie.

[5] Die antiken Angaben über die Herkunft der Akarnanen sind nicht verläßlich; wir haben keine ergiebigen Inschriften.

saler oder 'Ερυσιχαῖος, worin Apollodor einen akarnanischen Stamm findet[1].

Die schon dem Hekataios bekannte Sage von den Herakliden, die Eurystheus verfolgt, die aber schließlich heimkehren und drei Reiche Argos, Sparta, Messenien gründen, ist ganz ohne historischen Gehalt; in der großen Schlacht am Isthmos fällt bald Eurystheus, bald Hyllos, was den Sieg nach verschiedenen Seiten entscheidet. Ein dorisches Reich in Messenien hat nie bestanden; man braucht nur die Einleitung des Pausanias zu seinem vierten Buche zu lesen; aber es ist auch einleuchtend, daß die Spartaner sich mit der Erfindung des durch Betrug von anderen Dorern erworbenen Messenien eine Rechtfertigung ihrer Annexion geschaffen haben. Die Herakliden konnten mit den Dorern erst gleichgesetzt werden, als es einen Herakles gab: der heißt nach der Hera, stammt also aus Argos, also haben ihn die dortigen dorischen Könige zu ihrem Ahn gemacht, und da er von Perseus stammt, war ihre Herrschaft legitimiert, denn Eurystheus hatte nicht mit Recht dem Herakles sein Anrecht vorweggenommen. So steht schon in der Ilias. Weiter folgt, daß Herakles Ahnherr der Spartaner erst geworden sein kann, als er in Argos zum Ahnherrn der Dorer gemacht war; das ist vor Tyrtaios geschehen, denn er nennt die Spartaner Herakliden. In der Tat sind die Königsfamilien, die nach Eurypon und Agis hießen, auf zwei schattenhafte Herakliden Prokles und Eurysthenes zurückgeführt worden, von denen Eurysthenes sich zu Eurystheus stellt. Damit die Herakliden aber ein Recht auf Lakedaimon hätten, mußte es dem Herakles einmal gehört haben. Das wird auch ganz ausführlich erzählt; er ist erst zurückgeworfen, dann gelingt es ihm, die zahlreichen Hippokontiden zu erschlagen; Alkman zählt sie in dem Partheneion auf. Nach den Mythographen überläßt der Sieger das Land dem Tyndareos, der es für die Nachkommen des Herakles aufheben soll. Herakles kam von Argos, mußte also Tegea passieren, und auch davon weiß die Sage zu erzählen. Vielleicht darf hier ein Zug der tegeatischen Tradition herangezogen werden. Hesiod Fr. 90 hat erzählt, daß Tyndareos seine Tochter Timandre dem Echemos von Tegea zur Frau gab. Der hat am Isthmus den Hyllos erschlagen, eine Heldentat, deren sich die Tegeaten bei Herodot IX 26 berühmen. Der Tegeate vertritt hier die Achäer und Ionier,

[1] Strabon 460; was sonst über das befremdende Wort gesagt wird, kann gegen Apollodor nicht aufkommen.

die Herodot nach Hesiod den Peloponnes vor den Dorern bewohnen läßt. Wie es dazu kommen konnte, ist nicht wohl auszudenken, wenn jener Zweikampf nicht feststand und erst später an den Isthmus verrückt war. Als Abwehr der Dorer, d.h. Lakedaimonier, die Tegea gern annektiert hätten, aber nie besessen haben, läßt es sich gut verstehen, mußte dann aber in die Zeit des Hyllos gerückt werden. Darin liegt gewiß keine Erinnerung an die Einwanderung der Dorer von der Argolis über Tegea nach Sparta, aber wohl an die Geschichten von dem Zuge des Herakles gegen Lakedaimon. In diesen aber, die so alt und reich sind, kann sehr wohl eine solche Erinnerung stecken.

Sowohl in der Argolis wie in Lakonien hat sich die Sprache der Einwanderer nicht ganz rein erhalten, sondern hat sehr viel von den älteren Bewohnern übernommen; in Argos ist das namentlich durch Vollgraffs jüngste Entdeckungen ans Licht gekommen, und zwar Berührungen mit dem Aeolischen, also der Sprache der ersten Schicht; die der zweiten ist vom Dorischen schwer zu scheiden. Auch in Sparta sind Spuren des Arkadischen bis Tainaron hinunter vorhanden. Noch viel mehr gilt das von den Kulten und den Heroen, wo sich die Schichten auch häufig unterscheiden lassen. Auch das Kretische ist nicht rein dorisch. Es wird sich lohnen auf Lehnwörter aus der ungriechischen Sprache zu fahnden; es waren aber auch schon Hellenen auf der großen Insel, denn Idomeneus ist doch kein Dorer, ob er aber einer Einwanderung der ersten oder zweiten Schicht angehört, mag dahinstehen; gefehlt wird es auch an einer solchen nicht haben. Die berufene Stelle der Odyssee, τ 175[1], führt auf Kreta vier Völker an, Eteokreter und Kydonen, das ist die alte Bevölkerung, Achäer und Pelasger; davon sind die einen die Kreter des Idomeneus und Meriones[2], aber wer sind die anderen? Spätere Zuwanderer aus dem Peloponnes, nicht dorischer Rasse, also Leute der zweiten Schicht oder unbestimmte Urbewohner? Sowohl Arkader wie Argeier konnte der Rhapsode Pelasger nennen. Zu entscheiden weiß ich nicht.

Die Hauptmasse der Dorer muß nach Kreta gekommen sein, denn sie hat schließlich ziemlich die ganze Insel beherrscht. Daher

[1] Eine Einlage wohl erst des sechsten, höchstens des ausgehenden siebenten Jahrhunderts, Heimkehr des Odysseus 46.

[2] Seltsam ist, daß *E* 43 Idomeneus einen Phaistos erschlägt, der doch den Namen einer kretischen Stadt führt, aber aus dem lydischen Tarne stammt und den Boros zum Vater hat, der in dem milesischen Phylen-

ist es wahrscheinlich, daß erst von hier die Besetzung von Argos, dann wohl über Argos auch die von Sparta erfolgt ist. Zunächst waren sie auf Kreta doch eine Minorität, aber die erschlaffte ältere Bevölkerung hat sich gefügt; sie wurden in die Sklavenschaft, die *μνωία* (*δμωία*) gedrängt oder wurden als *οἰκέες* Halbfreie. Das Königtum oder Herzogtum, wie man reden mag, ist ganz abgekommen. Aber sonst blieben die Jugendbünde und gemeinsamen Mahle der Männer; die Weiblichkeit tritt ganz zurück und steht bei den anderen Griechen in üblem Rufe. Es ist ein glücklicher Zufall, daß uns die schriftliche Aufzeichnung des Rechtes von Gortyn erhalten ist. Sie ist nicht früher erfolgt als an anderen Orten, auch wenn man die älteren Inschriften des Pythion hinzurechnet. Aber der Ruf des Minos als Gesetzgeber ist uralt, und im sechsten Jahrhundert gilt die Insel als Heimat von Sühnpriestern, Karmanor und Epimenides. Da soll auch die Skulptur, Dipoinos und Skyllis, und die kretische Keramik auf den Peloponnes gewirkt haben[1]. Das sind Einzelbeobachtungen, die sich schlecht miteinander vertragen; wir wissen eben nur ganz Vereinzeltes.

In Sparta hat sich die alte Gesellschaftsordnung erhalten, trotzdem die Dorer von dieser Stadt oder besser Siedlung aus, der sie den Namen gaben[2], allmählich vordringend die drei Spitzen der

namen *Βωρεῖς* steckt. Dies ist verständlich und ergibt, daß jene Phyle einmal Asiaten umfaßte, aber Phaistos bleibt rätselhaft, wenn der Dichter nicht einen kretischen Sieg des Idomeneus nach Troia überträgt.

[1] Daidalos mit seinem redenden Namen ist in der Ilias Verfertiger eines *χορός*, eines Schmuckstückes mit der Darstellung eines Reigentanzes, wie ihn die Kunst nicht der alten Kreter, aber wohl die spätere so häufig darstellt. Für Ariadne oder vielmehr Aridele (die kretische Namensform, die Zenodot erhalten hat) ist das metallische Band, auf dem der Reigen erschien, offenbar wegen ihres wunderbaren *στέφανος* gemacht, der als Krone am Himmel steht. Ob Daidalos schon damals im Labyrinth gefangen war wie Völundur, möchte man wissen; sonst ist er durch die Ilias hineingebracht. Der redende Name konnte an anderen Orten auch unabhängig für Meister des *δαιδάλλειν* erfunden werden. Ob ein himmlischer oder sterblicher Daidalos dem Peleus seine *μάχαιρα* gemacht hat, Pindar N. 4, 59, bleibt unentschieden.

[2] Daß die Ilias einmal *Σπάρτη* sagt, *Δ* 52, daneben Argos als Stadt, ist unschätzbar: dem Dichter begegnet es, daß er die beiden mächtigen Städte seiner Zeit nennt, die es zur Zeit der Heroen gar nicht gab. Dabei liebte Hera doch Sparta nur um des Menelaos willen; sie war doch *Ἀργείη*. Daß der alte Stadtname *Λακεδαίμων* war und den Platz bezeich-

Halbinsel unterwarfen, die östliche Küste gegen Argos, die reiche westliche gegen die Messenier. Das Königtum, aus unbekannten Gründen auf zwei Familien verteilt, hat die alte Stellung bewahrt, neben vielen Ehrenvorrechten nur die Führung im Kriege. Angenommen ist die Bezeichnung als *Ἡρακλεῖδαι* von den beiden Königsgeschlechtern[1], die sich nie vermischen, und dem ganzen Volke (Tyrtaios 8 D.), obgleich Herakleskult gar keine Bedeutung hat, ebensowenig wie auf Kreta. Das ist also Anschluß an den Mythos und weist auf Argos.

In Argos haben sich die dorischen Institutionen nicht gehalten, selbst die Phylen, die freilich auch in Sparta im sechsten Jahrhundert nicht mehr bestehen, haben im Staate kaum noch eine Bedeutung. Die Dorer haben sich also mit der Bevölkerung, die sie vorfanden, stark vermischt. Es waren natürlich noch Reste der ältesten hellenischen Bewohner, der Danaer, vorhanden, deren Städte gar nicht vernichtet waren, und es war eine Zuwanderung der zweiten Schicht gekommen, eben die, welche die Herrschaft der Mykenäer gebrochen und ihre Mutigsten über das Meer gejagt hatte. Das zeigt sich in der eigentümlich gemischten Sprache, in der das spezifisch Dorische gering ist[2]. Die Königsliste stimmt dazu; da standen Dorer seit Temenos, deren Namen wir meist nicht kennen. Am Anfang zwei Urväter, Inachos und Phoroneus, in Mykene die Pelopiden, daneben Eurystheus, der zu Herakles gehört, samt dessen Eltern auf den neuen Heros von Mykene, Perseus, zurückgeführt, versetzt in die neue Hauptstadt Argos[3]. Abas, der auf die

nete, wo Helene verehrt ward, ist ausgemacht. Die lakonische Zeit hat ihn *Θεράπνη* genannt, *αὐλών, σταθμός* Hesych, ein Wort, das Euripides allein liebt, offenbar war es von den Dichtern der zweiten Einwandererschicht aus ihrer Sprache in die Poesie gekommen, ist also weder vorgriechisch noch spezifisch dorisch. Der Hügel war schon für die Herren von Amyklai ein abliegender *σταθμός*.

[1] Die Geschlechter der Agiaden und Eurypontiden waren natürlich ganz verschieden und sind durch fiktive Zwischenglieder zu Verwandten gemacht. Bei den Thessalern scheinen nur die beiden Geschlechter der Skopaden und Aleuaden befähigt zur Führung des Stammes, aber sie kommen nicht gleichzeitig zu der Würde.

[2] Merkwürdig ein Eigenname *Δωριάδας*, Vollgraff, Mnemos. 1912, 43.

[3] Bis vor kurzem kannten wir nur ein unbedeutendes Dorf mykenischer Zeit auf der Aspis. Jüngst aber hat Vollgraff auf der Larisa eine mykenische Veste entdeckt, die aber schwerlich einem Unterkönige des Herrn von Mykene gehört hat, eher eine vorgeschobene Festung des

Abanten von Phokis weist, Proitos, nach dem ein Tor von Theben heißt; Akrisios und der Name der Hochburg Larisa sind mit Thessalien verbunden; Anaxagoras und Adrastos stehen unvermittelt. Eine sorgsame Aufarbeitung und Sonderung dieser Überlieferung steht noch aus. Die große Machtentfaltung, die Argos zur ersten Großmacht auf der Halbinsel erhob, ist das Werk der dorischen Könige bis auf Pheidon, um 660; dann bricht sie mit dem Königtume zusammen. Sparta tritt das Erbe an. Von Argos werden die meisten Städte der Argolis dorisiert, Epidauros, von da Aigina, Troizen, doch wohl auch Hermione, weiterhin Phleius und Sikyon. Korinth wird vom Meere aus besetzt, früher als die anderen, Megara folgt. Aus Asine werden die Dryoper verjagt, über deren Rasse auch die schwedischen Ausgrabungen keinen Aufschluß gebracht haben. Aber wirklich dorisch sind sie alle nicht mehr geworden; die Zuwanderung war zu schwach, und eine direkte Herrschaft konnte Argos nicht ausüben.

Ob nun Argos oder Sparta die Vormacht war, immer blieb sie dorisch, und dorisch nannten sich auch andere im Bunde mit der Vormacht selbständige Orte. So konnte Sophokles, Oed. Kol. 696, den Peloponnes eine dorische Insel nennen, Pindar, Paean 6, 123, im Jahre der Schlacht von Marathon den Saronischen Busen eine dorische See. Dabei war es einerlei, wie wenig echt dorisches Blut vorhanden war: die zweite Einwanderung war mit unter diesen Namen gezogen, so daß auch die Sprache dorisch hieß, sogar im Unterschiede vom Lakonischen. Und so haben auch die Modernen oft genug die dorische Wanderung auf die Elemente erstreckt, welche im Peloponnes nicht ionisch und arkadisch sind, was sich doch mit dem Kulturzustande der Kreter und Lakedaimonier nicht verträgt, mit den verläßlichen Überlieferungen ebensowenig.

Es ist eine schmerzliche Lücke, daß die Bodenforschung kaum etwas Wesentliches zur Aufklärung über die Jahrhunderte ermittelt hat, in denen die Hellenen des Mutterlandes nach dem Unter-

Reiches zur Beobachtung der Seeseite war. Der Schiffskatalog hat Argos dem Diomedes gegeben, dessen Reich sich mit dem Agamemnons schlecht verträgt. Er mag schon vorher wegen seines Vaters Tydeus in Argos ansässig gedacht sein. Die Thebais setzt ganz andere Machtverhältnisse in der Argolis voraus als die Ilias, was selten in seiner Bedeutsamkeit gewürdigt wird. Adrastos gehört schwerlich in die Argolis, ist wohl ganz eine poetische Erfindung, „der nicht entrinnen kann“, der Reiter des Höllenrosses Arion.

gange der mykenischen Kultur in den Zeiten des geometrischen Stiles gelebt haben, zumal im Peloponnes. Lehmhütten und Holzbauten sind zu vergänglich oder ihre Reste zu unscheinbar. Dem werden die Gotteshäuser entsprochen haben, als man anfing, solche zu errichten, spät genug, da man sie vorher nicht gehabt hatte und auch nicht vorfand[1]. So lehren das meiste die Gräber durch die Tongefäße: die Keramik allein erzählt uns zusammenhängend die Geschichte, wie die Hellenen sich nun langsam aus sich selbst heraus entwickeln. Die Nachwirkung der kretisch-mykenischen Periode verliert sich; im geometrischen Stile kommt heraus, was man gewürdigt haben muß, um das spezifisch Hellenische zu fassen, so weit ab von dem Kunstwollen des gleichzeitigen Epos es zu liegen scheint. Der Name geometrisch verrät es schon, und Buschor nennt die Dekoration „mit Mathematik durchtränkt". War es nicht die Harmonie der Verhältnisse, in der sich uns an dem Schatzhause des Atreus das Hellenische offenbarte, und lebt nicht dieselbe Mathematik im dorischen Tempel, um schließlich im Strophenbau der Lyrik, in den Perioden des Isokrates zu herrschen und in der platonischen Akademie die Philosophie zur Wissenschaft zu erheben. Homer gibt die Ergänzung, alle Dinge klar und scharf zu sehen und uns vor die Augen zu stellen, so wie sie dem Auge, auch dem geistigen, erscheinen, was dem Maler noch ganz fern liegt. Erst gegen Ende des sechsten Jahrhunderts wird dieser alles Orientalische hinter sich lassend die Dinge, vor allem die Menschen, so darstellen, wie sie wirklich dem Auge erscheinen, und in alle Ewigkeit ihre Wiedergabe in den Künsten bestimmen, so daß geradezu als selbstverständlich erscheint, was doch erst durch eine gewaltige neue Tat der Hellenen erobert ist. In den großen durch Zusammenarbeitung entstandenen Epen scheint jetzt der harmonische, mathematische Aufbau zu fehlen, aber man muß nur scharf genug zusehen, um ihn an sehr eindrucksvollen Beispielen zu bemerken[2].

Im ganzen werden die Jahrhunderte des geometrischen Stiles für uns eine Zwischenzeit der stillen und dunklen Selbstbesinnung und Selbstentfaltung bleiben, in der wir nur einigermaßen die Eigenart Spartas, der nur obenhin dorisierten Isthmusstaaten, zu denen Argos gerechnet werden darf, aber auch die der Athener

[1] Bei Mantineia war ein solcher kleiner Holzbau erhalten, eine Rarität zur Zeit des Pausanias, VIII 10.

[2] An Λ^1 und σ habe ich diesen Aufbau gezeigt.

erkennen: die Dipylonvasen verkünden bereits ihre künstlerische Überlegenheit. Gegen Ende des achten Jahrhunderts kann der Peloponnes schon einen Überschuß von Menschen an die Kolonisation des Westens abgeben. Damals strömt auch aus dem Orient eine Flut von neuen Formen ein und befruchtet die Malerei und durch sie auch die Phantasie des Volkes, und das Einströmen des ionischen Epos bewirkt eine geistige Umwälzung. Von der Religion rede ich noch nicht. Das war der erste Akt, in dem das asiatische Kolonialland auf das europäische Hellas zurückwirkte und seine Überlegenheit bewies. Das Ergebnis ist die Aufnahme der homerischen Gemeinsprache und der homerischen Götterwelt. Der zweite Akt ist das Eindringen des ionischen Denkens, der ionischen Naturwissenschaft und der Kritik an allem herkömmlichen Nomos, ermöglicht durch die politischen Erfolge des athenischen Volkes, das die alte Rasse bewahrt hatte. Aber die politische Einigung mißlingt, weil die Völker der späteren Einwanderung, Peloponnesier und Böoter, dazu die Westhellenen[1], sich zu stark erweisen. Damit ist entschieden, daß die Hellenen politisch keine Einheit werden konnten, also auch nicht ihre Selbständigkeit behaupteten. Aber gleichzeitig entschied sich die geistige Einigung der Nation im ionisch-attischen Geiste. Ein Hellentum ist entstanden, das von seinem Geiste dem Orient, den es beherrscht, und den Italikern, die es beherrschen, mitteilt und eine Wissenschaft und in der Sokratik eine Religion erzeugt hat, die wohl eine Weile verleugnet oder gar vergessen werden kann, aber untergehen kann sie niemals.

Wie es mit der Besiedelung Asiens und dann in den Jahrhunderten, die zu dieser neuen Kultur geführt haben, zugegangen ist, verlangen wir brennend zu wissen, aber dazu ist auch für die Zukunft die Aussicht sehr gering, denn der Boden hat bisher nichts von Belang geliefert, und eine Aufzeichnung geschichtlichen Inhaltes

[1] Hier ist allen „dorischen", d.h. achäischen Kolonisationen eine ionische vorhergegangen, wie an vielen Orten Italiens Sagen beweisen, von denen die Historiker wenig Notiz nehmen. So steht es auch um Korkyra. Aber auch ohne dies muß man sich sagen, daß Rhegion und Kyme ohne Etappen auf der Küstenfahrt gar nicht denkbar waren. Die Städte um den Golf von Neapel haben ihr Ionertum erst an die Italiker verloren, ebenso die spätesten Gründungen Hyele und Massalia, das ionische Kultur zu Kelten und Iberern gebracht hatte.

scheint erst nach dem Einfall der Kimmerier begonnen zu haben, als auch schon einzelne Erzeugnisse der Poesie des Tages sich erhielten (Kallinos, Semonides, Archilochos). Auch Steinschriften beginnen erst jetzt. Wohl hatte sich schon etwas früher ein ionischer Bund gebildet, aber er umfaßte nur die Städte von Phokaia bis Milet, also längst nicht alle Ionier, und er versagte in jeder Stunde der Gefahr, so daß die ganze Küste unter die Herrschaft der Lyder und dann der Perser geriet. Den wehrhaften Hellenen des Mutterlandes galten seitdem die Ionier mit Recht als unkriegerisch und verweichlicht[1]. In ihren Städten wechselte Tyrannis (ein ionisches Wort) und Demokratie, zügellos beide. Eine adlige Gesellschaft, wie sie im ganzen Mutterlande der ebenbürtige Stand trotz der staatlichen Zersplitterung zusammenhielt, ist in Asien nur auf dem dorischen Rhodos zu erkennen.

Das Epos dürfen wir höfisch nennen, denn es richtet sich offenbar an eine Gesellschaft von Kriegern, die in den Heroen ihre Vorfahren verherrlicht sehen. Es hält die Erinnerung an Taten fest, die Jahrhunderte zurückliegen, zu gutem Teile noch im Mutterlande spielen (die Thebais ganz), und die Blüte der Fürstentümer, die wir jetzt aus den Palästen und Gräbern der Argolis kennenlernen, wird durchaus als bestehend vorausgesetzt, dagegen von Hellenen auf asiatischem Boden will der Dichter nichts wissen, obgleich er und seine Hörer ihm entstammen. Erklärlich ist das nur, wenn sich die Heldendichtung von den Zeiten her fortgepflanzt hatte, die sie mit bewußtem Archaisieren vorführen will, wo es dann freilich selbst in der Ilias ohne Entgleisungen nicht abgeht, für die wir dankbar sind, weil wir so doch etwas über die späteren Zustände erfahren. Homer steht ebensogut am Ende wie am Anfange einer Periode, Homer, das ist die Ilias, denn die späteren Epen, zu denen die Odyssee durchaus gehört, fallen bereits in die Zeiten, aus denen auch schon gleichzeitige Zeugnisse erhalten sind; die heroischen Personen sind geblieben, werden aber oft Träger einer gar nicht mehr heroischen Handlung.

So lehrt uns Homer über die Besitzergreifung der asiatischen Küste und die Bildung des neuen äolischen und ionischen Volkes kaum etwas. Die im Altertum herrschend gewordene Annahme und Datierung dieser äolischen und ionisch-attischen Wanderung ist schlechthin wertlos. Brauchbares steckt nur in den Traditionen

[1] *ὥσπερ λεχὼ στρατιῶτις ἐξ Ἰωνίας* sagt Eupolis.

der einzelnen Städte[1]. Wahrscheinlich haben nicht nur Raubzüge der mächtigen Herrscher der Argolis nach Asien stattgefunden, sondern auch Versuche der Festsetzung, als noch die kretische Seemacht zu bekämpfen war. Aber entscheidend ward erst die Auswanderung der überwundenen Hellenen erster Schicht, als die zweite ihre Burgen brach. Die einzelnen Städte Ioniens wissen anzugeben, aus wie vielen Gegenden ihre Besiedler stammten, dadurch lernen wir, daß sich Trupps aus allen Gegenden, von Thessalien bis Tainaron, im Westen aus Kalydon und dem Pylos, d.h. dem Westrande der Halbinsel, hier und dort einfanden. Die Namen werden oft von den Landschaften, wie sie später hießen, gegeben, was nicht darüber täuschen darf, daß es die alten Bewohner waren, anderen Stammes als die späteren Böoter oder Ätoler. Geschlossene Stämme sind nirgend aufgetreten, außer den Magneten. Wir kennen sie nur nördlich vom Sipylos, wo sie durch den Einbruch der Myser zu einer hellenischen Enklave geworden sind, von der man weiter nichts hört. Die bedeutenderen sitzen am Mäander und haben ihrer Stadt den eigenen Namen gegeben. Als diese durch den Fluß unbewohnbar geworden ist, verlegen sie sie in ein Nebental nach dem Dorfe Leukophrys an den Berg Thorax, das sind hellenische Namen, aber ihre Artemis ist die Lyderin. Hellenisiert hatten sie also kein kleines Gebiet, aber sie sind nicht in den ionischen Bund getreten, gehorchten also wohl schon den Lydern, haben auch nicht zum attischen Reiche gehört[2]; später sind sie ganz ionisiert. Daß sich auf Lesbos und gegenüber an der Küste die Äoler halten konnten, sprachlich von den Ioniern gesondert, läßt erkennen, daß hierher Leute der ersten Schicht vorwiegend aus Böotien und Thessalien gezogen sind. Die Verbindung mit Böotien blieb im Gedächtnis, die mit Thessalien erkennen wir an der Sprache, und sie ist besonders eng, trotzdem sie auf Lesbos ganz vergessen war[3]. Daneben soll Orestes oder sein Sohn die

[1] Ich habe sie in dem Aufsatz über die ionische Wanderung, Sitz.-Ber. 1906, zusammengestellt.

[2] Die *Μαιάνδριοι* der Tributlisten, die auch bald in ihnen verschwinden, müssen sich wohl von der Stadt Magnesia losgemacht haben.

[3] Das wird daran liegen, daß die Auswanderung aus Thessalien vorwiegend nach dem Festlande ging. Achilleus lebt im Epos; Lesbos hat er nur gebrandschatzt und sich das Mädchen von Bresa geholt. Die Mutter Homers stammt in der Novelle aus Thessalien. Das Epos hat im Unterschiede von dem Lesbischen den thessalischen Genetiv auf *-οιο*

äolische Wanderung geführt haben, also müßten auch Peloponnesier beteiligt gewesen sein; Telephos von Teuthrania-Pergamon ist Arkader. An Völkermischung hat es also auch hier nicht gefehlt, aber die äolische Sprache überwog; sie macht allein einen kenntlichen Unterschied von den Ioniern.

Von den späteren Ioniern scheinen zuerst die beiden großen Inseln besetzt zu sein, die immer zu Asien gerechnet werden; wenigstens sind Ephesos und Milet von Samos aus besiedelt. Dann gelang es, die Mündungen der drei großen Flüsse zu beherrschen, indem die dort liegenden Städte, Smyrna (dies allerdings von Kolophon aus), Ephesos, Priene, Myessos (wie der Name gelautet haben muß), Miletos, erobert wurden. Im Gegensatz zu der Mäandergegend[1] sind die Namen auf der Mimashalbinsel außer Teos und dem kleinen auf Ephesos zu gravitierenden Lebedos[2] griechisch, ebenso nördlich Phokaia und Leuke. Da war also der Widerstand der Eingeborenen schwach. Das alte Apollonorakel von Klaros neben Kolophon führt sich auch auf hellenische Gründer zurück. Auf Lesbos sind die Ortsnamen meist vorgriechisch, aber von fremder Bevölkerung hören wir nichts, außer daß der Urkönig *Μάκαϱ* sie als Vater der Städte repräsentiert. Am Mäander stand das anders. Branchos ist kein griechischer Name, und zu den liturgischen Formeln gehört *βεδυ ζαψ κναξζβι*[3], sinnlos gewordene karische Worte. Als Dareios die Branchiden fortführte, waren sie freilich hellenisiert, während in Ephesos die Priesterschaft der Artemis nicht nur selbständig neben der Griechenstadt, sondern mächtiger blieb. Während wir auf den Inseln nur von Karern hören und die Ortsnamen von Rhodos bis an die

bewahrt. Auch das ist wohl nicht bedeutungslos, daß nach Sappho die Atreiden auf Lesbos einen Tempel erst auf der Rückfahrt, also Vorbeifahrt, gründen, aber in Kyme ein König Agamemnon heißt.

[1] Hier fehlen die hellenischen Namen fast ganz. Nur die früh zerstörte Stadt Melie macht eine Ausnahme; sie lag nicht mehr am Meere, wird also eine spätere Gründung gewesen sein, von den Schwesterstädten spurlos vernichtet.

[2] Kolophon, Airai (Lolchfeld), Erythrai, Klazomenai, dies verhältnismäßig spät gegründet. Lebedos muß sich erst spät, vielleicht erst nach der Eroberung von Ephesos durch die Kimmerier, selbständig gemacht haben, denn eine Phyle von Ephesos heißt *Λεβεδεῖς*.

[3] Kallimachos Iamben 224 mit Pfeiffers Anmerkung. Branchos als Sohn des Machaireus ist eine Erfindung, die Delphi über Didyma erheben soll. Die Artemis *Πυθείη* scheint demselben Zwecke zu dienen.

thrakische Küste derselben Sprache anzugehören scheinen, zu denen übrigens auch an der Küste nicht wenige stimmen[1], treten uns auf dem Boden Asiens viele zum Teil lokal gesonderte Stämme entgegen. Myser, Maioner-Lyder, Karer, die auch Pamphyler und Phöniker[2] heißen (daher der Phöniker Thales), Kaunier, Lykier, dazu die verschollenen Troer und Teukrer, Gergither, wohl noch mehr so Vereinzeltes. Im Innern sitzen die Phryger (Bebryker bei Kyzikos), den Hellenen bekannt, aber ihre Einwanderung ist vergessen. Die thrakischen Myser sind erst eingewandert, als die Äolis griechisch war und sogar schon östlich vom Ida vordrang[3]. Die Äoler wurden auf den Küstensaum beschränkt, und der Winkel, wo die Lyder später Adramyttion anlegten, gehörte ihnen nicht. Es sagt sich jeder, daß mancher Versuch der Ansiedlung mißlang, wie der Zug gegen Ilios, oder durch einen Rückschlag ergebnislos blieb. So sind die paar Orte auf der Südseite der Halbinsel, in denen der pamphylische Dialekt bis in das vierte Jahrhundert gesprochen ward, Reste einer Besiedlung, die einmal bis in das fruchtbare Kilikien übergegriffen hatte. Hier mag noch das Hethiterreich eingegriffen haben; daß die ionischen Städte zu sicherer Blüte kamen, lag daran, daß ihnen keine wirkliche Macht gegenübertrat. Nur im Süden haben die Lykier ihre ganze Küste siegreich verteidigt.

Die Mischung der Hellenen mit den Eingeborenen muß man sehr stark in Rechnung setzen; von den karischen Frauen wird ja auch geredet. Wohl waren die Eingeborenen zumeist zu hörigen Bauern und Hirten gemacht, die den hellenischen Herren zinsten[4],

[1] Hessos-Assos, Lyrnessos, Imbros, Samos, Zerynthos, Abdera (*ὡς Βρικίνδηρα*).

[2] Auf dem Kynthos haben sich in den karischen Hütten Schalen gefunden, in denen rote Farbe gemahlen war, und der Herausgeber Plassart vermutet, daß sie zur Bemalung der Leiber gedient hätten. Dann verdienten die Karer *φοίνικες* zu heißen.

[3] Das wird von Skepsis und Kebrene erzählt. Das Epos hat Pelasger als Feinde eingeführt, vielleicht auch den Namen Larisa übertragen, daneben Keteioi; diese wenigstens sind Myser. Pergamon muß einmal hellenisch gewesen sein, als Telephos zu einem Arkader werden konnte; sein Sohn Eurypylos kommt den Troern zu Hilfe, allerdings eine späte Erfindung.

[4] Weite Ländereien sind Königsland der Perser und der makedonischen Könige, ihrer Rechtsnachfolger. Wir sehen, wie Alexander solche Güter samt ihren Bebauern an Priene abgibt, Ptolemaios an Milet.

aber sie standen sich darum schwerlich sehr viel schlechter als die *λαοί* der mächtigen Herren, die in der Ilias eine Masse bilden, an der der Dichter kein Interesse nimmt; *ληός* ist ja bei den Ioniern zu der Bedeutung Dienstmann gekommen[1]. Aber abgesehen von den Priestern der Götter, denen nun auch die Hellenen huldigten, hat es auch Städte gegeben, in denen zwei Gemeinden nebeneinander bestanden; Herodot I 147 kennt ein solches Doppelkönigtum, wo der Asiate sich auf den Glaukos der Ilias zurückführt, der zwar ein Lykier ist, aber von dem Hellenen Bellerophontes stammt, dessen Name doch den Lykier gerade zeigt; offenbar ist der von dem Ahn der Stadtkönige nicht zu trennen. Die Hellenisierung hatte schon begonnen, wenn eine solche Genealogie anerkannt war. Anderswo scheinen die Eingeborenen, wenn sie zum Mitbürgerrecht kamen, in einer Phyle zusammengefaßt zu sein, wie in Milet in den *Βωρεῖς*[2]; es mag auch in Samos die eine der beiden Phylen ihnen zunächst gehört haben. Die neuen Städte haben nach der Analogie der alten Stammverfassungen ihre zusammengewürfelten Bürger in Phylen, auch wohl in Phratrien geordnet[3], sehr verschieden und auch wechselnd; aber eine Bedeutung wie im Mutterlande haben diese künstlichen Bildungen nicht erhalten[4]. Die Städte werden ja auch lange keine sehr zahlreiche Vollbürgerschaft enthalten haben. In der Stadt aber pflegten die Bürger ganz überwiegend zu wohnen, auch wenn sie einen ausgedehnteren Landbesitz hatten, in dem die Dörfer schwerlich von

[1] Weil die hellenischen *λαοί* das Aufgebot der Krieger bedeuten, wird *ληίζεσθαι* zu populari, *ληίς* zur Beute, *ληιστής* zum Piraten, was auf die Zeit zurückweist, in der Seeraub von den Städten und ihren Herren getrieben ward, wie es noch Polykrates getan hat.

[2] Ein Boros fällt auf der Troerseite *E* 44; der Dichter des *Π* 177, der einen Makedonen so nennt, hat vergessen, daß es ein fremder Name war. Über das Rätsel, das der achäische Held aufgibt, der Teukros heißt, obwohl die Teukrer nicht erwähnt werden, Homer und Ilias 49.

[3] Nestor rät die Schlachtordnung *κατὰ φυλὰς καὶ φρήτρας* zu ordnen, *B* 362. Aber man liest von den Bruderschaften kaum etwas, bis der Name in der Spätzeit nur einen Klub bezeichnet, wesentlich für gemeinschaftliche Mahle.

[4] Die Geltung der drei dorischen Phylen auf Kos steht dazu in Gegensatz: da ist die Besiedlung in einem wohlorganisierten Zuge erfolgt wie eine Koloniegründung. In Rhodos sind die Phylen, d.h. in den drei zunächst selbständigen Städten, aufgegeben, die später dafür Ersatz leisten.

vielen Bürgern dauernd bewohnt wurden[1]. Ringmauern aus Stein zu errichten, reichten die Mittel lange nicht, aber eine Burg wird befestigt sein; es mochten auch Erdwälle, wie sie das *M* der Ilias schildert, genügen.

Die Verschiedenheiten zwischen den einzelnen Städten sind noch lange beträchtlich gewesen, wie es Herodot noch zu seiner Zeit selbst von der Umgangssprache angibt. Wir können das nicht mehr erkennen, wir sehen nur, daß das Epos sich im Norden ausgebildet hat, wo sich Äolisch und Ionisch mischten, das letztere die Oberhand gewann, und daß im sechsten Jahrhundert Milet die geistige Führung hat, vielleicht die Sprachform der Prosa beherrscht, was doch nicht sicher ist. Wie sollen wir da auch nur von fern erkennen, wie sich das Ionertum ausgebildet hatte, das schon vor 700 seine ganze geistige Natur gewonnen hat, unter dem alten Namen ein neues Volk. Dies aber umfaßt viel mehr als die zwölf Städte des ionischen Bundes, namentlich nach Süden hin; es unterwirft sich die Karer, und in Halikarnassos sind die Dorer ihm ganz unterlegen. Auf Kos spürt man es auch, und die dortigen Ärzte schreiben ebenso wie die Knidier[2] ionisch, nicht nur für die Öffentlichkeit, sondern auch in ganz privaten Aufzeichnungen. Als Ionier fühlen sich auch die Nesioten, alle, die sich um den Apollon von Delos sammeln, und wenn ihre Sprache auch weniger zersetzt ist als in Asien, der Geist des Archilochos von Paros ist doch derselbe. Das muß man sogar von den Äolern sagen, denn wenn Lesbos auch seine eigenen Größen hat, gegenüber dem Mutterlande gehören auch sie dem neuen Hellenentume an, das ionisch heißt; ihre Mundart verschwindet ja auch bald aus der Literatur, für die und überhaupt für das panhellenische Wesen die asiatischen Dorer noch lange nichts bedeuten. Gekommen sind sie aus der Argolis zur Zeit der Übermacht von Argos. Vor ihnen aber saßen da Hellenen der ersten Schicht, die auf Kos und in Knidos deutliche

[1] So fehlen auf der großen Insel Samos, wie es scheint, alle wirklichen Dörfer, sehr im Gegensatze zu Chios, wo z.B. Bolissos in der Homerlegende erscheint und noch heute erhalten ist. Im milesischen Gebiete ist ein solcher Ort Assessos. In Teichiussa sitzt am Anfang des sechsten Jahrhunderts ein Stadtherr, also selbständig.

[2] Ob sich bei ihnen doch einzelne Dorismen finden, was im Wortgebrauche möglich ist, muß untersucht werden. Man könnte an *δρᾶν* denken, aber da hat Regenbogen fein auf Einfluß der sizilischen Ärzte hingewiesen.

Verbindungen mit Thessalien zeigen[1]. Es fehlen aber in den Ortsnamen die Spuren der alten Bevölkerung nicht, auch nicht in den Kulten[2], und auf Rhodos überwiegt dieses Element durchaus. Es steckt da in der freilich ganz übel zusammengeklitterten Archäologie des diodorischen Inselbuches viel Merkwürdiges; man sieht, daß die Einwanderer nicht nur den Helios übernahmen, sondern figurenreiche Sagen, die Telchinen, Phaethon-Tenages, Alektrona[3]. Deren Name verrät eine Lichtgottheit, und das ist die Elektra von Samothrake, die von den Dichtern der *Φαινόμενα* (darunter ein Äoler Sminthes) als Pleiade oder als Komet eingeführt wird, früher schon Mutter des Dardanos sein sollte. Da reicht ein Faden von Norden nach Süden, und man möchte die mit Artemis geglichenen oder einfach *Παρθένος* genannten Göttinnen von Ikaros und Leros (die auch Iokallis hieß), auch die *Παρθένος* des thrakischen Neapolis[4] mit heranziehen. Auf die Hellenen haben diese vergöttlichten Himmelslichter, wenn sie es waren, nicht weiter eingewirkt. Die rhodische Archäologie hat sogar den Makar von Lesbos in ihre Kreise gezogen; das kann rhodische Annexion sein, aber auch alte Zusammenhänge bedeuten. Wir haben ja bisher nur sprachliche Beobachtungen gemacht, die auf ein großes Volk führen, aber die Stämme, in die es zerfallen mußte, unterscheiden wir noch nicht. Auf den Inseln hören wir nur von den Karern, aber nur wenige Namen, wie Anios von Delos; viel mehr über die Kreterherrschaft, von den Besiedlern vor der bedenklichen athenischen

[1] Das war dem Verfasser des Schiffskatalogs bekannt, aber er nannte nun den Führer *Θέσσαλος*, der doch den Stamm bezeichnet, vor dem die Besiedler von Kos gewichen waren.

[2] Halasarna und Pele, die Theokrit in Acharnai und Ptelea umsetzt; ihm war das attische Acharnai natürlich griechisch. Apollonkult überwiegt. Herakles kam aus der Argolis.

[3] Von echthellenischen Göttern ist auf Rhodos und den abhängigen Inseln Karpathos und Nisyros nur Poseidon von Bedeutung, der auf Nisyros *'Αργεῖος* heißt (IG. XII 3, 103). Hera tritt auffällig zurück. Die Athena von Lindos ist vorgriechisch. Artemis *Κεκοία* wird es auch sein. Apollon heißt Karneios: darin spricht sich das Dorertum aus, sonst ist er Delier oder Pythier. Also war der asiatische Gott hier nicht vorhanden gewesen, ein wichtiger Gegensatz zu Lykien und zu Kos. Daß Zeus das Atabyrion erhielt, versteht sich von selbst, aber schwerlich war er sein erster Besitzer.

[4] IG. I 108, II 128. Das zu der zweiten Urkunde gehörige Relief bei Schoene, Gr. Reliefs Nr. 98.

Reihe[1] sehr wenig. Auf Naxos erscheinen gar Thraker (Diodor V 50), was gar nicht undenkbar ist, denn sie hatten die nördlichen Sporaden in ihrer Hand, Lemnos nach Vertreibung der Hellenen; die Pelasger, wie erst die athenischen Kleruchen die Eingeborenen nennen, sind wohl eher Thraker als Etrusker gewesen[2]. Auf Imbros, dessen Name karisch ist wie sein Gott Ἴμβραμος, war eine Filiale der samothrakischen Götter, die Athener nannten den Gott Hermes oder Ὀρθάννης, er war also ithyphallisch; das weist auf Thrakien, bei denen Herodot (V 7) Hermes einen Hauptgott nennt, und auf den Münzen von Ainos steht vorn ein Hermeskopf, hinten der Bock, der dieser einmal war, als er mit Rhene (dem Schaf) den Saon, den Eponymos von Saonnesos-Samothrake zeugte (Diodor V 48). Als er unter Hadrian eine Epiphanie erlebte (Dionys. perieg. 503), wird er eher ägyptisch gewesen sein. Samothrake hatte seine „großen Götter“ oder „Kabiren“ am liebsten nach der Insel genannt; Gleichsetzung mit den Dioskuren oder anderen hellenischen Namen ist nicht durchgedrungen. Filialen des Kultus sind nicht gegründet. Aber schon Akusilaos, Fr. 20, hat von ihnen etwas gewußt, Stesimbrotos schon in perikleischer Zeit sich mit diesen Mysterien befaßt, deren heilige Formeln die fremde Sprache festhielten (Diodor V 47). Da sie in Seenot halfen, ließen sich auch Athener weihen (Aristoph. Fried. 277)[3]; zu Bedeutung kamen sie durch die Gunst der Könige in der hellenistischen Zeit, was in die römische dauerte. Aber was reizte, war das Unhellenische, und für die hellenische Religion kommen sie nicht in Betracht, so gern sich die Mysteriengläubigen an den abstrusen Namen berauschen.

Die Orientalen haben als Namen der Griechen den der Ionier in einer sehr alten Form übernommen, den die Ilias wohl mit Ab-

[1] Schol. Dionys. Perieg. 525, ein sehr rares Stück.

[2] Hier neben Hephaistos eine *μεγάλη θεός*, auch auf der einzigen Inschrift von Halonnesos genannt; geheißen hat sie wohl Lemnos, und vielleicht hat schon Hekataios berichtet, daß ihr einst Jungfrauen geopfert wären (Steph. Byz. s. v.). Aristophanes hatte sie in den *Λήμνιαι* erwähnt, was die Grammatiker auf die thrakische Bendis bezogen. An die asiatische Göttermutter ist schwerlich zu denken, Thrakisches würde willkommen sein. Mit der hellenischen Erdmutter, die auch Megale heißen kann, hat sie nichts zu tun.

[3] Bei Alexis *Παρασίτωι* betet jemand, *τὰ Σαμοθράικια λῆξαι πνέοντα*, was Casaubonus richtig auf Nordsturm deutet; da lag es nahe, die Götter der Insel zu rufen, so daß ihre Gleichsetzung mit den Dioskuren verständlich wird.

sicht vermeidet[1]; sie kennt auch keine Hellenen, sondern nur die Landschaft *Ἑλλάς* im südlichen Thessalien. Wenn sie die vor Ilios vereinigten Stämme mit einem Gesamtnamen bezeichnen will, sagt sie *Ἀργεῖοι*, Peloponnesier, oder *Δαναοί*, das sind die Leute aus der Argolis, oder *Ἀχαιοί*, nicht selten *Παναχαιοί*. So werden sich also wohl damals die Bewohner des Koloniallandes bezeichnet haben, wenn sie ihre Einheit als Nation hervorheben wollten[2]. Wir haben gesehen, wie Hesiodos den Achaios aus Phthia-Hellas nach dem Peloponnes bringt, zunächst nach Sparta, aber von da nach der Nordküste, wo sich der Name erhielt. In der südthessalischen Landschaft bewahrte man ihn auch, um sich von den Thessalern, aber auch von ihren äolischen Hörigen zu unterscheiden; in Wahrheit saßen da Leute der zweiten Schicht, wie die Sprache beweist, und dasselbe gilt von den späteren Achäern des Peloponneses. In Böotien heißt eine Demeter *Ἀχαία*, worin liegt, daß sie vorböotisch war[3]. Es wird also einmal einen Stamm des Namens gegeben haben, aber faßbar ist er nicht[4]). Eben darum tat es keinem einzelnen Stamme weh, wenn man ihn um seines Alters willen zum Gesamtnamen machte; geschehen wird es wohl sein, als das Epos noch äolisch war, die asiatischen Äoler aus Südthessalien gekommen

[1] *N* 685 steht *Ἰάονες* in einer ganz späten Interpolation, Homer und Ilias 227. Das Epos vermied einen Namen mit Recht, der nun Geltung hatte, weil es jeden Hinweis auf die hellenische Besiedlung Asiens als Anachronismus empfand.

[2] Wenn der spartanische König Kleomenes ein Achäer sein will, weil er von Herakles stammt, so heißt das nicht, daß dieser ein Nachkomme des Achaios war; auf den Gegensatz zu den Dorern kam es an, und da bot sich der Name des Stammes, der vor diesen nach Hesiod in Sparta gesessen hatte.

[3] Auch in der attischen Tetrapolis, was über die böotische Achaia entscheidet, IG. II² 1358 b 27.

[4] Es ist erlösend, daß die vielbeliebte Deutung der Achaiwascha, oder wie der so transkribierte Name unter Seevölkern aus der Zeit des Merneptah gelautet hat, definitiv erledigt ist, denn diese Leute sind beschnitten, Ed. Meyer, Gesch. II² 559. Dann waren sie keine Hellenen, die sich zu allen Zeiten von den Barbaren dadurch unterschieden haben, daß sie ihren Leib in keiner Weise verstümmeln. Diese Erfahrung berechtigt, auch die anderen Identifikationen für unverbindlich zu halten, bei denen der Wunsch, Achäer oder Sardinier oder Danaer zu finden, der Deutung die Wege gewiesen hatte.

waren[1]. In der Odyssee hat der Name jede ethnische Sonderbedeutung verloren.

Durchgesetzt hat sich der Name, der im Mutterlande für die Nation aufgekommen ist. *Πανέλληνες*, verkürzt *Ἕλληνες*. Hesiodos fand ihn vor, als er *Ἕλλην* zum Vater der Stammesheroen machte. Panhellenios heißt der Zeus des Oros auf Aigina, weil ihn alle Umwohner verehren. Als die olympischen Festspiele alle Stämme zulassen, heißen die Leiter *Ἑλλανοδίκαι*. Hesiod, Erga 528, sagt *Πανέλληνες*, wo er die Kolonisten einschließen will. Dem haben sich diese auch angeschlossen, der Schiffskatalog 530, Archilochos 54 D.; *Ἑλλήνιον* heißt der heilige Bezirk in Naukratis (Herodot II 178), den zunächst die Hellenen Asiens gegründet haben, der dann auch allen anderen Hellenen zugänglich war; so ist der Achäername verdrängt.

Die Ionier, nur vereinzelt in ihrer Nähe die Lesbier, haben später, aber schon vor dem Kimmeriereinfall, die thrakischen Küsten des „schwarzen Meerbusens", des Hellespontes, der Propontis und selbst des Pontos besiedelt. Einzeln sind ihnen die Megarer, im südlichen Thrakien Ionier Euboias und der Inseln gefolgt[2]. Das hat zu dauernden Berührungen mit den nie bezwungenen Thrakern geführt, auch zu Rückstößen, wie Imbros und Lemnos wieder verlorengingen. Das „thrakische Samos" nennt schon Homer so, den karischen Namen mag es schon vor der samischen Besetzung geführt haben, die sich dem einheimischen Kulte beugte. Diodor V 47 kennt einen Namen *Σαόννησος*, in dem man die *Σάιοι* vermuten kann. In die Sagen ist auch anderes gekommen, wie der Hylas der Myser, aber kaum etwas in den allgemeinen Kultus. Umdeutung der barbarischen Götter in hellenische blieb nicht

[1] An der äolischen Küste ist ein *᾿Αχαιῶν λιμήν*, Strab. 622; *᾿Αχαιῶν ἀκτή* hieß der des kyprischen Salamis, Strab. 682, achäisch-griechisch im Gegensatz zu den Phönikiern. *᾿Αχαία* scheint die Burg von Ialysos geheißen zu haben, wenigstens spricht die Topographie dafür, was Hiller zu IG. XII 1, 677 zeigt. Dann muß man freilich das Zeugnis des Rhodiers Zenon bei Diodor V 57 verwerfen, der *᾿Αχαία* eine *πόλις ἐν τῆι ᾿Ιαλυσίαι* nennt, oder Diodor muß über Zenon falsch berichten. Ich habe dies Dilemma schon im Hermes XIV 457 gestellt. Die Bezeichnung wird vordorisch sein, in demselben Sinne wie bei dem salaminischen Hafen, denn die Stadt Ialysos war barbarisch.

[2] Da Abderos von einer Nymphe Thronia stammt, müssen Lokrer von Thronion einmal versucht haben, sich an dem heißumstrittenen Platze festzusetzen.

aus[1]. Aber für die hellenische Religion kommt nur in Betracht, was auf die Mutterstadt zurückgeführt werden kann.

Dasselbe gilt durchaus von den Westhellenen. Gern werden wir Korinthisches aus Syrakus, Lakonisches aus Tarent ergänzen, aber so wichtig die Hellenisierung ihrer Götter für Italiker und Sikeler ist, und so oft sich unter hellenischen Namen einheimische Götter verbergen, bleibt doch das alles epichorisch, auch wenn einmal aus unbekannter Veranlassung die Göttin der Elymer, die den Griechen eine Aphrodite vom Eryx war, in Hellas einen Kult erhielt[2]. Erst mit der pythagoreischen religiösen Bewegung und der Medizin des Alkmaion und Empedokles beginnt der Westen auf das Mutterland einzuwirken. Wohl noch später ist der Ammon aus Kyrene nach Hellas herüber gekommen.

Sehr hoch ist zu veranschlagen, was die hellenischen Schiffe aus den Ländern hoher Kultur mitbrachten, nicht so sehr die Pataiken, die sie auf den Schiffen hatten[3], oder der Adoniskult der Frauen, der immer ein Fremdkult blieb[4], als semitische, ägyptische, seit die Perser herrschten, auch iranische religiöse Gedanken. Aber es braucht gar nicht ausgesprochen zu werden, daß uns dies alles zunächst gar nichts angeht, alles Spätere natürlich erst recht nicht.

[1] Ein einheimischer Gott muß der gewesen sein, dessen Kultbild Bryaxis für Sinope machte, und das dann von Ptolemaios als Sarapis nach Alexandreia überführt ward.

[2] In Psophis, Pausan. VIII 24, 6. Die Paliken hat Aischylos nur für Hieron in Syrakus auf die Bühne gebracht. Die ursprünglich sikelische Demeter von Enna samt der Lokalisierung des Raubes der Persephone in Sizilien ist erst durch Kallimachos populär geworden, der hierin wie in vielem anderen dem Sikelioten Timaios folgte.

[3] Herodot III 37. Der Name Pataikos ist früh übernommen, denn er erscheint in der Genealogie der Emmeniden, Herodot VII 154, und kommt dann weiter einzeln vor bis in die Perikeiromene Menanders. Offenbar bedeutete er den Griechen Zwerg.

[4] Irgendwo auf Kypros hat er Gauas geheißen, Lykophron 831, in Perge *'Αβώβας* Hesych. Der phönikische Name, der bei den Hellenen durchgedrungen ist, deckt sich also nicht mit der Verbreitung des Kultes. Attis ist ja eigentlich auch derselbe.

VORHELLENISCHE GÖTTER

Nun sind wir vorbereitet und könnten die urhellenischen Götter betrachten, die wir nicht von denen trennen können, welche die erste Schicht der Einwanderer besaß, und was die zweite hinzubrachte, läßt sich in der Darstellung auch nicht scheiden, da beide im Mutterlande übereinander liegen. Dem Verfasser ist es nicht willkommen gewesen, und es wird dem Leser auch unbequem sein, daß er doch noch lange nicht zu den hellenischen Göttern kommt. Aber es stellte sich bei der Ausarbeitung heraus, daß die Götter zunächst ausgesondert werden müßten, welche von den Vorbewohnern übernommen sind, was ebenso wie später zu vielen Einzeluntersuchungen führt, die nicht selten ein unbefriedigendes Resultat ergeben. Der Leser ist nicht gezwungen, dem in jedem Falle nachzugehen, er kann sogar den ganzen Abschnitt über die fremden Götter zunächst überspringen, denn einen tiefgreifenden Einfluß auf die hellenische Religion haben sie nicht ausgeübt. Das ist ganz anders, als sich in Asien die Völker mischen und die homerische Götterwelt ausgebildet wird, die uns als die allgemein hellenische geläufig ist.

Zuerst sei abgesondert, was mit den Dorern gekommen ist. Sie haben nur einen Gott mit Namen Karnos mitgebracht, aber nichts bewahrt als sein Fest, die *Κάρνεια* und den Monat *Καρνεῖος*, der Gott ist anderen gewichen, denen er nur den Beinamen gab. Es ist ein starkes Stück, daß ernsthaft behauptet werden kann, die Karneen wären ein vordorisches Fest, dann aber von Sparta aus verbreitet, der Monat dann wohl auch. Wir finden den Monat, oft auch das Fest, und den Beinamen *Καρνεῖος* nur in dorischen Staaten, da aber so gut wie überall, in Lakonien (auch bei den Eleutherolakonen) mit Thera und Kyrene, auf Kreta, in Argos mit Epidauros Sikyon Kos Rhodos, von da weiter in Akragas usw.; in Syrakus, von wo wir auf Korinth zurückschließen[1]. Ich dächte, das genügte. Man muß die Geschichte vollkommen vergessen, wenn man Argos bei seinem Todfeinde einen Gott borgen läßt; von Kreta gilt dasselbe. Daß sich ein anderer Gott in *Καρνεῖος* verbirgt, folgt daraus, daß er mit verschiedenen hellenischen Göttern geglichen wird, mit Apollon in Sparta samt Kolonien, mit Zeus in Argos, wo der *Καρνεῖος* auch *ἀγητής* hieß, wie in Sparta ein geweihter Knabe[2], der also den Führer darstellte[3]), natürlich den, der sie in das Land geleitet hatte. Der Name *Κάρνος* ist durch die Ableitung unmittelbar gegeben, steckt aber auch in einem Orte *Κάρνιον*, wenn der Vokal bei Polybios V 19 zuverlässig ist. Die verbreitete Legende sagt, daß der akarnanische Seher Karnos, der die Herakliden geleitete, von einem derselben erschlagen ward und zur Sühne Verehrung fand. Das ist eine der vielen schlechten Erfindungen, die gern die Feste zu Sühnfesten machen, aber der Karnos ist doch erhalten, und die Verbindung mit Akarnanien, die auch in dem Namen steckt, paßt gut zu dem Wege, den ich die Dorer nehmen lasse; es lag dort auch eine Insel *Κάρνος* (Steph. Byz. aus Artemidor). Längst ist in dem Namen das Schaf, der Widder erkannt (Hesych *Κάρ*, *Κάρνος* u.a.), und wen täuscht es noch, daß Pausanias III 13 den *Κάρνειος Οἰκέτας* im Hause eines Sehers *Κριός* wohnen läßt, von dem die Herakliden erfuhren, wie sie sich Spartas (es war wohl ursprünglich Lakedaimons) bemächtigen konnten. Das ist erfunden, um die Widdergestalt des Karnos Karneios, der Apollon geworden war, los zu werden. Wir haben nun sein Bild in einer Herme (Ath. Mitt. 29, 22, erkannt von ihrem Finder Br. Schroeder), und auf einer Stele mit archaischer Weihung an Karneios stehen Widderhörner IG. V 1, 222. Usener,

[1] Die Belege in jedem Handbuch. Wenn jemand den Karneios in Korinth vermißt und daraus folgert, daß er fehlte, so hat er nicht bedacht, daß wir über das alte Korinth so gut wie gar nichts wissen, aber die Kolonien für die Mutterstadt zeugen.

[2] Daneben wird Zeus mit demselben Namen verehrt, Xenophon Rep. Lac. 13, und das ist bei dem Opfer des Königs vor dem Aufbruche des Heeres begreiflich, zumal *οἱ σὺν αὐτῶι* mit verehrt werden. Das ist Sitte der späteren Zeit.

[3] Hesych *ἀγητής* heißt so ein *ἱερώμενος τῆς θεοῦ* an den Karneen, der also den Führer der einziehenden Herakliden-Dorer darstellt. *ἡ ἑορτὴ ἀγητόρια* steht dabei, wohl ein Tag der Karneen. Die Göttin ist auffällig. Sie dürfte in der Tochter des Krios in der pragmatisierten Geschichte stecken, welche den Weg zur Eroberung Spartas weist. Dann war sie einmal die alte Landesgöttin, welche den Karnos bei sich als *οἰκέτης* aufnahm.

Rh. M. 53, 359, hat das evident Richtige schon gesagt, und ich bin unabhängig zu demselben Ergebnis gelangt, Herm. 38, 580. Auch das hat Usener schon erkannt, daß der *Καρνεῖος* noch ein Widder war, als die Theräer nach Kyrene kamen, und daß der Zeus Ammon von ihm die Widderhörner bekommen hat. Diese später allgemein geltende Bildung ist also von der kyrenäischen Kunst des sechsten Jahrhunderts geschaffen[1]. Daß die Dorer die Tiergestalt des Gottes, die sie mitbrachten, in Lakonien so lange bewahrten, während sie sonst aufgegeben war, stimmt zu der Erhaltung der alten Gesellschaftsformen. Fragen wir aber, ob der so verehrte Gott nicht mit einem der hellenischen Götter innerlich identisch sei, so ist die Antwort nicht schwer. Der Hermes Kriophoros, wie wir ihn z.B. aus Tanagra kennen, ist doch zuerst ein Widder gewesen, und wer auf den Münzen von Ainos Widderkopf und Hermeskopf findet, kann nicht zweifeln. Welcher Gott paßt aber besser zum Geleiter eines Zuges auf unbekannten Wegen als der *διάκτορος*? Zu der Übernahme eines hellenischen Gottes durch Apollon paßt es vortrefflich, daß in dem Kultus die hellenische Zahl neun noch neben der apollinischen Siebenzahl vorkommt[2].

Früher habe ich in Herakles einen Heros der Dorer gesehen, aber damals faßte ich diesen Volksnamen noch zu weit, verkannte auch, daß die tiefe Dichtung, welche in dem Dodekathlos den Menschen nach einem Leben voll Kampf und Mühe in den Göttersaal führt, in die Religion der Urzeit nicht paßt. Der Name Herakles stammt von Hera, damit ist Argos gegeben; in Kreta fehlt die Gestalt, in Sparta ist sie schwerlich einheimisch, also gerade dorisch kann sie nicht sein. Daher werden selbst Vermutungen über ihre Wurzeln erst später berührt werden, wo der Herakles von Argos in seiner Bedeutung gewürdigt werden muß.

Vorgeschichtlich sind in Hellas so viele Namen von Bergen und Flüssen, daß es auffällt, wenn große Flüsse wie Alpheios und Eurotas von den Griechen benannt sind, und der messenische

[1] Auf Münzen von Metapont, erst aus dem vierten Jahrhundert, findet sich ein jugendlicher Kopf mit Widderhörnern, Head, Hist. num. 77. An Apollon Karneios kann man in dieser Zeit nicht wohl denken, an Zeus Ammon auch nicht; danach sieht auch der Kopf gar nicht aus. Karnos könnte so aussehen. Aber wer kann sagen, was die Metapontiner für Götter hatten. Selbst eine Entlehnung aus dem nahen lakonischen Tarent ist eine Möglichkeit.

[2] Nilsson, Griech. Feste 119.

Pamisos, in Elis Peneios und Enipeus zwar ungriechisch sind, aber von den Einwanderern der zweiten Schicht, den Äoliden, die Namen erhalten haben, die ihnen aus der thessalischen Heimat vertraut waren. In den hellenischen Genealogien spielen die Flüsse als Urväter des Volkes oder der ältesten Heroen eine große Rolle, Inachos als Vater der Io ist sicherlich sehr alt. Namentlich in Böotien und Attika werden die heimischen Flüsse später gern als Geber der Kinder bezeichnet, Asopos[1] (auch der von Sikyon), Kephisos[2]. In Asien ist Skamandros schon in der Ilias ein handelnder Gott; später soll ihm die Braut ihre Jungfernschaft dargebracht haben[3]. Wir dürfen wohl annehmen, daß die Hellenen die Verehrung des Flusses nicht erst von den Vorbewohnern über-

[1] Asopos heißen zwei Flüsse, der böotische und der bei Sikyon. Von beiden wird erzählt, daß benachbarte oder sonst irgendwie verbundene Städte seine Töchter wären. Zu dem böotischen gehört, daß Zeus, als er eine der Töchter raubt, den verfolgenden Vater mit dem Blitze trifft, denn in diesem Asopos liegt ein Braunkohlenflöz (Neumann-Partsch, Phys. Geogr. 268), und doch wird das mit dem Raube der Aigina verbunden, die in den Kreis des anderen gehört. Diesen Kreis gab eine Statuengruppe in Olympia wieder, Pausan. V 22, 6, da sie von Phleius geweiht war, und doch war Thebe darunter, die in den anderen Kreis gehört. Auch in dem Gedichte der Korinna ist diese Vermischung vorhanden, selbst Sinope ist dabei, was wir gar nicht verstehen. Welche Gruppe älter ist, durchschaue ich nicht; eine einflußreiche genealogische Dichtung liegt zugrunde, die man kennen möchte, da in ihr politische Verbindungen stecken. Pindar begündet so die Freundschaft von Theben und Aigina. Später ist alles vergessen.

[2] Der Ilisos nicht, und doch hat er einen nicht unbeträchtlichen Schatz, IG. I 310, 206; 324, 89. Der fehlt dem Kephisos, aber Ion kann bei Euripides, 1261, das *ταυρόμορφον ὄμμα Κηφισοῦ πατρός* anrufen. Quellen, deren Götter weiblich sein müssen, bescheren keine Kinder. Im Peloponnes ist außer bei Asopos die Sitte nicht vorhanden, auch nicht bei Inachos, obwohl der Vater der Io auch in den Genealogien als Urahn des Volkes auftritt. In Thessalien sind weder die vorhellenischen noch die hellenischen Flüsse in den Menschennamen verwandt. Im Westen von Nordgriechenland hat der größte Fluß den Namen des Herrn aller Flüsse erhalten, wohl weil Dodona Opfer an Acheloos vorschrieb, Ephoros in den Scholien zu *Φ* 195. Der Euenos ist jüngst als *Εὐέανος* griechisch geworden. Bakchylides Oxyr. 1361 (XVII S.79), wenn auch unsicher bleibt, wie ein Fluß einen *ἑανός* tragen kann, und mit dem Adjektiv *ἑανός* läßt sich *εὐ* nicht wohl zusammensetzen; *ἑανοῦ κασσιτέροιο*, *Σ* 613, würde sonst wohl passen.

[3] Die Sitte wird man dem 10. Aischinesbriefe entnehmen dürfen.

nommen haben, sondern mit ihnen darin zusammengetroffen sind. Besonders die Haarweihe, Ψ 146, Aischylos Choeph. 6, spricht dafür. Sie besaßen aber auch einen Strom, aus dem alles Süßwasser stammte, in Acheloios, der auch Kinder gibt, wie die Namen Ἀχελωιόδωρος, Ἀχελωίων beweisen, da sie nicht aus den Gegenden stammen, durch welche der ätolische Fluß fließt, der den Namen übernommen hat und von Hesiod, Theog. 340, allein gerechnet wird. Es ist wichtig, daß ihn die Ilias, Φ 194, kennt und außer allen Quellen und Flüssen auch das Meer von ihm stammen läßt, dies über seine sonstige Macht hinaus, so daß ein Vers zugefügt ist, der den Okeanos einsetzt und Acheloios zu einem großen Flusse degradiert[1].

Anders steht es mit den Gebirgen. Den Kappadokiern ist der Berg Gott[2]; die Göttermutter wohnt auf den Bergen; Kult auf dem Gipfel des Ida ist dauernd geübt; jetzt ist er wohl noch nicht wieder bestiegen. Daß der Wettergott Zeus auf dem Apesas sitzend gedacht wird, ebenso auf dem Oros Aiginas, ist natürlich; aber es schließt nicht ein, daß man auf den Gipfel steigen muß, um ihn zu verehren[3]. Atlas mit seinem durchsichtigen Namen ist der Träger des Himmels und ist einmal der höchste Berg Arkadiens gewesen, Vater von vielen Töchtern. Aber wir kennen ihn

[1] Φ 195 kannte Zenodot nicht. Ω 616 war eine Variante Ἀχελήιον für Ἀχελώιον, weil am Sipylos ein Fluß Ἀχέλης war, der in die Niobegeschichte zu passen schien. Die Scholien erwähnen, daß Ἀχελητίδες bei Panyassis vorkamen, der so viel Asiatisches aufnahm; ob er aber die Lesart bezeugen sollte oder gar bezeugte, wird nicht klar. Falsch ist sie, und Ἀχελώιος wird durch den Anklang nicht karisch oder lydisch. Aber verstanden ist es wohl nicht. Über seine Darstellungen und seine Bedeutung hat Matz, Naturpersonifikationen 93ff. trefflich gehandelt.

[2] Maximus Tyr. VIII 6. Kult des Olymp darf aus dem Schwure bei ihm nicht erschlossen werden, da er sehr früh dem Himmel gleichgesetzt ist. An sich halte ich ihn für glaublich.

[3] Prozessionen oder doch Priester werden, um Regen zu erflehen, auf manche Berge gezogen sein, wo ein Ζεὺς ὑέτιος oder ἰκμαῖος wohnen sollte, wie es für das Pelion bezeugt ist, aber die beschwerliche Besteigung hat man manchmal durch andere Riten ersetzt. Der Olymp ist in späterer Zeit von Priestern bestiegen, und es scheinen jetzt, wenn auch nicht auf dem höchsten Gipfel, Spuren des Kultes entdeckt. Plutarch bei Philoponos in Meteora (Comment. Aristot. XIV 1, 27) γράμματα μεῖναι εἰς ἑτέραν τῶν ἱερέων ἀνάβασιν ἐκ τῆς προτέρας ἐν τῶι Ὀλύμπωι. Überliefert ἱερείων, und so druckt man und läßt die Opfertiere wieder auferstehen, womöglich auch schreiben. Philoponos hat nicht Plutarch vor sich, sondern einen Gewährsmann, der gleich meteorologische

nur als Titanen, der im äußersten Westen den Himmel trägt; seinen Namen hat er dort noch einem Gebirge gegeben[1]. Vielleicht war auch der Titan Kreios ein Berg[2]. Mimas heißt ein keineswegs besonders hoher Berg Chios gegenüber, der zwar kein Titan, aber einer der vornehmsten Giganten geworden ist, seinen Namen auch einem Kentauren geben konnte, aber auch unter Heroen erscheint[3]. Am eindrucksvollsten sind die Bergriesen Kithairon und Helikon (trotz seinem hellenischen Namen) in dem Gedichte der Korinna[4], und das wüste Haupt des Helikon ist auf dem Relief, Bull. Corr. Hell. XIV Taf. 10, unverkennbar. Auch die Parnes kam bei Korinna vor, merkwürdig durch den weiblichen Namen, da doch der Stamm derselbe wie in *Παρνησσός* ist. In Attika ist es unerhört, die Berge persönlich zu fassen[5], und auch die Kunst hat sie nicht früh dargestellt[6].

Beobachtungen mitteilt, die er einem Besucher verdankt: das kann doch nicht Philoponos von sich sagen. Ebenderselbe berichtet kurz vorher von Opfern auf der Kyllene, die natürlich dem Hermes gegolten haben.

[1] Perseus hat ihn durch das Medusenhaupt versteint, Ovid. Met. IV 657. Vergil, Aen. IV 247, läßt zunächst nur mit echter Poesie den Berg Haupt und Schultern haben, aber wenn Kinn und Bart folgen, kommt doch die Metamorphose heraus. Sie ist, wie die meisten, nur ein Spiel. Daher ist aus der Verwandlung von Haimos und Rhodope, Ovid VI 87, auf thrakische Berggötter nicht zu schließen.

[2] Kronos und die Titanen 45.

[3] Kentaur in der Aspis 186. Berg in Ätolien Hesych. A. Ludwich hat ein Fragment des Diodor aus den Hamburger Odysseescholien hervorgezogen (Rh.M. 34, 639), nach dem Mimas den Peleus nach Skiathos verjagt, bis ihn Chiron nach Iolkos zurückholt. Derselbe Mimas in böotischer Genealogie bei Diodor IV 67. Die Geschichte geht der Vertreibung des Peleus nach Ikos parallel. – Kallimachos, Hymn. 6, 91, hat sich durch den titanischen Namen verführen lassen, von Schnee auf dem Mimas zu reden. In Thrakien soll nach dem Et. M. ein Berg Mimas gelegen haben, aber das beruht auf der Gainias eines Ammonios, also fünftes Jahrhundert n. Chr. Suid. s. v. gehört dazu.

[4] Berl. Klass.-Texte V 2, 284, wo ich die Sache noch nicht ganz richtig auffaßte.

[5] Eine Anrede wie Sophokles Oed. 1391 macht nicht wirklich zur Person. Etwas Besonderes ist, daß dieser Dichter bei Olympos schwören läßt, Ant. 758, neben Anrede des Kithairon, Oed. 1089, die *μαρμαρόεσσα Ὀλύμπου αἴγλα*, Ant. 610, zeigt, daß ihm Olymp und Himmel dasselbe ist; aber der Grieche schwört auch beim Himmel sehr selten und nur neben Ge.

[6] Die Berge, die Gaia bei Hesiod, Theog. 129, gebiert, sind keine

Aphrodite trägt ihre fremde Herkunft in ihrem Namen[1], den schon Hesiod zu deuten versucht. Aber schwerlich fanden sie die Einwanderer im Lande vor, denn *Κύπρις*, das ihre Herkunft angibt, ist nicht jünger, wie schon der Akzent lehrt, der aufgekommen ist, als es als voller Eigenname empfunden ward. Die frühe Ansiedlung von Griechen auf Kypros, wo die Göttin wirklich am höchsten verehrt war, stimmt gut dazu. Hesiod erwähnt daneben Kythera[2], wozu wieder stimmt, daß gerade Lakonien besonders voll von Aphroditekulten ist. Indem Hesiod diese Namen nennt, gibt er selbst zu erkennen, daß diese *Οὐρανία* nicht in Hellas zu Hause ist. Dieser Beiname, den die Göttin später häufig führt, nicht selten für offenbar fremde Kulte, hat den Hesiod zu der Erfindung oder Übernahme der seltsamen Entstehungsgeschichte veranlaßt[3], die natürlich später ignoriert wird; aber die Geburt

Personen, sondern Wohnplätze der Nymphen, der *ὀρειάδες*, die unter diesem Namen zufällig nicht früh vorkommen. Die hellenistische Poesie kann natürlich das neutrale *ὄρος* den Daphnis beweinen lassen (Theokrit 7, 74), Endymion schläft auf den Sarkophagen auf dem Schoße des Latmos, und den kleinen Dionysos krönt *Νύσης ὄρος* als majestätische Nymphe, Stuckrelief bei Portus Giornale degli Scavi 1928.

[1] Abkürzungen *Ἀφρώ*, *Ἀφρεία*, auch im thessalischen Monatsnamen *Ἄφριος* sind vereinzelt geblieben; daher ein Zeus *Ἄφριος* IG. IX 2, 452. Wichtig, daß *Ἀφορδίτα* auf Kreta (G.D.I. 4952) und in Pamphylien vorkommt. Frutis ist ohne Frage lateinische Verstümmelung.

[2] Kythera ist zu voller Bedeutungslosigkeit unter der spartanischen Herrschaft herabgesunken, so daß wir kaum etwas über die Insel wissen. Pausanias hat sie nicht besucht, sondern einen Periplus abgeschrieben. Auch heute ist sie ganz vernachlässigt. Als sie noch zu Argos gehörte, mag das anders gewesen sein, so daß Hesiod etwas erfuhr. Er berücksichtigt, aber beschränkt zugleich einen Anspruch, der auf die erste Aufnahme der Göttin ging, wenn er sagt, daß sie sich der Insel nur näherte. Die Form *Κυθέρεια* erzwang der Vers.

[3] Die ganze Partie zu verwerfen, verbietet von vornherein die Erwägung, daß Aphrodite in einer Theogonie nicht fehlen kann. Aber der unerträgliche Widerspruch zwischen 181 und 189, mit dem Jacoby seine Athetese begründet, löst sich auch, wenn man sich daran erinnert, daß die griechische Sprache das lateinische Plusquamperfektum, das wir nachgebildet haben, nicht besitzt, sondern den Aorist brauchen muß, also den zeitlichen Abstand zwischen zwei Handlungen der Vergangenheit im Tempus nicht bezeichnet. Nun ist die Aktion des Kronos eine, er schneidet die *μήδεα* des Uranos ab; er wird also den Penis in einer Hand behalten; den wirft er hinter sich; aber damit war die Zeugungs-

aus dem Meere wird festgehalten. Es ist nicht so zugegangen, daß die fremde Gottheit zugleich mit einer neuen Religion eingedrungen wäre, wie später Dionysos, in gewissem Sinne Apollon, schwerlich auch so wie Artemis im wesentlichen nur ein neuer Name war, sondern es scheint, daß das Wesen der kyprischen Göttin verschieden aufgefaßt und umgebildet ist. In Paphos war sie mannweiblich; das ist niemals aufgenommen, und als ein *Ἀφρόδιτος* bekannt ward und die Kunst Hermaphroditen bildete, ist niemals ein Gott in ihnen verehrt worden[1]. Negativ muß gegenüber modernen Behauptungen vor allem festgestellt werden, daß Aphrodite im Kultus mit dem vegetativen Leben in der Natur niemals etwas zu tun hat. Adonis ist niemals ein griechischer Gott geworden, und sein Kultus, wenn auch schon von den Lesbierinnen der Sappho geübt, ist immer fremd geblieben. Auch die Macht des Geschlechtstriebes im Tierreich hat erst das Nachdenken des fünften Jahrhunderts auf das Walten Aphrodites zurückgeführt. Wenn sie also die Menschen allein anging, so ließ sich das verschieden wenden. In Sparta gab es eine Aphrodite, die zugleich Hera hieß, weil ihr die Mütter für die Ehen ihrer Töchter opferten (Pausan. III 13, 9); mit der Ehe hat Aphrodite sonst nie etwas zu schaffen.

kraft nicht beseitigt, denn Blutstropfen fielen in den Schoß der Gaia und aus ihnen erwuchsen Kinder. Und die *μήδεα*? Gewiß konnten sie erledigt sein, aber wundern werden wir uns nicht, wenn es mit *μήδεα δέ* fortgeht und mit dem Aorist auf das *ἔρριψε* zurückgegriffen wird. Das muß genauer ausgeführt werden, denn die *μήδεα* sind in das Meer gekommen. Der Ausdruck wird variiert, *κάββαλε* tritt ein, begreiflich, da das *κατά* erst jetzt wichtig wird. Und wenn gesagt wird, wohin etwas fällt, ist es da zu tadeln, wenn zugefügt wird, von wo es geworfen war? Das Meer führt auf „vom Lande", *ἀπ' ἠπείροιο* vermeidet ein Wort, das als Ge verstanden werden konnte. So trete ich mit voller Entschiedenheit für den hesiodischen Ursprung von 188 bis 198 (ohne 196 natürlich) ein. Aber 201–206 hat Jacoby mit Recht verworfen; da hatten mich die hübschen Verse befangen, die dem Pheidias sein Relief am Throne des Zeus eingegeben haben. Sie stammen von demselben Dichter wie 121–22.

[1] Die Überlieferung geht offenbar auf einen Theologen, also wohl Apollodor, zurück, gesammelt in Meinekes Comici II 1206. Wir erfahren, daß Aristophanes einen *Ἀφρόδιτος* erwähnte und Theoprast den *Ἑρμαφρόδιτος*, wie wir es in den Charakteren 16 lesen. Offenbar war das eine phallische Herme mit weiblichem Kopfe, wohl auch mit Brüsten. Was später die Kunst gebildet hat, geht sie allein an.

In Sikyon muß die Priesterin und die *νεωκόρος* jungfräulich sein; das Ritual ist alt und streng (Pausan. II 10, 5). Da wird wohl eine ältere Frauengöttin den Namen erhalten haben, statt dessen wir Artemis erwarten. In den Gärten Athens war sie *Οὐρανία* und die älteste der Moiren, in Olympia mit den Horen verbunden (Paus. V 15, 3), was ziemlich dasselbe besagt. Auf der Burg von Theben war sie selbst nicht eine Person, sondern ein Dreiverein, Pausan. IX 16, 3, ebenso in Megara, Pausan. I 43, 6, und in Megalopolis, VIII 32, 2. Am alten Markte der ältesten Stadt Athen hatte die Aphrodite des ganzen Volkes, *πάνδημος*, ihren Sitz und erhielt noch im dritten Jahrhundert eine *πομπή*, wenn der Kult auch sehr bescheiden war. Der Name kommt öfter vor, auch neben der *Οὐρανία*, aber Alter und Bedeutung läßt sich nicht bestimmen, und sie ist früh als vulgivaga verstanden worden[1]. Tempelsklavinnen, deren Prostitution der Göttin Zins trug, wie sie später in Korinth bestand, sind von der semitischen Sitte übernommen, aber vereinzelt geblieben[2], das darf nicht in die alte Zeit geschoben werden. Übrigens ist Aphrodite, wie die Münzen zeigen, keineswegs die Hauptgöttin Korinths gewesen[3]. Das ist sie in keiner Hellenenstadt ge-

[1] Seit der Altar der Pandemos an seinem Platze aufgefunden ist und das Epigramm darauf gegen die *λόγοι ἄδικοι ψευδεῖς* protestiert (IG. I² 700), ist entschieden, daß Apollodor (Harpokr. *Πάνδημος*) recht hat, die Pandemos mit dem ältesten Markte in Verbindung zu bringen, aber bedeuten wird der Name wohl so viel wie später *δημοτελής*. Der alte Markt scheint, als er zum Versammlungsplatze nicht mehr reichte, dem Eleusinion, dann auch anderen Heiligtümern zugewiesen zu sein. Der üble Ruf der Vulgivaga bestand aber schon im fünften Jahrhundert, und die Aphrodisia, die zur Zeit der neuen Komödie von den Hetären besonders gefeiert werden (Menander Kolax, Poenulus, Lamia bei Alkiphron IV 16), werden sich an die *πομπή* der Pandemos angelehnt haben. Dabei war der Tempel verfallen, aber die Priesterin hat eine gründliche Restauration durchgesetzt (IG. II² 659). Zum Reinigungsopfer genügt eine Taube, das Tier der semitischen Göttin, das übrigens keineswegs zu dem allgemeinen Kultus Aphrodites gehört. Wenn Mädchenstatuen, die einer Göttin geweiht waren, eine Taube halten, darf man keinen Aphroditekult erschließen.

[2] Die Göttin des Eryx ist karthagisch, da verwundert die Prostitution nicht, Strab. 272.

[3] Euripides Fr. 1084 darf nicht täuschen, denn *πόλις Ἀφροδίτας* scheint sie nur zu heißen, weil *πόλις* interpoliert ist. Die Ioniker weisen das Wort aus. Der Dichter redet von *ἱερὸς ὄχθος Ἀφροδίτας*, Akrokorinth, wo ihr Tempel lag.

worden. Auch die *Εὔπλοια, Ποντία* u.dgl. kommt nicht aus dem Wesen der Göttin, sondern ergab sich dadurch, daß sie von außen kam, also in Hafenstädten zuerst Eingang fand[1], wozu dann ihre hesiodische Geburt aus dem Meere sich bequem fügte. In mehreren peloponnesischen Orten gab es Statuen einer bewaffneten Aphrodite, die später nicht mehr verstanden ward und nur zu frostigen Antithesen Anlaß gab. Aber einmal muß die fremde Göttin auch so aufgefaßt sein. Der fremde Name erhielt leicht verschiedenen Inhalt[2]. Homer hat dann entschieden, daß die *ἀφροδίσια* ihr Reich waren und blieben.

Ein vorgriechischer Ortsname ist Eleusis in Attika und auf Thera, dorthin wohl aus Lakonien gekommen, worauf das Fest *'Ελευhύνια* deutet, in dem Damonon siegte; in Attika ist *'Ελευσίνια* von dem Orte genommen, wie *Βραυρώνια*, und die Göttin wird in Lakonien *'Ελευσινία, 'Ελευσία, 'Ελυσία, Εἰλυθύα* (Hesych), *'Ελευθία* genannt, dies auch in Messenien, *'Ελευθώ* in Tarent. Offenbar ist *Εἰλείθυια* derselbe Name[3], der auch sehr verschieden geschrieben wird; in der Literatur ist die homerische Form durchgedrungen, nur daß auch *Εἰλήθυια* vorkommt. Unter diesem Namen wird die Göttin in der Literatur nur bei der Entbindung eingeführt; sie sendet die Wehen, aber sie bringt auch das Kind zur Welt. Die messenische *'Ελευθία* tut dasselbe, heißt daher bei Pausanias, IV 31, 9, auch *Εἰλείθυια*[4]. Aber auf Paros, wo ihr Kult sich lange erhielt,

[1] Besonders einleuchtend wird es, wenn man die Aphrodite am Hafen von Aigina und die Schiffahrt bedenkt, auf der die hohe aber kurze Blüte der Insel beruhte. In Troizen hat Artemis Soteira den Schutz der Schiffe übernommen, der ihrem eigentlichen Wesen fernlag, weil die Limnatis Hauptgöttin war.

[2] In Sparta gab es auch eine *'Αφροδίτα ἀμβολογήρα*, die die Jugendblüte erhalten sollte. Wenn das nicht allein ein Frauenkult war, was am nächsten liegt, konnte sie auch als *ἀρεία* erscheinen. Pausan. III 18, 1. Plutarch symp. qu. 654d führt den Anfang des Kultliedes an, das mit Alkman nichts zu tun hat. *ἀνάβαλ' ἄνω τὸ γῆρας*, Iamben, *ὦ καλά 'φροδίτα*, ithyphallisch, d.h. in Wahrheit iambisch.

[3] Bei Plutarch, Aet. Rom. 52, hat Amyot *Εἰλιουεία* richtig in *Εἰλείθυια* verbessert. Neben der Orthia nennt Pausanias III 17, 1 einen Tempel der Eileithyia, aber nach den Inschriften hieß sie Eleusia, Orthia 51. 143. 370.

[4] IG. V 1, 1445 *'Ελευθίαι, Καλοῖς ὑπὲρ Λυκίας 'Αθαναδᾶν*. Die *Καλοί* werden bei der Entbindung mitgeholfen haben, wie wir es auf dem spartanischen Weihgeschenk sehen. Ath. Mitt. V Tafel 6, XXIX, S. 16;

zeigen die Inschriften 189ff., daß sie auch κουροτρόφος war, und so faßt sie auch Pindar Nem. 7. Die Odyssee, τ 188, erwähnt eine Höhle der Eileithyia bei Amnisos auf Kreta, und ihr Kult kommt auch sonst auf der Insel vor. Daraus folgt nicht, daß sie aus Kreta stammte, denn sie konnte ebensogut von den Inseln dorthin gekommen sein[1]; wir wissen auch nicht, ob die Kreter des Minos nicht aus der Fremde gekommen sind und Karer vorgefunden haben. In dem attischen Eleusis muß nach der Analogie der anderen Orte eine Göttin mit entsprechendem Namen verehrt worden sein; aber sie hat der hellenischen Demeter weichen müssen, und die Hilfe bei der Entbindung geht sie nichts an. Der Ruf ihrer Mysterien war so groß, daß man in der späteren Zeit Eleusinien für Filialen halten wird, wie es für das ägyptische Eleusis feststeht. Es folgt unweigerlich, daß die Mysterien der Demeter gar nichts mit Kreta zu schaffen haben, woran auch die Verwendung von κέρνοι nichts ändert. Kult der Eileithyia, die auch im Plural vorkommen[2], ist namentlich im Peloponnes noch lange in Gebrauch gewesen[3]; aber im ganzen ist außer der konventionellen Dichtersprache die Göttin ziemlich verschwunden, hat auch keine plastische Gestalt gewonnen. In Athen hat sich schwerlich jemals eine Kreißende an sie gewandt, und auch die gerade hier im fünften Jahrhundert noch lebendigen echt hellenischen *Γενετυλλίδες*

hier macht Prott darauf aufmerksam, daß in Argos der Tempel der Eileithyia neben dem der Anakes lag. In Messene lag ebenso ein Tempel der Korybanten, und es liegt nahe, in ihnen die *Καλοί* zu sehen, was die Bedeutung der Helfer nicht wesentlich ändern dürfte. Orthia 50, Fig. 29, wird ein sehr altes Tonwerk abgebildet, das zwei Helfer bei einer Entbindung darstellen soll; es wird an mir liegen, daß ich das nicht erkennen kann. Auf einem böotischen Pithos, Amer. Journ. arch. XIV 374, scheinen zwei weibliche Helferinnen einer großen Göttin beim Aufsteigen aus dem Berge beizustehen, wie der Aphrodite auf dem ludovisischen Thron, wo man auch an Entbindung gedacht hat.

[1] Bei Kallimachos, Hymn. 3, 15, holt sich Artemis aus Amnisos junge Nymphen zu ihren Gespielinnen. Da scheinen die Eileithyien den Namen verloren zu haben, auch wohl das Wesen, wenn auch Artemis als Geburtshelferin Dienerinnen brauchen konnte.

[2] Z.B. in Megara, Pausan. I 44, 2.

[3] Besonders lebendig in Hermione, Pausan. II 35, 11. Aber in Tegea, VIII 48, 7, heißt die von Pausanias Eileithyia genannte Göttin *Αὔγη ἐν γόνασιν*, was auf das Bild einer Gebärenden deutet. Daß aber Auge wirklich eine Geburtsgöttin war, möchte ich nicht versichern.

oder eine *Γενετυλλίς*, in Phokaia *Γενναίδες*[1], auch eine *Καλλιγένεια*[2], die also schöne Kinder oder besser *τερπναὶ ὠδῖνες* geben sollte[3], sind bald verschollen. Artemis hat sie verdrängt, wie die neue Komödie zeigt. Am Kap Kolias ist so Aphrodite zu der Genetyllis getreten.

Kretische Herkunft kann man geneigt sein dem Paare von Göttinnen zuzuschreiben, welche Herodot V 83 Damia und Auxesia nennt, weil sie nach Pausanias II 32, 2 in Troizen für zwei kretische Jungfrauen galten, die aus Mißverständnis gesteinigt wurden und zu einem Feste *Λιθοβόλια* Anlaß gaben. Aber das ist eine schlechte Ätiologie, denn wenn sie gesteinigt wurden, waren sie keine Göttinnen, und die kretische Herkunft lag in Troizen dem Erfinder des Aition nahe, da die Kreterin Phaidra dort die Frau des Theseus war. Auf dem lakonischen Steine 363 stehen die Dative *-σία καὶ Δαμοία*[4], da ist man geneigt, mit Kumanudes *Αὐξησία* oder eine Nebenform zu ergänzen. IG. V 1, 1314 steht vor einem Verzeichnisse von Beamten (einmal ist es Hadrian) *Δαμοια ἐπί...* Man deutet *Δαμοίαι*, aber nach einer Weihung sieht es nicht aus, eher nach einem Feste *Δάμοια*, und dann wird man *Δάμεια ἑορτὴ παρὰ Ταραντίνοις* bei Hesych hinzunehmen[5]; sonst könnte man in Sparta auch an *δαμόἰα* denken. Auf Thera nennt eine alte Inschrift *λοχαία Δαμία*, IG. XII 3, 361; damit ist eine Damia auch für Lakonien gesichert, und *λοχαία* zeigt die Sorge für die Feldfrucht, also Vergleichbarkeit mit Demeter; aber eine Göttin neben ihr ist hier

[1] Pausan. I 1, 5; Mehr zu Lysistrate 3. Aristeides Heil. Red. 2, 17 erwähnt einen Ort *Γενναίς* bei Phokaia, also den einstigen Sitz der Göttinnen, die nun vergessen waren.

[2] Phot. s. v. aus Apollodor (141 Jac.), wozu Schol. Thesm. 299 gehört. Er hatte das Ritual vor sich, das sich mit IG. I 5 berührt. Seiner stoischen Genealogie ist Kalligeneia die Erde, obwohl diese auf dem Steine neben ihr steht. Photios hat auch Eltern für sie, Zeus und Demeter. Die Ilias macht Hera zur Mutter der Eileithyia, wo man keinen Vater suchen soll. Augenblickserfindungen der Dichter und theologische Deutungen sind für den Glauben nicht vorhanden.

[3] So sagt Pindar Oxyr. 1792, 13, *ἐραταί* Ol. 6, 43. Solche Epitheta konnte den Wehen nur geben, wer dem Weibe nachzuempfinden gar nicht vermochte.

[4] IG. V 1, 1217 schwebt die Ergänzung [*Δαμ*]*οίαι* in der Luft.

[5] Schon Ottfried Müller hat zu Festus (Paulus) S. 68 die Notiz, daß Damia bei einem Feste der Bona dea ein Opfer erhielt, auf das tarentinische Fest zurückgeführt.

nicht, bleibt überhaupt unsicher. Αὐξησία hat Herodot gegeben, und das hat sich daher später vorgedrängt, so daß auf die Namen in Troizen kein Verlaß ist. Sophokles, Fr. 894, hat Ἀζησία als Beinamen Demeters; er mußte die zweite Silbe lang machen; wichtig ist nur die Gleichsetzung mit Demeter. Die echten Namen liefert nur Epidauros. Da heißt ein Monat Ἀζόσιος (Hekatombaion[1]), die Göttinnen werden als Ἀζόσιοι zusammengefaßt, IG. IV² 434, allerdings auf einer sehr späten Inschrift, die daneben Αὐξησία hat. Die andere Göttin heißt richtig Μνία, 410[2]. Das lehrt uns sie als die Bezwingerin erkennen, Δμία zu μνία geworden wie die μνωία auf Kreta aus δμωία; Δαμία enthält den Stamm dazu. Δμία hat Hesych noch erhalten[3]. Aus Herodot lernen wir, daß die Göttinnen in dem äginetischen Dorfe Oia kniend dargestellt waren, was Welcker geistreich, aber nicht zwingend auf Geburtsgöttinnen gedeutet hat. Zehn Choregen werden für ihr Fest bestellt, die Chöre waren weiblich und führten gegen die Corona (die ἐπιχώριαι) Spottreden. Wenn es den Göttinnen entsprechend zwei Chöre waren, könnten sie gegeneinander gestanden haben, ließe sich Ähnliches für die troizenischen λιθοβόλια vermuten und die eleusinische βαλλητύς vergleichen. Aber alles ist viel zu unsicher. In Oia waren sie γυναικεῖαι θεοί, nicht Mutter und Tochter, aber in Thera war die Δαμία, für Sophokles die Ἀζοσία der Demeter vergleichbar; Pausanias II 30,4 fand auf Ägina eleusinischen Ritus, was freilich für den echten Kult nichts bedeutet. Endergebnis bleibt, daß nichts nach Kreta führt, die Göttinnen althellenisch sind, eine andere Form des Kultus der Erdmutter, den wir ganz unzureichend kennen, beschränkt auf den Osten des Peloponnes.

Ganz sicher vorgriechisch ist Ino, deren Name offenbar mit Inachos und Inopos gleichen Stammes ist. Hesych Ἰνάχεια ἑορτὴ

[1] Gern würde man gemäß der Jahreszeit ἄζειν in dem Namen finden, aber wie?

[2] Wenn auf dem Steine 398 Μνεία geschrieben ist, kann das den unverständlichen Namen als μνήμη deuten wollen. Ähnlich haben Grammatiker ἁ μνία zu ἀμνία (von ἀμνός) zusammen genommen oder δαμία so verlesen, vielleicht schon vor Didymos, Zenobius IV 20 = Plutarch 41, kürzer Suidas Ἀμαία. Daneben steht das sophokleische Ἀζησία mit einer nichtigen Deutung auf das Suchen der Mutter nach der Tochter.

[3] Mit der Genealogie Ὠκεανοῦ καὶ Δήμητρος, die unverständlich bleibt, aber für mehr als theologische Spekulation nicht gelten kann.

Λευκοθέας ἐν Κρήτηι ἀπὸ Ἰνάχου zeigt die Verwandtschaft und den Kultus, der noch einer *Ἰνάχη* galt. Sie hat nur an der lakonischen Küste bis Korone in Messenien Kulte, die Pausanias verzeichnet[1]. Nur Alkman der Lakone spricht von *Ἰνὼ θαλασσομέδοισα*. Schon die Odyssee setzt sie als Kadmostochter mit der Göttin Leukothea gleich, und als solche erscheint sie in vielen Geschichten, mit Athamas aber auch mit Dionysos verbunden, ganz menschlich. Das ist böotisch, und wir würden nicht durchkommen, wenn wir nicht an der Kopais eine weiße Göttin fänden. Die Seegöttin Leukothea ist mit dieser gleich, hat aber ihre starke Verehrung, wenn auch nur in alter Zeit, in Ionien. Sie ist also von den Hellenen der ersten Schicht mit der fremden Ino gleichgesetzt und nach Asien hinübergenommen, dieselbe Göttin, welche unter dem Namen Ino in Böotien in die Sippe des Kadmos aufgenommen ward, ein Geschick, das die phrygische Semele geteilt hat.

Auf Delos ist es den französischen Ausgrabungen und dem Scharfsinne der Entdecker gelungen, aus dem zuerst befremdenden Tatbestande festzustellen, daß in dem heiligen Bezirke vor und hinter dem Artemision je zwei Gräber aus frühminoischer Zeit sorgfältig erhalten waren, hier also sicher karisch. Gräber auf Delos befremden, da ja Apollon im Jahre 423 jede Bestattung verbot und die Zerstörung der vorhandenen Gräber durchsetzte. Nur besondere Heiligung konnte zu einer Ausnahme führen, gewiß schon damals, als der Kultplatz von der Höhe an den Strand verlegt ward. Herodot, IV 33–35, unterrichtet uns über die verehrten Inhaber und die Kultgebräuche. Es waren die Mädchen, welche zuerst von den Hyperboreern etwas Heiliges in Weizenbüschel gebunden nach Delos gebracht hatten, wie es noch immer geschah[2]. Davon erzählten alte Gedichte und nannten die Namen

[1] In Thalamai hat Pausanias II 26 das Orakel der Pasiphae auf Ino übertragen; in Brasiai, III 24, 4 ist Dionysos herangezogen, natürlich späterer Zusatz.

[2] Daß wirklich eine solche Sendung von Dodona nach Delos ging, muß man für Herodots Zeit noch glauben; später ist davon keine Spur. Weizenähren kamen nach seiner Angabe im Kulte der thrakischen *Ἄρτεμις βασιληίη* vor. Die Sendung von den Hyperboreern nach Dodona müssen die dortigen Priester verantworten. Übrigens heißt Dodona selbst hyperboreisch, leider nur in den wenig zuverlässigen AD (eigentlich D) Scholien zu *Β* 750, *Π* 233. Mit dem Ackerbau kann das Ganze nichts zu tun haben, weil es den auf Delos nicht geben kann; sie leben

der Mädchen, zum Teil verschieden; die meisten sind gut hellenisch[1]. Die Gebräuche haben hiermit nichts zu tun. An den Gräbern vor dem Tempel legten Bräutigam und Braut das Opfer ihrer Haare nieder. So geschah es in Troizen zu Ehren des Hippolytos, in Megara zu Ehren der Iphinoe, Pausan. I, 43, 4. Auf die Gräber hinter dem Tempel kam die Asche von den Brandopfern, und ihren Inhabern galt eine Prozession von Mädchen, die ein altes Lied sangen und Gaben einsammelten, die der Eileithyia zufielen. *'Αγερμοί* waren in Ionien verbreitet. Auch dies ist ganz hellenisch, paßt auch gut zu vergötterten *πάρεδροι* der Artemis, die selbst den Namen Opis oder Upis[2] übernahm, wie der einzige sicher ungriechische Name lautete. Es liegt auf der Hand, daß dies eine andere Heiligung der Gräber ist als die der Hyperboreerinnen, beide an die Gräber angesetzt, von denen man nichts wußte, die aber Inhaber erhalten mußten, weil sie heilig blieben.

Ein männlicher vorgriechischer Gott ist Enyalios mit Enyo, die fast nur in der Poesie lebt, aber in Erythrai mit ihm zusammen einen Kult hat, Sylloge 1014, 35. Enyalios sieht nach einer Ableitung aus, und wenn Skyros *'Ενυῆος πτολίεθρον* heißt (*I* 668), so wird das eine Nebenform sein[3].

da von Fischfang und Schwammfischen, *Δήλιος κυρτεύς* Herodas 3, 51, *κολυμβητής*, Diogenes Laert. IX 1, 12. Rheneia gehörte ihnen, heißt nach den Schafen.

[1] Herodot nennt das erste Paar ganz hellenisch Hyperoche und Laodike; das zweite hieß in dem Prozessionsliede des Lykiers Olen Opis und Arge. Pausanias, der mehr über delische Gedichte weiß, bringt V 7, 8 anderes, Olen nenne eine *'Αχαΐα*, bei dem Lykier sehr seltsam, denn das bedeutet ja Griechin. Melanopos von Kyme nenne in seinem Liede Opis und Hekaerge. Kallimachos, Del. 292, fügt eine dritte hinzu. Die Paare werden nicht mehr unterschieden, wie sie denn eine Verdoppelung sind, durch die beiden Gräber erfordert. Die echten Namen Opis und Arge = Hekaerge, gesichert durch die Lieder, gingen eigentlich die Hyperboreer nichts an.

[2] Diese Form gilt seit Kallimachos; aber in seinem Artemishymnus 204 spricht der Anklang für *Ὦπι ἄνασσ' εὐῶπι*, und so steht bei Hesych. Et.M. *Οὖπις* ist ein Scholion zu der Stelle. Nach Palaiphatos 31 soll Artemis in Sparta Upis heißen.

[3] Sehr merkwürdig ist, daß der älteste böotische Lokalschriftsteller Aristophanes eine Prophetin als Tochter des Enyeus kannte, die nach Delphi kam. Photios *Ὁμολώιος*.

In der Ilias ist Ἐνυάλιος, der in einer sehr alten Formel ἀνδρειφόντης heißt, mit Ares identisch[1], so daß die antiken Mythologen die Personen nicht unterscheiden. In Wahrheit ist hier besonders deutlich, daß der bei Homer auftretende Ares den im Mutterlande vorher allein geltenden Enyalios erst zum Beinamen gemacht und bald aus dem Bewußtsein der Menschen ganz verdrängt hat. Der war zwar ein Karer, aber selbst von den Arkadern aufgenommen; in Mantineia heißt eine Phyle nach ihm, und wenn in Orchomenos bei Ζεὺς Ἄρης und Ἰνυάλιος Ἄρης geschworen wird (IG. V 2, 343), ist Ἄρης Beiname. In Sparta, wo Enyalios mehrfach verehrt wird, erhält er das unhellenische Hundsopfer, wobei unsere Berichterstatter auch den Namen Ares brauchen[2]. Also ist unter diesem Enyalios auch zu verstehen, wenn die Karer dem Ares Hunde opfern (Clemens Protr. 2 S. 25 P.). Ebenso muß Ares für den jüngeren gehalten werden, wenn in Hermione noch im dritten Jahrhundert n. Chr. der volle Name Ἄρης Ἐνοιάλιος lautet (IG. IV 717). In Korinth war Ares noch so fremd, daß auf der Kypseloslade Enyalios die Aphrodite führte (Paus. V 18, 5). Thukydides IV 67 nennt zufällig einen Tempel des Enyalios in Megara. In Athen opfert der Polemarch nicht dem Ares, sondern dem Enyalios (Aristot. *Πολ. Ἀθ.* 58). Vor allem wichtig, daß das Kriegsgeschrei, das ἐλελεῦ, dem Enyalios gilt[3]. Wir werden also berechtigt sein,

[1] Ganz deutlich wird das *Y* 69, wo Enyalios derselbe ist, der in der Theomachie Ares heißt, und *N* 519, wo Enyalios Vater des Askalaphos ist, *O* 112 Ares. Beiname ist Enyalios *P* 211, wo Aristarch das Richtige sagt. Verwechselung mit ihm ist, wenn Ares Sohn der Enyo heißt, vgl. Schol. Aristophanes Fried. 457. Die Fesselung, die im *E* 385 Ares (auf Naxos) erleidet, wird Oxyr. 1241 Kol. 4 auf Enyalios in Thrakien übertragen, und statt Hermes rettet ihn Apollon. Askalaphos, Eidechse, ist kein vom Dichter erfundener Name, also ein Held der böotischen Orchomenier, dessen Vater Enyalios, nicht Ares war.

[2] Enyalios sagt Plutarch Aet. Rom. 290d, Pausanias III, 14, 9, Ares Apollodor bei Porphyrios abst. II 55, denn das Menschenopfer hat natürlich dem älteren Gotte gegolten. Bei Hesych steht ein Θηρίτας Ἐνυάλιος aus Sparta, bei Pausanias III 19, 8 heißt er Ares und wird von dessen Amme Θηρώ abgeleitet. Wir werden in Θηρίτας einen selbständigen Gott anerkennen, auf eine Deutung verzichten.

[3] Xenophon Anab. I 8, 18 bei den Söldnern des Kyros, Arrian Anab. I 14, 7 im makedonischen Heere. Bei Hesych steht ἐνιηλίζειν· τὴν ἐνάλιον ἑορτὴν ἄγειν. Da bringen zwei Änderungen den Enyalios hinein, aber ein Fest für ihn ist nicht glaublich.

einem peloponnesischen Areskulte zu mißtrauen und schon für Homer anzunehmen, daß Ares, der zu einem Sohne des Zeus erhöht war, den ursprünglich karischen, aber schon im Mutterlande übernommenen Enyalios verdrängt hat[1].

Hyakinthos von Amyklai trägt in seinem Namen den Stempel seines Ursprunges: sein Fest und der Festmonat ist von Lakonien nach Thera und (falls er in Argos immer gefehlt haben sollte) zu den Dorern Asiens gekommen[2]; in Lato auf Kreta haben wir den Monat *Βακίνθιος*, *Ϝακίνθια* in Tylissos (Schwyzer 83). In Amyklai hat ihn Apollon verdrängt, so daß nur sein Grab geheiligt blieb[3]; er war aber mehr als der schöne Knabe, den Apollon durch einen Diskoswurf tötete[4], denn Bathykles stellte am amykläischen Throne dar, wie er mit seiner Schwester auf dem Olymp einzog, also Gott ward. Polyboia, die einen hellenischen Namen erhielt, ist eine mächtige Göttin gewesen[5], in Knidos zu einer Artemis Iakynthotrophos geworden, nach der nun auch das Fest hieß[6]. Wenn sie des Bruders Wärterin war, mußte er immer Knabe sein und als Knabe sterben. Das war also ein sterbender Gott, wie sie der Orient und Asien kennt; die Hellenen haben ihn selbst hier umgebildet, weil sie diese Vorstellung nicht hatten.

[1] Für die Praxis des delphischen Orakels, nicht für wirklichen Glauben oder Kult ist es bezeichnend, daß es die Tenier um 170 v. Chr. anwies, folgenden Göttern für einen Sieg des von Rhodos geführten *κοινὸν τῶν νησιωτῶν* zu opfern: *Ζεὺς σωτήρ*, *Ἁθάνα Σώτειρα* (die delphischen Formen sind bewahrt), *Ποσειδῶν ἀσφάλειος*, *Ἄρτεμις ὀρθωσία*, *Ἡρακλῆς*, *Ἄρης*, *Ἀθάνα ἀρεία*, *Ἐνυώ*, *Ἐνυάλιος*, *Νίκα*. Die Priester müssen Kataloge von Göttern gehabt haben; diesmal haben sie alle ausgesucht, die zu dem Siege geholfen haben konnten. IG. XII 5, 913.

[2] In Knidos kennt Herodot I 174 lakonische Einwanderer.

[3] Ein solches legten sich auch die Tarentiner für ihre Hyakinthien an, und manche nannten es sogar Grab des Apollon Hyakinthos. So Polybios VIII 30; man soll die befremdende Überlieferung nicht noch unglaublicher machen und den Apollon ohne Beinamen sterben lassen.

[4] Schon Euripides Hel. 1473 weiß davon. Bathykles aber hatte den Hyakinthos noch bärtig gebildet; darauf ist freilich in sakraler Kunst nicht allzuviel zu geben.

[5] Pausan. III 19. Euphorion, Herm. LIX 262. Hesych *Πολύβοια θεός τις, ὑπ' ἐνίων μὲν Ἄρτεμις, ὑπ' ἄλλων δὲ Κόρη*.

[6] Inscr. Br. Mus. IV 787. 821. Die Göttin hieß auch *Ἐπιφανής*, hat also wie viele andere im dritten Jahrhundert eine Epiphanie erlebt. Ihr Fest auf der delischen Inschrift Bull. Corr. Hell. VII 485.

Ob der Gott einst weiter verbreitet war, ist nicht sicher, aber wahrscheinlich, denn in Attika hieß so eine Flur, und statt unsterblicher Nymphen sterben die Ὑακινθίδες παρθένοι für das Vaterland[1]. Vermutlich führte der ursprüngliche Kult zur Erfindung dieses αἴτιον, als man seine Bedeutung nicht mehr verstand. In Tenos hieß ein Ort nach Hiakinthos, und dem entsprach eine Phyle[2]. Die Blume läßt sich von dem Gotte nicht trennen; sie ist seit Homer bekannt und beliebt, leider botanisch noch nicht sicher bestimmt.

Zu Hyakinthos stellt sich ein Korynthos[3] an der messenischen Südküste, der mit Apollon gleichgesetzt war. Den Ortsnamen Κόρινθος wird man von diesem Namen nicht trennen.

Die Damononinschrift nennt ein Fest Παρπαρώνια, das man auf einen Berg Πάρπαρος bezieht, den Plinius IV 17 nennt, und nimmt dazu Hesych Πάρπαρος, ἐν ὧι ἀγὼν ἤγετο καὶ χοροὶ ἵσταντο, wo freilich das Land ausgefallen ist. Hesych hat auch Πασπάριος Ἀπόλλων παρὰ

[1] Phanodemos (Phot. παρθένοι) nennt den Ort und identifiziert die Ὑακινθίδες mit den Töchtern des Erechtheus, deren Opferung Euripides im Erechtheus erzählt und sie zu den Hyaden werden läßt. Der Ort liegt ὑπὲρ τῶν Σφενδονίων. Das ändert man in Σφενδαλέων nach Valckenaer. Aber das ist falsch, denn Σφενδόναι ist ein τόπος Ἀθήνησιν, Bekk. An. 202, und das Lemma ἀφιδρύματα ἐν ταῖς Σφενδόναις wird sich auf die Ὑακινθίδες beziehen. Zur Ortsbestimmung ist verwendbar, daß eine der Hyakinthiden Λουσία hieß, Steph. Byz., das nicht weit westlich von der Stadt lag (Arist. und Athen II 152). Der Name ist in der apollodorischen Bibliothek III 212 von Meursius aus λυταίαν verbessert. Da ist die Geschichte ungeschickt mit der Belagerung Athens durch Minos verbunden; der Vater Hyakinthos ist von Sparta zugezogen, offenbar wegen des Namens. Phanodemos redet von einem Einfall aus Böotien. Offenbar war in der Ortssage keine bestimmte Veranlassung für den Opfertod gegeben. Die Töchter des Erechtheus erfuhren einen Kult, Philochoros in den Scholien zu Soph. OK. 100; Euripides hat also nur den Opfertod und die Verbindung mit dem Angriffe des Eumolpos erfunden. Erechtheustöchter konnten Regen bewirken wie die Kekropstöchter den Tau und daher Hyaden werden.

[2] Die Phyle IG. XII 5, 864. Der Ortsname 862 öfter. Die Phylen scheinen teils nach Orten, teils nach Heroen zu heißen.

[3] Archäolog. Anzeiger XXXVII 310. Valmin Årsberättelse Lund 1928/29, 146. Bei Pausanias IV 34, 7 zu Κόρυδος verschrieben. Wie es mit Κόρυθος steht, nach dem eine Phyle von Tegea heißt, der aber auch als Sohn des Paris von Helene oder Oinone auftritt, weiß ich nicht zu vermuten.

Παρίοις καὶ Περγαμηνοῖς. Da gibt es einen Platz der *Πασπαρεῖται*, Dittenberger Or. inscr. 491, ist also Pasparos oder Pasparon auch Ortsname; da wird es in Paros nicht anders sein. Von dem Orte wird auch ein Gott benannt, der an ihm verehrt wird. Der Name ist, wie namentlich Pergamon zeigt, vorgriechisch; da kann es Apollon immer gewesen sein, kann aber auch hellenische Deutung sein. Für den Gott der *Παρπαρώνια* ist daraus nichts zu folgern. Dies der Tatbestand; er rechtfertigt Useners Hypothesen, Rh. M. 49, 461, durchaus nicht.

Nach der Alexandra von Amyklai hat Lykophron sein Gedicht genannt, also von dem seltenen Kulte der leierspielenden Göttin etwas gewußt und auch von ihrer Gleichsetzung mit Kassandra, die aufgekommen sein muß, als Agamemnon nach Lakonien versetzt war. Wie man die Leier rechtfertigte, entgeht uns; sie paßt auch nicht zu dem hellenischen Namen, der den echten verdrängt hat, wie die Polyboia es auch getan hat. Löschcke[1] hat bei der Herausgabe des entscheidenden Reliefs das Nötige gesagt und auch den Kult der Alexandra in dem lakonischen Leuktra (Pausan. III 26, 5) herangezogen und eine leierspielende angebliche Sparta[2] (III 18, 8) ansprechend auf Alexandra gedeutet. Daß eine vorgriechische Göttin in ihr steckt, ist in Amyklai an sich wahrscheinlich, und die wenig passende Deutung auf Kassandra bestätigt es. Weitere Vermutungen sind müßig.

Es gibt mehr solche vereinzelten Kulte, über deren Götter sich nichts ermitteln läßt, die Ganymeda von Phleius, die man mit Hebe glich, weil diese neben Ganymedes auf dem Olymp den Nektar kredenzt. Aber was ist Ganymedes? Für die späteren wie für uns stammt er aus der Ilias; damals wird man mehr von ihm gewußt haben. Damonon siegt *ἐν Ἀριοντίας*; diese Göttin heißt nach dem Orte, dessen Name auf Chios in dem *οἶνος Ἀριούσιος* wiederkehrt; wer die Göttin war, weiß niemand. Wer ist die Koronis von Sikyon, deren seltsamen Kult Pausanias II 11, 7 beschreibt? Es scheint ein Sühnfest zu sein und mag mit den Oriontöchtern *Κορωνίδες* in Orchomenos zusammenhängen, von denen Nikander bei Antoninus Lib. 25 und Ovid Met. XIII 685 (der viel

[1] Ath. Mitt. III 164; über Lykophron Herm. 54, 60.

[2] Wenn Pausanias sagt *Σπάρτη δῆθεν*, „natürlich Sparta", ist das ganz wie *Αἰτωλία δῆθεν* X 18, 7. Da finden wir seine Deutung auch natürlich, aber sie verpflichtet uns durchaus nicht immer zur Zustimmung.

verdorben hat) berichtet. Das ist zum Teil schlechte Erfindung, aber erwähnt waren die Mädchen von Korinna.

Es hat geringes Interesse, solche vereinzelten Kulte aufzuzählen, und Namen können täuschen, zumal wenn sie durchsichtig sind und einen weiten Inhalt haben. Die Spätzeit ist geneigt, die Würde jedes Gottes, dessen Glauben sie gerade bekennen will, in das Ungemessene zu steigern; Allmacht legt sie ihm gern bei. Diese liegt in dem Namen *Πασικράτεια*. Wir finden ihn an zwei Ecken der hellenischen Welt, dennoch ist er verschiedenen Göttinnen beigelegt und darf gar nicht als wirklicher Gottesname behandelt werden. In Selinus steht er in der berühmten Inschrift, Schwyzer 166, neben *Μαλοφόρος* unter den Göttern, welche Sieg gegeben haben. Die Apfelträgerin ist Demeter, der Name stammt aus der Mutterstadt (Großmutterstadt) Megara (Pausanias I, 44, 3), war auch nach Byzanz gekommen, wie der Monat *Μαλοφόριος* beweist[1]. Also kann die Allmächtige die Herrin der Toten sein, vielleicht Gattin des Meilichios; beide Namen sind hier euphemistisch gemeint, denn der Demetertempel lag, wie die Ausgrabungen von Gàbrici gezeigt haben, neben einer Nekropolis. In Pagasae-Demetrias sind nicht wenige Weihungen an eine *Πασικράτα* gefunden, auch Reliefs, die ihr eine Gestalt geben, welche eher auf Aphrodite deutet als auf Artemis, mit der sie doch einmal geglichen wird. Daher bleibt sie unklar, aber mit Persephone hat sie schwerlich etwas zu tun, obwohl das Heiligtum in einer Nekropolis liegt[2].

Schon das Schwanken der Namensform beweist, daß *Περσεφόνεια*, *Φερεφάττα*, *Πηριφόνα*[3] ungriechisch ist. Zugehörig muß

[1] Der Name bedeutet Apfelträgerin, ist also von einer Kultstatue genommen; wir finden ja den Apfel sehr oft in den Händen von unsterblichen und sterblichen Frauen, und so, daß er nicht einmal für diese Göttin bezeichnend ist, obgleich sie mit allem anderen, was die Erde hervorbringt, auch den Menschen das Obst beschert. Genommen ist der Name von dem megarischen Bilde, das wir uns nach den vielen apfeltragenden Göttinnen unter den Terrakotten gut vorstellen können.

[2] *Πρακτικά* 1908–10. Stählin, Thessalien 71.

[3] *Πηριφόνα* steht auf einem Helm aus dem italischen Lokroi. Hesych hat *Πηρεφόνεια Λάκωνες*; einen Kultplatz kennen wir dort nicht. IG. V 1, 364 ist sie Tochter Demeters. Der Wechsel von *-φονη* und *-φασσα* zeigt, daß die Griechen das letztere als Femininum zu *-φοντης* faßten, was sprachlich angeht, und in *'Αργειφόντης*, *Βελλεροφόντης* fanden sie den Mörder. *Τεισιφόνη* und *Γοργοφόνη* sind nach *Περσεφόνη* gebildet. In der originalen Sprache kann die Bedeutung ganz anders gewesen sein.

Πέρσης sein, der sich nach Hesiod Th. 377 durch *ἰδμοσύνη* auszeichnet; aber weiter hört man nichts über ihn, denn zum Vater der Hekate hat ihn erst der Bearbeiter gemacht, der diese Göttin einfügte; sie heißt daher später oft Perseis, was bei Hesiod Name einer Okeanide ist, 356[1]. Der Name des Heros Perseus, der auch Perses heißt, läßt sich trennen, aber wir verstehen ihn nicht. Das *I* der Ilias, 569, kennt Persephoneia als Gattin des Hades, für den 457 auffällig *Ζεὺς καταχθόνιος* genannt wird, die Nekyia als die eigentliche Herrin der Toten, ihren Raub durch Hades und Demeter als ihre Mutter Hesiod 913. Damit ist der Kultus der *θεώ*, ist auch ihre Wiederkehr aus der Unterwelt nicht notwendig gegeben; der Demeterhymnus ist ganz eleusinisch, braucht aber den Eigennamen[2], während später überwiegend *Κόρη* gesagt wird. Persephone hat als Herrin der Unterwelt die früher hellenisch benannte Göttin ganz verdrängt. Einen ganz anderen Charakter hat sie, wenn sie einen unheimlichen Brand erregen kann oder mit den Sirenen Trauermelodien emporsendet[3]. Dann kann sie der Hekate gleichgesetzt werden, die nur nicht in die Unterwelt gehört. Dieser Persephone paßt die Styx als Mutter, was in der apollodorischen Bibliothek I 13 steht, sehr auffällig, da sie sonst der Theogonie folgt. In der Nähe des attischen Marktes lag ein *Φερεφάττιον* (Demosthenes gegen Konon 8), wo sie von Demeter getrennt gewesen zu sein scheint. Wie beschaffen die Göttin war, die von den Griechen übernommen ward, läßt sich nicht sagen; eine Unterirdische muß sie wohl gewesen sein. Aber die Herrin der Toten und der Raub, der sie dazu machte, ist griechisch, wie der Raub der Basile durch Zeuxippos und das Paar Neleus und Basile beweisen. Da denkt man eher an die Senderin von verderblichem Spuk, zu der die Styx als Mutter paßte. Die Königin der Toten hatte keinen Kult, lebte also wesentlich in der Poesie; Kore ist vollends Komplement zu ihrer Mutter.

An zwei Orten ziemlich am Rande der echt hellenischen Welt ist Persephone eine Hauptgöttin geworden, in Kyzikos und im epizephyrischen Lokroi. In Kyzikos hieß in der mithradatischen Zeit, wie ihre Historiker berichten, das Hauptfest *Περσεφόνεια*,

[1] Diese schien dem Verfasser von Theogonie 956 passend zur Mutter der Kirke und des Aietes; Medeia verehrt dann die Hekate, die wieder Perseis heißt.

[2] So auch die Vase Furtw. Reichh. 161.

[3] Euripides Phaeth. 781, 55. Helene 175.

und man sagte, sie hätte die Stadt als Brautgabe empfangen, was ebenso von Theben und Sizilien behauptet ward, also auf Kyzikos ebenso wie der Raub übertragen ist. Die Münzen führen den Kopf der *Σώτειρα* schon im vierten Jahrhundert: da muß sich die Göttin bei einem bestimmten Anlaß als Retterin gezeigt haben, und das hat sich noch einmal vor der Abweisung Mithradats wiederholt, denn der delische Stein Bull. Corr. Hell. IV 472 teilt die Stiftung eines Festes *Σωτήρια* und den delphischen Spruch mit, der die Stadt für *ἱερά* (aber nicht *ἄσυλος*) erklärt. Danach könnte man annehmen, daß die Göttin selbständig gewesen wäre; zum Glück ist aber ein archaischer Stein mit einer Weihung *δεσπόνησιν* erhalten (Röhl, Inscr. antiquiss. 501). Also hat sich der alte Kult nur sonderbar entwickelt.

In Lokroi wird trotz der lakinischen Hera der Schatz der Persephone als besonders reich bei Plünderungen durch Dionysios I, Pyrrhos und namentlich durch C. Pleminius erwähnt. Er lag vor der Stadt (Livius 29, 18), und die italienischen Ausgrabungen haben archaische Darstellungen des Raubes gebracht. Es wird also ein Heiligtum der beiden Göttinnen gewesen sein, wie es so häufig vorstädtisch war. Woher es kam, daß die Periphona die Mutter zurückdrängte, entgeht uns. Ein Kult der Eingeborenen konnte hier wie so oft in Sizilien zugrunde liegen.

Nicht ein fremder Name, aber trotz dem Namen Helios ein fremder Kult ist der Sonnendienst, den wir an einigen Stellen des Peloponneses finden. Das wird am besten so behandelt, daß gleich gefragt wird, ob die verbreitete Annahme begründet sei, die diesen Kult für Kreta in Anspruch nimmt und dementsprechend für Hellas aus Kreta ableitet. Daß die minoischen Monumente keine verläßliche Spur von ihm zeigen, hat Nilsson Min. Mycen. rel. S. 356–62 gezeigt, da die Himmelskörper nur so, wie sie dem Auge erscheinen, dargestellt werden. Aber es wird ziemlich allgemein so geredet, als wäre die Sache ausgemacht, und schließlich wird der Stier der Europa und gar der Minotauros zu einem Sonnengotte. Einen Anhalt bietet die Hesychglosse *Ταλῶς* (so) *ὁ ἥλιος*, an deren Zuverlässigkeit Lobeck gezweifelt hat. Den ehernen Riesen Talos, der die Insel Kreta bewachte, heranzuziehen, lockte der Anklang des Namens. Aber wie soll der die Sonne sein: die Sage führt ihn doch nur ein, um zu erzählen, wie er trotz seinem ehernen Leibe umgekommen ist, und das führten die Dichter je nach Belieben und durch verschiedene Personen durch. Daß er eine kretische

Sagenfigur war, beweisen die Münzen von Phaistos, wo er *Tάλων* heißt und geflügelt ist; was man sich dabei dachte, ist fraglich. Als Person gefaßt erscheint er bei den Dichtern in Genealogien, und sie spielen weiter mit ihm Ibykos, 32 Bgk. Mit der Sonne kommt er erst in Verbindung, wenn man hinzunimmt, daß auf Kreta ein *Ζεὺς Ταλλαῖος* mehrfach vorkommt, auch *Ταλλαῖα ὄρη*, und im mittleren Taygetos ein *Ταλετόν* (*ὄρος*) liegt, nach dem ein *Ζεὺς Ταλετίτας* heißt[1]. Damit ist ein vorgriechischer Ortsname gesichert, mit dem der eherne Talos irgendwie zusammenhängen mag; die Sonne kommt erst herein, wenn man annimmt, daß Zeus in Lakonien und Kreta an die Stelle des Helios getreten wäre, weil das *Ταλετόν* dem Helios heilig war, dem Rosse geopfert wurden[2]. Aber Zeus und die Sonne haben wirklich nichts miteinander zu tun[3], wohl aber hat Zeus Anspruch auf den Berggipfel. Aber werden wir die Hesychglosse *Ταλῶς* nicht auf das lakonische *Ταλετόν* beziehen, und ist sie zuverlässig?

Asterios heißt der sterbliche Gatte, dem Zeus die Europa abtritt; Asteria soll Kreta selbst geheißen haben (Hesych); beide Namen sind in der Heroensage gewöhnlich, aber meist leer. Der Pragmatismus, der den Stier des Minos nicht vertrug, hat den Theseus einen Minossohn Asterion überwinden lassen (Pausanias II 31, 1; andere sagten, einen General Tauros), und das führte weiter dazu, daß der Minotauros mit Vornamen Asterios geheißen hätte (Apollodor Bibl. III 11). Darin ist von der Sonne nichts zu spüren, und wenn wirklich in Gortyn ein *Ζεὺς Ἀστέριος* verehrt sein sollte[4], so würden die beiden Väter des Minos identifiziert sein, seltsam gewiß, aber zur Sonne würde Zeus doch niemals

[1] Schwyzer 193, 195. Hesych *Ταλαῖος* IG. V 1, 363.

[2] Pausanias III 20, 4. Nach Festus 181, *october equus*, haben die Lakonen auf dem Taygetos den Winden ein Pferd verbrannt; der Wind sollte die Asche möglichst weit über das Land jagen. Dieser Wunsch wird wohl eine Anrufung der Winde erzeugt haben, wenn auch das Roß dem Helios gehörte. Anrufung der Winde wie im *Ψ*. In Rhodos versenkte man dem Helios ein Viergespann in das Meer (Festus ebenda); das ist derselbe vorgriechische Kult.

[3] Von einem alten *Ζεὺς Ἥλιος* auf Amorgos wird nicht mehr reden, wer IG. XII 7, 87 ansieht. Ein *Ζεὺς Ἥλιος* auf dem Kynthos, Délos XI 119, gehört zu den semitischen Weihungen.

[4] Es ist mir nicht gelungen, einen Beleg dafür zu finden. Das mag an mir liegen; aber selbst bei Gruppe, Gr. Myth. I 252 Anm. 8, stehen Kedrenos und Tzetzes, gleich als ob sie etwas belegen könnten.

durch einen von den Sternen genommenen Beinamen. Der Stier, dessen Gestalt Zeus angenommen hat, um durch das Meer zu schwimmen, mag von der Sage, die Europa zu einer Phönikierin macht, gewählt sein, weil man wußte, daß man dort den höchsten Gott in Stiergestalt verehrte, aber war er darum die Sonne? Jahveh ist das nie gewesen und doch in Stiergestalt verehrt worden. Vor allem aber ist der Stier so wenig Gott wie der Schwan, in dessen Gestalt Zeus die Leda schwängert: Zeus legt ja gerade die für die Schwimmfahrt nötige Gestalt ab, um Minos zu zeugen. Und das Ganze hat mit der Religion überhaupt nichts zu tun, wenigstens so wie wir die Geschichte kennen. Europa ist auch keine Göttin, denn ihre Gebeine wurden in der Festprozession aufgeführt[1]. Altkretisch mag sie sein, aber nicht ihr Name, denn den teilt sie mit einer böotischen Göttin, sei diese nun eine Quelle oder die Erde. Wenn das von Persson in dem Grabe von Midea gefundene Bronzerelief, das eine Frau auf einem Stiere darstellt, wirklich altmykenisch ist, muß man zugeben, daß die Sage uralt ist, aber nicht einmal dann ist bewiesen, daß sie minoisch ist, und wenn sie das ist, daß das Weib Europa hieß.

Nun der *ταῦρος Μίνω*, denn den Griechen ist Minotauros kein Wort. Der tut doch nichts als Menschen fressen, bis ihn Theseus totschlägt, und er sitzt im Labyrinth gefangen. Das spricht nicht sehr für einen Sonnenstier. Den verfallenden und doch nicht abgetragenen Palast von Knossos hatten die Griechen *λαβύρινθος* genannt, wenn er nicht schon früher so hieß. Die Trümmerstätte war ihnen unheimlich, und in dem Gewirre der Gänge könnte man sich auch jetzt verlaufen. Daher die Geschichte von dem Faden der Ariadne. Nur so ist der eine Theseus herausgekommen, dem die Königstochter half. Und wer nicht herauskam, den fraß ein Ungeheuer; das hat die Kunst ganz früh als Halbstier gebildet, oder vielmehr als Menschen mit Kalbskopf; der Acheloios sieht ganz anders aus, den orientalischen Vorbildern sehr ähnlich. Ob die Bildung aus der minoischen Kunst stammt, ist unsicher; sie würde dann immer nur die Entlehnung der Form, nicht des Wesens beweisen. Wenn dann ein Held mit Hilfe der Königstochter das Ungeheuer bezwingt, an dem Faden sich herausfindet und mit der Königstochter heimfährt, wer erkennte darin nicht einen Mythos, ein Märchen, das mit der Religion nichts zu tun hat. Die

[1] In der Beilage Hellotis behandelt.

Befreiung von Kindern (nicht gleich athenischen) ist hinzugetreten, wohl in Delos als Aition des Kranichtanzes. Die ganze Geschichte ist schwerlich in Kreta erfunden, wo Minos der gerechte König blieb, vielmehr da, wo der befreiende Held zu Hause war oder verehrt ward. Diese Sage ist alt und weit verbreitet, zieht Naxos, Delos, Troizen und Athen hinein, so daß der kretische Stier, den Herakles holt, und der marathonische des Theseus nur auf Grund von ihr entstanden sein werden, wo dann der Stier nur eben ein Stier war, freilich ein besonders gewaltiger, was irgendwie begründet ward, vielleicht schon von Anfang so, daß es der Stier war, den Poseidon dem Minos aus dem Meere schickte, der also mit dem Meere und dem Gotte, der selbst *ταύρειος* heißt, aber nicht mit der Sonne etwas zu tun hatte; der echte Poseidon konnte ihn auch aus der Erde schicken. Er ist aber derselbe, von dem Pasiphae, Tochter des Helios und Gattin des Minos, den Minotauros empfangen hat. Sie ganz allein hat zu den Hypothesen über Minotauros und den Sonnenstier Anlaß gegeben. Poseidon sandte den Stier auf das Gebot des Minos, um seinen Anspruch auf die Herrschaft zu bestätigen; aber Minos hatte versprochen, ihn zu opfern und tat es nicht, weil der Stier zu schön war. Seine Strafe war, daß Pasiphae ihn auch zu schön fand. So die apollodorische Bibliothek III 8. Die Beihilfe des Daidalos scheidet man leicht als Zusatz aus, erst ersonnen, als Vorwitz fragte, wie der Koitus möglich war. Ob das übrige einheitlich ist, wird man bezweifeln, kommt aber nicht weiter, weil wir die Geschichte erst in später Fassung kennen. Die Polemik gegen mystische Kulte in den Kretern des Euripides lassen wir ohne weiteres aus dem Spiele, aber war Pasiphae immer in den Bullen verliebt und gebar die Mißgeburt, oder war sie vorher die erlauchte Mutter des Deukalion, Großmutter des Idomeneus[1], und ist nur durch kreterfeindliche Gehässigkeit zur Mutter des Ungeheuers geworden, das in dem Labyrinth vor den Augen der Welt verborgen ward, ganz wie Minos von den Dichtern (nicht erst den Tragikern) aus dem *ὀαριστὴς Διός* zu einem bösen Könige gemacht worden ist. Jedenfalls ist es moderne Gewaltsamkeit, die in Pasiphaes Verhältnis zu dem Stiere dasselbe sieht wie in dem der Europa. Eine boshafte Nachbildung könnte es sein. Auf die Sonne kommen wir

[1] So auch bei Pausanias V 25, 9 oder vielmehr bei dem Erklärer der Weihgeschenke, der so ein Schildzeichen gelehrt erklärt.

schließlich nur durch den Namen Pasiphae, der zwar seine Trägerin nicht zu einer Göttin macht, denn die „Allstrahlende" könnte sie nach ihrem Vater Helios heißen, aber ist dieser Vater dadurch gesichert, daß er uns allein genannt wird? Da tritt eine unzweifelhafte Göttin ein, die Pasiphae, welche in Thalamai an der tänarischen Küste ein auch vom spartanischen Staate hochgehaltenes Traumorakel hatte[1]; eine Statue des Helios stand neben der ihren, und dieser hatte am Tainaron heilige Schafherden[2]. Pausanias erklärt Pasiphae für den Mond[3], ersichtlich im Gegensatz zu anderen Auffassungen, und das lag nahe, seit erkannt war, daß der Mond sein Licht von der Sonne hat. Stoische, bald allgemeingültige Theologie konnte gar nichts anderes sagen; aber schon Aischylos hat den Mond zur Tochter der Sonne gemacht[4]. Als Phylarchos, der sich ja für Mythen interessierte, in der Geschichte des Agis (Plutarch 9) auf Pasiphae zu sprechen kam, brachte er ganz andere Deutungen, Tochter des Atlas, also wie Taygete (Atlantide ist sie mit Sterope auch bei dem alten Kyrenäer Akesandros, leider erfahren wir nicht, welche Pasiphae er meint) oder Kassandra, d.h. die Alexandra von Amyklai, für eine Orakelgöttin passend, wobei der Name *ἀπὸ τοῦ φαίνειν πᾶσι τὰ μαντεῖα* abgeleitet wird. Phylarch selbst entscheidet sich für Daphne, Tochter des Amyklas, dies am wenigsten brauchbar, weil es auf den Orakelgott Apollon hinaus

[1] Pausanias III 26, 1. Daß er das Traumorakel aus Versehen auf Ino überträgt, liegt auf der Hand. Der Ephor, der sich im Kleomenes des Plutarch 7 auf einen Befehl beruft, den ihm Pasiphae im Traume gegeben hat, ist zwar nicht in Thalamai gewesen und schwindelt überhaupt, aber daß sie im Traume Weisungen gab, ist die Voraussetzung. – Eine Weihung an *Παίφᾳ* ist in Thalamai erhalten, IG. V 1, 1317.

[2] Homer pyth. Hymn. 411. Ich halte auch meine Beziehung Thrinakias auf die Herden des Helios aufrecht, denn die anderen Deutungen nennen Orte ohne Helioskult oder Helioskult ohne Herden. Wenn in Apollonia bei Orikos dem Helios heilige Schafe gehalten werden, Herodot IX 93, so geschieht das auf besonderen Befehl eines Gottes, beweist also keinen alten Kult. Der Gott wird an die Odyssee oder den pythischen Hymnus gedacht haben.

[3] IG. V 1, 1179, Ehreninschrift des späten zweiten Jahrhunderts, gilt einem Priester des *Ζεὺς βουλαῖος*, des Helios und der Selene; da wird Selene früher Pasiphae gewesen sein.

[4] Euripides Phoen. 175 sagt *Σελήνη θύγατερ Ἁλίου* und das Scholion nennt Aischylos *καὶ οἱ φυσικώτεροι* dafür, Fr. 457, ohne Grund unter den Dubia, Haupt opusc. III 319.

will. Der Vater Helios bleibt hier ganz fort, und am Tainaron konnte die Ortsgemeinschaft auf ihn führen, ohne daß die Tochter selbst eine Lichtgöttin zu werden brauchte. Auch wenn man *φαίνειν*, zeigen, nicht hineinzieht, kann diese Göttin, die im Traume erscheint, im Namen wohl den Glanz führen, wie in Asklepios *αἴγλα* steckt. Zu *πασιφαής* gehört auch eigentlich *πασιφάεσσα*, und so heißt Aphrodite in einem schwindelhaften Orakel der *Θαυμάσια ἀκούσματα* 133. So ist es alles andere als sicher, daß die spätantike Deutung der Pasiphae auf den Mond zutrifft, und an ihr hängt die ganze Ausdeutung der Minotaurosfabel. Wenn wir ehrlich sind, müssen wir sagen, die Göttin und die Mutter des Kalbmenschen führen denselben Namen; sie müssen also irgendwie zusammenhängen; wir wissen nur nicht wie[1].

Kretischer Sonnendienst ist nicht nachweisbar; darum kann es ihn immer noch gegeben haben; an den Rändern des Peloponneses ist er dagegen gesichert. Tainaron und Taleton sind nicht die einzigen Orte. In Elis hat die Verdrängung der Epeer den Kult vernichtet, aber der Heliossohn Augeias, den die Ilias kennt, trägt den Glanz seines Vaters im Namen und ist Besitzer unzähliger Rinderherden. Auf der Südseite des Saronischen Golfes sind für Troizen, Hermione und namentlich Korinth Tempel oder Altäre des Helios durch Pausanias bezeugt[2], was freilich keine Garantie für das Alter gibt. Korinth ist zwar bei Homer keine Stadt, aber der Name, wohl zunächst des Berges, ist karisch, und Sisyphos beweist einen Herrensitz der zweiten vordorischen Einwanderer. So mag Helios hier alt sein, wenn er auch nur durch die korinthische Dichtung berühmt geworden ist[3]. Ungriechisch war der Sonnenkult durchaus; wir werden später sehen, wie die Hellenen

[1] Berichtigend muß ich noch zufügen, daß ich bereue, eine befremdende Erwähnung der Pasiphae bei Theophrast (Porphyr. abstin. III 16, Pindar Fr. 91) anerkannt zu haben (Pindaros 324), obwohl sie Bergk durch eine vorzügliche Verbesserung beseitigt hatte.

[2] Pausan. II 4, 6. 31, 5. 34, 10, ein Altar bei Argos 18, 3.

[3] Eumelos hat den Helios zum ältesten Besitzer Korinths gemacht, weil er Medea zur Korintherin machen wollte, und die alte Argonautensage hatte die Kolcher zu einem Geschlechte der Sonne gemacht. Kirke gehört auch dazu. Nun war aber der wirkliche Hauptgott am Isthmos Poseidon; also erfand Eumelos, daß Briareos Korinth dem Helios zugesprochen hätte, als dieser mit Poseidon um seinen Besitz stritt. Daß Briareos bei Eumelos vorkam, ist bewiesen, Hellenist. Dicht. II 241, was das übrige nach sich zieht.

sich zu den Himmelskörpern stellen. Wo er hingehört, zeigt Rhodos, der einzige Ort, der den Helios zu seinem Hauptgotte gemacht hat, und trotz der Macht von Rhodos sind Filialen dieses Kultus nicht entstanden. Kult des Mondes gibt es nicht[1].

Schon in dieser Untersuchung war Kreta besonders wichtig. Nun kommen wir zu der Hauptfrage, ob und wieweit die Götter der minoischen Kreter in der späteren hellenischen Religion fortgelebt haben, wobei ganz außer acht gelassen werden kann, ob diese Kreter zu der asiatischen Bevölkerung gehört haben, die ich karisch nenne, oder ob sie auch in Kreta selbst wie auf den Inseln Leute dieses Stammes beherrscht haben. Praktisch heißt es sich ausschließlich mit monumentaler Überlieferung auseinandersetzen, und schon darin liegt, daß ich, zumal mir jede Autopsie fehlt, alles aus zweiter Hand nehme und mir bewußt bin, wie wenig Gewicht meine Worte haben. Vor allem habe ich mich außer den Schriften von Sir Arthur Evans an G. Karo (Kreta in der Realenzyklopädie und Bilderatlas zur Religionsgeschichte), G. Rodenwaldt und natürlich an Martin Nilssons Minoan and Mycenaean religion gehalten, da dieser dieselbe Frage erschöpfend behandelt. Seine scharfe Kritik hat mir überhaupt erst den Mut gegeben, von Kreta zu reden.

[1] Die Liebe der Selene zu Endymion stand in den hesiodischen Katalogen, 11, wo er in das Aiolidenstemma aufgenommen war, sein Vater Aethlios hat den Namen von den olympischen Spielen. Hier durfte er sich selbst die Zeit seines Todes wählen und wählte sogleich ewigen Schlaf in seiner dauernden Jugendschönheit. Schol. Apollonios IV 57 wird durch die apollodorische Bibliothek ergänzt, deren bessere Fassung im Pariser Zenobius III 76 steht, bei den Göttingern in seinem Texte; was er wirklich gab, steht darunter. Auf den Katalogen beruht es, daß Endymion bei Ibykos König von Elis ist und was weiter über Kinder von ihm und Selene gefabelt wird. In den *μεγάλαι Ἠοῖαι* 148 kam er auf den Olymp, vergriff sich wie Ixion an Hera und kam, man sieht nicht wie, durch Zeus zu ewigem Schlafe. Die ältere Geschichte ist eine Parallele zum Raube des Tithonos durch Eos, an verschiedene Göttinnen und verschiedene Orte gebunden. Es ist gar nicht sicher, daß der Latmos als Lokal jünger sei als Elis, denn am Latmos hat er seine Höhle und seinen Kult. Beiläufig, in dem Scholion Apollon. IV 57 gehören die Zeilen 487, 1–4 *περὶ δὲ τοῦ – πρὸς Ἐνδυμίωνα* hinter *Ἡράκλεια* 486, 25. Dann erst schließt sich die gelehrte Zusammenstellung über Endymion zusammen. *Σπαρτιάτης* 487, 9 ist heillos verdorben. In Plutarchs Numa 4 ist *Ἀρκάδες*, das sehr stören würde, von Valckenaer in *Κᾶρες* verbessert.

Eins sollte niemals vergessen werden. Religiöse Gedanken und Gefühle lassen sich nur höchst unvollkommen aus einer Überlieferung ablesen, die nicht in Worten zu uns spricht. Wenn wir Darstellungen der alten verschollenen Götter und ihres Kultus nach der Analogie späterer Monumente eines anderen Glaubens deuten, so laufen wir Gefahr, das Fortleben des Glaubens und des Kultus, um die es sich handelt, in der Deutung schon vorauszusetzen. Von den Fürsten der Argolis sehen wir, daß sie die Kultformen der Kreter übernommen, keine Gotteshäuser gebaut, sondern Kulträume in ihren Palästen angelegt haben. Das geschah also nicht für das Volk; von seinem Kultus wissen wir nichts. Die ganze äußere Kultur ist in Hellas so sehr zugrunde gegangen, daß hier nicht einmal ihr Gedächtnis dauerte. Die Auswanderer haben mit der Heroengeschichte dieses bewahrt, aber die äußere Kultur gänzlich eingebüßt. Das spricht wenig dafür, daß hier oder dort der kretische Glaube und Kultus sich dauernd erhalten hätte. Die wenigen und nicht sehr bedeutenden Kuppelgräber auf Kreta sind erst den ungleich prächtigeren der Argolis nachgebildet. Die Schachtgräber enthalten reichsten kretischen Schmuck, aber ihre Anlage ist durchaus original. Sie enthalten auch die Goldmasken, und zu denen stimmt nichts Kretisches, wohl aber der Fund von Trebenischte. In den Gegenden, in welchen das hellenische Volk der Argolis einmal gewohnt hatte, war also die Sitte noch viele Jahrhunderte bewahrt, der Leiche für die feierliche Aufbahrung eine Maske auf das Antlitz zu legen. Die Prothesis hat sich überhaupt gehalten, wenn auch auf die Zeit beschränkt, welche der Zustand der Leiche verstattete. So wird es die Masse des Volkes immer gehalten haben.

In Mykene ist mehr als ein halbes Jahrtausend nach der Zerstörung des Palastes an seiner Stelle ein Tempel der Athena erbaut worden. Darin wird liegen, daß der Platz unbebaut geblieben war, weil er heilig war, *ἱερόν*, d.h. den Göttern gehörig, profaner Benutzung unzugänglich. Schon das ist zu viel, wenn eine Fortdauer des Kultes angenommen wird, von der jede Spur fehlt, und nur dann könnte derselbe Gott der Inhaber geblieben sein. Aber man konnte ebensogut den wüst liegenden Platz, von dem man wußte, daß er das Schloß der Feinde gewesen war, nun für den Gott der Sieger verwenden. Daß Athena letzten Endes von der Schildgöttin stammte, die hier die Beschützerin der Fürsten gewesen war, konnte den Erbauern des Tempels nach fünfhundert

Jahren unmöglich bewußt sein. Jetzt war sie allgemein als Burggöttin anerkannt. In Tiryns hat Hera einen Kult gehabt, und da sich kein Tempel gefunden hat, muß er in dem alten Hauptsaale vollzogen sein, wie viel auch von den geistreichen Schlüssen abzuziehen ist, die Frickenhaus so anziehend vorgetragen hatte. Um so wichtiger, daß Hera verehrt ward, die Göttin von Prosymna, dem Heraion, die von diesem Orte aus die homerische, dann panhellenische Göttin geworden ist. Die Dorer von Argos haben sie vorgefunden und übernommen, also war sie längst verehrt und hellenisch war sie; ihr Wesen hat bei den Kretern nichts Verwandtes. In Tylissos-Knossos ist sie von Argos direkt eingeführt, 83 Schwyzer.

Auf der Burg von Theben hatte sich ein Teil des kretisch ausgemalten Palastes in seinen Trümmern erhalten. Er lag an dem späteren Markte; ein Teil, wohl der in Resten noch heute erhaltene, war *ἄβατον* geblieben. Sonst hatte sich Dionysos angesiedelt, als Semele ihn hier geboren haben sollte, wozu die Brandspuren Anlaß gaben.

In Athen wohnte Athena im Hause des Erechtheus; der war kein alter König, sondern Poseidon Erechtheus, dessen Male im Felsboden den Ort heiligten, woran wir sehen, daß Athena wirklich zugezogen war. Daß an derselben Stelle einmal der Königspalast gewesen war, ist unbestreitbar: Kekrops mit seinen Töchtern hatte ja dort gewohnt, sein Grab war dicht dabei, und in der heiligen Schlange lebte der Ahnengeist fort. Dies kann man auf die kretische Palastgöttin, die Schlangengöttin, zurückführen, die Nilsson überzeugend nachgewiesen hat. Aber zwingend ist es nicht, da die Schlange des Erechtheion männlich ist, und der allgemeine hellenische Glaube an das Fortleben des Toten in Schlangengestalt unmöglich von den Kretern allein stammen kann.

Auch wenn nichts gefunden wäre, müßte man annehmen, daß in Delphi unterhalb der Kastalia Menschen gewohnt hätten, schon vor der mykenäischen Periode, denn die Quelle und ihre Lage an einer natürlichen Verkehrsstraße forderte dazu auf. Aber vor Poseidon und Ge, die später den Apollon und den Dionysos bei sich aufnehmen mußten, gibt es keinen Inhaber des Ortes, und das sind wieder rein hellenische Gottheiten aus der Urzeit.

Ganz ähnlich steht es um mykenische Scherben oder Tonfiguren, die in Tegea, Elateia, Nemea bei der Untersuchung der hellenischen Tempel gefunden sind (Nilsson 405): sie genügen nicht, einen Kultplatz zu erweisen, geschweige daß die Götter dieselben geblieben sein müßten.

Fortbestanden hat die Verehrung des Hyakinthos in Amyklai, der selbst seinen vorgriechischen Namen bewahrt; wir haben gesehen, daß er auf Kreta in dem Namen eines Monates dauert, von seinem dortigen Kulte wissen wir nichts. In Lakonien war er durch Apollon ganz verändert. Auch die Eileithyia hatte in Amnisos einen Kult, ob da aber ihr Ursprung war, erschien recht unsicher.

Unzweifelhaft kretisch ist Diktyna, später Diktynna geschrieben, da sie von dem östlichen Berge Dikte und der Pflanze *δίκταμνον*, die zur Entbindung helfen sollte, nicht getrennt werden kann. Auch das westlichste Kap heißt Diktynnaion, beweist also ihre weite Verbreitung auf Kreta. Sie hat in Lakonien mehrere Heiligtümer, die Pausanias aufzählt und Inschriften bestätigen; auch nach dem dorischen Astypalaia ist sie gekommen[1]. Auffällig, daß sich in einem entlegenen Winkel bei dem phokischen Antikyra eine *Ἄρτεμις Δίκτυννα* findet[2]. Die Gleichung mit Artemis ist den Athenern geläufig, und es wird schon mit der falschen Ableitung von *δίκτυον* gespielt, aus der bei Kallimachos, Artem. 197, eine Geschichte gemacht ist[3]. Da wird sie mit *Βριτόμαρτις* (auch *Βριτόμαρπις* geschrieben) gleichgesetzt, die auf Kreta ziemlich beschränkt geblieben ist[4]. Das eigentliche Wesen von beiden ist nicht weiter faßbar, als daß sie jungfräulich waren und, wie so viele hellenische Göttinnen auch, zu Artemis werden konnten.

Antike Theologie[5] hat mit diesen Göttinnen auch die Apha-Aphaia gleichgesetzt, der der schöne Tempel auf Aigina gehört. Das ist unverbindlich, und beweisend für ungriechischen Ursprung

[1] IG. XII 3, 189.

[2] IG. IX 1, 5. Pausanias X 36, 5.

[3] Aristophanes Wespen 368, Frösche 1359, Euripides Hippol. 145, wo die Gleichung mit Artemis unzweifelhaft ist.

[4] In der Rechnung des Demares, Bull. Corr. Hell. VI 23, erscheinen auf Delos *Ἀρτεμίσια Βριταμάρτια*, also Gleichsetzung der Göttinnen; ob das Fest eine dauernde Institution war, darf man bezweifeln.

[5] Aus derselben Quelle Pausan. II 30 und Antonin. Liber. 40, Pindaros 275. Aus Pausanias III 14, 2 folgt, daß diese Theologie auch die *Ἄρτεμις Ἰσσώρα* von Sparta mit Britomartis gleichsetzte. Aus Antoninus, der diese zu Töchtern des Erasinos kommen läßt, daß auch da irgendein Kult auf sie zurückgeführt ward.

des Kultes sind auch die Funde nicht, aber die Unverständlichkeit des Namens und die Lage des Tempels fern von der Stadt spricht dafür. Die Weihgeschenke rühren von Männern her; das spricht nicht für kretische Herkunft und ein der Artemis ähnliches Wesen. Die Theologie zieht auch die Laphria heran, die ihren Hauptsitz bei Kalydon hat, also einem Orte, dessen Glanz in die Heroenzeit fällt. Ihre Behandlung verlangt für diesen Platz zu viele Worte, ist daher in einen Anhang verwiesen. Es wird sich keine fremde Göttin herausstellen.

Bisher war nicht bedeutend, was sich von vorgriechischen Gestalten und Kulten nachweisen ließ; es ist auch bald verkümmert. Nun muß das herankommen, was die minoische Kunst für die Religion ausgibt. Von fremden Einflüssen waren die Kreter nicht frei, hat sich doch selbst nicht wenig Babylonisches gefunden. Zwar von den Ägyptern, mit denen sie so viele Beziehungen hatten, ist äußerst wenig übernommen; die geschorenen Köpfe und das Sistrum auf der Reliefvase von Hag. Triada gemahnen an Ägypten, und die Sphinx ist vorhanden; bei den Griechen erscheint sie erst, als diese selbst mit Ägypten verkehren. Der Einfluß des Orientes (näher nicht zu bestimmen) ist auf Kreta stärker. Daher kommt der Greif, bei den Hellenen auch meist Begleiter fremder Götter. Auch die heraldische Komposition des Löwentores und der *πότνια θηρῶν* ist orientalisch und kretische Vermittlung für die spätere hellenische Kunst nicht notwendig. Orientalisch ist die sog. Taubengöttin, deren Tauben, wie Nilsson mit Recht bemerkt, gar nicht sicher sind. Die Doppelaxt hat in Griechenland keine religiöse Bedeutung, und nach ihrem karischen Namen haben die Griechen das Labyrinth benannt, nicht nur auf Kreta[1]. Die seit der neolithischen Zeit häufigen nackten Weiber in Stein und Ton finden sich wie auf den Inseln, so in den ältesten kretischen Schichten[2], sind Beigaben an den Toten, damit ihm auch das Weib in jenem Leben nicht fehlt[3]. Die Kreter der Blütezeit sind äußerst dezent, der Phallus fehlt durchaus, ein sehr be-

[1] In Lemnos Plinius Nat. hist. 36, 86, was aber eine Verwechselung mit Samos ist, Buschor, Bericht über die Hundertjahrfeier des Instit. 261.

[2] In Kanea liegt eine Menge vornehmlich aus italienischen Ausgrabungen in Vaxos, aber auch aus Kydonia selbst. Deffner *ὁδοιπορικαὶ ἐντυπώσεις ἀπὸ τὴν δυτικὴν Κρήτην* (Athen 1928) S. 5.

[3] Das sitzende nackte Weib aus der delphischen Marmaria, Nilsson S. 262, kann keine kretische Göttin genannt werden.

deutsamer Unterschied von den Hellenen aller Zeiten[1]. Es ist sehr wichtig, daß die Menschengestalt der Götter durchgeführt ist, wenn sie auch als Schlange und Vogel erscheinen können, wenigstens scheint es so und ist auch an sich wahrscheinlich. Die zahlreichen, ganz abenteuerlichen Mischgestalten, die sich namentlich auf den „Inselsteinen", Siegeln, finden, gehören, soweit sie überhaupt geglaubte Wesen angehen, nur dem dienenden Gefolge der Götter an. Es ist sehr zu beherzigen, daß sie mit den mischgestaltigen oder ungestalten Wesen des hellenischen Glaubens und auch denen des Mythos nichts gemein haben[2].

Eine höchst merkwürdige Ausnahme ist die Chimaira auf einem Bronzeblech, das in dem Grabe bei Midea gefunden ist. Persson beschreibt es in den Forschungen und Fortschritten 1929, N. 18 und hat es in einem Vortrage bei der Jubiläumsfeier des archäologischen Institutes gezeigt. Die Chimaira hat die Gestalt, welche Homer *Z* 181 beschreibt; dazu stimmt eine Gemme bei Furtwängler Taf. V. 38a, der auch die Inselsteine 16 und 18 auf sie deutet[3]. Der Mensch neben Chimaira ist aber kein Sieger, reitet auch keinen Pegasos, sondern „scheint von Schauder ergriffen in den Knien ganz schwach zu werden", wie Persson ihn beschreibt. Es ist also nur bewiesen, daß das Fabeltier von den Kretern stammt, nicht sein Sieger, der bei Homer zwar nach der Argolis versetzt ist, aber ein Lykier sein muß, und von den Lykiern hat Homer die Geschichte, also auch die Chimaira.

Das Pferd kannten die Kreter noch nicht (also auch nicht den Pegasos), aber auch das Rind fehlt selbst und in der Verbindung mit menschlichem Haupte oder auch in der Minotaurusbildung, so oft auch Stiere in Szenen des Lebens oder auch beim Opfer er-

[1] Bei den Eteokretern von Prasos ein Phallus in ungewöhnlicher Darstellung Mon. ant. VI 183; die Zeit ist schwerlich zu bestimmen, aber nachminoisch.

[2] Nur ärgste Voreingenommenheit kann Odysseus und Skylla auf einer Scherbe (Karo, Bilderatlas 85) erkennen, wo ein Mann auf einem Schiffe sich eines aus dem Meere auftauchenden Ungetümes erwehrt. Zu der Odyssee stimmt nichts, Skylla heißt freilich nach dem Hunde, aber ihre Bildung ist nicht hündisch; ob der Maler überhaupt einen Hund darstellen wollte, ist mehr als fraglich.

[3] Hesiod Th. 321 beschreibt das Ungeheuer ganz anders als Homer, dessen Verse in seinen Text gedrungen, aber längst beseitigt sind. Unverantwortliche Willkür versucht den Homertext zu ändern. In Böotien konnte man sich doch das Untier anders denken.

scheinen. Es ist keine gesicherte Annahme, daß das *σφίγγειν τοὺς βοῦς*, wie es die attischen Epheben noch im zweiten Jahrhundert übten, und die Art der Opferung wie *Y* 404 kretischen Ursprung hat. Der Kultus zeigt ein charakteristisches Gefäß, den *κέρνος*, der aus Kreta stammen mag, da er dort im christlichen Kultus noch gebraucht wird; dann konnte auch zu anderen Zeiten dieses Gefäß verschiedenen Kulten dienen. Aber die sog. *horns of consecration* fehlen, die Verwendung der Zweige ist nicht dieselbe. Homer kennt überhaupt keine *στέφανοι*, und der Ölzweig der Schutzflehenden ist mit Tänien umwunden; sie hält der Priester Chryses in den Händen; in Kreta fehlen sie. Das Überwiegen des weiblichen Geschlechtes unter den am Kult beteiligten Personen ist in dem Überwiegen der weiblichen Gottheiten begründet. Orgiastischer Tanz, wie er den Griechen fernliegt, scheint häufig gewesen zu sein; wie voreilig, darum die lakonischen Karyatiden und die Kalathiskostänzerinnen den Griechen abzusprechen.

Die zahlreichen Darstellungen von Göttinnen hat Nilssons Kritik auf wenige Personen zurückgeführt. Zunächst die Schlangengöttin, von den Königen in der Hauskapelle verehrt. Da liegt es nahe, die Erechtheusschlange zu vergleichen, aber wir haben gesehen, daß es nicht wohl glaublich ist. Die Schlangengöttin ist nicht hellenisch geworden. Echidna, die zu Typhon gehört, ist weder Göttin noch hellenisch. Die andere von den Kretern viel verehrte Göttin steckt in den Bildern, welche eine Herrin der Tiere meist in heraldischer Gruppe darstellen; sie steht zwischen zwei wilden oder zahmen Tieren, auch Vögeln, oder hält sie bändigend in den Händen. Diese Bildung ist den Griechen vertraut, aber haben sie sie aus Kreta, dessen minoische Kultur damals längst nicht mehr bestand, oder aus dem Orient? Hier muß ich mich gegenüber Nilssons weitreichenden Schlüssen ganz ablehnend verhalten. Eben die arkadischen Kulte, welche mir Belege ältester hellenischer Religion sind, nimmt er für diese kretische Göttin in Anspruch, die sich also im Innern des Peloponnes, wo selbst mykenische Spuren karg sind, sehr viel besser erhalten haben soll als auf Kreta selbst. Die arkadischen Göttinnen heißen später Artemis, ebenso wie die Brimo von Pherai, die Göttin von Amarynthos, die Eukleia von Theben, die Agra, die Brauronia und Munichia von Attika mit ihren Bären, die Göttin von Troizen, von Syrakus, die Laphria von Kalydon. Alle waren verschieden, hatten aber doch etwas, das die Gleichung verstattete. Hekate läßt sich auch nicht trennen. Die sollen doch nicht alle aus der Herrin der Tiere entstanden sein, Britomartis und Diktynna liegen viel näher. Differenzierung derselben als Einheit erfaßten und benannten Gestalten ist an sich befremdend; die verschiedene Benennung einer als Gott empfundenen Macht und dann die besondere Betonung der in dem Namen oder dem Einzelkult vorherrschenden Anschauung von dem Wirken der Göttin ist ebenso gewöhnlich wie der schließliche Sieg eines homerischen Namens. Das glaube ich gern, daß die kretische Herrin der Tiere in ihrem Gehalte von der hellenischen Göttin des Draussen im Grunde nicht verschieden war. Aber daß dieselben religiösen Auffassungen und Gefühle bei verschiedenen Völkern ähnliche göttliche Personen erzeugen, ist uns ja vertraut, die Darstellung in der Kunst durch das orientalische Vorbild erklärt. Nilsson selbst bezweifelt nicht, daß in der Artemis auch eine griechische Göttin steckt, aber er glaubt an starken kretischen Einfluß, den ich auch dann für unwesentlich halten würde, wenn er für Einzelheiten des Kultes nachgewiesen sein sollte.

Gesichert ist eine dritte Göttin, die offenbar zuerst in dem Symbole des Schildes verehrt war, also kriegerisch, wenn sie auch nicht im Kampfe eingeführt wird. Sie hat wirklich der Athena den Namen gegeben und wohl noch mehr, und das ist auch begreiflich, da sie eine Göttin des Herrenstandes, der Fürsten, sein mußte, also sie zu verehren den hellenischen Fürsten nahelag, um so näher, wenn es eine ähnliche hellenische Göttin gab, was später betrachtet werden soll. Allein schon die homerische Athena ist in ihrem Wesen so individuell und so hellenisch geworden, daß die fremde Wurzel wirklich kaum viel bedeutet. Immerhin ist mit der Geburt aus dem Scheitel des Zeus eine kretische Epiphanie, wenn nicht die ganze Geburtsgeschichte übernommen. Ich beziehe auf diese kretische Athena die eindrucksvolle Epiphanie einer Göttin auf dem Gipfel eines Berges (Karo, Bilderatlas 66), die man nicht wohl mit der Herrin der Tiere gleichsetzen kann. Die Darstellung besagt, daß sie in dem Berge wohnt oder auf ihm in Erscheinung tritt. Aber wie verkehrt ist es, in ihr die asiatische „Mutter vom Berge“ zu sehen, wo sie doch höchst unmütterlich den Speer zückt, vor dem ein Mensch oder Gott entsetzt zurückweicht. Zu der falschen Deutung hat der Wunsch verführt, eine Gottheit zu finden, die mütterlich das Naturleben einschließlich des menschlichen Werdens und Wachsens unter sich hätte. Wie unzureichend die Versuche sind, eine solche zu finden, zeigt Nilsson 334. Ein Kult der großen Mutter bei Phaistos, zu dem das bekannte späte Epigramm GDI. 5112 gehört, kann für die minoische Zeit nicht in Anspruch genommen werden, würde auch dann asiatischer Import sein[1]. Wir vermissen vielmehr die Erdmutter und damit die alterälteste und wichtigste hellenische Gottheit. Denn auf den Namen des Ortes und die Verwendung der *κέρνοι* hin die Mysterien von Eleusis für Kreta in Beschlag zu nehmen, ist eine arge Voreingenommenheit. Timaios (Diodor IV 79, 6) bezeugt *μητέρες* für Kreta; sie wird dieselbe religiöse Empfindung erzeugt haben, der die hellenische *Γῆ μήτηρ* entstammt, aber diese erscheint niemals in der Mehrzahl. Spuren der kretischen Mütter kennen wir sonst nicht; auf den minoischen Monumenten fehlt auch die Eileithyia.

Allgemein ist aufgefallen, daß die männlichen Götter fast ganz zurücktreten. Das wird dadurch nicht hinreichend erklärt, daß Friede und Sicherheit auf der Insel war, denn die Herrschaft über die Inseln und wo sonst die Kreter sich festzusetzen suchten, hat Kämpfer gefordert, und dann haben sie auch Götter gehabt, die ihnen Sieg gaben. Es muß doch auch ein Gott das Wetter gemacht, Stürme und Regen gesendet haben. Aber die Monumente kennen ihn nicht. Einige Darstellungen zeigen einzeln und auch neben der Herrin der Tiere einen männlichen Gott[2], wie es scheint ganz gleicher Art. Mir scheint diese Verdoppelung nicht so leicht begreiflich wie Nilsson S. 329, aber widersprechen kann ich nicht. Die Hellenen kennen einen solchen Gott nicht.

Zahlreich sind die Zeugnisse eines Baumkultus; ein Baum steht in einem Heiligtume. So etwas kennen die Hellenen nicht, ihnen ist ein Baum höchstens *ἱερός*, und daß in ihm ein Gott wohnt, ist nur vereinzelt, vgl. S. 33. Rhodische Kulte wie der der Helene *δενδρῖτις* sind fremd, auch wenn die Götternamen hellenisch geworden sind, und der thebanische Dionysos kann mit Kreta nichts zu tun haben[3]. Weder der Ölbaum neben dem Erechtheion noch

[1] Wenn der Chor der Kreter des Euripides Myste der Bergmutter gewesen sein will, so liegt da die Vermischung der verschiedenen orgiastischen Kulte vor.

[2] Auch bei der Orthia in Sparta ist ein Bild eines solchen Gottes gefunden, Annual Br. Sch. XIII 80.

[3] Hesych *ἔνδενδρος παρὰ Ῥοδίοις Ζεὺς καὶ Διόνυσος ἐν Βοιωτοῖς. Ζεὺς ἔνδ.* Paros IG. XII 5, 1027. *Ἑλένη δενδρῖτις* auf Rhodos Pausan. III 19, 10. In der heiligen Platane der Helene bei Theokrit 18 ist der Baum zu er-

die Palme von Delos oder die Platane von Kos noch die Eiche von Dodona, in der der wahrsagende Zeus wohnt, haben jemals Kult erfahren. Wohl wohnt eine Gottheit oder auch eine Mehrzahl in einem Haine, dann wird man ihren Kultplatz vor einem schönen Baume anlegen und die Weihgeschenke an den Baum hängen: dann wird dieser wie der ganze Hain ἱερός, aber θεός wird er nicht. Wohl wohnt in einem Baume seine Seele, die δρυάς, so gut wie im Gebirge, der Quelle, der Wiese, aber das ist von dem kretischen Baumkultus ganz verschieden. Der kretische Pfeilerkult, der neben dem Baumkulte besteht, ist etwas ganz Besonderes und hat keine hellenische Parallele[1]. Über den Sarkophag von H. Triada kann ich nichts sagen, da es ungewiß ist, ob er Götter- oder Totenkult angeht. Er steht noch ganz vereinzelt, und die Sachkenner schwanken, ob ein Schiff oder ein Elefantenzahn dargebracht wird.

Es ist nicht zu verlangen, daß die Funde ein vollständiges Bild der minoischen Götterwelt geben könnten. Wir haben aber in den kretischen Kulten der hellenischen Zeit eine Ergänzung, denn da ist ein Fortleben der alten Götter zu erwarten, und die neuen Namen brauchen nicht zu schrecken. Britomartis und Diktynna kennen wir schon. Sie haben sich erhalten, ein wenig auch im Auslande verbreitet, sind aber, auch wenn der Kultus Besonderheiten

kennen, der in dem Platanenhaine für diese den Kult erhielt; damit wird er nicht zum Wohnsitz einer Gottheit, und in Helene eine Baumseele zu sehen geht doch wirklich nicht an. Plutarch, sympos. qu. 675 e, sagt, daß allgemein dem Dionysos δενδρίτης geopfert wird. Das wird damals den Menschen der Gott gewesen sein, der die Bäume fruchtbar machte, Obstbäume und Weinstöcke. Zuerst wird er wohl ἔνδενδρος gewesen sein, aber Gott war der vom Himmel gefallene Holzklotz auf der Burg von Theben, Pausan. IX 12, 4, niemals, der zu einem Wunderzeichen Efeuranken trieb, Eurip. Antiope 203. Nicht zu vergessen, wie jung und fremd Dionysos ist.

[1] Die hellenistische Landschaftsmalerei stellt gern ein ländliches Heiligtum dar, einen Altar vor einem schönen Baume, auch eine Säule, auf der etwas zu stehen pflegt. Ohne Zweifel stellt sie dar, was in der Landschaft vorkam und will die Stimmung des Ortes geben. Der Kult war bildlos geblieben, aber daß er nun einer der ländlichen Gottheiten galt, die mit einem auch uns bekannten Namen gerufen ward, wenn wir den auch nicht raten können, ist auch klar. Also weder der Baum noch gar die Säule ist der Gott. Wie kann man die Jahrhunderte überspringen und präsumptive kretische Religion hineintragen.

enthielt, im Wesen zur Artemis geworden, werden also auch da, wo dieser Name in Kreta gilt, sich unter ihm verbergen. Die Göttin auf einem Baume (keiner Platane), die auf schönen Münzen von Gortyn erscheint, wird den Baumkult fortsetzen, so freilich, daß die hellenische Weise die in dem Baume lebende Gottheit als Nymphe faßt, selbst wenn man sie damals Europa genannt haben mag, was den Mythos ihrer Entführung durch den Gott in Stiergestalt voraussetzt. Wie dieser entstanden ist, wie die alte böotische Göttin hierher gezogen ist, hat sich bisher der Erklärung entzogen. Die Göttin, welche auf den Münzen von Priansos eine Schlange hält, wird die Schlangengöttin mindestens zur Grundlage haben. Die Bevorzugung der Bergziegen, die jetzt *ἀγρίμια* heißen, auf den Münzen, namentlich im westlichen Kreta, verlangt, daß dies kretische Tier eine große Bedeutung hatte, und legt eine tiergestaltige Göttin nahe, wenn die Wildziege auch jetzt nur das der Göttin heilige Tier war. Höhlenkult hatte es früher viel gegeben; manche behielten ihre Heiligkeit; der Gott konnte dabei ein ganz anderer werden. Besonders eindrucksvoll ist die Errichtung von zwei hocharchaischen Tempeln bei Prinia im Anschluß an minoischen Kult[1]. Andererseits ist die Heiligung der idäischen Zeusgrotte erst in hellenischer Zeit erfolgt, und dieser Zeus ist eigentlich gar nicht hellenisch. Hier ist also nicht nur die Form, sondern der Inhalt einer Religion übernommen, samt dem zugehörigen Mythos: die Zeusgeburt, die durchaus unhellenisch ist, wie das Welcker[2] durchschaut hat und jedem unmittelbar einleuchten muß, der Mythos und Religion zu scheiden weiß. Aber die Monumente der minoischen Zeit wissen von dem kretischen Zeuskinde so wenig wie von dem hellenischen Blitzgotte. Dabei müssen wir verweilen. Schon Hesiodos hat in Böotien von dem Zeuskinde gehört, das in der Höhle des Ziegenberges aufgewachsen ist. Er hat das in eine andere Geschichte eingefügt, die das Kind vor den Mordplänen seines bösen Vaters verbirgt. Die Mut-

[1] Nilsson 386. 392 hört der Kult in einer Höhle am Ida mit der minoischen Periode auf, ebenso bei Psychro im äußersten Osten, 394 übernimmt ihn Hermes, der *κραναῖος*, also nach einer Quelle heißt, was ungewöhnlich ist. Da vorher tönerne Tiere als Ersatz des Opfers geweiht wurden, ist das Eintreten des *νόμιος* begreiflich.

[2] Götterlehre II 218, nach Verdienst von Nilsson 462 anerkannt, dessen Kapitel über das göttliche Kind des großen Vorgängers würdig ist.

ter spielt gar nicht mit, sondern die Ge bringt das Kind nach Kreta und muß dann auf den Olymp zurück, um dem Kronos statt des Sohnes den in Windeln gehüllten Stein zu reichen[1]. Wie Hesiod dazu kam, die Ge nach Lyktos gehen zu lassen, das nicht einmal am Meere liegt, ist unerfindlich; er wird von Kreta wenig gewußt und den Namen durch irgendeinen Zufall gekannt haben. Von der Zeusgeburt ist in und bei Lyktos keine Spur, und den Ziegenberg hat es überhaupt nicht gegeben[2]; daß Hesiod ihn erfand, ist aber wichtig, denn er durfte es tun, wenn er wußte, daß eine Ziege den Zeus genährt hatte. Weil die Hellenen ganz früh an dem oder vielmehr der Ida dem Zeus eine Grotte geweiht hatten, ist hier in der allgemeinen Vorstellung der Gott aufgewachsen, die Ida sogar zu seiner Pflegerin geworden[3]. Im Hymnus des Kallimachos warten seiner aber auch die Eschennymphen[4] der Dikte, und neben ihnen die Korybanten und die Kureten: die Zusammenziehung von zwei Kultstätten und ihren Dämonen ist unverkennbar. Von der Höhle an der Dikte hört man wenig; nur Apollonios von Rhodos erkennt sie allein an, was wir nun begreifen, seit die Inschriften von Itanos gelehrt haben, daß mit dieser Stadt die Ostspitze von Kreta dem Philadelphos gehörte[5]. Hier hatten sich die

[1] Daran erkennt man, daß Hesiod das kretische Versteck einfügt, das für die Geschichte von Kronos nicht nötig ist. V. 481–83 sind ein störender Zusatz, von Guietus ausgeschieden, vgl. Isyllos 109. Das Kretische dem Hesiod ganz abzusprechen kann ich nicht für gerechtfertigt halten.

[2] Hesych hat einen *Ὑνναρεὺς Ζεύς*, der nach einem gleichnamigen Berge heißt, und der Name hängt mit *ὑννάς αἴξ* zusammen; das Wort (auch *ἴννος γίννος hinnulus*) bezeichnet kein bestimmtes Tier. Wer Hesiod mit *Αἰγεῖον* das kretische *Ὑννάριον* wiedergeben läßt, traut ihm eine verwunderliche Sprachkenntnis zu.

[3] In Wahrheit ist sie die Nymphe des troischen Berges, denn sie wird mit Adrasteia verbunden (Plutarch, Symp. qu. 657e und öfter), die Kallimachos allein nennt. Dieser aber gehört das *πεδίον Ἀδραστείας* in der Troas, einer thrakischen Göttin, denn sie ist in Athen zusammen mit Bendis verehrt, IG. I 310, 207. Der Eponymos *Ἄδρηστος* fällt bei Homer *Z* 37; der Adrastos von Argos hat mit ihm nichts zu schaffen. Die Pflege durch die Nymphen ist Orphika 105 auf Phanes übertragen.

[4] Diese als die ältesten Nymphen nach Hesiod Theog. 187, entsprechend der *πρωτίστη γενεή* bei Kallimachos V. 36.

[5] Apollonios läßt daher auch die Argonauten den Talos an der diktäischen Küste überwinden, IV 1640. Als Kallimachos den Zeushymnus

Eteokreter in Prasos am längsten gehalten, so daß wir sicher sind, den echten vorhellenischen Gott zu erreichen. Seine Höhle ist noch nicht gefunden, aber der Tempel, der zwischen den Städten Prasos und Itanos lag, und in ihm genügende Reste eines Hymnus, der in später Kopie ein Gedicht enthält, das seine Form wohl noch in das fünfte Jahrhundert verweist[1]. Es redet den Gott *κῶρε Κρόνειε* an, er hieß also Zeus, aber sein Wesen hat mit dem hellenischen Zeus nichts zu tun, denn er kommt alle Jahre wieder, wie das Christuskind in dem Liede, das wir vor Weihnachten singen, und soll hineinstürmen, *θορεῖν*, in die Felder und das Vieh und die Menschenjugend usw. Aus ihm kommt also alljährlich frisch die Lebenskraft und Zeugungskraft, aber auch die *θέμις*, die Rechtsordnung auf Erden belebt er immer wieder. Darin wirkt der hellenische Zeus, so verschieden er war. Indem der Hymnus ihn *κῶρος* anredet, ist die Identität mit dem *κούρης* gegeben, der auf Thera öfter vorkommt, jetzt auch in Kyrene ans Licht getreten ist. Der Hymnus nennt bereits neben dem göttlichen *κοῦρος* die Kureten, deren Waffentanz das Zeuskind beschützt hat, nennt auch die Rhea. Das geht die Zeusgeburt an, aber der Waffentanz ist kretisch; dort ist ja die *πυρρίχη* entstanden, und die Kureten werden mit den Kyrbantes-Korybantes gleichgesetzt. Das ist nicht ursprünglich, denn *κούρητες* bedeutet hier die Jünglinge wie in der Ilias *T* 193, ist also griechisch[2]. Sie werden in den kretischen Inschriften öfter genannt, im Gegensatze zu den ganz seltenen Korybanten, und die Weihung *πρὸ καρταιπόδων*, 192 Schw., zeigt, daß sie ebenso wirken wie der *κοῦρος Κρόνειος*. Daß sie sich später weiter verbreiten, in

verfaßte, wird Itanos noch nicht besetzt gewesen sein. Agathokles, den ich bald für unsere besten Angaben über den diktäischen Zeus anführen werde, war Schüler des Zenodotos, gehört also in eben diese Jahrzehnte.

[1] Gr. Verskunst 499. Latte de saltat. 47. Nilsson 475.

[2] Ich habe früher die Bedeutung „die Geschorenen" vorgezogen, die für den Volksstamm der *Κουρῆτες* nicht nur schon im Altertum aufgestellt, sondern im Unterschiede zu den *Ἄβαντες ὄπιθεν κομόωντες*, *B* 542, und den *κάρη κομόωντες Ἀχαιοί* unverkennbar ist. Mich bestimmte auch sonst der unbekannte kretische Seher *Κομήτης* bei Clemens, Strom. I 399 P. (ich zitiere Clemens nur nach Potter; die vielen Zahlen, die Stählin eingeführt hat, sind zu unpraktisch); er wird von dem *Κομάτας* Theokrits, 7, 83, nicht verschieden sein. Aber der Hymnus läßt keinen Zweifel, und *Κορύβαντες* ist nicht griechisch, geht also die *κορυφή* nichts an. Eine phrygische Flötenweise, die Alkman 97 D. *Κερβήσιον* nennt, durfte nicht auf die Korybanten bezogen werden.

Ephesos z. B. eine Priesterschaft so heißt (vgl. die ionischen Tänzer *μολποί*), ist für ihr ursprüngliches Wesen nicht beweisend. In Wahrheit wird der ungriechische Name *Κύρβαντες* der originale für die göttlichen Waffentänzer sein, denen die kultischen Tänzer entsprachen. Euripides, Bakch. 123, nennt die Korybanten *τρικόρυθες*; darin steckt der einer dreifachen Tiara ähnliche Helm auf mykenischen Monumenten. Die Vermischung mit dem Gefolge der asiatischen Göttermutter und weiter dem des Dionysos, wie sie die Parodos der Bakchen gibt, müssen wir ganz fernhalten. Die Mutter des göttlichen Kindes spielt in Kreta gar keine Rolle, und vollends Rhea gab es dort nach Demetrios von Skepsis, Strab. 472, gar nicht; das oben erwähnte Epigramm von Phaistos widerlegt ihn nicht. Nur auf das säugende Tier oder die Göttin in diesem kommt es an, auf die wunderbare Pflege des Kindes. Die Münzen und einzelne Zeugnisse der Literatur geben außer der Ziege Kuh, Sau, Hund und Wolf[1] an; die Ziege erscheint häufig, wenn auch gerade die Szene des Säugens fehlt, die Kuh aber findet sich schon auf einer minoischen Scherbe (Karo 79), dann auf Münzen von Prasos, wo aber der Ziegenkopf auch nicht fehlt, die Sau besonders bezeugt ist[2]. Damit fassen wir die Verbreitung des Kultes; das Tier wechselte nicht nur örtlich. Durchgedrungen ist die Ziege, weil sie an der idäischen Grotte galt, und da heißt die Ziege oder die Nymphe Amaltheia. Man soll darin nicht eine spätere Verwandlung der Ziege sehen, wie aus den Bienen, die auch zu den Ernährern des Kindes gehören[3], Töchter eines Melisseus gemacht sind, wo dann auch das *κέρας Ἀμαλθείας* ein Ziegenhorn wird. Dies ist seit Phokylides in der Poesie geläufig, wird von Pluton-Plutos geführt (in seinem Reiche ist ein Schlaraffenland), ebenso von Acheloos[4]; wenn es die Göttin hat, die das Kind nährt, so ist

[1] Wenn in Kydonia und Elyros die Nährung der Kinder auf Heroen übertragen sein sollte (für Kydon ist es nicht bezeugt), so ist die Übertragung von dem Gotte klar.

[2] Agathokles und Neanthes, Athen. 375 f., mit Erwähnung eines Opfers der Prasier an die Sau, die also auch ein göttliches Wesen war, dann auch in Menschengestalt gedacht, wie immer das vermittelt ward.

[3] Bei Kallimachos eine Biene, daher auch auf Münzen von Prasos. Die *ἐσσῆνες* von Ephesos und die *μέλισσαι* von Paros darf man nicht gleich heranziehen: hier kommt es auf den Honig, die Götterspeise, an.

[4] Matz, Naturpersonifikationen in der griechischen Kunst 95 ff. Die Zusammenstellung führt darauf, daß Acheloos Anspruch auf das Horn hat, es also nicht durch Übertragung anderswoher erhalten hat. Ein Relief

die Fülle der Fruchtbarkeit und des Segens darin, die zuerst das Kind ernährt hat und die dieses alljährlich auf die Erde zu Vieh und Menschen bringt. Vorgestellt ward die Göttin freilich auch in Ziegengestalt; das ging beides nebeneinander her. Es ist aber sehr merkwürdig, wie diese Gestalt, die als Göttin und als Ziege gedacht war, weiter gewirkt hat. Pausanias VI 25 berichtet von einer Aphrodite des Skopas in Elis, die auf einem Bocke reitet. Sie stand neben der würdigen Aphrodite auf der Schildkröte von Pheidias, und man nannte sie nun *πάνδημος*; das war im Gegensatze zu der anderen gesagt, gemäß den beiden Aphroditen, an die man von den Dichtern und Philosophen her gewöhnt war; mit dem Kultus und dem Sinne des Beinamens hatte das nichts zu schaffen. Richtig mußte man sie *ἐπιτραγία* nennen, ein Name, der öfter vorkommt, und Aphrodite auf dem Bocke ist vielfach dargestellt. Böhm im Arch. Jahrb. IV 408 gibt Belege. Höchst gelehrt handelt über „Aphrodite Pandemos als Lichtgöttin" Furtwängler, Münch. Sitz.-Ber. 1900, 590. Ich brauche aber in keine Polemik zu beiden einzutreten, denn sie haben das Vasenbild und das Tonrelief nicht verstanden. Wenn eine weibliche Gestalt auf einer Ziege (das Euter ist deutlich) von zwei Zicklein begleitet am Himmel erscheint, der auf dem Relief durch Sterne kenntlich gemacht ist, so ist das die *Αἴξ* mit den *ἔριφοι*, die im Sternbilde des Wagenlenkers am Himmel steht[1]. Auf der Vase geht ein Fackelträger voraus, Hermes schaut bewundernd zu: das Sternbild geht auf; so ist auch die Bewegung auf dem Relief. Eratosthenes Katast. 27 kennt die Verstirnung der *Αἴξ* aus den *Κρητικά* des Epimenides, wo auch der *Αἰγόκερως* hineingezogen ist[2], für die Ziege führt er Musaios an, der sie eine Tochter des Helios nennt und Absonderliches von ihr erzählt, darunter, daß sie der Amaltheia gehört und den Zeus genährt hätte. Geradezu Amaltheia nennt die Ziege Nikander, Schol. Arat. 161. Wir verstehen nun erst ganz die Scherze der Komiker über eine *Αἴξ οὐρανία*, was die Grammatiker nur halb

aus dem Heiligtume des Herakles *Χάροψ* bei Koroneia (Pappadakis *Δελτίον ἀρχ.* II 251) zeigt Herakles, wie er das Horn von Plutos erhält; das ist eine Umbildung, gewiß, aber keine wertlose: der Herr der unterirdischen Schätze belohnt den Helden, der es vermocht hat, bis in sein Reich vorzudringen.

[1] Dieselbe *Αἴξ* mit den Zicklein bei Winter, Typenkatalog I 164, 2.

[2] Dadurch rücken die *Κρητικά* hinter die Aufnahme des babylonischen Zodiakus, gehören also in das fünfte Jahrhundert.

verstanden, wenn sie sagen ὁ ⟨τὸ⟩ τῆς Ἀμαλθείας κέρας ἔχων πᾶν ὃ ἐβούλετο εἶχεν[1]. Es zeigt sich, daß die helle Capella, wie wir sagen, und die kleinen Sterne neben ihr von den hellenischen Schiffern, die im Krebs die Esel an der Krippe fanden, zur Ziege mit zwei Zicklein gemacht war; ihr Untergang galt als eine gefährliche Zeit. Wie die Esel haben sie nur innerhalb eines der großen jüngeren Sternbilder Platz gefunden. Sehr früh ist dann in der Ziege die der Amaltheia gesucht, und man kann die reitende Frau Amaltheia nennen, obwohl diese selbst nicht an den Himmel gekommen ist. Sie steckt dann so in der Ziege, wie sie es in dem kretischen Mythos tat. Es muß den Archäologen überlassen bleiben, die einzelnen Monumente darauf zu prüfen, ob sie nicht die himmlische Ziege darstellen. Aphrodite ἐπιτραγία reitet auf einem Bocke, kann also unmittelbar mit der Ziege nicht gleichgesetzt werden; es reicht auch nicht hin, daß die Kunst sehr geneigt ist, Tiere männlich zu bilden, auch wo das andere Geschlecht gefordert ist. Denn Aphrodite ist zwar οὐρανία, aber mit den Gestirnen hat sie nichts zu tun. Ich kann also ihre Gleichsetzung mit der kretischen Ziegengöttin, die es wahrscheinlich gab, nicht mehr vertreten, so gern ich es täte, denn eine Begründung der ἐπιτραγία fehlt; von τραγίζειν zu reden ist mehr als geschmacklos. Immerhin ist zu bedenken, daß in Athen die ἐπιτραγία mit der kretischen Fahrt des Theseus verbunden war (Plutarch Thes. 18), wobei eine Ziege zu einem Bocke wird.

Die Zeusgeburt haben sich auch die Arkader angemaßt[2], und wenn dabei auch viele Einzelheiten späte Entlehnungen sind, so muß man doch am Lykaion eine entsprechende Geburtsgeschichte eines Gottes als gegeben ansehen; er braucht nicht Zeus geheißen zu haben. Das hat er auch in Olympia nicht getan, weder ursprünglich noch in später Zeit; der Versuch, der in dem Namen der idäischen Grotte liegt (Pindar Ol. V 18), ist nicht durchgedrungen. Hier war eine göttliche Mutter vorhanden, die ihr Kind in einer kleinen Höhle des Kronion pflegte; das Kind hieß später Sosipolis, und ein ἱερὸς λόγος wuchs nach. In Methydrion wollte man sogar auch die Korybanten haben. In Thelpusa verehrte man einen Ἀσκληπιὸς παῖς[3], um den sich eine Turteltaube verdient gemacht

[1] Sitz.-Ber. Berl. 1921, 738 behandelt. Bei Photios οὐρανία αἴξ steht die Deutung auf Selene, die gewöhnliche falsche Theologie der Stoiker.

[2] Hellenist. Dicht. II 5, dort mehr hierüber.

[3] Pausan. VIII 25, 11. Das von einer Ziege genährte Asklepioskind

hat; er sollte ein ausgesetztes Kind sein. Der Name Asklepios kann kaum für alt gelten, um so sicherer das Kind, an das er sich angesetzt hat. Den kleinen Hermes in der kyllenischen Grotte kann man vielleicht auch hinzuziehen. Aber das Dionysoskind mit seinen Ammen ist unbedingt fernzuhalten. Der phrygische Gott ist erst gekommen, als das minoische Kreta längst untergegangen war, und wer die Inschriften und Münzen ansieht, weiß, daß er auf der Insel niemals eine bedeutende Verehrung gefunden hat. Auch Asklepios hat sie nur in Leben, wo er aus Kyrene übernommen war. Ganz abgesehen von den Einzelkulten wird die Verehrung eines heiligen Kindes in der Tat, wie Nilsson vermutet hat, eine Befruchtung der hellenischen Phantasie durch die Kreter beweisen: das ist mehr als die Entlehnung eines Namens oder eines Kultgebrauches.

Was Hesiodos von der Verfolgung des kleinen Zeus durch seinen Vater erzählt, ein Motiv, das manches Märchen mit der Ernährung durch ein Tier verbindet, darf auf den kretischen Kures-Zeus nicht übertragen werden; der Waffentanz ist auch ohne die spätere Motivierung ganz am Platze. So huldigt die Jungmannschaft dem alljährlich kommenden Jungmann. Jetzt ist der kein Kind mehr, wenn auch *ἀγένειος*, wie er in Prasos gebildet war und als Zeus Velchanos auf gortynischen Münzen erscheint[1]. Wohin der Gott ging, nachdem er die Befruchtung, zu der er kam, vollzogen hatte, wissen wir nicht und brauchen es nicht zu wissen. Als Jüngling ist er gekommen, wird wohl anderswo hinziehen, seine Zeugungskraft zu üben. Eine Frau hat er nicht genommen, also selbst nicht Hochzeit gehalten. Ihn sterben zu lassen, verleitet nur der Wunsch, ihn unter die beliebten sterbenden Vegetationsgötter[2] einzureihen.

in Epidauros ist, wie wir jetzt wissen, eine ganz späte Erfindung, wie die Geburtsgeschichte des Gottes bei Pindar der Dionysosgeburt nachgebildet.

[1] Agathokles Et. M. *Δίκτη*; die Notiz ist jetzt durch einen ungehörigen Zwischensatz von der Angabe des Agathokles getrennt, aber mit Recht hat man sich dadurch nicht stören lassen. Velchanos kommt nach Angaben von E. Sittig auch auf Kypros vor; ihn für Volcanus zu halten, ist zwar verführerisch, aber zur Zeit nur mit einem großen Fragezeichen als Möglichkeit im Auge zu behalten.

[2] Ein moderner Gewaltakt erfindet einen Vegetationsgott Iasion. Von dem wissen wir aus ε 125, daß Demeter auf einem zum dritten Male gepflügten Felde, also vor der Saat, bei ihm schlief und Zeus ihn mit dem Blitze erschlug. Unter Benutzung dieser Stelle sagt der Anhang der

Dazu beruft man sich auf das Zeusgrab, das es irgendwo auf Kreta gegeben hat[1]. Der Anstoß, den es erregte, läßt schließen, daß es das einzige war. Dann gehörte es nicht zu dem verbreiteten Kult, für den der Hymnus bestimmt war. Wenn zu dem das jährliche Sterben gehörte, würde der Kures niemals Zeus geworden sein. Der Sol invictus geht nie ganz unter, und das Christkind kommt alle Jahre wieder. Weiter fragen wir nicht; der Kures wird auch weiter Gott sein und für die καρταίποδες und alles andere sorgen. Die Hellenen haben in ihm den Zeus gefunden, als dieser seine Macht auf alles Lebende erstreckte, keinesweges sehr früh; aber durch diese Gleichung ist der Kures im Kult geblieben was er war, und Zeus in seinem hellenischen Kulte auch.

Es ist für die griechische Geschichte sehr empfindlich, daß wir über Kreta eigentlich nichts erfahren, bis Ephoros und Aristoteles uns die gesellschaftlichen Zustände schildern. Aus ihnen und wenigen vereinzelten Angaben könnten wir uns von dem alten Kreta gar kein Bild machen; selbst die dorische Besiedlung ist ja nur erschlossen. Schon im fünften Jahrhundert hat die Insel kaum Verbindungen mit der übrigen hellenischen Welt[2]. Später ist es das übel beleumdete, politisch zerrissene, in Sprache und Kultur verfallende Kreta. Da müssen schwere innere Stürme stattgefunden haben, von denen die selbst zerrissenen anderen Hellenen keine

Theogonie 970, daß das Beilager in Kreta geschah und Demeter den Plutos, den Reichtum, gebar. Ihr Geliebter heißt Iasion, der Tod wird nicht erwähnt. Außerdem kommt er nur bei Hellanikos 23 als Bruder des Dardanos vor, heißt zugleich Eetion (wohl der König von Theben, Andromaches Vater), vom Blitz erschlagen, weil er sich an einer Statue der Demeter vergriff, wenn dies dazu gehört. Vergil, Aen. III 168, geht auf diese Genealogie zurück, wenn in einem delischen Orakel an Aeneas *Dardanus Iasiusque pater* erwähnt werden. Das Odysseescholion beruft sich auch auf Hellanikos; dem darf man aber nicht mehr als die Eltern zuschreiben. Was folgt, daß Iasion allein nach der Sintflut Saatgetreide hatte, paßt zu Fr. 23 nicht. Auf diesen Tatbestand kann man nur gründen, daß Iasion kein Gott war. Zu weiterem reicht die knappe und widerspruchsvolle Angabe bei Homer und Hesiod nicht aus.

[1] Nachweisbar nicht vor Kallimachos, Hell. Dicht. II, 3, der der einzige Zeuge ist.

[2] Kretische Reisläufer gibt es bereits; von kretischem Seeraube hört man nichts. Einmal versuchen die Athener auf der Insel Fuß zu fassen, Thukyd. II 85, in Kydonia, also dem Westen, der immer für sich steht, in der Kultur zurückgeblieben.

Notiz nahmen. Denn es waren doch die hellenischen Götter auf die Insel gekommen, Poseidon und Demeter freilich nicht häufig, Dionysos noch weniger, Artemis verdrängte die einheimischen Diktynna und Britomartis nicht, Apollon ist in Gortyn der Pythier, aber der Tempel unterscheidet sich von dem normalen dorischen Typus. Hera und wohl auch Ares stammen aus Argos; ähnliche Übertragungen sind anzunehmen, auch wenn wir sie nicht mehr nachweisen können. Die Insel bot ja Raum für Zuwanderer. Arkades heißt eine Stadt im Inneren; wo die leitenden Beamten nicht *κόσμοι*, wie bei den echten Dorern, sondern Demiurgen heißen, ist peloponnesischer Zuzug zu erkennen. Der Osten blieb lange eteokretisch. Andererseits hören wir von einem Dichter Thaletas von Gortyn, der in Sparta aufgetreten ist und in der Geschichte der Musik genannt wird. Das kretische Versmaß, also ein besonderes Rhythmengeschlecht, wird schon von Pindar genannt. Mit dem Namen Rhadamanthys und Minos war der Ruhm der kretischen Rechtsprechung verbreitet, und die Inschriften von Gortyn zeugen auch formal von einer hohen und ganz eigenen Blüte; die wunderschöne Schrift ist des Inhaltes würdig. Inwieweit die Tradition von kretischen Bildhauern Dipoinos und Skyllis im Peloponnes einen bedeutenden Einfluß kretischer Kunst sichert, wie vielfach geglaubt wird, ist noch keineswegs ausgemacht. Wenn aber im Gegensatz zu all diesem Kreta auf das Niveau sank, das dem Platon zu sagen erlaubte, Homer wäre dort ziemlich unbekannt, so muß ein verhängnisvoller Niedergang erfolgt sein. Eigentümlich ist, was in der Religion auf Kreta zurückgeführt wird. Die delphische Priesterschaft wollte aus Kreta (oder gar aus Knidos) stammen, als sie sich aus dem Verbande des phokischen Stammes gelöst hatte, und selbst die Blutsühne, die doch zu den Forderungen des delphischen Gottes gehörte, sollte ein Kreter Karmanor von Tarrha an Apollon und Artemis vollzogen haben[1],

[1] Wir wissen von Karmanor nur durch Pausanias. X 16 ist kretische Tradition, erhalten durch die Beschreibung einer von der kretischen Stadt Elyros geweihten Ziege, die hier Zwillinge genährt haben soll, die Apollon in Tarrha im Hause Karmanors gezeugt hatte. Tarrha liegt nicht weit von Elyros. In der gefälschten Pythienchronik ist er Vater des ersten Siegers im Gesang Chrysothemis (ursprünglich wohl Krisothemis), und hier steht die Entsühnung der Götter, aber als Zusatz, rückblickend auf II 7, 7, wo sie in der Weise des Schriftstellers mehr vorausgesetzt als erzählt wird; sie gehört zum Berichte über ein sikyonisches

und blutbefleckte Mörder ließ die Sage nach Kreta gehen[1]. Als Sühnpriester sollte der Kreter Epimenides in Athen, auch wohl in Sparta aufgetreten sein, Orakel und eine Theogonie wurden um 500 oder später auf seinen Namen gestellt. Von den Korybanten-Kureten (sie sind identisch, Strabon 469)[2] wird passender in anderem Zusammenhange gehandelt. Wie viel oder wenig von dem, was den kretischen Lehren und Gottesdiensten beigelegt wird, in Kreta oder sonstwo zum Gemeindekult gehörte oder nur neben diesem geübt ward, kann niemand sagen; aber ein Anstoß zu all dem, was im fünften Jahrhundert kretisch hieß, muß einmal von dort gekommen sein und läßt auf eine religiöse Bewegung schließen, von der später dort keine Spur ist.

Wir werden weiter kaum Veranlassung haben, einen Blick auf die Kreter zu werfen[3], die Epimenides, d.h. ein attisches Gedicht um 500, *ἀεὶ ψευσταί, κακὰ θηρία, γαστέρες οἶον* nennt. In der hellenistischen Zeit verdienen sie diese Charakteristik.

Sühnfest. II 30, 3 steht Karmanor in der Genealogie der Aphaia, Herkunft aus theologischer Gelehrsamkeit sicher. Er kam also in mehreren Geschichten vor. Genaues ist nicht erreichbar.

[1] Außer den Göttern, die zu Karmanor ziehen, tut es Sostratos in der Buphonienlegende bei Theophrast, Porphyr. abstin. II 29, und die Mörder Hesiods im Certamen 14.

[2] Pausanias VIII 37, 6 widerspricht der Identifikation, verschweigt aber seine Gründe.

[3] Seltsam ist die Verirrung, die Inseln der Seligen oder Scheria, das keine Insel ist, in Kreta zu suchen. Die Insel hat weder in der heroischen noch in der homerischen Zeit außerhalb der bekannten Welt gelegen, und weder das minoische noch das dorische Kreta konnte für die Stadt der Phäaken Modell stehen. Die Dichter sind doch in ihren Erfindungen an die Verhältnisse ihrer Zeit gebunden, erst recht, wenn sie ältere Geschichten umgestalten. Und was soll es überhaupt für Sinn haben, wenn man mythische Länder auf der Karte sucht.

ALTHELLENISCHE GÖTTER

Nun erst kommen wir zu dem, was wir eigentlich suchen, zu den urhellenischen Göttern; weiter auf die indogermanischen zurückzugehen, ist unmöglich, und es ist auch nicht notwendig, denn es lassen sich bei den ältesten Göttern noch die Gefühle fassen, die dazu geführt haben, dieser und jener als wirkend erkannten Macht das Prädikat Gott zu verleihen, also profan ausgedrückt, zu sagen, was in diesem Gotte steckt. Den Glauben suchen wir, der den Gott erschaffen hat; Name und Kult kommen erst nachher. Der Weg der Forschung geht freilich meist umgekehrt, und da wir Kult und Namen immer erst aus einer Zeit erfahren, da die Hellenen schon in Hellas sind, oft sogar spätere Zeugnisse benutzen müssen, führt er bestenfalls in althellenische Zeit. Aber zum Glauben müssen wir vordringen, erst dann verstehen wir den Gott.

Die Erfahrungen seines Lebens führen den Menschen zum Glauben an seine Götter. Daher müssen wir uns ein Bild von dem Leben machen, das die Urhellenen in den Tälern der mittleren Balkanhalbinsel geführt haben; so weit reichte deren eigene Erinnerung zurück. Wir handeln ja ebenso, wenn wir ihre gesellschaftlichen und staatlichen Urzustände untersuchen, aus denen die Lebensformen der geschichtlichen Zeit erwachsen sind, sehr stark durch die Religion bestimmt[1].

Die Natur, in der die Urhellenen gelebt haben, war von der hellenischen recht verschieden, die uns am Parnassos, in Attika, im Peloponnes auch ihre Götter nahebringt, an der Küste Asiens und auf den Inseln die homerischen Naturbilder verstehen lehrt, deren Unterschiede von dem europäischen Hellas leicht übersehen

[1] Daher beginnt meine Darstellung von Staat und Gesellschaft mit einer ähnlichen Schilderung, mit der ich mich hier notwendigerweise berühre.

werden und doch nicht gering sind. Den Urhellenen fehlte das Meer, und was wäre Homer ohne das Meer, wäre Chalkis, Athen, Korinth. Daher ist in dem Gebirgslande Arkadien so viel Urtümliches. In den Tälern Obermakedoniens haben ihnen manche Bäume und Pflanzen gefehlt, die wir uns kaum fortdenken können. Hart waren die Winter, glühend heiß die Sommer. Wald dehnte sich weit aus und barg noch den wilden Bison, Bär und Wolf und Wildschwein, sogar der Löwe hat nach ausdrücklichen Angaben nicht gefehlt. So scheint uns manches ungriechisch. Aber eins zeigte die Natur, das auch wir nur mit dem griechischen Namen nennen können und kennen müssen, um ganz hellenisch zu fühlen, den *αἰθήρ*, in dem Zeus, schon der von Dodona, wohnt, der aber zugleich *κελαινεφής* ist. Aufgeschaut muß man haben, wenn droben alles von flirrendem Lichte erfüllt ist, wenn, wie Lord Byron einmal sagt, nur Gott allein zu sehen ist im Himmel. Das ist ein anderes Element als die Luft, die Atmosphäre, über die wir im Norden nicht hinausschauen und uns mit blauem Himmel begnügen müssen. Daher bleibt es unzureichend, wenn wir *αἰθήρ* nur mit Luft oder Himmel wiedergeben können; manchmal ist er der Etymologie nach „Feuer". *ὦ δῖος αἰθήρ* beginnt Prometheus seine Klage (88), göttlich ist der Äther gewiß, aber kein Gott, sondern wird von der Naturphilosophie, die von persönlichen Göttern absieht, zu einem Urstoff gemacht, der dann freilich im Gegensatze zu der schweren Erde auch das Geistige sein kann. Wer den Äther recht angeschaut und den Wortgebrauch verfolgt hat, der sieht auch, wie sinnlos alles Gerede von einem Lichtgotte ist: der müßte ja *Αἰθήρ* heißen; wer nichts tut und zu den Menschen nicht kommt, der kann überhaupt kein Gott sein[1].

Die Urhellenen leben von Ackerbau und noch mehr von Viehzucht: Rindviehzucht ist sehr viel stärker als später. Raubzüge treten hinzu. Sie leben in zahlreiche kleine Stämme gespalten; der Stamm ist die politische Einheit. Siedelung in Einzelhöfen, zu Dörfern zusammengeschlossen, die unbefestigt sind, *κωμηδόν*. *πόλις* ist eine Burg, in der sich ein Stammeshaupt mit den Seinen gesichert hat; Fluchtburgen wie bei Italikern und Germanen scheint es nicht gegeben zu haben[2]. Wenn der weitere Mauerring von

[1] Hesiod Theog. 124 stammt er von der Nacht ebenso wie der Tag. An eine Person hat der Dichter nicht gedacht.

[2] Die Stadt Mantineia war ebenso wie Tegea spät durch den Zusammenschluß mehrerer Dörfer in der Ebene gegründet. Nördlich von

Tiryns als eine solche bezeichnet worden ist und auch die Kadmeia so aufgefaßt werden kann, so sind das Erweiterungen einer bereits bestehenden Herrenburg. Aber eine Einfriedigung, ἕρκος, hat jeder Hof. In ihm herrscht der Hausvater mit voller Gewalt über seine Familie und die freien Knechte; Sklaven sind erbeutete Feinde; heimatlos gewordene Standesgenossen aus anderen Stämmen, die sich in die Hand des Herren gegeben haben, treten als θεράποντες dazu. Es werden Hörige, oft einer unterworfenen Bevölkerung, dazutreten, die ihre besonderen Höfe bewirtschaften, und so mögen auch freie Stammesgenossen unter einem mächtigen Herrn stehen, die in ihrem Hofe wieder Hausherren sind. Die Summe der Freien bildet den Stamm, gesondert in Familien, aber alle halten sich für blutsverwandt, auch wenn sie keine Ahnenreihe aufweisen können. Aus den freien Standesgenossen erhebt sich der Adel, die ἥρωες, der auf Götterblut beruht, und meist wird ein König an der Spitze des Stammes stehen, primus inter pares, dies auch dann, wenn ein Vorrecht des Blutes die Würde einem Geschlechte dauernd sichert. Der König und die Gemeinde, d.h. der Heerbann, sind durch gegenseitige Eide gebunden. Er ist durch die Familienhäupter, die sich selbst Könige oder Fürsten nennen, beschränkt; mancher Stamm wird auch einen von diesen durch Wahl zum Könige machen, oder sie regieren ohne einen solchen Führer, bis Krieg seine Wahl nötig macht; denn die treffendste Benennung des griechischen Königs ist Herzog. Zu kriegerischen Unternehmungen schließen sich auch mehrere Stämme zusammen, wo dann einer der Könige die Führung übernimmt.

Auch wenn die Etymologie versagt, muß Ϝάναξ doch ein hellenisches altes Wort aus der Sprache der ersten Schicht sein. Ζεῦ ἄνα Δωδωναῖε, die Ἄνακες gerade in Argos und Athen, die Anakten, d.h. Fürsten und Fürstenkinder auf Kypros sprechen dafür. Die Dorer und Thessaler scheinen dieses Wort ebensowenig wie das

ihr liegt eine πτόλις. Die war für eine Fluchtburg zu klein, also einmal die Festung eines Herrn, der wohl über die Dörfer geboten haben wird. Aber die Erinnerung an diesen Zustand hat sich nicht erhalten. Die spätere Bezeichnung πόλις darf darüber nicht täuschen, daß Arkadien, Messenien, Elis, eigentlich auch Lakonien außer Sparta bis ins fünfte Jahrhundert κωμηδόν bewohnt war, was einzelne πόλεις im alten Sinne nicht ausschließt, und Sparta war unbefestigt, also in diesem Sinne gar keine πόλις, wohl aber als Sitz der Regierung, und war Wohnort des Herrenstandes.

Fremdwort *βασιλεύς* besessen zu haben, das die erste Schicht der Einwanderer von Fremden entlehnt und der zweiten mitgeteilt hat. Auf Götter wird es nicht häufig und erst spät angewandt[1]. Irgendwelche priesterliche oder gar göttliche Weihe liegt auf dem Stammkönige nicht, wenn er auch die Opfer für den Stamm bringt und die Verträge formell schließt, die mit dem Eidopfer verbunden sind. Sehr möglich, daß die später so genannten „väterlichen" Opfer, für die ein nomineller König bestellt ward, ursprünglich die Familienopfer des königlichen Geschlechtes waren; doch hat sich der Stamm zumeist unter den Schutz eines der großen Götter gestellt. Es ist von größter Wichtigkeit, daß die merkwürdigen Arten des Königtumes, welche Frazer im Anschluß an den rex nemorensis verfolgt hat, den Hellenen fremd sind. Der Stamm hat seine Götter, denen er gemeinsame Feste feiert, daher bestellt er Priester, die kein geschlossener Stand, sondern Beamte des Stammes sind. In seinem Hofe ist jeder Herr König, und der tägliche Gottesdienst des Hofes ist wichtiger als der des Stammes; da können auch Götter verehrt werden, die anderswoher gekommen sind, selbst mit ihren Priestern; allmählich finden sie Aufnahme unter die Götter des Stammes, deren Zahl so zunimmt. Die männliche Jugend wird oft von dem Stamme zusammengezogen, damit sie im Waffenhandwerk ausgebildet wird[2], steht dann auch für

[1] Im Kultus findet sich *Ζεὺς βασιλεύς* einzeln bei Ioniern, in Erythrai Syll. 1014, 110, Paros IG. XII 5, 134, 234. Der später berühmte *Z. βασιλεύς* von Lebadeia mit einer Hera *βασιλεία* ist jung. Wichtig *Ποσειδῶν βασιλεύς* in dem ursprünglichen ionischen Troizen, Pausanias II 30, 6. Auch in der Poesie ist *Ζεὺς βασιλεύς* selten; bei Aischylos Agam. 355 steht es mit starker Betonung.

[2] In Sparta und Kreta hat sich dabei die Knabenliebe zu einer festen Institution ausgebildet; auch bei den Eleern war sie anerkannt. Das hatte sich in diesen zuletzt zugewanderten Stämmen aus der Wanderzeit erhalten, in der sie von wenigen freien Frauen begleitet waren; die germanische Völkerwanderung bietet Parallelen (Ammian 31, 9 über die Taifalen). Den früher in Hellas seßhaft gewordenen Stämmen fehlte sie ebenso wie den Epiroten und Makedonen, auch den Thrakern, fehlt auch dem homerischen Epos. Aber dann hat man die Stellung des Ganymedes so ausgedeutet, und Apollon liebt Knaben, weil Sparta für die panhellenische adlige Gesellschaft den Ton angibt, und auf die asiatischen Griechen wirken orientalische Sitten ein. Die Griechen haben bei Etruskern und Kelten ausgedehnte Knabenliebe beobachtet, während sie allen Italikern fremd blieb. Dieser Unterschied verdient größere Beachtung, als er zu finden pflegt.

kultische Tänze zur Verfügung. Stände sondern sich in der Bürgerschaft, Götter werden sich entsprechend sondern: Krieger, Bauer und Hirt bedürfen sehr verschiedenen Schutzes. Auch der Seher und Dichter und Handwerker, fahrende Leute, die es schon in der Urzeit gegeben hat, werden ihre göttlichen Patrone haben. Ganz besonders aber die Weiblichkeit. Die Frau ist zwar kein Rechtssubjekt, sie hat ihren Wert wie anderes Gut und bringt dem Vater durch den Brautkauf beträchtlichen Gewinn. *Ἀλφεσίβοια* sagt es gut[1]. Die lakonische Sitte hat in sehr rohen Formen Reste eines Zustandes bewahrt, in dem es noch keine rechte Ehe gab; in den wandernden Heerhaufen waren Frauen spärlich, Raubehe, Polyandrie, Knabenliebe waren die Folge. Das dürfen wir auf die seßhaften Stämme nicht übertragen, sondern mit der Ehefrau als Herrin des Hauses und Mutter der ehelichen Kinder rechnen, so viele Bastarde auch neben diesen aufwachsen und persönlich kaum eine Zurücksetzung erfahren. Die Frauen bedürfen für ihr Geschlechtsleben eines besonderen göttlichen Beistandes, daher hat es immer besondere Frauengötter, *γυναικεῖαι*, gegeben, deren Kult sich nicht bloß im Hause hielt, sondern sein eigenes Heiligtum bekam, das den Männern unzugänglich von den Frauen des Stammes verwaltet ward. Auch andere weibliche Gottheiten erhielten Priesterinnen, und Jungfrauenchöre haben gerade in den Staaten nicht gefehlt, die an den alten Sitten festhielten, was zum Auftreten von Dichterinnen führte, die es zwar zu keinem Stande gebracht haben, wie es die fahrenden Sänger waren, und uns daher erst aus später Zeit bekannt sind, aber deshalb nicht für einflußlos, zunächst im Kultus der weiblichen Gottheiten, gehalten werden dürfen. Wenn diese aber zu allgemeiner Verehrung gelangt sind, wie es der Erde in ihren verschiedenen Gestalten beschieden war, so wird die Vertiefung des religiösen Gefühles weiblichen Seelen verdankt.

Die kleinen nebeneinander wohnenden Stämme werden zwar in ihrem Wesen gleiche Götter verehren, weil sie dieselbe Sprache

[1] Töchter waren in der alten Zeit wertvoll; das ändert sich, als sie eine Mitgift bekommen müssen, daher die Aussetzung weiblicher Kinder in sehr großem Umfange geübt ist, wenn wir es auch erst in späteren Zeiten kontrollieren können, wo die verschiedenen wirtschaftlichen Verhältnisse und die moralischen Bindungen weitere Unterschiede hervorrufen. Aber Kinderaussetzung ist niemals als Sünde oder Verbrechen behandelt oder betrachtet.

reden und ziemlich auf gleichem Kulturstande unter gleichen Lebensbedingungen leben. Aber Unterschiede gibt es auch da, je nach der Lage des Dorfes in einem abgeschiedenen Waldtale oder an einem Flusse. Vor allem aber verehrt jedes Dorf seine Götter an einem Platze, der zu seiner Feldmark gehört oder doch in seinem Gesichtskreise liegt, etwa auf einem hohen Berge, der für die Bewohner eine Wetterwarte ist. Denn nur ganz wenige Gottheiten sind bereits zu so festen Gestalten geworden, daß sie allgemein mit demselben Namen gerufen werden, der dann unmittelbar verständlich sein muß wie Ge und Hestia oder einmal verständlich war und nun allgemein gilt wie Poseidon und Hermes. Aber vielfach genügte es den Bewohnern eines Dorfes, wenn sie den Gott nach dem Orte nannten, wo er für sie wohnte oder sich zeigte, wie wir das besonders bei den später unter dem Namen Artemis zusammengefaßten Göttinnen finden werden. Wenn er sich dann verbreitete, konnte er diesen Namen behalten, selbst oder in der Bezeichnung seines Festes (*'Ιτωνία 'Ιτώνια, Λαφρία Λάφρια, 'Ελευσίνια, 'Ολύμπια* usw.). Es ist das ein sehr bezeichnender Unterschied von der italischen Sitte, wo recht viele Einzelgötter ihren Namen von dem Geschlechte erhalten haben, in dessen Händen zuerst der Kultus lag, was bei den Hellenen unerhört ist[1]. In der epischen Formelsprache ist daher manche Ortsbezeichnung beibehalten worden, die den Dichtern und Hörern gar nichts mehr bedeutete, wie *'Ιχναίη Θέμις, 'Αλαλκομενηὶς 'Αθήνη* oder eine an sich ganz unberechtigte Verbreitung erhielt wie *Κυλλήνιος 'Ερμῆς*. So wuchs die Zahl nur scheinbar verschiedener Götter, oder sie differenzierten sich im Kultus, im Namen und auch in ihrem Wesen.

Ebenso waren die Feste, selbst wenn sie denselben Göttern galten, bei den Stämmen und selbst in Nachbardörfern verschieden, schon weil sich die Stämme verschiedene hohe Götter zu ihren besonderen Beschützern gewählt hatten. Aber auch Feste, die denselben natürlichen Anlaß hatten, fielen nicht auf denselben Tag; schon die Schwankung in der Bestimmung der Mondphasen, nach denen gerechnet ward, führte dazu[2]. Ein jährliches Sühnfest wird

[1] W. F. Otto, Römische Sondergötter, Rhein. Mus. 64, 449, ein höchst förderlicher Aufsatz.

[2] Es fällt auf, daß Erntefest und Weinlese, an die wir zuerst zu denken geneigt sind, den Griechen ziemlich fremd sind. Die Thalysia reichen nicht weit, und bei Theokrit feiert sie der einzelne Hof. Dafür ist das Fest der ersten reifen Ähren (*Θαργήλια*) und des Anstichs des neuen rei-

kaum irgendwo gefehlt haben, konnte aber ganz verschieden angesetzt werden. Wohl möglich, daß die benachbarten Dörfer es gern sahen, wenn sich Gelegenheit fand, hier und da das inhaltlich gleiche Fest besuchen zu können, wie es heute mit der Kirmes in manchen Gegenden geschieht. Dieser Verkehr, für den Gottesfriede herrschte, hat das Gefühl der nationalen Zusammengehörigkeit gestärkt, die Zahl der göttlichen Personen vermehrt

Götter sind überall, sie gehören, modern geredet, ebenso wie der Mensch zu der Natur, in der sie alle leben, zusammengehörig, gleichen Ursprunges mit den Menschen; *ὁμόθεν γεγάασιν*, wie Hesiod sagt. Wenn die Frage schon aufgeworfen würde, woher sie beide kommen, könnte die Antwort nur lauten, von der Erde, und so stellt es auch Hesiod dar. Auf Erden wirken ja die Götter alle, die den Menschen etwas angehen. Sie kommen zu dem Opfer, zur Tischgemeinschaft mit den Opfernden, sie gesellen sich auch den Töchtern der Menschen und zeugen ihnen Kinder. Wohl ist es ein großer Unterschied, daß sie den Tod nicht schmecken, aber Schmerzen und Wunden können sie auch erleiden. Dann haben sie einen Leib, aber daß er ein Menschenleib sei, ist damit nicht gegeben, daß wir sagen müssen, die Götter sind in ihrer Seele ganz menschlich. So wie sie den Augen der Menschen sichtbar werden, haben die Götter alle möglichen Gestalten, aber diese wechseln auch, und daher kann die Erfahrung zunächst nur sagen, wie gestaltet sie zu erscheinen pflegen, verschieden je nach ihrem Willen; ihre eigentliche Gestalt ist durch ihre Erscheinung, die Epiphanie, nicht bestimmt, selbst dann nicht, wenn man sie nur in einer Gestalt wahrnimmt.

Es ist der große Vorzug vor Orientalen und Ägyptern, daß die Hellenen ihre Götter in schöner, von den Entstellungen des Alters unberührter Menschengestalt denken; aber das hat sie erst Homer gelehrt. Halbtierische Bildung hat sich außer an Ungetümen, die für die Religion nicht in Betracht kommen, nur bei niederen göttlichen Wesen erhalten, die auf der Erde oder im Meere wohnen

fen Weines (*Πιθοίγια*) gefeiert; aber gerade die Thargelien sind nicht hellenischen Ursprungs. Der Name *Θαλύσια* ist natürlich von Theokrit gelehrt aus *I* 534 entlehnt; weder hieß das koische Fest so, noch ist bei Homer ein Erntefest bezeichnet; aber ein den Ioniern einmal vertrauter Festname war es, da ein Mensch, weil er an ihm geboren war, *Θαλύσιος* heißen konnte, *Δ* 458, wie *Ἑόρτιος, Ἑρτίων, Νουμήνιος* u. dgl.

bleiben, als die Götter, wieder durch Homer, in den Himmel rücken. Die Beflügelung ist aus dem Orient in der bildenden Kunst, also erst spät, eingedrungen, zuerst auch für große Götter, später auf bestimmte niederer Ordnung beschränkt, für die sie passend schien, wie z.B. für die Winde, dann auf neue Götter gern übertragen, und so weit sie da in der Poesie und den bildenden Künsten reicht, oft das Merkmal, an dem man im Gemälde den Gott als solchen erkennt; aber mehr als Mythologie ist das nicht gewesen. Es ist unbestreitbar, daß die minoischen Kreter die Menschengestalt der Götter und die Mischgestalt niederer göttlicher Wesen vor den Hellenen erreicht hatten, aber da die Mischgestalten verschieden sind und ein Zusammenhang nicht nachweisbar ist, kann es wohl nicht mehr als parallele Entwicklung sein, allenfalls im allgemeinen Vorbild. Aus den homerischen Gedichten würde man nicht entnehmen, daß die Hellenen sich die Epiphanie ihrer Götter vorwiegend tiergestaltig gedacht hätten. Die Hera *βοῶπις*, die Athena *γλαυκῶπις* zwingen an sich keineswegs auf eine Erscheinung als Kuh oder Eule zu schließen, ja es ist dem Dichter nicht von fern bewußt, daß so etwas in den ererbten Beinamen liegen könnte[1]. Wenn wir das für wahrscheinlich halten, so geschieht es wegen der Tiergestalt, die wir im Mutterlande noch häufig finden, bei Homer nur noch einzeln; ich muß die Belege wiederholen. In der Ilias nehmen die Götter meist die Gestalt von Menschen an, wenn sie direkt mit Menschen verkehren wollen[2]; aber Apollon und Athena sitzen auch als Geier auf einem Baume, *H* 59. In einer späten Einlage der Odyssee, *χ* 239, schwingt sich Athena als Schwalbe auf einen Dachbalken des Saales: da nisten eben die Schwalben gern. Daher konnte der Mensch glauben, daß in einer Schwalbe, die er in einem entscheidenden Augenblick oben sah, der Gott des Hauses zuschaute. Besonders bezeichnend ist die Erscheinung der Leukothea im *ε*: sie setzt sich in ihrer eigenen Gestalt auf das Floß, spricht zu Odysseus und gibt ihm

[1] Für Hera als Kuh haben wir gar keinen Anhalt, denn sie ist nicht Io, und wenn sich ein schönes Kuhhaupt von Silber in Mykene gefunden hat, so geht es nur die Hera an, wenn das vorausgesetzt wird, was bewiesen werden soll.

[2] Wenn der Gott nicht erkannt werden will, ist er für den Angeredeten der Mensch. Der Dichter weiß es besser, und ihm glauben seine Hörer. Moderner Rationalismus traut ihnen freilich zu, sie hätten es für Dichtertrug gehalten, daß ein Gott auftrat.

ihren Schleier; aber dann verschwindet sie αἰϑυίῃ εἰκυῖα in den Wogen. Odysseus hat sie nicht erkannt; nur mußte es ein Gott sein. Wir durchschauen, daß der Schiffer einmal in dem Erscheinen der weißen Möwe die Nähe der weißen Göttin erblickte. Im ganzen hat das ionische Epos hier wie in so vielem sich über den Glauben der Väter erhoben, der im Mutterlande noch lange galt und auch in der Masse des ionischen Volkes fortbestanden haben wird.

Der Delphin begleitet die Schiffe, wie es uns noch heute im Mittelmeere ergötzt. Wenn eine gefährliche Fahrt gelang, war der Begleiter ein Gott gewesen. So schildert es der pythische Hymnus von Apollon[1], und in der Zeit, da der Pythier so viele Kolonisten über die weite See fahren hieß, ward er zum δελφίνιος[2]. Wir dürfen dem Kallimachos glauben, daß die Theräer in einem Raben den Apollon (Karneios) sahen, der ihnen auf ihrem Marsche zu der Quelle Kyra erschien, wo sie sich die neue Stadt und dem Gotte einen Tempel bauten. Ein dem Gotte heiliges Tier war der Rabe nicht und ist es auch nicht geworden[3]. Aphrodite ist weder die Taube, die ihr bei den Semiten heilig ist, noch der Schwan, der sie in bildlichen Darstellungen trägt, nur um die πελαγία kenntlich zu machen. In den reißenden Tieren ihrer Wälder sind den Hellenen Götter nur sehr selten erschienen, niemals in dem Wildschwein, das den Jägern am gefährlichsten war[4]. Der Bär, in dessen Gestalt

[1] Es ist die ärgste Verkehrtheit, darin die Einführung des Delphinios oder wohl gar die des Apollon aus Kreta zu finden. In Delphi heißt der Gott gar nicht δελφίνιος. Was die Herleitung der Priester aus Kreta will, ist erklärt Pindaros 73. Ob zwischen Δελφοί, Βελφοί und δελφίν, βελφίν ein Zusammenhang ist, wage ich nicht zu entscheiden, ebensowenig ob der Berg Δίρφυς dazu gehört, der jetzt Delf heißt.

[2] Es ist durchsichtig, daß der Gott δελφίνιος (in Kreta δελφίδιος) heißt, wo er über das Meer eingezogen ist. So auf Kreta; die Dorer hatten ihn ja ebensowenig gekannt wie die Eteokreter. Besonders deutlich in Milet. Da war der vorgriechische Gott von Didyma übermächtig geblieben, ward allmählich aber hellenisiert. In der Stadt aber wollte man keine Filiale von Didyma haben (während im Hafen der Hellenenstadt Ephesos ein Heiligtum der Ἐφεσία war, Strabon-Artemidor 639), gründete also am Meere ein Delphinion.

[3] Apollon hat den Raben als Boten in der Eöe von Koronis (Fr. 123) Das ist Dichtererfindung, die dann spielend so erweitert wird, daß der Rabe erst als Unglücksbote sein schwarzes Gefieder erhält.

[4] Ganz ungriechisch ist, daß in Prasos eine Sau das göttliche Kind säugt.

den Arkadern Kallisto, also Artemis, einmal erschien, ist Ausnahme geblieben[1]. Den Löwen hat es in den Wäldern des mittleren Balkan zwar noch gegeben, daher bezwingen ihn Herakles und Alkathoos[2], aber seine starke Verwendung in der bildenden Kunst stammt aus dem Orient; doch blieb er dauernd in der Vorstellung das mächtigste und mutigste Tier, nach dem Menschen gerne sich nannten; man stellt ihn als Wächter auf das Grab, und die Löwen auf den Firsten der Gotteshäuser und selbst als Wasserspeier oder als Mund der Brunnen sind erst allmählich bloß ornamental geworden. Aber nur Dionysos, der aus Asien kommt, nimmt die Gestalt eines Löwen an, hat auch den Panther zum Begleiter, den es nur in Asien gibt; die bildende Kunst muß ihn von da übernommen haben und verwendet ihn wie den Löwen auf den Firsten der Giebel, auch in dem Giebel von Korkyra[3]. Der Wolf war in Attika noch so häufig, daß Solon Schußprämien aussetzte. Er war den Hellenen wegen seiner Tücke zuwider[4]. Als Eigenname ist er später nicht selten, aber sein heroischer Träger kommt als Tyrann aus Euboia nach Theben, beherrscht als Pandionsohn den Euboia zugewandten Teil von Attika. Als Wolf soll er an der Türe der Heliaia stehen[5]. In Arkadien ist Lykaon Ahnherr eines Stammes, weil dieser um den Wolfsberg wohnt; aber er ist ein Frevler, und hier hat sich der Glaube an den Werwolf erhalten. Eigennamen wie Lykoorgos, später Lykortas gehören zu diesem Stamme. Auch Lykomedes von Skyros ist ein böser König. Ein Gott in Wolfsgestalt ist daher nicht vorhanden. Merkwürdig nur, daß der Wolf

[1] Nur schlechte Etymologie findet in *Ἀρκείσιος* eine Bärin, die des Laertes Mutter wird. Zugehörig sind natürlich die *ἄρκτοι* als Priesterinnen der Artemis.

[2] Noch Leonidas von Tarent weiß von Löwen in Epirus, Hellenist. Dichtung II 31.

[3] Auch der Schakal fehlt in Europa, also muß *θώς* Lehnwort sein und wird wohl mit dem phrygischen *δάος* zusammenhängen, wenn das auch Wolf bedeuten soll. Lehnwort müßte es auch in dem Phrygisch-Thrakischen sein.

[4] Aischylos Choeph. 421 *λύκος γὰρ ὥστ' ὠμόφρων θυμός*.

[5] Das bezeugt Eratosthenes, Harpokration *δεκάζων* und Zenobius V 2 (unter dem Texte). Aus den Wespen 398–94 folgt nur, daß das Bild ein Zaun aus Strohgeflecht umgab, nichts über die Bildung. 819 soll ein Bild des Heros, der doch in dem Wolfe steckte, herausgebracht werden, da bringt Bdelykleon irgendeine männliche Tonfigur, und Philokleon ist zufrieden.

Wappentier von Argos ist und daher die Argeier als Wölfe bezeichnet werden (Aischylos Hik. 760). Da der Apollon Lykeios ganz besondere Verehrung findet, müssen sie wohl den Wolf einmal als Tier des Gottes betrachtet haben[1], den man später vielmehr als Wolfstöter faßte (Sophokles El. 6), oder man schuf ein anderes Aition (Pausan. II 19, 3). Es war freilich eine falsche Deutung; das Licht bringen die Modernen hinein, was noch falscher ist, und als sicher kann auch der Lykier nicht gelten, den Sophokles im Lykeios gefunden hat, Euripides in *Λύκιος* geradezu ausspricht[2].

Als Fisch erscheint kein Gott außer dem Apollon als Delphin, der schon erwähnt war, so nahe es doch für Meergötter gelegen hätte; nur daß Nemesis sich auch als Fisch der Verfolgung durch Zeus zu entziehen versucht hatte, stand in den Kypria. Auch später sind Metamorphosen in Fische nicht beliebt[3]. Und wenn ein Fisch wie der *πόμπιλος ἱερός* ist und nicht gefangen wird, so ist sein Verhalten gegenüber den Menschen der Grund. Vogelgestalt dagegen müssen die Götter ganz besonders gern getragen haben; wir haben gesehen, wie stark sie bei Homer nachwirkt und wie mehrere Götter bestimmte Vögel zu Begleitern haben. Daraus hat sich die Vogelschau entwickelt, so allgemein geübt, daß *οἰωνός* Vorzeichen bedeutete. Es mag zwar auch später Menschen gegeben haben, welche den Anspruch erhoben, die Bedeutung des Vogelfluges künden zu können, wie es Teiresias in der Sage tut[4], aber im all-

[1] Aischylos Sieben 145 *Λύκει' ἄναξ λύκειος γενοῦ στρατῶι δαίωι.* „Du heißest nach dem Wolfe, zeige dich so gegen den Feind.“ So ließ sich der Name rechtfertigen und wird in den Eigennamen gemeint sein, soweit sie nicht einen bösen Sinn haben sollten. Der Wolf als Tier des Apollon von Argos, Plutarch Pyrrhos 32, als das des Pythiers in der Wundergeschichte bei Phlegon 3, 13. Es lag auch am Parnaß ein Lykoreia, nach dem der Gott *Λυκωρεύς* heißt.

[2] Oed. 203 *Λύκει' ἄναξ*, dem Artemis in *Λύκια ὄρη* entspricht. Eur. Telephos 700 *ὦ Φοῖβ' Ἄπολλον Λύκιε*; mehr gehört dem Tragiker nicht, sondern dem Aristophanes, wie die Auflösungen zeigen, wenn auch der Scholiast sagt, *ὁ στίχος ἐκ Τηλέφου.*

[3] Die lustige ovidische Fabel von der Entstehung der Frösche darf natürlich nicht für einen lykischen Glauben gehalten werden, wenn es nicht Glaube sein soll, daß die Unke mit ihrem Rufe darüber klagt, daß sie als alte Jungfer in den Teich gekommen ist.

[4] Obgleich er blind ist, hat er auf der Burg von Theben ein *οἰωνοσκοπεῖον*, Pausan. IX 16, 1, Euripides Bakch. 347. *K* 274 mit den Scholien, vgl. zu Eurip. Herakles 596.

gemeinen wußte jeder sich zu deuten, was er wahrnahm. Daher hat der Staat sich nie wie Rom um Auspicia gekümmert. Es scheint zwei Methoden gegeben zu haben. In Ephesos waren die Regeln an einem öffentlichen Gebäude angeschrieben (708 Schwyzer, sechstes Jahrhundert). Aber das ist ungewöhnlich, wohl schwerlich griechisch. Es kam vielmehr darauf an, welcher Vogel erschien oder seine Stimme erhob, was jene überraschende Vertrautheit mit den einzelnen Vögeln und ihren Lebensgewohnheiten voraussetzt, die wir bei Aristophanes finden. Das reicht bis in das Epos zurück. Bei Aischylos hat Prometheus auch diese Kunst gelehrt (489). Es gab ein hesiodisches Gedicht darüber, Anhang der Erga, das infolge der Athetese durch Apollonios Rhodios zugrunde ging. Dann ist, schwerlich noch im vierten Jahrhundert[1], im delphischen Kreise ein Gedicht einer Boio oder eines Boios entstanden, das in den einzelnen Vögeln verwandelte Menschen fand, ziemlich töricht[2], aber die Metamorphosen haben doch Beifall gefunden, und Moderne haben ihr geringes Gefühl für den echten hellenischen Glauben dadurch bekundet, daß sie diese leeren Spielereien ernst nahmen und wohl gar bewunderten. Man spielte ja so, weil der Glaube an die Vogelschau erstorben war. Bewundern mögen wir nur die alten Märchen, welche die Wirkung einzelner Vogelstimmen auf eine empfängliche Phantasie erzeugt hat, die Verwandlung der Alkyone in den Eisvogel schon bei Homer, Prokne und Philomele, Nachtigall und Schwalbe, bei Hesiodos und was sonst von Aedon erzählt worden ist[3]. Der Art mag es noch einzelnes gegeben haben[4]. Das ist etwas ganz Natürliches,

[1] Philochoros, Athen. 393e, kennt die Boio, mehr ist der Stelle nicht zu entnehmen; das Gedicht, das hier von Boios sein soll, braucht darum noch nicht so alt zu sein, die Geschichten klingen auch nicht danach. Aber eine Doktrin muß Philochoros gekannt haben. Der Name ist von dem dorischen Dorfe Boion genommen.

[2] Wie töricht ist im Grunde die Verwandlung der megarischen Skylla in eine *κεῖρις*: Skylla heißt ja Hund, und dieser Name paßt für eine Vatermörderin.

[3] Daß der Schlag der Nachtigall damals ganz andere Gefühle weckte als bei uns und schon im späteren Altertum, Reden und Vorträge I 194.

[4] In dem Rufe des Perlhuhnes hat man irgendwo und wann den Namen *Μελέαγρος* gehört, was dazu führte, daß die Vögel um ihn klagen sollten, so Aelian hist. an. IV 42, woraus später die Verwandlung der Schwestern des Meleagros geworden ist. Davon hat Sophokles noch nichts gesagt, sondern nur ihre Klage erwähnt, aber aus der Sage von

ebenso wie daß das Erscheinen der ersten Schwalbe oder des ersten Schwarmes nordwärts streichender Vögel leidenschaftlich begrüßt ward und Kinder ihre Schwalbenlieder sangen. Nicht dem Vogel als solchem, sondern dem kommenden Frühling gilt der Gruß, und der Ruf der Schwäne am Hebros gilt mittelbar dem auch, denn er grüßt Apollon, wenn er von den Hyperboreern zurückkehrt[1]. Wenn Helene oder die Dioskuren, auch die Molioniden aus einem Ei hervorgehen, so mag man erst später nach dem Vogel gefragt haben, der es gelegt hat, und dann ist der Schwan der Leda, die Verwandlung der Nemesis in den Kyprien entstanden. Wenn Pan der Sohn der Penelope ist, so ist sie einmal eine Ente gewesen; schwerlich reicht die Sitte, Frauen Vogelnamen zu geben, hoch genug hinauf. Der Seelenvogel ist durch moderne Übertreibung diskreditiert, aber er hat seine Geltung gehabt, ehe ihn die geflügelten Menschlein, noch später der Schmetterling als körperliche Erscheinung der Seele verdrängten; doch hat sich der Vogel oder Nachtfalter als Seele des eben Verstorbenen im Glauben der Griechen bis heute erhalten[2]. Daneben ist die Schlange, weil sie in der

dem Bernstein, der aus den Tränen der Heliaden entstanden sein sollte (Euripides Hippolytos 738), übertragen, der Bernstein entstünde aus den Tränen der Vögel. Die versetzt er in den äußersten Osten, während die Heliaden in dem Westen gedacht wurden. Von einer Verwandlung der Schwestern Meleagers sagt er nichts: man muß nur Plinius 37, 40 nachlesen. Daß er davon im Meleagros geredet hätte, ist weder bezeugt noch wahrscheinlich, da es nur ein deus ex machina verkünden konnte. Mit einer solchen Methode würde man die Stelle des Hippolytos in den Phaethon verweisen. Perlhühner waren im fünften Jahrhundert noch rar; sie waren auf der Insel Leros im oder bei dem Heiligtume der Iokallis-Parthenos und wurden geschützt (Photios *μελεαγϱίδες*, Aelian V 27, Athenaeus 655 c aus Klytos von Milet). Offenbar hatte jemand der Göttin die seltenen Vögel geschenkt, und sie hatten sich vermehrt, weil sie geschont wurden. So waren die ersten Pfauen zur Hera nach Samos gekommen, Menodotos, Athen. 655 a. Nur darum ist der Pfau mit Hera verbunden, was weitere Fabeln erzeugte; die jüngste ist, daß der Pfau das Wesen der Göttin offenbare, wofür sie sich schwerlich bedanken wird. Hähne im attischen Asklepieion sind bekannt. Nach Photios sind auch einmal Perlhühner auf der Burg gewesen, wenn je, haben sie sich nicht gehalten.

[1] Aristophanes Vög. 769. Reden und Vorträge I 191.

[2] Sehr merkwürdige Belege aus der Gegenwart gibt Th. Boreas in den *Πϱακτικά* der athenischen Akademie, 19. Mai 1927, die ich seiner Güte verdanke.

Erde wohnt, für die Toten, die Ahnengeister, die gegebene Gestalt[1]; aber auch die Erinys kann *δράκαινα* heißen (Aisch. Eum. 128). Die Kunst hat vogelköpfige Mischwesen zahlreich gebildet, um verständlich zu machen, daß sie keine Vögel sind: in der ursprünglichen Vorstellung werden sie zwar nicht Vögel gewesen, aber als Vögel erschienen sein.

Die Fähigkeit der Verwandlung ist bei Thetis und Proteus im späteren Epos ausgeführt, sie wird auch auf große Götter ausgedehnt, in dem früher sog. Typhon hat die Kunst sie in besonderer Weise darzustellen versucht. Der Flußgott hat Stiergestalt[2]; erst die Kunst hat dem Acheloos in Anlehnung an den Orient das Menschenhaupt gegeben. Auch auf Poseidon *ταύρειος* ist die Stiergestalt übertragen, als er auf das Meer beschränkt war[3], und seine Diener heißen *ταῦροι*. Die Mädchen, die der Brauronia dienen, und die Artemispriesterin in Kyrene heißen Bären, und die Mutter des *'Αρκάς* ist Bärin und heißt Kallisto wie Artemis. Dieselbe heißt *'Ελαφία*, und wenn man das als Abkürzung von *'Ελαφηβόλος* betrachten und die Hinde, welche sie begleitet, ebenso auffassen kann, so erscheint sie doch als Hinde zwischen den Aloaden[4], und die Hinde, welche der Artemis gehört und von Herakles verfolgt wird, ist eine Göttin, ursprünglich doch wohl Artemis selbst. Der Widder Karnos ist uns schon begegnet und dabei auch Hermes als Widder. Als Dionysos einzog, erhielt dieser Glaube an die Tiergestalt besondere Stärkung, denn der Gott erschien vorwiegend als Jungstier, aber auch als Böcklein[5], und er verwandelte

[1] Den *ἀγαθὸς δαίμων* der Alexandriner muß man natürlich nicht mit dem hellenischen Glauben vermischen.

[2] *Φ* 237 ist wichtig. Skamandros wirft die Troerleichen auf das Land *μεμυκὼς ἠύτε ταῦρος*. Das ist nicht eine Erinnerung an die Stiergestalt, die Homer nicht kennt, sondern das Brüllen lehrt, woran die Menschen wahrnahmen, daß der brüllende Fluß ein göttlicher Stier war.

[3] Hesych *ταῦρος ταύρεια ταῦροι*, dies aus Amerias, Athen. 425c. *Ταυρεών* ionischer Monat. Wenn die Aspis 104 den *ταύρειος* als Beschützer Thebens einführt, so darf man keinen dortigen Kult erschließen. Der Rhapsode kannte den Beinamen und kannte Poseidon als allgemein böotischen Gott. In Theben hatte er keine besondere Bedeutung.

[4] So in der ältesten Fassung der Sage, Schol. Pind. Pyth. 4, 156a.

[5] Hesych s. v., wo sich zwar leicht *'Ερίφιος* herstellen läßt, aber sachlich wird es kaum einen Unterschied machen.

sich in allerhand Raubtiere[1]. Von der halbtierischen Bildung für Götter, die auf den Olymp nicht gekommen sind, gar nicht zu reden.

Am verbreitetsten und bedeutsamsten ist die Roßgestalt. Es waren die Griechen gewesen, die das Pferd erst in die Balkanhalbinsel brachten. Vorher müssen sie in Gegenden gewohnt haben, die ihnen wilde Pferde in Menge zeigten, von denen einige vor ihre Karren zu spannen ihnen gelang. Vermutlich haben sie damals auch Pferdemilch und Fleisch genossen wie Skythen und Germanen. Aber wir kennen sie nur so, daß dieser Genuß widernatürlich scheint, das Pferd aber der kostbarste Besitz ist, nur den Fürsten erreichbar. Reiten hatten sie noch nicht gelernt, als Zugtier war in den Gebirgen wenig Verwendung für die edlen Pferde. Natürlich aßen auch die Götter kein Pferdefleisch; dagegen erhielten sie als besonders wertvolles Opfer lebende Pferde, die man am liebsten im Flusse, später im Meere versenkte[2]. Der Glaube, daß Götter in Roßgestalt erschienen, ist vor der Einwanderung entstanden, denn nur damals konnten Rosse beobachtet werden, die sich in Freiheit bewegten. So fest aber saß dieser Glaube, daß er sich nicht verlor, sondern Kentauren und Silene immer noch die Wälder bewohnten und die größten Götter diese Gestalt annahmen. Den Italikern scheint dieser Glaube zu fehlen[3], auch wohl

[1] Im homerischen größeren Dionysoshymnus und ebenso noch bei Horaz Carm. II 19, 23 *Rhoetum retorsisti leonis unguibus horribilique mala,* was Unkenntnis beanstandet. Die bildende Kunst kann die Verwandlung nicht anders darstellen, als daß sie dem Gott das Tier als Begleiter gibt.

[2] Homer *Φ* 132 erhält der Skamander solche Roßopfer. Aber der Fluß selbst wird weder bei Homer noch sonst als Roß gedacht wie bei den Germanen. Die Sitte haben die Illyrier geteilt. Festus s. v. Hippius aus gelehrter griechischer Quelle.

[3] Das Opfer des Oktoberrosses an Mars wird man für die Urzeit nicht in Anspruch nehmen. Später haben die Römer den Esel der Vesta geheiligt, weil er die Mühle drehte, was früher das Hausgesinde (also wohl auch eine Haustochter) besorgt hatte, wie im Hause des Odysseus, wo denn der Mühlstein, vorher der Topf, in dem die Körner zerrieben wurden, neben dem Herde stand. In Pompei haben noch viele Häuser eigene Mühlen. Im Athen des Aristophanes bäckt die Frau das Brot nicht mehr, sondern kauft es bei den *ἀρτοπώλιδες*; nur im Hofstaat der Athena dient ein vornehmes athenisches Kind als *ἀλετρίς*, Aristoph. Lysistr. 644, wird aber mit zehn Jahren nicht an die Mühle gestellt sein.

den Etruskern; die keltische Epona, die wir nur als Beschützerin der Pferde kennen, wird zuerst selbst eine göttliche Stute gewesen sein wie die Artio ein Bär. Die Germanen haben sich den Genuß des Roßfleisches ihrer Opfer sehr schwer abgewöhnt, kennen die Flüsse in Roßgestalt, setzen Pferdeköpfe auf die Giebel ihrer Häuser, und nach dem was sich erhalten hat zu schließen, ist ihrem Glauben das Roß noch wichtiger gewesen als den Urgriechen; in den Wäldern Mitteleuropas scheint es auch noch wilde Pferde gegeben zu haben. Der Einfluß Homers, der zwar die Rosse des Achilleus sprechen läßt[1] und den Zephyros, der Stuten bespringt, noch in Roßgestalt gedacht hat, drängt die alte Vorstellung in der Literatur ganz zurück, so daß sie fast als bloße Metapher wirkt[2]. Aber Euripides kann in der weisen Melanippe eine roßgestaltige Hippo sogar auf der Bühne als Maschinengott zeigen, und damals haben die böotischen Frauen noch geglaubt, daß eine so gestaltete Göttin in den Bergwäldern wohnte und ihnen in Krankheiten zu helfen kam. Euripides kann auch noch in der Antiope die thebanischen Dioskuren *λευκὼ πώλω* nennen, wo das Epitheton zwingt zwei Schimmel zu verstehen[3]. Später ist nur das Roß auf den Grab-

[1] Meinen Einfall, daß die sprechenden Pferde einen sprechenden Arion in der alten Thebais nachahmen, hat Malten, Arch. Jahrbuch 29, 203, so stark gestützt, daß man sich darauf verlassen kann.

[2] Das ist *καθιππάζεσθαι* bei Aischylos Eum. 779, gerade von den großen Göttern gegenüber den Erinyen gesagt, deren Pferdegestalt der Dichter auch nicht kennt; es ist keine Veranlassung, etwa bei einem *ἐνάλλεσθαι* gerade an ein Pferd zu denken. Die *χηλή* des Dämons, Aisch. Ag. 1660, gehört freilich dem Pferde, und es war mir eine große Freude, sie vor bald 50 Jahren gegen die herrschende Textkritik und Mythologie in ihr Recht einzusetzen. Aber sie beweist nicht, daß der Dämon, der überhaupt keine bestimmte Persönlichkeit ist, in Pferdegestalt gedacht wird, sondern daß der Dichter, an pferdegestaltige Wesen der Unterwelt gewöhnt, ihm einen Huf gibt, drastischer als Pers. 516 *δαῖμον ὡς ἄγαν βαρὺς ποδοῖν ἐνήλου*. Die sinnliche Phantasie, die einst den Göttern ihre Gestalten gab, ist noch lebendig. Malten, Jahrb. 29, 201 hat viele solche Stellen zusammengestellt.

[3] *πῶλος* (*μόσχος* auch, aber viel seltener) wird von jungen Menschen gesagt, *πῶλοι Δήμητρος, Ἀφροδίτης* können Dienerinnen der Göttinnen heißen. *π. Δήμητρος* 72 Schwyz., noch ganz spät in Patrai, CIG. 1449, Dessau, Inscr. sel. 4042. Artemis *πωλώ* n Thasos wird die *πῶλος* bezeichnen, die viele *πῶλοι* unter sich hat. Polos und Moschos sind auch Menschennamen.

steinen und für den Totenkult bestimmten Gefäßen[1] ein Bild des Toten oder Symbol des Totenreiches; auch Reiter kommen vor[2]. Und der Herr der Erdtiefe, der zuerst auch der Herr der Toten war, Poseidon und dann Hades, wird selbst als Roß gedacht; die Erdmutter muß diese Gestalt annehmen, wenn er mit ihr das Gespensterroß Erion zeugen will.

Als die Vermenschlichung um sich greift, wird aus dem Hengst der *κλυτόπωλος*, aus dem *ἵππος* der *ἵππιος*, der selbst als Roß geboren war (Pausan. VIII 8, 2), oder ein *Ζεύξιππος*; aus *λευκὼ πώλω Διός* die Dioskuren. Hinzurechnen muß man die Verwandlung der Rappstute in die Heroine Melanippe, des Schimmels, der viele Kolonisten geleitete, in den Gründer Leukippos, des Windes *Αἴολος* in den König der Winde und weiter einen Heros. Alkman vergleicht die Agido mit einem siegreichen Rosse *τῶν ὑποπετριδίων ὀνείρων*; da scheinen die Träume wie die Winde in einer Höhle zu wohnen und Roßgestalt zu haben, weil sie so rasch erscheinen und verschwinden[3]. Es läßt sich gar nicht erschöpfen[4].

Wie entsteht nun der Glaube an die Tiergestalt der Götter? Aus dem Wesen der Tiere kann er nicht kommen. Das Roß hat sich nicht in so viele Gestalten differenziert. Wohl steht der primitive Mensch seinen Tieren ganz nahe; das wird auch heute noch zu einem kameradschaftlichen Verhältnis. Selbst die Haustiere sind dem Menschen in manchem überlegen, aber das reicht nicht, sonst müßte der Hund Göttern seine Gestalt geliehen haben und wird doch nur häufig ein Gott oder Mensch Hund genannt, um seine Dienstbarkeit zu bezeichnen, von dem Schimpfwort *κύον ἀδεές* ganz

[1] Mir scheint, daß bei den Vasen mit Pferdekopf die Bestimmung für Totenkult und Grabesgabe anzunehmen ist, auch bei den Tarentiner Unterweltsvasen.

[2] Reiten konnten die Toten erst, als es die Lebenden taten. Beziehung auf Ritterstand kann ich nicht so abweisen, wie es Malten tut, wenn ich bedenke, wie die adlige Mutter des Pheidippides auf dem *ἵππος* bestand, und wie an Namen wie Euxenippos Hipparmodoros Euarchippos (Ephor bei Xenoph. Hell. II 3, 10) das Roß unorganisch einem vollen Namen zugefügt ist.

[3] Auch im *B* der Ilias kommt der Traum auf Befehl des Zeus und tritt an das Bett Agamemnons; da erst nimmt er die Gestalt des Nestor an.

[4] Mit reichster Gelehrsamkeit hat L. Malten im Jahrbuche des Institutes 29 das Roß behandelt, im meisten für mich überzeugend. Ich habe ähnlich einiges ausgeführt Sitz. Berl. 1920 (Melanippe).

zu schweigen[1]. Auch hier ist entscheidend nur die Wahrnehmung. Wenn der Mensch im wilden Walde einem Bären oder einem Bock der Wildziege oder einer Hinde begegnet, so mag das oft genug nur das Wild sein, aber einzeln wird ihm die Erscheinung unheimlich: das war kein Bär, keine Hinde, das war ein Gott. Wer es war, ward nicht aus dem Wesen des Tieres abgeleitet, sondern der Mensch brachte den Glauben an einen benannten Gott schon mit und schaute ihn nun in dieser Gestalt; es stand ja noch im Belieben des Gottes, wie er sich zeigen wollte. Oder aber ein neuer Gott ist in dem Tiere leibhaft erschienen und behält die Gestalt seiner Erscheinung. Leukothea und die Möwe, Athena und die Schwalbe sind oben angeführt. Pan ist der Geißbock geblieben neben der Herde der Satyrn. Ich selbst habe eine Epiphanie von ihm erlebt, als ich in einem Hohlwege Arkadiens ritt und plötzlich über meinem Kopfe in den Ästen eines Baumes ein würdiger Bock erschien und ohne sich zu rühren auf Roß und Reiter unter sich herabsah. Wenn man sich das sagt und bedenkt, daß den Griechen in ihren Sitzen keine wilden Rosse begegneten, so zwingt sich die Erkenntnis auf, daß diese Vorstellungen in den Steppen und Wäldern des Nordens entstanden sind und sich gerade darum nach verschiedenen Seiten aus- und umgebildet haben, weil sinnliche Erfahrungen nicht mehr hinzutraten.

Weil wir auf den Glauben und damit auf die Urzeugung der Götter hinauswollen, müssen wir die Menschen da aufsuchen, wo sie leben und für das Gedeihen dieses Lebens göttlicher Hilfe bedürfen. Draußen ist ihnen alles fremd, das Fremde alles zunächst feindlich. Sie werden sich ein Feld gerodet haben, Fruchtbäume gepflanzt; die gedeihen nur, wenn Segen von unten das Korn keimen, die Ähren zur Reife kommen läßt, und der Segen von oben darf auch nicht fehlen, Regen und Sonnenschein soll kommen, kein Hagel noch sengende Glut. Fluß oder Bach gibt das Trinkwasser; mit Rücksicht hierauf wird der Wohnplatz gewählt sein. Im Bergwalde weidet das Vieh, da drohen reißende Tiere, drängt die friedlose Umwelt gegen den Frieden im Hause. Dieser Gegensatz bedingt die Götter, auf die wir stoßen, noch ehe wir

[1] Die Hunde im Heiligtum des Asklepios zu Epidauros und in einzelnen seiner Filialen zeigen, wie ganz primitive Vorstellungen immer noch durchbrechen konnten, die, wenn wir auf das Ganze sehen, schon Aberglauben heißen müssen.

eintreten. Da steht an der Tür ein Opferstein: auf dem erhält die unheimliche Herrin des Draußen ihr Opfer, damit sie draußen bleibe und auch draußen unsere Wege nicht kreuze. Und ein Pfeiler steht da, in dem für uns der freundliche Gott wohnt, der uns und unser Vieh draußen behüten soll; nur unter seinem Schutze wagen wir uns selbst hinaus. Drinnen im Hause ist der Mittelpunkt, um den sich alle Familienglieder samt dem Gesinde zu den Mahlzeiten sammeln, der Feuerplatz: da wohnt mit uns die Gottheit, die den Hausfrieden schützt. Auch der Fremde, der Schutzflehende ist gesichert, wenn er sich an den Herd setzt. Geopfert wird hier auch anderen Göttern, aber die Göttin im Herde erhält immer das erste und letzte Opfer[1]. Dem Geschlechte des Wortes gemäß ist Hestia[2] eine Göttin, aber die Mythologie kann kaum mehr von ihr erzählen, als daß sie Jungfrau ist, weil sie mit keinem Gotte in Verbindung treten kann: die Familie des Hauses steht auf sich. Ein individuelles Wesen erhält sie damit nicht, schafft ihr auch der Aphroditehymnus nicht, der sie neben die himmlischen Jungfrauen Artemis und Athena stellt. Der Herd ist für die Familie immer vorhanden, daher hat Hestia keine Eltern; wie Hesiod sie in die Göttergenealogie einordnet, spricht das aus, bei ihr und den anderen Töchtern des Kronos. Ein Bild der Göttin neben den Herd zu stellen, der sie ist, würde widersinnig sein; die Benennung der Hestia Giustiniani war schon darum verkehrt. Daß sie z.B. auf der Françoisvase im Zuge der zwölf Götter erscheint, ist keine Ausnahme. Der Maler durfte sie nicht auslassen, und noch Platon motiviert, weshalb sie im Zuge der Götter des

[1] Zenobius IV 44 hat ein ionisches Sprichwort *Ἱστίῃ θύει* (wohl aus Hipponax) *ἐπὶ τῶν μηδενὶ ῥαιδίως μεταδιδόντων*, weil die *παλαιοί* von dem Opfer für sie nichts abgaben. Die Sitte befremdet und war dem Parömiographen nicht mehr bekannt. Vielleicht bedeutete es vielmehr, daß ein Opfer am eigenen Herde nur für das eigene Haus galt. Bei Diogenian IV 68 steht eine andere Wendung, man hätte von dem Opfer nichts mitnehmen dürfen, was für viele Kulte galt. Daher sage man es *ἐπὶ τῶν πολλὰ ἐσθιόντων*, was zu *ἑστιώντων* verdorben und nicht verbessert ist. Diese Erklärung ist ganz verkehrt.

[2] In dem italischen Herakleia lautet auf einer Weihung der Name, wie es scheint *Ἱστιαία ὡς Ἀθηναία*, aber ganz sicher ist es nicht (IG. XIV 646). Der Stadtname *Ἑστιαία* ist korrekt, aber *Ἑστιαιῶτις* kann direkt von *ἑστία* nicht kommen und bleibt problematisch, auch in seiner Bedeutung.

Phaidros nicht mitgeht: da ist sie schon die κοινὴ ἑστία[1] des Weltalls, und der Mittelpunkt einer Kugel bleibt bei ihrer Umdrehung in Ruhe. Das ist das Ende einer notwendigen Entwicklung. Erst ist der Hausherd Mittelpunkt der Familie, dann heiligt der Herd im Hause des Stammkönigs, an dem dieser die Opfer für die Gemeinde darbringt, die Einheit des Stammes, der Gemeindeherd Athens oder in Tenedos (Pindar Nem. 11) steht im Prytaneion; da aßen die Gäste des athenischen Staates und seine höchsten Würdenträger. Als der demokratische Rat gebietet, schafft er sich eine Ἑστία βουλαία, und ähnlich wird es ziemlich überall gewesen sein; auch die Demen und Geschlechter Athens haben ihren Gemeindekult und ihre Hestia gehabt, wie einzelne Zeugnisse belegen[2]. Als Delphi Mittelpunkt der Welt sein wollte, konnte seine Ἑστία Anspruch auf besondere Heiligkeit machen, wie es in dem Hymnus des Aristonoos (Gr. Verskunst 496) geschieht, der für einen Chor bestimmt ist. Schon der freilich zeitlose, aber darum nicht wertlose homerische Hymnus 24 huldigt der delphischen Hestia[3]. Auf Delos und in Kamiros[4] erhält sie Weihungen der höchsten Beamten, aber dort mit Apollon, hier mit Ζεὺς τέλειος (dem Gott der ἐν τέλει). Modernere Götter treten neben sie und stellen sie in den Schatten, führen aber doch noch die Heiligung des Staatsherdes unter ihrem Namen mit. So hält sie sich nur als κοινὴ ἑστία, weil die Menschen der hellenistischen Zeit meist ihrer

[1] Sehr merkwürdig, daß schon Euripides, Fr. 944, als eine Lehre der Weisen vorträgt, die Erde wäre Ἑστία ἡμένη ἐν αἰθέρι, was der Neuplatoniker bei Macrobius I 23, 8 berechtigt ist mit Platon zu vergleichen.

[2] IG. II² 1214 (Peiraieus), 1229 (Krokoniden). Unter den ἄλλοι θεοί ist keine Hestia, natürlich, da sie keinen Tempel, also keinen Schatz hatte. In der Kaiserzeit hat die römische Vesta als Ἑστία Ῥωμαίων einen Priester, IG. III 322, 365. In Einzelfällen kann ihr natürlich ein Altar gesetzt werden, z.B. auf Thera, IG. XII 3, 424; da läßt sich die Veranlassung nicht erschließen. Eine Weihung auf Thasos Ἑστίηι Ἀφροδίτηι Ἑρμῆι, Bull. Corr. Hell. L 244, 23 vereint mit dem alten Paare Hestia Hermes die auf der Insel viel verehrte Göttin, die wohl die Familie zu ihrer besonderen Schutzgöttin gewählt hatte.

[3] Die fünf Verse sind so zusammengestoppelt, daß 1 und 3 aus einem delphischen Hymnus stammen, 4, 5 die Wendung auf das Privathaus nehmen, in dem der Rhapsode vorträgt. V. 3 „In deinen Locken träufelt immer Öl" leitete einmal eine huldigende Personalbeschreibung ein.

[4] Bull. Corr. Hell. 29, 225. IG. XII 1, 701ff. Weihung an Ἱστίη δημίη Paros, XII 5, 238, fünftes Jahrhundert.

Heimat und Familie entfremdet wurden, auch in den Mietshäusern der Großstädte ein privater Herdkult kaum noch angezeigt war, also das Gefühl erlosch. Der Feuerplatz war in dem alten viereckigen (oder gerundeten) Hause der Mittelpunkt gewesen; den Rauch vertrug man und mochte auch drinnen ein Kalb[1] schlachten oder wenigstens braten. Die steigende Zivilisation kam darüber hinweg[2] und rückte den Kultplatz auf den Hof, wo er dann dem großen Gotte geweiht ist, der nun den Schutz wie der Burg, so auch des einzelnen umfriedeten Hofes übernimmt. *Ζεὺς ἑρκεῖος* steht auf dem Hofe des Odysseus und in der Persis auf dem Hofe des Priamos, und wer in Athen Archon werden will, soll einen *Ζεὺς ἑρκεῖος* haben, d.h. einen eigenen Hof, das verlangt mehr als einen eigenen Herd, wie es für einen Bauern paßt; in einem Stadthause gab es nur eine *ἑστία*[3]. Der hübsche homerische Hymnus 29 setzt voraus, daß Hestia in jedem Hause der Götter und Menschen ihren Ehrenplatz hat, bei jedem Mahle zu Anfang und zum Ende eine Spende erhält und mit Hermes nah verbunden ist. Das dürfen wir auch für die Urzeit annehmen. Die hohe Bedeutung einer so primitiven Vergöttlichung eines sinnlich vorhandenen Werkes von Menschenhand, die Erhebung zu einer göttlichen Jungfrau und das Schwinden der Göttin mit der Bedeutung des Herdes ist hier so deutlich, daß man es als vorbildlich betrachten kann. Einmal sprachen sich in ihrer Erhebung zu einer Gottheit die heiligsten Gefühle aus, die den Menschen an das Elternhaus, die Familie, dann an den Stamm und das Vaterland banden. Die delphische Hestia mochte die gemeinsame des Hellenentumes verkörpern. Die Hestia des platonischen Mythos ist der Herd des Universums, weil die Gottheit universal geworden ist. Die braucht keinen Kul-

[1] Kallimachos Hymn. 6, 108 läßt die Mutter des Erysichthon ein Kälbchen für Hestia aufziehen, eine der artigen Erfindungen, durch die der hauptstädtische Poet das primitive Heroentum zu charakterisieren liebt. In Athen zog man für sie ein Ferkel auf, Ar. Wesp. 844.

[2] Sehr wichtig, daß in den hocharchaischen Tempeln, die bei Prinia auf Kreta unmittelbar den minoischen Kult fortsetzen, drinnen eine *ἐσχάρα* ist, also dort auch Brandopfer stattfanden. Der Gott hatte seinen Herd in seinem Hause wie die Menschen. Der Schluß auf einen Kult, wie ihn die Laphria erhielt, erscheint mir allerdings zu rasch.

[3] Bezeichnend ist, daß im Ionischen *ἐπίστιον* Familie bedeutet. Herodot V 72, nicht als Geschlecht, sondern als Hausstand, wo man attisch *οἶκος* sagen würde.

tus mehr, und die Heiligung der einzelnen Herde vergeht mit dem Gefühle, das sie einst zur Göttin gemacht hatte.

Noch ein Wort über Hestia und Vesta. Daß die Namen nichts miteinander zu tun hätten, glaubt man schwer, aber inhaltlich haben die Götter nicht das mindeste miteinander zu tun. Hestia ist der Herd, Vesta das Herdfeuer. Hestia ist in jedem Hause, Vesta ist nur die eine populi Romani; um den Herd sammeln sich die Hausgenossen und ihre Gäste, der Vesta dienen nur die Jungfrauen, die das Feuer unterhalten. Ewiges Feuer hat es auch in sehr vielen griechischen Heiligtümern gegeben, aber ein Gott steckt nirgend darin. Die Heiligung des römischen Hauses besorgen die Penates, später auch die Lares[1], dem griechischen Hause fehlt das uns aus Pompei geläufige Lararium, dem die Heiligenbilder der römischen und der orthodoxen Kirche entsprechen. So gehen Glaube und Sitte der beiden Völker ganz auseinander.

Der homerische Hymnus 29 verband Hestia mit Hermes, das ist sehr richtig und gilt für die ganze alte Zeit, und auch hier haben wir einen Gott, der gleich in seinem Namen selbst sagt, daß etwas, das der Mensch sich macht, Träger der geglaubten Gottheit ist. Man begreift kaum, daß die modernen Mythologen ein Element in ihm suchen konnten. *Ἑρμείας Ἑρμαῖος Ἑρμάν*, wie er in verschiedenen Gegenden heißt, weisen alle auf das *ἕρμα*, das darin steckt und längst von O. Müller erkannt war, und auch unsere häßliche Mißbildung Herme weist auf den Stein, der zuerst als sein Bild an der Hof- oder Haustür stand und den Eingang bewachte. Aber auch draußen erhielt er ein *ἕρμα*, wenn zu seinen Ehren die störenden Steine von den Wegen auf einen Haufen geworfen wurden, sehr erwünscht für den himmlischen wie für die sterblichen Wanderer[2].

[1] Wenn der Chor der Choephoren 800 die *σύμφρονες θεοί* aus dem Hause der Atreiden aufruft, dem Orestes bei der Rache zu helfen, so sind es nicht nur die Ahnengeister, wie ich es zu eng übersetzte, um verständlich zu sein, sondern alle Götter, die mit ihm empfinden, die ganze Tradition an den alten *ὄλβος* des Geschlechtes, die frommer Sinn als göttliche Mächte empfindet ohne sie benennen zu können. Der heimkehrende Herakles des Euripides 609 will eintreten und die *θεοὶ κατὰ στέγας* begrüßen, die Heimat und ihren Frieden, ebenso fromm und ohne daß bestimmte Götter gemeint sind.

[2] Wiedemeyer, Unter der Sonne Irans 285, hat dieselbe Sitte in dem heutigen Iran bemerkt, und ähnliche Beobachtungen sind früher in verschiedenen Weltgegenden gemacht.

Bei allen Stämmen ist sein Kult verbreitet und volkstümlich, nicht die Mythologie der Dichter hat das bewirkt oder gesteigert, wenn einer, ist er ein urhellenischer und ein rein hellenischer Gott. Wenn er später mit fremden Göttern geglichen ward, so geschah ihm immer Unrecht, denn es geschah immer durch die Übertreibung einer Seite seines Wesens.

Von dem Steinhaufen und dem Steinpfeiler müssen wir ausgehen. Wenn jener zu dem Sitze eines Gottes wird, der die Wanderer auf ihren Wegen durch das friedlose Draußen schützt, so schützt der Pfeiler das Haus, vor dem er steht, gegen das Eindringen des Schadenden, und so tut es weiter das Bild des Gottes, wo immer es errichtet wird. Es ist so einfach, daß man nicht begreift, wie auch nur der Gedanke aufkommen konnte, der Glaube hätte seinen Ursprung in dem Totenkult, gleich als ob *τύμβος τε στήλη τε, τὸ γὰρ γέρας ἐστὶ θανόντων* mit einem Gotte etwas zu tun hätte[1] und der *ψυχοπομπός* der ursprüngliche Hermes wäre. Scheinbarer, nicht richtiger, ist es davon auszugehen, daß die Hermen Athens und sicher nicht nur Athens ithyphallisch waren, worüber sich Herodot[2] gewundert hat, und in dem eleischen Kyllene[3] ein Phallos das Kultbild des Gottes war. Man sagt dann, er sorgte für die Fruchtbarkeit der Herden, obgleich dafür jedes Zeugnis fehlt, oder hält den Phallos für apotropäisch, was er in den Zeiten war, die den bösen Blick und ähnliche Schädigung durch das Obszöne ablenken wollen, gleich als ob den Athenern der Anblick eines Phallos anstößig gewesen wäre, bei denen eine ganze Prozession von Phallen an den Dionysien durch die Straßen zog, noch später in Delos der Gott selbst *ὀρθὸς ἐσφυδωμένος*[4] sich durch die

[1] Wenn in Phrygien wirklich Phallen auf Gräbern gestanden haben, so glaube ich weder, daß sie einen Gott, noch daß sie den Toten darstellten, sondern daß sie das Grab eines Mannes bezeichneten. Auch dazu kann ich mich nicht verstehen, in dem Finger auf einem Orestesgrabe, Pausan. VIII 34, Hans Carvels elften Finger zu sehen.

[2] Herodot II 51; er leitet es von seinen Pelasgern ab. 49 leitet er die dionysische Phallagogie aus Ägypten ab, gemäß seiner allgemeinen Theorie. Wenn Melampus das letztere übermittelt haben soll, muß es von diesem Seher *τελεταί* gegeben haben wie von Orpheus, Kultvorschriften in Versen.

[3] Pausan. VI 26, 5. Wenn Spätlinge einfach Kyllene als Kultplatz des Phallos nennen, so denken sie an den Berg, aber sie sind nicht oben gewesen, sondern deuten die literarische Tradition falsch.

[4] Delisches Kultlied, Athen. 622c.

Menge drängte. Noch in hellenistischer Zeit standen ithyphallische Götterbilder oder Hermen vielfach auf dem Lande, Hermesstatuen auch[1], die nun schwerlich mehr ithyphallisch waren, weil er ein vornehmer Gott geworden war, aber dann nannte man die Ithyphallen anders; der lampsakenische Priapos war modern geworden, und mit welcher Strafe er die Obstdiebe bedrohte, ist bekannt genug; das sollen doch die Athener von ihrem Hermes nicht erwartet haben. Anerkennen müssen wir, daß es hellenisch war, die Kraft, nicht bloß Zeugungskraft, sondern überhaupt die Manneskraft auch eines Gottes in einem Phallos darzustellen; wie das erst ganz ernsthaft und natürlich war und die verschiedenste Gestaltung erhielt, wie es später anstößig schien und irgendwie geadelt oder verhüllt werden sollte, andererseits lüstern damit gespielt ward, aber auch der Aberglaube begierig nach dem Obszönen griff und impotente Zeiten sich mit ihm kitzelten, darüber ließe sich ein nützliches Buch schreiben. In der guten alten Zeit finden wir unbenannte phallische Götter und auch benannte, Phales, Orthannes[2], Konisalos und andere, die von der Theologie als *πριαπώδεις* zusammengefaßt wurden. In der Werkstatt von Handwerkern, in der Backstube, am Töpferofen haben ithyphallische kleine, auch wohl fratzenhafte Götterbilder gestanden, die ihre besonderen Namen erhalten konnten. Zur Probe sehe man den obszönen kleinen Kerl auf einem korinthischen Pinax[3] und lese

[1] Hellenist. Dicht. I 87. Im zweiten Bande sind einige zugehörige Epigramme erklärt.

[2] So nannten die Athener den Gott von Imbros (IG. XII 8, 52), der eigentlich den noch karischen Namen Imbrasos führte, ganz so wie ein Fluß auf Samos hieß; aber karisch ist der Gott nicht, sondern gehört zusammen mit denen von Samothrake, die Herodot, II 51, pelasgisch nennt. Die Lyder hatten einen Kandaules, der mit Hermes identifiziert ward; das Wort bedeutete Hundswürger, und da *κύων* darin zu stecken scheint, gehört es dem indogermanischen Einschlag des Lydischen an.

[3] Pernice, Festschrift für Benndorf 75. Neben dem *αἰσχρουργῶν* hat nicht mehr gestanden als wir lesen. *λαι* reicht, *λαὶ κατ' ἀποκοπὴν ἐπὶ τῆς αἰσχρουργίας* Hesych Phot. Oder *λᾶι* Straton Anth. Pal. XII 187. Unbenannte phallische Dämonen z.B. bei Winter, Typenkatalog I 213ff. Wie sie in die Silene übergehen konnten, sieht man gut. Etwas sehr Besonderes ist die Verehrung von phallischen Zwillingen in einem ländlichen Heiligtum bei Chalkis, wo außer einem kleinen Bronzebild dieser Götter viele kleine Rinder von Bronze gefunden sind, auch ein mykenäisches

die homerischen *Κάμινοι*: da erfindet sich der Dichter die ergötzlichen Namen der Poltergeister, die abgewehrt werden sollen[1]. Das tut nicht das Obszöne, sondern der Gott, und seine Kraft kommt in der Steigerung seines männlichen Kraftgefühles derb, wenn man will, roh zum Ausdruck[2]. Wir bewegen uns hier ja in den tieferen Volksschichten, aber Dionysos hat noch das Ithyphallische in sich aufgenommen und den Phales in sein Gefolge gezogen. Einmal nahm man keinen Anstand, auch den Hermes so zu bilden, und unsere Aufgabe ist zu verstehen, daß die Athener die Hermen auf ihren Straßen in der alten Form ertrugen, während die Malerei den Gott in vornehmer Menschengestalt darstellte. Die Ungebühr der Hermokopiden hat die Phallen abgeschlagen, und wenn das auch als Gottesfrevel empfunden ward, wird man sie schwerlich erneuert haben. Unter dem Kopfe des *προπύλαιος*, den Alkamenes verfertigte, kann man sich den Ithyphallos nicht mehr denken; übrigens ist es ein ganz seelenloser Kopf; da ist der Hermes aus dem Perserschutt (Schrader, Antike Plastik, Taf. 18) ein anderer Kerl. Mag die Form den Archäologen interessieren, als Götterbild ist jener Hermes gleichgültig und beweist nur, was sich überall bewährt, daß Alkamenes hübsche Sachen machte, aber zu sagen hatte er nichts[3]. Daher muß jede Zuweisung von bedeutenden Werken an diesen Namen verfehlt sein.

Siegel, aber das andere wohl aus geometrischer Zeit. Der Herausgeber Pappabasiliu nennt die Wesen *Διόσκουροι Κάβειροι*, *Πρακτικά* 1912, 147. Daran ist so viel wahr, daß sie für die Hirten dasselbe sind wie die Zwillingsreiter für die Krieger; benennen können wir sie nicht. Vielleicht hätte ich sie zu den Zwergen stellen sollen. In Olynthos (II 34) sind zwei kleine ithyphallische Hermen gefunden, die eine mit weiblichem Kopfe, etwas für mich Unerhörtes.

[1] Aristophanes (Pollux VII 108) sagt, wohl um einen häßlichen Menschen als unverkäuflich zu bezeichnen, *πλὴν εἴ τις πρίαιτο δεόμενος βασκάνιον ἐπὶ κάμινον ἀνδρὸς χαλκέως*. Er denkt also an den *φθόνος*.

[2] Ursprünglich war auch das fascinum, das die römischen Knaben in der bulla trugen, das Symbol der göttlichen Kraft, die das Kind bis zur Mannbarkeit beschützen sollte. Das war fromme Religion. Die vielen kleinen Bronzephallen der Spätzeit sind Amulette des Aberglaubens, mit der Religion haben sie so wenig zu tun wie die oft eleganten lasziven Darstellungen von Spielen mit dem Phallos, die auch nicht fehlen und eben nur Spiel sind.

[3] Wer anders urteilen will, sehe sich die Prokne an: das soll eine Mutter sein, die ihren Itys töten und dann ewig beklagen wird.

In den Steinhaufen am Wege und den Hermen Athens haben wir den Gott vor uns. Daß er im städtischen Frieden beibehalten war, erklärt sich daraus, daß die Sitte von dem Einzelhofe her auch in der Stadt sich gehalten hatte, in der damals noch manche solche hofartigen Anwesen bestanden[1]. Wenn ein *τρικέφαλος*[2] oder *τετρακέφαλος Ἑρμῆς* an einer Straßenkreuzung stand, so war er Wegweiser, und so hat er auch an den Landstraßen gestanden. Hipparchos durfte ihn, als er solche Hermen aufstellte, sein eigenes *μνῆμα* nennen, weil er Geleitsprüche hinzufügte. Auch an den Landesgrenzen stand er[3], als dem Terminus vergleichbar. Das muß man nur recht innerlich auffassen: die Bilder stehen da, weil der Gott gegenwärtig ist und den Wanderer geleitet und beschützt, jetzt durch friedliches Land, aber einst war es Urwald oder wenigstens fremd und daher voller Gefahren. Um so mehr bedurfte man seiner Hilfe, und so sehen wir ihn bei Homer den Priamos durch die feindlichen Vorposten geleiten und dem Odysseus das *μῶλυ* schenken. Das sind unsere ältesten Zeugnisse, und da suchen ihn die Mythologen im Phallos oder im Winde oder einem indischen Köter. Homer zeigt auch, wie er hilft. Nicht mit Gewalt. Er trägt die Zauberrute, mit der er die gefährlichen Menschen einschläfert, verfügt auch über Zaubermittel. Plötzlich ist er da, plötzlich verschwunden; er weckt auch den Priamos zur rechten Zeit. Das Beschwörungslied der Choephoren schildert sein Walten; es klingt unheimlich, nicht nur weil er zu einem fürchterlichen Werke gerufen wird, sondern weil überhaupt dies plötzliche Erscheinen und Verschwinden unheimlich ist. Es ist hübsch, daß der Grieche sagt, Hermes ist eingetreten, wenn die Unterhaltung einer größeren Gesellschaft stockt, wo wir einen Engel an seine Stelle setzen[4].

Diesen Geleiter der Wanderer[5] bezeichnen Kultbeinamen, *ὅδιος πομπαῖος ἡγήτωρ*, besser noch der altepische *διάκτορος*, den die alten

[1] Eine sicherlich aus älterer sokratischer Quelle genommene Geschichte bei Plutarch gen. Socr. 580e führt eine Schweineherde in den Straßen Athens ein.

[2] Harpokration s. v., als Beiname aufgegriffen von Lykophron 680.

[3] Z.B. zwischen Argolis und Arkadien, Pausan. II 38, 7.

[4] Plutarch garrul. 502f.

[5] In dem kleinen Epos von Herakles (Theokrit 25, 5) verlangt Hermes, daß man eine Frage nach dem richtigen Wege beantworte, was auch die Flüche des Buzyges einschärften.

Grammatiker richtiger als die neuen verstanden haben[1]. Seine Hilfe aber ist immer nur kluge List und daher Zauber, niemals Gewalt[2]. Da zeigt sich, daß er nicht der Beschützer der Ritter ist; wenn wir ihn oft neben Herakles sehen, wo er den göttlichen Beistand bezeichnet, so greift er doch niemals tätig ein. Er war eben vielmehr der Gott der Hirten und der *δημιουργοί*, der Fahrenden, die sich selbst nicht wehren konnten. Er ist eigentlich auch gar nicht auf den Olymp gekommen, weil all sein Wirken auf die Menschenerde gehört; oben erscheint er als Diener, meist um Aufträge zu erhalten, die ihn wieder auf die Erde führen. Dazu braucht er die Flügelschuhe, die schon das *ε* beschreibt, und an den Füßen kann er auch Flügel tragen. An dem Rücken, wie der Iris und vielen Göttern, sind sie ihm nicht gewachsen, offenbar, weil die Flügelschuhe schon anerkannt waren, als die Beflügelung aus dem Orient kam. An den Hut, den der Wanderer immer trägt, oder den Kopf hat sie erst spätere Kunst gesetzt, die sein Fliegen nur noch als eine überwundene alte Vorstellung andeutet. Auf dem Olymp leistet er auch Dienste wie Hebe[3] und bekommt selbst keine Göttin zur Frau; Odysseus verdankt ihm, daß er alle Fertigkeiten eines Bedienten versteht (*ο* 319). Er wird selbst Herold und

[1] Die Umbildung aus *διάκτωρ* hat in den Homerscholien, Pap. Oxyr. 1017 (VIII S. 103) so viele Parallelen erhalten, daß sie gesichert ist. Die *κτέρεα* hereinzuziehen, wie es moderne Etymologie versucht hat, ist wieder einmal ohne jede Einsicht in sein Wesen ersonnen. Der alte Beiname *ἐριούνιος* ist ungedeutet; ich kann nicht finden, daß Bechtels Versuch (Lexil. Hom. 138) glaubhafter wäre als die antiken. Wie die *Φορωνίς* (Et. M. s. v., wohl sicher aus Apollodor) die *κλεπτοσύνη* darin finden konnte, ist nicht ersichtlich. Der Beiname *σῶκος*, *Υ* 72, erscheint im *Λ* als Name eines Troers, läßt sich überall als kontrahiert aus einem Anapäst lesen. Verbindung mit *σώιζειν* paßt in keiner Weise, daher habe ich es als *σόϜακος* gedeutet.

[2] Sehr schön ist das Beiwort *ἀκάκητα*; er tut niemandem etwas zuleide, denn daß er den Argos umbringt, ist aus der Deutung des unverständlichen *'Αργειφόντης* entstanden. Ursprünglich ging das so zu, daß Hera den *πανόπτης* der Io zum Wächter setzt, aber Zeus schickt den Hermes, der hat die Zauberrute, schläfert den Argos ein und stiehlt die Kuh, die Zeus in Io zurückverwandelt. So noch auf dem Münchener Vasenbilde, Wiener Vorlegeblätter 1890, Taf. 12. Bei Hesiod Fr. 188 (nicht aus dem Aigimios) wird ausdrücklich gesagt, daß Argos nicht schlief, weil Hermes zum *'Αργειφόντης* werden soll.

[3] Sappho 135 D, bei einem Hochzeitsmahle, offenbar des Herakles.

sein Zauberstab zum Heroldstab. Da muß er auch eine Botschaft klug und kundig bestellen können: *ἑρμηνεύειν* ist doch von seinem Namen abgeleitet[1]. Das ist die Wurzel, aus der der spätere *λόγιος* und schließlich der *τρισμέγιστος* erwachsen konnte. Aber diese Erhöhung ging mehr den ägyptischen *Θωυθ* an, für Hermes paßte es besser, daß ihm der vierte Monatstag zugewiesen ward, an dem Dienstleute geboren werden sollten. Er erfüllt nur einen Auftrag des Zeus, wenn er den kleinen Dionysos zu den Nymphen bringt, auch auf den Münzen von Pheneos den kleinen Arkas trägt, *κουροτρόφος* ist er durchaus nicht. Im Plutos läßt ihn Aristophanes seine Dienerstellung bitter beklagen. Große Feste sind einem solchen Gotte nicht gefeiert[2], wenn er auch in vielen Kalendern einem Monat den Namen gegeben hat und in allen Gegenden viele Menschen nach ihm heißen, seit es theophore Namen gibt, auch heroische Nachkommenschaft ihm nicht fehlt, allerdings nicht eben sehr berühmte[3]. Vornehmster Stadtgott ist er nur in Tanagra geworden, offenbar dadurch, daß er sich in einem Kriege als *πρόμαχος* bewährte und diesen Namen behielt[4]. Natürlich sollte er da auch geboren sein. Verehrung findet er dafür anderswo. Er steht vor jedem Hofe und draußen an manchen Wegen, und die Hirten, die mit ihrem Vieh im wilden Walde den Sommer über wohnen müssen, stellen auch dieses unter den Schutz des *νόμιος*. Um die Fruchtbarkeit der Schafe handelt es sich nicht, sondern um das Hüten,

[1] Sehr seltsam ist, daß in ionischen Namen die Elemente vertauscht sind, so daß der Göttername an die zweite Stelle rückt, *Πύθερμος Χρύσερμος*. *Διονύσερμος*, Latyschew, Inscr. Ponti 226, ist die Herme mit Dionysoskopf, umgekehrt wie in *Ἑρμαφρόδιτος*. Dasselbe geschieht mit dem von Letronne entdeckten Gottesnamen *Μάνδρος*, *Ἀναξίμανδρος* u. dgl. Das dorische *μάνδρα* hat in Ionien nichts zu suchen.

[2] Die *Ἑρμαῖα* der Gymnasien gehören in spätere Zeiten.

[3] Z.B. nennt Pindar Pyth. 4, 178 zwei Söhne unter den Argonauten, von denen man nachher gar nichts weiß. Vornehm, wenn auch nicht mehr aus der Heroenzeit, ist der Ahn des eleusinischen Geschlechtes der Kerykes. Zur Mutter hat dieser Keryx eine Kekropstochter erst erhalten können, als Eleusis athenisch war; der Vater Eumolpos, Pausanias I 38, 3, ist offenbar ursprünglicher.

[4] Pausanias IX 22 gibt die Geschichte mit modernen Farben; einen älteren Zug bewahrt Schol. Lykophron 680, wo auch die Eretrier als die besiegten Feinde genannt werden. Ihnen oder vielmehr den Graern hatten die Böoter das Gebiet abgenommen, auf dem sie Tanagra erbauten.

daß sich die Schafe nicht verlaufen oder sonst fortkommen. Wenn man moderne norwegische und isländische Geschichten liest, die das Leben anschaulich schildern, so trifft man diese Sorgen, für die den Bauern ein Hermes gewiß sehr erwünscht sein würde. Uns wird es nun auch nicht mehr befremden, daß die arakadischen Hirten sich den Gott, der ihre Schafe behütete, selbst in Widdergestalt dachten, in der des zahmen Tieres; der göttliche Geißbock Pan war von ganz anderer Gemütsart. Bezeugt ist der Hermes *κριός* zwar nicht direkt, aber namentlich nach Eitrems Darlegungen[1] ist es unzweifelhaft, und eine Bronze von Methydrion[2] zeigt zu Widdern verkleidete Tänzer, die wohl dämonische Gefährten des Gottes sind, zu ihm gehörig wie die Böcke *σάτυροι* zu Pan, ehe Dionysos diese zu sich herüberzog. Die archaische Kunst zeigt den Gott selten auf[3] oder neben dem Widder, öfter trägt er ihn unter dem Arme, auch wohl auf den Schultern, so wie ihn die ältesten Christen für ihren guten Hirten übernommen haben. Gedacht ist hier weder an ältere Widdergestalt des Gottes noch daran, daß er sein Opfertier trüge, denn das gebührt nur dem, der es opfern wird, wie dem Kalbträger auf der Burg. Sieht man eine schöne alte arkadische Bronze, wie sie Perdrizet abbildet[4], so hat man den Eindruck, daß der Gott wirklich der gute Hirte ist, der das verlaufene Schaf gerettet hat. Die Christen haben richtig gedeutet, und im Sinne der Hirten wird es auch gewesen sein. Es ist wichtig, daß sich hier wieder Übereinstimmung zwischen Griechen und Thrakern zeigt. Auf den schönen Münzen von Ainos steht vorn der Hermeskopf, hinten allerdings nicht der Widder, sondern der Geißbock. Und auf Imbros und Samothrake hat dieser thrakische Hermes einen ansehnlichen Kult und hat noch zu Ehren Hadrians eine Epiphanie erlebt.

Zu der Schafzucht gehört auf dem Balkan noch heute auch der Hammeldiebstahl, kommt auch im Norden vor, und auch die Hammeldiebe hielten sich an Hermes, der sich ja auf das *κλέπτειν* im guten Sinne so trefflich verstand, und *κλέπτειν* umfaßte nun einmal vielerlei. Daß die Kaufleute dem Gotte dankten, der ihnen Gewinn gönnte, ohne viel danach zu fragen, wie er gewonnen war,

[1] Verhandlungen der norwegischen Akademie 1910.
[2] Hiller v. Gaertringen, Arkadische Forschungen, Taf. XIII.
[3] So kennt ihn noch Artemidor II 12. Thrakisches Relief Arch. Anz. 1929, 426.
[4] Bull. Corr. Hell. XXVII Taf. 7.

versteht sich von selbst, und so war er κερδῶιος. Und τύχων war er auch, daher ein glücklicher Fund ein ἕρμαιον, und mit einem κοινὸς Ἑρμῆς vertrugen sich auch zwei, wenn es damit nicht ganz sauber war.

Der homerische Hymnus in der Verwüstung, die wir jetzt lesen, schreibt ihm die Herrschaft über alles Getier, auch die Raubtiere, sogar Löwen zu, 569–71. Das verträgt sich mit dem Vorhergehenden nicht, denn es wird von Hermes in dritter Person geredet, während Apollon ihn vorher anredete. Aber ausgefallen ist nichts, denn Zeus, an den man gedacht hat, kann nicht redend eingeführt sein, da er 575 nur dem beistimmt, was Apollon dem Bruder zugute tut. Also hat ein überarbeitender Rhapsode eingegriffen und die Macht des Hermes willkürlich gesteigert[1]. Wir besitzen das Gedicht in heillos entstellter Form; Sophokles hat es noch reiner gelesen. Bei ihm ist Hermes wie im Hymnus in seiner Höhle geboren, die in der Kyllene noch vorhanden ist und ein vornehmer Kultplatz war. Dahin gehört Maia, die Atlastochter, die Sophokles durch die Nymphe Kyllene ersetzt, die Schildkröte (es gibt massenhaft Schildkröten in Arkadien) und der Rinderdiebstahl. Die Rinder weiden aber schon am Olymp. Bei Alkaios hatte Maia den Hermes κορυφαῖσ' ἐν αὐταῖς der Kyllene geboren, die durch die Anrede Κυλλήνιε gesichert ist. Aber Philostratos, Imag. I, 26, paraphrasiert τίκτεται ἐν κορυφαῖς τοῦ Ὀλύμπου κατ' αὐτὸ (αὐτοῦ codd.) ἄνω τὸ ἕδος τῶν θεῶν. Dann brauchte das Wickelkind nicht weit zu laufen und zog die Rinder in seine Höhle. So allein ist die Geschichte gut. Aber der Olymp stand nicht bei Alkaios. Also hat ihn Philostrat eingesetzt. Ebensogut ist die Geschichte, wenn sie ganz an der

[1] Der Hymnus ist in die Sammlung so entstellt gekommen, wie wir ihn lesen; der wohl erhaltene Aphroditehymnus steht daneben. Man sieht, wie der Zufall die alten Gedichte in einem Exemplare erhalten hatte. Irgendwo ist die Sammlung gemacht, irgendwo dann vervielfältigt worden. Grammatiker haben sich niemals um sie bemüht.. Wir müssen uns dabei bescheiden, nur die Entstellungen zu beseitigen, die der Hymnus später innerhalb der Sammlung erfahren hat, im übrigen die Motive zu sondern. So kann man hier 569–73 ausscheiden; der χθόνιος ist auch unpassend. Es steckt noch ein Fehler in den Versen, die ihr Verfasser nur so anordnen konnte:

571 πᾶσι δ' ἐπὶ προβάτοισιν ἀνάσσειν κύδιμον Ἑρμῆν
569 καὶ χαροποῖσι λέουσι καὶ ἀργιόδουσι σύεσσι
570 καὶ κυσὶ καὶ μήλοισιν, ὅσα τρέφει εὐρεῖα χθών.

Kyllene spielte, und das erst ist ursprünglich, erzählt im Peloponnes, als dessen Götter noch auf dem heimischen Berge wohnten. Als der Olymp diesen verdrängt hatte, gehörten die Rinder dorthin, Maia blieb bei ihrem Vater, und Hermes mußte bis zum Olymp laufen. Die Höhle von Pylos ist noch viel später hinein gebracht. Die Hauptsache war dem peloponnesischen Dichter die lustige Erfindung, wie sein heimischer Gott Hermes kaum geboren schlau genug ist, dem anmaßenden neuen Gotte Apollon, der *νόμιος* sein will, die Rinder zu stehlen und zu verbergen; am Ende mag er sie wiederbekommen, aber *νόμιος* bleibt Hermes. Es konnte nicht ausbleiben, daß das später in gloriam Apollinis umgearbeitet ward; das hat sich immer wieder in verschiedener Richtung wiederholt. Ein echter Zug ist noch die Erfindung der Leier[1], den Sophokles prächtig herausgearbeitet hat. Hermes ist eben für die alten Hellenen der Erfinder der Musik gewesen, wie sich für den Hirten und den Freund der Nymphen schickt, und wenn nun der Asiat Apollon die *᾿Ασιὰς κιθάρα* spielt, so hat er sie doch von Hermes bekommen.

Hermes und die Nymphen, Chariten[2], Agrauliden[3] sind im lebendigen Glauben des Landvolkes vereint geblieben, und da macht er auch noch meist Musik, wenn er ihren Reigen führt. Apollon hat ihn hier nur in der vornehmen Poesie verdrängt; wie die Odyssee den alten Verein kennt, ξ 435, zeigen ihn viele Reliefs. Der Hermes vor dem Hoftor, der verschlagene Geleiter mit seinem Zauber- und Heroldstabe, der Gespiele der göttlichen Mädchen, das geht gut zusammen, und dieser Gott wird uns vertraut in seiner Macht und seiner Beschränkung. Es ist natürlich, daß er den Herakles auf seinen Fahrten geleitete, also auch in die Hölle, wenn er den Kerberos holen sollte. Daraus hat sich dann Hermes der Geleiter der Toten entwickelt; es ist aber fraglich, wann; die zweite

[1] *Λύρα* und *κιθάρα* macht für die Rhapsoden keinen Unterschied, sie sagen immer *κιθαρίζειν*, und in der Antiope des Euripides spielt Amphion die Kithara, die er von Hermes bekommen hat, dieser von Apoll als Lösegeld für die Rinder, 190.

[2] Die Chariten sind mit Hermes *ἐναγώνιος* im Kult verbunden, IG. I 5, Aristoph. Thesmoph. 295. Aber IG. V 2, 95 stammen die Chariten aus vorschneller Ergänzung.

[3] Sie müssen auf dem Relief Bull. Corr. Hell. XIII Taf. 14 gemeint sein, denn eine der drei hat ein Kind bei sich, also Herse den Keryx, den sie von Hermes hat. Der bläst hier die Flöte.

Nekyia und der Schluß des Hymnus sind sehr jung, die thessalische Weihung an den Hermes Chthonios erst recht. Hermen auf hellenistischen Grabreliefs[1] sind schwer zu deuten, aber für die älteste Zeit beweisen sie nichts. Dennoch muß die seit dem sechsten Jahrhundert herrschende Vorstellung etliche Jahrhunderte älter sein, da das Totenfest der attischen Anthesterien mit Hermes verbunden ist[2], und das ist älter als das Eindringen des Dionysos. So wird man nicht mehr versichern, als daß Hermes die Toten erst geleiten konnte, als der Glaube sie in einem fernen Reiche versammelte. Und festhalten müssen wir, daß der Geleiter niemals finstere Züge angenommen hat, denn er bringt ja nicht den Tod, auch wenn Aischylos Choeph. 622 von dem Sterbenden sagt *κιγχάνει νιν Ἑρμῆς*. Auch wenn er *χθόνιος* heißt, gehört er doch immer dem Reiche des Lebens an.

Ich muß nun einen Umweg machen, um zu einer althellenischen Göttin zu kommen, der E n o d i a, die in gewissem Sinne zu Hermes im Gegensatz steht, der ja selbst *ὅδιος* ist, weil er die Menschen durch das friedlose Draußen geleitet. Zur Enodia kann ich aber nur gelangen, wenn gleich H e k a t e behandelt wird, von der noch nicht einmal das Epos etwas weiß; sie ist also nicht durch Homer verbreitet, war aber in anderen Kreisen als denen, für die er dichtet, wohl schon verehrt; das südliche Ionien liegt ihm ja überhaupt ferner, und von da muß der Kult der Hekate ausgegangen sein.

Hauptgöttin ist sie in Karien und nur da; daß ihr Heiligtum in Lagina mit Mysterien und Spielen, *Ἑκατήσια*, erst in späterer Zeit zu unserer Kenntnis kommt, verschlägt nichts. Der Dynast Hekatomnos mit seinem griechischen Namen aber ungriechischer Selbstbezeichnung als Sklave der Hekate und die zahlreichen von ihrem Namen abgeleiteten Personennamen in Milet und Kos reichen hin[3]. In Milet ist eine Weihung an sie wohl noch aus dem siebenten Jahrhundert; ihr Heiligtum liegt vor dem Stadttore[4], was für

[1] Pfuhl, Arch. Jahrb. 20, 79.

[2] Schol. Aristoph. Ach. 1076, Frösche 218.

[3] Nilsson, Griech. Feste 397, hat hieran die Heimat der Göttin erkannt, es war nur nicht der Ort, die vollen Konsequenzen zu ziehen. Das hat Sittig, Nomina theophorica (Halle 1911) 68 getan mit treffender Kritik der Hekateepisode in der Theogonie. Nur hält er *Ἐνοδία* für eine bloße Epiklese.

[4] Inschrift 129 im Miletbande Delphinion Molpoiinschrift Sylloge 57, 28.

ihre Funktion wesentlich ist. Der Kultus reicht weiter; in Kolophon erhält sie Hunde zum Opfer (Pausan. III 14, 9), Kynossema am Hellespont geht ihre Hunde an, denn dort ist Hekate in einen Hund, Ἑκάτης ἄγαλμα, verwandelt[1], diese hat also Hunde in ihrem Gefolge. Weiter westlich liegt Zerynthos[2]) an der Küste; der Ortsname ist karisch, also älter als die thrakische Invasion. Auf Samothrake hat sie eine Höhle, die auch Zerynthos heißt, und erhält Hunde als Opfer[3]. Diese zerynthische Hekate hat auch Mysterien und Poseidonios (Strab. 468) rechnet sie zu den orgiastischen Göttern. Wie sie mit ihren Hunden über die Gräber der Toten und das Blut (der Totenopfer) dahin fährt, beschreibt die Simaitha des Theokrit in Kos, 2, 12. Da heißt sie δασπλῆτις wie Erinys und lehrt Gift mischen, wie sie es die Medea gelehrt hat. Hier hat sie ein gespenstiges Wesen; das hat sie als die Göttin Medeas[4], hat es also gehabt, als die Argonautengeschichte in Milet ausgebildet ward. Deutlich wird, wie sie mit Persephone gleichgesetzt werden konnte.

Ganz anders erscheint sie in Athen zur Zeit des Aristophanes. Da steht ziemlich vor jedem Hause ein Altar für sie, also neben dem Hermespfeiler[5]. Abergläubische Frauen fragen bei dem Hekataion an, was sie tun sollen, und die Mädchen veranstalten ihr zu Ehren eine παιγνία (Lysistr. 64, 700). Frauen schwören gern bei Hekate. Aber die Opfer, die auf den Altar gelegt werden, sollen nicht gegessen werden, wenn sich auch arme Leute an ihnen vergreifen. Die Göttin oder ihr Gefolge sollen sie sich also holen.

[1] Euripides Fr. 968, das nur eine Prophezeiung aus dem Alexandros sein kann. Aristophanes hat den Vers parodiert; die Glosse steht vollständiger als bei Eustathios Od. 1491, 33 in Bekkers Anekdota 336. „Man opfert der Hekate Hunde, oder sie wird selbst hundsköpfig gebildet", daher kommt der Ausdruck. Eine törichte Fabel, nach der sie selbst einmal ein Hund gewesen wäre, schließt sich an.

[2] Lykophron nennt 77 die Hekate nach Zerynthos, 449 und 958 kennt er eine Aphrodite Ζηρυνθία, auffällig und unkontrollierbar. 1178 identifiziert er Hekate mit Brimo, also der Φεραία.

[3] Erweitertes Scholion zu Aristophanes Fried. 277 bei Suidas Α 1164.

[4] Sophokles Ῥιζοτόμοι 491, 92 gibt das beste Bild von dieser ἐνοδία Ἑκάτη und dem Treiben der Zauberinnen.

[5] Theopomp (Porphyr. abst. II 16) läßt in einer erbaulichen Geschichte einen Mann von Methydrion jeden Neumond den Hermes und die Hekate bekränzen. In Methydrion hat niemand daran gedacht; Theopomp überträgt heimisch-chiischen oder athenischen Gebrauch.

Auch das unhellenische Opfer von Hunden kommt vor (Schol. Theokrit 2, 12 d). Schon ganz früh wird Hekate mit Artemis gleichgesetzt, schließlich selbst in den Hekataia vor dem Hause (Diphilos, Athen 168 c). Dann ist Artemis-Hekate Geburtshelferin, schon bei Aischylos Hik. 676. Die Gebärenden in der neuen Komödie rufen also die Göttin, die vor ihrem Hause steht. Das ist vielleicht speziell athenisch. Wie vor jedem Hause oder Hofe steht Hekate neben Hermes vor dem Burgeingange; offenbar hat der Staat beide beim Bau der Propyläen dem Alkamenes in Arbeit gegeben[1]. So hatte Hekate ihr Heiligtum am Tore des heiligen Bezirkes von Eleusis; Pausanias nennt Artemis, was der homerische Hymnus richtigstellt. Das entspricht dem milesischen Gebrauche; auch die Hekateinsel liegt so vor dem Hafen von Delos[2]. IG. I 310, 192 führt unter den Göttern, die einen Schatz haben, Hermes und Artemis-Hekate auf; wo immer der Tempel lag, hat er einen Eingang geschützt. Nur eine Weihung ist erhalten IG. I 836, eine kleine Tonfigur einer würdigen sitzenden Göttin, also kein Versuch sie zu individualisieren. Wenn Hermes den Schutz des Hauses und draußen des Wanderers besorgt, so tritt dazu das Opfer an eine von außen drohende Göttin, die dadurch begütigt werden soll, damit sie nicht eindringt; sie ist auch als Artemis zuerst nicht gekommen, um der Kreißenden zu helfen, sondern um sie oder das Kind zu töten, also noch als die homerische, rein asiatische Artemis. Sie hat ja auch ihre Hunde, und der Abergläubische des Theophrast, 16, fürchtet ihre *ἐπιπομπή*[3]. Ihr werden auch, wie man

[1] Alkamenes hat ein gefälliges Werk geschaffen, die drei einen Pfeiler umtanzenden Gestalten der *τρίμορφος τριοδῖτις*. Aber an den Burgaufgang gehörte die Herrin der Kreuzwege nicht, die dreigestaltig geworden ist wie Hermes *τρικέφαλος*, und was er bildete konnten ebensogut Chariten oder Nymphen oder Agrauliden sein. Er war mit dem Herzen nicht bei seiner Aufgabe.

[2] Die beiden ersten orphischen Hymnen sind in Wahrheit einer, an Hekate *προθυραία* gerichtet, zur Einführung. Man sieht es auch daran, daß nun nach II das *θυμίαμα* angegeben ist, das vor I gehört. 1, 9 hat Kroll *λισσόμενος* hergestellt, 2, 3 gehört *θηλειῶν σώτειρα μόνη* zusammen, 4 *ὠκυλόχεια παροῦσ' ἀνίαις θνητῶν*, aber nicht alle Sterblichen gebären, also *νέαις*, 13 ist *λυσικηδέες* richtig; um den metrischen Verstoß darf man sich hier nicht kümmern; ebenso richtig ist 3, 6 *ληθιμέριμνα*. 2, 12 wollte ich das unsinnige *ἡ σεμνή* in *εὐσέμνη* ändern, obgleich das Wort unbelegt ist, da sah ich bei Hermann nach: der hat es schon gefunden.

[3] Aber es ist arge Willkür, die Hekate zur Kurotrophos zu machen,

mit Recht annimmt, die Steine an den Dreiwegen gehören, die der Abergläubische mit Öl salbt[1]. Die τριοδῖτις ist nachher zu den Italikern als Trivia gekommen; es ist aber anzunehmen, daß sie sich da eines älteren Kultes der Kreuzwege bemächtigt hat.

Nur in der Nähe von Athen treffen wir noch Tempel der Hekate, auf Aigina und in Argos, für Megara zeugt die Enkelstadt Selinus, wo sie vor dem Heiligtum der Μαλοφόρος in der Vorstadt neben einem Friedhof saß, wie die Ausgrabungen von Gàbrici bestätigt haben; eine Weihung IG. XIV 270. Sophron, der vielleicht in einem Mimus Ἄγγελος von ihr gefabelt hat und dem Theokrit Vorbild war[2], mag für Korinth zeugen. Immerhin finden wir Hekate nur in den Städten der Ostküste, die dem asiatischen Einfluß am meisten offenstanden. Im ganzen Norden von Hellas und im inneren Peloponnes fehlt sie.

Nun erst die Zeugnisse der Dichter. Da steht zuerst die Einlage in der Theogonie des Hesiod, denn daß er mit den Versen 409–52 nichts zu tun hat, ist ausgemacht. Wer es noch nicht eingesehen hat, versteht nichts von Stil und von Hesiods Göttern auch nichts. Der hat die Hekate überhaupt nicht gekannt, und eine so allmächtige Göttin ist sie in Hellas nie gewesen: den Karern kann man es zutrauen; daher halte ich die alte Umarbeitung, in welcher die Theogonie schon dem Aischylos und dem Pindar vorlag, für das Werk eines kleinasiatischen Rhapsoden. In dieser Theogonie sitzt die Partie fest; sie ist kein Hymnus, wie jeder sehen muß, der sich um den Bau von Hymnen kümmert, und sie gar orphisch zu nennen, heißt ins Blaue reden; sie ist viel älter als Orpheus. Übrigens hat sie nur auf antike Theologen gewirkt[3], sonst nicht.

weil in der Homernovelle des sog. Herodot 30 die Frauen die Kurotrophos feiernd von Homer in der Stadt an einer τρίοδος getroffen werden.

[1] Harmodios, Athen. 149c, erzählt, in Phigaleia nimmt man von dem Festmahl die ἀπομαγδαλιαί mit wegen der νυκτερινοὶ φόβοι; sie werden den Hunden der Hekate hingeworfen, wie man die Stelle richtig gedeutet hat. Solche φόβοι packen aber auch die Kranken im Bette, und Hekate sendet sie, Hippokrates ἱερὴ νοῦσος 1.

[2] Zu den von Kaibel gesammelten Bruchstücken kommt ein von Cohn, Zu den Paroemiographen 71 ediertes, Herm. 34, 208.

[3] Musaios 16 Diels (Schol. Apoll. Rh. III 467 und 1035, die erste Stelle hat Diels übersehen) macht Hekate zur Tochter des Zeus und der Asterie, Zeus tritt sie dem Perses ab.

In dem Demeterhymnus heißt Hekate Tochter des Persaios, der mit dem Perses der Theogonie (Perseus bei Lykophron 1175) identisch sein muß; sie hat aus ihrer Höhle den Raub der Persephone gesehen und meldet das der Demeter *σέλας ἐν χείρεσσιν ἔχουσα*, also Fackeln tragend wie Artemis; beide schweifen ja bei Nacht durch die Wälder. Eine Höhle ist ihre Wohnung wie in Samothrake und Zerynthos; hier ist natürlich die Hekate wegen ihres eleusinischen Heiligtumes bemüht, aber auch ihre Beziehung zu Demeter und auch Persephone ist gegeben. Sophron hat den Hymnus in irgendeiner Form gekannt.

Adespot. Trag. 375 *ἀλλ' εἴ σ' ἔνυπνον φάντασμα φοβεῖ χθονίας θ' Ἑκάτης κῶμον ἐδέξω*. Da fragt der Chor eine verstörte Person nach der Veranlassung, ähnlich wie er bei Euripides Hipp. 142 nach dem Grunde von Phaidras Krankheit fragt, nicht ohne auch Hekate zu nennen. Hier ist sie also mit ihrem lärmenden Gefolge in das Haus eingedrungen.

Der Menelaos der Helene hält diese für ein Gespenst, 569, und ruft

ὦ φωσφόρ' Ἑκάτη πέμπε φάσματ' εὐμενῆ

worauf Helene antwortet

οὐ νυκτίφαντον πρόπολον Ἐνοδίας μ' ὁρᾷς.

Hier ist *Ἑκάτη* zugleich *Ἐνοδία*; Hesych verzeichnet *Ἐνοδία ἡ Ἄρτεμις*, was dasselbe ist. Aber bei Sophokles Antig. 1199 ist *Ἐνοδία* Persephone, die Herrin der Toten; *νερτέρων πρύτανις* war Hekate bei Sophron. Sophokles Fr. 492 muß ganz hier stehen. Medea ist mit dem Chore der Wurzelgräberinnen bei ihrem Geschäfte; der Chor beschwört ihre Herrin. Helios wird als Ahn Medeas zuerst genannt.

Ἥλιε δέσποτα καὶ πῦρ ἱερόν,
τῆς Εἰνοδίας Ἑκάτης ἔγχος,
τὸ δι' Οὐλύμπου πωλοῦσα φέρει,
καὶ γῆς ἀνιοῦσ' (ναίουσ' cod,) *ἱερὰς τριόδους*
στεφανωσαμένη δρυὶ καὶ πλεκταῖς
ὠμῶν σπείραισι δρακόντων.

Da haben wir ihre Erscheinung, die Schlangen im Haar, den Erinyen ähnlich, die auch Aristophanes in den Tagenisten (Schol. Frö. 293) erwähnt, und die Fackel der *φωσφόρος*, *σελασφόρος* (*λαμπαδοῦχος* sagt Schol. Apollon. III 861). Mythologen alter und neuer Zeit mißverstehen die Sprache und die Sache gröblich, wenn sie „Lichtbringerin" in den Wörtern finden und ihrer Mondsucht nachgeben; sie wollen ja auch *πυρφόρος* nicht verstehen. Wieder ist Hekate Enodia. Aber im Ion 1048 fängt der Chor ein Lied, das dem Mordversuch Kreusas Erfolg wünscht, also an: *Εἰνοδία θύγατερ Λάματρος, ἃ τῶν νυκτιπόλων ἐφόδων ἀνάσσεις*. Da ist Enodia Persephone, aber die *ἔφοδοι* gehören zu Hekate[1]. Solche Stellen, die Hekate und Persephone gleichsetzen, während Hekate noch viel häufiger Artemis ist, machen begreiflich, wie Aischylos Artemis zu Demeters Tochter machen konnte, was Kallimachos Hekale 104 K. irgendeinem Theologen nachspricht.

Der Hekatetempel in Argos, den Pausanias, II 22, 7, erwähnt, muß ihr als *'Ενοδία* gehört haben, denn bei Steph. Byz. *τρίοδος* hat Inachos sie als Kind *ἐν τῆι ὁδῶι* gefunden und danach *'Ενοδία* genannt. Der Schluß liegt nahe, daß *'Ενοδία* der ältere Name war, durch die asiatische Hekate verdrängt, und er wird sicher, wenn es eine hellenische *'Ενοδία*[2] gibt. Und es gibt sie.

In Thessalien ist Hekate unbekannt, Enodia erfährt eine starke Verehrung[3]. Wir kennen aus Larisa eine *ϝαστικά 'Ενοδία* (IX 2, 575, Gedicht des frühen fünften Jahrhunderts) und eine *σταθμία*, 577. Das kann einer *'Εκάτη* am Stadttor und einer vor einer Hürde oder was sonst *σταθμός* bedeutete, entsprechen, aber die Weihungen werden für Kinder gemacht, und wenn sie 575 ein Mann gelobt hat, eine Frau vollzieht, 577 ebenfalls die Mutter die Weihende ist, so wird es der glücklichen Geburt des Kindes gelten. Enodia hat

[1] Eine Stelle des Bellerophontes, in die Enodia durch falsche Konjektur gebracht war, ist erledigt Herm. 64, 462.

[2] Eine archaische Weihung aus Nemea IG. IV 484 *-ι ἐφοδίαι* halte ich für geraten fernzuhalten.

[3] Bei Polyaen VIII 43 wird eine Geschichte aus der ionischen Wanderung erzählt, die zwar modernisiert ist, aber Wertvolles enthält. Die Eroberung von Erythrai gelingt durch den Zauber einer Priesterin der Enodia. Daß diese auf Befehl des delphischen Gottes eigens aus Thessalien herangeholt wird, ist Zutat in der späteren Manier, die immer mit Orakeln wirtschaftet, und zeigt, daß der Erzähler die Enodia aus Thessalien, aber nicht mehr aus Erythrai kennt. Wir aber wissen, daß in Erythrai und Chios die Sprache auch die Spuren äolischer Bevölkerung enthält, die Ionier also hier wie später in Smyrna und Phokaia auf Äoler, wir dürfen genauer sagen, auf Äoler aus Thessalien gestoßen sind. Die hatten die Enodia mitgebracht, und aus der Legende von ihrer Festsetzung hat sich umgeformt dieser Zug erhalten.

also dasselbe übernommen wie Artemis-Hekate bei Aischylos. Auch die Weihung von Pherai 421 macht eine Frau; dort hat auch der Tyrann ihr Bild mit ihrem Namen auf seine Münzen gesetzt[1]; sie ist also auf den Münzen zu erkennen, wo die Numismatiker von Hekate reden, besonders wichtig, daß sie zu Pferde ihre Fackel schwingt; Hekate reitet nicht. Eine ganz andere Wirksamkeit der Göttin erschließt man aus ihrer Verbindung mit *Ζεύς μειλίχιος*, 578[2] der in die Unterwelt weist, und da paßt die Erscheinung zu Pferde[3]. In Pherai tritt hinzu, daß eine Artemis *Φεραία* auch in anderen Städten Kult gefunden hat und mit Hekate gleichgesetzt wird[4], da kann man sie von Enodia nicht scheiden. Hekate aber ist auch Tochter der Pheraia, die dann sterbliche Tochter des Aiolos ist (nach der die Stadt heißt, bei Stephanus zu *Φερά* verdorben), aber die Hekate von Zeus empfängt und das Kind auf einem Dreiweg aussetzt[5]. Das ist nicht ernst zu nehmen und hat keinesfalls in Pherai gegolten. Aber wichtig ist, daß ein dritter Name zutritt, *Βριμώ*, die Lykophron 1176 mit Hekate und Pheraia gleichsetzt, Apollonios 3, 861 unverkennbar mit Hekate, als *νερτέρων ἄνασσα* mit Persephone. Die Lykophronscholien (aufgenommen in Et. M. *Βριμώ*) erzählen, daß Hermes vergeblich versuchte, ihr Gewalt an-

[1] Die Münze schreibt *ἐννοδίας*, und die Verdoppelung findet sich öfter, schließlich in dem Namen des Bischofs Ennodius, aber bei der Wahl dieses Signum hat die Göttin nicht mehr Pate gestanden.

[2] Es kam noch ein dritter Gott hinzu, von dessen Namen ältere Abschriften *ΠΟ* erhalten haben, jetzt ist das Stück abgebrochen. *πο* ist unverständlich, aber die Ergänzung *πόλει* ist unzulässig, da es *τῆι πόλει* heißen müßte.

[3] Ein Stein von Oreos, IG. XII 9, 1193, wird ergänzt [*'Αρτέμιδι, Ε*]*νοδίαι*, aber der Raum verträgt die Artemis nicht. Man möchte wissen, was da stand, am ehesten *'Εκάτηι*.

[4] Hesych *Φεραία· 'Αθήνησι ξενικὴ θεός, οἱ δὲ τὴν 'Εκάτην*. Kult der *Φεραία* auch in Argos und Sikyon bei Pausanias, ich dächte auch anderswo.

[5] Schol. Theokr. II 35. Die Aussetzung haben wir ähnlich bei der Hekate Enodia von Argos gefunden. Tochter von Zeus und Demeter ist Hekate in einer jetzt zerstörten Geschichte aus den *'Υπομνήματα* des Kallimachos, Fr. 556, also von ihm aus einer raren Vorlage ausgezogen. Die Genealogie stand auch in Orphika, Fr. 41, was die Geschichte nicht nach sich zieht. Kalligeneia hat dieselben Eltern, oben S. 98. Eine ephesische Geschichte, die Hekate der Artemis unterordnet, bei Kallimachos Fr. 100h 4.

zutun; Properz, II 2, 12, beweist, daß sie sich schließlich ergab. Da ist sie zu einer Sterblichen geworden, wie Hekate als Enkelin des Aiolos. Schließlich tritt noch hinzu *'Αδμήτου κόρη· Ἑκάτη, τινὲς δὲ τὴν Βένδιν*, Hesych. Die Bendis geht die Hekate des thrakischen Zerynthos an. Admetos führt nach Pherai, und der Unbezwingliche hat die Herrin der Toten zur Frau, was Brimo bei Apollonios ist. O. Müller hat das schon durchschaut, und ich habe nach ihm den Übergang in die Heroensage und Tragödie weiter verfolgt[1]. Die Identifikationen zeigen, daß in Pherai in einer Göttin die freundliche *κουροτρόφος* und die Zornige (eigentlich wohl die Brüllende) vereinigt waren, so daß die fremden Namen Hekate, Artemis, Persephone paßten. Enodia ist ihr Kultname.

Platon Ges. 914b kennt die *'Ενοδία δαίμων*, der gehören soll, was jemand unterwegs verliert, daher darf es niemand aufheben und sich aneignen, ein Gegensatz zu dem *ἕρμαιον*, das der Gott dem glücklichen Finder beschert. Später, als die *'Ενοδία* nur noch Beiname war, konnte Kleitomachos die Existenz der Artemis so bestreiten, daß er schloß (Sextus adv. phys. I 185), *εἴγε ἡ Ἄρτεμις θεός ἐστιν καὶ ἡ 'Ενοδία τις ἂν εἴη θεός· ἐπίσης γὰρ ἐκείνη καὶ αὕτη δεδόξασται εἶναι θεά, ἡ 'Ενοδία καὶ ἡ Προθυριδία*[2]. Offenbar glaubte niemand an eine *'Ενοδία*, aber die Artemis leugnete nur der Skeptiker. Ihr Wesen war vollends vergessen, man entnahm dem Namen auch, daß sie den Wanderer beschützte, so Antiphilos Anth. Pal. VI 199, und Herodes Atticus konnte sein Grundstück in ihren Schutz stellen, weil es an der via Appia lag, IG. XIV 1390. Alles Späte muß eben immer ferngehalten werden, wenn man den wirklichen Glau-

[1] Ich habe gar keine Veranlassung, vor Deutungen zu kapitulieren, die vielleicht andere schöne Dinge sinnreich kombinieren, aber den griechischen Zeugnissen und dem griechischen Empfinden hilflos gegenüberstehen. – Der Vers *ἱερὸν ἔτεκε πότνια κοῦρον Βριμὼ Βριμόν* ist metrisch gut, aber das garantiert nicht einmal sein Alter. Dem theologischen Werke, das Hippolytos Elench. V 8, 40 auszieht, zu glauben, daß ihn der eleusinische Hierophant, nachdem er sich durch einen Schierlingstrank zum Eunuchen gemacht hatte, laut verkündet hätte, überlasse ich denen, die aus sich hinzuzufügen wissen, wer der Sohn der Brimo war, und wem sie trotz ihrem Namen zu Willen gewesen war. Bei Clemens Protr. 13P. ist Brimo Demeter. Warum glauben sie dem nicht?

[2] Es folgen noch *'Επιμύλιος* und *'Επικλιβάνιος*, Göttinnen, die dem Kleitomachos lächerlich erschienen; als Beinamen der Artemis wird keiner die Schützerin von Mühle und Backofen betrachtet haben. Sie kommen wohl sonst nicht vor; *προμυλαία* Pollux VII 180.

ben fassen will. Daher bleibt hier die Hekate des orphischen Hymnus, der mit εἰνοδίην Ἑκάτην anfängt, und der Spuk bis zu der Herrin der Hexen im Macbeth unberücksichtigt.

Es wird nun deutlich geworden sein, daß die alten Äoler den Glauben an eine „Göttin der Wege" gehabt haben, den sie den Thessalern mitteilten, auch nach Erythrai mitnahmen; sie ist auch in Argos verehrt worden, doch wohl auch in Athen, da ihr Name dort geläufig blieb[1]. Was wir wissen reicht aus, um begreiflich zu machen, daß die asiatische Hekate sich an ihre Stelle drängen konnte, um selbst in die mächtigere Artemis aufzugehen, die auch aus Asien kam und so viele alte Göttinnen zu Beinamen machte. Unheimlich war die Enodia auch, stand oder trat in Verbindung mit Unterweltsgöttern, ward ebenso wie Hekate mit der vorgriechischen Persephone geglichen.

Schließlich noch einen Rückblick auf die echte Hekate. Ihr Name stellt sich unweigerlich zu Hekatos, wie Apollon in der Ilias heißt[2], den Griechen unverständlich, so daß Simonides mit ἑκατόν spielte (26a Bergk), die Rhapsoden sich einen ἑκατηβόλος und ἑκήβολος machten, in dem zwar sie, aber kein Grammatiker ἑκάς oder vielmehr ἑκάθεν finden kann. Hekatos und Hekate werden doch als Geschwister so heißen: damit ist Hekate eine Artemis schon von Hause aus, hat mit der homerischen Artemis auch manches gemein. Diese Geschwister stellen sich inhaltlich zu den lykischen Zwillingen, aber tragen andere Namen. Ursprung und Entwicklung zunächst der Hekate dürfte nun ganz verständlich sein; von den anderen soll es sich später zeigen.

In der Enodia hat sich eine Herrin des Draußen gezeigt, die unter diesem Namen vornehmlich von der alten Bevölkerung Thessaliens verehrt ward, wo sich später ihre unheimliche Seite weniger zeigte, die doch in der Brimo von Pherai unverkennbar ist; vielleicht ist diese deswegen von der Enodia differenziert.

1 Das Gefühl, das Böse vom Eintritt zurückzuhalten, ist natürlich und alt. In Kyrene war vor dem Stadttore ein ἀποτροπαῖον, wo man je nach dem drohenden Übel bestimmte ἀποτροπαῖα opferte. So nach der richtigen Ergänzung in den Heiligen Gesetzen 1. Das führt im Laufe der Zeiten zu dem ὁ τοῦ Διὸς παῖς καλλίνικος Ἡρακλῆς ἐνθάδε κατοικεῖ auf der Schwelle und weiter zu dem ganz profanen *cave canem*.

2 Ich habe die beiden schon im Hermes 21, 609 als Geschwister bezeichnet.

Auch daß die Sorge für Kindbett und Kinderpflege der Enodia zugewachsen war, haben wir gesehen; später ist sie mit Hekate und Artemis, daneben mit Persephone gleichgesetzt. Die Namen führen nicht zum wirklichen Verständnis. Greifen wir auf den Gegensatz von Drinnen und Draußen zurück. Der Mensch hat sich Haus und Hof gemacht, eine Stätte des Friedens, dessen göttliche Seele im Herde lebt. Draußen ist der Urwald, die feindliche Wildnis, die der Mensch noch nicht bezwungen hat, in die er sich doch täglich hineinwagen muß. Da ist überall Leben, das ihm unabhängig, oft übermächtig entgegentritt. Leben ist in den Bäumen, Quellen, Wiesen, in harmlosem und wildem Getier; es rauscht und raschelt in brechenden Büschen, unheimlich tönt es und lieblich. Irrlichter zucken über den Sümpfen. Plötzliche Helle bricht durch nächtliche Finsternis. Da müssen Wesen sein, die wir nicht kennen, nicht erblicken, aber in manchem Wilde, der Hinde, die kein Fuß einholt, dem Bären, vor dem wir fliehen, steckt mehr als sie scheinen. Manchmal glaubt ein flüchtiger Blick ein wildes Roß zu schauen, von dem alte Mären berichten, wenn es auch in den nachbarlichen Forsten und auf den öden Halden nicht mehr begegnet. Gewiß gibt es Waldbewohner, die keine Menschen sind, tierische oder halbtierische Gestalt tragen, vielleicht auch Menschengestalt annehmen können, sich bald freundlich, bald feindlich stellen. Und in Bäumen, Quellen, Wiesen leben göttliche Mädchen; mancher hat im Nebel, der sich aus Flüssen und Bergseen erhebt, gesehen, wie sie in dämmerndem Lichte Reigentänze aufführen. Vielgestaltig ist dieses Leben, aber es wird auch als eine Einheit erfaßt, nicht gleich universal, dazu führt erst ein Nachdenken auf Grund der Erfahrung von demselben Leben an vielen Orten, aber doch das Leben in unserem Walde, und dann werden wir auch bald wissen, wo die Herrin dieses Lebens wohnt. Daher wird dasselbe Gefühl in den verschiedenen Dörfern, Stämmen, Landschaften zunächst viele göttliche Personen schaffen und benennen, die doch im Grunde dieselbe religiöse Konzeption erschaffen und ihrem Exponenten daher im wesentlichen dieselben Züge verliehen hat. Darin offenbart sich die hellenische Seele. In Asien, wir wissen noch nicht genauer, bei welchem Vollke zuerst, ist das Naturleben in einer gewaltigen mütterlichen Göttin zusammengefaßt, aber diese Göttermutter ist nicht mütterlich gegenüber den Menschen, sondern wohnt auf den Gipfeln der Berge unnahbar, und sie vernichtet zugleich; die Löwen sind ihre Diener, und die Jünglinge, die sie mit ihrer Brunst an sich reißt, verkommen, sterben oder werden siech wie Anchises und Attis. Dem Hellenen ist die Mutter Da, Demeter, die durch menschliche Arbeit friedlich gewordene Erde, die so den Menschen nährt und auch das friedliche und gesetzliche Leben in der Gemeinschaft des Hofes und des Stammes begründet. Es scheint auch zwischen der hellenischen Herrin des Draußen und der asiatischen, genauer lydischen, Artemis ein ähnlicher Gegensatz vorhanden gewesen zu sein, schwerer faßbar, weil der Name Artemis sich aller der hellenischen Göttinen bemächtigt hat, welche nebeneinander von demselben Gefühle geschaffen waren; sie hat doch auch von ihrem Wesen einiges hereingetragen. Einfach steht es um die *πότνια θηρῶν*, die Herrin des Wildes, denn über dieses gebietet auch die hellenische Artemis, aber keineswegs auch über die zahmen Tiere, wie jene sich auf den Monumenten zeigt[1]. Da ist eine bildliche Darstellung von außen her übernommen, die die Wirksamkeit der Göttin nur nach einer Seite darstellte, aber den Gläubigen für das Ganze genügte, nur das Bild ist fremd, nicht die Göttin. Die bekannte böotische Reliefvase zeigt durch die zerstückelten Tierleiber, daß sich die Böoter, wohl auch andere Griechen, den fremden Namen als die Schlächterin *ἀρταμίς* deuteten, was auf ihre Göttin kaum zutraf. Die Artemis der Ilias ist *πότνια θηρῶν*, lehrt den Bogen führen, wird also selbst Jägerin sein, und wird von Hera *λέων γυναιξίν* genannt, weil sie den Frauen plötzlichen Tod gibt; erst die Odyssee gibt ihr daneben auch rein hellenische Züge. Fremd ist immer was sie mit Apollon und Leto vereinigt, denn die Trias ist asiatisch, übrigens in Hellas nur äußerlich übernommen, und nicht nur in Delphi, sondern selbst auf Delos ist Artemis selbständig; auf das geschwisterliche Verhältnis kommt nichts an[2]. Der Wald ist ihr

[1] Auf dem asiatischen Elfenbeinrelief, Athen. Mitt. 50 Taf. VII, und anderen ähnlicher Art sind auch Fische dargestellt, also die Herrschaft der Göttin auf das Wasser ausgedehnt. Die Hekate der Theogonie könnte so dargestellt werden. Eine Menge solcher Darstellungen bei der Orthia Spartas. Vögel hält sie oft: sie umfaßt eben die ganze Natur, aber bei Barbaren. Bei den Hellenen gehört ihr der Wald, denn in dem lebten sie in der Urzeit, und gern weisen sie ihr die feuchte Wiese zu, auf der die Blumen noch gedeihen, wenn die Felder verdorrt sind.

[2] Der homerische Hymnus 9 läßt sie von Smyrna nach Klaros zu ihrem Bruder fahren; in der Gegend wird er entstanden sein. Daß sie wie die vornehmsten Götter fährt, sagt Pindar auch, Ol. 3, 26, Fr. 89.

Reich; in der alten Sage von Meleager schickt sie den wilden Eber gegen die Fruchtgärten des Oineus, der ihr zu huldigen versäumt hat: er hat ihr Reich geschmälert. Die Waldbäume gehen sie nichts an, wohl aber freut sie sich an den Blumen, und die binden die Menschen zu Kränzen und schmücken mit ihnen die Altäre oder auch die Bilder und was sonst die Göttin vertritt. Alle Tiere des Waldes stehen unter ihrem Schutze, aber sie pflegt sie wie der rechte Förster, der auch die Büchse führt. So gehört ihr der Bogen, der *ἐλαφηβόλος*, und man denkt sie sich auf der Jagd. Aber einst hat sie sich auch in der Gestalt der Waldtiere gezeigt, als Hinde, auch als Bärin. Neben dem Bogen führt sie die Fackel, mit der Sophokles (Oed. 206) sie die lykischen Berge durchrasen läßt, *φωσφόρος* heißt sie daher[1]. Wenn der nächtliche Wanderer einen Lichtschimmer durch das ferne Düster bemerkt, so weiß er, daß die Herrin dort ihr Reich durchschreitet. Jungfräulich ist diese Herrin, unantastbar; Riesen und Waldschrate haben es erfahren; schlank und schön. Einsam ist sie nicht, denn alle die Mädchen, Nymphen, ihres Reiches sind ihr Gefolge; mit ihnen stürmt sie, ihren Reigen führt sie im Tanze (*ἀγεμώ*, *ἡγεμόνη*), wie es die Odyssee von der arkadischen Artemis schildert. Um Haupteslänge über-

Statt der Pferde führt der Fries von Phigaleia Hirsche ein, was Kallimachos aufgegriffen hat. Für eine alte Vorstellung kann ich es nicht halten; es ist in dem Festzuge der Laphria dargestellt, den Pausanias beschreibt. Der Hymnus 27 gehört in den delphischen Kreis. Erst erscheint sie auf der Jagd, dann geht sie nach Delphi und führt mit Musen und Chariten Tänze zu Ehren ihrer Mutter Leto samt deren Kindern auf. Die hocharchaische Vase bei Pfuhl, Malerei N. 108 zeigt Artemis mit ihrer Hinde zu dem Bruder kommend, der auf einem Greifenwagen die Leier spielt, zwei Musen oder Chariten hinter ihm, dem Hymnus genau entsprechend.

[1] Eratosthenes (Steph. Byz. *Αἰϑόπιον*) meint, die Fackel hätte sie von Hekate; Kallimachos hielt sich an die theologische Deutung auf den Mond. Besser versteht man es daraus, daß Thrasybulos, als er mit seinen Leuten zur Befreiung Athens gegen Munichia zog, durch einen Feuerschein geleitet ward, mit dem die Göttin von Munichia ihm den Weg wies; zum Danke errichtete er der *Φωσφόρος* auf Munichia einen Altar. So berichtet Clemens Strom. 418P. Die Ortsangabe sichert, daß wir wirklich das *αἴτιον* erfahren, das wohl von einer Atthis aufgezeichnet war. Der Phosphoros wird vor der Sitzung der Ekklesia geopfert, zuletzt in einer unvollständig erhaltenen Reihe von Göttern, IG. II^2 902 aus dem Jahre 182/81. Sie kann sehr wohl 403 in diese Reihe aufgenommen sein.

ragt sie die anderen, eine potenzierte Nymphe; mancher ihrer Namen kommt ebensogut Nymphen zu oder könnte es tun. Diese Jungfrau, die für die Jungen auch des Raubwildes sorgt, nimmt sich auch der kleinen Mädchen an (schwerlich der Buben[1]), die mit besonderen Gaben von ihr Abschied nehmen, wenn sie in der Ehe die Jungfernschaft opfern sollen. Ist diese bedroht, so rufen die Jungfrauen der Tragödie oft ihren Schutz an. Bei Artemis schwört in Athen die ganze Weiblichkeit. Aber nach dem späteren Glauben steht sie als *λοχία* auch den Gebärenden bei, so daß sie die fremde Eileithyia fast überall ersetzt hat. Jung ist diese Funktion nicht, die sie in Kyrene so ziemlich zu einer *γυναικεία θεός* gemacht hat. Aber hier liegen Schwierigkeiten. Nach der offenbar ältesten Sage mußte Iphigeneia geopfert werden[2], weil sie als das Schönste,

[1] Haaropfer beim Eintritt in die Ephebie pflegt Apollon anzugehen, und Hesych *κουρεῶτις* nennt zwar nur die Artemis für die Haarschur an den Apaturien, aber die Glosse kann verkürzt sein. In Sparta müssen die Ammen mit den Knaben an einem Feste *Τιθηνίδια* zur Artemis *κορυθαλία* gehen, Athen 139. Das gehört zu der staatlichen Kontrolle der Aufzucht der Spartiaten. *λεχώ* auf Grabsteinen ist kein Gottesname, sondern bezeichnet Tod im Kindbett. Die Geißelung der Kinder (*παῖδες* und pueri heißen sie) scheint erst später allgemein durchgeführt, denn bei Xenophon, resp. Laced. 2, 9, steht hinter der Erlaubnis zu stehlen und der Bestrafung der Ertappten, wenn man es stehen läßt, ganz passend, daß es für eine schöne Leistung galt, möglichst viele Käse bei der Orthia zu rauben, aber wer es tat, den durften andere geißeln: für kurze Schmerzen tritt die Freude dauernden Ruhmes. Also auf einem Tische oder Altar liegen Käse, die Buben werden darauf losgelassen, wer die meisten nimmt, bekommt Prügel, doch wohl von den anderen, ⟨*τοῖς*⟩ *ἄλλοις*. Aber er hat die Ehre. Nur der nächste Satz würde besser vor den Raub bei der Orthia passen: das muß man bei Xenophon ertragen. In Plutarchs Aristides 17 wird ein schlechtes *αἴτιον* für die *Λυδῶν πομπή* am Feste der Orthia erzählt; es dreht sich auch um Raub von Eßwaren, und ohne weitere Begründung werden *πληγαὶ τῶν ἐφήβων* mitgenannt. Die mußten also auch geraubt haben.

[2] Sophokles, El. 563, erfindet eine persönliche Überhebung Agamemnons, wie er eine ähnliche des Aias erfindet; die Göttinnen sollen gereizt sein, und er denkt nicht daran, daß er sie dadurch herabsetzt. Die alte Religion darf man damit nicht behelligen. Das Alte gibt Euripides Iph. Taur. 22. In Brauron konnte nur ein Bär Ersatz für die Jungfrau sein; so Phanodemos (Et. M. *ταυροπόλος*). Daß die Dichter und nach ihnen die allgemeine Vorstellung eine Hinde nennt, liegt daran, daß Homer die Opferung in Aulis fixierte; dort wird man so geglaubt haben.

was im Jahre geboren war, der Göttin gehörte. Begreiflich, daß die *Καλά*, *Καλλίστα* Anspruch auf solche Opfer, auch Menschenopfer hatte, wenn sie den Segen des Nachwuchses verliehen hatte. Solche Opfer erhielt die Laphria, die nur eine Erscheinung dieser Göttin ist. Allein dieselbe Iphigeneia ist in Brauron ein göttliches Wesen, das die Kleider der im Wochenbette gestorbenen Frauen erhält; eine *'Ιφινόη* in Megara (Pausan. I 43, 4), der die Bräute ihre Haare darbringen, ist dieselbe. Artemis selbst heißt Iphigeneia in Hermione (Paus. II 35), auch in Aigeira hat sie (Paus. VII 26, 5) eine ältere Iphigeneia verdrängt. Einstmal ist *'Ιφιγένεια* Gegensatz zu *Καλλιγένεια* gewesen, ging dann aber die schwere Geburt, vielleicht beim Tode der Mutter an. Zu voller Klarheit kommt man hier nicht, denkt aber an die Artemis *λέων γυναιξί* der Ilias. Die Brauronia ist keine freundliche Göttin, heißt auch *ταυροπόλος*, was unbedingt nichts Freundliches bezeichnet; bei Sophokles schickt sie Wahnsinn (Aias 172)[1]. Unklarheiten und Widersprüche müssen bleiben, wenn die lydische Artemis und die karische Hekate sich mit den hellenischen Vorstellungen mischen, die auch nicht überall dieselben waren, wenn auch aus derselben Wurzel erwachsen[2].

Wenn wir den Namen Artemis ablösen, der auf den alten Weihungen häufig noch gar nicht steht, so erhalten wir scheinbar eine Überfülle von Göttinnen, was doch nur beweist, daß der Glaube allerorten derselbe und ein sehr starker Glaube war, aber gar keinen eigentlichen Eigennamen verlangte, *παρθένος*

Die Göttin der Taurer benannten die Ionier einfach *Παρθένος*, Herodot IV 103. Lediglich der Anklang an *ταυροπόλος* ,wie die Göttin von Brauron hieß, hat Iphigeneia zu den Taurern gebracht, also Erfindung eines einzelnen, doch wohl des Euripides. Jedenfalls hat er die Nachwelt bestimmt, alle Geschichten von dem taurischen Bilde an dem oder jenem Orte sind danach entstanden und daher inhaltlos.

[1] Klearchos, Athen. 256e, erzählt von Schmeichlerinnen, die makedonische Prinzessinnen verdarben. *μαγευόμεναι καὶ μαγεύουσαι ταυροπόλοι καὶ τριοδίτιδες ... ἐγένοντο.* Danach waren die Dienerinnen der Tauropolos und Hekate zu Hexen geworden. Verzückte Tänze im Dienste der Göttinnen müssen vorhergegangen sein.

[2] Eine späte Weihung aus Lebadeia an *'Αρτέμιδες πραεῖαι*, IG. VII 3101, wage ich nicht für einen Dreiverein an Stelle der einen Artemis zu verwerten, obgleich das an sich denkbar ist. Wahrscheinlich sind Eileithyien oder ähnliche Wesen nach der *λοχία* umgenannt.

καλά[1] *ἡμέρα*[2] *ἄγρα*[3] *φωσφόρος τοξία*[4] *ἐλαφία* reichte aus; ganz besonders beliebt war die Bezeichnung nach ihrem Wohnsitz, zumal in Arkadien und dem von diesem Stamme früher besetzten Lande, *λιμνᾶτις καρυᾶτις* (unter den Nußbäumen) *δερεᾶτις κορυφαία, κνακεᾶτις* oder ähnlich von einem gelben, fahlen Berge, in dem zu einer Stadt zusammengeschlossenen Gebiete von Sparta *λιμνᾶτις, ὀρθία,* deren Bedeutung nicht klar ist[5], *ἰσσώρα* vorgriechisch, auch *'Ισσωρία*; *οἰνωᾶτις ἀλφειώα,* in Attika *ἄγρα μουνιχία*[6] *βραυρωνία,* als Filialen aus Euboia *'Αμαρυσία* und *κολαινίς,* unbekannter Bedeutung, zu der die von Aulis gehört. In Böotien fehlen solche Namen, in Thessalien haben sich *'Ενοδία* und *Φεραία* ähnlich entwickelt, aber in Enodia ist die Herrin des Draußen unverkennbar, und zu Brimo vermittelt Hekate den Übergang. Von Phokis bis Ätolien wiegt die Laphria vor, die ganz die Herrin des Draußen ist. So erst wird uns deutlich, daß in den vielen und ganz verschiedenen Namen und dem zwiespältigen Wesen, das diese Göttinnen zunächst zeigen, im Grunde eine und dieselbe göttliche Macht Gestalt gewonnen hat; gerade in der scheinbaren Zersplitterung offenbart sich die Stärke des Glaubens und der Verehrung. Es ist noch alles in Fluß, und selbst als Hekate und Artemis herüberkamen und zumal der letztere Name die meisten alten Bezeichnungen herabdrängte, trat noch keine uniformierte Erstarrung ein. Als die Monate Namen erhielten, ist sie stark bedacht worden, lange nicht immer unter dem

[1] Aischylos Ag. 140, eine Hauptstelle. Die Kalliste am Dipylon ist Frauengöttin, Heilgöttin, ihr Bild ist gar keine Artemis, Roussel Bull. Corr. Hell. 1927, 164.

[2] Hier ist der Name durch die geglaubte Wirkung einer Quelle bestimmt, hat also Artemis die Quellgöttin verdrängt.

[3] Dieser Name offenbar älter als Agrotera.

[4] *τοξία* neben Artemis in Gortyn 179 III 9 Schwyzer.

[5] Sie ist von allen die verbreitetste, bis Byzanz, Herodot IV 87, selbst in Athen im Kerameikos, Schol. Pindar Ol. 3, 54. (Die Schwankungen in den Namen *'Ορθία 'Ορθωσία, 'Ημέρα 'Ημερασία* u. dgl. sollten einmal zusammen geprüft werden.) Artemis heißt sie hier niemals. Von der Orthia Spartas wissen wir nun, daß sie erst von den Spartanern auf der Sumpfwiese am Eurotas angesiedelt ist, also aus Arkadien übernommen. Die *'Ισσώρα* war natürlich für die alte Zeit eine andere Göttin. Limnatis ist für die spartanische Orthia ein ungenauer Ausdruck.

[6] Die echte Kultlegende bringt Appendix proverb. II 51, eigentlich Zenobius (I 8 Athous); hinzu muß man nehmen, was Eustathius aus dem Lexikon des Pausanias erhalten hat, bei den Göttingern unter dem Texte.

neuen Namen; sie pflegt im Frühjahr zu herrschen. An vielen peloponnesischen Orten (nicht in Athen) tanzen Mädchenchöre ganz besonders ihr zu Ehren, den Nymphenchören entsprechend, die sie umgeben. Wo sie Hauptgöttin war, übernimmt sie als solche auch Funktionen, die ihr ursprünglich fernlagen, wird in Troizen und auf Thasos (Bull. Corr. Hell. L 243) *Σώτειρα* auch für die Schiffahrt. Die Munichia hat das auch erfahren, als der Hafen entstand[1]. Die Behandlung aller Einzelkulte und Namen würde in das Unendliche führen; hoffentlich reicht das Angeführte hin, den Glauben zu erkennen, der sie erzeugt hat. Es ist natürlich eine innerliche Verwandtschaft, was alle diese lokal bestimmten Göttinnen befähigt hat, sich unter den fremden Namen Artemis zu stellen. Daß die Thraker eine ähnliche Göttin hatten, meist von den Griechen Artemis genannt, von Herodot IV 33 als *βασιληίη* bezeichnet, unter dem Namen Bendis im fünften Jahrhundert von den Athenern stark verehrt; daß die Kreterinnen Britomartis und Diktynna auch mit Artemis geglichen werden konnten, haben wir früher gesehen. Von ihnen allen wissen wir zu wenig, um Ähnlichkeiten und Unterschiede abzuschätzen. Sie sollen uns nur nicht davon abdrängen, das hellenische Gefühl in den alten hellenischen Kulten möglichst rein zu erfassen. Etwas ist besonders wichtig: alle diese Göttinnen wirken auf der Erde und gehören auf die Erde, ganz wie Hermes. Kallimachos sagt, selten nur käme Artemis in eine Stadt; auf den Olymp gehört sie erst recht nicht.

Nicht vermag ich zu erklären, wie eine Göttin *Εὔκλεια* mit Artemis gleichgesetzt werden konnte, die in Pherai, Böotien, Lokris, Delphi, Megara, Korinth, mit Eunomia verbunden in Athen[2] verehrt ward, Feste hatte, einem Monate den Namen gab[3]. Sie ist später ganz zurückgetreten und sollte gar nur eine Heroine sein; das darf ihre Bedeutung in der alten Zeit nicht beeinträchtigen. Ihre Heiligtümer in den böotischen und lokrischen Städten, auch wohl in Korinth, lagen am Markte, was auf eine Beziehung zum Staate deutet. Auf Paros, was an sich schon merkwürdig ist, wei-

[1] Vgl. Anm. 6 S. 179.

[2] IG. IX 2, 420, Plutarch Arist. 20, Sophokles Oed. 161, Pausan. IX 17, Schwyzer 323 D 7 (neben *Ἀρταμίτια* und *Λάφρια*), für Megara zeugt der Monatsname in Byzanz, Xenophon Hell. IV 4, 2, in Athen Pausan. I 14, 5 (nicht am Markte). Sesselinschriften aus dem Theater u.a.

[3] Wenn der Monat nicht etwa nach *Ζεὺς Εὐκλεῖος* hieß, aber den kenne ich nur aus Bakchylides 1, 6 Jebb, 116 Bl.

hen der Aphrodite (Pandemos, wie sie sonst benannt wird), dem Zeus Aphrodisios, dem Hermes und der Artemis Eukleia die Strategen etwas, die Schrift weist auf frühes drittes Jahrhundert, es wird auch noch *Εὐκλείηι* geschrieben, IG. XII 5, 220. In Athen verbindet der Kultus Eukleia und Eunomia, bezeugt nur in der Kaiserzeit, aber eine der jungen schönen Vasen, die so oft ihren Mädchen die Namen solcher göttlichen Wesen beischreiben, führt die beiden neben Harmonia und Aphrodite auf[1] und Bakchylides 13, 175 J. sagt, daß die Arete mit Eukleia und Eunomia die Städte frommer Männer in Frieden behüte. Das sagt er wohl im Gedanken an die Horen Hesiods, zu denen Eirene und Eunomia gehören. Aber Eukleia tritt hinzu, der gute Ruf, den die Gesetzlichkeit der Stadt einträgt. In Theben, der Stadt der Harmonia, befremdet eine solche Gottheit hesiodischer Art nicht, aber es ist schon wider unser Erwarten, daß sich ihr Dienst über einen so weiten Kreis erstreckt, und wie man in ihr eine Artemis finden konnte, begreife ich nicht. Kallimachos freilich widmet eine längere Partie seines Hymnus einer solchen *εὐνομία* und *εὔκλεια* wahrenden Tätigkeit der Artemis, 122–35, und man könnte die *σώτειρα* auch heranziehen; aber die ist vereinzelt und wo sie erscheint, verständlich. Ich kann nur die Aporie aufstellen.

Die Menge der N y m p h e n verschiedener Art sind die göttlichen Einzelmächte der Natur im Draußen, denen die Herrin des Ganzen entspricht[2]. Wie die Hellenen fremde Göttinnen früher Parthenos als Artemis benannt haben[3], so tritt diese Bezeichnung auch für die Nymphen ein; gemeint ist dasselbe. Wo immer im Walde

[1] Heydemann, Vasensammlung Neapel, N. 316.

[2] Theodoridas, Anth. Pal. VI 156, macht ein feines Gedicht für eine Frau, die ihres Sohnes Haar *κούραις Ἀμαρυνθιάσιν* weiht. Die Artemis von Amarynthos ist berühmt, hat auch in Athen eine Filiale; ihr wird ein Knabe sein Haar nicht darbringen. Aber wie nahe stehen ihr die Ortsnymphen, die das Kind bisher beschützt haben, das nun ihnen entwachsen ist.

[3] *Παρθένος* vertritt das thrakische Neapolis auf dem Relief bei Schoene, Gr. Reliefs Taf. 7. Die thrakische Göttin heißt gewöhnlich Artemis, Bendis ist sie nicht, die würde Jägerin sein. Die Göttin der Taurier hat immer *Παρθένος* geheißen, Latyschew, Inscr. Ponti 377, 399, Artemis sagt erst Euripides. Die Insel Leros heißt nach ihrer Göttin noch jetzt *Παρθένι*.

draußen Leben ist, in den Bäumen[1], in Teichen und Quellen, da wohnen und walten diese lieblichen Mädchen. Auch andere verwandte Völker kennen ähnliche Gestalten, aber es ist doch etwas anderes, daß sich dem Hellenen das vom Menschen unangetastete stille Waldwesen, dessen Zauber auch uns andächtig stimmt, sich in lieblichen Mädchen verkörpert, in ewiger Blüte[2] der Jugend. Denn sie sind nicht nur *θεαὶ ἀθάνατοι*, sondern auch *ἀγήρω*, und wenn sie auch mit den männlichen Waldgenossen tollen, ihre Jugend bleibt immer frisch. Sie haben keine Eltern, denn wenn Acheloos oder Okeanos Vater der Nymphen oder wenigstens der Wassernymphen heißt, so ist damit kein persönliches Verhältnis gemeint, sondern es geht die Gattung an, ganz ebenso wie wenn die Ilias *Z* 420 Baumnymphen Zeustöchter nennt, was nur ihre Göttlichkeit bezeichnet, ganz wie den Flußgott Skamandros *ἀθάνατος τέκετο Ζεύς*, der unsterbliche, weil auch der Fluß niemals versiegt. Wäre es anders, so würden wir von einer Mutter oder der Geburt einer Nymphe hören, aber sie sind ewig, weil sie Gattungswesen sind und die Gattung nicht ausstirbt. Sie haben auch keinen Eigennamen, es sei denn, daß ihn eine Quelle führt, dann heißt ihre Nymphe ebenso; fons Iuturnae, Bandusiae würde man nicht sagen[3]. Mit Arethusa muß es eine besondere Bewandtnis haben, da der Name öfter wiederkehrt[4]. Künstliche Brunnen haben keine Nymphe, Kallirrhoe, Enneakrunos. Die Italiker haben in der *νύμφη* nur das Wasser, lympha, verstanden; sie werfen ihnen Geld in die Flut; mit dem könnten die Nymphen nichts anfangen. Unter den „anderen Göttern" Athens hat keine ihren Schatz. Der Staat

[1] *Παρθένοι* heißen die Zypressen eines Hains bei Psophis, Pausan. VIII 24, 7. Ibykos 1 verlegt Baumblüte und Bewässerung, was die Nymphen geben, in den Garten der *Παρθένοι*, Sapph. und Simon. 122. Hellenische Frühlingsstimmung.

[2] Blumen haben keine Nymphen; die Geschichten von Hyakinthos, Narkissos, Kissos, Leukothoe, Klytie sind jung, Spielereien oder wenigstens ohne religiösen Inhalt.

[3] Pausanias VIII 12, 7 ist daher *Ἀλαλκομενεία πηγή*, nicht *-νείας* zu schreiben.

[4] Auf den syrakusischen Münzen sichern ihre Fische, daß sie gemeint ist. Dirke und Alope heißen nach Heroinen, Dirke freilich nicht immer. Das sind Ausnahmen; bei der Makaria der Tetrapolis, der Glauke Korinths ist so etwas erst später erfunden, ebenso bei der syrakusischen Kyane die Verwandlung; die Namen gingen die Quelle als solche an.

pflegt ihnen keinen Kult zu erweisen[1]. Die Trittys von Marathon, IG. I 190, 17, opfert Νύμφαις καὶ Ἀχελώιωι, damit sind sie alle abgetan. Sie leben eben auf dem freien Lande, in die Stadt gehören sie nicht[2]. Erst als die falsche Zivilisation das Land ruiniert hat, wollen die Stadtmenschen die Göttinnen hereinzwingen und bauen sich die anspruchsvollen profanen Nymphäen. Aber in der guten Zeit ist das Land voll von ihren bescheidenen Heiligtümern, und wenn ein Bauer etwas draufgehen läßt, wie Archedemos, der eigentlich aus Thera stammte (IG. I 778–800), baut er ihre Höhle aus und legt ihnen einen Tanzplatz und einen Garten an. Denn in Höhlen wohnen sie gern, in der Schlauchhöhle des Parnaß, als μύχιαι auf Naxos (IG. XII 5, 53). Daher erfindet ihnen der Dichter der Odyssee eine Höhle fern von der Stadt; Eumaios wohnt ihnen nahe und spendet ihnen von seinem Mahle, aber auch Odysseus ist oft zu ihnen herausgekommen. In der Höhle haben die Mädchen auch ihre Webstühle, aber sie werden nur die eigenen Gewande gewoben haben, denn sie haben keine Tätigkeit, sondern ihr Leben in ihrem Reiche bringt diesem unmittelbar das Gedeihen. Daher denkt man die lieben Mädchen spielend und tanzend. Ihr Freund Hermes spielt ihnen auf und führt den Reigen; Vater Acheloos, der Herr des süßen Gewässers, sieht zu; als Pan unter die Götter aufgenommen ist, kann er auch dabei sein. Nur daß sie die Fruchtbarkeit, die sie dem Walde und der Wiese verleihen, auch dem Vieh, das in ihrem Reiche grast, mitteilen, ist eine Folgerung, die den Hirten naheliegt, und so werden Nymphen zu Ἐπιμηλίδες. Dann können sie auch dem Weibe den Wunsch eines Kindes erfüllen, das dann Νυμφόδωρος oder ähnlich genannt wird; sie tun das aber

[1] Die Inschrift des Nymphenhügels IG. I 854 hat Hiller richtig gelesen, ἱερὸν Νυμφῶν δήμο, dem Sinne nach dasselbe wie die frühere Ergänzung δημόσιον. Das Heiligtum lag einst vor der Stadt; als es hineinkam, sicherte der Staat den Göttinnen ihren Felsen.

[2] Es ist eine arge Verkehrtheit, wenn weibliche Köpfe auf Münzen die „Nymphe der Stadt" darstellen sollten. Ist etwa die Antiocheia, zu deren Füßen der Orontes liegt, eine Nymphe? Sie ist θεά, wie die θεὰ Ῥώμη den Griechen eine göttliche Macht geworden ist. Ob freilich auf den alten Münzen die Stadt als ein schönes Weib, als Göttin, erscheint, mag fraglich sein. Wie dies Weib auch heißt: nach dem schönen Bilde verlangten die Menschen, und die so schön ist, ist göttlich. Kyrene ist die Stadt und heißt nach der Quelle Kyra. Die Stadt ist Göttin, und weil sie hellenisch sein will, stammt sie aus Thessalien; den Vater Peneios erfindet der Rhapsode.

viel seltener als die männlichen Flußgötter. So weiht eine Magnetin etwas Ὀρειάσιν πὲρ γενεᾶς (Schwyzer 606). Das geht dann weiter zur Pflege der Kinder, die Hesiod Theog. 347 hervorhebt; so übergibt Aphrodite in ihrem Hymnus ihr Kind den Nymphen. Das bleibt aber keine verbreitete Vorstellung. Daß sie sich einen hübschen Jungen rauben, ist uns von Hylas her geläufig; aber das ist nicht griechisch, sondern bithynisch[1]. νυμφόληπτος heißt vielmehr begeistert[2]: wir sehen im Phaidros, wie das zugeht, wissen wohl auch aus Erfahrung, wie der Waldeszauber wirkt; aber selbst weissagt die Nymphe sowenig wie sie musiziert[3]. Liebhaber findet sie in ihren Waldgenossen, Silenen und Satyrn, zumal seit Dionysos in Hellas eingezogen ist[4]. Daher gibt es Nymphenkinder. Wir müssen uns aber hüten auf die vielen Nymphen in den heroischen Stammbäumen Gewicht zu legen, denn die Genealogen waren oft um Mütter verlegen, und die Erfindung einer Nymphe lag nahe. Ihre eigenen Liebschaften mit Sterblichen wie Daphnis und Rhoikos sind Einzelgeschichten, die man nicht verallgemeinern darf.

Waldnymphen wohnen in einem Haine; daß ihnen ein einzelner Baum geweiht wäre, ist mir nicht erinnerlich. Wohl aber steht schon im Aphroditehymnus, daß die Nymphe in einem Baume

[1] Die bekannte Geschichte kann in späten Grabepigrammen, 570. 571 Kaibel, nachwirken. Und wenn Kallimachos, Epigr. 22, von einem kretischen Jünglinge sagt, ihn habe eine Nymphe geraubt und nun solle man ihn als einen zweiten Daphnis besingen, so ist zu wenig Verlaß darauf, daß von einem im Walde Verschollenen wirklich so etwas geglaubt ward.

[2] Lymphatus aber wird den Römern verrückt.

[3] Weissagende Nymphen, Διὸς καὶ Θέμιδος, am Eridanos, Pherekydes 16, gehören in das Märchen, nicht in den Glauben. Quellwasser kann μανία heilen, aber es erregt keine θεία μανία. Die Pythia trinkt nicht aus der Kastalia. Die Musen für Quellnymphen wegen des Namens Πιμπληΐς zu erklären, ist moderne Torheit.

[4] Als τροφοί dieses Gottes kennt sie schon die Ilias, und diese vornehmste Leistung des κουρίζειν bleibt ihnen. Aischylos hat in einem Satyrdrama vorgeführt, wie diese Ammen mit ihren Gatten, natürlich Silenen, gealtert waren und der Gott die Zauberin Medea bestimmte, sie wieder zu verjüngen. Das muß am Satyrchore ein Hauptspaß gewesen sein. Aber es ist natürlich freie Erfindung. Kaibels Einfall, Herm. 30,88, schwebt in der Luft. Bei Hygin fab. 182 ist diese Geschichte mit Pherekydes bei Eratosthenes Kataster. 14 über die Hyaden verquickt, kann nichts weiter lehren.

lebt, mit ihm geboren wird und stirbt. Die komplementäre Zusammenstellung von δρῦς[1] und ἐλάτη, Laubbaum und Nadelbaum steht hier zuerst, 264. Dann hat also jeder Baum eine Seele, eigentlich nur der gewachsene, nicht der gepflanzte[2]). Es ist das also ein anderer Glaube als der gewohnte an die göttlichen Nymphen, die doch nicht sterben. Die Scheu der Menschen liegt in ihm, die das Leben der schönen Bäume doch vernichten muß, aber einzelne darum verschont und heiligt. Das bezeichnende Wort Ἁμαδρυάς stand schon bei Pindar, Fr. 165; man muß nur die Fundstelle genau lesen[3].

Seit Kallimachos hat es Bücher gegeben, welche die Klassen der Nymphen, δρυάδες ναπαῖαι ὀρειάδες ἐπιμηλίδες usw., unterschieden; davon können wir absehen, aber die Klassen, welche Hesiod anführt, dürfen nicht übergangen werden. Er hat zuerst, 240, Nereustöchter, fünfzig an der Zahl, die zu den Meergöttern gehören, dann kommt Okeanos, der Fremde, der bei Hesiod den hellenischen Acheloos ersetzt hat, den die Ilias, Ω 616, mit den Nymphen verband, wie es auch später geschah. Okeanos ist Vater der Flüsse, von denen eine Anzahl benannt werden. 50 Töchter folgen, die κατὰ γαῖαν ἄνδρας κουρίζουσι; die genannten sind aber nur die πρεσβύταται; es gibt 30000 θεάων ἀγλαὰ τέκνα, und so steht es auch mit den Flüssen; die an einem wohnen, kennen seinen Namen[4].

[1] In Einzelgeschichten wird δρῦς die Eiche sein, aber δρυάς ist die Baumnymphe, und die δρύες, die bei Theokrit 7, 74 um Daphnis klagen, sind die Bäume. Wenn Erysichthon bei Kallimachos eine Schwarzpappel, den liebsten Baum Demeters, fällt, so will der Dichter individualisieren und fragt nicht nach dem alten Glauben.

[2] Daher fällt es auf, daß im Demeterhymnus die Ölbäume beim Raube der Persephone klagen; die noch nicht lange gepflegten köstlichen Fruchtbäume erschienen besonders göttlich. Pausanias IX 24, 4 wundert sich darüber, daß die Bauern in Hyettos Fruchtbäume um ihr Nymphenheiligtum gepflanzt haben. Aber das waren nicht Bäume, in denen Nymphen wohnten, sondern ein Schmuck ihres Kultplatzes. Xenophon hatte in Skillus dasselbe getan, Anab. V 3, 12.

[3] Von dem langen aber endlichen Leben der Nymphen redete eine Neis in einem hesiodischen Gedichte, Fr. 171, ohne Grund in die Χίρωνος ὑποθῆκαι gesetzt. μακραίωνες bei Sophokles Oed. 1099 ist mehrdeutig, meint aber wohl dasselbe. Höchst auffällig ist bei Apollonios Rhod. IV 1425 die Erscheinung der Hesperiden als Bäume zugleich und als Mädchen. Er hat sie als Baumnymphen gefaßt, aber das ist hellenistisches Spiel; was sie eigentlich waren, wird sich später zeigen.

[4] Unverkennbar sollte die Absicht Hesiods sein, von den Flüssen zwar

Hier fällt der Name Nymphen nicht, *θεαί* und *'Ωκεανῖναι* genügt dem Dichter. Nymphen hat er vorher genannt, 130, wo die Erde den Himmel und die Berge als lieblichen Wohnplatz der göttlichen Nymphen aus sich hervorgehen ließ. Als sie das tat, gab es weder Götter noch Nymphen. Es ist eine kaum glaubliche Verkehrtheit 130 zu streichen, was zur Folge hat, daß die Götter die Berge zu ihrem Aufenthalt bekommen. Da ist doch das Reich der göttlichen Mädchen; wir können uns die *ὄρη* ohne die *ὀρειάδες* gar nicht denken. Werden wir verlangen, daß Hesiod sage „wo jetzt die Nymphen wohnen"? Der Vers stand da, als 128 eingeschoben ward, weil der Sitz der Götter zu fehlen schien. Befremdlich wird erst 187, da entstehen aus den Blutstropfen, die von dem entmannten Uranos auf die Erde fallen, die Nymphen, „die man über die endlose Erde hin *Μελίαι*, Eschen, nennt". Das ist also eine ältere Klasse. Die Scholien, so jämmerlich sie verkürzt sind, sagen noch, *ἐκ τούτων ἦν τὸ πρῶτον γένος τῶν ἀνθρώπων*. Das stimmt zu Erga 143, wo als erstes der unter Zeus entstehenden Geschlechter das eherne *ἐκ μελιᾶν* hervorgeht, und Theog. 563 müssen die Menschen in dem befremdenden Dativ *μελίῃσι* stecken, wie wieder der Scholiast erklärt. Aus einem unbekannten Dichter steht bei Hesych *μελίας καρπός· τὸ τῶν ἀνθρώπων γένος*[1]. Melia erscheint infolgedessen als Mutter der Ahnherren ganzer Stämme[2]. Unverkennbar ist, daß die Menschen oder der Urmensch aus der Esche hervorgegangen sind; es muß ein uralter Glaube gewesen sein, denn ausgesprochen wird es nach Hesiod nicht wieder, und es liegt etwas Bestimmteres darin, als daß alles, was ist, auch Götter und Menschen, aus der Erde

die fernen, zumal die bei Homer in der Troas genannten seltenen Namen zu bringen; die nächstliegenden, Asopos, Ismenos, Kephisos, konnten als bekannt fortbleiben. Mit den Quellen steht es geradeso; keine bekannte ist genannt, denn Europe gehört zu Asie. Kalypso, Nymphe bei Homer, durfte natürlich nicht fehlen, Styx war die allerälteste und bereitet ihre Geschichte 776 vor.

[1] Musaios Fr. 5 setzt in das homerische Bild, das die Vergänglichkeit der Menschen mit den Blättern vergleicht, die *μελίαι* ein, schwerlich ohne an die Herkunft der Menschen von diesen zu denken.

[2] Mutter des ersten Menschen Phoroneus, apollodor. Bibl. II 1, des Haimon auf einem Stein von Larisa IG. IX 2, 582, also Ahnfrau der *Αἵμονες*, die verschollen sind, aber dem Lande den Namen *Αἱμονία* gegeben haben. Als eine Nymphe der ältesten Ordnung ist sie bei Pindar Mutter des Teneros, bei Apollonios II 4 Mutter des Amykos, Mutter des Dolion von Kyzikos bei Alexander von Pleuron, Strabon XIV 681.

stammt, denn dazu braucht es gar nicht erst einer Frage, wie es zugegangen sei. Die Esche liefert zwar mit ihren lang aufgeschossenen Trieben dem Achilleus seine Lanze und ist auch später ein verarbeitetes Holz, aber die Eschen sind weder zahlreich in Griechenland noch für den Baumbestand charakteristisch, wie von den Laubbäumen vor allem die Eichen, auch die Pappelarten, nun auch die Platane. Da darf man wohl schließen, daß die Esche als der Baum, aus dem der Mensch geworden ist, in nördlicherem Lande gewählt ist[1], schon in vorgriechischer Zeit, und mindestens als Parallele liest man gern in einer Einlage der Völuspa, daß der Mann aus der Eiche, das Weib aus der Rüster geworden ist[2].

Nicht nur unter dem farblosen Namen von „Mädchen" oder wie bei Hesiod „göttlichen Mädchen", *θεαὶ νύμφαι*, ist die lebenspendende Macht der Natur zur Gestalt geworden; andere Namen und Gestalten sprechen es aus, daß sie das Schöne erblühen und reifen lassen, und dazu müssen sie selbst schön sein. *Ὥρα πότνια κᾶρυξ Ἀφροδίτας* beginnt Pindar, Nem. 8, ein Lied auf einen schönen Knaben. Da faßt er das Göttliche, das ihn zur Mannbarkeit erblühen läßt, als Einheit. Die *Ὥρα* ist ja nicht nur die Zeit, die es zur Reife brachte, sie hat ihn *ὡραῖος* gemacht, und so macht sie, machen die *πολυγηθέες ὧραι*, *Φ* 450, alles reif und schön zugleich; man muß nur fühlen, was in dem Worte liegt. Und man muß die vier Jahreszeiten, die in der Kaiserzeit so oft abgebildet werden und von da in Dichtung und Poesie übernommen sind, ganz fernhalten. Mit dem Bauern, der sich die erste reife Feige bricht und den *φίλαι Ὧραι* dankt[3], muß man empfinden. Die jüngeren, aber aller Wahrscheinlichkeit nach in Athen geltenden Namen *Θαλλώ, Αὐξώ, Καρπώ*[4] sagen deutlich, was sie wirken; kein Wunder, daß

[1] In der Wendung *οὐκ ἀπὸ δρυὸς οὐδ' ἀπὸ πέτρης* bleibt unklar, ob gemeint ist, daß die ersten oder die gewöhnlichen Menschen aus Bäumen oder Felsen (was an sich befremdet) hervorgegangen sein sollen.

[2] Über eine Gattung von Nymphen *βρῖσαι βρεῖσαι βρῆσαι* (das Richtige ist unsicher) wissen wir nur, daß es sie auf Keos mit Aristaios gab, in Lesbos mit Dionysos, der *Βρεισεύς* heißt; *Βρῆσα* war ein Ort, aus dem die Sklavin stammte und daher *Βρισηΐς* bei Homer als Eigennamen hat; die Bedeutung wußte er nicht mehr.

[3] Aristoph. Frieden 1168. Was der Titel seiner Komödie *Ὧραι* bedeutete, läßt sich nicht erkennen.

[4] Robert, Comment. Mommsen., hat darin offenbar recht, daß die

sich Dionysos bei ihnen eingedrängt hat[1]. Die Ilias (das junge Gedicht Θ) führt sie nur als dienstbare Götter auf dem Olymp ein. Hesiod, Theog. 903, der zwischen ὥρα und ὤρα nicht unterscheidet, kann sie die Werke der Menschen überwachen lassen, gibt ihnen die Namen Eunomia, Dike, Eirene, und dann können sie die Themis zur Mutter haben. Das sind Mächte, die auf Erden die gesetzliche Ordnung aufrechthalten, die mit der Herrschaft des Zeus den Menschen bereitet ist; daran knüpfen andere Dichter an, Pindar, Ol. 13, 7. Aber er vermeidet den Namen Horen, der für jene drei schlecht paßt; hier ist Hesiod nicht durchgedrungen, denn für die Späteren ließen sich die ὧραι von der Zeit nicht trennen.

Auch die Chariten werden von Homer schlecht behandelt; man sieht, wie er beflissen ist, die anderen Götter zu πρόπολοι der Olympier herunterzudrücken. Wenn Hera dem Schlafe eine Charis verspricht, die einen Eigennamen bekommt, so gibt es deren viele. Wenn Charis die Frau des Hephaistos ist, der so reizvolle Werke schafft, muß es eine sein. Als Dienerinnen Aphrodites sind sie wieder eine Schar. Im Aphroditehymnus 95 sollen sie gar aller Götter Gefährtinnen sein[2]. Hesiod macht sie zu Zeustöchtern von einer beliebigen Okeanide Eurynome und bestimmt maßgebend die Dreizahl; sie erhalten Namen, die für ihn Frohsinn, Glanz und Blüte bedeuten. Wieviel mehr sich hineinlegen ließ, zeigt Pindars Lied an sie, Olymp. 14[3]. Da dichtet er aber auch für Orchomenos, wo sie die Stadtgottheit waren, also in allen Dingen Segen spendeten[4]. Er selbst hat die Göttinnen hochgehalten, die seinem Dichten

drei Namen zusammengehören; Useners Polemik ist ganz unberechtigt und geht an dem Sinn der Namen vorbei. Zweifeln kann man nur, ob die drei zusammengehörigen Namen zuerst den Horen oder den Chariten zukamen, weil sie für beide passen. Wie die Verschiebung in der Vorlage des Pausanias IX 35, 2 entstanden ist, kann ich nicht sagen, aber das entscheidet nicht.

[1] Philochoros, Athen. 38c. Die Lage des Heiligtums ist unbekannt. Tempel der Horen sind nicht häufig, auffällig ein Haupttempel in Attaleia, Inscr. British Mus. 1044.

[2] Noch anstößiger ist der Zusatz καὶ ἀθάνατοι καλέονται; ich weiß nicht, was er will. Die Nymphen folgen gleich, und natürlich denkt Anchises an die seines Waldes, 98. Aber den werfen die Kritiker aus, obwohl er für die Situation gedichtet ist, und entscheiden sich für 97 und 99, die aus *Y* 8, 9 abgeschrieben sind, sich also selbst ausweisen.

[3] Pindaros 152.

[4] In den Geoponika XI 4 steht eine pragmatische Metamorphose.

Anmut verleihen und in dem Verhältnis zu seinen Bestellern walten sollten. Simonides, dem die *Χάριτες* Theokrits folgen, wußte ihren vieldeutigen Namen anders zu wenden. Euripides, Hipp. 1147, wirft ihnen vor, daß sie den Schuldlosen nicht vor der Verbannung geschützt haben. Der Jüngling mit allen seinen Reizen ist vorher geschildert, den mußten die Chariten lieben und schützen; übrigens eine seltene Anrufung. Aristophanes (zweite Thesmophoriazusen) erlaubte sich stolz zu sagen, man brauche sie nicht zu rufen, da sie in seinen Liedern gegenwärtig wären. Dies führe ich nur an, um auch die Spiele der Dichter auf ihre alte weite Bedeutung zurückzuführen. Die Verbindung mit Hermes im attischen Ritual[1], mit den Nymphen auf dem thasischen Relief und vor der Höhle bei Vari (IG. I 780)[2], ihr Kult in Sparta[3] und an vielen Orten, auch Asiens, lehrt, daß sie den Horen so nahe standen wie *χαρίεις* und *ὡραῖος*. Daher konnten die bei den Horen genannten drei Namen *Θαλλώ* usw. auch auf die Chariten passen. Wie die Horen durch die Beschränkung auf die vier Jahreszeiten ihrer alten Würde entfremdet sind, so würdigt die Gruppe der segnes nodum solvere Gratiae die Göttinnen zu reizvollen Körpern ohne göttliche Seele herab[4].

Die Töchter des Königs Eteokles fallen in einen Brunnen und werden in Zypressen verwandelt. Darin wird doch stecken, daß die Chariten ursprünglich in einem solchen Haine wohnend gedacht wurden wie die *παρθένοι* in Psophis; im Grunde waren die Göttinnen dieselben. Die Quelle ist die Akidalia, deren Name vorhellenisch ist.

[1] Aristoph. Thesmoph. 295, IG. I 5, auch auf dem Relief des Sokrates vor den Propyläen.

[2] Auffällig, daß die Weihung *Χάριτος* im Singular gehalten ist.

[3] Die Namen Kleta und Phaenna, die sie bei Alkman trugen, hat Pausanias in dem mythologischen Buche gefunden, das er IX 35 auszieht. Von da hat er sie III 18, 6 eingesetzt, wo er ein Charitenheiligtum bei Amyklai beschreibt, denn es ist ganz unglaublich, daß Zweizahl und Namen zu seiner Zeit noch galten. Die beiden Namen, die nichts Besonderes sagen, wird Alkman mit hesiodischer Freiheit erfunden haben.

[4] Ich scheue mich zu verwerten, daß drei Chariten mit Musikinstrumenten auf der Hand der delischen Kultstatue des Apollon standen, obgleich das Apollodor (Fr. 98, 13 Jac.) angibt, denn Ps. Plutarch mus. 14, der die Instrumente beschreibt, nennt als Gewährsmänner Antikles und Istros, d.h. Istros berief sich auf Antikleides, dem nicht zu trauen ist. Der Theologie Apollodors war es willkommen. Das Wichtigste ist mir, daß ich nicht absehe, wie man wissen konnte, was der Künstler gewollt

Am Nordabhange der Akropolis und weiter unten liegt Garten und Feld, zu dem von oben, vom Hause Athenas und zugleich dem alten Königspalaste, eine Treppe führt. In diesem Bezirke walten die Feldmädchen, ἄγραυλοι; wenn sie benannt werden, heißt die älteste Ἄγλαυρος mit dem entstellten Gesamtnamen, die beiden anderen nach dem Tau Herse und Pandrosos. Auch sie tanzen, Hermes führt sie (Herse hat auch ein Kind von ihm); seit er seine Höhle bekommen hat, macht Pan die Musik dazu. Am deutlichsten schildert es Euripides, Ion 492. Niemand kann verkennen, daß diese Mädchen im Grunde nichts anderes sind als Chariten, Horen, Nymphen, auch die Moiren weiter unten in den Gärten. Aber wegen der Verbindung mit der Burg oben sind sie zu Töchtern des Kekrops geworden[1].

Wir haben in der künstlerischen Darstellung bei den Nymphen die Dreizahl als Wiedergabe einer unbestimmten Menge gefunden. Sie herrscht auch bei den verwandten Göttinnen. Es steht aber auch eine Charis Hora Aglauros Moira neben dem Dreiverein. Hekate wird zu einer Vereinigung von drei tanzenden Mädchen. Wenn Artemis oder Aphrodite oder sonst eine Führerin sich heraushebt, kann das Gefolge aus zweien oder dreien bestehen. Überwiegend sind es weibliche Gottheiten, aber Hesiod hat auch drei Kyklopen, drei Hundertarme, wo wir uns über die niedrige Zahl wundern können. Einmal ist zu bedenken, daß die Sprache selbst neben die Zweizahl gleich die Vielzahl stellt; wer seine Kinder beobachtet hat, muß erfahren haben, daß sie zuerst eben so denken: zwei ist noch faßbar; drei ist schon viel. Von tiefen Gedanken, daß die Drei die Vollendung bezeichne, und ähnlicher Zahlenmystik, die schließlich die christliche Trinität hereinzieht, sind die kindlichen Schöpfer der Götter weit entfernt gewesen. Wenn der Prozeß von der Vielheit zu der Einzelperson führte, so könnte

hatte. Den Gott als Herrn der μουσική und der τοξική darzustellen, war seine Aufgabe, und das verstand jeder. Aber die Chariten machten doch keine Musik. Woran sah man dann, daß es keine Musen sein sollten?

[1] Sollten nicht auf der Münchener Vase, Pfuhl, Malerei Nr. 288, in den schlangenfüßigen Hüterinnen eines Rebgartens, den Ziegen bedrohen, die Töchter des schlangenfüßigen Kekrops zu erkennen sein? Die Komposition des Gemäldes forderte die Vierzahl. Wolters erkennt Hamadryaden, aber gerade dieser Name spricht gegen die Trennung der Nymphe von ihrem Baume, und die Schlangengestalt würde da schwer zu rechtfertigen sein.

man darin einen Fortschritt des Denkens auf den Monotheismus hin sehen. Er geht aber umgekehrt: Muse und Moira werden zu vielen Personen und erhalten Eigennamen, die ihnen ein besonderes Wesen aufdrücken, meist weil feinere Beobachtung den Gattungsnamen unzureichend findet, aber auch nur deshalb, weil ein Dichter das Bedürfnis fühlte, die einzelnen Personen zu benennen, wie es namentlich Hesiod getan hat. Nicht selten löst sich auch eine Seite aus dem Wesen einer Gottheit aus und wird zu einem neuen Gotte, zunächst einem Diener oder Begleiter, wie Eros neben Aphrodite, Nike neben Athena, Hebe neben Hera. So sehen wir hier einen Weg, der zu einer Vermehrung der göttlichen Personen führt; er wird auch nicht verlassen, als die beschränkte Zahl der großen homerischen Götter ausgesondert ist, nur daß die Neuschöpfungen in einem tieferen Range bleiben und in den öffentlichen Kultus nur vereinzelt eindringen.

In einer anderen Weise finden wir Einheit und Vielheit bei den männlichen Waldbewohnern, die für die Menschen kaum etwas leisten, weder im Guten noch im Bösen, also auch keinen Kultus erfahren. Man kann es sich nicht wohl denken, daß der Wald je ohne solche Bewohner, zur Göttlichkeit gesteigerte Tiere des Waldes, gewesen wäre, zumal sie bei anderen Indogermanen nicht fehlen, aber Homer und Hesiod schweigen von Silenen und Satyrn, und wir kennen beide eigentlich erst, nachdem der fremde Dionysos sie in sein Gefolge aufgenommen hat. Daher muß der Nachweis erbracht werden, daß sie nicht erst mit dem neuen Gotte gekommen sind.

Pferdegestaltig sind die thessalischen Kentauren und die ionischen Silene. Jene nennt Homer mit ihrem thessalisch-äolischen Namen *Φῆρες*, diese heißen noch im Satyrspiel, dessen Satyrn Silengestalt haben, *ϑῆρες*. Der Kentaur hat seine Pferdegestalt nie abgelegt, ist vielmehr immer mehr Pferd geworden, der Silen behielt nur Ohren, Schweif und Hufe des Pferdes, aber *ἵππος* konnte er noch lange heißen[1]. Wenn makedonische alte Münzen den Kentaur, thasische den Silen als Frauen- (Nymphen-)räuber zeigen, so

[1] Rumpf, Chalkidische Vasen, T. 29. Merkwürdig ist *Ἱππαῖος* T. 3, Sohn einer Hippe. *ἵπποι* heißen Diener in der Iobakcheninschrift IG. II² 1368 und einer anderen späten Orgeoneninschrift CIA. III 1280a. Pferde finden sich auch eingewirkt in die Prachtgewänder des tragischen Kostüms, mit dem jüngere Vasen die Heroen bekleiden.

leuchtet ein, daß sie ursprünglich dasselbe waren, der Silen nur in Asien der Menschengestalt mehr angeähnelt ist; er wird auch seinen Namen dort erhalten haben, der ungedeutet ist wie *κένταυρος* auch, und *σαυάδαι σαῦδοι σευίδαι*[1], der makedonische Name der Silene, ebenso. Daß aber die Makedonen diese Waldgeister auch besaßen, fällt für das Alter derselben schwer ins Gewicht. Man kat keinen Grund Entlehnung von den Thrakern anzunehmen, was nicht ausschließt, daß auch dort solche Wesen waren. Die Kentauren sind seit Homer auf das Waldgebirge des Pelion beschränkt und kämpfen mit einem verschollenen Stamme von Menschen, den Lapithen. Offenbar haben sich landschaftliche Nachbarkämpfe zwischen Phthioten und Magneten eingemischt und die Natur der Kentauren geändert, denn sie sind sterblich geworden; es gibt sie nicht mehr[2]. Die zweite Schicht der Einwanderer, durch die die Äoliden in den Peloponnes kamen, hat auch die Kentauren mitgebracht und auf der Pholoe angesiedelt, läßt sie aber wieder vernichten, jetzt durch Herakles, weil man an ihr Vorkommen nicht mehr glaubt; eine Hochzeit, die ihnen so verderblich ward wie die des Peirithoos fand sich auch[3]. Nessos ist, wie der auch sonst vorkommende Name sagt, eigentlich ein Flußgott, ist es auch in der Geschichte von Deianeira gewesen, die dann nicht am Euenos spielte, aber auf der altattischen Nettosvase ist er der Vertreter der Kentauren, in dem Herakles auch diese Ungetüme vertilgt; Deianeira darf man nicht *κατὰ τὸ σιωπώμενον* hinzuziehen. Im Gegensatz zu den wilden Kentauren lebt im Walde des Pelion der

[1] Hesych s. v. aus Amerias, Cornutus 30.

[2] Pindar Pyth. 2 bringt die rationalistische Erzeugung der Kentauren durch Vermischung von Mann und Stute, läßt aber den Vater schon Kentauros heißen und einen Wolkensohn sein, der doch eigentlich nur ein Schemen sein konnte.

[3] Hochzeit der Töchter des Dexamenos, der so heißt, weil er den Herakles aufnahm. Wenn die Vase, welche Robert in den Monumenti antichi IX herausgegeben hat, den Kentauren Dexamenos nennt, so ist das nichts als eine Gedankenlosigkeit des Malers. Eurytion müßte er heißen. Auf diese Sage deute ich den olympischen Westgiebel. Ich bezweifle nicht im mindesten, daß viele Beschauer Theseus und Peirithoos zu sehen geglaubt haben, aber der Tempel gehörte doch den Eleern, die nicht wohl darauf kommen konnten, die thessalische Kentauromachie an ihrem Tempel darzustellen, da sie die Kentauren nebenan auf der Pholoe hatten. Gesetzt sie hätten das getan, so würden ihre Landsleute doch die heimische Geschichte zu sehen geglaubt haben.

gerechte und weise Kentaur Chiron, verflochten in die alte Sage von Thetis und Achilleus, die von südthessalischen Auswanderern nach der Äolis mitgebracht worden ist. Er ist noch unsterblich, daher später zum Sohne des Kronos gemacht[1]; seine Frau Chariklo hat auf der Françoisvase menschliche Gestalt. An ihm sehen wir, daß die Waldgeister auch menschenfreundlich sein konnten, ehe die nachbarlichen Fehden sie zu sterblichen Ungetümen machten. Chiron konnte auch einen Kult haben; darauf deutet die Felsinschrift von Thera (IG. XII 3, 360), wohin er wohl von Sparta gekommen ist[2]. Aber man ertrug auch diesen Kentauren als Gott nicht mehr und ließ ihn freiwillig in den Hades gehen.

Die Silene und den Silen treffen wir zuerst in Asien, wo der Aphroditehymnus 262 sie als die Gefährten der Nymphen und des Hermes einführt, aber von Dionysos nichts gesagt wird, und es gibt gerade alte Vasenbilder genug, auf denen Silene mit Nymphen erscheinen, ohne daß irgend etwas Dionysisches dabei ist. Der weise Silen, den Midas[3] fangen läßt und der die Erwartung des Königs durch seine berühmte Antwort enttäuscht, ist eine Erfindung des siebenten Jahrhunderts, als die Erinnerung an die Macht des phrygischen Reiches noch unvergessen war: das kann kaum anderswo erzählt sein als in der Äolis, wo Homer das Epigramm für ein Midasgrab macht. Die Menschenhaut[4], die in dem phrygischen Kelainai hing und dem Marsyas zugeschrieben ward, mag

[1] Kronos muß dazu Pferdegestalt annehmen, Vergil Georg. III 93, Vorlage unbekannt. Die Mutter hieß immer Philyra, ist also die Linde. Das sind widersprechende, unbedacht verbundene Vorstellungen. Die Linde ist älter, vergleichbar den Eschen, aus denen die Menschen hervorgingen; da sie Chirons Mutter ward, hatte er vielleicht noch gar keinen bestimmten Leib, ein Gott, der sich nur gern als Roß zeigte.

[2] Vgl. die Beilage Malea. Bei Clemens protr. 36 P. steht aus den *Θαυμάσια* eines unbekannten Monimos, *ἐν Πέλλῃ τῆς Θεσσαλίας* würde ein Achäer dem Peleus und Chiron geopfert. Die falsche Lokalisierung von Pella könnte Versehen des Clemens sein (Cyrill, der ihn abschreibt, sagt in Pellene *τῆς Θράικης*), aber die Geschichte und der Autor klingen nach einer *κατεψευμένη ἱστορία*, nach Ptolemaios Chennos oder den ps. plutarchischen Parallelen.

[3] Dieser Name zeigt, daß es Übertragung ist, wenn die Makedonen den Fang des Silen in die Rosengärten des thrakischen Balkans verlegten, Herodot VIII 138. Der gefangene Silen schon auf einer recht alten Vase, Wiener Vorlegeblätter 1888 T. 4.

[4] Das wird sie doch gewesen sein, *ἀσκὸς δεδάρθαι* Solon 23, 7 D.

den Eingeborenen etwas ganz anderes bedeutet haben (ihr Flußgott hieß Marsyas): den Hellenen war es die Haut des Silenos[1], der mit seinem Flötenspiele in einen Wettstreit mit dem Leierspiele des Apollon getreten war, aber zugleich der Lehrer des Olympos war, auf den die heiligen Weisen des hellenischen Gottesdienstes zurückgeführt werden. Der musikalische Waldgott Silenos hat mit dem Thraker Dionysos nichts zu tun; Olympos kann seinen Namen nur erhalten haben, als er der Gott des Götterberges war: dort waren die heiligen Melodien zuerst erklungen. Schwierig ist es den Sinn der Silensmasken zu erfassen, die sich in Gräbern, als Antefixe in der Architektur und sonst finden, wo man kaum abgrenzen kann, wann die rein ornamentale Verwendung begonnen hat. Das beliebte Schlagwort apotropäisch sagt zu wenig. Gorgo und Phobos sind Schreckmittel, weiter steckt in ihnen nichts. Der Silen ist ein lebendiges göttliches Wesen aus einem Reiche, das dem menschlichen Treiben entrückt ist. Der Silenskopf auf Vasenbildern, für die er dionysisch geworden war, stellt das Trinkgefäß in seinen Schutz, also auch den Trinker[2]; abschrecken will er nicht. So muß es wohl ein freundlicher Beschützer des Hauses und dann auch der Wohnung des Toten gewesen sein, dessen Maske man, schon als es noch keine Dionysosmasken gab, in den Häusern hatte; aber wie der Waldgeist dazu kam, begreife ich nicht,

[1] Platon, Symp. 215b nennt den Marsyas *σάτυρος* im Gegensatze zu *σιληνός* Herodot VII 26, auch ein Erfolg des Satyrspieles. Von dem Zusammenstoße Athenas mit Marsyas steht fest, daß er ersonnen ist, als die Athener das Flötenspiel für einen gebildeten Bürger unpassend hielten, im Gegensatze zu Böotien und Argos, und als die Flöte für phrygisch galt. Die Geschichte wird wohl maßgebend in einem Satyrspiele erfunden sein, schon vor Myron. Trag. frag. adespot. 381 spricht ein Satyr zu Athena, nicht Marsyas, da er das Flötenspiel für unpassend erklärt. In den Versen steht die ionische Form *λάζευ*, die Euripides schwerlich gebraucht hat, obgleich *λάζυμαι* nur bei ihm belegt ist. Wo er Kelainai erwähnen konnte, ist nicht zu sehen, Fr. 1085, aber es verlangt die Geschichte nicht. So bleibt die hübsche Hypothese von Michaelis in der Schwebe, der in diesem Stoffe das einzige unbekannte Satyrspiel des Euripides finden wollte.

[2] Böhlau, Ionische Nekropolen 158, bemerkt, daß die Masken, die er in samischen Gräbern gefunden hat, nicht für diese gearbeitet waren, da sie zum Aufhängen bestimmt waren. Sie hatten also an oder in Häusern, vermutlich der Verstorbenen, gehangen. Wir werden sie bei Dionysos und seine Masken wiederfinden.

auch wenn man auf den *ἵππος* zurückgreift, dessen Verbindung mit dem Totenkulte feststeht. Eigentlichen Kultus hat er nicht erfahren[1]. Zum Vater der Satyrn, zum Papposilen und zum Erzieher des Dionysos ist er erst durch das attische Satyrspiel geworden[2]. Ionisch sind die Silene, aber doch nicht ausschließlich, das beweist die Form *σιλανός*; so und *Σιλανίων* haben mehrere Megarer geheißen, und die Römer haben *silanus* übernommen, wohl von den Oskern, und ebenso wie *νύμφη lympha* nur auf das Wasser bezogen. Von welchen Griechen die sog. dorische Form zu ihnen kam, ist unbestimmbar.

Die *σάτυροι* sind Böcke, die uns direkt nicht kenntlichen *τίτυροι* auch: das sind wir gehalten der festen Tradition der antiken Gelehrten zu glauben, damit ist auch über den Bock in *τραγωιδία* entschieden[3]. Wir kennen Satyrn nur im Peloponnes, wo es keine Silene gibt, und ein hesiodisches Gedicht nennt sie neben den Nymphen, also wie der Aphroditehymnus die Silene[4]. Waldwesen in Bocksgestalt können dort nicht wundernehmen, wo Pan der Hauptgott war, und Tänzer, die sie vorstellen, auch nicht, wo wir die Widder von Methydrion und andere Zeugnisse für solche Ver-

[1] Pausanias VI 24, 8 nennt einen Tempel des Silen in Elis. Die Stadt war jung, das Kultbild gesellte ihm eine *Μέθη*, die ihm einschenkte; das wird noch jünger sein. Irgendeine besondere Veranlassung hat zu dem Kulte geführt. Pausanias verbreitet sich dabei über sterbliche Silene, weiß von einem Grabe in Pergamon und einem in Palästina, die für die alte Zeit nichts beweisen. Man hat ja später auch die Satyrn für eine halbtierische Menschenrasse erklärt, die irgendwo leben sollte; auch die Tritonen, die aus dem einen großen Triton geworden waren, hat man für Seewesen erklärt, von denen man sogar ein Exemplar, wohl die Knochen, als Rarität besitzen wollte.

[2] Diese Dinge habe ich in einer Anzeige der *Ἰχνευταί* behandelt, Ilbergs Jahrbücher 1912, 464. Ebenda über die Entstehung der Tragödie. Rätselhaft bleibt *Δευκαλίδαι σάτυροι* bei Hesych.

[3] Nichts bezeichnender als die Deutung des Pan in Platons Kratylos 408c. Sein Unterteil ist *τραχὺ καὶ τραγοειδές* und entspricht dem *τραχύ* und *τραγικόν* in dem *τραγικὸς βίος* der Menschen, in dem *ψεῦδος* herrscht. Dieser *τραγικός βίος* ist doch die *τραγωιδία τοῦ βίου*.

[4] Fr. 198: Da die Mutter eine Tochter des Phoroneus ist, gehört es in die Genealogie von Argos. Stünde nicht der Name Hesiod dabei, würde man es in die Phoronis setzen. Der Vater der Satyrn heißt *Ἑκατερός*: wie ging der Name in den Vers? Die Satyrn sind *ἀμηχανοεργοί*, treiben was die Menschen in *ἀμηχανία* versetzt.

kleidung haben. Daraus ist in Phleius das Satyrspiel, in Korinth der Bocksdithyrambus des Arion geworden[1], aber die Athener mußten statt der Satyrn die ihnen allein vertrauten Silene einsetzen, woraus die weiteren Umgestaltungen verständlich werden. Es fehlt aber auch der einzelne Satyros nicht; er stahl den Arkadern das Vieh und ward von Argos *πανόπτης* (in Wahrheit natürlich dem Eponymos der Landschaft) erschlagen, war also hier ein Unhold, den Kentauren vergleichbar[2], sicher vordionysisch. Auffällig ist es, daß die Waldgeister in verschiedenen Gegenden in verschiedener ganz- oder halbtierischer Gestalt gedacht werden; am ehesten mag man denken, daß sie einmal nebeneinander als Rosse, Widder und Ziegenböcke erschienen und nachher die Wahl verschieden getroffen ward.

Auf Grund zahlreicher, namentlich korinthischer Vasenbilder hat man vielfach angenommen, daß menschlich gebildete, aber durch dicken Bauch und Hintern, manchmal auch riesigen Phallos ausgezeichnete Gestalten keine Menschen, sondern dämonische Wesen wären, und hat in diesen Rüpeln den Chor einer Urkomödie gesehen. Die spartanischen Masken ist man dann versucht ebendahin zu beziehen; aber diese *δείκηλα* kann man von den *δεικηλίκται* nicht trennen, und die stellten Menschen dar, ein Chor war nicht vorhanden. Wer die wichtigen Notizen erwägt, die bei Athenaeus 621 stehen, kann nicht verkennen, daß ähnliche, immer menschliche, maskierte oder sonst kostümierte Schauspieler auch in anderen Orten des Peloponneses und in dorischen Kolonien aufgetreten sind[3]. Die tarentinischen *φλύακες* kennen wir am besten,

[1] Vergeblich versucht man die Bockstänzer der Pandoravase loszuwerden, indem man sie Pane nennt, die als Chor unerhört sind. Die alte Komödie hat den Titel *Σάτυροι* häufig; was er bedeutete, wissen wir nicht. Die rätselhaften *Τιτανόπανες* des Myrtilos wird man doch nicht heranziehen.

[2] Apollodor. Bibl. II 4. Dieser Argos ist ein Rival des Herakles, da er auch einen Stier und eine Echidna bezwingt, sehr wichtig, da wir sehen, daß der Dichter des Dodekathlos vorhandene Sagen benutzte, die dem Herakles gar nicht eigentümlich waren.

[3] Hesych *κυριττοί· οἱ ἔχοντες τὰ ξύλινα πρόσωπα κατὰ Ἰταλίαν καὶ ἑορτάζοντες τῆι Κορυθαλλίαι γελοιασταί.* Sie sind besonders wertvoll, weil die Verbindung mit Artemis das Dionysische ausschließt. Vielleicht ist es voreilig, die *Κορυθαλλία* mit Artemis zu gleichen, weil das in Sparta geschehen ist, denn nach der *κορυθάλη*, einem Lorbeer- oder Myrtenzweige (Et. M. s. v.), konnte eine eigene Göttin heißen. Aber dann ist der Kult nur ursprünglicher. *κυριττοί* stießen wie die Böcke mit dem Kopfe.

und hier, wo ein lustiges Schauspiel entstanden ist, hat sich das Dionysische niemals eingedrängt. Es ist kein Chor vorhanden; aber in Sikyon hießen diese Schauspieler φαλλοφόροι, woraus sich der wichtige Schluß ergibt, daß es phallische Tänzer schon früher gegeben hat, und daß es eine Umwandlung eines alten Kultes war, wenn die delischen Phallophoren nicht selbst einen Phallos an sich haben, sondern diesen riesigen Vertreter des Gottes Dionysos tragen, der sich den alten Kultus unterworfen hat. Und wenn die Schauspieler der alten Komödie sehr oft das σκύτινον καθειμένον tragen, so ist das keine Entlehnung aus Megara oder Korinth, sondern stammt von altattischen Phallophoren. Die kultischen Tänze, die zu einer Maskierung führten, sobald sie dämonische Diener des verehrten Gottes vorstellten, kommen für die karikierten Menschen der Vasenbilder kaum in Betracht. Das Leben ausgelassener Zecher mit den weiblichen Teilnehmern ihrer Gelage ist eine Ausartung älterer Tänze, die noch die beiden Geschlechter verbanden, was erst die vom Oriente her eindringende Abschließung der Frauen beseitigt hat. In dem delischen Kranichtanze der von Theseus befreiten Kinder war die Erinnerung an die alte Sitte noch lebendig, obwohl in der Praxis nur die Delierinnen tanzten. Es ist also wohl nur eine spöttische karikierende Darstellung der Zechbrüder, wenn sie sich durch Bauch und Hintern von anderen Komasten unterscheiden. was das Kostüm der Phlyaken nachahmt. Als Dionysos kam, traten seine Begleiter oder vielmehr die Waldgeister, die er zu seinen Begleitern machte, an die Stelle der menschlichen Tänzer; es fehlte ja auch an rituellen Tänzen in seinem Dienste nicht[1].

[1] Die Ansicht, zu der ich gelangt war, ist nun von A. Greiffenhagen auf Grund der Vasenmalerei vorgetragen und begründet, „Eine attische schwarzfigurige Vasengattung und die Darstellung des Komos im sechsten Jahrhundert", Königsberg 1929. Ich kann noch eine wichtige Inschrift aus dem Demos Xypete nachtragen, veröffentlicht im Πολέμων 46 von A. A. Palaios, Verzeichnis von Komarchen und Komasten, die im Jahre 330 gesiegt haben, von dem Herausgeber richtig auf die τετρακωμία bezogen, zu der Xypete gehörte, auch wohl auf ihren Herakleskult. Da hat sich also ein Komos, ein ritueller Tanz, von dem dionysischen Wesen frei gehalten. Früher muß er sehr viel verbreiteter gewesen sein. Ps. Plutarch mus. 4 führt unter den aulodischen νόμοι einen κωμάρχειος auf. Wie sich der rätselhafte Komos in dem Gesetze des Euegoros (Demosthenes Meid. 10) und die Komasten des Ameipsias dazu stellen, läßt sich nicht rasch abmachen.

Wir werden uns eingestehen, daß wir die Vorstellungen der vielen hellenischen Stämme von den Waldwesen, männlichen und weiblichen, ganz ungenügend kennen; es ist ja auch mit den phallischen Kobolden nicht anders, und wir werden noch öfter Ähnliches finden. Da sind manche, die Schutz gewähren, andere, die schädlich wirken, wenn man sie nicht beschwichtigt. Aber selbst diese haben mit der Religion recht wenig zu tun, und an Silenen und Satyrn ist das Wichtigste, daß sie überhaupt keinen Kult finden. An ihnen lernt man am besten, daß über- oder untermenschliche Wesen geglaubt werden, die zwar die Phantasie, aber eben nicht die religiöse Phantasie stark beschäftigen, sehr viel mehr als die Gottheit, zu der wir uns nun wenden.

Darin, daß die Urhellenen die Erde verehren und wie sie sie verehren, offenbart sich der eigentümlichste Zug ihrer Religion, daher liegt besonders viel daran, daß er recht gewürdigt wird. Denn hier ist das Göttliche bereits mehr oder weniger bewußt universal erfaßt. Die Erde ist ihnen nicht der Boden, auf dem ihr Haus oder Dorf steht, sondern der Boden, den die Füße von Mensch und Tier beschreiten, die der Götter auch, denn auch sie wohnen alle auf der Erde und stammen von ihr wie die Menschen. Darum ist die Erde Allmutter. Sie ist es, ob sie nun unter ihrem Namen *Γαῖα Γῆ* verehrt wird, gern mit dem Zusatze *μᾶτερ* angerufen, oder als *μήτηρ θεῶν* die geringeren Geschöpfe mit begreift, oder als *δᾶ μάτηρ* zu einer stärker abgesonderten *Δαμάτηρ Δωμάτηρ* wird. Die letztere Form hat in Thessalien und daher in der asiatischen Äolis bestanden, und *Δωίς* nennt sich Demeter im Hymnus 122, als sie sich vorstellt, Demeter, als sie sich offenbart. Unter diesem Namen ist sie schon mit den ersten Einwanderern überall hingekommen; wo man *δᾶ* für *γᾶ* gesagt hat, ist daher genauer nicht bestimmbar. Es blieb aber in dem Rufe *φεῦ δᾶ* und ähnlichen erhalten, und auf Kypros hießen die Nymphen *ἐνδαίδες*, *'Εννοσίδας* steht neben *'Εννοσίγαιος*. Ob Euripides die sprachliche Identität verstand, macht nichts aus, sachlich trifft sein Wort zu, Phoen. 685 *Δαμάτηρ θεά, πάντων ἄνασσα ⟨Γᾶ⟩, πάντων δὲ Γᾶ τροφός*.

Noch lange hat man in Athen die Beteuerung gebraucht *ὦ Γῆ καὶ θεοί*; darin liegt, daß sie ihnen übergeordnet ist. Der homerische Hymnus XXX[1] schildert nicht mehr die Allgebärerin, son-

[1] V. 14 tanzen die Mädchen vergnügt *χοροῖς περεσανθέσι*, dies die Überlieferung. Man liest *φερεσανθέσιν*, was naheliegt, und die Bildung,

dern nur die τροφός, die alles gedeihen läßt, ὄλβος verleiht, und sehr hübsch sind lustige Mädchenreigen das letzte Bild, ἄφθονε δαῖμον der letzte Gruß: in ihr ist kein φθόνος, darum gibt sie reichlich. In den Herakleiden des Euripides 748 richtet der Chor am Anfang der ersten Strophe sein Gebet an die Erde und die Sonne: sie sollen nach Athen melden, was in Marathon beschlossen ist. Die zweite Strophe bittet die „Mutter", der der Boden und die Polis gehört, das feindliche Heer anderswohin abzulenken[1]. Diese jüngeren Äußerungen lehren, wie lebendig das Gefühl für die Göttin Erde auch damals noch war, und nach wie verschiedenen Seiten man ihre Macht empfand. Dem Solon bezeugt das Verdienst seiner Schuldentilgung *Γαῖα μήτηρ μεγίστη δαιμόνων 'Ολυμπίων*[2]. Den Nordgermanen fehlt eine solche mütterliche Göttin. Bei Sikelern[3] und Kelten ist für die eine Mutter ein Dreiverein eingetreten, aber sie scheinen den Quadriviae, Triviae verwandter, da sie örtliche Beinamen erhalten, also fehlt die Allmutter Erde. Die römische Tellus geht die Fruchtbarkeit des Ackers an, entspricht also nur der Demeter; mütterliche Göttinen gibt es bei den Italikern genug, aber sie scheinen von dem Elemente gelöst wie die *Κουροτρόφος*. Dagegen ist die kleinasiatische Göttermutter, Mutter vom Berge, „große Mutter"[4] und wie sie sonst heißt, universal, aber sie gebiert

Mißbildung, könnte man schon ertragen, aber Blumen würden doch die Mädchen tragen, nicht die Tänze, und sollten sie etwa Blumen der Göttin darbringen wollen, so würden sie nicht tanzen. Gerade die Blumen sind bedenklich, denn im nächsten Verse steht ἄνθεα darunter. Unheilbar.

[1] Über den Text Gr. Verskunst 452. Das Gebet hat, wie ich erst jetzt sehe, eine aktuelle Bedeutung, denn das Drama gehört in die Zeit der peloponnesischen Einfälle in das athenische Land. Da sollte die Mutter ihr οὖδας verteidigen. In der Mutter Athena zu sehen, ist für mein Gefühl ebenso wie für meine Kenntnis der attischen Redeweise geradezu blasphemisch.

[2] Sie selbst ist keine olympische Göttin, aber Mutter selbst der Olympier. Auf die speziellen Genealogien kommt nichts an, denn sie ist die Mutter von allem was lebt; sie steht ja am Anfang der Theogonie. Die *Γῆ 'Ολυμπία* Athens ist die von Olympia, nicht vom Olympos, ein fremder Kult, mit dem Zeus von Olympia eingeführt.

[3] Die sikelischen Mütter stellt ein schönes frühhellenistisches Relief aus Camaro bei Messina dar, Archäol. Anzeiger 29, 204. Nymphen sind das nicht.

[4] Die Ge wird von Kallimachos Del. 266. 321 mit *Μεγάλη* bezeichnet. Er kannte diese Bezeichnung z.B. aus Lemnos und verstand darunter die Erde.

nicht, sondern liebt ihren Attis oder wie er heißt, der früh sterben muß; das ist eine ganz andere Auffassung des Naturlebens. Es konnte aber nicht ausbleiben, daß die Berührung der Griechen mit den Asiaten zu einer Gleichsetzung der so verschiedenen Mütter führte, so daß das Kultbild der athenischen *μήτηρ* in ihrem Tempel neben dem Rathause sich an die bereits bestehende Bildung der Asiatin anlehnte[1] und Attribute von ihr übernahm, was die Theologie weiter ausbaute (Euripides Helen. 1301). Sophokles, Philokt. 392, nennt Zeus den Sohn dieser asiatischen Ge. Es sind auch Barbarinnen, die bei Aischylos, Hiket. 892, *ὦ πᾶ Γᾶς παῖ Ζεῦ* rufen, aber die Dichter würden das nicht gesagt haben, wenn für sie nicht der allmächtig regierende Gott, was Zeus für sie war, noch aus dem Elemente gestammt hätte, aus dem er sich in den Himmel erhoben hatte. Darin wirkt die älteste hellenische Gottesempfindung und zugleich Naturbetrachtung nach, so daß es schon hier angeführt werden mußte[2]. Die kosmogonische Dichtung, Hesiodos, Pherekydes, hat das in verschiedener Weise ausgeführt. Aus der Erde müssen dann freilich auch die Urgewalten stammen, mit denen die Götter, welche jetzt regieren, zu kämpfen haben, die Titanen des Hesiodos und die Giganten, denen sie selbst zu Hilfe kommt, sehr anders als bei Hesiod, wo Ge den Zeus berät, also nur noch Dichtung, die der Würde der Erdmutter keinen Eintrag getan hat. Wenn sie überaus oft bei Homer und zu allen Zeiten neben der Sonne, die alles sieht, als Schwurzeuge angerufen wird, also allgegenwärtig ist, so wird in ihr das Element zu einer Gottheit, kann daher dieser Eid weiter angewandt und verstanden werden, auch als die Göttin aus dem Glauben geschwunden war. Diese hat im Mutterlande überall im Kultus Opfer erhalten, also auch Altäre[3],

[1] Ein orgiastischer Kultus folgt daraus nicht; den hat es nicht gegeben, Attis ist nicht aufgenommen. Wenn sich Verehrer der asiatischen Mutter fanden, mußten sie einen eigenen Thiasos gründen, IG. II² 1327. 28 u. a.

[2] Aristoteles Metaphys. I 8 konstatiert, daß keiner der Philosophen, die einen Urstoff annahmen, ihn in der Erde gefunden hätte, während die Vorstellung alt und volkstümlich wäre, *πάντα εἶναι γῆν*. Den Hesiod hat er nicht mitgezählt, den Gehalt der Mythen mit berechtigter Beschränkung ganz beiseite gelassen. Wir müssen das ergänzen.

[3] Von Agonen der Ge redet Pindar Pyth. 9, 101, was wir so wenig verstehen wie die alten Erklärer; Didymos redet von athenischen *ἆθλα Γῆς*, die es doch nicht gegeben hat. Auch die zugleich von Pindar erwähnten olympischen Agone sind unbestimmbar.

seltener Tempel. Für eine Bildung in Menschengestalt ist sie im Grunde zu elementar[1]. Ihr Aufsteigen aus dem Boden in der Gigantomachie ist durch die Handlung bedingt, soll aber diese Verbindung mit dem Boden deutlich machen. Aischylos hat sie in dem gelösten Prometheus auftreten lassen; das war Ge Themis.

Die Inkubation ist wohl die älteste und verbreitetste Art gewesen, sich göttlichen Rat einzuholen; da lag es nahe, ihn unmittelbar aus dem Boden der Erde zu empfangen, auf dem der Fragende schlief. So war es in Delphi gewesen, bis Apollon sich eindrängte, und der Ort, an dem Ge sich befragen ließ, lag dicht neben dem Hause des Apollon, hat also dessen Bau bestimmt. Auch in Olympia gehörte ihr das älteste Orakel; da hat sich Zeus durch die Iamiden vorgedrängt. Erhalten waren Erdorakel in Achaia[2].

Die Toten kommen in die Erde, aber man sagt nicht „Erde zu Erde". Ge ist niemals eine Herrin der Toten geworden, wenn sie auch später in solchen Verbindungen angerufen wird, auch wohl bei Totenfesten. Das ist für ihr ursprüngliches Wesen nicht zu verwenden, so wenig wie der *χθόνιος* für das des Hermes. Das häufige „sit tibi terra levis", das in späthellenistischer Zeit aufgekommen ist, beweist am besten, daß sie für den Glauben keine Göttin mehr war. Sie hat im Kultus vereinzelt Beinamen behalten, in denen sich die einstige Allmacht der Urmutter aussprach, *πανταρέτα* in Thessalien (IG. IX 2, 491), *μάκαιρα τελεσφόρος* in Theben (VIII 2452), dies die Weihung eines Heiligtums aus dem fünften Jahrhundert, das andere eine private Weihung, zu der ein Bild der Göttin gehörte, von dem der Kopf erhalten ist, etwas ganz Vereinzeltes. Beides mag sich auf die Erfüllung von Traumorakeln beziehen. Wir werden zusammenfassend sagen dürfen, daß die alte Religion in der Erde die alles zeugende Natur erkannt hatte, und das ist etwas Großes. Aber daß sie zugleich mit dem Werden auch das Vergehen in ewigem Kreislaufe beherrschte, hat erst viel späteres Denken erfaßt. Niemand hat es schöner ausgesprochen als

[1] Auf der Kadmeia war Demeter im Thesmophorion so wie die aus dem Boden aufsteigende Ge dargestellt, Pausan. IX 16, 5. In Patrai, Pausan. VII 21, 11, saß sie zwischen Demeter und Kore, die standen, sicherlich kein altes Werk. Ein altes *ξόανον* bei Aigaira, Pausan. VII 25, 13.

[2] Pausan. V 14, 10 und in den beiden eben genannten achäischen Orten. In Patrai befragten nur Kranke das Orakel, sehr altertümlich, daß kein Heilheros sich eingedrängt hat.

das Gebet Elektras, Choeph. 127, die nach dem Vermittler Hermes anruft

Γαῖαν αὐτὴν ἣ τὰ πάντα τίκτεται
θρέψασά τ' αὖθις τῶνδε κῦμα λαμβάνει.

Früh dagegen hat Mutter Erde die Gesetzlichkeit, die Rechtsordnung in der menschlichen Gesellschaft unter ihre Hut genommen, und das ist für die hellenische Religiosität nicht minder bedeutsam. Es spricht sich in ihrer Verbindung mit Themis aus. Gleichgesetzt werden beide von Aischylos, Prom. 210, der aber hinzufügt, daß Ge viele Namen trüge, was theologische Ausdeutung sein kann. Im athenischen Kultus ist Ge Themis erst in der Kaiserzeit belegt. Das kann so gut eine spätere Gleichsetzung sein wie Ge *κουροτρόφος*, die nach Pausanias einen Tempel am Südfuße der Burg hatte. Das war aber eine selbständige *Κουροτρόφος* gewesen; Kinderpflege lag der Ge fern[1]. In Olympia hat Themis einen Altar dicht neben dem Heiligtum der Ge (Pausan. V 14, 10), das beweist nur ihre nahe Beziehung. In Delphi ist sie zwischen Ge und Apollon (Phoibe) eingeschoben, damit der Übergang des Orakels an den jüngeren Gott als gesetzlich erscheine[2], aber Kult hat sie nicht, weder neben Ge noch als diese. Bei Homer ist sie zu einer göttlichen Person erhoben, denn sie beruft im Auftrage des Zeus die Götterversammlung, *Υ* 4, *Ο* 87. Hesiod rechnet sie zu den Urgewalten, Kindern des Uranos, und sie wird die erste Gemahlin des Zeus[3]. Es stimmt dazu, wenn es auch eine jüngere

[1] *ἱερίας Γῆς Θέμιδος* CIA. III 318. 350. *Κουροτρόφος* ist selbständig in dem Ritual bei Aristophanes Thesm. 295, wo sie in den Kreis der Demeter gehört; auch das Heiligtum der Ge Kurotrophos bei Pausanias liegt beim Eleusinion. Eine alte *Κουροτρόφος* war auf der Burg, IG. I 840, 10. Ihr opfern die Epheben IG. II² 1039, 58. Suidas *κουροτρόφος* bezieht sich auf sie, denn ihr opfert Erichthonios auf der Burg. *Γῇ* wird als Erklärung zugesetzt. In dem zugehörigen Artikel bei Hesych steht *ὑπ' ἐνίων Δημήτηρ*. Diese Verbindung auf den Sesseln zweier Priesterinnen CIA. III 372. 373. Selbständig ist die Kurotrophos auch auf Delos, IG. XI 2, 203 B 100, auf Samos, Herodot vit. Hom. 30; ich glaube, sie kommt öfter vor. Rätselhaft sind *σύμβολα* aus den Mysterien der Ge Themis bei Clemens Protr. 19 P., aber *Γῆς* wird richtig aus *τῆς* gemacht sein.

[2] Außer Aischylos Eumen. 2 und Pausanias X 5, 6 Plutarch def. orac. 421 C.

[3] Rätselhaft ist *Θέμις Ἡλίου*, Lykophron 129. Pherekydes 16 kennt in der Heraklessage Nymphen *Θεμιστιάδες*, Töchter von Zeus und Themis. Das ist Dichtererfindung.

Erfindung ist, daß sich Zeus mit ihr am Anfange der Kyprien berät wie bei Hesiod mit Ge. Ihre Macht liegt darin, daß die *θεμιστοπόλοι βασιλῆες* in ihren *θέμιστες* des Rechtes walten[1]. Noch weiter reicht die häufige Wendung *ἦ θέμις ἐστίν*, die alles umfaßt, was als ein natürliches Recht erscheint, selbst die Verbindung von Mann und Weib (*I* 134). Da lag die Verbindung der Göttin dieses Rechtes mit der Urmutter nahe. In Thessalien hat Themis einen wirklichen Kult, belegt durch den Monat *Θεμίστιος*, eine Weihung *Θέμιστι* aus dem Lande der Perrhaeber, IG. IX 2, 1236, Namen wie *Θεμισταγόρας* und namentlich *Θεμιστώ* in südthessalischen Sagen, und da liegt *Ἴχναι*[2], nach dem die Göttin *Ἰχναίη* heißt, Apollonhymnus 94. Daß der Ort später so gut wie verschollen ist, gilt ebenso von Alalkomenai, nach dem Athena bei Homer *Ἀλαλκομενηΐς* genannt ward. Nun muß die Etymologie zugezogen werden, *Θεμιστ-* ist der Stamm, den die alte Flexion zeigt, also zwei Wurzeln *θεμ-* gehörig zu *θέμεθλον θεμείλιον* und *ἵστημι*. So ist *θέμις*, sind die *θέμιστες* der *θεμιστοπόλοι* „Feststellungen des Grundes, Fundamentes". Wie die Göttin den Grund gelegt hat, tun es weiter die Richter, und natürlich gehört sie zu Zeus und gebiert ihm Eunomia, Dike und Eirene, die Grundlagen seiner Herrschaft und der Ordnung auf Erden. Das sind Grundlagen, die auch wir metaphorisch so bezeichnen. Daß sie im eigentlichen Sinne die Ge gelegt hat, ist evident. Begreiflich also, daß sie *Θέμις* sein konnte, und wenn man die beiden trennte, Themis Tochter der Ge ward. So ist sie in ganz anderem Sinne Göttin als Aidos Deimos Hypnos, konnte Kult erfahren, und die Ge hat, indem sie Themis ward oder Themis erzeugte, sich so entwickelt wie Demeter, als sie *θεσμοφόρος* ward.

In Demeter hatte schon die älteste Zeit eine Erdgöttin anderer Art als Ge abgesondert, die Erde, welche von den Bauern die Arbeit an dem Boden verlangt, aus dem sie ihnen dann den Segen

[1] Daher ein Altar der *Θέμιδες*, von Pittheus gestiftet, in Troizen Paus. II 31, 5, wie *Θέμιδες* statt *θέμιστες* zeigt, jung.

[2] Strabon 435 bezeugt den Kultus in Ichnai, und es ist nicht wahrscheinlich, daß dies aus Apollodor stammt, der die Deutung solcher Beinamen von Kultorten mißbilligt. Daß die *Ἰχναίη Θέμις* aus dem Hymnus den Späteren bekannt gewesen wäre, ist unwahrscheinlich, da die Hymnen kaum gelesen wurden. Wir haben nur zufällig keinen anderen alten Beleg. Verwechselungen mit einem makedonischen *Ἴχνη* oder *Ἄχνη* durchschaut man leicht.

der Ernte beschert. Das geht die Ge niemals an. Die Ilias kennt Demeter wenigstens einmal, *E* 500, bei der Ernte und verwendet die kaum noch verstandene Formel *Δημήτερος ἀκτή* für das Getreide[1]. Wieder bestätigt sich, daß die Gesellschaft, der die Rhapsoden von den Taten ihrer Ahnen erzählen, sich um die Götter ihrer Hintersassen wenig kümmert; für sie ist Fleischnahrung die Hauptsache, während später der *σῖτος* Brei und Brot ist, das andere Zukost, *ὄψον*, Opferfleisch ein seltener Genuß. Hesiod betet zu derselben Demeter. Sie wird gerade in Arkadien so viel verehrt, daß sie schon der ersten Einwanderung angehört haben muß. Weil auf dem Ackerbau das seßhafte Leben beruht und dieses wieder auch eine gesetzliche Ordnung verlangt, wird Demeter zur *Θεσμοφόρος*; das mag freilich ein späterer Fortschritt sein, aber er mußte überall gemacht werden. Der Beiname bedeutet natürlich nicht, daß sie einmal Gesetze gegeben hat, sondern daß sie sie immer *φορεῖ*, sie hält sie gewissermaßen wie Artemis *σελασφόρος* die Fackel, sie sorgt immer für die *θέσμια*. Vgl. *γῆ πυροφόρος*, auch *δασμοφόρος*.

Noch wichtiger ist Demeter geworden, als das Wesen der Erdmutter nach einer anderen Seite vertieft ward. Das vegetative Leben, Samenkorn und Keim und reifende Ähre führt auf das Reifen des empfangenen Keimes im Mutterschoße, Geburt und Pflege des hilflosen Menschenkindes. Die Erdmutter wird die Göttin der Mütter und überhaupt des weiblichen Geschlechtslebens, *οὐ γὰρ γῆ γυναῖκα μεμίμηται κυήσει, ἀλλὰ γυνὴ γῆν* (Platon, Menex. 238). Sie ist, wie es scheint, überall eingetreten, wo im Namen des Ortes oder der Göttin die Wurzel von Eleusis vorhanden ist; aber nichts deutet auf die Übernahme von mehr als dem Namen, der wohl nur die Gelegenheit zur Ansiedlung der eigenen Göttin bot. Eileithyia, die sich behauptete, konnte keine Demeter werden, andererseits war Demeter keine Helferin bei der Entbindung oder der Kinderpflege; dafür wurden vielfach besondere Göttinnen verehrt, *Καλλιγένεια*, *Γενετυλλίδες*, *Κουροτρόφος*, die zu wirklichen Personen nicht geworden sind, schließlich verschwanden oder zu Beinamen anderer Göttinnen, namentlich Demeters wurden. Es hat wohl die Ordnung der ältesten Gesellschaft mit sich gebracht, daß die Weiber des Dorfes ihre gemeinsame Göttin verehrten, weil ihr Geschlechtsleben einer Beschützerin bedurfte, welche die Männer

[1] Die Odyssee erzählt eine später verschollene Geschichte von ihrer Liebe zu Iasion, von der doch so viel verständlich ist, daß sie mit dem Ackerbau zusammenhing.

nichts anging, und die Folge war, daß diese zu dem Kulte keinen Zutritt erhielten, so daß er ein Geheimkult ward. Die Demeterheiligtümer pflegen auch später gern außerhalb der Stadt zu liegen oder doch ursprünglich gelegen zu haben. Kein Wunder, daß wir wenig und noch weniger Zuverlässiges über den Geheimkult erfahren; im heroischen Epos werden wir nicht einmal eine Erwähnung erwarten. Wundern sollen wir uns auch nicht, wenn die Frauen, unberührt von Theologie und Philosophie wie sie waren, alte Gebräuche und Symbole bis in späte Zeit festhielten, bei Festzügen den Männern zotige Reden ins Gesicht warfen und unter sich alles, was das Geschlechtsleben anging, ohne falsche Scham besprachen. Wenn sich der Phallos überall breit machte, durfte die Baubo sich in den verschlossenen Demetertempeln sehen lassen.

Die Mutter erfüllte nicht ganz, was dem Glauben an eine Beschützerin des Weibes Bedürfnis war. Es fehlte die Jungfrau. Daher ist hier nicht sowohl eine Spaltung des Göttlichen in mehrere gleichgeordnete Personen eingetreten, sondern als Ergänzung die Tochter neben die Mutter gestellt, nicht als Objekt der mütterlichen Sorgfalt, sondern beinahe gleichberechtigt, wie es in dem Dual *τὼ θεώ* sich ausspricht; auch *δέσποιναι* heißen sie, und wir sehen in den Kulten bald die eine, bald die andere vorwiegen. Der Name *κόρη* gilt vorwiegend in Athen, doch nicht ausschließlich[1]. Die weitere Entwicklung darf hier noch nicht verfolgt werden. Wohl aber müßte die sehr eigentümliche Auffassung der Erde als einer unheimlichen finsteren Macht hier behandelt werden, als Erinys, aus der erst eine segnende Herrin als Tochter, auch Themis genannt, hervorgeht, und daneben die Erinyen, die sich entsprechend in Eumeniden wandeln. Aber das erfordert so viel Raum, daß es in eine Beilage Erinys verwiesen ist.

Als Erinys hat die Erdgöttin ein anderes Wesen als Ge. Dem entspricht es, daß die poetische Sprache zwei Wörter für die Erde besitzt, aber *χθών*, das den Dichtern synonym mit *γῆ* ist, kann dazu nur geworden sein, weil es den Einwanderern der ersten Schicht, genauer den Ioniern gehörte, sich zunächst in ihrer Dichtung festsetzte und mit dieser auch von den übrigen Griechen übernommen ward, so daß es in aller Poesie lebendig blieb, obwohl es aus der lebendigen Sprache überall verschwunden war. Ursprünglich kön-

[1] Sehr merkwürdig eine recht alte Weihung IG. IX 2. 140, die ich früher falsch gelesen habe. Es steht einfach da *κορστέρα*[ι], nur das *P* ist umgedreht.

nen die beiden Wörter nicht dasselbe bedeutet haben; der Unterschied wird am besten in dem Adjektiv *χθόνιος* faßbar. Es ist dem Epos fremd, erscheint aber in Kulten, die besonders altertümlich scheinen. In Hermione ist ein Eingang in die Unterwelt. Deren Herr heißt euphemistisch *Κλύμενος*, die Herrin *Χθονία*, auch dann noch, als sie zu Demeter geworden ist und Kore mitgebracht hat. Das Fest heißt *Χθόνια*. Diese Umnennung ist schon im fünften Jahrhundert geschehen, und die ganze Gegend ist voll von Heiligtümern, die wir nur als solche Demeters kennen. Auf Mykonos heißen dieselben Götter der Unterwelt *Ζεὺς χθόνιος* und *Γῆ χθονίη*[1], offenbar sind die gewöhnlichen Götternamen zugesetzt; Demeter hat daneben ihren Frauenkult. Nichts kann besser zeigen, wie wenig sich *Γῆ* und *Χθών* decken, obwohl beide die Erde sind. Pherekydes lehrt den Unterschied verstehen. Bei ihm wird, wie der erhaltene Fetzen seines Buches gelehrt hat, *Χθονίη* erst durch die Ehe mit Zeus zur Ge. Befruchtet muß die Erde werden, damit sie mütterlich und segnend sein kann. Vorher war sie das kalte, tote Erdreich der Tiefe. Zeus ist dann nicht der Klymenos, sondern der Leben schaffende; Hesiod nennt ihn neben Demeter *χθόνιος* (wo das Wort zuerst vorkommt, *καταχθόνιος* Homer *I* 457) bei dem Gebete vor der Saat. Ihm und ebenso dem Pherekydes ist Zeus der Himmelsherr, erhält also dies Beiwort, weil er ausnahmsweise aus der Tiefe wirkt. Das Unheimliche der *Χθών* steckt auch später noch in sehr bezeichnenden tragischen Stellen. Mit dem Grabhügel zusammen ruft sie der Chor der Choephoren 723 in der Mordnacht. Mutter der Titanen heißt sie Prom. 205, Mutter der Titanin Phoibe Eum. 6. In beiden Fällen ist sie von Gaia nicht verschieden, aber das Titanische führt auf diesen Namen. Schauerliche Träume sendet sie bei Euripides Hekabe 70[2], Sirenen zu einem Klageliede Hel. 168. Vollends *χθόνιος* pflegt durchaus dieser Chthon, der Erdtiefe des Totenreiches, zu entsprechen, oder doch sozusagen eine ältere Ge zu bezeichnen; in dem Sinne ist *αὐτόχθων* gebildet[3]. Wenn Moderne, die soviel von chthonischen Kulten

[1] Sylloge 1024.

[2] Iphig. Taur. 1263 zeugt die Chthon die Träume des delphischen Erdorakels, wo Apollon sich an die Stelle ihrer Tochter Themis drängt. Sie ist keine andere als Ge, aber sie hat hier einen anderen Charakter, eine *χθονία μῆνις* 1272; daß 1267 Gaia nicht genannt sein konnte, ist klar; in Murrays Ausgabe steht ein Vorschlag von mir.

[3] Eine kühne Augenblicksbildung ist *αὐτόχθονος* für *αὐτῆι τῆι χθονί*

reden, dabei an Ackerbau denken und was bei Demeter in diese Sphäre gehört, so haben sie ihr Ohr an die Nebenklänge der griechischen Worte noch nicht gewöhnt[1].

Die göttliche Kraft, die im Boden der Erde wirkt, ist weiblich, der Mutterschoß alles Lebens. Sie kann gebären, ohne daß wir nach einem Erzeuger fragen. Das geschieht aber, sobald das verstandesmäßige Denken einsetzt. Dann verlangen wir einen Erzeuger; aber drunten sind auch Kräfte tätig, die gar nicht mütterlich sind. Drunten muß der Gatte der Erde sein. Der Himmel paßt auch nicht, der uns am nächsten liegt, weil die Saat ohne den befruchtenden Regen nicht keimt. So hat auch das hellenische Naturgefühl später empfunden; dem ältesten Denken war es unmöglich, denn der Himmel, der nie einen Kultus erfahren hat[2], war ja eine steinerne Halbkugel. Der „Gatte der Erde" war Poseidon; das bedeutet dieser Name, wie Hoffmann und Kretschmer gezeigt haben[3]. Er aber wohnte drunten in der Tiefe des Bodens, universal, soweit es die Ge ist, die der *γαιάοχος ἐννοσίγαιος* erschüttert, der *ἀσφάλειος* vor dem Zusammenbruche schützt. Den Hellenen führt das Erdbeben seine unheimliche Macht noch immer vor die Seele; sie brauchten sich nicht wie Goethe in der klassischen Walpurgisnacht einen Seismos zu ersinnen. Poseidon hatte in ganz Hellas und auf den Inseln alte Kulte, die seine Natur offenbaren; nicht selten tritt auch hervor, daß er in Roßgestalt erschien; daß er mit seinen Verehrern in keine persönliche Verbindung trat,

Agam. 536. Sophokles Aias 202 braucht *χθόνιος* für *αὐτόχθων*. An beiden Stellen reicht die Wurzel des Volkes in jene Tiefe hinab, aus der die vorzeitigen Urgewalten, Titanen, hervorgegangen sind. Anakreon kennt den *χθόνιον ὄνειρον* 30 D, nennt aber auch ein finsteres unverträgliches Benehmen *χθόνιοι ῥυσμοί*, 65. Dazu kenne ich nichts Ähnliches.

[1] Da *χθαμαλός* die Brücke zu *χαμαί* bildet, ist die *Χαμύνα* von Olympia eine *χθονία*, später mit Demeter geglichen. Was man für Torheiten erfand, weil man den Namen nicht verstand, sieht man bei Pausanias VI 21, 1. In Hermione bringt er Entsprechendes.

[2] Woher Proklos (Tim. III 176) weiß, daß attische Gesetze befahlen *Οὐρανῶι καὶ Γαίαι προτελεῖν τοὺς γάμους* und worin das bestehen sollte, ist sehr fraglich. Unmittelbar darauf folgt das bedenkliche *νεκυε*. Zu dem alten Brauche gehört das Opfer keinesfalls.

[3] Vor langen Jahren, als mir die Bedeutung des Gottes klar geworden war, bat ich Wilhelm Schulze, mir den Herrn der Erdtiefe in dem Namen nachzuweisen, was er umgehend in derselben Weise tat.

war bei dem Herrn der Erdtiefe zu erwarten. Es ist nicht nötig, alles zu erschöpfen, aber die Hauptorte müssen doch vorgeführt werden. Thessaliens Hauptgott war der *Πετραῖος*, also der unter den Felsen wohnte. Er hatte dem Peneios sein Bett durch das Randgebirge gebrochen und war der Vater vieler großer Heroen. Er hatte das Pferd, *Σκύφιος* mit Namen, aus einem Felsen hervorspringen lassen[1]. Hellenische Götter schaffen nicht aus dem Nichts; das Roß kam aus der Tiefe, selbst ein unheimliches Wesen. Hades ist ja auch der *κλυτόπωλος*. So wie wir die Geschichte hören, ist sie schwerlich alt: der Gott hat ja selbst Roßgestalt gehabt. In Böotien hat er den Eponymos des Stammes mit Melanippe, der schwarzen Stute, erzeugt; in Onchestos an der Kopais war sein altes Heiligtum, in dem Rennspiele schon gehalten wurden, als Apollon nach Delphi zog[2]. Auf dem Helikon hat sein Huf die Roßquelle entspringen lassen[3], und „ganz Böotien gehörte ihm", wie Aristarch zur Erklärung des homerisch-ionischen Beiwortes *Ἑλικώνιος* sich ausdrückt. In Eleusis heißt er *πατήρ*[4], obwohl sich andere Götter vorgedrängt haben. Von der attischen Burg hat sein Blitz, nicht sein Dreizack, wie man später sagte, Besitz ergriffen, denn die Löcher durften nicht überdacht werden; Poseidon Erechtheus ist von Erichthonios mit seinem durchsichtigen Namen erst getrennt, als Athena eingezogen war. In Delphi gehörte er mit der Ge zusammen, behielt nicht nur sein Heiligtum dicht bei dem Bezirke des Apollon, sondern hatte einen Altar in dem *χρηστήριον* selbst[5].

[1] Wentzel, „Aus der Anomia" 134.

[2] Pythischer Hymnus 230.

[3] Wenn ein Hufschlag die Quelle schuf, der Pegasos erst spät herangezogen ist, wer soll es denn anders getan haben als der Gott, der in Roßgestalt erscheint und der in Ionien nach dem Helikon heißt. Auf dem Helikon hat ihn Zeus verdrängt: hat der etwa Roßgestalt getragen? Die Aganippe unten ist selbst die Quellnymphe, den Unterschied von *ἵππου κρήνη* sollte man doch wirklich begreifen.

[4] Pausan. I 38, 6. Daher ist er auf dem Vasenbilde Furtw. Reichhold 161 bei der Ausfahrt des Triptolemos gegenwärtig.

[5] Pausan. X 24, 4. Plutarch, Symp. qu. 741a zählt Delphi unter anderen Kultstätten, die Poseidon anderen Göttern abtreten mußte. Eustathios zum Periegeten 498 hat auch so etwas und bringt aus einer Sprichwörtersammlung die Verse auf solchen Tausch

ἶσόν τοι Δῆλόν τε Καλαύρειάν τε νέμεσθαι
Πυθώ τ' ἠγαθέην καὶ Ταίναρον ἠνεμόεντα.

Ich wüßte nicht, daß sie anderswo wiederkehrten.

In Troizen war er *βασιλεύς*, *πολιοῦχος*, *φυτάλμιος*[1], *γενέσιος* auch in Lerna, *γενέθλιος* in Sparta[2], wo ihm auch als *γαιάοχος* Rennspiele gehalten wurden. Einerlei wo er es her hat, echt muß sein was Nonnos 39, 80 angibt, daß er in Argos durch den Schlag seines Hufes Quellen schuf. Am Tainaron hatte er einen besonders heiligen Sitz; es war dort auch ein Eingang in die Unterwelt, ursprünglich also in sein Reich. Arkadien ist ganz voll von seinen Kulten; hervorgehoben sei nur der *ἱερὸς λόγος*, daß Rhea ihn vor Kronos verbarg, indem sie ihm ein junges Füllen zu verschlingen gab[3]. Da ist zwar die hesiodische Geschichte hineingezogen, aber immer muß es sich um seine Erhaltung gehandelt haben, nicht, wie gewöhnlich, um die des Zeus. In der einzigen Stadt der Westküste, die einen kaŕischen Namen führt, der nach ihrem Untergange in der Bergfeste Samikon dauerte, war so lange ein Poseidonkult, bis das besonders heilige Bild nach der jungen Stadt Elis überführt ward[4]. Von Neleus und Pylos, wo Periklymenos von Poseidon die Gabe erhalten hatte, sich in alles zu verwandeln (Hesiod Fr. 14), wird später zu handeln sein. In Achaia liegt Helike, das wenigstens einen Poseidonkult haben mußte, damit die

[1] Der letzte Name ist häufig; was er bedeutet, hat Et. M. durch *φυτάλμιος πατήρ* in einem Sophoklesverse, Fr. 720, gut erklärt; Moderne reden von Sorge für *φυτά*, durch Hesych *φυτ. φυτικός* verführt, was bei der heutigen Mode einen Vegetationsgott ergeben könnte. Nach Plutarch qu. symp. 730e sollen ihm alle, die von den alten Hellenen stammen, als *πατρογένειος* opfern, was ich nicht ganz verstehe.

[2] Pausan. II 38, 4, III 15, 10. Euripides Phoen. 188: die Thebaner sollen Knechte werden *Λερναίαι τριαίναι* und *Ποσειδανίοις Ἀμυμωνίοις ὕδασιν*; das geht auf die Verbindung Poseidons mit der Danaide Amymone, der zuliebe er die Quelle schuf. So im Satyrspiel des Aischylos; usprünglich war sie die Quellnymphe, die der Gott liebte, da konnten beide Roßgestalt tragen, oder er konnte sie als Roß verfolgen. Eine solche Verfolgung auf einer Züricher Vase (E. Müller, Drei gr. Vasenbilder, Zürich 1887); natürlich kommt auf den Namen nichts an.

[3] Pausan. VIII 8, 2. Et. M. *Ἄρνη*. Festus Hippius. Töricht ist, daß das Kind unter Schafen verborgen wird, nur um den Quellnamen Arne zu erklären. Schwerlich ist das ein echter Quellname, es ist doch das vorgriechische, im Lykischen erhaltene Wort für Stadt.

[4] Pausan. VI 25, 6, seltsamerweise soll das Bild später umgenannt sein. Samos ist der Ort, zu dem die Kuppelgräber des angeblichen Pylos gehören, von dem niemand im Altertum eine Spur gekannt hat, Pindaros 489.

Ionier ihren Gott von dort ableiten konnten. So hat Ephoros (Diodor XV 49) recht, *δοκεῖν τὸ παλαιὸν τὴν Πελοπόννησον οἰκητήριον γεγονέναι Ποσειδῶνος καὶ τὴν χώραν ὥσπερ ἱερὰν τοῦ Ποσειδῶνος νομίζεσθαι.* Von den Inseln erwähne ich nur zwei wichtige Kulte, weil man da geneigt sein kann, an den Meeresgott zu denken, weshalb ich auch Euboia nicht aufgeführt habe[1]. Auf Mykonos würde man den *Ποσ. φύκιος* wegen des Seetangs für den Meeresgott halten, und er hat den Namen natürlich bekommen, als er es geworden war, aber was er vorher war, sieht man daran, daß Demeter am selben Tage ein Opfer erhält (Sylloge 1024, 8). Auf Tenos galt der Hauptkult dem Poseidon und der Amphitrite, also den Meeresgöttern, aber Poseidon war *ἰατρός* (Clemens Protr. 2 S. 26 P aus Philochoros), und er hat diese Kraft auf die Panagia vererbt, die jetzt die Wunder tut. So etwas aber kann kein Meeresgott, dem Herrn in der Erde steht es zu, ebenso wie Ge in Patrai Kranken Orakel gibt. Bei ihm ist diese Tätigkeit eine Ausnahme. Es ist überhaupt schwer zu sagen, in welcher Weise er den Menschen hilfreich war. Das Quellwasser kommt aus dem Boden, daher heißt es einzeln, daß er es spende. Hippokrene und Amymone sind uns begegnet, die Quelle Alope in Eleusis können wir hinzurechnen[2], von der Dirke sagt es Aischylos[3], aber der Herr des Süßwassers

[1] Auf das Aigai am Euripos ist wenig zu geben; die *Γεραίστιοι καταφυγαί* (Eurip. Kykl. 295) wird man dem Gotte überlassen, der den Sturm am Kaphereus erregte. Und doch ist es fraglich, wie es um diesen Namen steht. Sparta hat einen Monat *γεραίστιος* (*γεράστιος*), ebenso Troizen, und wenn er in Kos wiederkehrt, so wird er in anderen Orten der Argolis, aus denen die Dorer von Kos kamen, nicht gefehlt haben. Nach dem Poseidon von Geraistos ist er nicht benannt; worauf er sich bezog, wissen wir nicht. Nun gibt es aber auch in Gortyn *Γεραιστιάδες νύμφαι*, die sollen den Zeus erzogen haben, und in Arkadien einen Ort *Γεραίστιον*, da soll Zeus als Kind gewickelt sein (Et. M. die Glossen gehören offenbar zusammen). Und kürzlich sind in der attischen Inschrift, die ich Hermes 61, 281 behandelt habe, *Γεραισταὶ νύμφαι γενέθλιαι* bekannt geworden. Ganz unverständlich ist ein Kyklop Geraistos, an dessen Grabe die *Ὑακινθίδες* geopfert sein sollen, Apollodor, Bibl. III 212. Das reimt sich alles schlecht zusammen; *γεραίρειν* hat mit dem Namen nichts zu tun.

[2] Die Quelle bei Hesych. Ihre Nymphe hat dem Poseidon den Hippothoon geboren; wir kennen die Geschichte nur als tragische Fabel.

[3] Sieben 308, *ὕδωρ Διρκαῖον, εὐτραφέστατον πωμάτων ὅσων ἵησιν Ποσειδὰν ὁ γαιάοχος Τηθύος τε παῖδες.* Danach kommen alle Quellen von ihm,

ist vorwiegend Acheloos. Hesiod, Theog. 732, läßt den Poseidon die Tür in der Mauer machen, die den Tartaros abschließt; da ist er noch der Herr der Unterwelt, aber Baumeister, wie später an den Mauern von Ilios. Half er dazu auch auf der Erde[1]? Poseidon Hippios reicht weit, aber das ist alles zu speziell: der Gott, der als Vater oder Ahnherr des ganzen Volkes verehrt wird, der als *γαιήοχος ἐννοσίγαιος* eine universale Macht ist, kann den Seinen in allem helfen, und sie werden sich je nach ihrem Glauben in allem an ihn wenden. So wie wir seine Verehrung im Mutterlande kennen, hatte er sehr viel mehr Anspruch, der höchste Gott zu werden als Zeus, der ihn in Asien verdrängt hat, führte er doch sogar wie dieser den Blitz, aus dem der Dreizack erst entstanden ist[2], wie die stilisierte Form von beiden in der Vasenmalerei erkennen läßt. Es ist auch bei dem Herrn der Tiefe im Glauben dieses Volkes begreiflich, denn unterirdische Donner hörten sie oft genug, und die Blitze glaubten sie mindestens auch zu schauen: sie zucken am Schlusse des Prometheus aus dem Boden, als der Titan in die Erde versinkt.

Wenn Poseidon nicht der Herr des Meeres war, wer ist es dann in der urhellenischen Zeit gewesen? Eine fremde Meergöttin haben wir in Ino gefunden und gesehen, daß sie mit Leukothea geglichen war. Die ist in Ionien in der Zeit, die sie in der Odyssee einführt, stark verehrt worden[3], so daß ihr der Monat *Λευκαθεών* gehört; später ist sie zurückgetreten. In Böotien sitzt sie auch, aber nicht am Meere, sondern an der Kopais, und der theophore Name Leukodoros bezeugt die Göttin[4]. Gewöhnlich trägt sie den

aber auch von den Okeaniden, den Herrinnen der einzelnen Quellen. Daß diese dann auch als seine Geliebten gefaßt werden können, ist begreiflich.

[1] In Wahrheit konnte er zu allem helfen, ohne daß es sein eigenes Handwerk war. Die Bergarbeiter der korinthischen *πίνακες* huldigen dem Poseidon und der Amphitrite, also den Seegöttern, weil sie eben die Hauptgötter am Isthmos geworden sind.

[2] Als Anführer der Achäer führt er in der Ilias, *Ξ* 385, ein langes Schwert, bei einem Gotte auffällig, aber der Speer paßte nicht, da er nicht selbst ficht, der Stab, den er *N* 59 führte, auch nicht; der Dreizack, der *M* 27 vorkommt, ist keine Waffe, wohl aber paßt er für den Erderschütterer, vgl. *τριαινοῦν, συντριαινοῦν*.

[3] Auf Lesbos gab es *Λευκοθέαι*, Myrsilos Et. M. s. v.

[4] Pindaros 21. Sappho und Simon. 33.

Namen Ino und ist Heroine, Gattin des Athamas; das athamanische Feld liegt an der Kopais. Weiße Vögel schwärmen jetzt dort auch[1]; in Möwengestalt erscheint sie auf dem Flosse des Odysseus. In Chaironeia hatte sie zu Plutarchs Zeit[2] noch einen Tempel, der nur an einem Festtage von einer Frau betreten ward, also ein Frauenkult. Vereinzelt ist eine Weihung in Pherai IG. IX 2, 422. Mit Ino konnte die weiße Göttin von der Kopais erst gleichgesetzt werden, als Leute, die sie kannten, das Meer befuhren, also in Asien. Böoter sind nicht nur nach Lesbos gekommen, sondern auch an die Mykale, wo ein Theben lag und Pherekydes Kadmeer kannte. Wenn die Böoter dann hörten, daß ihre Leukothea als Ino im Meere wohnte, mußte sie dahin gebracht werden. Das geschieht durch die Geschichte, welche sie von ihrem wahnsinnigen Gatten verfolgt werden läßt, bis sie bei Megara ins Meer springt. Dazu wird geholfen haben, daß bei Megara ein „weißes" Feld lag[3]. Aber dann mußte sie im Leben Ino geheißen haben. Mit in das Meer hat sie einen Sohn genommen, der auch ein Meergott ward, Palaimon. Den hat es gegeben; er hatte unweit vom Isthmos ein altes Adyton, das noch in später Zeit bestand[4]. Man hat ihn auf einem korinthischen Pinax erkannt[5], wo er ein Seepferd reitet. Anderswo ist er nicht nachgewiesen, als daß die Scholien zu Lykophron 229 von Kindesopfern für ihn auf Tenedos

[1] Sie haben mir auf der Insel Arne, wo Athamas gewohnt haben mag, unauslöschlichen Eindruck gemacht, Erinnerungen 215.

[2] Aet. Rom. 16. Sklavinnen waren von der Feier ausgeschlossen, die Ehefrauen mochten die Konkubinen ihrer Gatten nicht sehen. Ebenso Ätolerinnen; das wird sich ursprünglich gegen die Übergriffe der Ätoler im dritten Jahrhundert gerichtet haben. Vergleichbar der Ausschluß der Dorer von der Athena der attischen Burg und von Paros, IG. XII 5, 225.

[3] Die Stellen bei O. Schneider hinter Kallimachos, Adesp. 192. Da Nonnos davon weiß, wird es bei Kallimachos oder Euphorion gestanden haben. Immer wird das Feld mit Leukothea erwähnt.

[4] Pausanias II 2. IG. IV 203. Plutarch Theseus 25 sagt, dem Melikertes hätten keine Spiele gehört, sondern geheime *τελεταί*. Da ist er statt Palaimon genannt, wie sich aus diesen Angaben ergibt.

[5] Antike Denkmäler I Taf. VII, 26. Erwähnt wird Palaimon von Euripides IT. 271, wo die Barbaren in Orestes den Palaimon zu erblicken glauben. Plautus Rudens 160, also Diphilos, *sed o Palaemon, sancte Neptuni comes, qui Herculei socius esse diceris.* Der verdorbene Vers ist schon von Leo mit dem Palaimon zusammengestellt, von dem bald zu reden sein wird.

wissen, offenbar aus guter Überlieferung[1]. Natürlich mußte er im Leben einen anderen Namen gehabt haben; das war Melikertes, der in Korinth nicht gelten konnte. Erst als die Spiele, welche Periandros zu Ehren des Poseidon gestiftet hatte, nach dem Vorbilde der Nemeen in die Heroenzeit zurückdatiert wurden, sollten sie von Sisyphos gestiftet sein, zu Ehren des Palaimon-Melikertes, dessen Leiche am Isthmos angespült war. So hat Pindar in einem isthmischen Gedichte erzählt, der sonst die Spiele dem Poseidon läßt. Hier kam der Name Melikertes zuerst vor, der des Palaimon kann nicht gefehlt haben. Er gehört also gar nicht nach Korinth und hat mit dem Kulte nichts zu tun. Damit sind die modernen Fabeln von einem Kulte des Melkarth erledigt[2]. Wie ein Meergott „Ringer" heißen konnte, ist unverständlich. Wieder hat es dicht bei der Kopais einen Palaimon gegeben, der wie sein Nachbar Charops später zu Herakles gemacht worden ist[3]. Da stecken Rätsel, die ich nicht lösen kann. Für die Verwandlung der Ino in Leukothea brauchen wir Ino die Kadmostochter gar nicht; aber das ist sie schon in der Odyssee ε 333, ist es also wohl in Asien geworden, und in Böotien haben sich dann sehr viele Geschichten an sie geheftet, teils in ihrer Verbindung mit Athamas, mit dem

[1] Die Schwester des Eponymos von Tenedos, Tennes, heißt gewöhnlich Hemithea, auch Amphithea, aber in einer ganz verwirrten Erzählung des mythographus Homericus zu *A* 38 Leukothea, was zu dem Kulte des Palaimon stimmen würde, aber es ist wohl nichts darauf zu geben. Tennes ist natürlich ungriechisch, während Kyknos aus der Gegend stammt, wo ihn später Herakles an Stelle des Achilleus überwindet, zugunsten des Apollon, als dieser sich eingenistet hat.

[2] Fr. 5, 6. Pindaros 206, wo ich den Melikertes noch falsch beurteilte. Der hat keinen Kult gehabt; Kult gehörte nur dem Palaimon, und mit Korinth hatte der Sohn des Athamas nichts zu tun. E. Maaß hat mit Recht in dem Namen den Honigschneider gefunden, aber das ist kein beliebiger Heroenname, sondern muß an der Kopais bedeutsam gewesen sein, wo es auch einen Palaimon gab, der mit dem korinthischen Meeresgott nichts zu tun hat. Den Melkarth lediglich wegen des Anklanges an den Namen heranzuziehen, ist eine gute Probe davon, wie man es nicht machen soll. Hat etwa der Stadtkönig mit einem ertrunkenen Jungen oder mit einem Meergott in Knabengestalt etwas gemein?

[3] Weihung an *Ἡρακλῆς Παλαίμων* IG. VII 2874. Pappadakis *Ἀρχαιολ. δελτ.* II 243, in dem ausgezeichneten Aufsatze über den Charops, der wie Palaimon nachträglich mit Herakles gleichgesetzt ist. Bei Diphilos war vielleicht die Identifikation noch nicht vollzogen.

sie auch nach Südthessalien gezogen wird, allerdings Kadmostochter nicht zu sein braucht, aber auch nichts von Leukothea an sich hat. Als Kadmostochter ist sie zur Pflegerin des Dionysos geworden und wird daher von Hera verfolgt und bis in das Meer gejagt[1], alles für die umgestaltende Phantasie der Dichter besonders bezeichnend, weil die Göttin ganz verschwunden ist; aber die Überlieferung ist zu trümmerhaft, um die verschlungenen Fäden der Erfindungen zu entwirren. Hier kommt nichts davon in Betracht[2].

Der korinthische Palaimon hat nur einen Lokalkult; nichts spricht dafür, daß er sehr alt ist, nichts dagegen, daß er erst durch die korinthische Seefahrt mit dem Meere in Verbindung getreten ist, denn am Isthmos, wo sein Heiligtum war, ist kein Hafen, und die geheimen Weihen deuten auf anderes. Aber in der Theogonie werden ja Meergötter genug aufgeführt. Da ist Okeanos, aber der ist ein Karer und hat den althellenischen Herrn des Süßwassers Acheloos verdrängt, denn seine Kinder sind auch die Flüsse und Quellen, auch die Nymphen, die auf der Erde und im tiefen Meere wohnen. Dann hat Hesiod den Pontos als Vater des Nereus vorgeschoben, der niemals eine Person gewesen ist. Das Wort bedeutet immer Meer, aber es ist schwer, es von *pons* zu trennen, denn *πόρος* wird auch für Fluß gesagt[3], so daß es zu der engeren Bedeutung erst gekommen sein wird, als das Meer wirklich für die Hellenen der *πόρος* geworden war Nereus selbst hat nur als

[1] Euripides Med. 1284; dabei springt sie mit beiden Kindern in das Meer, wohl nur, weil Medea zwei Kinder morden wird. Die fragmenta tragica 100 und 101 aus Athenagoras stammen aus der Rede eines deus ex machina, der die Erhöhung von Ino und Melikertes zu Seegöttern verprach. Wenn die *Ino Euripidis* bei Hygin 4 eine zuverlässige Hypothesis wäre, würden die Verse dahin gehören. Aber das Ende der Ino läßt sich schwer mit der Handlung vereinen, die in Thessalien spielt, und auf die Schlußsätze der Hyginfabel ist kein Verlaß. Die zahlreichen Fragmente der Ino geben für die Handlung gar keinen Anhalt; auch paßt ein deus ex machina nicht für eine Tragödie der ersten Periode.

[2] Euphorion 163 gibt einer *Βύνη* das Beiwort *αὐδήεσσα*, meint also nicht das Meer, sondern eine Göttin, Lykophron 107 fügt *θεά* hinzu. Dann war das eine Göttin des Meeres, die Grammatiker sagen Leukothea. Mehr läßt sich nicht sagen; das Wort ist griechisch und braucht nicht Eigenname zu sein.

[3] Besonders deutlich Aisch. Choeph. 72 *πόροι πάντες ἐκ μιᾶς ὁδοῦ βαίνοντες*.

Vater der Nereiden Bedeutung, Kult hat er nirgends, Homer nennt ihn nicht, aber er wird von dem ἅλιος γέρων nicht verschieden sein (Σ 141). Dieser unbestimmte Name ist älter und verbreiteter; er hat auch vereinzelt einen Kult[1] und kämpft auf dem alten argivischen Bronzeblech (Insch. Olymp. 693) mit Herakles an der Stelle des Triton, während er meist von diesem unterschieden wird, und dann von den Vasenmalern gern den hesiodischen Namen Nereus[2] erhält, der sich in der Heraklessage (Pherekydes 16 Jac.) einmal nach dem Vorbilde des Proteus der Odyssee verwandelt, als er prophezeien soll. Welchen der beiden Namen man dem Dreileibigen geben will, den Buschor endgültig in dem früher sog. Typhongiebel der Burg erkannt hat, ist ziemlich einerlei. Daß ein solcher Meergreis irgendwo in den Tiefen wohne und überall in seinem Reiche erscheinen könne, haben die Griechen im achten Jahrhundert, auch wohl früher, geglaubt, wenn er auch keine Verehrung fand, aber wichtiger waren ihnen die Nereiden, seine Töchter, denen Hesiod fünfzig Namen gibt im Wetteifer mit Homer Σ 49, wo eine Schar ihre Schwester Thetis begleiten. *Νηίδες*, Schwimmerinnen, ist bezeichnender[3]. Schon die Vasenmaler haben ihnen Seerosse zum Sitz gegeben, weil sie das Schwimmen nicht darzustellen wußten. Aischylos nennt sie im Prometheus Okeaniden; es kommt auch auf den Namen des Vaters nichts an. Das reiche und reizvolle Spiel, das spätere Dichtung und Kunst mit ihnen getrieben hat, als sie rein mythisch waren, darf darüber nicht täuschen, daß sie auch früher nicht handeln[4] und keinen Kultus erfahren, außer etwa Thetis[5]. Diese ist wie Melusine die

[1] An der Einfahrt in den Pontus Dionys. Byz. 49 Güng. und bei Gythion Pausan. III 21, 9, wenn man das aus dem unklaren Gerede schließen darf. Der Kultus bei Byzanz wird auf einen Seherspruch zurückgeführt, schien also einer besonderen Begründung zu bedürfen.

[2] Seine Gattin ist eine Okeanide mit dem rätselhaften Namen Doris. Wo sie weiter vorkommt, stammt sie von Hesiod. Es ist vergeblich, nach der Bedeutung ihres Namens, d.h. nach der Absicht seines Erfinders, zu suchen.

[3] So heißen die, welche auf der chalkidischen Vase, Rumpf 15, den Perseus ausrüsten; die Bibliothek II 38 sagt *νύμφαι*.

[4] Sappho, 3 Lobel, bittet die Nereiden, ihren Bruder aus Ägypten heimzugeleiten, aber nur neben Aphrodite, die ja Euploia ist, vor allem aber die Göttin Sapphos.

[5] Gemäß dem Σ hat Thetis mit Achilleus und den Nereiden einen bescheidenen Kult in Erythrai, Sylloge 1014, 76, der dem Priester wenig

Gattin eines Menschen, des Mannes vom Pelion, geworden, der sie in der Polypengrotte trotz ihren Verwandlungen bezwungen hatte; nachdem sie den Achilleus geboren hat, kehrt sie in ihr Element zurück. Diese Sage ist magnetisch, von den Auswanderern in die Äolis mitgebracht.

Neben ihr erscheint Eurynome, Okeanide, bei Homer *Σ* 398. Sie war also keine beliebige Okeanide, und der Name „die Weitwaltende" ist schwerlich bedeutungslos. Vielleicht kannte der Dichter des *Σ* etwas Ähnliches wie Apollonios I 503, wo Eurynome Gattin des Ophion ist. Das stammt vermutlich aus Pherekydes von Syros. Hesiod führt sie nur unter den Okeaniden, Th. 358, weil er sie so aus Homer kennt, aber 907 gebiert sie dem Zeus die Chariten, für Hesiod ist das dieselbe; es verschlägt nichts, daß der Scholiast zum *Σ* eine Anspielung darauf in ihrer homerischen Erwähnung herausklügelt. Es kann aber Namengleichheit vorliegen. Daß man in Orchomenos die Göttinnen von einer „Weitwaltenden" ableitete, ist sehr glaublich, aber die war dann eine andere als das Meermädchen. Wir wissen von keiner anderen Mutter der Chariten, aber Kallimachos Fr. 471 sagt „andere sagen, daß eine *Τιτηνιὰς Εὐρυνόμη* die Chariten gebar"; das war die Okeanide nicht, also es gab eine Tradition, welche zwar den Namen festhielt, aber nicht die Okeanide; es wird die Gattin des Ophion gewesen sein, die Kallimachos meinte, obwohl auch sie zur Gattin des Zeus nicht paßt. Ergötzlich und belehrend ist, was Pausanias VIII 41 über einen Tempel der Eurynome erzählt, der da, wo die Neda einen Bach Lymax aufnahm, in wilder Gegend zwischen alten Zypressen lag. Nur einmal im Jahre ward er aufgemacht, vermutlich auch besucht. Hinaufgestiegen wird Pausanias nicht sein, denn er kam nicht an dem Festtage nach Phigaleia, hörte aber dort, Eurynome wäre Artemis. Das verwunderte ihn sehr, denn *ὅσοι αὐτῶν παρειλήφασιν ὑπομνήματα ἀρχαῖα*, wußten, es wäre die Eurynome des *Σ*. Da tut er so, als wäre ihm diese Aufklärung

einbringt. In der Ilias hat man den Eindruck, daß sie unweit der Troas im Meere wohnt, daher kann Lykophron 22 den Hellespont *παρθενοκτόνος Θέτις* nennen. Alexander opfert den Nereiden mehrfach zusammen mit anderen Meergöttern, Berve, Alexanderreich I 85. Der Makedone hat noch den Glauben, daß er sich das Meer geneigt machen kann, die Namen nimmt er aus der hellenischen Mythologie, die ihm keinen zusammenfassenden bietet, denn Pontos und Thalassa sind keine Götter, und Poseidon reicht nicht aus, weil er das Element nicht bezeichnet.

durch Phigaleer geworden, die altes Aktenmaterial besaßen. Und von denen will er auch gehört haben, das Tempelbild wäre eine Frau mit Fischschwanz und wäre mit goldenen Ketten gefesselt, ein Beweis dafür, daß sie Artemis nicht sein könnte. Und doch glaubten das die Leute, konnten also von dem Fischschwanz nichts wissen. Es ist wohl klar, daß die *ὑπομνήματα* das Buch sind, das er mit sich führte. Wir werden einen Widerspruch eigener Erkundung mit der fremden Gelehrsamkeit in Thelpusa finden. Das Buch, dem er die Seltsamkeit entnahm, hatte alles geschwindelt, und die Phigaleer, die jährlich zu dem Tempel zogen, hatten recht, wenn ihnen die „Weitwaltende" zu Artemis geworden war wie so viele alte Göttinnen ihres Landes. Der Name hat eben eine so weite Bedeutung, daß er auf jede Göttin angewandt werden konnte.

Eine andere Okeanide ist Amphitrite, die Hesiodos 930 oder wohl eher ein Fortsetzer dem Poseidon zur Gattin gibt, was dann allgemein angenommen ist, ein Erfolg des maßgebenden Gedichtes. Ihr Name ist gewählt, weil Triton der Sohn des Paares ist, *δεινὸς θεός*, der bei den Eltern auf dem Meeresgrunde lebt. Er ist wichtig nur als Gegner des Herakles, der durch seine Überwindung den Menschen das Meer befriedet. Die Tritonen gehören der späteren spielenden Mythologie an, die jenen Kampf vergessen hat. Nur die Argonautensage hat den Triton bei Bengasi festgehalten, wo er einen See oder Fluß behielt. Da sitzen noch bei Apollonios die Hesperiden, obwohl nun die Säulen des Herakles viel weiter westlich gerückt sind. Die Argonautensage, wie sie schon Pindar gibt, konnte nicht entstehen, ehe der Triton an der Syrte saß und deren Untiefen bekannt waren. Dann mußte Herakles, der zu den Hesperiden wollte, ihn dort bezwungen haben, und wenn Herakles bei Pindar, Nem. 3, 23, den Menschen das Meer befriedet hat, indem er *τεναγέων ῥοαί* überwand, so ist die Syrte so wie bei Apollonios geschildert. Der Tritonkampf[1] ist

[1] Daß der Dodekathlos in keiner Variante den Tritonkampf oder eine Bezwingung des Meeres hat, beweist schlagend seine Entstehung im Peloponnes. In Rhodos, also bei Peisandros, war das unmöglich, es sei denn, er hätte bereits geformte Sage, wie sie war, weitergegeben. Euripides Hippol. 744 vermeidet den Gott zu nennen, der den Schiffern die Fahrt in den unendlichen Westen verwehrt, und sagt nur *ὁ ποντομέδων*. Die Münzen von Itanos zeigen ein Meerwesen, gerade im Osten Kretas ist ein hellenisches nicht zu erwarten, also die an sich anspre-

einmal, lange vor der Gründung Kyrenes, von Schiffern in die Syrte gerückt; Odysseus bei den Lotophagen setzt ja auch den unfreiwilligen Besuch jener Küsten voraus. Der Glaube an den Triton ist noch älter. Ist er denn ein hellenischer Name? Schwerlich, da er sich einer einleuchtenden Deutung entzieht. Das tut Tritogeneia auch, die doch das Wort zu enthalten scheint[1]. So bleiben hier Rätsel; aber Triton ist nur ein dem Menschen gefährlicher Meerbewohner.

Hesiod hat dann noch den Phorkys, Sohn des Nereus, dem er eine Keto eigener Erfindung zur Frau gibt, weil sie eine Nachkommenschaft von Ungeheuern erzeugen. Bei Alkman ist *Πόρκω παῖς* soviel wie Nereide, der Name kann von *Φόρκυς* nicht getrennt werden. *πόρκος* ist sonst die Fischreuse, *πορκεύς* der Fischer. Das führt nicht auf einen Meergott, er konnte aber seine Tätigkeit erweitern. Als *Φόρκυς* hat man von ihm in dem achäischen Rhypes und auf Kephallenia erzählt, was einem mit der Gegend vertrauten Dichter Veranlassung gab, ihm auf Ithaka einen Hafen zuzuweisen[2]. Die Odyssee hat den Proteus mit seinen Robben an die ägyptische Küste geholt und ihm die Wandlungsfähigkeit der Thetis verliehen. Zu Hause war er am Athos, auf der Chalkidike, wo Herakles mit seinen Söhnen ficht und Torone gründet. Das ist also erst bei der Besiedlung der Chalkidike erfunden, und der „Erste" ist der Urbewohner. Das Meer mit seinen *κήτη*, von denen Herodot, VI 44, weiß, konnte deshalb immer schon berufen sein, also auch ihr Hirt, ein lokaler Meergott, dem aber auch das Land gehörte. Briareos ist ein Name für verschiedene „gewaltig starke" Wesen; so nennt die Ilias *A* 403 einen Meerriesen, der aber auch *Αἰγαίων* heißt, also nach dem Meer von *Αἰγαί* benannt ist, wo Poseidon wohnt.

Diese Übersicht legt dar, daß die Hellenen keinen Herrn des Meeres gekannt haben, bis es Poseidon ward, als sie selbst in Asien Seefahrer geworden waren. Was wir finden, sind gerade darum viele Namen, weil keiner eine allgemeine Geltung hat, Palaimon, Proteus, Phorkys haben ein sehr enges Gebiet, Nereus und seine

chende Verbindung mit dem Schiffer Korobios (Herodot IV 151) unwahrscheinlich; beweisbar kann in solchem Falle keine Deutung sein.

[1] Der Bach Triton bei Alalkomenai ist so benannt, als der Ort auf die Geburt Athenas Anspruch erhob, was schwerlich älter ist als der libysche Fluß.

[2] Heimkehr des Odysseus 6.

Töchter haben keinen Kultus, Ino, vermutlich auch Triton sind fremd. Haben die Hellenen ein altes Wort, das dem europäischen *mare* inhaltlich entspräche? Dies hatten sie verloren, πόντος genügt nicht, πέλαγος ist homerisch und daher in der Poesie dauernd lebendig, aber außer bei Herodot, der lebendigen Gebrauch nicht sichert, fast nur in der Poesie oder so, daß Anschluß an sie zu spüren ist, gebräuchlich, und es fällt auf, daß ἁλὸς ἐν πελάγεσσιν gesagt werden kann, ε 335: es wird doch wie *aequor* nur die Fläche bedeuten, vielleicht gleich dem deutschen Worte. Dann ist ἅλς die griechische Übersetzung des Fremdwortes θάλασσα, das ja zunächst Meerwasser bedeutet. Daß es ein Meer gäbe, haben die Bewohner der inneren Balkanhalbinsel natürlich gewußt, werden es auch benannt haben, aber es ging sie nichts an; da konnten sie ihm keinen göttlichen Herrn geben und von seinen Bewohnern erzählen. Νηίδες, einen Πόρκος Φόρκυς konnten sie haben. Als sie an das Meer vorrückten, wohnten auch in dem Meere Νηίδες und fing sich Peleus eine. Zu fremden Meergöttern, die sie vorfanden, wie Ino, traten eigene, aber sie blieben lokal. Erst als sie über das Meer fuhren, genügte ihnen der fremde Ogen Okeanos nicht, und Poseidon ward Herr des Meeres. Sehen wir aber auch, wie sich die Seefahrer zu den Göttern stellen, von denen die Dichter erzählen. Leukothea hilft noch dem Odysseus, später vertraut man auf die Dioskuren, die ihre Hilfe auf die See ausdehnen, oder auf die fremden Götter von Samothrake, hat auch die fremden Patäken an Bord. Die lieblichen Meermädchen spielen nur; die νεραΐδες der christlichen Griechen sind viel tätiger. Es hätte nahegelegen, daß die Ertrunkenen in das Haus der Amphitrite kämen, in das Sophokles, Oed. 195, den Ares wünscht. Nichts davon. Bakchylides läßt den Theseus zu ihr hinuntertauchen, aber das ist Ausmalung der gegebenen Geschichte. Wie ganz anders haben die Nordgermanen, sehr viel kühnere Seefahrer, ihr Leben und Sterben auf den „Seedrachen" innerlich empfunden und in den Bildern ihrer Phantasie ausgestaltet. Wenn in den Griechen eine gleiche Anlage gesteckt hätte, würde Herakles seine Säulen nicht an der Straße von Gibraltar aufgerichtet, sondern den Triton im Karaibischen Meere bezwungen haben. Alexander, der den Nearchos zu seiner nicht wiederholten Entdeckungsfahrt trieb und sie fortsetzen wollte, würde vielleicht auch dazu dem Volke die Kraft aus seiner Seele gegeben haben, obwohl er ein Makedone war. Pytheas war noch sein Zeitgenosse, der letzte Ionier, in dem noch der Wagemut der alten Milesier und Phokäer lebte. Dann ist es vorbei. Es hat eben den Hellenen nicht im Blute gesteckt, und die Römer waren und blieben Landratten, die selbst das Erbe der Hellenen verkommen ließen.

Auf der Erde oder empor aus der Erde wirkten die Götter, die wir bisher betrachtet haben. Das gilt ganz ebenso von Zeus, und das hat sich auch nicht geändert, als er in seinem Wesen bei Homer ein anderer geworden ist, denn immer noch wohnt er auf dem Berge Olympos. Der liegt für die asiatischen Griechen außerhalb ihres Gesichtskreises, sie haben die Vorstellung also mit hinübergebracht, die sich gebildet hatte, als sie nach Pierien und weiter herunter gezogen waren[1]. Dort oben wohnte er *αἰθέρι ναίων*, wo er auch die Wolken sammelte, aus denen er Blitze und Regen herabsendet. Zuerst haben die Menschen den Gott auf dem Berge sitzend geglaubt, an dem sie das kommende Wetter beobachteten. Die Umwohner des Saronischen Golfes haben auf das Oros von Aigina geblickt, die Messenier auf die Ithome, die der Täler von Kleonai und Nemea auf den Apesas, die von Argos auf das Arachnaion, die Arkader des Westens auf das Lykaion (wenn da nicht Pan ältere Rechte hat), die Schiffer und Inselbewohner des nördlichen Archipels auf den Athos, *Ζηνὸς αἶπος*, Aischylos Agam. 285, und die Ilias pflegt den Gott vom Olymp auf den Ida kommen zu lassen, wo ihn die Troer verehren, die Griechen ebenso verehrten, als sie in seinem Umkreise seßhaft geworden waren. Seine Waffe ist der Blitz, den er immer zur Hand hat; daneben führt er ein zauberisches Ziegenfell, die *αἰγίς*, doch wohl die Erregerin des stürmischen Unwetters, *καταιγίς*. Der Adler, der in den Bergen wohnt, ist sein Bote; in seiner Gestalt mag er in der Urzeit erschienen sein, aber er fuhr auch im Blitze selbst herab.

Der Name *Ζεύς*, *Δεύς*, *Ζάς*, *Ζήν*, *Ττήν* (Kreta) war den Griechen unverständlich, also aus der Urzeit entlehnt, und es ist gar nicht selbstverständlich, daß er immer noch das besondere Wesen bewahrte, das einst in dem Namen lag. Wenn der nordgermanische Tyr wirklich denselben Namen führt, so sieht man, wie die etymologische Bedeutung ganz schwinden kann. Die Wurzel *διϝ* mag

[1] Notwendig schließen wir, daß es keine Peloponnesier waren, keine *Ἀργεῖοι*, die den Olymp nach Asien mitnahmen, sondern Leute aus Phthia und dem späteren Thessalien, die Äoler, die wir in Kyme antreffen, eben die, welche den Achilleus mitbrachten.

einmal leuchten bedeutet haben, die Griechen hören das nicht[1], weder in δῖα θεάων noch in διογενής, das ja nicht den Zeus angeht[2], sondern den Gott, und so mag für sie Ζεύς etwas Ähnliches[2] wie Gott bedeutet haben, gesteigert über das rätselhafte θεός. Schon darum geht die herrschende Ansicht in die Irre, die von der Etymologie ausgehend den Zeus für einen Lichtgott erklärt[3], wobei der theologische Dualismus von Lichtgöttern und finsteren „chthonischen" Mächten mitspielt, der von Zoroaster in das Judentum und Christentum gebracht ist. Er mißversteht das χθόνιος (was gerade auch Zeus verden kann) ebenso wie die Lichtgötter, was vor wenigen Jahrzehnten noch ziemlich alle Griechengötter sein sollten. Was ist denn Licht, τὸ φῶς, dies neutrale Abstraktum, nicht einmal in der physikalischen Theorie ein Element. Feuer müßte in den Göttern stecken oder die leuchtenden Himmelskörper. Der Blitz des Zeus ist nicht *fulgus*, sondern *fulmen*. Erst als Zeus nicht nur auf oder in den Himmel erhoben, genauer von der Philosophie zum Äther gemacht ist, kann man sagen, πέλει αἴθριος (Theokrit 4, 43). Wenn er ἔλαχ' οὐρανὸν εὐρὺν ἐν αἰθέρι καὶ νεφέλῃσιν (*Ο* 192), so herrscht er über helles und trübes Wetter. Später wird man in der Freilassungsformel und in Eidesformeln ὑπὸ Δία Γῆν Ἥλιον den Himmel verstanden haben, usprünglich war der Gott gemeint, ἴστω νῦν Ζεὺς πρῶτα θεῶν ὕπατος καὶ ἄριστος, *Τ* 258, und bei dem Schwure des *Γ* 103 bekommen Erde und Sonne, die als Schwurzeugen immer gegenwärtig sind, ein weißes und ein schwarzes Schaf, Zeus ein drittes, offenbar als der höchste Gott, was er bei Homer ist. ὕπατος oder ὕψιστος war er schon früher, weil er die höchsten Höhen einnahm, ἄριστος konnte man den Schwinger des Blitzes auch schon nennen, weil er unwiderstehlich war,

[1] Wenn δίες bei den Kretern wirklich Tage bedeutet hat, so war das kein Plural von Zeus, sondern hatte sich ein dem lateinischen *dies* entsprechendes Wort bei diesen Dorern erhalten.

[2] Es fällt auf, daß der einzige Sohn des Zeus vor Ilios der Lykier Sarpedon ist, und Idomeneus, sein Enkel, sehr ungriechische Verwandte hat. Die Liste der Liebschaften des Zeus, *Ξ* 317–27, die Aristophanes verwarf, ist unbedingt mindestens erweitert, denn Semele ist für die Ilias unmöglich, anderes wie Perseus und Herakles bedenklich, dagegen Peirithoos sicher sehr alt, da er noch θεόφιν μήστωρ ἀτάλαντος heißt.

[3] Ich habe meine Ansicht über die allmähliche Erhöhung des Zeus zum Allgott in den Vorträgen der Bibliothek Warburg, Bd. III, dargelegt.

so daß ihn die Krieger als Bringer des Sieges verehren mochten. Er trug die Befähigung in sich, der höchste Gott zu werden, aber noch war er es keineswegs.

Auch in der späteren Zeit, als Homer nach dem Mutterlande herüberwirkt, sind Zeusfeste nicht häufig[1], daher auch nach Zeus benannte Monate. Wichtig ward die Stiftung der Pisaten, die zum Ersatze des ihnen zu fernen Olympos ein Olympia am Alpheios schufen, das sich der Gott durch den Blitz nahm, als er das Herrenhaus des Pelops zerstörte. Da haben die Iamiden erfolgreiche Politik getrieben; sie übertrugen auch das Orakel der Ge auf den Zeus, das sie nun verwalteten, und stifteten die Spiele. Ihr Zeus ist aber immer der Blitzgott geblieben, bis auf Pheidias, und die Religion spielte weniger mit als die Politik, wenn Peisistratos den Kult Olympias nach Athen übertrug. Über die athenischen Kulte wissen wir immer noch am meisten; sie sind auch hier bezeichnend. Die *Διειπόλια* zeigen, daß der Gott von den Berggipfeln auf die *ἄκρα τῆς πόλεως* gezogen, also Burggott geworden ist; das geht allgemein durch. Einmal hat es in Athen *Πάνδια* gegeben, die auf eine Gemeinschaft von mehreren Stämmen oder Dörfern deuten, also politische Bedeutung hatten, wozu auch der König *Πανδίων* stimmt, dessen Söhne Landschaften entsprechen. Aber die Bedeutung des Festes war, seit es Panathenaeen gab, geschwunden, und das verkümmerte Fest ward umgedeutet. Endlich Diasia[2] und Maimakteria, nach denen ein Monat heißt. Sie gehören zusammen[3], und

[1] Die Nemeen sind von Kleonai erst ganz spät gestiftet, und der Zeus des Apesas, dem sie gewidmet waren, trat in der Vorstellung der Menschen hinter den Leichenspielen der Sieben für Archemoros zurück, die das Epos berühmt gemacht hatte.

[2] *Διάσια* führt auf einen Ortsnamen, wie *'Αναγυράσιος*, *Φλειάσιος*, *Πτελεάσιος*. Die auch von Themistokles nicht in die Stadt gezogene östliche Gegend bis an den Ilisos hat also nach dem alten Zeusheiligtum *Δία* oder ähnlich geheißen, und Peisistratos hat daher seinen olympischen Zeustempel mit Zubehör (Gaia und Kronos) hier angelegt.

[3] Hesych *μαιμάκτης· μειλίχιος καθάρσιος*. Lysimachides bei Harpokration *μαιμακτηριών· ὁ ἐνθουσιώδης καὶ ταρακτικός*, was die wahre Bedeutung andeutet, aber zuerst umbiegt. Plutarch de cohib. ira 458 führt aus, daß der König nicht jähzornig sein darf, *διὸ καὶ τῶν θεῶν τὸν βασιλέα μειλίχιον οἱ 'Αθηναῖοι καὶ* (*δὲ* codd.) *μαιμάκτην οἶμαι καλοῦσιν*. Da *μειλίχιος* gerade in Athen gilt, ist *δέ* unmöglich. Plutarch sah im *μαιμάκτης* dasselbe, wie es bei Hesych steht. Eine parische Weihung an ihn

wenn die Diasien auf den 23. Anthesterion fallen[1], die Maimakteria (der Name ist zufällig nirgend angewandt) Ende ihres Monats[2], so ist unmittelbar einleuchtend, daß der Wettergott seine besonderen Opfer erhält, einmal wenn der Frühling beginnt, zum anderen wenn die Winterstürme einsetzen. Das letztere liegt in dem besonderen Namen; dem könnte im Frühjahr *μειλίχιος* entsprochen haben, wie schon Thukydides den Gott nennt. Allein der Meilichios ist anderswo ein selbständiger Gott und gehört zum Totenkult, wenn auch vielleicht nicht in das Reich der Toten. Daher ist wahrscheinlicher, daß er mit dem Zeus der Diasien in früher Zeit gleichgesetzt ist, weil diesem ein Sühnfest mit *ἁγνὰ θύματα* dargebracht ward. Gerade diese Zeusfeste waren schon im 5. Jahrhundert in ihrer Schätzung stark zurückgedrängt[3].

Ganz für sich steht der Zeus von Dodona, an den sich die thessalischen Auswanderer noch nach Jahrhunderten erinnerten, wie die Patroklie lehrt, als das Heiligtum schon ganz innerhalb barbarischer, halbgriechischer Stämme lag. Hier wohnte der Gott in einer Eiche, deren Rauschen oder das Gezwitscher der wilden Tauben, die in ihr nisteten, oder das Klingen eines in den Zweigen aufgehängten Schallbeckens den Priestern den Willen des Gottes verkündete; er hätte *δενδρίτης* oder *ἔνδενδρος* heißen können; man sieht, was ein solcher Baumkult bedeutet. Durch das Orakel, also durch die Priesterschaft, hat sich der Kult als hellenischer erhalten; Änderungen, wie die verschiedenen *σύμβολα*, durch die der Gott antwortete, und die Einführung vermutlich jungfräulicher Priesterinnen, sind nicht ausgeblieben. Eine sonst fast verschollene Gefährtin des Zeus Dione stand neben ihm, ob von Anfang als Gemahlin, weiß niemand. Aber alt muß der Beiname *νάιος*[4] sein. Die Länge des *α* führt zunächst auf *ναός*, der nicht da war, oder *ναῦς*, aber das Meer ist fern; gleichwohl hat man im Altertum beides versucht. Dann bleibt das Fließen wie in den *ναιάδες*, und Moderne fordern einen Quellgott, obwohl bisher keine Quelle da ist, und Zeus als Quellgott kaum denkbar ist. Wir tun am besten ab-

IG. XII 5, 47. Mit *Μαιμακτῆρες* auf dem lesbischen Steinbrocken XII 2, 70 ist nichts anzufangen.

[1] Schol. Wolken 408 *ὀγδόῃ φθίνοντος Ἀνθεστηριῶνος*.

[2] *φθίνοντος Μαιμακτηριῶνος* eine *πομπή* für *Ζεὺς μειλίχιος* nennt ein Lexikon unter *διοπομπεῖσθαι* bei Eustathios zur Odyssee 1935, 10.

[3] *ἀρχαῖά γε καὶ διπολιώδη* Aristophanes Wolken 984.

[4] Auf dem Stein von Karthaia IG. XII 5, 551 ist *ναωι* unsicher.

zuwarten, bis Dodona ausgegraben ist. Wenn sich da nichts ergibt, wird das Rätsel bleiben. Die schöne Kleinbronze von Dodona zeigt den Schwinger des Blitzes.

Ich weiß wohl, daß die Menschen sich sträuben werden, einen vorhomerischen Zeus anzuerkennen, der im Kultus hinter Poseidon weit zurücktrat und weder Vater der Götter noch der Menschen war, wenn er auch selbst wie die übrigen Götter keinen Vater hatte. Weil Jovis zu Jupiter geworden ist, braucht Zeus doch nicht *πατήρ* gewesen zu sein, was er erst in der Ilias und bei Archilochos ist. Vielleicht stärkt es den Eindruck, wenn einmal die Zeuskulte von Arkadien mit den einst zugehörigen drei Halbinseln durchmustert werden; Gründungen späterer Zeit wie in Megalopolis und offenbare Beinamen des nachhomerischen Zeus wie *πάσιος* = *κτήσιος* IG. V 2, 62 (drittes Jahrhundert) müssen natürlich beiseite bleiben. Auf Ithome und dem Lykaion sitzt er, aber auf dem Taygetos nur als *Ταλετίτας*, IG. V 1, 363; da haben wir vorgriechischen Sonnenkult gefunden, den er ersetzt hat. In Arkadien gehören ihm nicht einmal die Berge des Ostens und Nordens. Nach Orten heißt er, Krokeatas bei Gythion, Paus. III 21, 4, *Λεχεάτας* in Aliphera, VIII 26, 6 (vgl. *Λέχαιον*), wo sie auch die Athenageburt sich aneignen wollten, offenbar nur durch schlechtes Etymologisieren. Der Wetter- und Blitzgott ist da, wie er es sein muß, *κεραυνός* IG. V 2, 288, *στορπαῖος* V 2, 64, *καβάτας* V 1, 1316, *καππώτας* Paus. III 22, 1, *καταιβάτας* Paus. V 14, 10, das ist der Blitz, mit dem Zeus von Olympia Besitz ergriffen hat, *εὐάνεμος* Paus. III 13, 8. Ein *σκοτίτας* hat einen Eichenhain dicht hinter den Hermen, die auch hier die Grenze zwischen Arkadien und Lakonien bilden, III 10, 6; er hat in der Nähe einen Tempel, wird aber ursprünglich in dem Dunkel des Haines gewohnt haben. Da wir nicht mehr hören, sage ich nicht mehr[1]. Wo ist hier der Himmelsherr, der Götterkönig? Was wollen diese Winkelkulte gegenüber dem arkadisch-lakonischen Poseidon besagen? Ist es erlaubt, den homerischen Zeus durch petitio principii in die

[1] Ein *κλάριος* in Tegea, Paus. VIII 53, 9, ist nicht älter als der *συνοικισμός* von Tegea. Ein *πλούσιος* bei Sparta III 19, 7 hat einen zu vieldeutigen Beinamen. Der *μέγας θεός* von Thisoa (dies offenbar die echte Schreibung) ist als Zeus gefaßt, denn der Blitz ist das Wappen des eine Weile selbständigen Dorfes, IG. V 2, 510. 511. Aber der unbestimmte Name blieb, ein erwünschtes Zeugnis für selbständige Götter mit unzureichendem Namen, wie es die bloßen Ortsbezeichnungen auch sind.

älteste Zeit hinein zu sehen? Vielmehr hebt sich der religiöse Fortschritt erst recht auf seine wahre Höhe, wenn man sieht, was für einen Zeus die Festlandsgriechen noch über die Zeiten Homers hinaus gehabt haben.

Daß Zeus, weil er mit dem Blitze die Waffe des Sieges in der Hand hält, ein Gott war, dem die Könige und Krieger besonders huldigten, ist nur ein unbeweisbarer, aber auch unabweisbarer Rückschluß aus einer späteren Geltung. Von dem himmlischen Zwillingspaare gilt das unbedingt, und sie sind auch im Glauben von Kelten und Germanen[1], Balten und Indern vorhanden. Auffällig, daß sie in Ionien und daher im Epos fehlen, das nur die Brüder der Helene als verstorben kennt. Ihren einfachen Namen *Ἄνακε*[2] haben sie in Athen und Argos bewahrt, in Böotien die Roßgestalt als die beiden Schimmel. Sonst haben sie besondere Eigennamen erhalten, sei es daß sie doch ganz ein Paar blieben wie die *Μολίονε* der Eleer (eigentlich der Epeer), sei es daß die Einzelpersonen sich individualisierten, wie in Sparta, Messenien und Böotien. Das ist so zugegangen, daß bereits vorhandene Helden einen Platz in dem Götterpaar einnahmen und ihre besonderen Geschichten behielten. Kastor, von dem man sein Grab hatte (Paus. III 13, 1), Idas, der in Ätolien gegen Apollon gestritten hatte, Amphion, der Gatte Niobes[3]. Wie es um die anderen stand, mag fraglich sein, da uns ja ihre Sagen fehlen können; Lynkeus, der sein Luchsgesicht nur in dem letzten Kampfe anwendet, ist wohl sicher Erfindung eines Dichters. In dem Kampfe der spartanischen mit den messenischen Zwillingen spiegelt sich der Sieg Spartas; da haben wir prächtige Zeugnisse für echt spartanische Sagenschöpfung, und auch die epische Ausführung muß in Sparta

[1] Timaios bei Diodor IV 56. Tacitus Germ. 43. Im Norden fehlen sie.

[2] Der Name ist vieldeutig. In Knidos sind sie Unterweltsgötter, Inscr. British Mus. 804, wie der Anax, Inschr. Magnesia 94 (nicht magnetisch). Die *Ἄνακτες παῖδες* in Amphissa, Pausan. X 38, 7, gehören wohl dahin. Nilsson stellt sie mit zwei oder auch drei zwergen- oder kinderhaften Göttern in Südlakonien zusammen, die Kappen wie die Dioskuren tragen, Pausan. III 24, 5 und 26, 3. Die zwei wurden für diese gehalten, aber die Dreizahl widerstrebt.

[3] Für ihn ist eine *'Αμφι[ό]να* in Gortyn wichtig, GDI. 4952a; das *o* muß kurz sein. *Ζῆθος* war *Ζέαθος*, Pindar in dem Päan bei der Sonnenfinsternis V. 44.

mindestens begonnen sein. Diese Geschichten, auch wenn sie allgemeine Geltung erhalten, wie der Reiter Kastor und der Faustkämpfer Polydeukes, oder die Heteremerie der Brüder (die nötig war, um den verstorbenen Kastor doch auch als Gott handeln zu lassen) ändern nichts an dem gemeinsamen und gleichen Auftreten und Wirken der Zwillingsgötter. Ihre Verbundenheit wird durch die Geburt aus einem Ei bezeichnet, bei den spartanischen Dioskuren und den Molioniden, die noch dazu zusammengewachsen sind. In der allgemeinen Vorstellung halten sich nur die Dioskuren zugleich mit ihren spartanischen Namen. Es entstehen Geschichten, die sie als Retter vorbildlich einführen, was besonders eindringlich klingt, wenn die Rettung einer hilflosen Frau zugute kommt, der Schwester Helene von den Spartiaten, mit der sie verbunden waren, weil ihr Heiligtum in Therapne lag, beim Menelaion, wo Helene mit Menelaos[1] gewohnt hatte. Die bötischen Dioskuren retten bei Euripides ihre Mutter; das ist wohl ältere Sage; aber wenn Tyro und Melanippe von ihren Söhnen ebenso gerettet werden, die doch nicht ein göttliches Zwillingspaar sind, wird man mißtrauisch; die Tragiker können das Motiv übertragen haben. Im Grunde sind auch die ältesten solchen Geschichten Dichtererfindung, auch wenn es noch keine Epiker

[1] Menelaos hatte sein Grab, denn er war gestorben, aber auf die Inseln der Seligen gelangt. Die Telemachie kannte diesen Kult, wie sie überhaupt über Sparta unterrichtet ist, was ihre Zeit bestimmt. Helene war als Zeustochter Göttin geworden und hatte ihren Tempel in der Stadt; der war also von den Dorern erbaut, unweit des Platanenhains, und eine Platane erfuhr von den Jungfrauen einen Kultus, der der Helene galt, Theokrit 18, offenbar ihr Wohnsitz, bevor sie einen Tempel erhielt. Darum war sie noch keine Baumnymphe, sondern die Achäer und Dorer kannten noch keine Gotteshäuser, da ließen sie die Göttin in dem Haine wohnen. Die Balken, in denen die Zwillinge wohnten, werden die Dorer auch überkommen haben: sie vertraten die Götter, der Baum auch. Baumkultus war es so wenig wie Balkenkultus. Aber diese Helene war nicht aus dem Epos genommen, sondern die Helene, die im Epos Heroine ward, so gut wie ihre Brüder bei Homer im *Γ*, war eine Göttin. Ich halte für unmöglich, zu ergründen, was sie eigentlich war, denn in Sparta ist sie dorisiert, also ihrem Wesen entfremdet, bei Homer auch, in anderer Weise. Hinzu tritt die Tochter der Nemesis von Rhamnus, die Theseus entführt. Auch da liegt ein alter Glaube zugrunde, aber er ist von Homerischem überwuchert. Nur muß die Tochter von Zeus und Nemesis unbedingt eine Göttin sein.

waren, die sie erdachten, so daß wir sie als autorlose Sage behandeln.

Die Hauptsache ist, daß die Dioskuren im lebendigen Glauben unter den Menschen erscheinen. Die epizephyrischen Lokrer haben an ihre Hilfe in der Schlacht am Flusse Sagra geglaubt, und daran haben sich auch in Sparta Wundergeschichten geknüpft, wirklicher Volksglaube. Der hat also im italischen Hellas gegolten und weit um sich gegriffen. Über Etrurien und Tuskulum, das die Etrusker im Namen hat, sind so die Castores nach Rom gelangt, und ihr Erscheinen in der Schlacht am See Regillus wird schwerlich bloß literarische Übertragung des griechischen Wunders sein, wenn diese auch später hinzutrat. Aber die Dioskuren kamen auch zum Mahle, wenn sie geladen waren. Pindar, Nem. 10, erzählt einen solchen Fall aus Argos. Theodektes, in Sparta später Sidektes, ist ein Name, der solche Bewirtung der Götter voraussetzt; Herodot VI 127 berichtet es von einem Arkader Laphanes. Theoxenien wurden ja vielfach abgehalten; da waren die Götter überhaupt geladen, aber man erwartete ihr persönliches Erscheinen wohl kaum noch von anderen. So denkt man noch zu Pindars Zeiten in den Kreisen des Adels, für den er dichtet. Die himmlischen Ritter sind eben Standesgenossen, göttliche Kameraden. In Ionien, wo es den Adel nicht mehr gibt, war dieser Glaube längst erstorben. Denken wir Jahrhunderte zurück, so muß man den Verkehr der Götter mit den Menschen beinahe alltäglich nennen, wenigstens können sie immer kommen, und wenn sie geladen werden zu Opfer und Schmaus, so ist das ganz ernsthaft gemeint. Sie kommen auch in Bettlergestalt, sagt die Odyssee ϱ 485; es gibt ja auch einzelne Geschichten genug. Und ihr Erscheinen in Tiergestalt, ihre unsichtbare Anwesenheit, die sich doch fühlbar macht, kommt hinzu. Man ist gezwungen, in die späteren Zeiten herabzusteigen, weil nur sie direkte Zeugnisse liefern, aber die eigene Phantasie muß immer wieder versuchen, sich in das Leben der Urzeit zu versetzen, wo der Glaube noch die Herzen, in denen er erwachsen war, unbedingt beherrschte.

Diese alte Zeit scheint selbst bei der Entbindung der Frauen die Hilfe der Zwillinge gehofft zu haben, denn die lakonische Gruppe, die gleich zuerst so gedeutet ward, kann kaum etwas anderes wollen, Ath. Mitt. X Taf. VI. Die Behandlung Ath. M. XXIX 16, die sich sonst in das Wilde verliert, kann darin recht haben, daß das Weib keine Sterbliche ist; das ändert aber wenig, denn die Gruppe blieb ein Weihgeschenk für glückliche Entbindung, auch wenn sie eine vorbildliche Hilfe der beiden Götter darstellte, die einer Göttin zuteil geworden wäre. Gleicher Art scheinen die *Καλοί* der messenischen Inschrift 72 Schwyzer zu sein, anderes vielleicht verwandte S. 99. Die roßgestaltige Hippo aus der Melanippe des Euripides, die zu den Frauen auch als Geburtshelferin gekommen sein wird, hat die Gestalt mit den böotischen *λευκὼ πώλω* gemein[1], aber daß männliche Helfer bemüht werden, ist doch absonderlich; vielleicht darf man die Dorer dafür verantwortlich machen.

Die Dioskuren haben als Götter auch die Macht zu schaden[2], aber man denkt sie nur freundlich und hilfreich. Als die See befahren wird, die Menschen gar oft in Todesnot geraten, kommen die Dioskuren auch hier zur Hilfe[3]. Die Rosse und Reiter passen da nicht, so daß der schöne homerische Hymnus 33 sie mit Flügeln ausstattet. Das hat sich nicht durchgesetzt. Aber wenn die Schiffer durch die Sturmwolken einen Stern aufleuchten sahen oder das St. Elmsfeuer sich zeigte[4], waren die Retter da. So entstand der Glaube, daß sie als Sterne erschienen[5]. Daher tragen sie auf späteren Monumenten Sterne an sich oder neben sich, und das hat zu wertlosen Verstirnungen am Himmel geführt. Beschämend, daß Moderne in diesen Sternen den Ursprung der Dioskuren suchen konnten und gar die Heteremerie, die gerade dazu da ist, die Brüder immer als Paar zu denken, so grob mißverstehen, daß Morgen- und Abendstern herauskamen. Das ist der falsche Weg, eine vorher gefaßte Deutung der Überlieferung aufzuzwingen. Der richtige führt von den Schimmelhengsten zu den Dioskuren von Montecavallo, die sich daran nicht kehren, daß nur der sterb-

[1] Sitz.-Ber. 1921, 77 (Melanippe).

[2] IG. V 1, 919 weiht ihnen jemand etwas *μᾶνιν ὀπιδδόμενος*; darin liegt nicht mehr, als daß sie böse werden, wenn er ein Gelübde oder eine Dankesschuld vernachlässigte, keineswegs, daß sie grollende Götter wären.

[3] Wieder treten sie in Asien zurück; da haben Leukothea, später die samothrakischen Götter den Vorrang, wenn nicht deren theologische Gleichsetzung mit den Dioskuren versucht wird.

[4] Helene sollte dann eine trügerische verderbliche Lichterscheinung sein, was aber nicht durchgedrungen ist, Griech. Verskunst 219 bei der Erklärung des Liedes Helen. 1452.

[5] *ἄστροις ὁμοιωθέντε* Eurip. Helen. 140.

liche Kastor ἱππόδαμος war. Eben weil er allein sterblich war, die Zwillinge aber immer beide kommen, ist die schöne Sage von der Heteremerie ersonnen.

Schließlich noch ein Wort über die Λευκιππίδες, die zu Bräuten der Dioskuren gemacht sind und die Namen von zwei Göttinnen Phoibe und Hilaeira erhielten, wohl schon in den Kyprien, wo aber ihr Vater nicht Leukippos, sondern Apollon war. Die Göttinnen hatten ein Heiligtum, Pausan. III 16, und den Dienst versah einer der Jungfrauenverbände, die uns Alkman nahebringt, der auch Λευκιππίδες hieß. Weiter ließe sich nur schließen, wenn man wüßte, wie die Göttinnen wirkten. Die Eigennamen sind doch sekundär. Bei θεαὶ λευκιππίδες könnte man an Schimmelstuten denken. Bei Hesych πωλία steht, schließlich aus Sosibios, πωλία· χαλκοῦν πῆγμά τι, φέρει δὲ ἐπὶ ὤμων τὰς τῶν Λευκιππίδων πώλους, δύο δὲ εἶναι παρθένους φασίν. Waren das zwei unkenntliche Mädchengestalten oder zwei Fohlen, von denen man sagte, sie stellten zwei Jungfrauen dar? Die böotische Hippo ist eine Analogie. Diese Schimmelstuten führen auf die vielen Λεύκιπποι, die als mythische Stadtgründer vorkommen und zu denen man leicht die Reiter auf archaischen Münzen stellt. Da sie als einzelne auftreten, sind sie freilich nicht die Ἄνακες, aber der Führer ward doch als ein ähnlicher Schimmelreiter gedacht, und der Gedanke liegt nahe, daß er aus einem göttlichen Schimmel geworden ist.

Athena hat einen Namen, der sich aus dem Griechischen nicht erklären läßt[1], auch wenn das Ableitungssuffix griechisch klingt. Dann muß auch eine fremde Göttin in ihr stecken. Nilsson und ich haben sie auf die Kreterin zurückgeführt, die auf den Monumenten unter dem Symbol eines Schildes, eines ancile[2], aber auch als gewappnete Göttin erscheint. Ich habe ihre Geburt aus dem Scheitel des Zeus auf ein ursprüngliches Aufsteigen aus dem Gipfel eines Berges zurückgeführt, was keine echt hellenische Vorstellung sein kann. Die Umdeutung auf die Scheitelgeburt ist dann aber hellenisch, und sie zeigt eine nahe Beziehung zu Zeus,

1 Was ist es anders als leeres Spiel, wenn Namen herangezogen werden, die mit αθ anfangen und auch unverständlich sind, Ἀθάμας und Ἄθμονον. Warum nicht zur Abwechslung auch ἀθάρη?

2 Besonders wichtig, daß eine geometrische Scherbe darstellt, wie ein auf einem hohen Piedestal aufgestellter Schild, ancile, von beiden Seiten Weihgaben erhält. Miß Harrison, Themis 77.

der doch niemals ein Berggott war, so daß es damit besonders stehen muß. Die Schildgöttin ward von den Fürsten in ihrer Burg verehrt; daraus konnte eine *πολιάς* gut werden, und die gewappnete Göttin muß von ihren Waffen Gebrauch gemacht haben, half also im Kampfe. Das stimmt beides zu der homerischen Athena, und wenn diese auch schon andere Züge trägt und vollends später bei Hesiod und in der Odyssee sehr viel mehr als eine Schildjungfrau ist, so könnte das eine freie Fortentwicklung sein, die sich ergab, als die Göttin nicht mehr allein den Fürsten, sondern auch anderen Ständen des Volkes gehörte. Aber ausgeschlossen ist von vornherein nicht, daß die Hellenen eine ähnliche Göttin besaßen, die sie mit der kretischen Athena ausglichen, und darauf deutet manches. In dem südthessalischen Itonos war eine später Athena genannte Göttin, die bei Strabon 435 einfach *᾿Ιτωνία* heißt; *᾿Ιτώνιος* ist ein thessalischer Monat, *᾿Ιτωνια* sind Spiele, die es auch auf Amorgos gibt[1]. Diese *᾿Ιτωνία* ist die Bundesgöttin der Böoter, die sie also aus Thessalien mitgebracht haben, ebenso die der Phoker. Die Itonia ist auch nach Athen gekommen und hat neben dem Tore, das zum Phaleron führt, ihr Heiligtum mit einem eigenen Schatze (IG. I 310, 216). Es ist schwer denkbar, daß die verhältnismäßig spät von Norden einbrechenden Stämme die minoische Göttin zu ihrer Beschützerin gewählt hätten. Homer *E* 908 nennt neben der Hera von Argos die Athena *᾿Αλαλκομενηίς* nach einem später heruntergekommenen Dorfe *᾿Αλαλκομεναί* südlich der Kopais[2]. Darin steckt also eine Erinnerung von Auswanderern aus jener Gegend, und daß die Göttin nicht bedeutungslos blieb, beweist der böotische Monat *᾿Αλαλκομένιος*. Das reicht über die böotische Einwanderung zurück, aber nach der kretischen Burggöttin sieht es nicht aus, auch wenn sich die Behauptung, Athena wäre hier geboren, als Ausdeutung des homerischen Beinamens fassen läßt[3]. Sehr be-

[1] IG. XII 7 häufig. Das zeugt dafür, daß sich auf der Insel Hellenen schon vor der Ansiedlung von Naxiern und Samiern im siebenten Jahrhundert befanden, wie zu erwarten war, während der Name Minoa für kretische Herrschaft zeugt. Die geschichtliche Erinnerung an beides war verloren.

[2] Daß der Ort in der vorböotischen Zeit Bedeutung hatte, zeigt sich noch in der Rolle, die er bei den Daidala der Hera spielt, die gleich behandelt werden. Auch das Alalkomeneion, Sylloge 366, spricht dafür.

[3] Der Gedanke, Athenas Kult stammte aus Alalkomenai, würde mir ungeheuerlich scheinen, auch wenn die Fabelei nicht so durchsichtig

greiflich aber, daß die Böoter ihre Itonia mit der Athena gleichsetzten, die sie in der Nachbarschaft vorfanden. Als die bildende Kunst so weit ist, den Göttern eine Gestalt zu geben, hat sie für Athena zwei Bildungen, die sitzende Frauengestalt und die stehende Kämpferin; wir kennen sie beide aus Athen, wo sie auf der Burg und unten am Palladion ihr Heiligtum hatten. Nur die Bilder der Kämpferin haben den besonderen Namen *Παλλάδια*[1]. Dem entspricht die Formel *Παλλὰς Ἀθήνη*[2]. Darin ist *παλλάς* ein verständliches griechisches Wort „das Mädchen". So konnte eine Göttin so gut heißen wie *κόρη* und *παρθένος*, und die Ableitung *παλλάδιον* spricht dafür, daß es einmal Eigenname gewesen war, also für die Gleichsetzung einer hellenischen *Παλλάς* mit der kretischen Athena. Auch der altattische Ortsname *Παλλήνη*, der nach der Göttin heißt, deutet auf ihre Selbständigkeit, auch wohl die für mich nicht faßbare Gestalt eines männlichen *Πάλλας*. So darf sich die Vermutung vorwagen, daß die Urhellenen eine solche jungfräuliche streitbare Göttin besaßen, die als Kriegerin nahe zu dem Blitzgotte gehörte, der den Sieg verlieh. Daher lag es nahe, daß die Fürsten sie in der kretischen Schildgöttin zu finden glaubten und mit dem fremden Namen riefen. Aber auch andere Männer stellten sich in ihren Schutz, wenn sie eine besondere Tätigkeit übten. Es scheint dem Gefühle des rechten Mannes zu entsprechen, daß er bei allem Selbstvertrauen sich eine freundliche Hilfe von einer weiblichen himmlischen Freundin wünscht, die jungfräulich bleiben muß, damit sie am Männerwerke teilnehmen kann und ihn nicht bemuttert. Der *δημιουργός* hatte auch seinen Stolz als freier Mann, der so viel mehr konnte als die Herren, denen er Waffen und Schmuck für

wäre. Wenn die Geburt dorthin verlegt war, fand sich ein Fluß Triton so gut wie gegenüber bei Tegyra für Apollons Geburt ein Delos (Plutarch Pelop. 16). Schließlich ist in der Kopais ein Athen und ein Eleusis versunken, und Kekrops hat dort den Athenakult gestiftet (Strabon 407, 413, Schol. Δ 8), was verständiger einem *Ἀλαλκομενεύς* zugeschrieben ward (Paus. IX 33. 5). Der athenische Schwindel ist schwerlich älter als der von Athen schamlos erlangte Besitz von Haliartos im Jahre 167.

[1] *Ἀθηνάδιον* sagt man nicht; es steht in einem grammatischen Text Oxyr. 1802 III 2: offenbar war die Statuette so beschaffen, daß *παλλάδιον* nicht zutraf, sitzend und unbewaffnet.

[2] Oder *Παλλὰς Ἀθηναίη*, je nach Bedürfnis. Gegen die der Grammatik widersprechende Ableitung von *Ἀθήνη* aus dem als Athenerin gefaßten *Ἀθηναίη* braucht man nicht mehr zu streiten.

ihre Frauen schuf. Daher wagte er es, in der himmlischen Helferin, die ihm die Hand führte, dieselbe Jungfrau zu sehen, welche dem Krieger, also auch ihm selbst, im Speerkampfe zur Seite trat, wenn er sie in der Werkstatt auch nicht als *παλλάδιον* dachte. *δμῶιος Ἀθηναίης* (Hesiod Erga 430) war er, und sie hatte dem Epeios bei dem Bau des hölzernen Pferdes ebensogut wir ihrem Liebling Odysseus beigestanden. Wann die Frauen auch ihre Arbeit in den Schutz der Athena Ergane gestellt haben, mag zweifelhaft bleiben; daß es dazu kommen mußte, leuchtet ohne weiteres ein[1].

Eine Göttin, die von den Einwanderern der ersten Schicht sehr hochgehalten war, aber den späteren Zuwanderern gefehlt hat, ist Hera. Der Name, der bald unverständlich ward, ist durchsichtig. Er gehört zu *ἥρως*, und da dies bei Homer nur den adligen Herrn bedeutet, ist sie die Hausherrin, die Frouwa[2], dem Sinne nach dasselbe wie *δέσποινα*. Homer nennt sie selbst *Ἀργείη*, und in dem *Ἄργος* liegt ihr vornehmstes Heiligtum; der Ort hieß ursprünglich Prosymna (vorgriechisch), aber er verlor seinen Namen, als die Dorer Argos zur Hauptstadt machten und den Kult übernahmen, so daß nicht einmal die Priesterin bei dem Tempel wohnte[3]. Bis in das sechste Jahrhundert war dies das vornehmste Heiligtum

[1] Ein peinliches Rätsel bleibt der homerische Beiname *Τριτογένεια*, denn bedeutungsvoll muß er gewesen sein und verstanden hat ihn niemand. Die Athener haben die Panathenaeen auf die *τρίτη φθίνοντος* verlegt, also „am dritten geboren“ verstanden; das könnte gut darin liegen, aber der Ansatz auf ein festes Monatsdatum kann kaum alt sein. Verbreitet ist es, den Triton in dem ersten Gliede zu sehen, nicht den Meergott, sondern den libyschen Fluß; da scheinen die Eingeborenen eine Göttin verehrt zu haben, die den Hellenen ihre Athena zu sein schien, so daß sie diese gar von dort herleiteten (Herodot IV 189). Der Triton bei Alalkomenai ist erst danach erfunden. Demokrit hat in einer eigenen Schrift „die dreierlei gibt“ in den Namen gelegt (Fr. 2). Die Qualität des i läßt sich nicht bestimmen; das macht die Deutung noch unsicherer, ob ihr Erzeuger der *Τρῖτος* oder irgendwer war, dessen Name mit *Τρίτων* zusammenhängen kann. Auf weitere antike und moderne Torheiten einzugehen lohnt sich nicht.

[2] Ich freue mich, daß nun die Deutung auch anderen eingefallen ist und mehr Glauben findet als vor 40 Jahren, als ich sie vortrug, Herakles I[1] 296.

[3] Nur als Priesterin konnte die Mutter von Kleobis und Biton in der Prozession fahren, nur dann war ihr rechtzeitiges Erscheinen unbedingt nötig.

im Peloponnes, und die vorherrschende Macht von Argos hat dessen Landesgöttin verbreitet. In Sparta heißt sie geradezu *'Αργεία* (Pausan. III 13, 8), über Stymphalos (VIII 22, 2) geht der Weg zu den *῾ΗρϜαῶιοι*, die nach dem *συνοικισμός* ihre Stadt Heraia nennen, und nach Olympia, wo sie vor Zeus Herrin des Ortes wird. Auch nach Sikyon und Korinth hat sie das nun dorisierte Argos gebracht, in dem die Priesterin für die Zählung der Jahre eponym ward; durch die Aufnahme von heroischen Namen reichte die Liste bis in die Heroenzeit. Es gab noch einen anderen Herakult, der auf die Bevölkerung der ersten Schicht zurückging, auf der Insel Euboia[1] und in dem oberen Asopostale, das ihr vor der böotischen Eroberung gehörte; von da mag sich der Kult auf die Inseln und jedenfalls nach Westen verbreitet haben, bis Delphi, das einen Monat Heraios hatte, und bis Ithaka[2]. In Athen gehörte ihr der Monat Gamelion, *῞Ηρας ἱερός* (Hesych. s. v.), der also nach ihrer Hochzeit hieß. Vor allem hat Samos sie nicht minder als Argos verehrt und nicht vergessen, daß sie dorthin von Argos gekommen war; die Samier haben sie nach Arkesine auf Amorgos gebracht. Auf Kos, wo sie viel verehrt ward, hieß sie auch *'Αργεία*[3]. Auch nach Knossos (Schwyzer 83) ist sie aus Argos gekommen. Auch auf Delos am Fuße des Kynthos ist der Kult sehr alt, stammt aber nicht von Samos, denn er geht vor allem die Frauen an.

Auf Euboia hat sie ihr Beilager mit Zeus auf der Ocha gehalten (Stephan. Byz. *Κάρυστος*); wenn sie auch *Διρφύα* hieß (Steph. *Δίρφυς*) wird dieser Berg denselben Anspruch erhoben haben. *'Ακραία* hieß sie in Korinth[4], ebenso in der Stadt Argos unterhalb der Larisa.

[1] Im Heraion von Argos nannte man einen Ort Euboia (Pausan. II 17), wohl um die Konkurrenz der Insel abzuwehren. Auf der gab es auch eine „Kuhhöhle" (Strabon 445), wo Io den Epaphos geboren haben sollte, und der hesiodische Aigimios ließ diese ganze Geschichte auf Euboia spielen, dies wohl Entlehnung aus Argos. In den Katalogen kam die Io innerhalb der Heroen von Argos auch vor, und dies Gedicht lag den Mythographen näher, so daß man in den Aigimios nicht mehr setzen darf, als für ihn ausdrücklich bezeugt ist.

[2] IG. IX 1, 653. Der Stein muß neu gelesen werden.

[3] Inschrift 38, 5 Paton. Sklaven sind an dem Feste ausgeschlossen, Makareus, Athen. 639d. Darin wird man sehen, daß es ursprünglich auf die hellenischen Einwanderer aus der Argolis beschränkt war, die Eingeborenen nicht teilnehmen durften. Eine nennenswerte Sklavenschaft gab es damals noch nicht.

[4] Die Hera als Beschützerin der Argonauten stammt schwerlich erst

Hier paßte der Beiname nicht, das Beilager muß einmal auf einem Berge stattgefunden haben, und wirklich waren auf dem Arachnaion Altäre von Zeus und Hera (Pausan. II 25, 10), für Hermione auf dem Kuckucksberge (Pausan. II 36, 2, Schol. Theokrit 15, 64), denn auch da und in Tiryns und anderen Orten der Gegend hatte die Göttin Kult. Es ergibt sich schon, daß ihre Ehe mit dem Gotte, der auf den Gipfeln wohnte, also mit Zeus, die Hauptsache war. Das Beilager auf dem Ida im *Ξ* ist ein Nachklang davon. Etwas weiter wird die entsprechende Geschichte vom Kithairon führen, aber dazu ist unvermeidlich, die beiden Berichte zu behandeln, die sich bei Pausanias IX 3 und bei Plutarch in einem Dialoge über die Daidala von Plataiai finden, aus dem Eusebius pr. ev. III 83d einiges erhalten hat[1].

Plutarch entnimmt die Geschichten samt ihrer allegorischen Deutung einem und demselben Buche; über den Brauch seiner Zeit redet er in dem erhaltenen Stücke nicht: das mag an anderer Stelle des Dialoges geschehen sein; wir wissen auch nicht, wie er das Fest beurteilte und die Gebräuche auffaßte. Uns gehen nur die Mythen, nicht die Deutungen an. In dem ersten (Kap. 3) wird die jungfräuliche Hera von Zeus auf den Kithairon entführt. Der Berggott selbst weist ihnen ein Versteck und täuscht ihre Amme Makris[2], die ihren Pflegling oben suchen will, durch die Ausrede, da läge Zeus bei Leto. Als dann nach diesem vorehelichen Beilager die Hochzeit öffentlich vollzogen ist, erhält Leto *μυχία* einen Altar und ein *πρόθυμα*, Hera wird in Plataiai als *τελεία* und *γαμήλιος* verehrt. Das voreheliche Beilager kennen wir aus *Ξ* 295. Leto ist als *Ληθώ* gefaßt; natürlich ist die fremde Göttin später zugetreten[3]; nicht notwendig war die vorgeschützte Geliebte benannt.

aus dem korinthischen Epos, denn sie hilft bereits in der Odyssee *μ* 72, und da wird doch das ionische Epos zugrunde liegen. Nach Südthessalien wird sie Iason gezogen haben.

[1] Der Text läßt sich besser herstellen, als es Bernardakis in seinem Plutarch VII 43 getan hat. F. Decharme hat in den Mélanges Weil treffend dargetan, daß der theologische Inhalt dem Glauben Plutarchs widerspricht, und scharfsinnig geschlossen, daß ein Teilnehmer eines Dialoges rede. Der Dialog gehört in die Klasse der pythischen und ihrer Verwandten.

[2] Der alte Name Euboias, den bei Plutarch symp. qu. 657e und Pausan. II 17, 1 der jüngere ersetzt.

[3] Daß einige Leto und Hera identifizieren, ist ein nichtiger Synkretismus.

Die zweite Geschichte (Kap. 6) bezeichnet der Unterredner als kindisch; sie erst geht die Daidala an. Hier ist Hera verheiratet, versagt sich aber dem Gatten und verbirgt sich auf dem Kithairon. Zeus sucht sie vergebens, trifft auf Alalkomeneus[1], den Autochthonen von Alalkomenai[2]; der hilft ihm. Er macht aus einem schönen Eichenstamm eine Puppe, *Δαιδάλη* genannt, zieht sie bräutlich an, die Nymphen des Triton (der bei Alalkomenai fließt, Strabon 407) bringen das Brautbad, der Hochzeitszug geht mit viel Musik durch Böotien. Da hält es die Eifersucht Heras nicht länger aus, sie kommt von dem Berge herunter, die Frauen Plataiais geleiten sie. Versöhnung. Sie tritt an Stelle der Puppe ein, gönnt dieser, daß ihr zu Ehren das Fest Daidala genannt wird, aber verbrannt muß die Puppe werden. Hier ist der Aufenthalt Heras auf dem Kithairon durch einen Ehezwist motiviert; die Versöhnung findet ebenda statt. Während die erste Geschichte nur den Kithairon und Plataiai angeht, sind in der anderen die platäischen Frauen nur zuletzt beteiligt, der Hochzeitszug mit der *Δαιδάλη* kommt von dem fernen Alalkomenai, und die Puppe gibt es nur hier. Also paßt nur hier der Name des Festes. Wenn, wie doch anzunehmen ist, jede Geschichte einem geltenden Festritus entspricht, war dieser zu verschiedenen Zeiten nicht derselbe, und wenn das Fest Daidala hieß, war die Form, welche von der Puppe nichts sagte und nur Plataiai anging, die jüngere. Man kann sich gut denken, daß Plataiai in den Zeiten seiner Gegnerschaft zu Theben die große Feier weder abhalten wollte noch konnte.

Pausanias gibt zuerst an, daß in dem platäischen Heratempel zwei Statuen stehen, eine stehende, die *τελεία*, und eine sitzende, die *νυμφευομένη*; von dieser gäbe es eine Geschichte. Hera ist im Groll nach Euboia gegangen, Zeus geht ratlos zu dem Könige von Plataiai Kithairon, der rät ihm eine Holzpuppe bräutlich anzuziehen und zu sagen, er heirate die Plataia, worauf Hera schleunigst kommt, sich überzeugt, daß die Braut nur eine Puppe ist und sich

[1] Hier scheint er *'Αλαλκομένης* zu heißen, was auch sonst vorkommt. Richtig kann nur *'Αλαλκομενεύς* sein, so bei Pausanias IX 33, 5.

[2] Anfang des dritten Jahrhunderts wird ein Staatsvertrag beim Poseidon von Onchestos, der Athena von Koroneia und *ἐν 'Αλαλκομενείωι* aufgezeichnet, Sylloge 366. Der Ort scheint nicht mehr bestanden zu haben, aber den Eponymos mochte man nicht aufgeben. Dann hat der Ort einstmals viel bedeutet. Seltsam, daß Athena ihn nicht mehr vertritt.

versöhnt. Es ist die zweite Geschichte, nur wieder ganz auf Plataiai zugeschnitten, und daß Hera gar nicht auf dem Berge ist, wo die Feier stattfindet, ist widersinnig. Wir erhalten dann eine Beschreibung der Feier. Es gibt große und kleine Daidala. Über die kleinen, die in Plataiai begangen werden, erfahren wir nur, daß an ihnen die 14 *δαίδαλα* angefertigt werden. Denn es gibt jetzt 14 Puppen, verteilt auf böotische Städte, die aufgezählt werden; die nördlichen, schon Akraiphion, fehlen. Das Holz muß aus einem Walde bei Alalkomenai geholt werden; das ist beibehalten, obwohl der Ort höchstens als Dorf bestand und Alalkomeneus in der Geschichte fehlt. Die einzelnen Puppen werden an den großen Daidala in einer Prozession, die vom Asopos, also nahe bei Plataiai, ausgeht, auf den Gipfel des Kithairon gefahren, wo ein großer Scheiterhaufen errichtet ist, auf dem die geschlachteten Opfertiere und die Puppen verbrannt werden. Die Städte und Private, arm und reich beteiligen sich daran. Es liegt auf der Hand, daß der ganze Sinn des Festes zerstört ist, wenn keine einzelne *Δαιδάλη* da ist. Die Teilnehmer wollten alle ihre Puppe haben, an den Mythos dachten sie nicht. Nun ist sehr wichtig, daß Pausanias die Feier der großen Daidala mitgemacht hat, denn IX 3, 8 springt er aus der Beschreibung, die im Präsens gehalten ist, in den Aorist um: *αὐτὸν τὸν βωμὸν ἐπιλαβὸν τὸ πῦρ ἐξανήλωσε· μεγίστην δὲ ταύτην ⟨τὴν⟩ φλόγα καὶ ἐκ μακροτάτου σύνοπτον οἶδα ἀρθεῖσαν.* Dieses Fest soll nur alle 60 Jahre begangen werden, hat ihm der *ἐξηγητὴς τῶν ἐπιχωρίων* gesagt, das kleine alle sieben, aber dies geschähe öfter. „Wir konnten aber von Fest zu Fest zurückrechnend die Zwischenzeiten genau nicht ausrechnen“. Wir haben hier die Sicherheit, daß sein Bericht einzig auf Autopsie und der Angabe des platäischen Cicerone beruht, der über den Mythos nur ziemlich Konfuses zu sagen wußte[1]. Es war also eine ganz seltene Gelegenheit, ein besonderes Fest mitzumachen, die Pausanias auf seiner Reise traf und benutzte. Die Festzeit ist soweit zu bestimmen, daß auf dem Gipfel kein Schnee mehr liegen durfte; sie fordert überhaupt beständiges Wetter. Wir lernen nicht eine uralte religiöse Zeremonie kennen, sondern ihre Nachbildung in der archaistischen Manier der Zeit von Marcus und Commodus, als man in Plataiai auch die Eleutheria wieder beging. Es versteht sich von selbst, daß in den fünf Jahrhunderten

[1] Er hat natürlich auch für Böotien periegetisches Material mitgehabt; darin stand nichts über die Daidala, weil es sie zu jener Zeit nicht gab.

lange Zeiten vergangen sind, in denen Eleutheria überhaupt nicht, Daidala höchstens als städtisches Fest gefeiert wurden. Wenn der Exeget von festen Intervallen von 60 Jahren redete, so war das höchstens soweit richtig, daß es jetzt von den letzten großen Daidala so lange her war. Damals oder vielleicht schon früher einmal hat ein findiger Böoter den zweiten Mythos, den wir bei Plutarch lesen, aufgestöbert und die Erneuerung des Festes durchgesetzt; nun war man wieder in der Lage, sich an der seltsamen Zeremonie zu vergnügen. Die Eifersüchteleien kann man sich danach vorstellen, daß aus der einen Daidale vierzehn Daidala geworden sind. Nur aus Plutarch, dessen Berichte Jahrhunderte älter sind, erhalten wir die Mythen, welche dem Ritus entsprechen, und daß der eine von den Daidala absieht und nur auf eine *Ἥρα νυμφευομένη* paßt, läßt die Verschiedenheit des Ritus je nach der Stellung Plataiais erschließen. Das Material ist nun gereinigt, aus ihm muß die Bedeutung der Feier gewonnen werden. Hier scheiden sich die Wege. Die Religionshistorie vermutet in der Puppe etwas wie einen Maibaum, sie und alle Opfer werden verbrannt als Zauber zugunsten der Vegetation. Ich sehe davon ab, daß dafür der griechische Sommer eine schlechte Jahreszeit ist, aber Hera eine Vegetationsgöttin – das ist für mich nichts Besseres als die antike Etymologie *ἥρα ἀήρ*. Oder der Vegetationszauber war das erste, und die Hera trat erst dazu. Gesetzt das war so, dann ist es mir vollkommen gleichgültig, denn die Hellenen, von denen ich allein etwas wissen kann und wissen will, haben nur von der Hera etwas gewußt; was jenseits liegt, davon wissen auch die Religionshistoriker nichts, sondern sagen den Griechen, ihr irrt euch, das ist ja gar nicht Hera, das ist ja ein Vegetationszauber, ihr habt ihn nur nicht verstanden. Dem Beilager Heras mit Zeus gilt die Feier, das hier wie auf den früher genannten Gipfeln angesetzt wird und überall dieselbe Erklärung fordert. Sehr alt ist der Glaube, denn er reicht in die Zeit vor dem Eindringen der Böoter in das Asopostal zurück. Auf der Wiese der Hera des Kithairon ist Ödipus ausgesetzt (Euripides Phön. 24). Ihr und den sphragitischen Nymphen, deren Grotte 15 Stadien unter dem Gipfel liegt (Pausan. IX 3, 9), gebietet der Pythier vor der Schlacht bei Plataiai zu opfern. Die Puppe und alle Opfer werden verbrannt; dasselbe geschieht in Patrai für die Laphria, und auch da ist es kein Vegetationszauber, sondern der mächtigen Göttin wird alles dargebracht; die Menschen haben sie nicht geladen, an ihrem Mahle teilzunehmen, sondern kommen, um sie durch die Gaben gnädig zu stimmen. Wenn man dem Poseidon opfert, bekommt er auch die ganzen Opfertiere in das Meer versenkt. Etwas Besonderes ist die Puppe, die aus dem Holze eines entfernten Eichenwaldes geschnitzt ist und bräutlich angetan wie zur Hochzeit durch das Land herangeführt wird. Sie ist die Göttin nicht, die ist ja oben, und weil sie es nicht ist, hat sie ausgedient, als die Gatten vereint sind; da gehört sie ins Feuer. In dem ersten Mythos ist keine Daidale vorhanden, wird auch keine Feier beschrieben, sondern die Sitte des Kiltganges zugleich mit dem ehelichen Beilager auf dem Kithairon erklärt; aber Zeus hat doch angeblich eine andere Liebschaft. In der zweiten Geschichte hat sich seine Gattin von ihm entfernt und wird durch die Vortäuschung einer anderen Liebschaft zur Versöhnung bestimmt. In der ersten Geschichte ist sie noch Jungfrau, in der anderen enthält sie sich ihres Gatten. Sehen wir ihre Verehrung in Stymphalos (Pausan. VIII 22), die gilt ihr in drei Formen, als *παῖς*[1], als *τελεία* und als *χήρα*; dies war sie, als sie sich mit Zeus entzweit hatte. Pindar, Ol. 6, 88, fordert den Stymphalier, für den er dichtet, auf, die *Ἥρα Παρθενία* zu besingen, d.h. der Ortsgöttin das rituelle Lied anzustimmen. Die Scholien wissen mit dem Beinamen nichts anzufangen, raten auf Samos, wo der Fluß *Παρθένιος* bei der Hera fließt[2], oder auf das arkadische Gebirge *Παρθένιον*, das abliegt und mit Hera nichts zu tun hat. Wenn man an die *παῖς* denkt und in den Scholien hört, daß Hera auf Euboia *Παρθένος* hieß (was gut zu den Daidala stimmt), in Argos, wie es scheint, *Παρθενία*, ist der Beiname verstanden. In den beiden plutarchischen Geschichten haben wir erst die *παρθένος* und die *τελεία*, Kiltgang und Ehe, in der zweiten *τελεία* und *χήρα*. Den Kiltgang kennen wir aus Samos und

[1] Immer noch wird das Silberplättchen von Poseidonia, Schwyzer 435, mit Berufung auf diesen Kult auf Hera bezogen. Aber *τᾶς θεõ τᾶς παιδός* kann nicht auf sie gehen, bei der diese Phrase nur in Verbindung mit anderen erscheint, so daß sie keine Weihung erhalten konnte. Bei *Κόρη* ist die Tochter immer eine Person neben der Mutter. Die *παῖδες* von Akrai, GDI. 5256ff., neben einer Göttin *Αμ-* oder *Αν-* sind Sikeler, könnten auch für eine *παῖς* nichts beweisen. Übrigens müssen diese wie andere sizilische Neufunde in der Lesung revidiert werden.

[2] Es leuchtet wohl ein, daß die Hellenen den Imbrasos *Παρθένιος* genannt haben, weil sich ihre Hera in ihm badete und wieder Jungfrau ward. Varro (Lactanz I 17, 8) leitet den Namen *Παρθενία* für Samos daher ab, daß sie hier geboren und aufgewachsen, also auch verheiratet wird; als *νυμφευομένη* stellt sie das Kultbild dar wie in Plataiai.

Naxos[1]. Aus Argos wissen wir einzelnes über das Ritual[2], das hier nichts lehrt, aber auch daß Hera durch ein Bad in einer ziemlich entlegenen Quelle alljährlich wieder Jungfrau wird (Pausan. II 38, 2[3]). Da haben wir die *παρθένος* und die *τελεία*. Daneben aber ist Hebe als jungfräuliche Tochter von Hera abgelöst und erhielt bei dem Neubau des Tempels nach 424 eine Statue von Naukydes neben dem Kultbilde Heras von Polykleitos. Sie galt damals längst als Gattin des mit Hera versöhnten Herakles[4] und Tochter Heras; in der Ilias ist sie Dienerin oder Haustochter auf dem Olymp, rüstet auch Heras Wagen zur Ausfahrt (*E* 722), ob sie deren Tochter schon war, bleibt ungewiß, an einem Kult für sie ist nicht zu denken. Sie wird immer aus der *Παρθένος Ἥρη* abgezweigt sein, wenn sie nicht bloß als Gattin des Herakles durch ihn zu einem Kulte gekommen ist. In dem neuen Tempel von Argos stand eine *κλίνη Ἥρας*; das ist nichts Gewöhnliches, aber es war nötig geworden, denn das Beilager mußte in diesem Kulte gefeiert werden, aber man stieg nicht mehr auf die Berge; die Prozession von der Stadt zum Heraion genügte. Dieser Kult von Argos ist der Kult der „Herrin" aus dem Kulte der Frau geworden, Frauenkult, der das Frauenschicksal soweit darstellte, als es Jungfrauschaft und *τέλος* der Ehe ist. Das wiederholte sich jährlich. Die Geburt eines Kindes fiel in dieses Jahr nicht hinein. Zeus hat keinen Sohn von Hera, denn den Thraker Ares hat er erst in Asien zugewiesen erhalten, eine Verbindung, die über die genealogische Angabe nicht hinausgeht. Hephaistos ist auch ein Fremder, und eigentlich hat

[1] Schol. T. zu *Ξ* 296 mit dem Kallimachosverse der Kydippe, Oxyr. VII S. 60.

[2] An sich ist wertvoll, daß wir Heras Blume *ἀστέριον* kennenlernen, erfahren, was die Priesterin nicht essen durfte u.dgl. Gesammelt bei Nilsson, Feste 42, Eitrem in der Realencycl. unter Hera. Fremde durften den Tempel nicht betreten, Herodot VI 81, ebenso in Arkesine, Sylloge 981.

[3] Da wird doch ihr 424 verbranntes Bild gebadet sein, und dann bekam sie ein neues Kleid. Darauf mag man das Fest *ἐνδυμάτια* beziehen, Ps. Plutarch mus. 1134c, allerdings ebensogut auf die *λουτρὰ Παλλάδος*. In Malla war ein entsprechendes Fest *περιβλημάτια* einer unbekannten Göttin, GDI. 5100, 21, so zu ergänzen.

[4] Sehr eigentümlich ist der Kult in Aixone, IG. II² 1199. Da hat Hebe Tempel und Priesterin mit Alkmene, die Herakliden haben einen Priester, Herakles wird nicht erwähnt, konnte aber nicht fehlen, denn die genannten Götter und Heroen sind nur sein Annex.

ihn Hera aus sich geboren (Hesiod Theog. 927). Eileithyia, die Hesiod 922 mitzählt, ist auch fremd; die Genealogie ist auch nicht anerkannt. Wie es mit Hebe steht, ist eben herausgekommen. Das muß ernst genommen werden. Die Ehefrauen, welche einen solchen Kult gründeten, fühlten sich nicht als Mütter, sondern heiligten die Ehe als solche. Sie haben auch das Frauenschicksal in der Ehe weiter verfolgt, Entfremdung und Versöhnung der Gatten. Das finden wir in Argos nicht, d. h. wir finden es nicht mehr, denn wie Zeus und Hera in der Ilias gegeneinander stehen, das wird erst recht verständlich, wenn die *χήρα* von Stymphalos, die auf den Kithairon entwichene Hera der Daidala hinzugenommen wird[1]. Da ist es auch wohl verständlich, daß die Daidale als eine Nebenbuhlerin eingeführt und verbrannt wird, weil hier die Versöhnung gefeiert werden soll, und dann die Ausdeutung, es wäre wirklich nur eine Puppe, hinzugetreten ist. Doch will ich hierüber nicht mit Entschiedenheit urteilen[2].

Ein Frauenkult, der dieselbe Göttin als Jungfrau und Ehefrau verehrt, erst später in Mutter und Tochter spaltet, ist ganz anders als Mutter und Tochter, Demeter und Kore, in dem viel verbreiteteren Frauenkulte. Man darf sie nicht auf dieselbe Wurzel zurückführen, sondern soll beherzigen, daß diese Heiligung der Ehe nur bei den ältesten Einwanderern angetroffen wird. Demeter wird die Ehe erst mit allen anderen *θεσμοί* heiligen, und die Dorer Spartas haben die Ehe überhaupt nicht heilig gehalten, oder erst als sie die Hera *'Αργεία* aufnahmen. Diese Hera aber ist die Gattin des Wettergottes, der auf den Bergen sitzt, im Gegensatz zu dem „Gatten der Erde" drunten, der die Erinys als Hengst bespringt. Also bei den Hellenen, welche in der Argolis die größte Macht

[1] In Theben sind drei alte Schnitzbilder der Aphrodite (Pausanias IX 16, 3), *Οὐρανία, Πάνδημος, 'Αποστροφία*. Die Beinamen sind später gegeben, denn zuerst war statt der einen Person ein Dreiverein verehrt, wie bei Chariten, Moiren, Musen usw. Aber die „welche sich abwendet" ist schwerlich gedacht als Abwenderin von *ἄνομοι ἐπιθυμίαι*, vielmehr eine Liebe, die sich versagt. Immerhin wert, hier verglichen zu werden. Sie wird auch Verehrerinnen gehabt haben, die wußten, amantium irae amoris redintegratio.

[2] Zu bedenken ist, daß die Deutungen nicht verbindlich sind, da sie als Erklärung des Festbrauches erfunden sein können, der dann wieder durch die Mythen geändert werden konnte. Aber ich hüte mich vor Hypothesen.

und reichste äußere Gesittung erreichten, und bei ihren Stammverwandten auf Euboia und im südlichen Böotien ist der doppelte Fortschritt getan, die Schaffung einer Ehegöttin und deren Verbindung mit Zeus. Damit hat auch dieser die Anwartschaft darauf gewonnen, Vater der Götter zu werden, was er bei Homer erreichen wird.

Die Töchter des Proitos, Priesterinnen oder doch Dienerinnen, bestraft die Hera mit Wahnsinn. Sie halten sich für Kühe, werden wohl vielmehr zuerst in Kühe verwandelt sein, und irren herum, bis sie Artemis, zuerst die argolische *Οἰνωᾶτις*, heilt[1]. Io, Priesterin der Hera von Prosymna, wird von Hera in eine Kuh verwandelt, der Argos Panoptes bewacht sie, bis Hermes ihn tötet. Zeus bespringt sie als Stier. Die weitere Sage kennen wir nur in der durch die Irrfahrten erweiterten Form[2]. Die Io konnte schon eine Entfremdung der eifersüchtigen Hera von Zeus begründen; aber das bleibt ein bloßer Einfall. Die Verwandlung in Kühe, die Hera verhängt, kann leicht darauf gedeutet werden, daß ihre Dienerinnen Kühe geheißen hätten, wie *ἄρκτοι* und *πῶλοι* in anderen Diensten. Kühe ziehen den Wagen der Priesterin, aber die fuhr erst, als sie fern in Argos wohnte, und das Gespann ist gar nicht befremdlich. Aus der *βοῶπις* auf einstige Kuhgestalt Heras zu schließen, ist zunächst ansprechend, aber als sie nach Samos kam, war sie keine Kuh mehr; da dürfte das epische Beiwort die Deutung nicht erzwingen. Jedenfalls hat die Hera, die wir allein kennen, die Ehegattin des Zeus, jede Tiergestalt längst überwunden.

Ohne Zweifel werden hier oder da noch manche Götter verehrt worden sein, die wir gar nicht kennen; sie mögen sich auch unter

[1] Friedländer, Argolica 31ff., der diese Sagen schön gesondert und klar gemacht, auch in Io die Priesterin erkannt hat. Das folgt auch aus der Glosse *'Ιὼ Καλλιθύεσσα* bei Hesych; Kallithyia ist die erste Priesterin des Heraion bei Plutarch, Euseb. praep. ev. III S. 99 (wohl aus der Schrift über die Daidala, die in demselben Buche später genannt ist), bei Aristides de rhet. II 3 Ddf. und in der Chronik des Eusebius, bei Hieronymus 1643 H. verschrieben, bei Synkellos erhalten *Κ. ἡ Πείραντος ἐν Ἄργει πρῶτον ἱεράτευσε τῆι Ἥραι* (*τῆς Ἥρας* cod.).

[2] Epaphos gibt es in der Sage von Argos gar nicht, daher kann seine Geburt nicht den Abschluß der Geschichte von Io bilden. Andererseits kann er nicht für den ägyptischen Apis erfunden sein. Seltsamerweise soll *Ἆπις 'Ιοῦς* in einem arkadischen Agon ermordet sein, Oxyr. 1241 Kol. III 31. Aber dieser Apis heißt bei Pausanias V 1, 8 *'Ιάσονος* und ist aus Pallantion. Die *ἔφαψις Διός* ist erst aus dem Namen gemacht.

Namen bergen, die später gelegentlich erwähnt werden, wo die Träger verkümmert oder ihrem Wesen entfremdet sind. Schwerlich aber würden sie über die Empfindungen der ältesten Zeit wesentlich Neues lehren. Ein Gott ist so spät unter die allgemein anerkannten Götter getreten, daß er in dieser homerischen Gesellschaft immer ein Fremder blieb, hat dafür Gestalt und Wesen bewahrt, so wie er es von der Urzeit her besessen hatte, die ihn schuf, der Arkader Pan. Er konnte das, weil die Arkader selbst die alte Lebensform bewahrten; auf der Hochebene mit den Städten Mantineia und Tegea und vollends in dem modernen Megalopolis mußte er daher schon zurücktreten. Die ihn verehren sind die Hirten und Jäger und Kleinbauern der arkadischen Waldgebirge, dieselben, welche der jungfräulichen Herrin des Waldes und Wildes huldigen, die für das Gedeihen des Nachwuchses von Menschen und Tieren sorgt, und in der Mutter Erde, ihrer Tochter *Σώτειρα Δέσποινα* und ihrem Gatten Poseidon neben der finsteren auch die segnende Urgewalt der Natur ahnend verehren. Der Geist ihres Bergwaldes, ihnen selbst ähnlicher und daher vertrauter, ist Pan, in vielem so etwas wie Rübezahl den Schlesiern gewesen ist. Da der Gott nirgendwo sonst zu finden ist, werden sie ihn nicht mitgebracht haben, müssen dann auch den Namen verstanden haben, den er durch sie erhielt, mögen wir auch zur Sicherheit nicht kommen[1]. Erschienen ist er ihnen als Bock; die *ἀγρίμια* werden doch nicht gefehlt haben, und diese Gestalt hat er behalten. Ob die Mehrzahl der Böcke, *τίτυροι* und *σάτυροι*, zu ihm gehört haben, bevor Dionysos sie an sich zog, ist nicht mehr zu entscheiden; Verbindung mit den Nymphen wird man nicht bezweifeln. Der Gott, der im Hochgebirge thronte, war ein gewaltiger Herr, so daß ihn Aischylos, der seine Aufnahme in Athen erlebt hatte, neben Zeus nennt, Agam. 56. Die Sprünge des Bockes schienen dazu schlecht zu passen, daher hat Aischylos einmal zwei Pane unterschieden, einen Sohn des Kronos, ob als Titanen oder als vornehmen Bruder des Zeus, bleibt ungewiß, und einen Sohn des

[1] Neben *Πάν* steht *Πάων* IG. V 2, 556 wie *Ἀλκμάων* neben *Ἀλκμάν*. Den Hirten, von pasco, das als Verbum den Griechen verloren ist, wird ihn niemand ableiten, der ihn kennt; er wird die Herde eher wie bei Böcklin scheuchen als hüten. Ihn für ungriechisch zu halten und dem indischen Puschan zu gleichen widerrät seine eng begrenzte Geltung. Weit näher liegt es, den thrakischen und skythischen Papas Papaios heranzuziehen: *Πᾶ* ist Vater in dem hochaltertümlichen Anrufe bei Aischylos Hik. 892.

Zeus und Bruder des Arkas[1]; der mochte der Bock und Gott der Hirten sein, der Tänzer, den Pindar, als er ihn in Theben einführte, zum Diener der Göttermutter machte. Die Hirten werden auch gewußt haben, daß er böse werden konnte, und dann dem Vieh und den Menschen Schrecken einjagte[2]. Was die spätere Poesie und Kunst aus ihm gemacht hat, läßt doch, so unverbindlich es ist, darauf schließen, daß die naiven Arkader im Bilde ihres Gottes Züge vereinigten, die daneben Hermes, später meist Pans Vater[3], der Satyr oder Silen und Zeus, der Herr der Berggipfel, getrennt an sich trugen. Wenn wir bei Pausanias VIII 38, 5 lesen, daß neben dem Zeus des Lykaion, der sich die ganze kretische Geburtsgeschichte angemaßt hatte, Pan ein verwahrlostes Heiligtum hatte, an dem einmal die Spiele des Lykaion stattgefunden hatten, regt sich der Verdacht, daß Pan einmal der Herr gewesen ist, Zeus ihn verdrängt hat. Wenn die Arkader sich zu einem Stamm zusammengeschlossen hätten, würde er ihr Stammgott geworden sein; als sie den Versuch machten, war es zu spät, denn er trug zu viel Primitives an sich, gerade das, was ihn für uns wichtig macht.

Ein Gott, der einmal bei den Hellenen der ersten Schicht seine Macht nach sehr verschiedenen Seiten ausgeübt hat, ohne daß wir imstande wären, ihn in seinem Wesen zu fassen, ist Aristaios; der die Macht im Namen trägt. Davon hören wir den Nachhall, wenn

[1] Apollodor *π. θεῶν* 135 Jac. aus Schol. Rhes. 36, das sehr verwüstet ist. Es scheint dem Aischylos ziemlich dasselbe beigelegt zu sein wie dem Epimenides, also einem athenischen Gedichte ziemlich derselben Zeit. Der Komiker Myrtilos hat einen Chor aus *Τιτανόπανες* gebildet, scheint also den *Κρόνιος* Pan für den Chor vervielfältigt zu haben. *Πᾶνες* als Götter, die Schrecken einjagen und daher auch von einem Erschreckten angerufen werden, nennt Aristophanes Ekkl. 1069 neben Korybanten.

[2] Der Pan, dessen Mittagsschlaf nicht gestört werden darf, zuerst bei Theokrit, ebenso die Ungebühr der arkadischen Knaben, wenn sie zu kleine Stücke von dem Opferbraten bekommen (7, 108). Offenbar bringt er, was ihm wertvolle Lokalforschung darbot. Der panische Schrecken, der ein Heer trifft, erst bei dem Dichter des Rhesos 36 und dem Stymphalier Aineias 27. Früher wirkte so Dionysos, Eurip. Bakch. 304. Ein Pan, der fast wie ein Phobos aussieht, Archäol. Jahrb. V 130.

[3] Die Mutter ist dann eine Nymphe Penelope, also Ente, was auf Geburt aus einem Ei deutet, oder sie heißt Sinoe, was in dem Texte Apollodors zu *Οἰνόη* verdorben war. Darauf führt, was Wentzel, Philol. 50, 388 zusammenstellt, zu zaghaft gegenüber den Doppelformen.

Pindar[1] von ihm sagt, daß er von den Nymphen, die ihn aufzogen, Zeus und Apollon und Agreus und Nomios genannt wäre. Die beiden letzten Bezeichnungen gehen nur seine Tätigkeit als Jäger und Hirt an, aber die ersten beiden heben ihn ganz hoch. Apollon hat ihn in Karthaia auf Keos verdrängt, wo aber sein Name wenigstens blieb. Einen Zeus Aristaios soll es in Arkadien gegeben haben[2]. Lebendig blieb er nur in Kyrene, wo er zum Sohne der Stadtgöttin und des Apollon gemacht war[3], und einzelne Künste des Landmanns und Jägers, ganz besonders die Bienenzucht, gelten für seine „Erfindungen". Nur gewaltsam konnte man diese drei Sitze miteinander verbinden[4]; Kyrene kann ihn schwerlich über Lakonien und Thera erhalten haben, wenigstens fehlen Zeugnisse, obwohl Arkadisches in Sparta genug ist. Er wird also wohl erst im sechsten Jahrhundert nach Kyrene gelangt sein, als ein Gesetzgeber Demonax aus Mantineia dorthin berufen ward. So bleibt er für uns nachweisbar bei den Ioniern von Keos und den Arkadern, was sein Alter verbürgt. Jener gewaltsame einflußreiche Dichter, der die Geschichte von Kadmos und seinen Töchtern feststellte und die Göttin Ino zu einer Kadmostochter machte, hat ihm eine andere, Autonoe, zur Frau gegeben: da war

[1] Pyth. 9, 63. Pindaros 268.

[2] Servius auctus zu Georg. I 14. Vergil hat ihn hier und in der Behandlung der Bienenzucht ausgezeichnet; sicherlich hatte er bei einem hellenistischen Dichter mehr über ihn gelesen.

[3] Luisa Vitali, Africa Italiana VII 17. Die Londoner Statue, Fig. 10, kann nur Asklepios sein, und die Übertragung derselben Haltung und Kleidung auf Aristaios ist ungleich glaublicher, als daß dieser zum Heilgott geworden wäre. Das beliebte Schlagwort chthonisch trifft auf den Agreus und Nomios schlechterdings nicht zu. Im übrigen ist die Zuteilung der vielen kyrenäischen Monumente an Aristaios wahrscheinlich, wenn auch nicht sicher.

[4] Pindar vermeidet es, darüber etwas zu sagen. Bei Apollonios Rhod. II 520 wird es deutlich; er geht rasch darüber hinweg. Im Scholion Apollon. III 467 soll der Vater des Aristaios *Παίων* heißen, unverständlich, unglaublich, aber verbessern kann ich es nicht, denn *Πάωνος* = *Πανός* ist wohl zu gelehrt, würde aber für den Arkader gut passen. Ein *Παίων* bei Homer *Λ* 339 ist kein Thraker, so daß man an die Päoner nicht denken kann. *Παιονίδαι* ist Geschlechtsname in Argos, und das attische Geschlecht, das dem Demos seinen Namen gegeben hat, sollte von Argos stammen, Pausan. II 18, 9. *Παιήων* muß wohl durchaus ferngehalten werden.

er nur ein Heros; wo er wohnte, wird nicht überliefert. Ἀγρεύς und Νόμιος ist Aristaios nach Pindar genannt worden; das konnten passende Beinamen sein, sind es aber auch von Apollon, mit dem er auch geglichen ward, doch wohl erst so, daß der neue Gott ihn in diesen Eigenschaften verdrängte. Apollon ἀγρεύς wird von Herakles angerufen, als er den Pfeil auf den Adler des Prometheus abschießt (Aischylos Prom. lyomen.), und der Schuljunge bei Herodas 3, 34 soll eine bekannte ῥῆσις aufsagen, die mit Ἄπολλον ἀγρεῦ anfängt. Der Bakchenchor erhebt nach dem Tode des Pentheus auf den Namen für Dionysos Anspruch (1192). Ob dieser damals schon Ζαγρεύς hieß, läßt sich nicht ganz sicherstellen, denn vor Kallimachos Fr. 171 ist es nicht belegt, und in den Kretern des Euripides steht nur Ζαγρεύς, es ist aber überwiegend wahrscheinlich. In den Dionysosmysterien heißt der Gott so, wenn er zerrissen wird. Da ist die Etymologie schon vergessen, die doch den vollkommnen Jäger bezeichnet, so daß es von dem ἀγρεύς ursprünglich nicht verschieden gewesen sein kann. ζα = διά in diesem Sinne ist lesbisch, aber schwerlich nur lesbisch gewesen; wenn Pan in Athen ἀγρεύς hieß (Hesych), so weist das auf Arkadien. Ganz abliegend, aber sehr schön und alt ist Ζαγρεύς der Hades oder ein παῖς ἄιδου, also der Tod, der alle erjagt[1]. Das ist später verschollen. Es scheint als ob ein „Jäger", der irgendwo verehrt worden war, als nur sein Name zurückgeblieben war, mit verschiedenen Göttern geglichen worden ist.

Die Musen heißen bei Homer in einem formelhaften Verse die olympischen, und im *A* singen sie beim Mahle der Götter auf dem Olymp zum Saitenspiele des Apollon. Das erweckt den Schein, daß sie erst in Asien mit dem homerischen Epos entstanden wären. Wenn Hesiodos sie auf den Helikon führt und in dessen Bächen baden läßt, so könnte das seine Erfindung sein, da sie ihm dort erschienen waren. Aber das geht nicht an, denn er läßt sie von Mnemosyne Ἐλευθῆρος μεδέουσα geboren werden, und wenn wir den Ἐλευθήρ auch nicht recht verstehen, kann er doch von Eleutherai nicht getrennt werden, bestand also ein Glaube, der sie an dem Kithairon kannte, in einer Gegend, die von der äolisch-ionischen Bevölkerung besetzt war. Dasselbe gilt von Troizen, wo ein

[1] Aischylos Ägypter 5, Sisyphos 228, wo Hermann richtig aus der Erklärung ergänzt hat Ζαγρεῖ τε … καὶ πολυξένωι ⟨πατρὶ⟩ χαίρειν.

Musenheiligtum war und die Göttinnen nach einem alten Musiker Ardalos hießen, also im Gegensatze zur Ἀσιὰς κιθάρα die in der Argolis dauernd angesehene Flöte spielten; schwerlich sind sie dann aus Homer übernommen. Der Olymp, mit dem sie durch Homer dauernd verbunden bleiben, ist der pierische Berg, *αἱ ἐκ Πιερίας* nennt sie Sappho 58 D., *Πιερίδες* die Aspis 206, Epicharm 41 nennt ihre Mutter *Πιμπληΐς*, weiß also von der pierischen Pimpleia[1]. Da haben sich also lokale Erinnerungen erhalten, denn die Makedonen des sechsten Jahrhunderts waren noch nicht hellenisiert. Daraus folgt, daß die Muse oder die Musen vor der Auswanderung schon von den Sängern, die es also auch schon gab, angerufen wurden. Die späteren Einwanderer haben sie freilich nicht gehabt; nur in den blühenden Zeiten, da in den Königsburgen eine glänzende Hofhaltung bestand, war ein Stand von Sängern entstanden. Alkman hat das ionische *μοσα* übernommen, da er *μῶσα* sagt, während es in seinem Lakonisch *μοῖσα* sein würde. Man könnte den Schluß auch umkehren, denn der Stoff des Epos, z. B. der Zug der Sieben gegen Theben, konnte sich nur durch Lieder bis auf Homer erhalten haben, und dann fehlte auch eine Gottheit nicht, die von den Sängern als ihre Beschützerin verehrt ward. Es kann ja kein Zweifel sein, daß in dem Namen *Μοῖσα Μοῦσα* das Bedenken und Gedenken steckt, wie es diejenigen empfanden, welche ihr Mnemosyne zur Mutter gaben; die Musen selbst haben irgendwo *μνεῖαι* geheißen[2]. Geschaffen hat diese Gottheit das fromme Gefühl der Rhapsoden, das für die eigene Begabung einem Geber danken mußte, für die Eingebung der eigenen Phantasie einem allwissenden Gotte. Das ward eine Göttin, die zu dem Dichter stand wie Athena zu dem Helden. Sie verstand natürlich selbst

[1] Im Scholion Apoll. Rhod. I 25 reden einige von einer Quelle Pimpleia, aber daß das Trinken aus einer Musenquelle die Befähigung zum Dichten verleihe, also wie an manchen Orten zum Wahrsagen, ist erst hellenistische Erfindung, die ihnen auch den Acheloos zum Vater gab. Um so entschiedener muß abgelehnt werden, daß die Musen von Haus aus Quellnymphen wären. Sie müßten es dann doch für Homer gewesen sein, aber der hätte die Wassermädchen nicht auf den Olymp gebracht.

[2] Plutarch symp. qu. 743 d. Der Name des Ortes steckt in *ἐν λείωι*: das ist *Χίωι*, ein alter Rhapsodensitz. An Dion ist gar nicht zu denken; als das von den makedonischen Königen geschaffen ward, gab es nur die Musen.

das Handwerk, das sie beschützte, und dann vervielfältigte sie sich zu dem Chore, der im *A* und im Proömium der Theogonie singt und tanzt. Nur den Stand der Rhapsoden und dann weiter der Dichter ging diese Gottheit an; einen Gemeindekult konnte sie nicht erhalten, hat es auch später nur ganz vereinzelt getan, sondern ist bis in die Museen, die Schulstuben wurden, und die Philosophenschulen kleinen Kreisen vorbehalten geblieben. Und doch hat sich die Muse, die mehr als die anderen alten Götter in geistigem, nicht mehr leiblichem Verkehre mit den Menschen stand und keine Tempel hatte noch blutige Opfer erhielt, in der Phantasie lebendig erhalten, hat bei ihrem Volke alle geistige Tätigkeit und die auf dieser beruhende Bildung beschützt. Es liegt an der römischen *ἀμουσία*, daß Musik nur noch die Kunst bezeichnet, die Orpheus in Pierien bei der Muse gelernt hat. Aber auch das ist zu beherzigen, daß nur der Stand der Dichter seine ganz besondere Göttin hat; Hephaistos ist es für die Bildhauer nicht geworden, auch Athena nicht, die doch sonst manches Handwerk beschützt, und die Maler haben vollends gar keinen himmlischen Patron, so daß Goethe in Künstlers Erdenwallen eine Muse der Malerei erfinden mußte; den heiligen Lukas hat er nicht gemocht.

Die Götter, welche in der ältesten Zeit vorhanden waren und Kult erhielten, dürften aufgezählt sein. Sie wohnten so gut wie alle den Menschen nahe, aber sobald erkannt war, daß es derselbe Gott war, der in allen Hermespfeilern wohnte, derselbe, der von allen Gipfeln donnerte, lag es dem Denken nahe, ihnen neben den Orten, wo sie wirkten, eine gemeinsame Wohnung zu geben; ein Götterland, dem der Menschen entsprechend, anzunehmen lag auch nahe. Der Glaube an ein Totenland entspricht dem gut, und beide sind auf der Erdscheibe zuerst gedacht worden. Wohin diese Länder verlegt wurden, bestimmte die geographische Kenntnis. Im Inneren der Balkanhalbinsel wußten die Hellenen, daß nach Ost und West das Meer nicht fern war; vom Süden erfuhren sie es leicht. Aber nach Norden sahen sie nur breite und hohe Gebirge; daß sie sie einst überschritten hatten, war vergessen. Jenseits dieser Gebirge, von denen der Nordwind blies, konnte ein Götterland liegen, das Land der Hyperboreer, des gerechten und seligen Volkes. Mit ihm hatte Dodona Verbindungen (oben S. 100f.), dort weilte später der delphische Apollon im Winter, dort hatte er seinen Garten[1]; bis dorthin verfolgte nach Pindar (Olymp. 3) Hera-

[1] Sophokles Fr. 870 Oreithyia wird von Boreas entführt *ἐπ' ἔσχατα*

kles die Hinde und wird von Artemis empfangen. Diese Vorstellung konnte nur im Balkan entstehen; in Asien sind die Ἄβιοι, δικαιότατοι ἀνθρώπων, mit den pferdemelkenden Skythen zusammengeworfen; da wußte man zu viel vom Norden. In der Heraklessage, wie sie Hesiod voraussetzt, aber erst Pherekydes, Fr. 16, erzählt, liegt der Göttergarten im fernen Westen. Denn wenn dort der Baum steht, den die Hesperiden bewachen, und wenn die Erde diesen Baum mit den Äpfeln der Unsterblichkeit hat wachsen lassen[1], als Zeus und Hera Hochzeit hielten, so haben sie die Hochzeit dort gehalten; das ist durch die homerische Versetzung des Göttersitzes auf den Olymp unkenntlich geworden[2]. Diese Vorstellung wird wohl erst im Peloponnes entstanden sein. Das Totenreich liegt ebenfalls bald im Norden bei den Kimmeriern, bald im Westen, Pylos, Erytheia. Es sind halbverklungene Geschichten, so daß wir nur vermuten können, aber sie verlangen Erklärung und scheinen sich so gut zu fügen.

Es gibt in der elementaren Natur auch große mächtige Erscheinungen, die sich als göttlich dem Menschen unmittelbar offenbaren, also auch Persönlichkeit gewinnen, und doch keinen Kultus erfahren, weil sie nicht auf die Erde zu den Menschen kommen, also auch den Menschen unerreichbar bleiben.

Diesen Unterschied zu begreifen und zu würdigen ist eine der wichtigsten Bedingungen für das Verständnis der alten echten Religion. Sonne, Mond, auch Morgen- und Abendstern, müssen jeden empfänglichen Menschen, der mit der Natur lebt und sie zumal beim Aufgang und Niedergang in ihrer eigenen Schönheit und der Wirkung ihres Lichtes anschaut, zur Andacht und zur unmittelbaren Schau des Göttlichen stimmen. Wie freuen wir uns,

χθονὸς νυκτός τε πηγὰς οὐρανοῦ τ' ἀναπτυχάς Φοίβου παλαιὸν κῆπον. Das bekannte Eselopfer der Hyperboreer bekommt Apollon. Perseus ist bei den Hyperboreern gewesen, sicherlich eine alte Sage, älter als der Besuch des Herakles.

[1] Die δρῦς ὑπόπτερος des Pherekydes möchte man mit diesem Baume in Verbindung bringen; aber das bleibt ein bloßer Einfall.

[2] Nach dem Olymp müssen Tauben den Göttern die Ambrosia bringen und durch die Plankten fliegen, μ 62. Da diese aus der Argonautensage entstammen, also eigentlich die Symplegaden sind, holen die Tauben die Götterspeise aus dem Norden.

wenn in katholischen Gegenden die Glocke zum Ave Maria erklingt, daß die Kirche die ewige Offenbarung neu zu heiligen gewußt hat. Platons Zeugnis, Ges. 887e, läßt die hellenische Sitte, die Sonne beim Auf- und Niedergang zu grüßen, in ihrer Bedeutsamkeit erkennen. Und wenn die attischen Kinder der Sonne, die sich hinter einer Wolke verbarg, ihr *ἔξεχ' ὦ φίλ' ἥλιε* zuriefen, so könnten unsere Kinder die liebe Sonne ebenso anrufen. Diese Grüße waren so alltäglich und selbstverständlich, daß man sie gar nicht erwähnt. *ἐπιφανεῖς θεοί* sind die großen Gestirne immer gewesen und werden es immer bleiben. Aber ebenso gilt, was Aristophanes, Frieden 406, sagt, daß Sonne und Mond auf der Seite der Barbaren stehen, weil sie nur bei denen im Kultus die bekannte vornehmste Stellung haben[1]. Von Ägyptern und Semiten weiß es jeder, aber es gilt auch von kleinasiatischen Stämmen[2], und besonders wichtig ist, daß auch die Thraker starken Sonnenkult haben[3]. Daß er vor den Hellenen auch auf dem Peloponnes bestand, haben wir früher gesehen (S. 113). Diese haben zu allen Zeiten von Homer an die Sonne, weil sie alles sieht, als Schwurzeugen angerufen. Aber wenn Homer sie *Ὑπερίων* nennt, so wird dieser dadurch zu keiner handelnden Person[4]. Den Rosse liebenden Hellenen steht es gut, daß sie ihn seinen Weg auf einem Wagen zurücklegen lassen; daß er bei Stesichoros während der Nacht auf einem Kahne von Westen nach Osten zurückfährt, wird auf ägyptischer Anregung beruhen. Aber das sind Mythen. Homer gibt dem Helios die Epitheta oder Beinamen *ὑπερίων* und *ἠλέκτωρ*. Das erste kann

[1] Platon Krat. 397d weiß, daß nur die Barbaren die Himmelskörper verehren, nimmt aber an, daß alle Menschen, auch die Hellenen, in ihnen zuerst Götter erkannt hätten.

[2] Herodot I 216 erwähnt Pferdeopfer bei den Massageten, Xenophon An. IV 5, 35 findet ein dem Helios heiliges Pferd bei den Chalybern.

[3] Sophokles Fr. 523 nennt sie den höchsten Gott der *φίλιπποι Θρᾷκες*. Wenn Alexander häufig dem Helios opfert (Berve Alexanderreich 86), so stimmt Makedonien zu Thrakien.

[4] Beim Schwure kann sie Sophokles Oed. 660 *πάντων θεῶν πρόμον* nennen. Nicht ohne den Spott des Aufgeklärten sagt Menander (Clemens protr. 6, p. 59 P.) *Ἥλιε, σὲ γὰρ δεῖ προσκυνεῖν πρῶτον θεῶν, δι' ὃν θεωρεῖν ἔστι τοὺς ἄλλους θεούς*. Sophokles Fr. 1017 führt die Lehre von *σοφοί*, also Theologen, an, die Helios Erzeuger und Vater aller Götter nennen. Das ist für die älteste Theologie wichtig, den Volksglauben geht es nichts an. Aber selbst Sophokles hat sich nicht gescheut, gelegentlich solche Gelehrsamkeit heranzuziehen.

Patronymikon sein, muß es aber nicht. Bildungen der Komödie *ἐμβαδίων μαλακίων, Κηδαλίων Μελανίων* in alter Sage u. dgl. zeigen, daß es einen, der oben ist, bezeichnen kann, wie *'Υπερεία* eine Quelle heißt. Hesiodos hat einen Titanen Hyperion vorgeschoben, dessen Sohn Helios ist, damit dieser nicht unter die Titanen geriete; so wird Helios zum *'Υπεριονίδης*, was nicht mehr besagt als *'Υπερίων. ἠλέκτωρ* muß wohl karisches Lehnwort sein, da die Elektra von Samothrake entweder eine Pleiade oder (bei dem äolischen Dichter Sminthes) der Komet, und die Alektrona von Ialysos auch eine solche Göttin ist. Kult des Helios beweisen diese Beiwörter nicht. Einen Tempel der Sonne zu bauen, also ein irdisches Haus, ist widersinnig und der alten Zeit überhaupt nicht zuzutrauen[1]. Abgesehen von einigen Kulten in der Nähe von Korinth, dem wir vorgriechischen Sonnenkult zugestanden haben, sind selbst Priester und Altäre des Gottes selten und unbedeutend[2], keine Spur deutet auf die älteste Zeit, und sogar der rhodische Helios hat keine weitere Verbreitung erhalten. Finsternisse, die Sonne und Mond verhüllen, haben den Menschen Furcht vor kommendem Unheil eingejagt; aber sie fürchten, soviel wir sehen, nicht für die Gestirne oder die Götter in ihnen. Pindars Gedicht auf die Sonnenfinsternis fragt nur die *ἀκτὶς ἀελίου*, warum sie sich verbirgt[3], nicht etwa den Gott. Die Sommerhitze kann verderblich genug sein, da nennt Archilochos den Helios mit dem Namen des Hundsternes *Σείριος*, dem man die sengende Kraft lieber zuschrieb. Moderne dekretieren wohl, wenn sie keine Zeugnisse für urgrie-

[1] Pausanias II 34, 10 erwähnt in Hermione einen Heliostempel, aber einer des Sarapis steht daneben, da wird er dem homerischen Helios nicht gelten.

[2] Daß in der Sonnenglut des Skirophorion an den *Σκίρα* ein Heliospriester mitgeht, versteht man leicht. Schol. Aristoph. Ritter 729 steht, daß an den Thargelien dem Helios und den Horen geopfert werde, das ist jetzt mit der *εἰρεσιώνη* des Pyanopsion verbunden, und im Thargelion erwartet man Apollon, so daß Helios, wie oft, für Apollon geschrieben zu sein scheint. Es gibt noch einige Erwähnungen ähnlicher Art ohne Bedeutung. In Thasos ein Heliospriester IG. XII 8, 354, aber in Verbindung mit einem Heiligtum des Apollon.

[3] Die Makedonen Alexanders fürchten sich noch bei einer Mondfinsternis, und der König ließ besondere Opfer an Ge, Helios und Selene bringen, Arrian III 7, 6. Die Griechen haben das damals nicht mehr getan, wenn auch recht viele im Volke die alte Furcht noch nicht abgelegt haben werden.

chischen Sonnenkult auftreiben können, er hätte allmählich abgenommen. Das gerade Gegenteil ist der Fall; aber da ist ein ganz neues religiöses Gefühl wirksam. Vom Orient und Ägypten werden Anregungen gekommen sein, aber das ist nicht das Entscheidende. Nicht theologische, sondern eher physische Spekulation führt dazu, die belebende Macht des Sonnenlichtes und der Sonnenwärme, daneben freilich auch die versengende Glut, als göttlich, aber in der Person des Helios unzureichend aufgefaßt zu finden. Da mußte ein lebendiger großer Gott, mußte Apollon als Sonne ausgedeutet werden, wie es schon dem Aischylos bekannt war[1], Euripides es ausspricht, Phaethon 781, 12, also gerade in einer Tragödie, die den Helios handelnd einführte, weil der Stoff rhodisch war; Oinopides, Fr. 7, hat *Λοξίας* auf die Schiefe der Ekliptik bezogen. Diese Theologie hat auf den Kult natürlich nicht eingewirkt, auch kaum auf die populären Vorstellungen von den Göttern und von der Sonne. Das geschah von der Astronomie her, als die Planetenbahnen in ihrer Regelmäßigkeit trotz dem Scheine des *πλανᾶσθαι* erkannt waren. Da wurden diese Himmelskörper erst recht zu Göttern, weil sie die ewige Ordnung und Schönheit des *κόσμος* unmittelbar vor Augen führten. Aus der Erkenntnis dieser Ordnung leitet Platon die Verehrung der Himmelskörper als Grundlage des Glaubens an die jetzt verehrten Götter ab, Kratyl. 397d. Für ihn kam die Erkenntnis hinzu, daß die Sonne alles Leben auf der Erde hervorruft, so daß er ihr die beherrschende Stellung in dem Reiche des Sinnlichen zuweist, die das Gute im Reiche der *νοητά* hat, und in der Stadt seiner Gesetze den Haupttempel dem Helios und Apollon gibt, offenbar weil er diese Gleichung übernimmt. Die Schönheit, die er an dem Naturphänomen tief empfand, hat auch mitgewirkt; das sinnliche *κάλλος* entspricht dem *καλόν*. Eine neue Frömmigkeit spricht sich darin aus, wie sie angesichts der sinkenden Sonne Byrons Manfred vor dem Tode äußert, und wie der alte Goethe bereit war, die Sonne anzubeten. Diesen Gedanken und Stimmungen nachzukommen war freilich nicht vielen gegeben. Es ist vielmehr der Orient gewesen, dessen Sonnendienst schließlich die ganze Götterwelt in sich zusammenschließt. Für ihn hat Julian das Christentum zur selben Zeit bekämpft, wo der römische Bischof das Weihnachtsfest schuf, also eigentlich Christus in dem Sol invictus verehren

[1] Näher wird das später mit der ganzen Stellung des Aischylos zur Religion behandelt werden.

lehrte. Man muß von dieser letzten Phase der hellenischen Religion über die Stoa, deren popularisierte Lehre bei Cornutus vorliegt, und die Theologie des sechsten Jahrhunderts auf die alte Zeit zurückblicken, um das Befremden darüber zu bemeistern, das so viele die Tatsachen verkennen und verleugnen läßt. Sonnendienst ist nicht urhellenisch. Der Gott, der droben im Äther seine regelmäßige Bahn durchläuft oder durchfährt, ist eben wegen dieser Stetigkeit, die ihn einmal zum Allgott werden ließ, kein in das Menschenleben eingreifender Gott gewesen. Die Götter, die liebten und haßten, halfen und schadeten, waren auf der Erde, gehörten zur Erde und erschienen unter den Menschen. In ihre Reihe gehört der *ὑπερίων* nicht.

Noch viel weniger tat es der Mond. Der war zwar wichtig als Zeitmesser, und danach hatten ihn die Indogermanen benannt. Er fehlte so oft am Himmel, daß man glauben konnte, die thessalischen Hexen könnten ihn herunterholen. Man traute ihm freilich sehr viele Einwirkungen auf Wetter und Wachstum zu; gerade seine wechselnden Phasen führten darauf, und solcher Glaube beweist noch heute seine zähe Lebenskraft. Aber gerade weil er jeden Monat alt und neu ward, brachte er es nicht zu der Würde einer Kultgottheit. Das hübsche Märchen ist bezeichnend, das erzählt, wie Selene die Mutter um ein neues Kleid bittet und die Antwort erhält „wie kann ich's dir machen, wenn es alle Tage länger oder kürzer sein muß“[1]. Man soll sich immer davor hüten, die poetische Rede und die entsprechende Sprache der bildenden Künste für einen Ausdruck des religiösen Glaubens zu halten. Das Naturgefühl und die spezifisch hellenische Weise, die sinnlichen Phänomene, die sich nicht malen lassen, in menschlichen Bildungen zum Ausdruck zu bringen, muß dafür nachempfunden werden. Dann bewundert man die Selene, wenn sie auf einem Maultier reitet und die Sterne als Knaben in das Meer springen, versteht es, wenn Alkman 43 D. die belebende Kraft des nächtlichen Taufalls der Herse, Tochter von Zeus und Selene, zuschreibt, und lernt die Eigenart Sapphos schätzen, die ihr Naturgefühl, wie es eine klare Vollmondnacht erweckt, ohne solche mythische Umsetzung auszusprechen versteht (4.98D.). Wenn der nemeische Löwe nach Musaios[2]

[1] Ich kann die Stelle bei Plutarch, die ich fest im Gedächtnis habe, nicht finden.

[2] Diels zu Epimenides 2 hat erkannt, daß Aelian hist. an. XII 7 Epimenides und Musaios verwechselt hat.

vom Monde auf die Erde geworfen war, so mag der Volksglaube damit ausgedrückt haben, daß ein solches Ungeheuer von der Erde gar nicht stammen könnte; der Mond war dann aber sozusagen eine andere Erde. Daß Musaios selbst von Selene stammen wollte, ist eine sehr befremdende Form, überirdische Herkunft zu bezeichnen. Irgendwelchen Kult oder auch nur einen lebendigen Glauben an die Göttin Selene beweist das alles nicht, auch zwei homerische Hymnen an Helios und Selene[1] haben kein Gewicht. Über Endymion und Pasiphae ist früher gehandelt, S. 112. 114. Wie bei der Sonne stellte sich schon die älteste Theologie in Gegensatz zu dem Glauben, der sich in dem Kult aussprach, und führte viele Göttinnen auf den Mond zurück, Artemis, die Schwester des Helios-Apollon, mit diesem zuerst. Das haben dann mondsüchtige moderne Mythologen bis zur äußersten Absurdität durchgeführt.

Die Nacht spielt in kosmogonischen Systemen eine bedeutende Rolle; die Erinyen des Aischylos nennen sie ihre Mutter[2], was ganz überzeugend klingt; Dichter und Künstler lassen auch sie zu Wagen fahren. Andromeda beginnt ihre große Arie mit der Anrede *ὦ Νὺξ ἱερὰ ὡς ἵππευμα διώκεις*, wo doch *ἱερά* eigentlich zum Erweise genügt, daß sie keine Göttin ist. Es ist nicht nötig Belege zu häufen: die Person als Geschöpf der dichterischen Phantasie ist uns selbst vertraut. Aber mehr ist sie auch nicht als Mutter von Schlaf und Tod bei Hesiod, Theog. 212, 756, und danach auf der

[1] Die homerischen Hymnen 31 und 32 rühren von einem Rhapsoden her, der die epische Sprache ungeschickt handhabt. Wenn z.B. Helios 31, 7 *ἐπιείκελος ἀθανάτοισιν* heißt, so wird es durch *A* 265 geschützt, aber dann ist er eigentlich kein Gott, vielleicht sollte er Titan sein. Die Mutter Euryphaessa wird aus älterer Poesie stammen. In dem Hymnus auf Selene folgt auf die Beschreibung des Vollmonds, daß sie dem Zeus die Pandia geboren hat. Vermutlich trug der Rhapsode an den *Πάνδιαι* vor, die in attischen Dörfern begangen wurden (in Plotheia IG.II² 1172). Die Göttin ist nach dem Feste benannt wie der König Pandion. Denn das Fest kann nur ein gemeinsames Zeusfest bezeichnen wie *Παναθήναια* u.dgl. Vermutlich war es ein Vollmondsfest. Wenn Allen-Sikes sich für den Itazismus *πανδείην* ins Zeug legen, so verraten sie die Enge ihres philologischen Horizontes. Beide Hymnen sprechen aus, daß sie einen homerischen Vortrag einleiten.

[2] Sophokles O. K. 40 kann *Σκότος* und Ge als Eltern der Erinyen nennen, so wenig bindend sind solche Genealogien: die Anschauung bleibt dabei die gleiche.

Kypseloslade, zu denen die Träume treten, für die ein Oneiros bei Homer im *B* erscheint, der offenbar verschiedene Gestalten annehmen kann. Das ist hübsch und verständlich, aber Dichtung. Vom Tode ist später zu handeln. Den Schlaf hat Homer in der *Διὸς ἀπάτη* zu voller menschenähnlicher Persönlichkeit erhoben; er kann sich auch in der Gestalt eines seltenen Vogels auf einen Baum setzen, um den Erfolg seines Zaubers zu beobachten. Aber wer kann verkennen, daß Homer mit dem Mythos auch die Person erfindet, und wenn vor ihm vom Hypnos etwas erzählt war, so war das nichts anderes. Gleich schön ist die künstlerische Erfindung des Leochares[1], wenn wir an den Namen glauben dürfen, der die wunderbare Statue des leise über die Erde hinschreitenden Hypnos gebildet hat. Sophokles Philoktet 827 beschwört den Schlaf, Statius Silven V 4 klagt ihm seine Schlaflosigkeit, das ist nicht anders, als wenn Egmont im Gefängnis sich an ihn wendet. Es scheint nur darum vielen anders, weil sie an die wirklichen Götter der Hellenen ebensowenig glauben wie an den Schlaf und die Nacht. Sie werden sich darauf berufen, daß es in Epidauros Weihungen an Hypnos gibt. Die stammen aus später Zeit, in der echter Glaube mit Personifikationen und auch mit abergläubischer Dämonologie zusammenfiel. Selbst wenn in früher Zeit dem Hypnos ein Altar errichtet sein sollte, auch wohl ein Rauchopfer darauf angezündet war, bedeutete das nicht mehr, als daß dem Weihenden göttliche Hilfe im Schlafe zuteil geworden war. Diese Freiheit, das Göttliche in jeder besonderen Betätigung gesondert zu erfassen, ist hellenische Religiosität. Aber erst der Kultus, also der Glaube einer Gemeinschaft, macht einen Gott.

Ganz anders steht es mit Eos, für die auch Hemera gesagt wird[2]. Zwar von irgendwelchem Kultus ist keine Rede, und daß sie bei den Dichtern gelegentlich einen Wagen oder ein Reittier erhält (Eurip. Phaethon, Berl. Klassik. V 2, 81), besagt nichts, allein sie hat bei Homer einen Gatten, aus dessen Bette sie sich erhebt, um Göttern und Menschen Licht zu bringen. Es ist der troische Kö-

[1] Schrader, Berliner Winckelmannsprogramm 85, 1926.

[2] Bei Hesiod Theog. 124 ist Hemera, von Eos verschieden, der Tag als Kind der Nacht; das liegt ganz nahe, findet sich auch bei Aischylos Ag. 265. 372 wird sie selbst neben Sonne und Mond von Hyperion und Theia, hesiodischen Erfindungen, geboren, erhält den ebenso erfundenen Astraios zum Gatten und gebiert außer den Winden den Morgenstern. Ihre Bedeutung überwiegt so Sonne und Mond.

nigssohn Tithonos, den sie sich geraubt hat, wie sein Verwandter Ganymedes von den Göttern als Mundschenk auf den Olymp entführt ist[1]. Sie hat sich so noch andere schöne Jünglinge genommen, die sie bei ihrem Aufstiege schon beim Weidwerk traf, Orion, *ε* 121, Kleitos, *ο* 250, und den bekanntesten Kephalos. Kinder hat sie von Tithonos den Memnon; das bedeutet nur den König, der aus dem Osten seinen troischen Verwandten zu Hilfe kommt, und den Emathion, den wir nicht verstehen[2]. Von Kephalos wird Phaethon abgeleitet (Hygin astr. II 42), den in dem Anhange der Theogonie Aphrodite raubt, ohne Zweifel den Morgenstern. Diese lokal bedingten Einzelgeschichten sind für die Göttin Eos unwesentlich; das ist auch das Schicksal, dem Tithonos als sterblicher Gatte einer Göttin schon im homerischen Aphroditehymnus verfällt, nur Poetenwerk, aber der Raub eines schönen Jünglings ist so vielfach und so alt bezeugt, daß darin mehr liegen muß. Das Beiwort *ἠριγένεια* ist unmittelbar verständlich, und man darf nicht mehr darin suchen[3]. *εὔθρονος* geht auf ihr buntes Gewand, das am Morgenhimmel leuchtet[4]. Der Zauber des aufleuchtenden Morgens, den jeder empfängliche Mensch unter südlicherem Himmel doppelt stark empfindet, reicht zur Erklärung nicht hin. Hier ist vielmehr eine ältere, ererbte göttliche Person bei den Hellenen nur eben noch in Mythen erhalten. Das scheint sich durch die bedeutende Rolle zu bestätigen, welche die Göttin Morgenröte bei den Indern spielt. Aurora ist keine italische Göttin, aber der Name klingt so, als wäre auch sie es einmal gewesen[5].

Hesiod hat der Eos auch die Sterne und die Winde zu Kindern gegeben. Wenn sie *ἡμέρα*, das Tageslicht, war, konnten die Lich-

[1] Homer *Λ* 1, *Υ* 237. Den Raub schildert Euripides Troad. 849 in Parallele zu dem des Ganymedes; er nennt sie Hemera.

[2] Es hilft nichts den Tithonos in dem Thraker *Σίθων* zu finden, weil Emathion in Makedonien zu Hause ist. Wir kennen doch Tithonos nur als Troer, und es ist eine leere Träumerei, ihn für einen Gott zu erklären, wo gerade das Wesentliche ist, daß seiner Menschlichkeit nicht einmal die Unsterblichkeit etwas hilft.

[3] An und für sich kann *Ἠριγόνη* als Menschenname auch nicht mehr bedeuten als im Lateinischen Manius und Lucius, aber die attische Erigone ist mit dem Ritus des attischen Festes *Αἰώρα* verbunden, das schon minoisch war (Nilsson Min. relig. 267). Die Tochter des Aigisthos kann bloße Poetenerfindung sein.

[4] Sitz.-Ber. Berl. 1910, 376.

[5] Über eine mit Eos gleichgesetzte *Τιτώ* Kronos und Titanen S. 17.

ter des Nachthimmels gut von ihr stammen. Die Sterne, die an der steinernen oder ehernen Himmelskugel festsitzen, sind nichts Göttliches, selbst der sengende Hundstern ist nur ein *σῆμα* (*X* 30), und so faßt sie noch Aratos. Wenn Aischylos, Agam. 5, von den „ehrwürdigen Herren redet, die den Menschen Sommer und Winter bringen", so ist damit nichts anderes gemeint. Das leisteten sie dem Bauern; der Taubenschwarm *Πελειάδες* rief aufgehend zur Ernte, untergehend zur Saat; als die Schiffahrt wichtig ward, wandelten die Tauben sich in *Πλειάδες*. Der helle Stern unterhalb des Siebengestirns gab den Anfang von Frühling und Herbst an, Bärenhüter, *ἀρκτοῦρος*, oder Kutscher, *βοώτης*, je nachdem das Siebengestirn Karren oder Bär war; beide Deutungen stellt Homer, *Σ* 487, nebeneinander. Wo sie aufgekommen sind, wissen wir nicht; eine mag vorgriechisch sein, wohl der Bär, dem Oarion auflauert, denn dessen Name ist ja fremd. Dieser wilde Jäger sitzt am festesten bei der graischen Bevölkerung Böotiens. Die Hellenen haben ihm vielleicht schon den Hund, sicher die Tauben zugefügt. Das scharfe Auge der Schiffer hat dann als Sturmzeichen selbst die lichtschwachen Sterne der Esel an der Krippe unterschieden; auch manche andere Bilder wie die Krone[1] und die Ziege mit den beiden Zicklein sind früh beobachtet.

Eine Reihe Sternbilder mit der Heroengeschichte zu verbinden, hat zuerst der Dichter (oder Erzähler) unternommen, der die Personen der Perseussage an den Himmel gebracht hat, noch bevor der babylonische Tierkreis herüberkam, wo denn das Fabulieren erst recht losging, mit mehr oder weniger Witz und Erfolg. Mit der Religion hatte all das nichts zu tun. Erst durch die Astrologie bekommen diese Sternbilder Einfluß auf die Geschicke der Menschen, aber im Grunde sind sie auch da noch *σήματα*. Von den Planeten haben nur Morgen- und Abendstern eine Geschichte, Hesperos, wie es scheint, nur, weil sein Aufgang auf Lesbos am Hochzeitstage die Braut dem Bräutigam auslieferte; da redet ihn Sappho an, von einer Opferhandlung verlautet nichts, und wenn man ihm Räucherwerk entzündet hätte, wie Kallimachos eine Spende von Parfum für das neue Gestirn der Locke verlangt, ein wirklicher Gott würde er auch dann nicht geworden sein.

Die Lokrer zerfielen als westliche und östliche in zwei Stämme

[1] Sie ist der Ariadne schon früh gegeben, vermutlich auf Naxos, und dort mag sie ein Zeichen ihrer Göttlichkeit gewesen sein, schon vor dem Einzuge des Dionysos.

und setzten demnach die Sterne auf ihre Münzen, was deren Kultus nicht notwendig einschließt. Aber der Morgenstern hat hier und weiter südlich in dem attischen Thorikos, einer vorgriechischen Stadt, nicht nur Nachkommenschaft erhalten, was Dichtererfindung sein kann, aber schwerlich sehr junge[1], sondern ist Sohn der Eos von Kephalos, denn es kann kein Zweifel sein, daß er mit dem Phaethon gemeint ist, den der Anhang der Theogonie aufführt, wo er von Aphrodite zum Hüter ihrer Schätze gemacht wird. Hesiod selbst kennt den Morgenstern als Sohn der Eos, 381, brauchte aber darum nichts von seiner Person zu wissen. Die durch Euripides berühmt gewordene und dann weiter ausgebildete Sage von Phaethon, dem Sohne des Helios, seiner Verlobung mit Aphrodite, seiner Fahrt und seinem Sturze in den Eridanos, weist auf Rhodos, und dort hat die vorgriechische Bevölkerung den Helios und die Alektrona verehrt, paßt also dieser Sterndienst. So kann es wohl zutreffen, daß bei den Lokrern und in Thorikos sich in den Ortssagen Erinnerungen an vorgriechischen Sternkult erhalten hatten, Kephalos nur im Namen griechisch war, ursprünglich von dem vorgriechischen Orion von Hyria nicht verschieden. Wie dem auch sei: hellenischen Kult hat auch dieser Morgenstern nicht erhalten, und wenn er in der Kunst Vorreiter des Sonnenwagens wird oder sonst Menschengestalt erhält wie die anderen Sterne auch, so ist er darum noch kein wirkender Gott.

Die sinnlichen Erscheinungen der Wolken weiß Homer prachtvoll zu schildern, um dadurch die Stimmungen der Menschen zu veranschaulichen. Das kann er, weil die Wolken nichts Göttliches in sich haben. Und doch kann sie Aristophanes zu Okeaniden machen, wenn er sie in Mädchengestalt auf die Bühne bringen will.

[1] Durch Philonis Großvater des Philammon, Konon 7, der an den Parnaß gehört und in der alten Zeit ein berühmter Kitharode war, den die Delpher in ihren fiktiven Pythienlisten führten, später verschollen, aber wichtig, denn er zeugt für die Pflege der Dichtung im Kreise von Delphi, die ebenso unverkennbar wie von den Modernen verkannt ist. Auch Autolykos, der an den Parnaß gehört, wird darum von Heosphoros abgeleitet, Scholion *K* 276. Schol. Dionys. perieget. 509 bringt Kephalos, der ein Sohn der Herse ist, nach Kypros, wo er außer Paphos den *Ἑῷιος* oder *Ἀῷος* zum Sohne hat; in beiden steckt der Morgenstern, der aber im Et. M. s. v. *Ἀῷος* die Eos zur Mutter hat. Diese Geschichten verdienen, daß man sie verfolgt. Die Dionysscholien sind überhaupt ganz vernachlässigt.

Die gewaltsame Erfindung hat ihm Mühe genug gemacht, und die Wolkennatur des Chores ist auch bald aufgegeben[1].

Den Regenbogen nennt Homer, *P* 547, als ein Himmelszeichen, das den Menschen Unerwünschtes verkündet, während wir uns an ihm freuen, weil er ankündigt, daß der Regen aufhört[2]. Es ist seltsam, wie wenig sich die Menschen des Altertums um ihn gekümmert haben, außer daß die Physiker seit Xenophanes sich um die Erklärung der Naturerscheinung bemühen. Auf dem Panzer des Agamemnon, *Λ* 27, ringelten sich dunkelblaue Schlangen, *ἴρισσιν ἐοικότες*[3]; die Erklärer schwanken, ob die Ähnlichkeit in der Krümmung oder der Farbe liege. Das Wort hat kein Ϝ. Der Name der Göttin hat es geschrieben in Thermos IG. IX 1², 86, gesprochen in der Ilias, wo sie die Botin ist, durch welche Zeus Göttern und Menschen seinen Willen mitteilt; niemals ist ein Regenbogen dabei. Diese Iris lebt dann in Poesie und bildender Kunst weiter. Man möchte sie von dem Regenbogen trennen, denn die Odyssee, *σ* 6, nennt den Bettler Arnaios Iros, weil er Botendienste verrichtet, und in einer Chronik von Erythrai heißt ein Höfling des Königs ebenso (Athen. 259). Hesiod, Theog. 266, 780, hat den Regen-

[1] Sitz.-Ber. Berl. 1921, 738. Die Wolke, die Ixion als Hera zu umarmen glaubt, ist eine Erfindung wie das Trugbild der Helene bei Stesichoros, das bei Euripides aus Aether geformt ist. Neben Ixion steht diese Wolke auf dem Bilde im Hause der Vettier teilnahmsvoll, eine so seltsame Haltung, wie ihre Charakterisierung als Wolke seltsam ist, aber beides nicht ungefällig. Eine andere, aber auch thessalische Nephele ist Mutter von Phrixos und Helle. Wir kennen von dieser auch in der Tragödie häufig behandelten Geschichte so bitter wenig, daß sich nicht einmal eine tragische Fabel herstellen läßt, geschweige das Ursprüngliche. Es ist nur die Ausdrucksform der Poesie, wenn Pindar Ol. 11 die Regengüsse Kinder der Wolke nennt, und die Ausdrucksform der Malerei, wenn der Maler Python den Regen, der den Scheiterhaufen der Alkmene löscht, von himmlischen Mädchen ausgießen läßt. Das sind keine Wolken; der Maler will nur sagen, es regnet.

[2] Empedokles Fr. 50 *ἶρις δ' ἐκ πελάγους ἄνεμον φέρει ἢ μέγαν ὄμβρον.* Das stammt aus Tzetzes, der als Verfasser *'Εμπεδοκλῆς εἴτε τις τῶν ἑτέρων* angibt, also an sich unsicher, so daß P. Maas den Vers für eine volkstümliche Wetterregel hält, deren es viele gibt. Man hielt also den Regenbogen für ein Vorzeichen andauernden Regenwetters, denn er sollte Wasser aus dem Meere ziehen, Ovid Metam. I 270.

[3] Zenodot hatte *ἐρίδεσσιν* im Texte, das sollte aber dasselbe bedeuten, Hesych *ἔριδας τὰς ἐν οὐρανῶι ἴριδας 'Αττικῶς*, das Letzte sehr befremdlich, Et. M. *ἶρις ... σημαίνει καὶ φιλοσοφίαν καὶ ἔριν καὶ φήμην* noch mehr.

bogen mit der Göttin verbunden, die er nur aus Homer kannte, denn sie ist Schwester der Winde und Götterbotin. Auf einen Kult der Göttin kann die theräische Felsinschrift *Βῖϱις* deuten (IG. XII 3, 365), obwohl das nicht zwingend ist. Ebenso war der Name neben der Göttin auf dem amykläischen Throne geschrieben (Pausan. III 19, 3). Beta für Vau befremdet in der alten Zeit, aber das muß man hinnehmen. Auf der Hekateinsel bei Delos erhielt Iris ein besonderes Opfergericht, *βασυνίας* genannt[1], offenbar mit ungriechischem Namen. Das deutet auf karischen Ursprung. Später ist Iris nur eine poetische, homerische Gestalt, eine griechische Göttin ist sie nie gewesen. Wie es um die Namen steht, wird mit diesem Materiale nicht ausgemacht werden, auch nicht was Alkaios wollte, als er dem Eros die Iris zur Mutter, den Zephyros zum Vater gab. Wind und Regenbogen verbanden sich gut, und er kannte sie aus Hesiod als Geschwister; aber wie sollen wir raten, was Eros von diesen Eltern mitbekommen hatte? Ansprechendes findet man leicht, aber mehreres.

An den Winden sieht man gut, wie verschieden die Dichter sie auffassen können. Ihr Vater Aiolos kann sie in einen Schlauch sperren: da sind sie gestaltlos. Zephyros zeugt die Wagenpferde des Peleus mit der Harpyie Podarge (*Π* 150): da sind beide Eltern roßgestaltig; das Roß rennt ja wie der Wind. Die Winde können aber auch als ungeschlachte Gesellen im Hause des Zephyros zechen (*Ψ* 200), werden da wohl einigermaßen Menschengestalt haben, immer wenn sie wie Boreas und seine Söhne[2] mit Menschen in Berührung kommen, und sie ließen sich leicht durch Beflügelung kenntlich machen, seit diese in der Kunst aufgekommen war. Und selbst dann konnte man auf der Kypseloslade den Boreas gleich dem schlangenfüßigen Typhon bilden, in dem man also noch den Windgott sah, der er bei Hesiodos 306 noch ist, und der aus der

[1] Semos bei Athen. 654b. Hesych *ἶϱις ποπάνου εἶδος* gehört dazu, wenn das Rezept bei Semos auch auf keinen Kuchen deutet; das ist ein Brei, gekocht aus Weizenmehl, Talg und Honig, und dazu die sogenannten *κόκκωϱα, ἰσχά⟨δε⟩ς καὶ κάϱυα τϱία*. Den Plural hat vielleicht die Epitome noch vorgefunden. Den Namen müssen wir nehmen wie er dasteht.

[2] Boreas mußte wegen der Etesien um den Archipel der Hauptwind sein und in Thrakien wohnen. Über die Boreaden Sitz.-Ber. Berl. 1925, 227. Den Sturm in einer Mehrzahl zu fassen lag nahe, die Zweizahl aber ist seltsam. *Βοϱεαῖος* auf Thera, IG. XII 3, 357, ist mehrdeutig.

Erde stammte, so daß er Schlangenfüße haben konnte. Als Vögel, wie aquilo und volturnus den Römern, sind den Hellenen die Winde nicht erschienen; der Gigant Zephyros bei Aischylos, Agam. 692, ist ein Riese. Einen Eigennamen haben eigentlich nur Boreas und Zephyros; die Schiffer bezeichnen weit mehr als die vier homerischen[1]. Sie werden sich vor der Fahrt mit Bitten und Opfern an sie gewandt haben[2]; in der Not riefen sie Helfer gegen sie. Iphigeneia ist als Sühnopfer der grollenden Göttin geschlachtet worden, die Stürme erregt hatte, nicht den Stürmen, obgleich auch das gesagt wird. Wie Boreas wegen seiner Verdienste im Perserkriege einen Staatskult erhalten hat, zuerst in Athen, dann in Delphi[3], lehrt vortrefflich, wie man solche vereinzelten Kulte zu beurteilen hat, auch wenn man das Aition nicht kennt, also z. B. einen Altar der Winde in Koroneia, Pausan. IX 34, 3. Durch ein Gelübde haben die Tempestates in Rom Kult erhalten.

Für sich steht der Wirbelwind, *τυφώς* bei den Athenern, der aus der Erde kommt. Man kann ihn nicht wohl von dem *τυφάων* scheiden, den Hesiod Theog. 306 einen Wind nennt, aber mit der sonst ziemlich verschollenen Echidna verbindet, die ihm Ungeheuer gebiert. Er dürfte zu einem böotischen Berge gehören[4]. Ein ganz

[1] Die Namen sind, abgesehen von zahlreichen nur lokal gebräuchlichen, von der Mitte des Archipels, etwa Delos aus, gegeben, *Ἀργέστης* von Argos (bei Hesiod Beiwort des Zephyros, offenbar unbedacht aus asiatischer Epik entlehnt), *Καικίας* vom Kaikos her. *Θρασκίας* so alt, daß er noch *Θράσικες*, später *Θρᾶικες*, bezeugt.

[2] Ein schwarzes Lamm zur Beschwörung des *τυφώς* Aristophanes Frösche 848.

[3] Sappho und Simonides 207. In Athen gab es ein Geschlecht *Εὐδάνεμοι*, das seinen Eponymos verehrte, der irgendwie mit den eleusinischen Weihen in Verbindung gebracht war. Töpffer, Att. Geneal. 110, stellt passend die korinthischen *ἀνεμοκοῖται* daneben. Man muß auf magische Beschwichtigung der Stürme schließen. Es ist ein Mißgriff des Demon, die attischen *τριτοπατρῆς* oder *τριτοπάτορες* für Winde zu erklären, aus einer orphischen Lehre, die nur in späterer Überlieferung vorliegt. Sie waren die Urahnen, wie die Inschrift *ὅρος ἱεροῦ τριτοπατρέων Ζακυαδῶν* Syll. 925 immer bewies, jetzt durch den kyrenäischen *ἱερὸς νόμος* jedem Zweifel entrückt ist.

[4] Das *Τυφαόνιον ὄρος* liegt zwischen Olymp und dem *Φίκιον* Böotiens nach den Eöen (Aspis 32). Bei Hesych heißt es *Τυφίον* und liegt in Böotien. Dann wird der *Τυφάων* dazu gehören, der Sohn, den Hera dem Zeus zum Trotze im pythischen Hymnus 352 gebiert, denn er wird von der pythischen Delphyne erzogen. Man schließt auf eine böotische Lokalsage.

anderes Wesen ist der Typhoeus in der Interpolation der Theogonie[1], der gefährlichste Feind des Zeus, den der Schiffskatalog 782 nach Lykien zu den Arimern versetzt, die Theogonie schon unter den Ätna. Auch Pherekydes von Syros hat davon gewußt[2]. Erfunden hat der Interpolator diese Geschichte nicht, aber nur weil sie in die Theogonie aufgenommen war, ist sie maßgebend geworden, schon für Aischylos, und manches andere hat sich angeschlossen. Es kann nicht mit Sicherheit behauptet werden, daß die Ausbrüche des Ätna zugrunde liegen. Das Ganze erscheint als eine Variante der Titanomachie, in Asien entstanden, bleibt aber rätselhaft.

Eine andere Sorte Winde sind die Rafferinnen Ἀρέπυιαι[3], die Hesiod Th. 267 auf zwei beschränkt, wohl sicher schon im Hinblick auf die beiden Boreaden, ihre Verfolger, denn es kommen auch drei vor, und bei Homer werden sie in unbestimmter Zahl gedacht. Wenn Hesiod von ihnen sagt *αἵ ῥ' ἀνέμων πνοιῇσι καὶ οἰωνοῖσ' ἅμ' ἕπονται ὠκείῃς πτερύγεσσι*[4], so deutet er ihre Natur als Winde und als vogelartige Wesen an. Die Rhapsoden setzen sie den *θύελλαι* fast gleich, die doch keine Personen geworden sind[5]. Aber die Patroklie kennt sie ebenso wie die Winde noch als Rosse, denn von ihnen stammt das Gespann des Achilleus. Was sie tun ist Entführung von Menschen[6]; danach heißen sie; wohin die Entführten kommen, ist nicht bestimmt, Todesdämonen darf man die Harpyien durchaus nicht nennen. Hinzu tritt die Phineusgeschichte,

[1] Der Verfasser mußte sich mit Hesiod 379 auseinandersetzen, was ihm schlecht gelungen ist, denn die drei hesiodischen Winde schlechthin als *μέγ' ὄνειαρ* für die Menschen zu erklären, ist sinnlos: wie verderblich sind sie den Menschen bei Homer. Weil Typhoeus im Schiffskatalog zu den Arimern versetzt war, sind die Verse 304, 5 über Echidna interpoliert.

[2] Fr. 4. Wenn auf den Berichterstatter Verlaß ist, war bei ihm Typhon schon der ägyptische Seth.

[3] Diese Form sollte längst bei Theognis 715 hergestellt sein; die Elegiker meiden molossischen Hexameterschluß. Dem Dichter ist der Kampf zwischen Harpyien und Boreaden bekannt.

[4] Die folgenden Worte *μεταχρόνιαι γὰρ ἴαλλον* waren den Grammatikern unverständlich und sind es noch.

[5] *υ* 66 und 77 sind beide Worte synonym. Es liegt auch in *ἀνηρέψαντο θύελλαι*, *δ* 727. Beide Stellen von dem Bearbeiter.

[6] Vgl. Malten, Arch. Jahrbuch XXIX 238, wo archaische Harpyien abgebildet sind.

dem diese Vögel durch ihren Unrat seine Nahrung ungenießbar machen. Das aber ist bereits erfunden, um diese Wesen unschädlich zu machen, denn sie werden in eine Höhle gebannt, später sogar getötet. Ihre Verfolger sind die Boreaden; der Nordwind ist stärker und jagt sie bis an den Rand des hellenischen Meeres, was damals Kreta war, denn als ihre Heimat darf es nicht betrachtet werden[1]. So hat sich bereits in einer Sage niedergeschlagen, daß der Glaube an diese Wesen geschwunden war. Dem Wortsinne ganz entfremdet sind sie, wenn sie bei Akusilaos und Epimenides die goldenen Äpfel im Göttergarten bewachen, Philodem *π. εὐσεβ.* 43 G. Sie entsprechen also den Hesperiden, was Epimenides auch aussprach. Wir sind gewöhnt, in diesen nur die freundlichen Nymphen jenes Gartens zu denken, zu denen sie in der Heraklessage geworden sind, sehr bezeichnend für den Wandel in der hellenischen Phantasie, die vermenschlicht und das Häßliche ausmerzt. Aber dem Hesiodos waren sie keine freundlichen Wesen, da er sie von der Nacht ableitet, Theog. 215, und tief in der Erde der Drache sich windet, 335, der die Äpfel bewacht, welche die Hesperiden pflegen, worin wohl zwei zuerst selbständige Verrichtungen verschmolzen sind. Dabei nennt er sie *λιγύφωνοι*. Sie sind also Vögel, die auf dem Götterbaume singen, aber zugleich Krallen haben werden wie die Harpyien. Man hätte sie ebensogut Sirenen nennen können.

Die S i r e n e n tragen in dem Namen, der sich von *Σείριος* nicht trennen läßt, etwas Schädigendes, wenn wir mit der Etymologie auch nicht zu einer befriedigenden Deutung kommen. Wie sie in der Odyssee erscheinen, sind sie auch heimtückische Wesen, die den Schiffer durch ihren Gesang an sich locken, wo er dann den Tod findet. Die unanschauliche Erzählung gibt von ihnen kein Bild; der Rhapsode mag wohl nicht mehr aussprechen, was doch in der Kunst sich dauernd hielt, daß sie Vögel sind, nur um die göttlichen Vogelwesen kenntlich zu machen, einen menschlichen Kopf erhalten. In dieser einen Geschichte haben sie keine allgemeine Bedeutung[2], sind nur zwei, und es ist ganz folgerichtig,

[1] Die Gestalten des sog. Harpyienmonumentes gehören dem Glauben der Lykier an; wir sollten sie also nicht benennen.

[2] Verständlich, daß Sophokles Fr. 777 ihnen den Phorkys zum Vater gibt. Wie Acheloos ihr Vater werden konnte, ist unverständlich; die Mutter Sterope, Apollod. Bibl. I 63, zeigt, daß der ätolische Fluß ge-

daß sie sich, als Odysseus sich nicht verführen läßt, ins Meer stürzen: diese beiden gibt es nicht mehr. Aber der Volksglaube hielt sie fest. Wenn in archaischen Terrakotten ein solcher Menschenvogel ein Menschlein in den Armen hält, so weiß man nicht, soll es eine Harpyie oder Sirene sein. Wenn vollends zu seiten eines Kämpferpaares zwei dergleichen stehen, sind sie da nicht *Κῆρες*? (Böhlau Aus ionischen Nekropolen T. IV 1). Wir finden sie auf den attischen Grabsteinen in der bekannten Mischgestalt, auch wohl mit musikalischen Instrumenten, und auch im Altertum hat man sie Sirenen genannt, ob immer mit Recht, ist nicht sicher, denn die Sirene auf dem Grabe des Sophokles heißt auch und heißt besser *Κηληδών*[1], und solche *Κηληδόνες* standen auf dem First des alten delphischen Tempels[2]: da üben sie den Schutz des Gebäudes, wie es Sphinxe, Löwen und Panther auch tun, passen aber zu Apollon besonders und zu Sophokles auch. Diese Sängerinnen-Sirenen kommen den Musen so nahe, daß Alkman 10 D. sagen kann *ἁ Μῶσα κέκλαγ' ἁ λίγεια Σηρήν*, das ich früher falsch beanstandet habe. Pindar im Partheneion auf Agasikles 33 wagt *σειρῆνα κόμπον μιμήσομαι*, und der epidaurische Hymnus auf Pan, IV² 1, 130, nennt die Syrinx *ἔνθεον σειρῆνα*. Sie kann Euripides aus der Unterwelt zu einem Klagegesange emporrufen und Töchter der Chthon nennen. Er kann aber auch ihre Fittiche anlegen, wenn er sich auf den Flügeln des Gesanges zum Himmel erhebt[3]. Nun verstehen wir, was sie auf den Gräbern wollen, Schutz geben sie zugleich und entsprechen den irdischen Klagefrauen, die wir auch antreffen. Sehr hübsch ist es, daß sie zusammen mit Eroten auf einer spartanischen Schale[4] ein Symposion bedienen, ein göttlicher Ersatz für die Flötenspielerinnen, die im Leben die Musik machten. Es sind also göttliche Vogelwesen, die das *κηλεῖν* in Gutem und Bösem

meint ist. Sie müssen dann erst verwandelt werden, was die Jugend der Genealogie beweist.

[1] Sophokles Vita 15, von Huschke aus *χελιδόνα* verbessert.

[2] Pindar Paean 9. Philostratos Apollon. VII 11 p. 114 nennt sie *ἴυγγες* in Sirenengestalt; das wird eine Deutung der verschollenen *κηληδόνες* sein.

[3] Helene 169 und Fr. 911, wie wir jetzt wissen, aus der Antiope.

[4] Bull. Corr. Hell. XVII 238. Und das soll ein Symposion seliger Toten darstellen, also auch unterirdische Eroten. Aus einem solchen Becher würden die Spartaner schwerlich getrunken haben.

verstehen[1]. Platon, Staat 617b, läßt je eine auf jeder Himmelssphäre sitzen und alle zusammen das Lied der ewigen Harmonie singen. Plutarch, Symp. qu. 745c, wundert sich darüber, weil er die κηληδόνες nicht mehr kennt.

Um ihrer ähnlichen Wirksamkeit ist die Sphinx hier zu nennen, die ihre Gestalt aus Ägypten, vielleicht auch Asien erhalten hat, aber das weibliche Geschlecht bewahrt, weil sie hellenisch war. Übrigens gibt es in der Kunst, wenn ich nicht irre, auch noch bärtige Sphinxe. Einmal ist sie ein Menschen mordendes Ungetüm, das auf dem Phikion nördlich von Theben[2] haust, eine weise Sängerin (ῥαψῳδὸς κύων sagt Sophokles Oed. 391), die Ödipus überwinden muß. Sie fängt sich auch Menschen auf Vasenbildern des 6. Jahrhunderts und noch auf dem Throne des olympischen Zeus; da ist die Deutung auf die Thebaner zu eng. Sie ist also ein anderes, aber ebenso verderbliches Flügelwesen wie die Sirene; auf dem Throne des Bathykles erschienen Sphinxe neben Panthern und Löwen unter den Rossen der Dioskuren, offenbar die rettende Macht der himmlischen Reiter zu bezeichnen (Pausan. III 18, 14). Daneben aber erscheint eine Sphinx, nicht selten mit würdigem und schönem Antlitz, als Wächterin in Heiligtümern und Grabanlagen. Löwen finden sich ebenso auf Gräbern; die werden allerdings heute auch zur Abwechslung als Todesdämonen aufgefaßt, was dann die Sphinx vielleicht auch sein soll, als ob man auf einem Grabe erst noch sagen sollte, daß der Tote darin verstorben wäre. Die Sphinx zum Wächter zu machen konnte ihre Verwendung in ihrer ägyptischen Heimat Veranlassung geben. Bei der Sirene sind die Hesperiden-Harpyien eine Analogie.

Auf den Vasen der ältesten Gattungen erscheinen Vögel mit Menschenkopf so häufig, daß es oft unsicher bleibt, wie man sie benennen soll. Wenn sie über Kampfszenen fliegen, wo auch ein Vogel wohl nicht nur Raumfüllung ist, darf man sie Keren

[1] Ist etwas Tolleres auszudenken als der Einfall, die Sirene auf dem Grabe wäre ein Seelenvogel, die Seele des im Grabe ruhenden Menschen, der als seliger Geist Musik macht. Ist der Engel auf vielen Gräbern unserer Tage auch solch ein Seelenvogel?

[2] Bei Hesiod 326 ist φίγγα die durch Platon Krat. 414d empfohlene Variante; die Scholien geben dies und φῖκα, in welchen der sämtlich ganz jungen Codd. das eine oder andere steht, ist gleichgültig; was Hesiod schrieb natürlich unbestimmbar.

nennen. Die beschreibt eine schwülstige Schilderung der Aspis 249 mit den grellsten Farben, wie sie sich darum streiten, den Gefallenen das Blut auszusaugen. Aber Homer kennt nur die Ker als den Tod, dem der Mensch einmal verfallen wird, am deutlichsten, wo Achilleus die Wahl zwischen zwei *κῆρες* hat, *I* 411, und auch wo Zeus das Geschick des Hektor so bestimmt, daß er die *κῆρες* von ihm und Achilleus abwägt, sind sie nichts anderes, müssen aber in irgendeiner Gestalt erscheinen, die der Dichter mit Absicht nicht bestimmt, auch wohl nicht bestimmen konnte; Kydoimos und Deimos hatten auch keine. Diese Ker ist daher der Moira verwandt, und so gibt Hesiod Th. 217 mit den Hesperiden auch Moiren und *Κῆρες νηλεόποινοι* der Nacht zu Töchtern, die die Sünden von Göttern und Menschen verfolgen[1]. Diese Moiren müssen von den Töchtern der Themis, 904, verschieden sein, denen Hesiod die später gewöhnlichen Namen gibt[2]. Wenn bei Homer ein

[1] Die Stelle ist sehr schwer; der Gedanke an Unechtheit liegt nahe und ist doch unzulässig, da die hier aufgeführten Wesen später nicht vorkommen. Nur die aus der späteren Stelle, 905. 6 wiederholten Verse 218. 19 fallen weg. Wenn Hesiodos selbst diese *Κῆρες καὶ Μοῖραι* von der Ker, die 211 genannt war, und den Moiren, die Zeus mit Themis erzeugt, unterscheidet, hier aber so zusammenfaßt, daß sie dieselbe Tätigkeit haben, so sind diese *Κῆρες* und *Μοῖραι* nicht nur von den gleichnamigen verschieden, sind auch nicht zwei Gattungen, sondern vereinen in sich die Natur von Ker und Moira, so daß sie die beiden Namen zusammen tragen, sie sind grausam wie die Ker, aber Tod können sie den Göttern nicht bringen, dafür teilen sie Menschen und Göttern verwirkte Übel zu, daher heißen sie Moiren. Das Rechtsgefühl des Hesiodos verlangte, daß auch die Götter für *παραιβασίαι* büßen müßten, nicht bloß für Meineid bei der Styx. Dafür mußten göttliche Urwesen sorgen, älter als die Götter, Töchter der Nacht, was später die Erinyen geworden sind. So ist er auf die Einführung dieser Moiren-Keren verfallen. Gerade die Seltsamkeit zugleich mit dem ganz hesiodischen Glauben an die göttliche Gerechtigkeit leistet für die Echtheit der Verse Gewähr.

[2] Erfunden hat er nur die Atropos, denn *Κλῶθες* (*η* 197 nach der echten Lesart) und Lachesis bestanden für sich. Die drei Moirennamen hat nicht nur der Dichter der Aspis 258 gelesen, sondern schon der Verfertiger des Schildes, denn der Dichter unterscheidet die Größe der Figuren, deren Namen der Künstler zugefügt hatte. Da diese Moiren nur aus Theog. 217 stammen können, hat wohl schon damals die Interpolation im Texte gestanden. Die Verse der Aspis sind unheilbar verdorben.

jeglicher seine μοῖρα und seine κήρ hat, so nennt doch der Rhapsode, der das Θ verfaßt hat, die Achäer κύνες κηρεσσιφόρητοι, 527, verrät damit allerdings seine Jugend. Da ist es soviel, wie wenn ein Christ sagt „die hat der Teufel ins Land gebracht". Sehr viel schöner nennt Hesiod Erga 418 die Menschen κηριτρεφεῖς, weil wir uns alle an der Ker, dem Leid und Übel unseres Lebens, nähren. Denn allen καλά in der Welt οἷον κῆρες ἐπιπεφύκασιν αἳ καταμιαίνουσί τε καὶ καταρρυπαίνουσιν αὐτά, wie Platon Ges. 937d sagt. Ohne Bild hätte er κηραίνουσιν αὐτά sagen können. Es bedarf keiner langen Ausführung, daß aus der noch gar nicht zu einer wirklichen, also leiblichen Person gewordenen Ker Homers einerseits die blutdürstigen Keren geworden sind, weil die Ker auf den Tod ging, und in der Kunst dieselbe oder ähnliche Gestalt erhielten wie Harpyien und Sirenen, andererseits die κακά, von denen unser Leben voll ist. Empedokles 121 versetzt auf die Wiese der Ate Φόνος τε Κότος τε καὶ ἄλλων ἔθνεα Κηρῶν. Da bleiben sie doch gestaltlos. Nun hat aber Aischylos in der Psychostasie bei einer dem *X* nachgebildeten Wägung die Keren durch ψυχαί ersetzt. Das sind nicht die Seelen von Achilleus und Memnon, denn die leben noch, sondern der Dichter gab ihren Vertretern statt der Keren, die ihm und seinen Zuschauern nicht mehr vertraut waren, die Gestalt der Seelen, wie sie in der Kunst seiner Zeit um die Gräber flatterten, kleine geflügelte Menschlein; das waren eben ψυχαί. Damit die Urbedeutung der Keren anzugeben, ist ihm nicht in den Sinn gekommen. Ferner rief man am Ende des Anthesterientages, an dem die Toten umgingen und ihre Opfer erhielten[1], θύραζε Κῆρες (oder auch mit dem alten Vokale Κᾶρες), οὐκέτ' Ἀνθεστήρια[2]. „Trollt euch, ihr Gespenster." Damit war nicht gesagt, daß die Keren Seelen wären, sondern höchstens die Seelen Gespenster, vielleicht schädlich, sicher sehr unheimlich, die man also loswerden wollte. Am Tage zuvor, an dem sie ihre Speise vorgesetzt erhielten, wird man sie nicht Keren genannt haben. Aber wenn das Tor der Unterwelt offen war, konnten auch die Keren herausgekommen sein. Moderne Weisheit kehrt die Zeugnisse um, läßt Homer durch die Athener belehren, ist glücklich, die Keren wie die Sirenen zu Seelen gemacht zu haben, und bringt es schließlich dazu, τὸ κῆρ, *cor*, Herz, mit ἡ κήρ, κάρ gleichzusetzen, wo denn Herz und Seele

[1] Photios und Hesych μιαρὰ ἡμέρα.

[2] Zenobius IV 33, unter dem Texte, wie gewöhnlich bei den Göttingern.

dasselbe werden, was die Aussicht auf tiefe psychologisch- physiologische Erkenntnisse eröffnet, die zunächst noch nicht aussprochen sind.

Es ist kein Zweifel, daß sehr viel mehr solcher meist schädigender Wesen in dem alten Volksglauben bestanden haben und auch benannt waren, als wir kennen und auf den Monumenten zu unterscheiden vermögen[1]. Gegen sie mußte man sich schützen, durch allerhand Zauber oder durch die Anrufung eines hilfreichen großen Gottes. Götter waren ja alle diese Wesen nicht, genossen keinerlei Kultus, und zum Glück waren sie nicht alle unsterblich. So die *Ποινή*, in Wahrheit eine Pest, die wohl in Hundsgestalt erschienen war und in Argos Lämmer- und Kindersterben bewirkte: Koroibos hat sie totgeschlagen. In dem Epigramm unter einem angeblich archaischen Denkmal, das den Koroibos diese *Ποινή* erschlagend darstellte, heißt sie *Κὴϱ τυμβοῦχος*[2]. Die Menschen hören es gern, daß ihre Helden mit solchen gefährlichen Wesen fertig geworden sind, die also nicht mehr schaden können. Allmählich verliert sich der Glaube, sinkt auch wohl zu den alten Weibern und in die Kinderstube hinab. Einmal werden Empusa und Lamia[3],

[1] Das spätere Altertum ist in seinen Deutungen solcher Bildungen schwerlich zuverlässig. Ich zweifle an den Sirenen auf der Hand einer archaischen Holzstatue der Hera in Koroneia, Pausanias IX 34, 3, der eine nichtige Erklärung schwerlich eigener Erfindung gibt. Natürlich konnte in jedem Heiligtum eine Sirene als Wächterin stehen, daher konnte man auch eine Sirene aus Ton als Opfergabe darbringen, wo doch diese Deutung eines Vogels mit Menschenkopf nicht zwingend ist, aber auf der Hand des Gottes muß die Vogelfrau mit dem Wesen desselben irgendwie zusammenhängen. Eine eigene Deutung mag ich nicht aussprechen.

[2] Sitz.-Ber. Berl. 1925, 231.

[3] Leider hat Dionysios, Thukyd. 6, nicht angegeben, bei welchem alten Lokalschriftsteller er fand *Λαμίας τινὰς ἐν ὕλαις καὶ νάπαις ἐκ γῆς ἀνιεμένας*. Wir kennen sie in der Mehrzahl gar nicht und keine Geschichte, die in Hellas spielt und sie ernsthaft nimmt. Sie kommt noch in neugriechischen Volksliedern vor. Ich halte die Deutung des Vasenbildes Athen. Mitt. XVI Tafel 9 auf Lamia für sehr wahrscheinlich, auch gegenüber von Buschors neuem Vorschlag, Mitt. LII 230. Weder die Rationalisierung der Satyrn als ein Volk auf einer Insel des Weltmeeres noch die Einführung eines beliebigen Barbarenweibes scheint mir in einem alten Satyrspiele denkbar. Das Opfer der halbtierischen Waldgötter kann kein gewöhnliches Menschenkind sein, und die Lamia, die *ἁλοῦσα ἐτέϱδετο*, Aristoph. Wesp. 1177, scheint zu passen. Wie sich ihr

Gello, Mormo[1] und Strinx[2] sehr ernsthaft genommen sein. Auch der Alb, der auf die Brust springt, ἐφιάλτης, ἠπίαλος, wie auch ein hitziges Fieber heißt, sind einmal als solche persönlich wirkende Erreger bestimmter Leiden gefaßt worden, sicherlich auch manche Krankheiten, wie der οἶστρος Bremse und Wahnsinn zugleich bedeutet. Hesiod nimmt ja viel der Art in seine Göttergenealogien auf, und Λιμός und Λοιμός werden sicher ganz persönlich gefaßt sein[3]. Das ist aber alles früh zurückgetreten, und die Hauptsache ist, daß man diese Bringer von κακά nicht durch Verehrung und Opfer beschwichtigen will, das Fieber nicht wie in Rom einen Altar bekommt, sondern von großen Göttern erwartet wird, daß sie sich als ἀλεξίκακοι erweisen. Wem man das zutraut, das wechselt. Einst schützte Hermes am Tore; dem traut man es später nicht mehr zu und schreckt das Böse mit dem Namen des Herakles. Zauberische Apotropaia werden daneben angebracht, und man braucht auch da immer neue. Im Grunde ist es dasselbe, wenn ein Ithyphallos in einem Rebgarten aufgestellt oder ein Psalm auf Blei geschrieben vergraben wird, was auch einmal geschehen ist. Wenn man das begriffen hat, wird man den einzelnen Gebräuchen und auch den einzelnen geglaubten schädigenden und helfenden Mächten ihren Wert für die Sittengeschichte gern zugestehen, aber für das, was ich als Religion verfolge, darf dies Detail beiseite bleiben.

Nur noch zwei Apotropaia will ich nicht übergehen. Das eine ist eine abschreckende Männerfratze, die besonders als Schildzeichen, aber auch sonst um entsprechend zu wirken, in archa-

Name zu der Stadt Lamia stellt, ist unbekannt, aber Λάμος, der König der Laistrygonen, wird zu ihr gehören; die vornehme Familie der Aelii Lamiae hat sich vor dem Namen nicht gescheut, weil sie aus Formiae war, wo die Laistrygonen gewohnt haben sollten. Daß eine Lamia den Prolog des euripideischen Busiris sprach, Fr. 922, darf als gesichert gelten.

[1] Nun in dem Erinnapapyrus ans Licht getreten, der Zusammenhang noch ungeklärt.

[2] Hermes LX 303. Strabon I p. 19 handelt von diesen Wesen.

[3] Noch Plutarch hat als Archon von Chaironeia eine Zeremonie geleitet, bei der ein Sklave mit Ruten von ἄγνος (die wie Weidenruten nicht zu arg schlugen) aus der Tür gejagt ward mit dem Rufe ἔξω Βούλιμον ἔσω δὲ Πλοῦτον καὶ Ὑγίειαν. Plutarch bringt eine Parallele aus Altsmyrna bei, wo für die Βούβρωστις ein Stier verbrannt ward, mit dem sie also abgefunden war, Symp. qu. 694.

ischer Zeit öfter vorkommt und sicher als Phobos erkannt ist. Die älteste Erwähnung einer solchen Verwendung steht in der Ilias *E* 739–42, aber eben daran ist von Furtwängler die Unechtheit der Verse erkannt, die auch vom Stile her ausgewiesen werden müssen. Homer kennt den Phobos mit seinem Bruder Deimos nur als Genossen und Diener des Ares. Wie Deimos Furcht erregt, so jagt Phobos in die Flucht; man muß das Wort doch in homerischer Bedeutung nehmen. Der Zeus *τροπαῖος* hat später seine Funktion übernommen. Aber auch Aischylos Sieb. 45 nennt neben Ares und Enyo den *φιλαίματος Φόβος*. Begreiflich, daß ihm vor der Schlacht geopfert wird, und die Selinuntier in der bekannten Inschrift auch ihm für den Sieg danken, auch daß er in Sparta ein kleines Heiligtum hatte, das in Friedenszeiten immer geschlossen war (Plut. Kleom. 9). Das Räsonnement Plutarchs und alle späteren Verwendungen und Umdeutungen gemäß dem Bedeutungswandel des Wortes und auch des Glaubens gehen uns hier nichts an. Von einem Kultus kann also kaum die Rede sein, davon daß er ein alter Kriegsgott gewesen wäre, erst recht nicht. So ein Begriff wie Kriegsgott gehört einer modernen mythologischen Theologie an, abgesehen davon, daß ein Gott „Flucht“ gar zu seltsam klingt.

Der Phobos leistet also ziemlich dasselbe wie das Gorgohaupt, das eine sehr viel weitere Verwendung findet, vor dessen Erscheinung sich Odysseus im Reiche der Schatten fürchtet; es gehört zu der gewappneten Athena und ist das athenische Wappen geworden. Die Gorgo lähmt durch ihren Blick: das sagt der Name, es ist nur eine Steigerung, daß ihr Haupt versteinert; die Bildung des Phobos ahmt es nach. Es mußte geradezu eine Geschichte entstehen, die berichtete, wie das Haupt seiner Trägerin abgeschlagen ward, und wir freuen uns an dem bunten Märchen von dem Helden Perseus, der die große Tat mit Hilfe der Götter vollbracht hat, glauben leicht, daß Schwestern der Gorgo zutraten, den Perseus verfolgten und damit abgetan sind, daß er ihnen entging. Alle weiteren Geschichten, die sich anschlossen und noch erfunden wurden, als niemand mehr an die Gorgo glaubte, machen keine Schwierigkeit; aber gerade in der Hauptsache steckt etwas, das dem Wesen der Gorgo widerspricht und auf ganz anderes führt. Sie heißt Medusa, die Waltende, Poseidon hat sie geliebt, als sie noch kein Scheusal war, sie gebiert im Tode ein Roß und wird auf der bekannten böotischen Vase selbst als Roß dargestellt; diese

Gestalt trug Poseidon auch. Das Roß, *Πήγασος* genannt, von der Farbe *πηγός*, einerlei welche sie war, trägt nun die Waffen des Zeus, offenbar vor seinen Wagen gespannt, Hesiod Theog. 286. Gleichzeitig mit ihm hat Medusa den Chrysaor, Goldschwert, geboren, von dem weiter nichts bekannt ist[1]. Die „Waltende", die von Poseidon in Roßgestalt den Pegasos empfängt, sieht der Erinys ähnlich, die aus gleicher Verbindung den Erion-Areion geboren hat, der Heroen gefahren hat, aber den Adrastos zu seiner Mutter führte[2]. Der Pegasos hat den Bellerophontes im Kampfe mit der Chimaira getragen, auch nicht zu seinem Heile[3]. Schwerlich läßt sich bestreiten, daß zwischen diesen Geschichten innere Berührung besteht. Aber mehr wird sich kaum feststellen lassen, und der rätselhafte Widerspruch bleibt, der in der sterblichen Gorgo Medusa liegt. Wir haben hier in ganz früher Zeit eine Erscheinung, auf die man achten muß, daß das Märchen sich nicht scheut, Göttergeschichten, die aus religiöser Phantasie entstanden waren und als heilige Wahrheit galten, umdichtend zu übernehmen. Möglich war das nur, weil der eine wie der andere Mythos, selbst die Erzeugung des Erion und die Enthauptung der Gorgo, letzten Endes Dichtungen einzelner Menschen waren, die dann im Volks-

[1] Die *Χρυσαορεῖς* Kariens, die einen Zeus *χρυσαορεύς* haben, könnte man heranziehen, wenn die ganze Geschichte wie die des Bellerophontes in Asien zu Hause wäre. Aber die Gorgo mit Perseus finden wir nicht in Asien, sondern bei dem Böoter Hesiodos, in Athen, in Selinus, d.i. Megara, Korinth mit Korkyra, dazu auf einem melischen Tonrelief, dessen Herkunft nicht feststeht, also in keinem sehr ausgedehnten Bezirk. Schon daß Mykene wegen des Perseus notwendig hinzutrete, ist nicht ohne weiteres sicher, da Perseus als Urgott bei Hesiod unverstanden ist und die Namensformen wechseln. Verwiesen sei auf die weitgreifende Behandlung der *Γοργὼ ἢ Μέδουσα* von Gerogiannis, *Ἀρχ. Ἐφημ.* 27/28; das Vasenbild S. 155 stellt aber eine der Gorgo ähnliche Harpyie dar. Das rhodische S. 154 gibt der *πότνια θηρῶν* ein Gorgohaupt, könnte also gut eine *Μέδουσα* sein; aber zur Klarheit kann ich nicht kommen.

[2] Über Erinys und Erion die Beilage Erinys.

[3] Die Ilias kennt den Pegasos im Kampfe mit der Chimaira noch nicht, obwohl sie den Lykier Bellerophontes bereits aus Ephyra-Korinth stammen läßt. So wie er bei Pindar Ol. 13 den Pegasos fängt und dem Poseidon *δαμαῖος* Opfer bringt, soll das die Bändigung des Rosses mit Hilfe des *ἵππιος* bedeuten, ist also späte Umbildung. Euripides Belleroph. 312 muß den Pegasos nach dem Sturze des Bellerophontes loswerden und greift auf Hesiod zurück.

glauben und Volksmunde leben und weiter umgebildet nebeneinander bestehen konnten. So ist es kein Zweifel, daß der Brüller *ΓαρυFόνης* mit seinem Hunde und seinen Rindern, d.h. Schätzen, dem Herrn der Unterwelt mit seinem Hunde und seinen Schätzen (Pluton Plutos) entspricht. Aber das ist ganz vergessen, die Geschichte kann im Dodekathlos neben der Höllenfahrt des Herakles stehen, und Hesiod hat den Geryones in die Genealogie der Ungeheuer aufgenommen, die nichts Göttliches an sich haben, sondern von den Helden umgebracht werden, aber doch als *κρείττονα* von Göttern stammen müssen und in der Phantasie sehr lebendig sind. Es ist vielleicht von keinem dieser Wesen zu erhärten, daß es sie in der urhellenischen Zeit gab, aber Ähnliches kann nicht gefehlt haben, vermutlich in noch viel ärgerer Ungestalt. Die drei Leiber des Geryones, die seine Furchtbarkeit steigern, haben in den zusammengewachsenen Molioniden ihre Analogie, und gerade diese göttlichen Zwillinge muß der ionische Rhapsode des *Ψ* 642 ihrer wunderbaren Natur entkleiden, weil das Epos nur noch Menschengestalt gelten läßt; schließlich bringt sie Herakles um. Die Hundertarme führt Hesiod noch ein, aber sorgt dafür, daß sie unter die Erde gebannt werden. Eine große Überraschung war, daß bei Pindar im Paean VIII die mit Paris schwanger gehende Hekabe nicht eine Fackel, sondern *πυρφόρον ἐριβρεμέταν Ἑκατόγχειρα* im Traume gebiert. Diese Wesen kommen sonst nicht vor, und es ist müßig, etwas zu vermuten[1]. Von den *ἐγχειρογάστορες* oder *γαστρόχειρες* als etwas Ähnlichem wird man nach dem aufklärenden Aufsatze von Knaack, Herm. 37, nicht mehr reden. Es ist ein merkwürdiges altionisches Wort für Leute, die ihren Bauch mit den Händen nähren, Handwerker, zuerst bei Hekataios Fr. 367 und in der kyzikenischen Chronik des Deilochos, Schol. Apollonios I 989, belegt[2]. Die Kyklopen, welche dem Zeus seine Donner-

[1] Tzuntas *Ἐφημ. ἀρχ.* 98, 199 berichtet Interessantes über die Polypen und vermutet, wie andere vor ihm, daß die Hekatoncheiren sozusagen riesenhafte Polypen wären. Es ist wohl nicht notwendig nach einer besonderen Veranlassung zu suchen. Wenn noch die älteste Kunst Götterbildern vier Arme, mehrere Augen und Ohren geben konnte, um ihre übermenschliche Kraft zu bezeichnen, so konnte ältere Zeit einem Ungetüm hundert Arme geben; von seiner Gestalt machte sie sich keine Vorstellung.

[2] Athenäus 4d *τὸν βίον εὐσταθεῖς οὐκ ἐγχειρογάστορες* ist eine Redeblume des Athenaeus, die sich der Epitomator ausnotiert, nicht etwa

keile schmieden, heißen als Erbauer der kyklopischen Mauern ἐγχειρογάστορες, offenbar aus altionischer Mythographie (Schol. Eurip. Or. 965). Es ist nicht durchsichtig, weshalb kunstfertige Schmiede einäugig sind; κύκλωπες an sich bedeutet das auch nicht, ist aber immer so verstanden. Diese Riesen hätten die Schutzpatrone der Handwerker, zumal Kunsthandwerker, werden sollen, aber das hat der fremde Hephaistos statt ihrer übernommen, den die Ionier unter die Olympier erhoben. Bösartig sind diese Kyklopen nicht, kommen sogar in Genealogien vor und erfahren daher vereinzelt Kult[1]. Aber das ionische Epos konnte selbst diese Riesen nicht ertragen und verwies sie an eine ferne Küste, wo sie wilde Menschenfresser wurden. Mit den Giganten ging es ebenso, die Hesiod nur als gerüstete Uranoskinder kennt, gerüstet offenbar, weil ihm ihr Kampf gegen die Götter bekannt ist[2], der eine große Rolle in Kunst und Poesie spielen sollte und, wenn er auch nur noch als Mythos aufgefaßt ward, eine tiefe Bedeutung erhielt. Später ist Gigas soviel als erdgeborener Riese; von denen wird an vielen Orten erzählt, bei einigen wie bei Tityos, Alkyoneus, auch bei dem Libyer Antaios, kommt auf das Riesenhafte etwas an[3]; im ganzen erzählen die Griechen auffallend wenig von Riesen, zumal in Verbindung mit Menschen. Die Odyssee hat auch die Giganten als ein böses Volk aus der bekannten Welt verwiesen und ebenso die γηγενεῖς von Kyzikos, weil das mittlerweile besiedelt war, als Laistrygonen.

Mit den Zwergen steht es nicht anders. Auch sie verschwinden früh aus dem Volksglauben. Die Ilias kennt die Πυγμαῖοι, „Fäust-

von Klearchos oder gar Kleanthes, die in dem vorhergehenden Exzerpt stehen.

[1] Z.B. Kyklops in einer attischen Genealogie, Sohn des Zeuxippos, also des Unterweltgottes, Großvater des Myrmex usw. Photios, Μύρμηκος ἀτρ. Die Ameise als Enkel des Riesen befremdet. Dieser Myrmex war auch Vater der Melite, Harpokration Μελ. Kult der Kyklopen am Isthmos neben dem Palaimonion, Pausanias II 2, 1.

[2] Ich halte ihn für das echte Vorbild, das Hesiod durch den Titanenkampf ersetzt hat, Sitz.-Ber. 1929, 35.

[3] Pindar Isthm. 4, 49; dem Riesen gegenüber wird die mäßige Größe des Herakles hervorgehoben. Antaios, redender Name, erhält zunächst nur Poseidon zum Vater, wie so viele Frevler; wenn später Ge seine Mutter ist, dürfen wir nicht mehr an ihre alte Verbindung mit Poseidon denken. Sie ist die Mutter des Giganten, bei dem nicht nach dem Vater gefragt wird.

linge", und verweist, wenn nicht auf ein Epos *Γερανομαχία*, so doch auf seinen Inhalt, und dieser Stoff blieb beliebt, aber es mischte sich Ägyptisches ein; der riesige Phallos wird schwerlich immer zum Pygmäen gehört haben. Auch die Pataiken darf man nicht vergessen. Aber ein fernes Volk sind die Pygmäen immer nur gewesen. Das lebendige Griechisch hat kein Wort für Zwerg; *nanus* ist nur im Lateinischen lebendig und doch Eigenname in ältester Zeit auf Thera IG. XII 3, 583. Wie das zusammenhängt, ist mir rätselhaft. Ob nicht Nanno bei Alkman dazu gehört und dann auch die des Mimnermos? Schwierig und unklar sind und bleiben die Däumlinge, *δάκτυλοι*; Strabon 473 gibt die verlegenen antiken Kombinationen, und Kaibels posthumer Aufsatz, Gött. Nachr. 1901, 488 zeigt, wie sich die Forschung in das Bodenlose verläuft, wenn sie von einem Einzelnen Schritt vor Schritt in das Unendliche gerät; die treffende Erklärung eines Verses (Apollon. Rh. I 1131) führt zum Phallos, und der scheint so etwas wie ein Urgott zu werden. Die Daktylen bei der Dindymene von Kyzikos sind nicht hellenisch, Konisalos[1] und Orthannes, die dabei als Daktylen gar nicht bezeugt sind, auch nicht. Die Phoronis, die das Älteste und Ausführlichste über die Daktylen liefert, nennt sie Phryger; da sind sie die kunstfertigen Zwerge des deutschen Glaubens, und man mag die Gehilfen des Hephaistos wie den Kedalion[2] heranziehen. Idäische Daktylen heißen sie immer, obgleich sie es in Kyzikos nicht sein konnten, am troischen Ida nicht auftreten und nach dem kretischen nur wegen des Namens gezogen werden, um sie mit den Korybanten zu verbinden. Da werden sie wohl in der *ἴδη*, im Walde, zuerst gehaust haben; ob in Hellas, ist damit nicht gesagt, die Möglichkeit aber auch nicht abzuweisen. Herakles als einer der Däumlinge, von dem ein paarmal geredet wird, auch in Olympia, kann nur Umdeutung sein, aber über sie gestatten die inhaltlosen Angaben nicht einmal eine Vermutung. Das Kind in Olympia neben der Mutter, die nur die Erde sein

[1] Konisalos ist den Athenern als *δαίμων πριαπώδης* bekannt. Hesych kennt ihn als Namen eines ithyphallischen Satyrtanzes. In der theräischen Felsinschrift IG. XII 3, 540 *Κρίμων πράτιστος κονιάλωι Σιμίαν ἴανε τὸ[ν τοῦ δεῖνος*, oder gab es *ἰάνετο* medial?] ist es auch der Tanz, nicht das *αἰδοῖον*. Die Ergänzung der koischen Inschrift 39, auf der von einem Ortsnamen *Κο-* und *-σαλον* erhalten ist, hat Paton selbst nur als eine Möglichkeit gegeben.

[2] Gött. Nachr. 1895, 243.

konnte, ist dort älter als Hera und Zeus, aber war das ein Daktylos, war es hellenisch? Hüten werden wir uns jedenfalls, den Hermes von der Kyllene, wie ihn der Hymnus schildert, zugleich zum Phallos und zum Daktylos zu machen. Es ist wohl denkbar, daß man den Phallos, als er wie alle Gottheiten eine Menschengestalt erhielt, zu einem Zwerge machte, der einen übermenschlichen Phallos behielt; die Baubo von Priene ist ein Analogon. Die Daktylen haben unseres Wissens keine bildliche Darstellung gefunden. Wohl möglich, daß Götter und Heroen in Kindergestalt, wie sie Nilsson, Feste 213, zusammenstellt, ursprünglich Zwerge waren; aber das ist nicht mehr aufzuhellen.

Zwerge und Kunstschmiede sind die Telchinen auch, und wenn sie auch das letztere nachweislich nur in Rhodos sind, wo Hephaistos und die Daktylen fehlen, so mag es doch in ihrer Natur gelegen haben, als sie noch in Hellas waren, denn daß sie daher stammen, zeigt ihr Vorkommen in Böotien, Keos und Sikyon, der Beiname *Τελχινία* einer Athena in Teumessos, ein Fest *Τελχίνια* in Delphi (Labyadeninschrift). Und heimtückische Nörgler mit bösem Blicke und bösen Künsten, wie sie nun durch Kallimachos berühmt bleiben werden, waren sie auch nicht nur auf Rhodos, wie es Pindar andeutet, sondern Stesichoros konnte sie den Keren gleichsetzen. Herkunft aus der ersten Schicht der Einwanderer ist offenbar; daher sind sie in Hellas früh verschollen; in Rhodos hat sich Fremdartiges eingemischt[1].

So dürfen wir wohl schließen, daß Riesen und Zwerge in der Phantasie der Urhellenen sehr viel lebendiger gelebt haben als in der historischen Zeit, die den Zwerg überhaupt nicht mehr zu benennen weiß. Man wird sich auch von manchen anderen göttlichen oder doch über- oder untermenschlichen Wesen erzählt haben und von Ungeheuern aller Art. Aber die geistige Richtung, die zu der vollen Vermenschlichung der göttlichen Erscheinung bei Homer führt, war doch schon vorher vorhanden; in Tier-

[1] Nach meiner Behandlung, Gött. Nachr. 1895, und Blinkenberg, Herm. 50, ist nichts mehr zu sagen. Von *θέλγειν* hat den Namen schon der abgeleitet, welcher *Τελχίν* und *Θελξίων* in der sikyonischen Königsliste in Geschlechtsverbindung setzte. Das ist sprachlich bedenklich, aber weniger als die, wie Blinkenberg zeigt, nicht nur lautlich anstößige Zusammenstellung mit *χαλκός*, an die ich dachte; aber auch Blinkenbergs hypothetische Form *Τϝελχ-* ist undenkbar, denn da konnte *ϝ* Konsonant sein und konnte auch nicht spurlos verschwinden.

gestalt zeigen sich die Götter, aber nur in solcher, welche den Gläubigen vertraut ist, und die Versuche, göttliche Macht durch Verdopplung von Armen und Ohren bei einem Apollon in Amyklai, ein drittes Auge bei einem Zeusbilde in Argos[1] anzudeuten, sind vereinzelt geblieben. Die halbtierischen Bildungen der männlichen Waldgötter sind vielleicht auch erst entstanden, als man versuchte, die göttlichen *ϑῆρες* darzustellen, weil man sie in voller Tiergestalt als solche nicht erkennen konnte.

Nun sind wir so weit, die verwirrende Masse von Gestalten hinter uns zu lassen und das herauszuheben, was von ihnen als urhellenisch in Anspruch genommen werden darf. Sehr primitiv ist das meiste und gibt noch die ersten religiösen Erfahrungen und Stimmungen wieder, hat aber doch ein bestimmtes Gepräge; es ist nicht der Glaube, den durch petitio principii alle Menschen zuerst aus sich erzeugt haben sollen, es ist auch nicht der indogermanische Glaube, obwohl ein solcher zugrunde liegen muß und sich auch in manchem verrät: es ist bereits hellenischer Glaube, gleich charakteristisch in dem, was er hat und was er nicht hat.

Die Götter, die der Stamm und das einzelne Haus verehrt, damit sie ihm Schutz und Hilfe leisten oder damit die, welche er fürchtet, ihn verschonen, leben dicht bei den Menschen auf der Erde und treten ihnen persönlich nahe, sichtbar in manchen Gestalten oder durch die Folgen ihrer Anwesenheit kenntlich. Es sind die elementaren Mächte, auf die das Leben des Dorfes angewiesen ist, in Bach und Quelle, in Acker und Wiese und Baum: da wohnen sie, und auch der Wettergott wohnt auf dem Berge, um dessen Gipfel man ihn seine Wolken sammeln sieht. Aber nicht nur im Elemente sind Götter. Den Frieden von Haus und Hof schützt die Göttin, die in dem Herde wohnt; den Frieden des Stammes schützt sie in dem Herde des Königs- oder Gemeindehauses. In dem Steinpfeiler vor dem Tore wohnt der Gott, der das andrängende Böse abwehrt; er geleitet auch seinen Schützling durch das unheimliche Draußen, wo auf den Wegen eine finstere Göttin umgeht. Der wilde Wald enthält außer den Raub-

[1] Zwei Köpfe oder Augen am ganzen Körper an dem *πανόπτης* Argos sind Versuche der Malerei, sein Epitheton auszudrücken. Die Poesie konnte dann der Malerei folgen. In der Kaiserzeit wird bezeichnenderweise der Apollon *τετράχειρ* wieder populär, IG. V 1, 259. 683.

tieren, in denen nichts Göttliches steckt, und dem Wilde, das der Mensch gern jagt, manch halbtierisches Göttliche; man ist sich nicht sicher, wenn ein Reh oder ein wilder Ziegenbock oder gar ein Roß, ein Stier sich zeigt, ob nicht eines der Waldwesen darin stecke oder ein Wesen aus der Unterwelt oder gar die jungfräuliche Herrin des Waldes. In ihr hat jenes Gefühl andächtiger Scheu und wohligen Aufatmens Gestalt gewonnen, das der Zauber eines stillen Waldfriedens erweckt. Sie ist die „Jungfrau", die „Schöne", aber auch die „Wilde"; denn bei Nacht flirren wohl Lichter fern durch die Büsche: dann stürmt sie mit brennender Fackel durch ihr Revier. Am liebsten nennt sie jedes Dorf nach dem nächsten ihrer Lieblingsplätze, den man kennt. Daß es überall dieselbe Göttin ist, wird man sich sagen – sobald dieser Gedanke aufgeworfen wird. Neben ihr und unter ihr steht die zahllose Menge der Gottheiten, die das elementare Leben nähren: immer als liebliche Mädchen gedacht, auch wohl gesehen, wenn sie im abendlichen Nebel tanzen. Auch hier wechseln die Namen, sei es der Gattung, sei es der einzelnen, aber die Auffassung der Natur ist dieselbe, und in ihr liegt das besondere religiöse Gefühl. Die jungfräuliche Herdgöttin und der Pfeilergott, der den Waldmädchen aufspielt und ihren Reigen führt, stimmen gut dazu. Der Wettergott greift von seinem Bergsitze gewaltig in das Erdenleben ein, mächtiger als die anderen Götter; unwiderstehlich ist sein Blitz, und wenn er auch zunächst, je nach der Lage des Dorfes, auf vielen Höhen wohnend gedacht wird, zieht doch das Wetter, das er schickt, über das ganze Land; da drängt es sich auf, daß überall derselbe Gott ist, und so rückt er auf den höchsten Berg, den man kennt.

Noch deutlicher ist es, daß die Erde, auf der Götter und Menschen wandeln, überall dieselbe ist, und aus der Erde kommt alles vegetative Leben, kommen die Quellen, sprießt was Menschen und Tiere nährt; da müssen auch Menschen und Götter aus ihr stammen. In der Erde, die mit ihrem Namen genannt wird, eine universale Gottheit anzuerkennen und zu verehren, ist das Bedeutsamste der althellenischen Religion. Schon in dem Geschlechte ihres Namens liegt es, daß sie als Mutter gedacht wird; das ist also ererbt. Sie erscheint aber in zwei Gestalten, die immer mehr zu verschiedenen Göttinnen werden, obwohl ihr Name nur dialektisch verschieden ist und die Erdmutter in Demeter immer verstanden wird, wie das nicht anders sein konnte, da ihr das Gedeihen der Feldfrüchte anheimgestellt blieb, die aus dem Mutterschoße der Erde sprießen, und ebenso in dem Kultus, den ihr die Frauen als einen ganz besonderen darbringen, das Gedeihen der Menschenfrucht. Während die Ge Allmutter bleibt und bei ihr an einen zeugenden Gatten gar nicht gedacht wird (was erst kosmogonische Spekulation nachholt), hat die Da ihren „Gatten der Da", der aber zunächst in diesem Namen ausspricht, daß sie die Hauptperson ist, denn sie bringt alles ans Licht, er wohnt bei ihr in der Tiefe. Aber er hat in dem Stadium der Entwicklung, das wir allein kennen, schon eine große und auch eine universale Stellung erhalten. Es ist anerkannt, daß er Vater oder Erzeuger oder wie man sich ausdrückt, ist, und so genießt er die weiteste Verehrung. Er ist eine kosmische Macht, denn er hält die Erde sicher und erschüttert sie doch auch. Auch ihm steht der Blitz zur Verfügung. Er wohnt drunten in der Erdtiefe, darum ist er unheimlich und erscheint auf Erden in Roßgestalt wie die Waldgeister und die Winde und manche ebenso unbändige Gewalten. Indem er stärker hervortrat, hat sich die Vorstellung von dem Walten der Götter erweitert. Er wird zum Urahn der Menschen, nicht so wie es die Ge war, die Allmutter, sondern er zeugt Menschengeschlechter mit Menschentöchtern, darunter wilde Riesen, aber auch Ahnherren königlicher Geschlechter, und er zeugt auch mit Demeter göttliche Kinder. Es klingt zu abstrakt, wird aber doch am besten verdeutlichen, wenn man in der Erinys, die man erst später geradezu Demeter nannte, in der Grollenden also, die Natur sieht, die (was das Gedicht von den Tagen sagt, die böse und gut sind) *ἄλλοτε μητρυιὴ πέλει, ἄλλοτε μήτηρ*, und die hier stiefmütterlich ist, aber in Roßgestalt von dem roßgestaltigen Poseidon neben einem verderbenbringenden Rosse eine Tochter empfängt, die dann die segnende Natur wird; „Herrin" oder „Retterin" heißen sie die Arkader. Diese schon zu einer Geschichte ausgestaltete, aber noch ganz religiöse Auffassung der allgemein geglaubten göttlichen Personen mag auf einer Sonderentwicklung beruhen, wie sie denn lokal geblieben und bald verschollen ist. Erhalten hat sich in ihr doch etwas ganz Altes. Daneben steht die anders gewandte Unterscheidung von Mutter und Tochter im Demeterkult der Frauen. Neben der einen Erinys stehen in anderen Gegenden eine Mehrzahl von „Grollenden"; die aber grollen nur, wenn die Menschen sich gegen ihre Nächsten der schwersten Pietätsverletzungen schuldig machen, als Eumeniden aber segnen sie, und neben Ge, oft ihr gleichgesetzt, steht eine Themis, die, so wie wir sie allein kennen, das Recht bedeutet, also in der Erdmutter bereits Hüterin der Sitte und einer als Naturgebot angesehenen Pietät geworden ist. Neben sehr primitiven Anschauungen hat die Religion doch schon die ersten Schritte dazu getan, die Pflichten, welche die Gesellschaft ihren Mitgliedern auferlegt, zu heiligen, zu Forderungen der Götter zu machen. Eine folgenreiche Sonderentwicklung hat die Heiligung der Ehe in der Argolis erfahren. Zugrunde wird ein Frauendienst wie der der Demeter liegen, aber nun wird nicht nur die Herrin Hera als mächtige Landesherrin verehrt, sondern man feiert ihre Hochzeit mit dem Wettergotte Zeus auf seinem Berge, also die vorbildliche himmlische Ehe.

Naturmächte, die wie Sonne und Mond zwar große, in ihrer elementaren Erscheinung immer gegenwärtige Götter waren, aber als Personen mit der Menschenwelt in keine Verbindung traten, müssen hinzugerechnet werden, wenn wir die Phantasie und die Denkart der ältesten Hellenen erfassen wollen, aber für die Religion sind sie unwesentlich. Dagegen wird es folgenreich, daß die Weiblichkeit ihre besonderen Götter kennt und auch für den ganzen Stamm verehrt, also nicht ausschließlich als Beschützer des weiblichen Geschlechtslebens. Andererseits hat der Kriegerstand seine jungfräuliche Helferin und hofft in der Not auf die göttlichen Zwillinge. Auch einzelne Stände haben ihre besonderen Götter, wie die Dichter die Muse. Denn jeder Gott hat ja die Fähigkeit, sobald er als eine wirkliche Person erfaßt ist, sein Wirkungsgebiet auszudehnen, also auch im Kultus den Kreis seiner Verehrer. Erst dann, wenn eine göttliche Person eine so feste Gestalt gewonnen hat, daß kein einzelnes *κρεῖττον* ihr Wesen erschöpft, ist sie ein Gott, der mit persönlichem Wollen in Haß und Liebe handelt und leidet; erst dann kann man Geschichten von ihm erzählen: menschlich muß er werden, damit er dem Menschenherzen wirklich nahekommt. Hestia und Ge und Themis haben das nicht erreicht, auch die Herrinnen des Draußen nur in ihrem engen Kreise, wohl aber Demeter, Hermes, Poseidon, Hera. Von Zeus wird das auch gelten, obgleich ich es nicht zu belegen wüßte. Nachdrücklich muß betont werden, daß nicht nur jeder Gedanke an einen Monotheismus der Urzeit ausgeschlossen ist, sondern daß auch neben den konkreten Göttern so etwas wie ein gestaltloses höchstes Wesen überhaupt dem hellenischen Empfinden und Denken fremd ist. Wenn das Wirkende in jedem Falle Gott, leibhaftiger Gott ist, so stehen zahllose Götter unabhängig nebeneinander. Sie im Denken zusammenzunehmen, neben- und unterzuordnen, wird zu einer Gesellschaft der Götter führen, der menschlichen analog, dann wird sie auch eine Spitze haben, einen Vater und Herren der Götter und Menschen. Aber erst in Asien ist dieser Fortschritt getan, und erst neue Erfahrungen haben dazu geführt.

Die Götter, welche Persönlichkeit gewonnen haben, führen Namen, mit denen man sie anruft, nur zum Teil zugleich Bezeichnungen des Elementes wie *Γῆ Δᾶ (Δώ) Ἑστία*, Gattungsnamen wie *νύμφαι παρθένοι*, oder es birgt sich dieselbe Gottheit unter Rufnamen nach dem Orte, wo sie wohnt, *Ἰτωνία, Φεραία,* oder Schmeichelnamen, *καλή σώτειρα μεγάλη*. *Ἑρμείας* heißt nach dem Pfeiler, der ihn vertritt. *Ποσειδάων* wird vielleicht nicht mehr verstanden, *Ζεύς Ζάν* auch nicht, ein aus der früheren Heimat mitgebrachter Name. Alles ist griechisch; es kann aber sein, daß es Namen gegeben hat, die für uns durch die Fremdnamen verdrängt sind, welche in dem späteren Hellas übernommen wurden. Kein Zweifel, daß man sich Geschichten, Mythen von den Göttern erzählte, aber sie sind uns unfaßbar; Genealogien der Götter, Ehen der Götter hat es kaum gegeben, außer den wenigen Ansätzen dazu, die uns begegnet sind.

Schädigende Mächte gibt es genug, die mit allerhand magischen Mitteln abgewehrt werden, aber sie werden nicht zu Personen, denen man Verehrung darbrächte, vielmehr sollen die Götter dazu helfen; höchstens die Enodia mag man so ansehen. Aber die Götter selbst sind unberechenbar in ihrem Haß und ihrer Liebe, und beides bekommen die Menschen zu fühlen.

Die Götter, die persönlich in die Menschenwelt eingreifen, was nur die tun, welche auf der Erde oder in ihr wohnen, verlangen von dem Menschen Verehrung, oder besser, er muß sie verehren, weil er ihres Beistandes bedarf und sie günstig stimmen muß, damit sie ihm nicht feind werden und schaden. Daher die Pflicht der *θεραπεία θεῶν*. Zu ihr gehören auch andere Ehrenbezeugungen, aber vor allem die Opfer, von denen die Schlachtopfer nur der am meisten in die Augen fallende Teil sind, denn dargebracht wird auch andere Speise, auch Getränk, Milch, Wein, auch Honig, dann Cerealien[1] (*πανσπερμία*), allerhand Schmuck und was sonst für den

[1] Gerste findet überwiegend Verwendung, *ὀλαί, οὐλοχύται*, worauf Plutarch Aet. Gr. 6 aufmerksam macht, wie der *πελανός* ein Erbe der ältesten Zeit.

Gott hingelegt wird, ἀνατίθεται. Es gilt durchaus der Spruch δῶρα θεοὺς πείθει, δῶρ' αἰδοίους βασιλῆας; das Epitheton zeigt, daß keine Herabsetzung in ihm liegt. Das Schlachtopfer ist so überwiegend wichtig geworden, daß man bei θύειν zunächst daran denkt. Theophrast hat das Opfern im Auge, wenn er als Gründe für die Verehrung der Götter angibt, daß wir die Abwehr der Übel, die Erlangung der Güter zu erreichen suchen, sei es, daß wir schon etwas Gutes erfahren haben, sei es, daß uns zu etwas verholfen werden soll, sei es weil wir die den Göttern innewohnende Güte besonders ehren wollen[1]. Er sieht in der Verehrung der Götter nichts anderes, als was wir auch den ἄνδρες ἀγαθοί gegenüber tun. Das ist sehr rationalistisch, aber eben darum für die Denkart schon so früher Zeit bezeichnend. Es enthält aber auch zu viel. Denn die bloße Verehrung wegen der ἀρετή eines Gottes geht die herkömmlichen Feste und Opfer an, bei denen keine besondere Veranlassung mehr wirksam ist; die homerischen Hymnen können die Stimmung der Teilnehmer an solchen Feiern verdeutlichen; sakrale Formeln werden dem entsprochen haben. Auch Dankfeste der ganzen Gemeinde sind mindestens sehr selten, fehlen im jährlichen Festkalender, sind also Ausnahmen. Die einzelnen haben freilich sehr vielfach χαριστήρια dargebracht, haben auch oft den Göttern Gelöbnisse für den Fall ihrer Hilfe getan, die sie mit der Bezeichnung ihrer εὐχαί erfüllen. Aber so etwas gibt es nicht wie in Rom, wo der Feldherr dem Gotte vota ausspricht und nachher einen Tempel baut[2]. Es bleibt also nur das übrig, was an der Spitze

[1] Porphyr. abst. II 24. Er hat vorher als die drei Motive aufgezählt τιμή, das entspricht dem letzten Gliede des übersetzten Satzes; χάρις und χρεία τῶν ἀγαθῶν; diesen entsprechen die beiden ersten der drei durch ἤ ἤ (sei es) zusammengefaßten Glieder; was vor ihnen steht gibt im allgemeinen an, was unsere τιμή immer erreichen will, auch durch ein Dankopfer, und die Huldigung vor den Göttern wegen ihrer ἀγαθὴ ἕξις. So bezeichnet der Peripatetiker ihre ἀρετή. Der Text ist in Ordnung, sobald man ἤ S. 152, 22 Nauck streicht, wodurch die drei Motive der allgemeinen Absicht untergeordnet werden und die geforderte Übereinstimmung mit der vorher angegebenen Dreizahl erreicht wird. Schwere Eingriffe sind damit abgewiesen. Zuletzt muß Theophrast ἐκτίμησιν setzen, weil er das τιμᾶν hier in den drei Arten gefunden hat, nicht bloß in der letzten.

[2] Weihgeschenke wie die delphische Schlangensäule oder die Nike der Messenier sind gleicher Art mit den privaten χαριστήρια. Einführung des Pankultes, Stiftung von Altären für Boreas, der Kult von Ζεὺς σωτήρ

dieser Darlegung steht, wenn wir das suchen, was den ganzen Kultus hervorgerufen hat. Das hatte dafür eine ganz andere Bedeutung, als die Menschen ihren Göttern noch nahe waren, geradezu mit ihnen lebten. Ehe das Spenden von jedem Trunke eine symbolische Handlung war, die sogar einem Menschen gewidmet werden konnte[1], bekam der Gott die gute Gabe, ward auch vorgeschrieben, was ihm genehm war, Milch oder Honig usw., bekam den Brei, *πελανός*, der aus der Urzeit beibehalten blieb, nachdem das Backen erfunden war, die Kuchen, die er gern hatte; über sie ließe sich eine neue pemmatologia sacra schreiben. Die Kuchen und der Brei verlangten einen Tisch, auf den sie gelegt werden. Die Opfergüsse dringen von selbst in die Erde, wo so viele und gerade die Götter wohnen[2], die nur *ἁγνὰ θύματα* empfangen. Die älteste Zeit hatte überwiegend von Fleisch gelebt, das führte ganz von selbst zum Schlachtopfer. Dies aber beweist am besten, daß die Tischgemeinschaft des Gottes mit den opfernden Menschen die entscheidende Grundvorstellung war, die freilich schon in frühester Zeit dazu führte, daß die Menschen das eßbare Fleisch für sich behielten, woran die Prometheussage Anstoß nimmt. Die Tischgemeinschaft ist auch nicht mehr festgehalten, als die Götter in die Ferne, seit Homer in den Himmel rücken, aber *Θεοδαίσια* und *Θεοξένια* haben doch noch lange das bedeutet, was in den Namen liegt. Wenn man einmal begriffen hat, was das Opfern gewesen ist, die Absicht des Opfernden immer geblieben ist, so wird man sich nicht durch moderne Deutungen beirren lassen, die auf Unkenntnis der Griechen beruhen. Sonst könnte

und *ἐλευθέριος* zeigen noch eine andere Einstellung. Die Anerkennung der Tempestates als Götter ist eine Analogie, aber sie geschah auf Grund eines Gelübdes. Die Feier von *εὐαγγέλια* läuft auf den Genuß des Opferfleisches hinaus, anders als die entsprechenden supplicationes Roms, Aristophanes Ritter 656, Plutarch praec. reip. 799f (über Stratokles). So etwas ist Ausartung.

[1] So etwas ist beim Symposion gewöhnlich, Voraussetzung für die letzte Spende des Theramenes für Kritias, schließlich dasselbe wie unser Zutrinken und die Toaste. Die *ἀγαθοὶ ἄνδρες* erhalten symbolisch, was die Götter einmal durchaus nicht symbolisch erhalten hatten. In England gilt noch das erste Glas dem Könige, wie wir es auch gehalten hatten; darin lag noch etwas Religiöses. In Athen fehlte der Trunk *Διὸς σωτῆρος* nicht.

[2] Anrufung der Erde und der Toten wird mit Schlägen auf den Boden begleitet.

nicht behauptet werden, wer von dem Tiere äße, wollte, daß dessen Kraft in ihn überginge, oder gar, die Mänade fräße in dem Rehkalbe, das sie zerreißt, den Dionysos[1]. Ich weiß wohl, daß die ältesten Christen ihr Herrenmahl mit den griechischen Opfern verglichen[2], aber die Transsubstantiation oder in welcher Weise göttliche Kraft in die Gläubigen dringt, ist mit dem ursprünglichen Sinne des griechischen Opfers unvergleichbar. Über andere Völker habe ich kein Urteil; die Griechen kenne ich. Fälle, in denen der Gott das Opfer ganz erhalten soll, ohne daß der Mensch etwas davon bekommt, fehlen nicht; das war angezeigt, wenn *ἀπαρχαί* den Gebern dargebracht wurden; Verbrennen *ὁλοκαυτοῦν*, wofür auch bezeichnenderweise *ὁλοκαρποῦν* gesagt wird, war dann das Gewöhnliche, Versenken in das Meer trat hinzu[3].

Auf seinem Hofe ist der Hausherr selbst der Priester. In dem Herde ist die Göttin des Hauses gegenwärtig, zugleich die Flamme, die verzehrt, was so den Göttern zukommt. Auch anderen Göttern kann hier geopfert werden. Das Gesinde nimmt am häuslichen Gottesdienste teil, auch das unfreie[4]. Die ländlichen Dionysien des Dikaiopolis geben von einer häuslichen Feier ein gutes Bild, in dem sogar die Prozession nicht fehlt; geopfert wird nur Brei[5]. Die Schilderung der alten *πομπή* bei Plutarch, *φιλοπλουτ.* 527d, stimmt gut dazu. In entsprechender Weise wird der König oder wer sonst den Stamm vertritt die „väterlichen" Opfer vollziehen.

[1] Moderner Unsinn geht so weit zu behaupten, Tydeus bisse in den Kopf seines erschlagenen Feindes, um dessen Kraft in sich zu saugen, wodurch er sich gerade die Unsterblichkeit verscherzte. Dann hat Hera auch eine Ergänzung ihrer Kraft nötig gehabt, der Zeus vorhält, sie wolle am liebsten den Priamos und sein Volk roh essen (*Δ* 35), und Hekabe, die dem Achilleus die Leber herausfressen will (*Ω* 212).

[2] Lietzmann, Messe und Herrenmahl 180.

[3] Eid- und Sühneopfer gehört in anderen Zusammenhang.

[4] Als eine besondere Vergünstigung hebt es Klytaimestra hervor, Agam. 1036. Auch an den eleusinischen Weihen können hellenische oder hellenisierte Sklaven teilnehmen. Von den Gottesdiensten des Volkes sind natürlich Sklaven und Fremde ausgeschlossen; als Bedienstete der Teilnehmer mochten sie mitkommen, z.B. das Opfertier eines Privaten hintreiben. Einzelne Kulte haben ihre besonderen Gesetze wie in allen Dingen.

[5] Das Schlachten wird übergangen, daher kein Opfertier in der Prozession mitgeführt. Das Opfer im Frieden läßt auch viel von dem Ritual erkennen.

Zu den anderen Göttern muß man in ihr Heiligtum gehen, das mit τέμενος nur so bezeichnet ist, daß es als ἱερόν aus dem Gemeindelande herausgeschnitten ist, meist ist es ein ἄλσος; so sagt man noch später oft, als die Bäume den Kultbauten und Weihgeschenken Platz gemacht haben, wie in der Altis Olympias und dem heiligen Bezirke von Delphi, in dem einst Lorbeerbüsche standen. Wir finden aber auch auf Felsen Götternamen im Genetiv, auch wohl Nominativ, offenbar kann der Gott dort verehrt werden[1]. Vollzogen ward nun das Opfer durch den Priester, der allein das Ritual, also die Wünsche der Gottheit kannte. ἱερεύς neben ἱερεύειν und ἱερεῖον beweist, daß das „Heiligen" im Schlachten des Opfertieres wesentlich bestand. Wenn die Odyssee jedes Schlachten so bezeichnet, so wird vorausgesetzt, daß es immer mit einer gewissen Weihe verbunden sein sollte, immer als eine Art Opfer. Ein Feuerplatz, ἐσχάρα, kann genügen, auf dem sich die Asche anhäufen wird, ein Stein, auf den die den Göttern zugeteilten Stücke gelegt werden, wird mit der Zeit zu einem Altare, schließlich zu einem hohen Bau, oben der Feuerplatz, zu dem der Priester hinaufsteigt. Dieser erhält für seine Mühewaltung bestimmte Stücke des Opferbratens, den Rest müssen die Opfernden noch häufig sofort im Heiligtume verzehren, eine Erinnerung an die alte Tischgemeinschaft mit dem Gotte; später nehmen sie das Fleisch nach Hause. Für den Gott ist ein Sitzplatz bereitet, oder es ist ein Baum oder Stein oder Pfahl vorhanden, in dem er anwesend gedacht ist. Daraus wird später das Götterbild. Zum Opfer sind natürlich nur Tiere verwendbar, die von den Menschen gegessen werden[2]. Dazu gehören Fische nicht[3], die in der Ilias auch von den Menschen verschmäht werden, wie es die Syrer mancher Gegenden bis heute halten. Später sind sie

[1] Besonders zahlreich auf dem Burgberge von Thera, am Kynthos Felsen der Leto und Athena ἐργάνη, in Athen am Nymphenhügel.

[2] Theophrast (Porphyr. abst. II 25) bespricht es eingehend. Auch Hirsche rechnet er mit, und es ist natürlich, daß der Jäger von seiner Beute etwas opfert. Die Elaphebolien müssen einst ein Hirschopfer gefordert haben; das folgt auch daraus, daß man später einen Kuchen ἔλαφος als Ersatz buk, Athen. 646e. Erinnerlich ist mir aber ein Hirschopfer nur aus Apollonios II 698, wo die Argonauten sich erst das Opfertier erjagen müssen. Andere Jagdtiere scheinen nicht geopfert zu sein, das Wildschwein gehörte wohl zu den schädlichen feindlichen Tieren, die nur ausgerottet werden sollten.

[3] Ausnahmen bei Athenäus 297d beweisen die Regel, die Plutarch Symp. qu. 729c freilich nur für die Pythagoreer gibt.

die billigste und beliebteste Zukost (ὄψον, daher jetzt ψάρι der Fisch) zum Brote: daß im Opferdienste die alte Sitte blieb, ist sehr bemerkenswert. Von Geflügel kommt der Hahn nur selten vor, vielleicht gar nicht als Speiseopfer. Taube nur als Sühnopfer im Dienste Aphrodites, also ungriechisch. Wo Hunde geopfert werden, werden sie mindestens später nicht gegessen sein[1]; das Opfer gehört zu den fremden Kulten des Enyalios und der Hekate. Das Pferd kann niemals Speiseopfer sein. Daß die Götter verschiedenen Geschmack haben, Demeter das Schwein besonders liebt, während die meisten Götter es verschmähen, auch Ziegenopfer auf wenige beschränkt ist[2], verfolge ich so wenig wie die meisten Einzelheiten. Natürlich soll das Opfertier tadellos sein, aber auch davon gibt es Ausnahmen[3]. Das Geschlecht, das schon die Sprache oft unterscheidet, entspricht oft, aber keineswegs immer dem der Gottheit; trächtige Tiere werden wohl nur mütterlichen Göttinnen dargebracht. Der Unterschied zwischen dem erwachsenen und dem jungen Tiere, τέλειον und γαλαθηνόν (dies nicht immer wirklich Säugling), reicht weit. Ein Massenopfer wie die Hekatombe wird schon im Epos nicht wörtlich genommen, muß doch aber in der rinderreichen Urzeit vorgekommen sein und hat sich wiederholt, wenn das ganze Volk gespeist werden sollte. Verbindung von verschiedenen Tieren, τριττόα, ist nicht selten, aber nur wenn sie βούαρχος ist, entspricht sie den suovetaurilia[4]. Der Arme, der kein Tier opfern konnte, brachte es in kleinen Ton- oder Bleifiguren dar; die lassen sich von den Anathemen nicht scheiden, die später behandelt werden sollen. In der historischen Zeit ist die Verwendung von Reisern und Kränzen im Gottesdienste sehr verbreitet und

[1] Die hippokratischen Schriften beweisen wenigstens, daß es vorkam. Die Schrift περὶ διαίτης II 45 (VI 546 L.) erörtert die Bekömmlichkeit von Hundefleisch, nennt daneben aber auch Fuchs und Igel und sogar Pferd. Dies mochte man bei den Skythen kennengelernt haben.

[2] Wegen der Zulassung von Ziegenopfern hieß ein Zeus αἰγοφάγος Et. M., Hera in Sparta, Pausan. III 15, 9. Diese erhielt aber Ziegen auch in Korinth, Zenobius I 27 u. a.

[3] Das gibt Kallimachos Fr. 76 von der Artemis von Amarynthos an. In demselben Gedichte wird 82b gestanden haben, das eine Aphrodite lobt, weil sie die Schweine nicht verschmähe. Choliamben sind also nicht herzustellen.

[4] IG. I 5 und 76, 37. Aristoph. Plut. 820 βουθυτεῖ ὗν καὶ τράγον καὶ κριόν. Das Verbum deutet auf eine βούαρχος, aber die ist dem Chremylos immer noch zu teuer.

bedeutet auch im Leben eine Weihung, wenn die Bekränzung[1] den Beamten bezeichnet und zum Symposion gehört, das mit Gebeten und Spenden anfängt; gewissermaßen auch, wenn *θαλλοῦ στέφανος* so etwas wie ein Orden ist, später durch einen goldenen Kranz ersetzt[2]. Aber Homer weiß nichts davon. Dennoch ist kaum glaublich, daß erst die fremden Götter ihre Kränze mitgebracht hätten, Apollon den Lorbeer, Dionysos den Efeu. Demeter hat den *νάρκισσος*, eine Blume, die einen vorgriechischen Namen hat. Die Olive geht Athenas Kult nicht an, ist ihr später geheiligt, weil sie von ihr gepflanzt war. Die Hera von Argos hat die Sternblume[3], weil sie bei ihr wächst, in Olympia kränzt wilder Ölbaum den Sieger aus demselben Grunde (Pindaros 209). Nur in Dodona hat Zeus den Eichenkranz, weil er einmal in der Eiche gewohnt hat. Die Lilien auf dem goldenen Gewande des olympischen Zeus treffen nur zufällig mit später Symbolik zusammen[4]. Daß der große Altar des Apollon von Kyrene das ganze Jahr über mit Blumen geschmückt wird, gilt für etwas Besonderes[5]. Es muß wohl die Verwendung von Laub und Blumen einmal zusammenhängend untersucht werden, auch in der bildenden Kunst[6].

Der Gott muß zum Mahle geladen werden; daß er essen soll, wird später nicht mehr geglaubt, aber kommen soll er doch. Die

[1] Bekränzung gibt den *στέφανος* ungenau wieder; es werden Reiser in das Haar gesteckt. Von einer symbolischen Bindung, die moderne Magieschwärmer in der Bekränzung sehen, kann also keine Rede sein.

[2] Den *θαλλός* erhielt Perikles nach dem Siege über Samos, Lykurgos im patmischen Lexikon Bull. Corr. Hell. I 190. Bei Valerius Maximus II 6, 5 ist daraus geworden, daß dies der erste Fall einer solchen Auszeichnung gewesen wäre.

[3] Frickenhaus Tiryns I 123.

[4] Bernays kl. Schriften II 283.

[5] Kallimachos Hymn. 2, 81.

[6] Gegenüber der Freude an Blumen, die für die Kreter charakteristisch ist, fällt es sehr ins Gewicht, daß sie bei den Griechen erst spät aufkommt und die dann beliebtesten Blumen in den Kultus nicht eindringen, Rose und Veilchen. In der Architektur wirkt der ägyptische Lotos vor, dann der Akanthos, der im Leben keine Rolle spielt, dann der dionysische Efeu; der Ölzweig tritt zurück, und urhellenisch war er auch nicht. Aber die Palme des Sieges drängt sich vor. *σέλινον* war einst sehr beliebt, Siegeszeichen an Isthmien und Nemeen, später hört man nichts von ihm, und am Isthmos ersetzt ihn die Fichte, weil sie dort wächst.

Anrufung muß den richtigen Namen und die richtigen Formen anwenden, fällt also dem Priester zu. Sie ist aber später zu einem Gedichte geworden, geradezu einer Gattung, *κλητικοὶ ὕμνοι* oder genauer *κατευχαί*[1] genannt, die ein Sänger oder ein Chor vortrug, was die Formeln des Priesters nicht ausschließt. Flötenmusik gehört zu jedem, auch dem häuslichen Opfer, dem Symposion und dem Komos. Es ist wohl nicht ursprünglich, daß in Ionien (Nanno) diese Musik vornehmlich, in Athen durchaus den gemieteten Flötenspielerinnen zufällt, Sklavinnen und Hetären. Dabei werden die alten Weisen dem Phryger Olympos zugeschrieben[2], und die Flöte heißt selbst phrygisch. Wenn der Dithyrambus Flötenbegleitung fordert, müssen nach Athen Künstler aus Böotien und Argos geholt werden; in Sparta gehört der Pfeifer zum Heere: offenbar war diese Musik gerade urhellenisch gewesen. Sie ist in Delphi berufen worden, den Drachenkampf des Gottes in der Musik darzustellen, ehe es Sängerchöre gab, und gerade diese heilige Geschichte war nicht aus Asien gekommen. Die Mitwirkung der Gemeinde findet ihre höchste Steigerung in den Chorgesängen, in denen ein berufener Dichter zugleich mit den Sängern wirkt, welche die Gemeinde vertreten; das Einzellied kann vor-

[1] *κλητικοὶ ὕμνοι* nennt der Rhetor Genethlios die meisten der alten Lyrik und unterscheidet andere, nur zum Teil für den alten Kultus wichtig: *κατευχαί* ist ein älterer Ausdruck, wirklich kultisch. Es war Titel eines Buches von Simonides (Sapph. u. Sim. 152). Daß es die Ladung des Gottes bezeichnete, folgt aus Inschriften, Syll. 589, 21 (Magnesia), 695, 42 *κατευχὴν καὶ παράκλησιν παντὸς τοῦ δήμου ποιεῖσθαι*, folgt die Aufforderung an das Volk und darin *εὔχεσθαι δέ* usw., darin der Inhalt des Gebetes. Die *κατευχή* ist also nicht etwa auf das Volk bezogen. 671 A 20 *οἱ ἱερεῖς κατευχέσθωσαν τὰ Εὐμένεια*. Dittenb. Orient. Inscr. 309, 7 *μετὰ τὸ συντελεσθῆναι τὰς κατευχὰς καὶ τὰς σπονδὰς καὶ τὰς θυσίας*. Apollonios mirab. 13 *τῶν κατευχῶν συντελεσθεισῶν* folgt das Opfer. Plutarch superst. 169d verwendet das Wort in dem allgemeinen Sinne von *κατεύχεσθαι*, so daß *κατευχαὶ θεῶν* alle Anrufungen der Götter sind. Alkiphron, IV 19 Sch., läßt Menanders Glykera *ἐν ταῖς κατευχαῖς* der Kalligeneia lustig sein; der Attizist hat die Vokabel ebenso unverständig aufgepickt wie die Kalligeneia.

[2] Ps. Plutarch mus. 7 und 29. An der ersten Stelle muß S. 493, 22 Bern. *Μαρσύου* gestrichen werden, denn der erste Olympos, der Erfinder der *νόμοι*, ist *παιδικά* des Marsyas, der zweite ist Nachkomme des ersten und führt die *κρούματα* nur bei den Hellenen ein, Kap. 5, alles aus Alexander Polyhistor.

hergegangen sein. Der rhapsodische Vortrag war ein Schmuck der Feier, aber kein Teil des eigentlichen Gottesdienstes. Zu dem gehören die rituellen Rufe der Gemeinde, nicht nur formelhafte Worte, sondern auch sinnlose oder sinnlos gewordene *ἐπιφωνήματα* wie *τήνελλα*[1] *ἰὼ παιάν εὐοῖ* usw. Diese und erst recht die Lieder sind wohl bei den Prozessionen aufgekommen, dem Zuge zu dem Heiligtum, das gerade in der alten Zeit oft recht fern lag, als man den Wettergott noch auf seinem Berge aufsuchte, um Regen zu erbitten, auch sein Beilager mit Hera oben stattfand und die arkadische Artemis an den Orten ihre Kulttänze erhielt, nach denen sie hieß. Auf solchem Zuge improvisierte wohl ein begabter Teilnehmer einen Vers auf eine bekannte Melodie und die Menge nahm den Refrain auf, wo dann Scherz und Spott hinzutrat; berufen sind die *γεφυρισμοί* bei der Prozession nach Eleusis. Derber Spott gehört im Dienste der weiblichen Göttinnen, Demeter, Damia und Auxesia, in Athen an den *Στήνια* geradezu zum Kultus, sei es, indem die Frauen ihn gegeneinander richten, sei es, daß er gegen die Männer geht, die sich auch revanchiert haben[2]. In diesen Kulten sind auch handgreifliche Kämpfe aufgeführt, *βαλλητύς*, *λιθοβολία*. Es kommt auch vor, daß Männer und Frauen die Gewänder tauschen[3]. Prozessionslieder überwogen in den Gedichten Pindars, denn außer den *προσόδια* und mindestens vielen *παρθενεῖα* gehören die Päane dazu, die nun nur dem Apollon gelten, meist dem Delier oder Pythier[4]. Aber die Ilias nennt das improvisierte Lied *παιήων*,

[1] Das Wichtigste über diesen Ruf steht Schol. Aristoph. Vög. 1764 *δοκεῖ δὲ πρῶτος Ἀρχίλοχος νικήσας ἐν Πάρωι τὸν Δήμητρος ὕμνον ἑαυτῶι τοῦτο ἐπιπεφωνηκέναι.* Denn daraus folgt, daß der Ruf im Demeterkult von Paros gegolten hat und von Archilochos in dem Gedichte angewandt war, das unter seinen Iobakchen stand. Das hat dazu geführt, daß das rituelle Siegesliedchen dem Archilochos zugeschrieben ward, das in das Mutterland gehört. Um seinetwillen wieder ist ein Sieg des Archilochos erfunden, der gar nicht denkbar ist.

[2] Der Iambus des Semonides erhält erst Sinn, wenn er eine Antwort auf die Scheltreden der Frauen am Demeterfeste ist, die wir nicht kennen, weil sie keine poetische Form gewannen. Dazu stimmt, daß die Form, in der die Weiber charakterisiert werden, dem Semonides nicht eigentümlich ist. Phokylides hat Ähnliches, nur kürzer und geschickter, weil der Spott fehlt, der Übertreibungen und Längen erzeugte.

[3] Hybristika in Argos, Skira in Athen, Buschor, Arch. Jahrb. 38, 129 (1924). Wichtig besonders Plutarch Solon 8.

[4] Es ist also zu eng, wenn die Grammatiker den Päan nur mit Apollon

mit dem die Achäer nach dem Tode Hektors heimziehen. Dabei ist gar kein Gott angeredet; ἰὼ παιῆον oder ähnlich werden sie aber doch gerufen haben[1]. Prozession ohne Lieder ist die der Panathenäen. Bei der Einholung frischen Lorbeers aus Tempe vertritt zu Plutarchs Zeit ein Knabe den Apollon; ob das ursprünglich war? Bei der entsprechenden Daphnephorie in Theben zieht der Lorbeer selbst ein, und in ihm wird einmal der Gott gekommen sein[2]. Überhaupt ist es nicht wohl denkbar, daß zu einer Zeit, welche die Götter selbst zum Mahle einlud und sie gar nicht nur in Menschengestalt dachte, ein Mensch den Gott gespielt hätte[3]; der Polos ist nicht von den Göttern auf die Priester übergegangen, sondern umgekehrt.

Die Männerchöre scheinen erst durch den Aufschwung der Dichtung zum Singen fortgeschritten zu sein; getanzt oder einen Reigen geschritten haben sie in Ionien, denn das ist zunächst die

verbinden. Die κρητικοὶ παιᾶνες werden zunächst das Maß angehen, das allerdings noch im zweiten Jahrhundert in den Päanen der Athener herrscht. Auch wie die Tragiker παιών und παιώνιος verwenden, geht es nicht Apollon allein an. Ebensowenig kann ἰὴ παιῆον auf den Gott Παιήων gehen, den die Ilias einmal als Arzt der Götter kennt.

[1] Päan 1 ist Neujahrsfest, denn der Eniautos und die Horen ziehen ein, das Ziel wird das Ismenion sein. Apollon mußte dann νουμήνιος sein wie in der Odyssee. Neujahrsfeiern können natürlich älter sein als die Fixierung des Kalenders. In Athen schließt nur ein Opfer an Zeus σωτήρ das Jahr. Ursprünglich kann aber dem Gefühle nach nur Frühlingsanfang zu einem Feste geführt haben.

[2] Die κωπώ, in der der Lorbeer einzieht, wird zwar nicht faktisch, aber doch für die heilige Handlung von einem παῖς ἀμφιθαλής getragen, der durch sein unschuldiges Alter und seine Herkunft ἁγνός ist, daher würdig, in dem Lorbeer den Gott zu tragen (Pindaros 433). Dies eine Zeremonie des Apollondienstes; ihm gehört auch die Einholung von neuem Feuer aus Delphi an, während andere Kulte, wie der der Hera von Argos, ewiges Feuer unterhielten. Das brannte auch in Kyrene (Kallimachos Hym. 2, 83); es mußte es wohl, denn woher hätten sie sich frisches Feuer holen sollen.

[3] Es ist falsche Deutung, wenn ein Priester Demeter spielen soll, weil er eine Maske aufsetzt, nach der die Göttin Κιδαρία heißt (von κίδαρις; es ist eine Art Polos gewesen). Das Götterbild kennt jeder, den Priester auch, und in ihrem Bilde ist die Göttin, nicht in seinem Träger, Pausanias VIII 15, 3. Immerhin hat sich hier in dem arkadischen Winkel eine alte Praxis erhalten, aus einer Zeit, der die Maske als Bild der Göttin genügte.

μολπή, nach der die weitverbreiteten *μολποί* heißen, deren Obmann in Milet dazu erhoben ist, dem Jahre seinen Namen zu geben. Knaben als Tänzer finden wir in den alten Felsinschriften von Thera, und der Fels gehörte dem Karneios. Es ist aber kaum wahrscheinlich, daß ihr Tanzen sakral war, und wenn der athenische Knabe, der *ὀρχηστῶν ἁπαλώτατα* tanzte (IG. I 919), auch zu einer Genossenschaft zu gehören scheint, braucht sie doch keine für den Staatskult zu sein, wofür immerhin die späteren Knabenchöre der Thargelien sprechen. Mädchenchöre fehlen den Ioniern, weil sie die orientalische Einsperrung der Frauen übernommen haben, aber sie erhielten sich namentlich im Peloponnes[1], und wir müssen sie für ungriechisch halten; die Nymphen tanzen ja auch. In Sparta zeugen dafür die Mädchenlieder Alkmans und der Thiasos der Leukippiden. Die Tänzerinnen für die Artemis von Karyai zeigt die Skulptur so züchtig wie die Korbträgerinnen des Parthenonfrieses, aber es ist begreiflich, daß Mädchen, die Gymnastik übten, Sprünge machten, an denen ionisch-attischer Geschmack Anstoß nahm, und es wird auch an Derbheiten nicht gefehlt haben[2]. Etwas ganz Besonderes sind die Tänze maskierter oder doch verkleideter Männer, welche die göttliche Gefolgschaft des Gottes, dem das Fest gilt, vorstellen, und zwar in Tiergestalt, wie wir sie in Arkadien aus der Bronze von Methydrion, den Stickereien auf dem Gewande der Despoina des Damophon und manchen Terrakotten erschließen. Ohne Frage reicht so etwas in die Urzeit, und es hat die höchste Bedeutung erhalten, als sich der Dionysos-

[1] Auch in dem Kulte, den Pindar für die Göttermutter und Pan stiftet, singen Mädchen, ebenso bei der Daphnephorie. Auch in Aigina, Bakchylides 13, 94. In Elis Chor der Thyaden. Aus Sparta kennen wir ein Artemislied, das Dikaiarchos anführt (Athen. XIV 636d, Griech. Versk. 359); an Alkman durfte nicht gedacht werden; so alt sind auch die Verse nicht. Spartanische Kultlieder waren zahlreich, einen Päan an Poseidon beim Erdbeben kennt Xenophon, Hellen. IV 7, 4. Auch Namen kennen wir von Dichtern und Dichterinnen alter Zeit, nur *'Αρεύς* mit einem *ᾆσμα Κύκνος* (Schol. Anton. Liber. 12) kann nicht alt sein, etwa drittes Jahrhundert. Manche Lieder und Tänze in der Abhandlung über alte Musik, die Athenäus 632 auszieht.

[2] Hesych *λόμβαι· αἱ τῇι 'Αρτέμιδι θυσιῶν ἄρχουσαι ἀπὸ τῆς κατὰ τὴν παιδιὰν σκευῆς· οἱ γὰρ φάλητες οὕτω καλοῦνται.* Der Ort steht nicht dabei, wird aber mit Recht für lakonisch oder doch peloponnesisch gehalten, so merkwürdig es auch in einem Artemiskult ist, daß sich die Priesterinnen als Männer kostümieren, wie man wohl verstehen muß.

dienst in den Isthmosstaaten dieser Bockstänze bemächtigte und Athen sie übernahm und auf seine Silene übertrug. Auf anderes weisen die Tonmasken bei der Orthia Spartas, die κυρίττοι Tarents, die δεικηλίκται zurück. Die Überlieferung ist zu spärlich, um die Zusammenhänge zu erschließen.

Es ist weder möglich noch nötig die vielen verschiedenen Riten vorzuführen, die hier und da in den Gottesdiensten bestanden, zumal alles, was nicht in die Urzeit zurückreicht. So hat sich Theophrast besonders mit den attischen Buphonien befaßt, weil sie die Tötung des Rindes als einen Totschlag betrachteten, der Sühnung verlangte, was seiner Bestreitung der blutigen Opfer zupaß kam. Aber das entsprach erst der späteren Zeit, in der das Rind gegenüber der heroischen Zeit kostbar geworden war, der βοῦς ἀροτήρ sozusagen ein Hausgenosse des Kleinbauern. Das ἀγείρειν, das Einsammeln von Gaben zu Ehren einer Gottheit, muß einmal in Ehren gestanden haben, während wir den ἀγυρτής und vollends die ἀγύρτρια nur als verachtete Bettler und Schwindler kennen; es geschah nun wohl nur für fremde Götter. Die Kinder durften es noch treiben, wie bei uns an manchen Orten zu Martini oder anderen alten Festtagen. Die χελιδών der Rhodier kam im Badromios-Elaphebolion, etwas spät für Frühlingsanfang, den die erste Schwalbe bezeichnete. In Samos sangen die Kinder nach der Homernovelle 33 ein ähnliches Lied am Neumondfeste des Apollon, eigentlich wohl am Jahresanfang, das εἰρεσιώνη hieß; die Verbindung mit der Schwalbe ist verdunkelt. Sie werden etwas Ähnliches getragen haben wie die εἰρεσιώνη, den Erntekranz, mit dem Kinder in Athen an Oschophorien und Pyanopsien aufzogen; die Bauern hängten ihn wie wir vor ihrer Türe auf. Ich wenigstens bis so aufgewachsen. Das ist ein schöner frommer Brauch; ob ein Gott und welcher dabei angerufen wird. macht wenig aus.

Neben dem Opfer bringt der Einzelne den Göttern seine Verehrung durch Geschenke dar, die er in ihrem Heiligtume hinterlegt. ἀνατίθησι, wodurch der Gott einen reichen Besitz erhält. Die Absicht des Gebers ist die Gunst des Gottes zu gewinnen, aber hier auch sehr oft Dank zu erstatten. Zu unterscheiden sind die kleinen Tiere von billigstem Material, des Armen Ersatz für das Schlachtopfer. Es sind aber auch Stücke, die der Gott gebrauchen kann, Kleider, wie sie schon Athena im Z erhält, Schmuck, Salben in Töpfchen, allerhand Geschirr, auch Kämme für eine Göttin, Waffen und Werkzeuge für einen Gott, sowohl die wirklichen Gegenstände wie kleine Nachbildungen. Daß die Menschengestalt vorausgesetzt wird, zeigt schon einen Fortschritt über die Urzeit, doch fehlen auch allerhand Tiere nicht, die der Gott liebt. Bilder der Götter selbst geben nicht nur das Tempelbild, wo eines schon war, wieder, sondern auch andere Gestaltungen; eine Probe, wie sie die Weihgeschenke an die Orthia Spartas bieten, genügt zur Veranschaulichung. Schwer zu deuten sind die Menschenbilder, die von kleinen Püppchen bis zu den kostbaren Statuen reichen, die durch die Wörter ἀνδριάς und κόρη als Manns- und Weibsbild unterschieden werden; sie sollen aber jung und hübsch oder von würdiger Schönheit sein. Das Geschlecht des Gottes entscheidet nicht; auch Poseidon kann eine κόρη erhalten (IG. I 706), Athena manchen Knaben, auch als Reiter. Das Geschlecht des Weihenden entscheidet auch nicht. Tempelsklavinnen können die κόραι von der Burg nicht sein, die kleinen alten Krieger ebensowenig. Der Ursprung dieser Anatheme, die übrigens im fünften Jahrhundert abkommen, ist also unklar. Wenn das Bild eines bestimmten Menschen auf heiligem Boden aufgestellt wird, so geschieht es ihm zu Ehren. Der Perikles des Kresilas trägt keine Weihung, nennt aber den Dargestellten. Später stehen in zahllosen Fällen Weihungen dabei, aber das ist leere Form, gedacht ist nur an die Menschen und ihre Eitelkeit. Sehr alt ist es, erbeutete Waffen zu weihen, was die Erinnerung eines Sieges erhält, schon *K* 571. Die zahlreichen Depotfunde ausrangierter und in der heiligen Erde geborgener Gegenstände, später die inschriftlichen Schatzverzeichnisse lassen überreichlich erkennen, was alles in den Heiligtümern sich ansammelte. Das reizte zum Diebstahl, so daß die ἱεροσυλία zu einem besonderen Verbrechen ward. Es kam auch Geld ein, denn mancher gab freiwillig den Zehnten seiner Einkünfte, so daß einzelne Götter Kapitalisten wurden und sogar Geld verliehen, z. B. der Delier, zumal wenn sie auch Grundbesitz besaßen oder erwarben, wie Athena zur Zeit des Reiches. Insofern sind die Götter Rechtssubjekte, deren Geschäfte die Einzelgemeinde, der sie angehören, oder die Samtgemeinde für die Staatsgötter führen wird; der Staat ist eben Herr über das Vermögen der Götter wie er Herr über den Kultus ist. Näher verfolge ich das nicht, auch nicht wie es sich auswirkt, daß die privaten θίασοι in der Regel formell Kultgenossenschaften sind, auch wenn sie in Wirklichkeit ganz andere Zwecke verfolgen, wie etwa die Akademie.

Scharf gesondert sind alle gottesdienstlichen Handlungen, die einen vorhandenen oder zu fürchtenden Groll einer Gottheit beschwichtigen wollen, insbesondere wenn eine Befleckung, ein *μύσος*, auf der Gemeinde liegt. Das zeigt sich wieder vor allem in dem Opfer, denn hier ist keine Tischgemeinschaft zwischen Gott und Mensch. Es gibt zwar auch die schon erwähnten Fälle der *ἀπαρχαί*, die der Mensch den Göttern von seinem Gewinne abgibt, an denen ihm also kein Anteil mehr zusteht. Nach der ältesten Sage ist Iphigeneia der Artemis als *καλλιστεῖον* von allem, was das Jahr gebracht hatte, geopfert; dann mußten Tiere der Herde ebenso behandelt werden[1], also ganz im Feuer dem Gotte zukommen. Hier ist die Bedeutung des Opfers grundverschieden von dem Eidopfer und Sühnopfer, wenn auch die Praxis dieselbe ist. Der Abschluß von Verträgen geschieht durch Ablegung von Eiden beider Parteien. Dabei werden bestimmte Opfertiere geschlachtet. Die Ilias schildert uns im *Γ* den Abschluß eines Vertrages. Im *T* beschwört nur Agamemnon eine Tatsache, um den Groll des Achilleus zu besänftigen; dabei wird ein Eber geschlachtet und in das Meer geworfen. Im ersten Falle wird ausgesprochen, daß die Tiere den Göttern geschlachtet werden, welche Schwurzeugen sind (*Γ* 103), aber sie sind nicht etwa Rächer des Meineides; das sind die Erinyen, die Agamemnon im *T* 259 aufruft. Hier fehlt auch die Selbstverfluchung nicht, die in den Eidformeln später ausgesprochen oder doch verstanden wird, und das Opfer erscheint als ihre Bekräftigung. Höchst eindringlich geschieht die Vereidigung der athenischen Archonten[2]; sie müssen auf einem bestimmten Steine den Eid ablegen, auf dem die zerschnittenen Opfertiere, die *τόμια*, liegen. Die versöhnten Erinyen werden so *σφαγίων ὑπὸ σεμνῶν* in die Höhle ziehen, in der sie als Eumeniden wohnen sollen (1006). Es ist zwischen ihnen und Athena ein Vertrag geschlossen. Die Bezeichnung *σφάγια*, die hier statt *τόμια* gebraucht werden mußte, unterscheidet solche Opfer von den Speiseopfern, *θύματα*, besonders heißen so die Opfer, welche vor einer Schlacht gebracht werden, hier allerdings müssen sie von dem Seher, den der Feldherr um sich haben muß, gedeutet werden.

[1] Die Feste der Laphria und die böotischen Daidala geben Beispiele solcher Opfer.

[2] Aristoteles Pol. Ath. 55, 5. Platon Ges. 753d verordnet, daß der Wähler der Archonten beim letzten Wahlgange *διὰ τομίων πορευόμενος* seine Stimme abgeben soll. Er trägt auch eine Verantwortung so gut wie der Gewählte; darauf wird er gewissermaßen vereidigt.

Fehlt ein Deuter, so wird ein Gebet um guten Ausgang genügen[1]. Diese Opfer werden in Hinblick auf die Zukunft gebracht. Sühnopfer setzen voraus, daß der göttliche Groll bereits erregt ist. Mißwuchs und Seuchen sind die Folgen, an denen er erkannt wird. Da reichen Tieropfer, Beschwichtigungslieder und Prozessionen nicht, zum Äußersten muß geschritten werden, zum Menschenopfer, wenn es nicht gelingt denjenigen zu fassen, der das Land befleckt hat. Die ersten Szenen des sophokleischen Oedipus erläutern das, ein Beispiel der Geschichte ist die Verbannung der Alkmeoniden wegen der Ermordung des Kylon und seiner Mitschuldigen. Hier wird von einem Seherspruche nicht geredet, der die Maßregel forderte; weil das Sakrileg notorisch und das heilige Recht anerkannt war, aber dieses Blutrecht war von dem pythischen Gotte festgestellt, den Sophokles selbst eingreifen läßt. Die Sühnung des ganzen Landes für den Frevel an Kylon vollzieht schließlich der kretische Sühnpriester und Prophet Epimenides, wenigstens hat sich diese Sage gebildet, und Seher pflegen auch die Opferung der Iphigeneia (nach der geläufigen jüngeren Sage)[2], der Heraklestochter, der Töchter des Leos oder Erechtheus oder Aristodemos usw. zu fordern; Achilleus hatte Polyxene selbst gefordert. Darin liegt, daß ein Menschenopfer nunmehr nur auf Grund einer besonderen Willensäußerung der Götter, die nur ein Seher durchschaut, gebracht werden darf, und zugleich, daß es nur in der alten Zeit vorgekommen ist. Dem religiösen Gefühle schon der pindarischen Zeit erschien eine solche Grausamkeit der Götter un-

[1] Aristoph. Lysistr. 204. Der Komiker hat einen Weinschlauch als Opfertier gewählt, da sollen alle von dem Blute trinken. Den Widerspruch nahm er ruhig hin, zumal es zum Trinken nicht kommt. Im *Γ* 273 bekommen die, welche durch den Eid gebunden werden, wenigstens Haare des Opfertieres in die Hand. Der Regisseur, dessen Bearbeitung der Herakliden des Euripides wir lesen, hat die Opferung der Heraklestochter in *σφάγια βρότεια* verwandelt, 822, weil er den Akt gestrichen hatte, der das Opfer behandelte. Das war ein arger Mißgriff, denn die Seher hatten ein Opfer an Kore-Persephone gefordert, 408. Die *σφάγια*, für die schon Tiere bereitgestellt waren, 399, gehen ja den Erfolg der Schlacht an und müssen gedeutet werden, Kore kann zu den Göttern unmöglich gehören, denen der Feldherr opfert. Ich zweifle nicht, daß auch dieser Widersinn dem Euripides zugeschoben werden wird.

[2] Ob Artemis grollt oder die Winde (Aisch. Agam. 1418), ist nebensächlich. Ein Gott ist frei in seinem Lieben und Hassen; Motive sucht erst ein späteres Nachdenken.

denkbar[1]. Das Auftreten von Sühnpriestern, *τελεσταί*, die in Verse gekleideten und auf berühmte Namen gestellten *τελεταί* sind für ihre Zeit wichtig, das Gefühl des einzelnen, sich irgendwie befleckt zu haben und Sühnmittel zu suchen ist verbreitet geblieben, auch als es geradezu Aberglaube war. Das geht die alte Religion nichts mehr an. Um so wichtiger sind die regelmäßigen rituellen Sühngebräuche. Denn wie das heilige Feuer erneuert ward, die Götterbilder jährlich gewaschen und neu bekleidet wurden, die Feste im Laufe des Jahres wiederkehrten, so mußte es notwendig erscheinen, die Versäumnisse und Vergehungen, die in dem Volke ungesühnt begangen waren, einmal zu sühnen. In Ionien treffen wir da das regelmäßige Menschenopfer der *φάρμακοι*, die im Namen tragen, daß sie Heilmittel sind. Wenn man Verbrecher dazu nahm, so war das bereits eine starke Milderung. Auch in Athen ist offenbar mit der Übernahme des Apollondienstes das Menschenopfer der Thargelien zugleich mit den *ἀπαρχαί* der neuen Ernte eingeführt, wie lange es sich im Gebrauch hielt, läßt sich nicht sagen. Kein Zweifel, daß in anderen Gegenden Menschenopfer noch lange gebracht worden sind, zumal sie in dem Kultus fremder Völker den Hellenen nahetraten, sich auch wohl erhielten, wie in den Kronien von Rhodos, deren Kronos direkt auf die Semiten weist[2]. Wie es in den einzelnen Staaten mit den jährlichen Sühnfesten gestanden hat, ist eine schwierige Frage, auf die ich nicht eingehe. Es ist in dieser Übersicht schon so viel Detail angeführt, noch viel mehr konnte ebensogut herangezogen werden, daß die Gefahr schwerlich vermieden ist, das zu verdunkeln, worauf es doch allein ankommt, die Gedanken zu fassen, welche den hellenischen Kultus von Anfang an bestimmt haben. Sie sind einfach und klar; daß daneben manche Magie, manche zauberische Praxis geübt

[1] Daher verdient Phainias (Plutarch Themist. 13) keinen Glauben, der von einem Menschenopfer als *σφάγια* vor der Schlacht bei Salamis erzählt. Der Name eines sonst unbekannten Sehers und daß die geschlachteten Gefangenen von einer Schwester des Xerxes stammen, sind Züge, die niemand glauben wird. Dann ist es Kritiklosigkeit, sie fallen zu lassen und das Menschenopfer festzuhalten.

[2] In der Zusammenstellung bei Porphyrios abst. II 54–56 sind die meisten Menschenopfer barbarisch, aber Theophrast bezeugt bei ihm II 27 das Vorkommen an den arkadischen Lykaien, aber wenn er fortfährt, daß man zur Erinnerung an den Gebrauch *ἐμφύλιον αἷμα* an die Altäre spritzte, so schließt es die Schlachtung aus.

ward, beeinträchtigt die religiöse Einstellung der Hellenen nicht[1].

Wohl aber wird es gut sein, zu überlegen, inwieweit der Kultus den Teilnehmern eine innerliche Erhebung und Erbauung gewährte. Wenn wir die Weihreliefs ansehen, auf denen ein Mann mit seiner Familie, oft auch mit den Opfertieren den Göttern gegenübertritt und huldigend die Hand erhebt[2], so spricht das den Verkehr von Mensch und Gott schön aus. Aber der Zug zum Tempel mit ein wenig Flötenmusik war nicht erbaulich[3], und vor das Götterbild trat der Gläubige höchstens zu einem stillen Gebete im Tempel, und wenn er draußen vor dem Altare der Schlachtung des Tieres durch den Opferdiener, der Zerlegung des Opfers und der Verbrennung der Teile, welche der Gott bekam, beiwohnte, wie sollte da Erbauung für die Umstehenden und selbst die Opfernden entstehen? Höchstens in der kurzen Zeit, für die das Schweigegebot der εὐφημία vorhielt. Auch ein öffentliches Opfer wie im γ der Odyssee läßt nichts davon erkennen; aber da hat der Dichter auch anderes im Auge als die Opferhandlung. Erst wenn sich eine Gemeinde zu demselben Gottesdienste zusammenfindet, wird das Gemeingefühl die rechte Stimmung wecken. Die großen staatlichen Opfer, die Feste der Staatsgötter mit ihrem verschiedenen Ritual, die Prozessionen, die allen eine aktive Teilnahme brachten, dann Zeremonien, welche eine vorbereitende Weihung verlangten[4], die Nachtfeste, deren es nicht wenige gab, haben ihres tiefen Eindruckes auch auf solche nicht verfehlt, die über die persönlichen Götter und ihre Mythen anders dachten. Freilich das Wort kam zu kurz, auch wenn Gebetsformeln, einzeln auch Litaneien, und die rituellen Rufe der Gemeinde zu den Handlungen, den δρώμενα, bei Mysterien auch δεικνύμενα traten. Das muß man be-

[1] Erst die späte Zeit ist darauf ausgewesen, die Opferriten in ein System zu bringen, was nicht täuschen sollte, aber oft zu ähnlicher Systematik führt. So steht ein langes Gedicht aus Porphyrios über die Orakel bei Eusebius praep. ev. IV 145.

[2] Knien ist orientalisch, daher kniet der phönikische Chor, Euripides Phoen. 293. Die Proskynese ist persisch, daher übt sie der Chor der Perser. γουνοῦσθαι heißt die Knie dessen anfassen, den man um Gnade anfleht, später „anflehen", ist aber nur altionisch.

[3] Pfuhl de Atheniensium pompis sacris, Berlin 1900.

[4] τελεταί, also auch μυήσεις gab es vielfach; es ist verkehrt, immer an Eleusis zu denken. Selbst der Apollon von Kyrene hat seine τετελεσμένοι.

denken, um die religiöse Wirkung der Tänze und der Chorlieder zu schätzen, die in der höchsten Blütezeit des Kultus hinzutraten. Daß sie absterben, ist das stärkste Symptom für das Verblassen der Religion, deren Ausdruck der Kultus blieb. Und doch höre man, wie sich Plutarch, akademischer Philosoph und zugleich delphischer Oberpriester, äußern kann: „nicht die Fülle von Wein und Braten ist es, die uns an den Festen erfreut, sondern eine frohe Hoffnung und der Glaube an die Anwesenheit des Gottes, der gnädig ist und das Gebotene befriedigt annimmt“ (de Epicuri beatitudine 1102). Noch immer kann sich das fromme Gefühl ebenso ausdrücken wie in der Urzeit, die den Gott leibhaftig erscheinend und am Opfermahle teilnehmend dachte. Der Gott steckte nicht in seinem Bilde, die Opfer an sich bedeuteten dem Gebildeten und nicht nur dem Gebildeten nichts mehr, die Mythen waren Mythen, und doch erweckte die altvertraute Handlung und die Zusammengehörigkeit mit der Gemeinde das Gefühl, die Nähe des Göttlichen in der Seele zu spüren. Das muß der Kultus erzeugen; wenn es das nicht tut, verliert er seine Berechtigung. Schon zu Plutarchs Zeiten wird das oft der Fall gewesen sein, so daß fremde Kulte wie der des Mithras starke Anziehungskraft hatten. Julians Opferfeste wurden verlacht; die christliche Kirche siegte schon darum, weil sie sich einen Kultus geschaffen hatte, der die Herzen gewann. Wo dann doch nicht vergessen werden darf, daß in der heiligen Messe die Gedanken der antiken Opfer fortleben, sowohl die Tischgemeinschaft von Gott und Mensch wie das Sühnopfer.

In der historischen Zeit hat ein allgemeines Totenfest schwerlich irgendwo gefehlt, wenn es auch kein gemeinsames Fest der Gemeinde war, sondern in den Häusern oder an den Gräbern von den Angehörigen begangen ward. Da der Tod als eine Befleckung galt, lag es nahe, diese nicht nur im Einzelfalle zu sühnen und den Toten ihr Recht zu geben, sondern einmal im Jahre für die Erfüllung dieser beiden Pflichten ganz allgemein zu sorgen. Aber die Totenfeiern tragen verschiedene Namen, *νεκύσια*, *ἀγριώνια*, *χύτροι*, und fallen nicht auf dieselbe Zeit, und der Glaube an den Verkehr mit den Toten und ihr Fortleben in einer anderen Welt ist nicht immer derselbe gewesen. So darf das Totenfest für die Urzeit nicht vorausgesetzt werden, muß vielmehr der Glaube untersucht werden.

Manche Leser werden ungeduldig auf diese Frage gewartet haben, weil sie ihnen, wie auch immer beantwortet, ein Hauptstück des religiösen Glaubens ist, so daß sie als selbstverständlich ansehen, es müßte immer so gewesen sein. Erwin Rohdes Psyche ist ein unvergängliches Buch und vielen scheint es den Seelenglauben der Griechen abschließend behandelt zu haben. Weil es unvergänglich ist, vermeide ich durchaus, mich mit ihm direkt auseinanderzusetzen. Die wichtigsten archäologischen Entdeckungen konnte er noch nicht kennen; die monumentale Überlieferung lag ihm überhaupt ferner. Außer Frage steht, daß bei den Griechen einmal der Glaube entstanden ist, daß der Mensch in seinem vergänglichen Leibe eine Seele besitzt, sein eigentliches Ich, durch die er lebt und fühlt und denkt, und die nach der Trennung von dem Leibe weiterlebt, wie das auch immer geglaubt wird. Wann das geschah, werden wir später sehen. Die Psychologie bleibt dann ein Hauptstück des philosophischen Denkens, auch bei denen, welche das Fortleben der Seele bestreiten, und die philosophische Religion wirkt in die breiten Kreise hinüber, die dem Philosophieren unzugänglich sind. Dieser hellenische Seelenglaube dringt in die christliche Religion, als philosophisch gebildete Hellenen die Lehre wissenschaftlich ausbauen. Aber zu dem Erbe des Judentumes hatte er nicht gehört. Denn die alte hebräische, wohl überhaupt die semitische Religion hatte kein Fortleben der Toten gekannt, und was dann unter fremdem Einflusse hinzugetreten war und von den ältesten Christen übernommen ward, war eine Auferweckung des gestorbenen Menschen. Das war ganz begreiflich bei Paulus, denn er erwartete das Weltende und Weltgericht in nächster Nähe, also auch das Aufleben der jüngst verstorbenen Brüder, ein leibliches Aufleben, wo dann Gedanken und Träume über den künftigen Leib hinzutreten mußten. Die Masse nahm aber die Auferstehung als Erneuerung des Leibes; sie wollte auch auf sinnliche Freuden in dem zukünftigen seligen Leben durchaus nicht verzichten; Jesus selbst hatte ja darauf gerechnet, nach dem Eintreten der *βασιλεία θεοῦ* auf Erden wieder Wein zu trinken. Die Kirche hat die Versprechungen dieses Glaubens in ihr Credo aufgenommen[1] und festgehalten, auch als die

[1] Tatian, der nur stark euphemistisch Apologet heißen kann, spielt in der plumpen Polemik gegen die Hellenen den Trumpf aus, sie hätten *τὸ ἀθανατίζεσθαι μόνην τὴν ψυχήν, ἐγὼ δέ καὶ τὸ σὺν αὐτῆι σαρκίον* (S. 27 Schw.). Ebenso Ps. Justin *π. ἀναστάσεως* S. 246 Otto. Sie ahnen nicht,

Seele immer mehr ganz hellenisch aufgefaßt ward. Eins aber ist ihr ein Hauptstück des Glaubens geblieben: die Fortdauer der individuellen Person. Da scheint es vielen notwendig, irgendwie einen solchen Seelenglauben in jeder Religion vorhanden zu denken. Das ist aber ein Axiom, das die historische Prüfung nicht behindern darf, und diese kann nur davon ausgehen, wie die Menschen sich zu ihren Toten verhalten. Ebensowenig darf uns die Hypothese beirren, daß der Glaube an Götter überhaupt aus dem Glauben an die Macht der Toten entstanden wäre, eine Spielart des *primus in orbe deos fecit timor*, eine Hypothese, von der ich freilich gar nicht begreife, wie sie ernsthaften Forschern auch nur diskutabel erscheint. Denn die Menschen, nach deren Glauben wir fragen, waren an den Anblick der Toten (übrigens auch an das Töten) ganz anders gewöhnt als heute, wo sich viele vor dem Anblick der Leiche grauen, auch ganz selten eine Leiche sehen. Der Krieg hat da für seine Teilnehmer die Zustände der Urzeit hergestellt, auch in der Sorge für die gefallenen Kameraden und die durch den Tod zu Kameraden gewordenen Feinde: denn so empfindet der rechte Krieger, wenigstens der Deutsche.

Wir werden auch hier nur sicher gehen, wenn wir nicht mit vorgefaßten Meinungen an die alten Hellenen herantreten, weder so, daß wir wüßten, wie es in Wahrheit um Sterben und Fortleben steht, noch so, daß wir wüßten, wie der primitive Mensch darüber gedacht hat, weil er Mensch ist, sondern die Tatsachen feststellen, soweit es möglich ist. In ihnen spricht sich der Glaube aus, den wir suchen[1]. Daher würde es vorschnell sein, wenn wir gleich davon ausgingen, daß der Mensch sich dagegen sträubt, den Toten, der eben noch lebte und wirkte, für vernichtet zu halten, weil sein Körper vergeht, also annimmt, er sei nur in eine andere Lebensform übergegangen[2], in der er irgendwie mit denselben körperlichen Bedürfnissen fortlebt oder nur noch als sein eigener Schatte.

daß diese Auferstehung des Fleisches ein Rückfall in ein „Heidentum" ist, sehr viel plumper als die Entrückung der Heroen auf die Inseln der Seligen. Selbst Luca Signorelli hat durch seine Kunst die Absurdität der Auferstehung des Fleisches nur sinnfällig gemacht.

[1] Wenn wir doch wüßten, was Demokrit *περὶ τῶν ἐν ἅιδου* gelehrt hat. Die Fragmente handeln von Scheintod und törichter Furcht vor dem Sterben. Er wird doch wohl im Menschen und seiner Stimmung die Erklärung für die Mythen gesucht haben.

[2] Medea sagt bei Euripides 1039, ihre Kinder sollen *εἰς ἄλλο σχῆμα*

Vollends ist fernzuhalten, ob geglaubt wird, daß einzelne Bevorzugte von den Göttern in ihr Reich oder sonst irgendwohin entrückt werden können, um dort fortzuleben. Denn das bleiben Ausnahmen, und angesichts des Toten kann ein solcher Glaube nicht entstehen. Das erste, von dem auszugehen ist, ist der Tod selbst, der den Menschen zur Leiche macht. Was geschieht mit ihr? Wobei sogar beachtet werden muß, was mit ihr geschehen kann. Gleich am Anfange der Ilias hören wir, daß viele Kämpfer Hunden und Vögeln zum Fraße werden; erst eine späte Einlage im *H* redet von einem Waffenstillstande zur Bestattung der Leichen. Der Masse wird also nicht zuteil, worauf der Tote Anspruch hat, Grabhügel und Grabstein, die doch auch bald vergessen werden und das Gedächtnis dessen, der darunter liegt, nicht erhalten können. Damit sein Sohn Sarpedon diese letzte Ehre erfahre, läßt Zeus die Leiche vom Schlachtfelde in die Heimat überführen. Um die des Patroklos wird erbittert gekämpft, und sie erhält eine glänzende Bestattung. Die des Achilleus wird sie auch erhalten, und in unserer Ilias wird auch Hektors Leiche nicht von den Hunden gefressen, sondern den Seinen zu feierlicher Bestattung übergeben. Das war nicht immer so, sondern die Hunde fraßen sie; offenbar sollte der Feind durch die Vernichtung seines Körpers völlig vernichtet werden. Der Mörder, der die Leiche zerhackte (der sog. *μασχαλισμός*), tat es zu demselben Zwecke: der Mensch ist die Leiche. Es kommt also auf die feierliche Bestattung für den Toten selbst alles an: er ist in seinem Leibe. Nur scheinbar streitet damit die Verbrennung, die von den Vornehmen durchaus bevorzugt wird; sie war immer kostspieliger, daher recht vielen unerreichbar[1]. Für das

βίου übergehen. Iphigeneias Abschiedswort ist 1507 *ἕτερον αἰῶνα καὶ μοῖραν οἰκήσομεν· χαῖρέ μοι φίλον φῶς.*

[1] Es sind doch immer Leute einer höheren Gesellschaft, deren Gräber und Grabsteine wir finden. Wo ist die ganze Sklavenschaft, die Masse der Metöken geblieben? Selbst von den Bürgern Athens besaßen viele kein Land, und wenn sie sich den Platz für ein Grab erwerben konnten, das Verbrennen konnte auf dem Fleck nicht vollzogen werden. Dafür mußte zumal in der Nähe der Stadt Raum geschaffen werden; daher scheinen mir die unerklärten *πυρκαιαί* als ustrinae zu fassen, die der Sprecher von Lysias *π. σηκοῦ* 24 in seinen Ackerparzellen hat und nicht unter den Pflug nehmen darf. Erst die collegia funeraticia der römischen Kaiserzeit haben auch den Freigelassenen und Sklaven eine dauernde Grabesruhe verschafft.

Fortleben des Menschen hat aber das Verbrennen seiner Leiche niemals etwas ausgemacht; es genügte, daß seine Gebeine gesammelt und feierlich beigesetzt wurden. Die Leichenfeier Hektors wird in der Heimat von den Angehörigen besorgt, entspricht also der Sitte, mit der auch wer im Bette gestorben war, bestattet ward; da wird der Dichter dem Leben folgen, das er kennt. Bei Patroklos ist alles anders; dafür verweilt der Dichter bei der Verbrennung und den zugehörigen Opfern und folgt offenbar einer Überlieferung, die sehr viel weiter zurückweist, während er selbst schon ganz anders empfindet[1]. Zu allen Zeiten war die feierliche Ausstellung der Leiche das erste; die Goldmasken der Fürsten waren für sie bestimmt und lehren, daß sie damals längere Zeit dauerte[2]. Besucher kamen und brachten Gaben, die der Tote mitnehmen sollte. Ein solennes Leichenmahl wird bei Homer vor der Bestattung gehalten, später nachher[3]. An der Leiche Hektors singen ἀοιδοί offenbar ein rituelles Lied, in das das Gestöhne der Weiber einstimmt. Der Epiker teilt das Lied nicht mit, wohl aber die preisende Totenklage der nächsten weiblichen Angehörigen; jedesmal setzt das Gestöhne der Weiber ein, zuletzt das des ganzen Volkes. Klage um den Verlust, Lob des Toten beherrscht alles: nichts von einem künftigen Leben oder gar Wirken. Der Dichter hält alle grellen Züge geflissentlich fern, die wir uns ergänzen, nicht nur die Haarschur[4] der Angehörigen, die Trauertracht der Frauen, sondern auch deren Äußerungen des Schmerzes, Brüste schlagen, Zerkratzen der Wangen. Es sollte sich von selbst verstehen, daß das Zeichen der wilden Erregung sind, wie sie echte Leidenschaft hervorruft, mag es auch manchmal geschehen, weil die Sitte es erfordert; dazu wurden auch Klagefrauen gedungen,

[1] Diesen Gegensatz habe ich in der Interpretation kenntlich zu machen versucht, Homer und Ilias 113.

[2] Die Frauen erhalten keine Maske: da wird begreiflicherweise die Leiche nicht lange ausgestellt.

[3] Bei einem Komiker Hegesippos, wohl erst aus dem dritten Jahrhundert, Athen. 290b, kommen die Gäste zu einem opulenten περίδειπνον gleich von der ἐκφορά. Sie haben die zeitraubende Verbrennung nicht abgewartet. Begreiflich und doch für den Wechsel der Sitte bezeichnend. In der Andria Menanders war es anders (Terenz 130).

[4] Dem Patroklos werden die Haare mitgegeben, dem entspricht es, daß Orestes seine Locke dem Vater auf das Grab legt. Aischylos hat freilich in dem Prologe das Ψ vor Augen.

auch wohl zu Gesängen, den ἀοιδοί der Ilias entsprechend[1]. Ob Blut aus den Kratzwunden fließt, ist gleichgültig. König Priamos wälzt sich im Staube und besudelt mit dem sein Haupt (Ω 163). Das ist kein minder wilder, wenn auch unblutiger Ausbruch des Schmerzes. Die Entstellung des Körpers, das Zerreißen der Kleider, dann für die ganze Trauerzeit das Ablegen der gewohnten Kleidung bedeutet dasselbe. Auf diese häusliche Feier folgt der Leichenzug, die ἐφορά zu dem Platze der Verbrennung, also in der Regel zu dem Grabe, wie sie schon geometrische Vasenbilder darstellen, dann die Verbrennung selbst, das Sammeln der Gebeine durch die Angehörigen, die Beisetzung mit allem, was ihnen mitgegeben wird, die Errichtung des Grabhügels. Es ist Arbeit vieler Stunden, wohl ganzer Tage, der natürlich nicht das ganze Trauergefolge beiwohnt. An Scheidegrüßen, an der ὀλολυγή der Frauen[2], hat es nicht gefehlt. Wir sehen es auf den Gemälden, die seit der geometrischen Zeit Bilder des Totenkultus gern darstellen, weil Pinakes und Gefäße für ihn bestimmt sind. Die Bestattung des Patroklos gibt uns ein Bild, das zu dem Befunde der mykenischen Gräber vollkommen stimmt; im Leben hat der Dichter so etwas nicht mehr gesehen. Patroklos ist ein θεράπων; er hat kein eigenes Vermögen, sondern sein Gebieter und Freund gibt ihm alles mit, was der Krieger bedarf, Waffen und Kleidung und Nahrung, Hunde und Pferde und gefangene Feinde zur Bedienung. Er vollzieht die Schlachtung selbst: offenbar ist er, der die fehlende Familie vertritt, zu dem schweren Werke verpflichtet. Es werden noch andere rituelle Handlungen nötig sein, die der Dichter übergeht, wir aber aus dem ergänzen, was die glückliche Sorgfalt bei der schwedischen Ausgrabung des unberührten Grabes von Midea erschlossen hat. Menschenknochen fehlen dort nicht und waren

[1] Platon, Ges. 800e, nennt die Grabgesänge der Klagefrauen karisch, Aischylos den κομμός persisch, und doch übt ihn Elektra, so auch sein Perserchor, nicht der der Sieben. Dem Athener war seit Solon die alte Wildheit fremd geworden. Persisch muß sie damals gewesen sein, und die öffentliche Klagefeier der heutigen Perser um die Söhne Alis mit der Selbstzerfleischung der Teilnehmer ist eine groteske Ausartung des κομμὸς Ἄριος; die Κίσσιαι ἰηλεμίστριαι fehlen.

[2] Das athenische Gedächtnisfest für die Gefallenen zeigt seine späte Einführung durch das Fehlen aller kultischen Züge in dem Ritual, aber zu dem letzten ὀλοφύρεσθαι um ihre Verwandten fordert Perikles am Schlusse seiner Rede die Gemeinde auf, Thukyd. II 46.

zu erwarten, in demselben Sinne wie die der Pferde und Hunde. Die Ägypter des Alten Reiches, die Germanen und die Slaven sind in der Schlachtung eines Gefolges für den Toten sehr viel weiter gegangen. Sehr glaublich, daß es eine Zeit gegeben hatte, in der die Hellenen es ebenso trieben, aber das lag eben zurück; später ist es ganz vergessen. Da soll man sich davor hüten, aus dem Befunde von Midea, wo Gatte und Gattin zugleich bestattet zu sein scheinen, auf die Opferung der Witwe zu schließen. Daß eine Sklavin, vielleicht eine seiner Kebsen, dem Toten mitgegeben ward, wird häufig geschehen sein. Darauf deuten die kleinen steinernen oder tönernen nackten Weiber schon in vorgriechischen Gräbern, die man früher für Göttinnen hielt, denn sie ersetzen das Weib, das der Tote auch in dem neuen Leben nicht entbehren soll. Aber für das Opfer einer freien Frau, gar der Ehefrau, fehlt auch die leiseste Andeutung in aller Überlieferung[1].

Nach der Verbrennung veranstaltet Achilleus Leichenspiele, für die er reiche Preise aussetzt. Die Einführung der Spiele stammt von einem anderen Dichter, der sie also bei einer so vornehmen Feier vermißte, doch wohl, weil sie zu seiner Zeit erwartet wurden. Es hat viel für sich, daß ihm die in der Malerei beliebteren Leichenspiele des Pelias Vorbild waren. Auf die Urzeit dürfen wir diese

[1] Es ist arge Mißdeutung, wenn in der Sage Belege gefunden werden. Laodameia ist nicht in Thessalien für ihren Gatten gestorben, der vor Ilion fiel, sondern hat ihn durch ihre Trauer aus dem Hades für eine Nacht heraufgezwungen; danach mußte sie freilich sterben. Euadne hat ihren Namen (*Εὐάγνη*) dafür erhalten, daß sie dem Kapaneus freiwillig in den Tod folgte, obwohl er vom Blitze getroffen kein ehrliches Begräbnis erhalten konnte. So hören wir es bei Euripides in den Hiketiden; es wird zwar älter sein, aber doch sekundär, denn die Thebais ließ seinen Leib vom Donner zerfetzt und die Stücke in alle Winde zerstreut werden (Eurip. Phoen. 1183, trotz dem Relief von Trysa, Benndorf S. 193, noch immer athetiert). Nach der Eroberung von Ilion erhalten die vornehmsten Helden Hauptstücke der Beute, Odysseus die Hekabe, Agamemnon die Kassandra, Neoptolemos die Andromache. Da steigt Achill aus seinem Grabe und fordert auch einen Siegespreis; Polyxene kann dem Toten nur durch die Schlachtung auf dem Grabe zuteil werden. So hat wohl schon die Persis erzählt. Keine dieser Geschichten läßt sich mit der Witwenverbrennung auch nur von fern vergleichen. – Penelope gilt als Witwe, und alle sind einig, daß ihre Verwandten sie wieder verheiraten werden. Später sind zweite Ehen häufig, und wo Scheidung besteht, muß der Tod die Ehe immer gelöst haben.

Ehrung des Toten also nicht zurückführen. In der Thebais kamen auch Leichenspiele für das Kind Archemoros vor, von denen wir nur das Wagenrennen kennen. Hier kommt wieder moderne Mißdeutung und will die Tatsachen so umdeuten, daß dem Toten Blutopfer gebracht werden sollten wie in den etruskisch-römischen Gladiatorenkämpfen (wenn die so etwas wollten). Aber es kämpfen die vornehmsten Gäste, und sorgfältig wird verhindert, daß es zu ernst wird. Hesiodos hat als Dichter bei den Agonen zu Ehren eines verstorbenen Fürsten einen Dreifuß gewonnen und rühmt es, daß die Erben alle versprochenen Preise auch vergeben haben. Sie verwandten also einen Teil des Erbes, das ihnen zufiel, auf die Spiele, und die Bewerber waren noch einmal bei dem Toten zu Gaste. Achilleus richtet mit denen für Patroklos seine eigenen Leichenspiele aus; er weiß, daß er gleich sterben wird, und freut sich, seinen Reichtum den Kameraden zuzuwenden, statt ihn in sein Grab mitzunehmen. Die Spiele gehören gar nicht zu dem Totenkult, sondern zu dem Feste, das der Erbe zu Ehren des Toten gibt; sie werden auch bei anderen Gelegenheiten gefeiert, zu Ehren von Göttern, die reich genug sind, sie auszurichten, und wenn ein Fürst seinen Reichtum zeigen will, wird er ein Fest eines Gottes benutzen. Alkinoos veranstaltet Agone für seinen Gast.

Die Schachtgräber von Mykene enthalten schon Spuren eines Kultus der Bestatteten. Dann ist bei der Erweiterung der Burg der ganze Bezirk umfriedigt und geheiligt. Das alte königliche Geschlecht erfuhr also einen Kult durch die Erben seiner Macht, die nicht notwendig auch Leibeserben waren. Sie selbst erbauten sich die noch viel prächtigeren Kuppelgräber, und diese Sitte haben auch ihre Vasallen mitgemacht; in der Argolis und anderen Gegenden, selbst auf Kreta sind Kuppelgräber in Nachahmung der mykenischen Sitte entstanden; wer die Erbauer waren, ist vielleicht noch nicht sicher ausgemacht. Jedenfalls stammt dieser Grabkult nicht aus Kreta, sondern ist hellenisch. Das hat in den Goldmasken von Trebenischte überraschende Bestätigung gefunden, denn diese Sitte, die sich im Norden bis in das sechste Jahrhundert hielt, kann nur so mit Mykene in Verbindung gebracht werden, daß die Einwanderer sie dorthin mitgebracht hatten; golden werden die Masken nicht immer gewesen sein, die den Fürsten, nicht ihren Frauen, bei der Prothesis aufgesetzt wurden. In Midea ist auch ein Grab gefunden, das keine Leichen enthielt[1],

[1] Persson, Archiv für Religionsgeschichte 27, 385.

sondern zwei Steine, die von fern an einen Menschenleib erinnern, daneben einen Opfertisch und sogar einen Schlachttisch, reichliche Spuren von Brand und Blut. Da waren die Leichen also nicht gefunden, erhielten aber doch die Opfer; der Stein vertrat sie, wie er anderswo einen Gott vertrat. Weil er ein Grab hat, ist der Tote auch hier oder kann kommen und sein Opfer genießen wie ein Gott. Von einer Seele darf nicht geredet werden; Seelen essen nicht, und die Mykenäer haben von Seelen nichts gewußt. Solche Kenotaphe hat man immer errichtet; wie sollte man z.B. bei Ertrunkenen anders verfahren[1].

Die Anlage eines Dromos ist auf dauernden Kult, auch wohl auf spätere Bestattungen derselben Familie berechnet. In Mykene ist das nicht geschehen, nachdem die Einwanderer der zweiten Schicht die Burg gebrochen hatten; die meisten Gräber wurden vergessen, das prächtigste irgendwann entdeckt und für ein Schatzhaus des Atreus erklärt. Bei Acharnai, das seinen vorgriechischen Namen behalten hatte, ist das Kuppelgrab von Menidi später von einer anderen Familie oder mehreren wiederholt benutzt, denn ununterbrochener Kult der ersten Inhaber des Grabes ist nicht denkbar. Später ist das Heroengrab als solches heilig gehalten, und das wird oft geschehen sein, was zum Heroenkult der späteren Zeit beigetragen hat. Damals glaubte man, daß die Heroen umgingen, also in diese Welt herüberwirkten. Ob das schon in Mykene geglaubt ward, ist mit dem Fortleben der Toten in einer anderen Welt keineswegs gegeben. Theben wird mit der Pest bestraft, weil der Mord des Laios ungesühnt und sein Mörder im Lande ist, aber Laios tut nichts dazu. So ist der Glaube noch, als daneben ein starker Heroenkult besteht. Es ist ein sehr starker Ahnenkult des königlichen Geschlechtes, der die verschwenderische Pracht der mykenischen Gräber herbeigeführt hat, das Gedeihen des Geschlechtes muß an ihm gehangen haben, aber ob die Toten selbst und nicht vielmehr die Götter die Vernachlässigung des Kultes rächten, ist für uns nicht zu entscheiden. Daß das Epos von keiner fortwirkenden Kraft der Toten weiß, überhaupt nichts von einem dauernden Grabkult, darf nicht gering geschätzt werden. Vor allem ist festzuhalten, daß die Gräber der breiten Masse des Volkes nichts Entsprechendes zeigen, so daß Karo eben durch die Schachtgräber zu

[1] Der korinthische Grabstein *ΔϜεινία τόδε σᾶμα τὸν ὤλεσε πόντος ἀναιδής* hat auf einem solchen Kenotaph gestanden.

dem Schlusse gekommen ist, daß die Fürstengräber nicht nur quantitativ sich durch ihre Pracht der Anlage und der Beigaben unterscheiden, sondern nur die Fürsten fortlebten, der später verbreitete allgemeine Grabkult also sich erst allmählich auf andere Schichten der Bevölkerung ausgedehnt hat. Es werden ja so viele Hockergräber ohne jede Beigabe gefunden. Es wird sehr wichtig sein, hierüber Sicherheit zu erhalten, was die Zeitbestimmung der Gräber und die Möglichkeit voraussetzt, Unterschiede zwischen Hellenen und Vorbewohnern herauszufinden; die karischen Gräber der Inseln enthalten Beigaben. Das ist jedenfalls sehr bedeutsam, daß Agamemnon, weil er im Leben ein König gewesen war, zum Freund und πρόπολος der Herren der Unterwelt geworden ist und über die gebietet, welche in Ehren gestorben sind, Aischylos Choeph. 355, und daß die Heroen in der Nekyia Bewußtsein haben und mit Odysseus reden, ohne Blut zu trinken. Damals lebte freilich der Heroenglaube.

Die spätere, aber doch sehr alte Sitte entspricht dem, was die Fürsten der mykenischen Zeit glaubten und übten, wenn auch in bescheidenem Maße. Der Tote nimmt Speise und Trank mit, Hausrat, Schmuck und Waffen, soweit sein Erbe auf die fahrende Habe verzichtet; der Kleros ist nicht sein Eigentum, sondern gehört der Familie, letzten Endes dem Stamme; er erbt nur den Nießbrauch. Wenn der Erbe es nicht besser kann, gibt er kleine Nachbildungen von dem, was er gern in natura geben möchte; so tut er ja auch gegenüber den Göttern. Als es Geld gibt, ersetzt eine Münze das hinterlassene Geld oder seinen Wert[1]. Nur unfrommer Rationalismus sieht darin ein Abkaufen oder einen Betrug, es ist ja dasselbe wie bei den Töpfchen und kleinen Waffen. Opfern καδ' δύναμιν ist allein gefordert. Daß einst sinnvolle Gebräuche später eine nur aus Gewohnheit beibehaltene Form werden, auch Umdeutungen erfahren, wie sie in dem Charongroschen liegen, ist selbstverständlich. Eine Fortdauer der Fürsorge für die Toten wird von den Familien geübt; Aischylos, Choeph. 483–88, läßt den Grabkult von den Kindern ausdrücklich anerkennen; das ist

[1] Das habe ich verkannt, als ich den Charongroschen besprach, Herm. 34, 228, aber das Abkaufen bestritt ich mit Recht. Das erste Auftreten des Charon in der Minyas bleibt bestehen. Ob sie oder eine ältere Dichtung den finsterblickenden Schergen des Herrn der Unterwelt zum Fergen gemacht hat, läßt sich nicht bestimmen, ist auch unwesentlich. Die Erfindung eines Dichters ist er ohne Frage.

aber in einem königlichen Hause. Solon verlangt von dem Bewerber um das höchste Amt den Nachweis eines Familiengrabes, das auf dem eigenen Acker liegen wird. Vergessen war nicht, daß einmal im eigenen Hause, wir sagen wohl besser im Frieden des eigenen Hofes begraben war. Aber die Hörigen, einst die λαοί, später die Masse des Volkes konnten kein Erbbegräbnis haben, und wie konnte ein Grab, selbst wenn es ein Stein bezeichnete, dauernd Kult erhalten? Der Tod bringt eine Befleckung in das Haus, solange die Leiche darin ist, und befleckt so lange alle, die es betreten[1]. Davon weiß die Ilias nichts, aber Patroklos und auch Elpenor bitten um schleunige Bestattung, sonst können sie nicht in das Haus des Hades eingehen. Dann werden sie Ruhe haben und die Angehörigen nicht mehr beunruhigen. Später gibt es Verordnungen über die Dauer der Befleckung, über die Bestattungsfeier und die Beigaben, meist um dem Luxus zu steuern. Für die erste Zeit nach dem Tode sind Opfer am dritten und neunten Tage nach der Bestattung üblich, sogar noch von den orientalischen Christen für Totenfeiern beibehalten; doch kommen gerade in der alten Zeit auch andere Termine vor. Die Einführung eines allgemeinen Totenfestes wird vielen weiterhin genügt haben. Immer muß zwischen der Bestattungsfeier, die das Haus von der Leiche befreit und den Toten zur Ruhe bringt und dem Kult des Grabes unterschieden werden. Von den Entsühnungen der Überlebenden abgesehen geschieht alles um des Toten willen, eine Gegenleistung wird nicht erwartet. Die Opfer sind ἐναγίσματα, von denen die Lebenden nichts essen, und wenn sie ein περίδειπνον halten, ißt er nicht mit; wenigstens kenne ich keine Spur davon[2]. Er ist mit seiner Leiche nicht vernichtet, aber „in eine andere Lebensform übergegangen". Dabei mischen sich zwei Vorstellungen, die eigentlich einander ausschließen. Einmal werden die Toten im Grabe wohnend gedacht und erhalten dort von den Angehörigen Speise und Trank, wenigstens zunächst, weil man glaubt, daß sie weiter dieselben Bedürfnisse haben, und zugleich werden sie in

[1] Der Nachtrag der hesiodischen Erga verbietet Beischlaf nach der Rückkehr von der Bestattung.

[2] Der Name bezeichnet aber ein Mahl um das Grab und dann konnte der Tote nicht ausgeschlossen sein. Im Balkan wird von den Christen noch heute ein solches Mahl gehalten und der Tote bekommt seinen Anteil; ich habe es selbst gesehen. Aber das braucht nicht auf hellenische Sitte zurückzugehen.

einem gemeinsamen Totenreiche aller Verstorbenen gedacht. Wir sollten uns gegenwärtig halten, daß der moderne Glaube dieselben Widersprüche hinnimmt[1]. Indem der Tote aus diesem Leben geschieden, in ein anderes übergegangen ist, hat sich seine Verbindung mit dem Reiche des Lebens gelöst. Für dieses und die in ihm leben ist er ausgeschieden für immer. Mit den späteren Vorstellungen von Unsterblichkeit der Seele soll man an die alte Zeit, eigentlich überhaupt an den hellenischen Volksglauben, gar nicht herankommen, auch wenn die mythischen Namen und Geschichten äußerlich weiter gelten, so daß eine scheinbare Kontinuität entsteht.

Das Totenreich ist das Haus des Ais oder Aides[2]. Die Herrschaft hat seine Gattin, die den vorgriechischen Namen Persephone bekommen und behalten hat. Es fehlt nicht an Zeugnissen, die sie hellenisch ἄνασσα oder βασίλη nennen. Das Haus des Hades ist wie das der Götter auch am Rande der Erde angesetzt, aber durchgedrungen ist seine Lage im Inneren der Erde, wie das nahelag. Zwar nicht die Ge, aber die Chthon hätte die Menschen, die aus ihr stammten, wieder aufnehmen können. Aber das ist nicht geschehen, und wenn die Ilias (*I* 457) einmal den Herrn der Toten Ζεὺς καταχθόνιος nennt, kann das nicht ursprünglich sein; Ζεύς bedeutet darin nur noch ein gesteigertes θεός, wie es diesem Herrn einer anderen Welt zukam. Kultname ist in sehr vielen Gegenden μειλίχιος gewesen, euphemistisch. Sein Reich ist bald finster und schauerlich und das Los der Abgeschiedenen traurig und beklagenswert, bald haben sie es gut bei dem Pluton oder Plutos, ὅκου βοῦν κολλύβου πιπρήσκουσιν, wie Kallimachos zur Verhöhnung dieser Volksvorstellung sagt, die keineswegs spät oder aus pessimistischer Beurteilung des irdischen Lebens entstanden ist, sondern wenn der Tote zu Göttern kommt, wird ihm das reichlich zuteil, was die Beigaben und Opfer ihm kärglich darbieten oder anwünschen. Ein Zugang in das unterirdische Reich geht durch Höhlen, wie bei Tainaron und Hermione, später bei dem pontischen Herakleia, oder durch eine Quelle, wie die Kynadra bei Argos, den Avernersee Ἄορνος bei Kyme. Aber diese Zugänge gehören nur

[1] Sehr schön ist das in dem Buche „Die Manen" von W. F. Otto gezeigt.

[2] Ἀίδης ist so wenig Patronymikon wie Ὑπεριονίδης neben Ὑπερίων. Welche Etymologie richtig ist, ἀϜίδης oder nach Wackernagel αἰίδης, macht sachlich nichts aus.

mit den Sagen zusammen, welche Helden in die Unterwelt führen. Ein Verstorbener ist niemals durch sie herausgekommen. Wie der älteste Wohnsitz der Götter auf Erden in einem jenseitigen, durch Meer getrennten Lande war, so wohnen auch die Toten jenseits eines Sees oder Flusses, des Okeanos, als dieser karische Name übernommen ist. Daraus sind später die unterirdischen Flüsse mit ihren schauerlichen Namen entstanden. Odysseus fährt jetzt in der Nekyia hinüber, um die Toten aus ihrem Reiche zu beschwören, aber er sieht dann selbst in jenes Reich hinein. Ursprünglich hatte ihn die Sage zu den Herren dieses Reiches geführt[1]. Herakles steigt später, um den Höllenhund Kerberos[2] zu holen, durch eine Höhle hinab, aber in der Ilias bekämpft er die Götter *ἐν πύλωι ἐν νεκύεσσι*, und dies Pylos ist auf Erden zu denken; um die Rinder des Brüllers *ΓαρυϜόνης* zu erbeuten, muß er über das Meer nach der „roten Insel" fahren. Da ist die Verwandlung des Aides in einen dreigestaltigen Riesen mit seinem Hunde und dem Hirten seiner Herden, dem Reichtum des Pluton, ganz durchsichtig. Das ist Sage, Märchen, wenn man so lieber will, läßt aber volkstümliche Vorstellungen erkennen. Der Schauplatz ist am Rande der Erde, nicht in ihr.

Den Tod als einen Gott kennt der alte Glaube nicht. Das Ster-

[1] Jetzt sind die Phäaken Bewohner eines seligen Landes, nahe den seligen Inseln, wo Rhadamanthys zu Hause ist. Aber sie heißen noch die Grauen und sind einmal Fergen des Todes gewesen. Jetzt ist der König und die mächtigere Königin ganz menschlich gezeichnet; einmal erbarmte sich des Odysseus die Königin des Totenreiches, wie sie es in den anderen Sagen tut. So sehen wir die umgestaltende Kunst und Kraft mehrerer Dichter, mehrerer Zeiten. Das Letzte und Schönste war, daß neben die Königin eine liebliche Tochter trat. Das Phäakenland zeigt die Fülle jenes Hades-Pluton, der das Füllhorn führt.

[2] Den Namen hat ihm ein Dichter glücklich gegeben: man hört in ihm das Knurren eines bissigen Köters. Er liegt am Tore und wird die Toten nicht hinaus-, die Lebenden nicht hereinlassen. Odin trifft auch einen Hund an der Pforte der Hel (Wegtamskwidda, Baldurs Träume, Thule II 24). Die drei oder mehr Köpfe machen ihn schauerlicher; der Orthos des Geryones hat sie noch nicht. Der Hirt Menoites ist bei Hesiod ein Iapetossohn Menoitios, den Zeus bekämpfen muß. Die rote Insel gehört in das Weltmeer, in unbekannte Ferne, entspricht der Wiese bei den Kimmeriern. Es ist unerlaubt, sie rationalisiert zu lokalisieren, womit Hekataios den Anfang gemacht hat, oder besser Stesichoros, der mit ihrer Ansetzung bei Gades Glück gehabt hat.

ben war den alten Hellenen der natürliche Vorgang, der es ist, wenn nicht Gewalt dem Leben ein Ende machte. Das konnte im Kampfe auch ein Gott tun, aber das waren besondere Gelegenheiten. Daß Apollon und Artemis Menschen bei Homer erschießen, später höchstens in Nachahmung Homers wie bei Koronis, zeigt sie deutlich als fremde Götter. Die Ker tötet nicht, selbst wenn sie die göttliche Macht darstellt, welche gewaltsamen Tod durch Menschenhand veranlaßt. Die Harpyie entrückt die Menschen, tötet nicht. Die Sphinx, besser *Φίξ*, ist ein Ungetüm, das bezwungen werden muß wie die *Ποινή*, die Koroibos bezwingt. Ob der finsterblickende Charon (*χαροπός*) je die Menschen umgebracht hat, ist fraglich; abgeholt wird er sie haben als ein unfreundlicher *ψυχοπομπός*. Thanatos ist keine Person des Glaubens, weder als Zwillingsbruder des Schlafes noch als der Scherge des Hades, dem Herakles die Alkestis abjagt, noch als die komische Person im Märchen von Sisyphos. Nicht einmal, daß der Tod der Alkestis die Stirnhaare wie einem Opfertiere abschneidet, darf als allgemeiner Glaube gelten[1].

Die Toten sind die *καμόντες*[2], kraftlos, unfähig in das Leben einzugreifen. Wie sie es drüben haben, ändert hieran nichts. Selbst wenn sie am Totenfeste in ihre Häuser zurückkehren und ihren Brei essen, schaden sie nicht; gefährlich sind nur die bösen Wesen, die kommen können, wenn die Tore der Unterwelt offen sind. Was vom Tische fällt, gehört ihnen; wie sie es bekommen, geht uns nichts an. Widersprüche muß man hinnehmen. Der Mensch macht Erfahrungen, die ihn mit seinen Toten in Verkehr bringen. Er sieht sie im Traume, hört ihre Stimme, er fühlt sich von Personen, die ihn einst betreuten und berieten, weiter bestimmt, nicht nur im Traume. Wir erfahren es heute nicht anders[3]. Er hat sie

[1] Passend war das bei einem Menschenopfer, aber Iphigeneia wird nur bekränzt und mit Weihwasser besprengt, Iph. Aul. 1477, danach der Nachdichter 1567.

[2] IG. II² 1358, 32 erhalten nach den *τριτοπατρεῖς* die *ἀκάμαντες* ein Opfer. Neben den Ahnen können es nur Heroen sein, alle, die nach dem Tode noch ihre Kraft behalten.

[3] Sehr schön sagt der verwaiste Knabe bei Euripides Hik. 1153 „Vater, meine Augen glauben dich zu sehen, aber die Mahnungen deiner Stimme sind in die Lüfte verweht". Bei Aischylos Choeph. 829 soll der Rächer handeln *πατρὸς αὐδὰν ἐπαύσας*. Aus ihm spricht der Vater und rächt sich durch ihn.

auch in der Gestalt eines Vogels, einer Schlange leibhaft gesehen; solche Gestalt nehmen ja auch Götter an. So ist die Hausschlange zur Verkörperung der Ahnen geworden, in Athen lebt in ihr der Ahnherr des Volkes. Der Bluträcher wird nicht zweifeln, daß ihm der Erschlagene bei seinem Werke der Rache hilft. So hat sich später der Glaube entwickelt, daß bevorzugte Tote noch die Kraft besitzen, in diese Welt herüberzuwirken, ähnlich wie die Götter. Das ist der Heroenglaube, der im Mutterlande erwachsen und sehr mächtig geworden ist. Noch unendlich wichtiger wird es, daß in Ionien die Seele als der wahre, körperlose, unsterbliche Mensch entdeckt wird, was dann weiter zur höchsten Philosophie und dem ärgsten Schwindel der Nekromantie führt. Andererseits nimmt der Glaube an göttliche Gerechtigkeit Anstoß an dem Glücke der Ungerechten und verlangt eine Ausgleichung nach dem Tode, Lohn und Strafe, also auch ein Totengericht. Aber all das entsteht erst im Laufe vielhundertjähriger Entwicklung.

HOMERISCHE GÖTTER

Es ist eine müßige Frage, was aus der griechischen Religion geworden wäre, wenn sie sich aus dem, was wir bisher betrachtet haben, hätte fortbilden müssen, ohne die Umwälzungen, welche sie erfuhr, als neue Götter und die alten in neuer Auffassung aus Asien in das Mutterland herüberdrangen. Das geschah zuerst durch die Rhapsoden, die das ionische Epos verbreiteten. Durch dieses haben die homerischen Götter allgemeine Anerkennung gefunden, und das hat ganz wesentlich dazu beigetragen, daß die politisch zerspaltene und räumlich weithin zerstreute Nation ihrer geistigen Einheit bewußt ward[1]. Daher ist es unsere nächste Aufgabe, die Götter Homers kennenzulernen. Erst jetzt ist es an der Zeit; man hatte sich im Altertum und noch lange nachher das Verständnis der Religion dadurch verbaut, daß man von Homer ausging, weil die Literatur mit ihm anfängt. Aber er gehört ja nach Asien. Daher finden wir bei ihm nicht nur Götter, von denen die Auswanderer nichts gewußt hatten, sondern auch die altvertrauten Gestalten sehen ganz anders aus, und die Vorstellung von der ganzen Götterwelt ist verändert. Das Epos behandelt altüberlieferte Geschichten, archaisiert daher in vielem und gibt für das äußere Leben, wie es zur Zeit Homers war, wenig aus, aber innerlich, in ihrem Fühlen und Denken, in Religion und Ethik geben

[1] Der Schiffskatalog, der spät in die Ilias eingelegt ist, lehrt die Griechen diese Einheit der Nation, indem er die Helden der Ilias als Herren der Städte des Mutterlandes aufzählt und so gewissermaßen in die alte Heimat zurückführt. Das von den Hellenen nun besetzte Asien soll aber auch berücksichtigt werden. Da kommen die dorischen Inseln zu den Achäern, weil Tlepolemos in der Ilias, Nireus in ihrer Fortsetzung stand. Sonst müssen die Asiaten auf die Troerseite kommen, aber es ist Sorge getragen, daß die jetzt griechischen Städte aufgezählt werden. Die Inseln sind auffällig vernachlässigt.

sich die Dichter unwillkürlich ganz als Menschen ihrer Zeit, und darin, daß sie es ohne Bedenken tun, so daß es später starken Anstoß erregt hat, sind sie schon die rechten Ionier.

Wie sich die Wandlung der Götterwelt schrittweise vollzogen hat, wird uns immer unbekannt bleiben, aber es genügt auch, daß wir uns klarmachen, was die Auswanderung in ein neues Land mit sich brachte. Die Götter waren zum großen Teile an den Boden gebunden gewesen, auf dem sie mit den Menschen lebten und wirkten; weil sie da waren, wurden sie verehrt. Auf dem neuen Boden waren neue Götter und forderten Verehrung. Das bewirkte so lange keine andere Einstellung des Glaubens, als die Götter nur im Elemente wirkten; es waren nur andere Nymphen in Wald und Quelle, andere Flüsse. Aber da waren große Götter gewesen, die hatten bisher die Menschen in Familie und Stamm zusammengehalten. Nun waren die Stämme zersprengt, oft werden auch die Familien zersprengt sein; damit ward der einzelne so wurzellos wie ein *ἀτίμητος μετανάστης*. Die moralischen Bande waren zerrissen, in denen ihn die Gesellschaft seit der Geburt gehalten hatte, der Segen der Ahnen fehlte, und den Göttern mochte nicht vertrauen, wer sich von ihnen preisgegeben fühlte. Wenn in der Erdtiefe auch hier eine Erdmutter wohnte, mochte der Verstand sagen, es müßte dieselbe sein wie zu Hause, für das Gefühl war sie es doch nicht. Wenn nun eine neue Stadt erwuchs, so mußte sie wieder göttliche Beschützer, mußte auch neue Sippen und Geschlechter, auch einen Gründer erhalten, der mit der Zeit die Würde des Urahns erhielt. Sie haben wieder Apaturien gefeiert, Phylen und Phratrien gehabt, aber was so entstand, hat es doch niemals verwunden, daß es etwas Gemachtes war, und die Gründer der Städte waren nicht selten Fremde, höchstens durch Umdeutung zu Hellenen gemacht, wie Poikes von Teos, der zu einem *Ἄποικος* gemacht ward. *Νείλεως* von Milet kann auch nur ein Karer gewesen sein, dessen Verwandlung in Neleus die Pylier nach Milet zog, auf die doch Kolophon ältere Rechte hatte. Die Gleichung ist aber früh vollzogen, als Neleus noch viel mehr der Herr der Erdtiefe war als der Vater Nestors, dem Anax entsprechend, in dem man den ältesten Herrn des Bodens sah, wodurch die Barbaren ausgeschaltet wurden[1].

[1] Sitz.-Ber. 1906, 67. Neben Anax steht in Ephesos *Βασιλεύς*, dessen Kult Agamemnon gestiftet haben sollte, Strabon 642, selbstverständlich demselben Reiche angehörig wie die *Βασίλη* Athens, die Frau des Neleus.

Da die Ilias von den alten Helden erzählte, von einem Kriegszuge in fremdes Land, und da sie zum Vortrage vor dem Herrenstande bestimmt war, finden wir kaum etwas von dem städtischen und dem bäuerlichen Leben, von dem der Frauen erst recht nichts. Daher kommt Demeter kaum vor, weder als Spenderin der Feldfrucht noch als *γυναικεία θεός*. Hera zeigt sich nicht als Schirmerin der Ehe. Nymphen werden gelegentlich erwähnt[1], von den männlichen Waldbewohnern nur die „Tiere“, die Kentauren, und auch sie nur als Gegner der Lapithen im Mutterlande. Eine Hestia können die Achäer im Schiffslager nicht haben. Selbst Hermes erscheint nur einmal als *διάκτορος* handelnd. In der Odyssee findet er samt den Nymphen Verehrung, sobald sie zu dem Landvolke niedersteigt. Das muß man im Auge behalten, damit man nicht glaube, diese alten Götter wären ganz verschwunden; beherzigen soll man vielmehr, daß die Schichten der Gesellschaft und die Stände gemäß ihrem Leben und seinen Bedürfnissen verschiedene Götter haben und auch zu den allgemein verehrten anders stehen, also unter demselben Namen anderes denken. Stattliche Heiligtümer ihren Göttern anzulegen, waren die Ansiedler lange nicht imstande. Aber es hat auch kein einziger althellenischer Gott in den Städten einen alten Kult, der es zu dauernder Berühmtheit gebracht hätte, außer der Hera von Samos, und sie hat sich an die Stelle einer karischen Göttin gesetzt[2]. Allgemein war Poseidon Helikonios verehrt, aber das Bundesheiligtum, das er nach der

Bei Themistagoras (Et. M. *Δαιτίς*) herrscht üble Rationalisierung, aber Basileus hat eine Tochter Klymene, und Klymenos heißt der Herr der Unterwelt öfter, Periklymenos der Sohn des Neleus. Das Geschlecht hat *Βασιλεῖδαι* geheißen, erst später auf den König und Kodriden Androklos umgedeutet (Strabon 633), hat auch einen Tyrannen aus sich hervorgebracht (Aelian Fr. 48) und den Anspruch auf ein priesterliches Ehrenamt behalten, wenn auf Antisthenes bei Laertios IX 6 Verlaß ist. *Βασιλείδης* findet sich als Eigenname in Ionien. *Βασιλεῖδαι* gibt es auch in anderen ionischen Städten.

[1] *Υ* 8 kommen alle Nymphen der Haine, Quellen und Wiesen auf den Olymp, eine ihrem Wesen widersprechende Erfindung. Aber wunderschön ist es, daß die Bergnymphen auf dem Grabe des erschlagenen Landesfürsten Rüstern wachsen lassen, *Ζ* 419.

[2] Daß sie aus Argos mitgekommen war, blieb im Gedächtnis, und sogar ihre Priesterin Admeta, die Tochter des Eurystheus, sollte mitgekommen sein. Aber zugleich war anerkannt, daß die Karer das Heiligtum besessen hatten; selbst geboren sollte Hera auf Samos sein (Pau-

Zerstörung von Melia erhielt, ist nicht ansehnlich gewesen, und der Gott verlor selbst bald seine alte Bedeutung. Athena *πολιάς* mag auf allen Burgen verehrt sein: Stadtgöttin ist sie nirgends geworden außer für das neugegründete kleine Priene. Die alteingesessenen Götter waren übermächtig. So etwas wie die Artemis von Ephesos, den Apollon von Klaros und Didyma hatte es zu Hause nirgend gegeben, denn hinter dem Gotte stand eine politisch bedeutende Priesterschaft. Die Götter forderten Verehrung, auch wenn sie zunächst auf seiten der Feinde standen. Indem diese sich unterwarfen und allmählich hellenisierten, wurden die Götter zu Beschützern der jetzigen Herren des Landes und haben sich auch mehr oder weniger hellenisiert. Aber der Dichter der Theomachie war sich des Gegensatzes noch durchaus bewußt, führt daher auf der troischen Seite nur Götter ein, die den achäischen als Fremde gegenüberstehen, Apollon, Artemis, Leto, Ares, Aphrodite; Hephaistos[1] ist vorher von Hera gegen den Flußgott verwandt, fehlt also hier, obwohl er in Ilios einen Priester hat, *E* 10. Der Sieg ist natürlich bei den achäischen Göttern. Es ist für die Unzulänglichkeit des modernen Verständnisses bezeichnend, daß Zenodotos mit seiner aus religiöser Befangenheit entsprungenen Athetese vielfach Glauben gefunden hat, obwohl der Dichter im Eingange des *Y* die Götterschlacht vorbereitet hatte. Wir finden hier fast alle die später allgemein anerkannten Olympier. Dionysos,

sanias VII 4, 4), und der heilige Lygosbusch, der erhalten blieb (Schede, 2. Bericht über Samos 11), hat zu der karischen Göttin gehört, Menodotos, Athen. 672.

[1] Durch die samische Hera ist dieser komische Krüppel auf den Olymp gekommen. Samier ist er aber nicht, aus Lemnos, wo das Erdfeuer des Mosychlos seine Esse hingezogen hat, auch schwerlich, eher Naxier; auf Chios kommt sein Geselle Kedalion vor. Meine Behandlung des Gottes, Gött. Nachr. 1895, ist von Malten, Jahrb. XXVII, vielfach erweitert, aber an den Feuergott kann ich nicht glauben, auch wenn die metonymische Verwendung schon im Homer steht, denn eine göttliche Person offenbart ihr Wesen in dem, was sie tut. Hephaistos ist Schmied, ist Krüppel, weil das Handwerk denen zufällt, die nicht Krieger werden können. Ein verkrüppelter Gott ist freilich ganz unhellenisch. Daß ich den Hellenen einen entsprechenden Gott zutraute, beweist, daß ich damals die Rezeption des fremden Gottes noch nicht begriffen hatte; mancher begreift sie auch jetzt nicht. Daß die Maler den Gott unter den Olympiern auch in würdiger Gestalt einführten, kann nicht verwundern (J. Hell. St. 24, 301).

der unter diesen niemals ganz heimisch geworden ist, mußte fehlen, denn die Ilias kennt ihn nur auf thrakischem Boden; anerkannt war er also nicht, obwohl er sicherlich bereits wenigstens zu den Lydern gedrungen, deren Nachbarn also bekannt war. Hephaistos, den die Ionier von den Inseln her kannten, hat es durch Homer im Mutterlande doch nur spät und ganz vereinzelt zu einem Kulte gebracht und wird trotz seiner Kunstfertigkeit im Epos nicht ganz ernst genommen. Aphrodite war in das Mutterland von Kypros und Kythera direkt gekommen, also nicht erst in Asien angetroffen, wo aber die Verbindung mit Kypros andauerte. Homer behandelt sie durchaus ohne Ehrerbietung; das *E*, das sie als Olympierin zu einer Zeustochter macht[1], freut sich noch, wie ihr Sohn Aineias und sie selbst von Diomedes verwundet werden. Aineias ist aber hier und sonst nächst Hektor der stärkste Krieger, und das *Y* verspricht ihm und seinem Geschlechte die Herrschaft. Offenbar herrschten Äneaden in der Troas[2], selbständig, aber schon hellenischer Dichtung zugänglich, was sie blieben, als der Aphroditehymnus die Erzeugung des Aineias verherrlichte. In ihm hat Aphrodite viel von der asiatischen Göttin, die den Attis liebt, angenommen, von der Homer noch nichts weiß.

Den Namen Ares zu deuten bemühen sich die Etymologen vergeblich, und wenn eine Erklärung aus dem Indogermanischen gelänge, so würde er immer noch zu keinem Griechen, sondern bliebe der Thraker, wie ihn Sophokles nennt und schon mancher in ihm erkannt hat. Wir haben schon gesehen, daß er den Karer Enyalios verdrängt hat, der in der Ilias mit ihm gleichgesetzt wird. Der *μιαιφόνος ἀλλοπρόσαλλος Ἄρης* ist in der Tat nichts anderes als

[1] Der Dichter brauchte eine Göttin, die der weinenden Aphrodite Trost zuspräche, dazu paßte die Mutter am besten; die mußte freilich erfunden werden. Da griff der Dichter nach einem alten, aber verschollenen Namen, Dione, wie später in Dodona die mit Zeus Naios verehrte Göttin hieß. Man darf aus ihrem Kult auf der athenischen Burg nichts weiter schließen, als daß sie und der Naios, die dodonäischen Götter, dort einmal Altäre erhalten haben, Dragumis *Δελτίον* 1890, 145.

[2] Andere solche Dynasten führten sich auf einen Sohn Hektors Skamandrios zurück, den sie aus dem *Z* nahmen, aber von Astyanax unterschieden. Diese Dynasten erklären, warum die Troas nicht hellenisch geworden ist. Der Rasse nach konnten sie nur Thraker sein, denn Ainos ist nicht wie Aineia von Aineias gebildet, sondern umgekehrt. Die Bildung ist äolisch; Stheneias heißt ein Aeoler der Troas IGA. 503. *Ἑρμείας, Αὐγείας* zeigt die Bildung im Mutterlande.

der ξυνὸς Ἐνυάλιος, der ἀνδρειφόντης. Aber der Thraker war so mächtig, daß ihn die Ionier zum Sohne des Zeus erhoben. Die Gewalt der einwandernden thrakischen Stämme erfuhren zuerst die Äoler in Asien, wo Ares sogar ein Orakel hatte (Herodot VII 76), dann die Ionier, zumal als sie sich auf den thrakischen Inseln und an der Küste des schwarzen Golfes anzusiedeln versuchten. Die Äoler haben den fremden Namen als Ἄρευς übernommen, die Ionier als Ἄρης, daher mischen sich beide Deklinationen im Epos; die Messung des *a* schwankt. Wie Hephaistos schon einmal für Feuer gesagt wird (*B* 426), so steht Ares häufig für Krieg und Totschlag; er kann sogar in einer geschleuderten Lanze stecken (*N* 444). Später ist diese Metonymie noch erweitert[1]. Als der homerische Gott allgemein anerkannt war, kann er in Eidesformeln, namentlich Bündnissen, erscheinen, aber keine Stadt hat ihn zu ihrem besonderen Beschützer[2], Homer hat die Namen Ἀρηίθοος und Ἀρηίλυκος; da er theophore Namen nicht kennt, ist ἄρης Krieg, genauer das äolische ἄρευς, ἄρηος. Erst in später Zeit erscheint ein Name Ἄρειος[3]. Nicht die Verteidigung des eigenen Landes, sondern der Angriff des Feindes kommt von Ares. Thraker, Phlegyer, vor allem Amazonen sind seine Völker. Die bösen Könige Oinomaos und der Thraker Diomedes sind seine Söhne, auch der Drache, den Kadmos erschlagen muß, stammt von ihm, weil aus seinen Zähnen Krieger entstehen, die einander morden. Herakles klagt in der Alkestis 502, wie schwer es ihm wird, mit den Söhnen des Ares fertig zu werden[4]. Der Areshügel bedroht die Burg von Athen, daher

[1] Wer nicht mehr kriegstüchtig ist, in dem ist kein Ares, Aischylos Agam. 78; Sophokles läßt ihn gar die Pest senden, verwünscht ihn in seine thrakische Heimat und nennt ihn τὸν ἀπότιμον ἐν θεοῖς θεόν, Oed. 190, 215.

[2] Wenn in Lamia und einigen benachbarten Orten ein Monat Ἄρειος heißt, so sind die Monate nach den zwölf Göttern benannt. Dagegen ist der Ἄρειος des bithynischen Kalenders bedeutsam: da ist er der thrakische Gott.

[3] Merkwürdig, daß im dritten Jahrhundert ein spartanischer König Ἀρεύς heißt, nach ihm dann auch ein spartanischer Lyriker.

[4] Er nennt einen ganz unbekannten Lykaon, Diomedes und Kyknos. In dem hesiodischen Schilde kämpft er mit Ares selbst, aber das ist ein Abklatsch des *E*. Der Held „Schwan" hat hier nichts mehr mit dem Vogel zu tun, wohl aber bei dem Kyknos, den Achilleus überwindet. Offenbar hat er es zuerst zu Hause getan, und da wird der Schwan noch etwas bedeutet haben. Jetzt war Achilleus durch Herakles ersetzt, der

heißt er nach Ares, dessen Töchter, die Amazonen, dort gelagert haben; es wird schon eine Erinnerung an alte Kämpfe in der Sage stecken. Später denkt man nur an die Stätte des Mordprozesses, der bei Ares verhandelt wird, und dann muß der Gott seinen Tempel erhalten. So macht das Wesen des Gottes keine Schwierigkeit. Nur seine Verbindung mit Aphrodite erfordert noch ein Wort. Die Ilias weiß nichts davon, und der Schwank des Demodokos spielt nur weiter mit der Erfindung eines Hephaistoshymnus, den ich vor Jahren inhaltlich herstellen konnte. In ihm erhielt Hephaistos die Aphrodite zur Frau, offenbar in demselben Sinne, in welchem er im *Σ* die Charis hat, als Vertreterin des Reizes und der Anmut seiner Werke. Ares schien dann als strammer Krieger berufen, den Krüppel zum Hahnrei zu machen. Möglich ist, daß schon damals Ares und Aphrodite als Eltern der Harmonia verbunden waren, die Kadmos zur Frau bekam. Mit dieser Ehe begann für die Thebaner die menschliche Gesittung, denn *Κάδμος* (gesprochen *Κάσμος*, wie die athenischen Vasenmaler auch schreiben; genauer wäre *Κάζμος*) war ihnen mit Recht oder Unrecht *κόσμος*, und die *ἁρμονία* entstand durch die Verbindung von kriegerischem Sinn mit dem aphrodisischen, den die *πάνδημος* verleiht. Denn wo das Strenge mit dem Zarten, wo Starkes sich und Mildes paarten, da gibt es einen guten Klang. Das ist hübsch und tief, aber es ist bereits symbolisch, Dichtung, die Religion geht es nichts an. Das gilt von der Verbindung der beiden Götter überhaupt, auf der Kypseloslade ebenso wie auf den pompejanischen Bildern oder bei Aischylos Hik. 663. Der Doppeltempel der beiden vor dem Tore von Argos[1] (Pausanias II 25, 1, von Polyneikes gestiftet, weil der das Halsband der Harmonia mitbrachte) ist mit Recht auf die Heldentat der Telesilla bezogen, in der sich der *Ἄρης γυναικῶν* offenbarte (Ps. Lukian *Ἔρωτες* 30). Ares unter den großen Göttern ist schlechterdings unbegreiflich, wenn man den Thraker in ihm verkennt. Die Griechen Asiens hatten seine Stärke an sich erfahren, daher war er ihnen wie Apollon ein Sohn des Zeus; aber dem Dichter des *E* war es zuwider, daß er ihn auf dem Olymp einführen mußte, er behandelt ihn daher mit Hohn, läßt den ungeschlachten Riesen von Athena hinstrecken, und Zeus ge-

im Dienste des Apollon von Pagasai focht, auch das eine Neuerung. Aber schwerlich zufällig ist eine Beziehung zu dem König Keyx, auch einem Vogel; dessen Gattin Alkyone kennt die Ilias *I* 562.

[1] Der Ares von Knossos, Schwyzer 83, kann aus Argos stammen.

steht, daß er ihm unausstehlich ist. In der Tat, der Ares des *E* kann kein hellenischer Gott sein, und wenn er Blut trinkt, *X* 267, ist er ein Barbar.

Apollon, Artemis und Leto sind schon *E* 447 zu einer Trias verbunden, sie pflegen den verwundeten Aineias in dem Tempel, den Apollon in Ilios hat. Diese Trias ist auch später allgemein anerkannt, auch in Delos und Delphi, aber sie hat keine religiöse Bedeutung, Herr der beiden Orte ist Apollon, und Artemis hat neben ihm ihren Tempel und ihren Kult. So ist es überall. Leto tritt überall und immer ganz zurück, hat in Hellas nur ganz vereinzelt einen Kult[1], aber auf Kreta heißt eine Stadt nach ihr, und in Lykien hat sie die Zwillinge geboren[2], hat auch ein großes Heiligtum, *Λητῷον*; von ihrer späteren Verehrung im Innern Kleinasiens sehe ich ab, weil ich den Wert der Zeugnisse nicht beurteilen kann; es wird damit ebenso stehen wie mit dem Apollonkult. Schwerlich ist die Gleichsetzung ihres Namens mit dem lykischen *lada*, Weib, abzuweisen. Da man in Delos nur von der Geburt des Apollon[3], in Ephesos von der der Artemis[4] redet, stammt die Geburt der Zwillinge und damit die Trias unweigerlich aus Lykien, mag aber auch in nördlichere Apollonkulte aufgenommen sein, von denen sie die Griechen übernahmen. Daß der Name Artimis lydisch ist, steht nun fest. Die Griechen haben das i nur in ursprünglich lydischen Namen wie *'Αρτίμμας* bewahrt, sonst *ε* oder *α*

[1] In Argos Pausanias II 21, 8, Herzog, Philol. LXXI 13. Weihung eines Korinthers Simonides 134 Bgk., in Delphi bekommt sie an den Theoxenien *γηθυλλίδες*, Knoblauch, Athen. 372.

[2] Inschrift von Sidyma *TAM* 174 = Benndorf, Reisen in Lykien I 80, 14.

[3] Daß Pindar von der delischen Geburt der Zwillinge reden kann, beweist gegenüber dem homerischen Hymnus nichts, Fr. 88, Oxyr. 1792.

[4] Den Platz der Geburt, das echte Ortygia, hat J. Keil nachgewiesen, Österr. Jahresh. XXI. XXII 113. Zuzufügen ist Hesych *Κηρύκειον ὄρος τῆς 'Εφέσου, ἐφ' οὗ μυθεύουσι τὸν 'Ερμῆν κηρῦξαι τὰς γονὰς 'Αρτέμιδος*. Theognostos S. 129 fügt hinzu *Διὸς προστάξαντος*. Das ist der von Keil neben dem Solmissos erwähnte Berg. Als in Didyma der große Neubau in Angriff genommen ward, erfanden die Priester, die Geld brauchten und für den Kult Propaganda machten, in dem Allerheiligsten wäre das Beilager von Zeus und Leto vollzogen, da sie die Geburt ihres Gottes nicht behaupten konnten. Schlimm, daß diese im Grunde frivole Verlegenheitserfindung verkannt wird.

an die Stelle gesetzt, *α*, um in dem Namen die „Schlächterin" zu finden. Ebenso sagen sie *'Απόλλον 'Απέλλων*, auf Kypros *'Απείλων*, in Thessalien *"Απλουν*, ganz wie die Etrusker *aplu*[1]. Hier aber kennen wir die echte Form nicht, und jeder Versuch der Deutung ist aussichtslos; die aus dem Griechischen in alter oder neuer Zeit versuchten sind gleich unsinnig. Die Lykier haben den Gott anders genannt, vermutlich auch die lydische Artemis. Es versteht sich ja von selbst, daß der Gott, den die Griechen Apollon nennen, weil sie denselben bei den verschiedenen Völkern von der Troas bis Lykien hin anzutreffen meinten, nicht überall gleich gerufen ward; wo sie Apollon hörten, wird vielleicht noch einmal herauskommen, jetzt ist es unmöglich. Seine Kultplätze in der Troas außer Ilios zählt das *A* auf; Thymbra kam in anderen Epen vor. In Mysien liegt Gryneion, zufällig erst später erwähnt, dann die berühmtesten Klaros und Didyma, um den von Knidos sammelt sich die dorische Hexapolis, auf Kos gehört ihm der Zypressenhain, in den sich Asklepios erst spät eingedrängt hat, Halasarna und Isthmos. Auch in den meisten ionischen Städten und auf den Inseln hat er alten und starken Kult. Da kann es gar nicht anders sein, als daß die verschiedenen Völker auch andere Namen hatten, sei es, daß sie eigene Götter mit dem Apollon ausgeglichen hatten, sei es, den Gott nach einem Orte nannten oder euphemistisch den eigentlichen Namen vermieden. *Φοῖβος 'Απόλλων* kann gar nicht anders aufgefaßt werden als *"Αρτεμις 'Ορθία, "Αρης 'Ενυάλιος, Παλλὰς 'Αθήνη*[2]. Nicht anders steht es mit *"Εκατος*, das zu der *'Εκάτη* gehört, von den Griechen teils übernommen, teils um es zu deuten, zu *ἑκατήβολος*, dann *ἑκήβολος* erweitert, die sich aus dem Griechischen nicht erklären lassen. Von Artemis haben wir früher gesehen, daß sie viele hellenische Göttinnen unter ihrem Namen vereinigt hat, die in ihrem Wesen kaum verschieden waren, oft auch trotz dem fremden Namen die alten blieben. Daß anderswo die Lyderin manches von ihrem Wesen hineintrug, konnte nicht ausbleiben, doch ist nicht übernommen, daß sie Frauen plötzlichen Tod gab wie bei Homer. Die Karerin Hekate wird der Ephesierin wohl verwandt

[1] In Chios heißt der Gott, soviel ich sehe, nur *'Απόλλων*, aber in den abgeleiteten Menschennamen wiegt *'Απέλλων* vor; auch der ephesische Maler heißt Apelles.

[2] Alle Deutungen von *φοῖβος* sind willkürlich aus dem Wesen des Apollon genommen; *φοιβάζειν, φοιβάς* geht die mantische Ekstase an, *φοῖβος* 'rein' wohl erst den delphischen Gott.

gewesen sein, wird ihr in Hellas oft gleichgesetzt. Es ist mir wenigstens nicht möglich, über das eigene Wesen der asiatischen Göttinnen, die Artemis für uns heißen (Perge, Ikaros), etwas auszusagen, nicht einmal über die lydische Ephesierin. Apollon erscheint bei Homer ebenso als Sender des Todes, mit Artemis zusammen erschießt er die Kinder der Niobe, das einzige Mal, wo die Geschwister zusammen wirken. Er sendet auch die Pest[1] und wird den Achilleus erschießen. In Ilios hat er seinen Tempel und greift immer wieder zugunsten der Troer in die Kämpfe ein. Aber er steht dem Zeus mit Athena am nächsten, und die Dichter behandeln ihn immer mit der höchsten Ehrfurcht. Darin liegt zur Genüge, daß die hellenischen Einwanderer einen zuerst feindlichen Gott verehren gelernt haben, den sie überall vorfanden. Die Wurzel des Glaubens an diesen Gott zu finden ist ausgeschlossen, denn die Griechen haben ihn als eine fertige göttliche Person vorgefunden, die weder mit irgendeiner elementaren Naturkraft noch mit einer besonderen Sphäre des menschlichen Lebens wesenhaft verbunden war. Er ist zu eigenartig und zu groß, um sich recht in den Kreis der Olympier einzufügen; im Glauben der Hellenen ist er noch immer größer geworden, so daß sie ihn oft *ὁ θεός* nannten und schon ihre ältesten Theologen die Sonne in ihm sahen, weil er *πάντων θεῶν πρόμος* war wie diese.

Erschlossen haben sie dem Gotte von Klaros und Didyma ihr Herz, weil er da war und sie zunächst seine Macht fühlen lehrte. In Delos lernten sie seine Geburtsstätte kennen, wenn dieser Glaube nicht erst daraus entstanden ist, daß sich der Kult von hier aus nach den Kykladen, nach den dorischen Inseln und nach dem Mutterlande verbreitete. Delien, Filialen, deren es so manche gab, sind schon entstanden, als das winzige Eiland noch karisch war[2]; es hat ja nur durch seinen Gott Bedeutung erhalten, und daß der Dienst karisch war, steht hier außer Zweifel, denn wie in

[1] Sehr bezeichnend, daß Sophokles im Oedipus die Pest nicht mehr auf ihn zurückführen kann, sondern ihre Abwendung von ihm erhofft. Sie ist durch ungerochene Blutschuld hervorgerufen, deren Sühnung gerade der Pythier verlangt, also um Rat und Hilfe gebeten wird. Ihm schreibt Oedipus sein Unglück zu.

[2] In dem Delion von Paros hat Rubensohn einiges Vorgriechische gefunden, was nicht zu verwundern brauchte. Als Hellenen auf Paros saßen, erhielt auch *'Αθηναίη Κυνθίη* einen Platz, IG. XII 5, 210. Vgl. über Delos meine Anzeige von Plassarts Délos XI, Gött. Anz. 1929.

Didyma hatten sich in den rituellen Liedern fremde unverständlich gewordene Formeln erhalten[1]; der Dichter war der Lykier Olen; der Hörneraltar war auch nicht griechisch[2]. Daß der Gott von Delos aus nach dem Mutterlande, gerade auch nach Delphi gekommen ist, hat immer festgestanden, auch daß er sich da an die Stelle der Ge und des Poseidon gesetzt hat, der in dem *χρηστήριον* des Apollon immer seinen Altar behielt. In Theben liegt das Ismenion vor der Stadt, in Athen das Delion und das spätere Pythion; vor dessen Bau hatte der Gott nur eine Höhle außerhalb der Burgbefestigung. In Gortyn heißt der hochaltertümliche Tempel Pythion, sein Apollon ist also von da eingeführt, in Argos ist der Gott *Πυθαεύς*. In Arkadien gibt es gar keinen Apollonkult, der auf hohes Alter Anspruch machen kann[3]. Wo ist überhaupt in Hellas ein Apollonheiligtum, das nachweislich von Delos oder Delphi unabhängig wäre? Wer den Apollon von den Griechen des Mutterlandes ableitet, der setzt sich über die gesamten Tatsachen und über die antike Tradition gerade von Delphi hinweg. Otfried Müller hat das getan, und wie die Kenntnisse und Anschauungen seiner Zeit waren, durfte er ihn für den dorischen Gott erklären.

[1] Das ergibt sich aus dem delischen Hymnus, Homer und die Ilias 451.

[2] Den Altar läßt Kallimachos, Hymn. 2, 60, von Artemis aus Hörnern von *αἶγες Κυνθιάδες* flechten. Einstmals mag es auf dem menschenlosen Eiland Wildziegen gegeben haben, aber daß derselbe Dichter in Epigramm 62 diesen *Κυνθιάδες* zurufen kann, sie hätten nun Ruhe, weil Echemmas seinen Bogen der Artemis geweiht hat, steht zu dem übervölkerten Delos und dem Kynthos in befremdendem Gegensatz. War dieser dem Dichter noch nicht bewußt oder ließ er alle Wildziegen von denen des Kynthos stammen? Ich beanstande das Gedicht nicht mehr, aber ich verstehe diese *Κυνθιάδες* nicht. Zufällig lebte gerade zur Zeit des Kallimachos auf Delos ein *Ἐχέμας*, IG. XI 2, 203 B 7.

[3] Eine Statue kann das überhaupt nicht, und der *Βασσίτας*, der später als Epikurios den prachtvollen Tempel erhielt, IG. V 2, 429, oder der *Κερεάτης* in der Aigytis, Pausan. VIII 34, 5, liegen am Rande des eigentlichen Arkadien, und niemand wird sie in die Urzeit rücken. Von allem Späteren sehe ich ab. Nur in Tegea heiligt der Gott die vier *ἀγυιαί*, die zu den Dörfern führen, aus denen die Stadt zusammengewachsen ist, Pausan. VIII 53. Die aetiologische Geschichte besagt nichts, aber die Heiligung der Straßen führt darauf, daß der Gott bei der Stadtgründung da war. Wann das war, ist unbekannt, aber vor die allgemeine Rezeption des Gottes kann man es nicht ansetzen. Am Lykaion hat der Gott einen Hain, Pausan. VIII 38, 8, aber neben Pan und Zeus ist er offenbar ein Zuwanderer, hieß auch *Πύθιος*.

Wenn er von seiner Reise heimgekehrt wäre, würde er, wie seine Briefe zeigen, die Einseitigkeit seiner Dorier überwunden haben. Es ist nur eine spaßhafte Umkehrung, daß Ed. Meyer den Gott zugleich für ionisch und für griechisch erklärt. Da haben der Priester Chryses und der Prophet Branchos ihn wohl bei den Äolern und Ioniern kennengelernt, und Homer hat ihn aus dichterischem Spiele zum Feinde der Achäer gemacht. Eigentlich sollte die Heiligung der Siebenzahl im Dienste des *Ἑβδομαγέτης* zum Beweise genügen, daß er kein Hellene, kein Indogermane sein kann.

Als Eindringling zeigt sich Apollon auch dadurch, daß er einen älteren Gott aus seinem Besitze verdrängt, der dem vornehmen olympischen Bruder schon darum weichen mußte, weil er auf die Erde gehörte. In unserem Hermeshymnus steckt eine gut erfundene Erzählung, die darauf hinaus läuft, daß Hermes die Leier an Apollon abgibt und dafür die Sorge für die Herden erhält. Darin liegt, daß Apollon nicht der *νόμιος* bleibt, wie er doch manchmal heißt, also auch als solcher gegolten hat, aber nicht durchgedrungen ist; es paßte auch für den nicht mehr, der er in Delphi geworden war, wo man doch von den Wundern zu erzählen wußte, die er als Hirt des Admetos vollbracht hatte, aber nur, als er vom Olymp verbannt war. Andererseits hat Hermes die Musik an Apollon ganz verloren, so daß seine Erfindung der Leier uns allein davon unterrichtet, daß sie ihm ursprünglich unterstand. Die Erfindung der Syrinx, die ihm ein jüngeres Stück des Hymnus zuschreibt, ist ein schlechter Ersatz. Er spielt sie auf Nymphenreliefs, denn ihr Chorführer blieb er, und doch ist Apollon auch *Νυμφηγέτης* in der Theogonie 347, auf dem thasischen Relief, auf Samos (Bull. Corr. Hell. IV 335). Der Apollon *ἀγυιεύς* macht dem Hermes vor der Haustüre Konkurrenz, und in Thessalien ist er gar *κερδοῖος* geworden (IG. IX 2, 521 u. ö.). Zur Ergänzung des Nachweises, daß Apollon in Europa zugewandert ist, würde ein Kenner des inneren Kleinasiens aus den Inschriften zeigen können, daß er nicht bloß in den hellenisierten Küstenstrichen, sondern tief in die Halbinsel hinein einer der meist verehrten Götter war. Ich kann das nicht, aber es genügt wohl, daß Sir W. Ramsay sich nachdrücklich geäußert hat, Journ. Hell. Stud. 1928, 47.

Diese fremden Götter haben alle in dem Kreise der Olympier Aufnahme gefunden außer Leto, die nur durch ihre Kinder Bedeutung hat. Der Kreis ist sehr früh in Ionien in den „Zwölf Göttern“ zusammengefaßt und begrenzt. Ort und Zeit wird dadurch bestimmt, daß Hephaistos aufgenommen ist, an den anderswo niemand denken konnte, Dionysos aber noch fehlt. Daß Hestia und Demeter nur den Kriegern der Ilias fernlagen, das Volk ihnen treu blieb, zeigt ihre Aufnahme. Der Kultus dieses Vereines der großen Götter ist vor allem in den ionischen Städten nachweisbar, wird sich von da verbreitet haben, auch die Bezeichnung ihres Heiligtumes als *Δωδεκάθεον*, z.B. auf Kos und Delos, das dem hellenistischen *Πάνθειον* zum Vorbilde gedient hat[1]. Aus Athen kennt jeder den von Peisistratos gestifteten Altar auf dem Markte, der Asylrecht erhielt und daher den Namen *ἐλέου βωμός* verdiente, woraus erst spät ein Kult des *Ἔλεος* erwuchs; verständlich, aber auch wichtig, daß das Volk bei den Zwölf schwur[2]. Gleiche Verehrung ist in Hellas spärlich[3]; man konnte auch die in den Zwölf zu-

[1] Welcker, Götterl. II 166 hat Stellen genug gesammelt. Natürlich galt ein solcher Kult für uralt. Deukalion hat ihn nach Hellanikos 6 Jac. gestiftet. Bis in späteste Zeit behält die Zwölfzahl in der Theologie ihre Bedeutung, Sallustius 6.

[2] Aristophanes Ritt. 235. Menander Kolax Fr. 1 *θεοῖς Ὀλυμπίοις εὐχώμεθα, Ὀλυμπίαισι πᾶσι πάσαις*, wo Jensen *Ὀλυμπίασι* nicht behalten durfte, Olympia ist ja unsinnig. In der Formel erlaubt sich Menander die volle Dativform, ganz wie Aristophanes Thesm. 331. Ein athletischer Sieger weiht im fünften Jahrhundert ein Denkmal den Zwölf, verschollene Inschrift IG. I 829. Amphis *Γυναικομανίαι*, Athen 642a, läßt eine Anzahl Delikatessen aufzählen, worauf der Zuhörer sagt *ὀνόματα τῶν δώδεκα θεῶν διελήλυθας*. Obgleich es spaßhaft wäre, will ich nicht hersetzen, was jemand daraus gemacht hat.

[3] In Olympia hat Herakles den Zwölf Altäre gebaut, so ist Pindar Ol. 10, 49 immer verstanden, der hinzufügt, mit ihnen hätte auch Alpheios Ehre erhalten und nach Kronos wäre der Hügel genannt. Um 400 erhielten auf sechs Altären sechs Paare Opfer, Herodor im Schol. Ol. 5,10. Da haben vier der Olympier weichen müssen, um dem Alpheios, dem Dionysos mit den Chariten, einem bekannten eleischen Kult, und dem Kronos mit Rheia Platz zu machen. Zu Pindars Zeit war das anders, da er für zwei von diesen andere Ehren nennt. Wir fassen damit die Änderung, zu der der Anspruch auf die Zeusgeburt gehört, den man aus dem *Ἰδαῖον ἄντρον* in Ol. 5 vermuten konnte. – Befremdend ist, daß im Scholion Apollon. 2, 532 in einer Aufzählung der Zwölf Hades steht, Artemis fehlt, was nicht mit rechten Dingen zugehen kann. Den oft begangenen Fehler, dies dem Herodor beizulegen, hat Jacoby, Fr. 47, vermieden. Hera fehlt auch in L, in FP an falscher Stelle eingesetzt. Hades erhält aber auch bei Platon einen Monat; da wird Hestia fortgeblieben sein, wie es im Phaidros 247a begründet ist. – Im Herme hymnus 128

sammengefaßten Namen etwas ändern, aber als der Bauernkalender des Eudoxos die Zwölf zu Monatsgöttern gemacht hatte, was Platon in dem Mythos des Phaidros und in den Gesetzen 828 voraussetzt, sind die Zwölf nach Italien gekommen, und Ennius, Annal. I 37, hat die lateinischen Namen in zwei bekannte Hexameter gepreßt.

Die Geltung dieser großen Götter, wie sie in der Ilias erscheinen, ist sehr verschieden. Neben Zeus tritt machtvoll, oft ihm widerstrebend, Hera hervor; sie kann den Helios zwingen, rasch in den Okeanos zu tauchen. Poseidon kommt auch in Gegensatz zu Zeus, als er den Achäern hilft, muß aber dem älteren Bruder weichen. Dem Zeus am nächsten stehen Apollon und Athena, und als solche ruft sie Agamemnon neben Zeus an (Δ 288), wie sie denn auch von den Menschen am höchsten geehrt werden. Apollon steht freilich ganz auf der Troerseite, Athena ist dafür Helferin der Achäer und ihrer einzelnen Helden. Daß sie in deren Burgen wohnen wird, schließen wir daraus, daß sie selbst in Ilios einen Tempel hat. Als *ἐργάνη* hat sie nur keine Gelegenheit aufzutreten. Die drei althellenischen Götter sind es auch, die sich einmal gegen die Herrschaft des Zeus empört haben (Δ 400). Offenbar war Athena die Göttin, auf die der Krieger am meisten vertraute, aber Apollon war nicht minder mächtig, zur Zeit noch mehr gefürchtet als geliebt. Diomedes, der Ares und Aphrodite angreift, weicht ihm sofort. Unter Zeus stehen sie alle, er gebietet wie ein Hausvater über seine Familie, und auf dem fernen Olympos, dessen Lage in dem längst nicht mehr hellenischen Pierien ziemlich mythisch geworden ist, steht seine Halle, in der sich die Familie zum Mahle versammelt. Mit diesem Glauben ist die Vorstellung von der Götterwelt von Grund aus verändert. Bei Homer finden wir das Neue fertig vor, nirgends wird eine Belehrung darüber gegeben, es war also den Dichtern und den Hörern so selbstverständlich wie die Existenz der Götter. Wir übersehen also nicht, wie sich der Glaube unter den neuen Eindrücken und Erfahrungen gewandelt hat; ohne Frage haben einzelne Führer, Dichter eher als Propheten, bestimmend eingewirkt, aber auch die Dichter sagen ja nur, was die Muse ihnen eingibt. Sie sprechen aus, was die

macht der Gott zwölf Opferteile; das bezieht man mit Recht auf die Zwölf. Daß er selbst dazu gehört, beachtet der Poet nicht; man versteht überhaupt nicht, was das Schlachten soll.

anderen aufnehmen, weil sie nur dunkeler ebenso empfinden, denn auf alle wirkt die neue Umgebung, das Leben in dem neuen Lande, in derselben Richtung. Die an den Ort gebundenen Götter waren aus der Heimat nicht mitgekommen, man mußte sie aus der Ferne zum Opfermahle heranrufen; nur langsam haben die meisten auch hier ihre Heiligtümer erhalten, selbst die Hera von Samos, die aus der Argolis, dem einst mächtigsten und geistig fortgeschrittensten Lande, gekommen war, hatte sich an die Stelle einer Karerin gesetzt[1]. Athena, die Schildjungfrau, die von den Fürsten und Kriegern verehrt ward, war daher zwar Burgherrin, aber nicht an eine bestimmte Burg gebunden, und so ward sie nur bei den Ioniern *πολιοῦχος*, nun Stadtgöttin, und blieb den Kriegern so hilfreich, so nah, wie wir es in der Ilias finden. Hera und sie, daneben Poseidon, sind die treuen Beschützer der Hellenen auch gegen die nun ebenso hoch verehrten asiatischen Götter. Zeus sitzt auf dem Ida bei Homer oft genug, und daran, daß dort von den Eingeborenen ein Gott stark verehrt ward, ist kein Zweifel, wie denn auch Äoler hinaufgezogen sind[2], aber der hellenische Zeus muß doch vom Olympos herüberkommen, der längst nicht sein einziger, aber wegen der weithin sichtbaren Kuppe sein bevorzugter Sitz gewesen war. Andererseits waren die in Asien angesessenen Götter nun übernommen und mußten zu Hellenen gemacht, also auch nach Hellas überführt werden, eingeordnet in die Gesellschaft der alten Götter, oder vielmehr mit diesen in eine große Gesellschaft, denn erst das Zusammenwohnen von Menschen verschiedenster Herkunft hat auch die Götter, welche sie nun alle verehrten, zusammengeführt. Viele von diesen hatten bei innerlicher Übereinstimmung verschiedene Namen geführt, da war der Erfolg, daß sie nun unter einen traten, der auch ein fremder sein konnte. Gelöst ist die Aufgabe durch den Familienverband, in dem die Götter Homers stehen: Apollon und Artemis und Ares werden zu Kindern des Zeus, Hephaistos zum Sohne der Hera, ohne daß er einen

[1] Wie alt die Demeter von Knidos war, bleibt unbestimmt; daß die Frauen ihren Kult allgemein fortübten, scheint selbstverständlich. Die Athena von Lindos ist mit einer vorgriechischen Gottheit gleichgesetzt; die von Ilion erst auf Grund des *Z* geschaffen.

[2] Belege Griech. Versk. 169. Später hat den Platz die Göttermutter eingenommen. Die lesbische Weihung an eine *Ἀθηνᾶ Ἰδηνά*, IG. XII 2, 476 zeigt, daß die Hellenen ihre Göttin dem Zeus gesellten, wie auf Delos dem Kynthios.

Vater hat[1]. Damit sind sie alle auf den Rang erhoben, den Athena eingenommen hatte, weil sie eng mit Zeus verbunden und wohl schon als seine mutterlose Tochter galt, wie sie es bei Homer ist[2]. Auch Aphrodite heißt im *E* seine Tochter von Dione, die sonst ganz verschollen ist; diese Genealogie, wohl Augenblickserfindung, hat sich nicht behauptet. Zu diesen Kindern des Zeus kommt noch seine Ehefrau Hera und Hermes, zwar ein Sohn des Zeus, aber hier mehr sein Diener: so tief rangiert er jetzt; Iris ist Dienerin; das *Y* erwähnt Ganymedes als Mundschenk. So fehlen bereits hier die *πρόσπολοι* der großen Götter nicht, die später so zahlreich werden. Mitgerechnet muß Poseidon werden, aber er tritt bei Homer oben nicht auf, hat im *N* auch seinen Palast in Aigai. Das ist bedeutungsvoll. Aphrodite geht zwar im *Γ* nach ihrem Kypros, und Chariten warten ihr dort auf, aber Hera trifft sie im *Ξ* auf dem Olymp. Das *A* zeigt uns gleich ein Mahl der versammelten Götter mit Musik und Tanz. So führen die *μάκαρες* ihr leichtes Leben, *ῥεῖα ζώοντες*, worin zugleich liegt, daß es den Menschen schwer ist. Sie alle haben einen schönen Menschenleib, nur in der Schönheit verschieden; der Krüppel Hephaistos wird ausgelacht; die eigene Mutter hätte den Neugeborenen am liebsten beseitigt. Störung der göttlichen Seligkeit bewirken nur die Menschen, denn ihnen widmen die Götter ganz persönlich Liebe und Haß, alle, auch Zeus, der die Macht hat, allen Göttern zu gebieten, wie es dem Hausvater zukommt, *πατὴρ ἀνδρῶν τε θεῶν τε*, aber den Gang der Natur

[1] Der Vers *Ξ* 338 ist aus 166 gemacht, und nur daher sieht es so aus, als ob Zeus der Vater wäre, was der Dichter nicht beabsichtigt hat; das Schlafzimmer Heras hatte ihr Sohn auch für Zeus gemacht, wenn er sie besuchen wollte. Auf die verdorbene Stelle bei Harpokration *αὐτόχθονες* ist nichts zu geben, vgl. Schroeder zu Pindar Fr. 253. Es ist klar, daß Samos den auf den Inseln verehrten Hephaistos mit seiner Göttin verbunden hat; dort wird man ihn mit mehr Ehrfurcht als in der Ilias behandelt haben. Daß Hera ihn ohne männliche Befruchtung gebiert, wie Hesiod Theog. 927 angibt, läßt erkennen, daß Zeus nicht der Vater eines Krüppels sein konnte. Die Vaterlosigkeit wird später so wenig wie die Vaterschaft des Zeus erwähnt.

[2] So steht es unleugbar *E* 875. In den Scholien A, ergänzt durch BT zu 880, bestreitet es Aristarch vergeblich und meint, Hesiod hätte die Scheitelgeburt aus Mißverständnis des homerischen Verses erfunden, für seine Kritik bezeichnend. Wichtig ist nur, daß der Epiker die Scheitelgeburt vermeidet, die ihm anstößig war. Daß Zeus die Athena selbst hervorgebracht hat, behält er bei.

kann der Wille eines Gottes wohl aufhalten, aber nicht verhindern. Der Lauf der Sonne mag beschleunigt oder hinausgeschoben werden, aber Nacht und Tag kommen doch in ihrem ewigen Wechsel, und Zeus muß sich darein finden, daß Hektor einmal sterben muß. Streit und Kampf ist auch unter den Göttern um der Menschen willen. Der Dichter hat die Götter zu unsterblichen Menschen gemacht; damit ist auch ihre Seligkeit getrübt; sie kennen auch die Träne. Wohl ist das Dichtererfindung, die Verwundung der Aphrodite wird ihre Verehrer nicht beirren, und die Schäferstunde auf dem Ida dem Glauben an die Majestät des Zeus keinen Eintrag tun, aber zwischen der Wahrheit und dem Truge in den Worten der Muse ist keine feste Grenze, Mythologie ist durch Homer von dem Glauben an die Götter nicht geschieden. Es war das Verhängnis der hellenischen Religion, aber Homer kann dafür nicht gescholten werden, daß die Hellenen, weil sie sich dem Zauber seiner Poesie ergaben, auch den Trug seiner Muse als Wahrheit nahmen. Des Wahren hatte er in seinem Bilde des menschlichen Lebens, auch des Innenlebens, genug gesagt, und gerade in seiner schrankenlosen Freiheit, die auch mit den Göttern spielte, weht schon der Geist, der die Ionier zu der Wissenschaft führen sollte; auch die Fäden fehlen nicht, die bis zu der Gottheit Platons führen, und dieser wieder mußte den Homer verbannen, weil er selbst nun der Homer der wahren Religion geworden war, die mit der Schönheit zugleich die Wahrheit in Gott gefunden hatte.

Vater und Herr der Götter und Menschen ist Zeus geworden. Der Gott, der das Wetter machte, wirkte am sinnfälligsten über alle Lande und Meere. Den unwiderstehlichen Blitz führte er in den Händen, gab also Sieg und Niederlage. In seinem Namen mag auch von alters her so viel gelegen haben, daß er *ὁ ϑεός* sein konnte, wie es nachher sein Sohn Apollon geworden ist. So ward sein alter Sitz in den Wolken des Olympos zu dem Palaste, der alle seine göttlichen Kinder beherbergte, in dessen Halle das *Y* alle Götter der Welt versammelt. Es mag zuerst kein bedeutsamer Schritt gewesen sein, als der Olymp dem Himmel gleichgesetzt ward, denn *οὐρανόϑεν* kommen schon bei Homer die Götter und heißen schon *E* 373 *Οὐρανίωνες*, was man vielleicht so genealogisch fassen darf, wie es *E* 898 steht. Ob die Häuser der Götter auf der höchsten Bergeskuppe stehen oder auf der ehernen Himmelskugel, macht wenig aus, und wie sie von da herunterkommen, kümmert die

Dichter nicht[1]. Aber der Herr des Himmels wird damit der Herr des Weltalls, so weit, wie dieses gefaßt wird; also ein universaler Gott; und er ist ja auch schon bei Homer nicht Hellenengott wie Athena, Poseidon, Hera, sondern den Troern nicht minder geneigt. Der Zeus von Olympia, der nur Hellenen zu seinen Spielen zuließ, würde national geworden sein[2], aber er bestimmte den allgemeinen Glauben nicht, so daß der Gott der Philosophen in Zeus eigentlich schon vorhanden war. National haben die Hellenen darunter zu leiden gehabt, daß sie zu früh den universalen Gott erkannt hatten. Uns ist es von Kindesbeinen an geläufig, daß Gott im Himmel sitzt, weil die Juden, die *caelum metuentes*, die mythische Lokalisierung festgehalten und den Christen vererbt haben, so viel Hellenisches auch in die Vorstellung von Gott Vater aufgenommen ist. Es war bei den Juden die große Tat ihrer Propheten, daß der alte erd- und ortgebundene Jahve[3] in den Himmel rückte und Herr der Menschengeschicke ward. Aber da sie patriotische Redner waren, blieb Jahve der nationale Gott, und die nationalen Götter der anderen Völker blieben Götter neben ihm, nur sollten sie schwächer sein, was sich in der Geschichte nicht bewährte, also die eschatologischen Zukunftsmythen erzeugte. Gerade durch diese Beschränktheit hat Jahve die Nation erhalten, während der Gott, den Jesus verkündete, wirklich Vater aller Menschen ward und sich daher mit dem Hellenengotte, den schon der homerische Achilleus Vater angeredet hatte, und mit dem Zeus des Kleanthes, obgleich der ganz etwas anderes unter seiner mythischen Rede verbarg, sehr wohl vereinigen ließ. Die Götter, die unter Zeus nun im Himmel wohnen, sind freilich nicht bloße *πρόσπολοι* von ihm, sondern selbsttätige Gewalten. Aber daß sie in die ferne Höhe entrückt sind, wird bald ihren persönlichen Verkehr mit den Menschen aufheben.

[1] Sehr hübsch hat Apollonios III 162 erfunden, daß ein Abstieg da ist, wo zwei Berge bis an die Kuppel ragen; wenn man da durch den Äther hinabgeht, sieht man die Erde mit ihren Städten, sieht auch Gebirge und das Meer, das die Erdscheibe umgibt. Er ignoriert mit Absicht, was die Physiker jetzt wissen. Die Verse sind verständlich, man muß nur 164 und 165 *ἄλλοθι*, 166 *αἰθέρα* schreiben.

[2] Dion nennt ihn wirklich im Olympikos 42 den *πατρῷος* aller Hellenen.

[3] Es kann nicht anders sein, als daß dieser Gott einmal als Bundesgott über die Götter der einzelnen Stämme getreten ist, also durch ein historisches Ereignis, die Bildung der israelitischen Nation.

Zeus im Himmel, Zeus Weltengott, das bedeutet einen Bruch mit der urhellenischen Anschauung. Da waren auch die Götter auf der Erde, und gerade die schon nicht nur lokal, sondern universal empfundenen wohnten in der Erde, aus der alles Leben quillt und sprießt, die Erdmutter und ihr Gatte. Jetzt kommt Ge nur noch in Schwurformeln vor, Demeter als Person in der Ilias überhaupt nicht; unten ist das Reich des Ais, dem die Toten verfallen[1], noch tiefer der Tartaros für Götter, die nur nicht sterben können, aber abgetan sind. Die Hellenen, die von ihrer Heimaterde scheiden mußten, haben den Glauben an die Götter, welche aus ihrer Tiefe heraus regierten, verloren; auch bei denen, die drüben blieben, hat ihn die homerische Götterwelt zurückgedrängt; nur als das Reich der Toten wird die Unterwelt wichtiger als früher werden.

Poseidon aber ist seiner alten Würde, seines Wesens entkleidet. Sein Name wird längst nicht mehr verstanden. Während er im Mutterlande ziemlich überall *γενέθλιος*, *πατήρ* gewesen war, oder wie man sonst seinen höchsten Rang bezeichnete, ist nun Zeus *πατὴρ ἀνδρῶν τε θεῶν τε* und wird z.B. in Chios und Lindos, auch in Ephesos[2] zum *πατρῶιος*, im Mutterlande ganz vereinzelt[3]. Herübergekommen war Poseidon noch in seiner alten Würde, verehrt in allen ionischen Städten[4], sogar noch zum Schutzherrn des

[1] *E* 398 geht Hades auf den Olymp, weil er von Herakles verwundet ist und sich heilen lassen will. Da ist er einmal handelnde Person. Das ist Ausnahme geblieben. *Y* 61 schließt seine Teilnahme an der Götterversammlung aus. Es ist auch nur Augenblickserfindung des Dichters von *E*, denn der Herr der Unterwelt kann sein Reich sowenig verlassen wie die Olympier es betreten.

[2] Felsinschrift *Ζανὸς πατρώιο* Österr. Jahresh. 23 Beibl. 257. 259. Das *α* ist natürlich kurz; *Ζαντός* und *Ζηνός* stand daneben. Hieratischer, gar eleischer Einfluß ist ein wahnschaffener Einfall. So was gibt es überhaupt nicht, und nun gar in Ephesos.

[3] Die delphischen Labyaden haben einen *Ζεὺς πατρῶιος*, aber er rangiert hinter Apollon und Poseidon *φράτριος*, d.h. er ist später hinzugetreten. Xenophon muß Götter nennen, die Kyros schon zu Hause verehrt, dafür wählt er eine Hestia *πατρώια* und einen Zeus *πατρῶιος*, gut hellenisch, wenn auch die Hestia den Beinamen nicht führte (Kyrop. I 6, 1). Als Kyros sich auf die Würde des Großkönigs zurückzieht, VII 5, 57, opfert er denselben Göttern, aber Zeus heißt nun *βασιλεύς*; daneben werden die persischen Götter mit den Worten abgetan „die, welche die Magier angaben“.

[4] Bei den Äolern ist sein Kult nur zufällig erst spät bezeugt; Spiele

ionischen Bundes erwählt, und auch da hieß er noch „der vom Helikon", der kein Meergott sein konnte. Als man ihn nur noch als solchen betrachtete, suchte man in dem Namen Helike[1]. Der homerische Hymnus 22 verbindet den Helikon mit dem Aigai des *N*[2]. Zuerst war es nur eine Erweiterung seiner Wirksamkeit, wenn der *ἐννοσίγαιος* und *ἀσφάλειος* die Wogen aufwühlte und glättete; das Meer war nun für die Bewohner der Inseln und der Küste wichtiger geworden als das Land, das Schiff wichtiger als das Roß. Erst seine Beschränkung auf das Meer, wie sie Homer ausspricht, hat den allumfassenden Gott herabgedrückt. So wie er bei Homer und durch ihn später in der Dichtung erscheint, tut er auch nichts als Stürme erregen, auf der Heimfahrt von Ilios, gegen Odysseus[3]. Als man ihm einen Monat zuweist, fällt er in den Hochwinter. Die Gattin, die er nun statt der Da erhält, die Okeanide Amphitrite, glättet die Wogen (Hesiod. Theog. 254). Rettung aus Seenot bewirken andere Götter. Einzelhandlungen von ihm gibt es nicht mehr außer der Erzeugung von Söhnen[4], und auch diese gehören

Ποσίδαια gibt es auf Lesbos noch im dritten Jahrhundert n. Chr., IG. XII 2, 71, und seltene Beinamen *μύχιος*, *ἐλύμνιος*, *ἐλύτιος* (diese bei Hesych). In dem Epigramm 95, spätestens aus dem vierten Jahrhundert, hat Paton freilich den Namen falsch ergänzt, besser Kaibel Epigr. 780 *Ποσεί-δ[ιππος]*; herstellbar ist das Gedicht nicht, aber *παιάν* kommt vor, ist also wohl Asklepios, wenn er schon damals Hauptgott Mytilenes war. Von höchstem Werte ist die alte Weihung aus Pergamon, 642 Schwyzer, *Ποτοιδᾶνι Ἀνδρομέδες* [.]*ολείο*· Das ist trotz Bechtels Zweifel sicher äolisch und stimmt zum Böotischen. Wenn Herodian dict. sol. I 10 im Texte des Alkaios *Ποσειδάν* fand, dieser auch so geschrieben haben mag, so beweist das nichts für die Äoler des Festlandes.

[1] Den Helikonios hatten Auswanderer aus dem späteren Böotien mitgebracht, Helike wählten die Ionier des Aigialos.

[2] Am Euripos, wo die Grammatiker Aigai suchen, kann das homerische nicht gelegen haben, sondern an dem *Αἰγαῖον πέλαγος*, das nach ihm heißt samt dem Meerriesen *Αἰγαίων*, der mit Briareos geglichen wird, was auf dessen Sitz Euboia führt. Richtig empfunden haben die Grammatiker, welche Aigai an der dem Meere zugewandten Küste von Euboia suchen, wenn sie nur wirkliche Beweise gehabt hätten, aber eine Insel Aigai gibt es sowenig wie einen Beleg für den alten Namen von Karystos.

[3] Archilochos 11 D. *κρύπτωμεν δ' ἀνιηρὰ Ποσειδάωνος ἄνακτος δῶρα.* Das wird alles bezeichnen, was das Meer nach einem Schiffbruch herausgegeben hat, vor allem die Leiche des Ertrunkenen.

[4] Sie sind häufig Frevler, wodurch sie den *γίγαντες γηγενεῖς* ähnlich werden. Der Gott des Meeres paßte nicht zu ihrem Erzeuger.

meist älterer Sage an. Es entstehen wohl an Plätzen des Seehandels vornehme Kulte des neuen Poseidon, namentlich am Isthmos, wo er ältere Inhaber verdrängt. Neugründungen jenseits des Meeres heißen nach ihm, Poseidonia, eine achäische, Poteidaia, eine korinthische, Potidaion auf Karpathos, eine rhodische Pflanzstadt. Vorgebirge heißen gern nach ihm, wo er denn auch einen Altar erhält, wie bei Didyma am Kap Monodendri, aber für den Kult ist der *θαλάττιος Ποσειδῶν* (Aristophanes Plutos 396) dem alten *γαιάοχος γενέθλιος* niemals gleichgekommen, dessen alte Verehrung dauerte, und der *ἵππιος*, der aus dem *ἵππος* geworden war, erhielt sich noch lebendiger, wenn er auch kaum noch für die Religion etwas bedeutete; er stammte nicht von dem Meergott, obwohl die Modernen verzweifelte Künste aufgeboten haben, um in den Rossen die Wellen zu finden. Diesem späten Poseidon würde man nicht zutrauen, ein Bruder, nach Hesiod sogar ein älterer Bruder, des Zeus zu sein und als Freier der Thetis zu diesem in Wettstreit zu treten. Im *NΞO* kommt das am deutlichsten heraus; es wird ihm schwer, der Mahnung der Iris zu folgen, die ihm das Vorrecht des Zeus, der hier der Erstgeborene ist, und dessen Übermacht zu Gemüte führt. Damals war er noch ein großer Gott, dem sich der Apollon der Theomachie beugt, da konnte er nichts Geringeres sein als Bruder des Zeus, aber der Dichter der *Διὸς ἀπάτη* hat ihn als solchen unter Zeus gestellt und bei der Verteilung der drei Reiche der Welt Hades als dritten Bruder eingeführt. Der aber ist schattenhaft wie die Toten, die bei Homer in sein Reich kommen, gar keine handelnde Person, ist es auch nur als Räuber der Persephone geworden, die dann unten die Herrschaft tatsächlich ausübt. Wie konnte eine solche Gestalt den beiden anderen gleichgestellt werden? Vornehmlich weil die Unterwelt einen Herrn verlangte; aber hatte denn nicht der Gatte der Erde bei ihr unten gewohnt, hat er nicht das Erdbeben auch später noch geschickt, der von Tainaron immer noch den Spartanern[1]? Homer, *E* 397, erzählt, daß Herakles den Aides *ἐν Πύλωι ἐν νεκύεσσιν* verwundet hat; da ist *Πύλος* noch der Eingang zum Totenreich, im Westen angesetzt, aus dem die Pylier stammen; Pylos ist ja gar kein Stadtname, erst später hier oder da willkürlich lokalisiert. In demselben Pylos hat Herakles, wie die Ilias, *Λ* 690, auch weiß, die Brüder Nestors, in späteren Berichten auch den Neleus erschlagen. Das hat man verbunden; in Wahrheit ist es Dublette, Heroen sind an Stelle der Götter ge-

[1] Aristophanes Ach. 510, Xenophon Hell. IV 7, 4.

treten, Neleus aber ist unverkennbar der Mitleidslose, die *Νηλήιαι ἵπποι*, mit denen Nestor fährt, *Λ* 597, sind die des *κλυτόπωλος*. Der Hauptgegner des Herakles Periklymenos ist Sohn Poseidons, sein Vater hat auch gegen Herakles gekämpft (Pindar Ol. 9, 30) und hat ihm die Gabe verliehen, sich in alle möglichen Wesen zu verwandeln (Hesiod Fr. 14). Ist es nicht durchsichtig, daß Poseidon der Herr der Unterwelt, wenn auch nicht Herr der Toten ist? Er kann handeln, Hades eigentlich nicht, ist aber herangezogen, als in der Erdtiefe nur noch das Totenreich geglaubt ward. Für Poseidon ist wichtig, daß er die Zauberkraft besitzt, Verwandlungsfähigkeit zu gewähren; er hat es auch der Mestra in der schwankhaften Geschichte des Erysichthon getan[1]. Diese Seite seines Wesens lebt noch darin fort, daß die Athener *Πόσειδον* riefen, wenn ihnen etwas Überraschendes, Unglaubliches erzählt war, bei Aristophanes sehr häufig neben der starken Beteuerung *νὴ τὸν Ποσειδῶ*. Das muß weit zurückreichen. Sehen wir die Geschichte von Neleus an, so erkennen wir durch die vielen Umgestaltungen, daß der Hades, also auch der Neleus, nun Sohn des Poseidon, Umgestaltungen des Herrn der Erdtiefe sind, der zuerst als Gatte der Erde gefaßt war.

So hat der Dichter der *Διὸς ἀπάτη* in der Verteilung der drei Reiche die Ansprüche von Zeus und Poseidon ausgleichen wollen und ihnen den Hades zugefügt, ohne daß dieser ein lebendiger, verehrter Gott war. Das ist sozusagen theologische Konstruktion. Derselbe Dichter berichtet aber auch gelegentlich von Kronos und den Titanen und ihrem Sturz[2]. Da muß ihm ein Gedicht vor-

[1] Hellenistische Dichtung II 34.

[2] Hier findet sich auch zuerst das *κατειβόμενον Στυγοσύδωρ* *O* 37, das neben Himmel und Erde die Unterwelt vertritt, denn vorher, *Ξ* 278, hatte Hera die im Tartaros eingesperrten Götter zu Zeus gerufen. Es folgt daraus, daß ein Meineid bei der Styx den schuldigen Gott in die Unterwelt bringt, wovor sich Hera freilich nicht scheut. Die Unterwelt vertritt dieses Wasser auch *Θ* 369. Wie W. Schulze qu. ep. 441 gezeigt hat, ist bei Homer *στυγοσύδωρ* noch ein Wort; eine Styx als Person braucht man kaum anzunehmen. Hesiod hat sie als älteste Tochter des Okeanos eingeführt, Theog. 361, und sie führt dem Zeus ihre Kinder, Zelos und Nike, Kratos und Bia, zu, als er in den Titanenkampf zieht. Dann mußte der Dichter auch berichten, welche Stelle sie nach dem Siege des Zeus zugewiesen erhielt. Es geht ihr wie den Hundertarmen, die ihm auch beigestanden hatten. Sie muß auch weg von der Erde, denn sie ist *στυγερὴ ἀθανάτοισι*. Ihr Wohnsitz ist eine Höhle, deren himmelhohes Dach sil-

gelegen haben, das davon erzählte, wie Zeus, der Sohn des Kronos, sich gegen seinen Vater und ein älteres Göttergeschlecht die Herrschaft erstritt, und wie er die Welt unter seine Brüder verteilte[1]. Das war weiter ausgeführt, denn Kronos hatte eine Frau Rheia, stammte wohl selbst von Uranos. Wie der Dichter zu diesen Namen gekommen ist, hat sich bisher unserer Erkenntnis entzogen. Wir können nur das überaus Wichtige konstatieren: es war eine Theogonie und Kosmogonie und hat dem Homer und dem Hesiod in irgendeiner Form vorgelegen. Nicht alles hatte dieser Dichter selbst ersonnen, denn Sohn des Kronos ist Zeus überall in der Ilias, und Kronos heißt ἀγκυλομήτης, hatte also einen bestimmten Charakter. Also ist in Ionien der Schritt sehr früh getan, die Götter in ein genealogisches Stemma zu bringen, und es ist das Denken auch auf die Entstehung der Welt und der Götter gerichtet worden. Das scheint uns zu der griechischen Mythologie notwendig zu gehören, deren moderne Behandlung mit Boccaccios genealogia deorum anfängt, und zu der Mythologie gehört es auch, aber eben darum ist es für das Verständnis der Religion von grundlegender Bedeutung, einzusehen, daß es nur Mythologie ist, dem ursprünglichen Glauben fremd, denn die Verbindung von Poseidon und Demeter ist höchstens ein Ansatz dazu, und mit Athena als Tochter des Zeus hat es eine eigene Bewandtnis. Man braucht nicht auf Inder und Germanen zu blicken, die Italiker reichen hin

berne Säulen tragen. Aus den Felsen der Höhle rinnt Wasser ihres Vaters Okeanos, und von dem holt Iris, wenn ein Streit zwischen Göttern ist, den ein Eid entscheiden soll. Der meineidige Gott wird auf ein Jahr aus der Göttergesellschaft verbannt und muß Qualen leiden. Dies alles hängt zusammen; da sie von Okeanos stammt, kommt ihr Wasser aus seinem Strome, ὠγύγιον 806 weist darauf zurück. Falsch sind V. 783, denn der Gott soll erst schwören, 796. 97; beides hat Guietus gesehen; und 799–804, interessant, denn diese Verse setzen an Stelle des einen Jahres, 795, ein großes Jahr, eine Ennaeteris, sind also jünger als die Fixierung des Kalenders. Das übrige kann dem Hesiod nicht genommen werden. Er also hat die Styx zu einer Person gemacht, das στυγοσύδωρ als solches behalten, eine Quelle der Unterwelt, aus der *κ* 515 der Kokytos, *B* 755 der Titaresios stammt. Die Peloponnesier haben solchen ἀποϱϱώξ in dem Wasserfall (wenn man das schmale Rinnsal so nennen darf) bei Nonakris gefunden, und hier war es ein Giftwasser, das sehr wohl στυγοσύδωϱ heißen konnte.

[1] Ich fasse mich hier möglichst kurz, weil ich „Kronos und die Titanen“ in den Sitz.-Ber. Berl. 1929 kürzlich behandelt habe.

zu beweisen, daß die Götter nebeneinander bestehen können ohne Ehe zu schließen und göttliche Kinder zu zeugen, was immer nur wegen der Kinder erfunden wird, auch ohne einander zu bekämpfen, und so haben wir es bei den Urhellenen angetroffen. Die ionischen Denker und Dichter kamen darauf, als die fremden Götter aufgenommen wurden, mächtige Götter, aber über die heimischen sollten sie sich nicht erheben; da traten sie mit diesen in die Familie und unter die Herrschaft des Zeus, der so zum höchsten Gotte ward. Poseidon, der das Meer noch als vornehmster Gott übernommen hatte, mußte darauf beschränkt werden. Das waren auch religiöse Wandlungen. Nun keimte der Gedanke, wie ist Zeus zu seiner Herrscherstellung gelangt, die er doch nicht immer gehabt hatte. Im *A* hören wir noch die verschollene Sage, daß Hera, Poseidon und Athena es sich nicht gefallen lassen wollten, eben die vornehmsten hellenischen Götter. Das ging einem tiefer denkenden Dichter gegen sein religiöses Gefühl; Gegner mußten die sein, welche vor Zeus die Herrschaft in Händen hatten, und so kamen Kronos und sein Anhang, die Titanen, auf; unvermeidlich war, daß Kronos dann zum Vater nicht nur des Zeus, sondern auch der anderen größten Götter ward, die nicht zu Kindern des Zeus gemacht werden konnten, also auch Vater der Hera: so ist die im Mutterlande bereits entstandene Ehe mit Zeus zur Geschwisterehe geworden, und die an und für sich anstößige, daher nicht in das allgemeine Bewußtsein gedrungene Ableitung der Göttinnen Themis und Mnemosyne von Uranos, der Hestia und Demeter von Kronos von Hesiod aufgestellt. Wo die Genealogie des Kronos und der von Zeus in den Tartaros geworfenen Titanen hergenommen ist, bleibt leider unbestimmbar, und da die Namen Kronos und Rheia undurchsichtig sind, ist frische Erfindung nicht glaublich. Aber daß Götter so beseitigt worden wären, welche dem Dichter als wirkende Mächte bekannt waren, ist widersinnig: solange sie etwas taten, waren sie nicht aus der Welt geschafft. Am wenigsten ist daran zu denken, daß sie im Mutterlande vorhanden gewesen wären; das glaubt man in Überschätzung Olympias, das schon um seiner Lage willen vor der Auswanderung eine religiös bestimmende Stellung nicht haben konnte; es hat sie nie gehabt.

In der *Διὸς ἀπάτη* will Hera *'Ωκεανόν τε θεῶν γένεσιν καὶ μητέρα Τηθύν* besuchen. Also die Götter stammen nicht von Erde und Himmel, sondern von dem Wasser; die „Muschel" ist nur zugefügt, weil eine Mutter da sein mußte, an sich ist sie ganz gleichgültig. Beide

Namen sind nicht griechisch, zu dem ersten gehört *ὠγύγιος*, auch die Insel *Ὤγυλος* und der *ὠγήν* des Pherekydes. *ὠκεανός* wird immer als ein Fluß behandelt; ob er hier schon die Erdscheibe umgibt, stehe dahin, aber auch das innere Meer wird für die zu ihm gehört haben, welche diese Kosmogonie ersannen, Inselbewohner, denen diese Urpotenz näher lag als die Erde. In dem Gedichte, das von Kronos erzählt, ist Okeanos als Urvater der Götter anstößig, denn die Titanen können nicht wohl von ihm stammen; so hat der Dichter wohl die fremde Genealogie, an die er selbst nicht glaubte, für die Lügenrede Heras herangezogen, ohne den Widerspruch zu bemerken oder zu scheuen. Sie hat keine Anerkennung gefunden; bei dem Syrier Pherekydes hat Ogen eine Rolle gespielt, sonst ist Okeanos nur Vater von Flüssen und Quellen geworden, wie wir es nach Hesiod früher betrachtet haben.

Genealogisch-kosmogonische Dichtung ist also alt, vorhomerisch sogar; Hesiodos hat sie in irgendeiner Form kennengelernt, und seine Theogonie hat alles Ältere in Vergessenheit gebracht. Sein Gedicht ist dafür so kanonisch geworden wie Homer, trotz der übernommenen epischen Form ein Werk ganz anderen Schlages. Hier redet ein individueller Mensch in eigenem Namen. Individuell war freilich der Dichter der *Διὸς ἀπάτη* auch genug gewesen, aber er wollte es nicht sein, und Hesiodos hat auch in einer Vorrede nicht nur erzählt, wie ihm die Musen die Weihe gaben, sondern auch wie sie im Himmel von dem ersten Geschlechte der Götter und von dem zweiten, denen um Zeus, singen. Er war kein Schäfer mehr, sondern ein Rhapsode; nur wenn er bereits angesehen war, konnte er sich erlauben, diesen Stoff mit solcher Kühnheit zu behandeln. Freilich führte ihn sein Beruf vorwiegend in die Häuser der Reichen und Mächtigen, die sich Könige nannten. Daher steht in der Vorrede eine Verherrlichung des rechten Königs, die nun manchem neben dem Angriffe auf die *δωροφάγοι βασιλῆες* in den Erga unbegreiflich scheint. Da war seine persönliche Stellung als großer Dichter gesichert. Uns wird es schwer, wird zum Teil unmöglich sein, fest abzugrenzen, was ihm von seiner Theogonie zu eigen gehört, da wir sie in einer recht alten Überarbeitung besitzen. Allein was er wollte und wie er es anfing, ist unverkennbar. Er ist zwar als Böoter geboren, aber sein Vater stammte aus dem äolischen Kyme, hatte also die Kenntnis der epischen Mythologie, auch wohl des Epos dem Sohne mitgeteilt, den so der Drang überkam, selbst Dichter, d.h. Rhapsode zu werden. Der Rhapsode lebt wesentlich von dem homerischen Epos, so führt Hesiodos seine Landsleute in die homerische Götterwelt ein. Nicht mehr Poseidon, sondern Zeus sitzt auf dem Helikon, die Begründung seiner Herrschaft ist das Ziel, auf das er zustrebt. Das epische Prachtstück ist der Kampf mit den Titanen, den Zeus, nur unterstützt von ungeschlachten Mächten der Urwelt, die er dann von der Menschenerde verbannt, durch eigene Kraft entscheidet[1]. Die Götter, welche jetzt unter ihm die Menschenwelt beherrschen, hat er mit verschiedenen Göttinnen erzeugt. Alle ließen sich so nicht unterbringen, aber der Dichter hat Sorge getragen, ihnen in den älteren Genealogien einen Platz zu schaffen, zumal er nicht versäumte, auch Gottheiten, die in seiner Umgebung anerkannt waren, aber bei Homer gar nicht oder unzureichend vorkamen (Horen z.B. und Chariten), gebührend zu berücksichtigen. Wie die Götter unter Zeus jetzt über die Natur und die Menschen regieren, hat er nicht darstellen wollen, sondern wie sie geworden und zu dieser Macht gelangt sind, wozu die Beseitigung der πρὶν πελώρια (Aischylos Prom. 152), auch mancher Ungeheuer gehört. So hat er dem Volke eine kanonische Theogonie gegeben, eine Geschlechterfolge, Ge als Urpotenz, dann Uranos, Kronos, Zeus. Wir erkennen zwar, daß er den Eros gleich neben Gaia einführt, weil er ein Hauptgott seiner Stadt Thespiai war, darum ist es doch ein geradezu tiefsinniger Gedanke, daß vor der Erde nur das Chaos, der leere Raum, da ist, die Erde aber erst gebären kann, als der Zeugungstrieb in Eros hervortrat: nun kann sie aus sich zunächst den Himmel hervorbringen. Will man es materiell ausdrücken, so hebt sich die feste Himmelskugel von der Erde empor. Auch das Chaos, nun der Raum zwischen Erde und Himmel, kann noch sozusagen negative Mächte gebären. Nacht und Finsternis, von denen doch lichte Mächte kommen, Tageshelle und der reine glänzende Äther, den wir unter unserem Himmel nie zu sehen bekommen und nur mit seinem Namen nennen können. Er sollte einmal der sinnliche Träger des göttlichen Geistes werden. Ob die Entmannung des Uranos, ein ganz großartiges Bild, eigene Erfindung ist oder eine

[1] Daß diese Partie ganz oder zum Teil athetiert war, war mir wohl bewußt, als ich sie kurz erläuterte, die Wiederholung der Athetese in Jacobys Ausgabe kann mich also nicht beirren. Sie geht soweit, daß Zeus überhaupt nichts tut. Dann hat die ganze Theogonie keinen Sinn und Hesiod keinen Glauben.

Parallele zu dem Sturze des Kronos, die dem Hesiodos anderswoher zukam (beides kann nicht derselbe Dichter erfunden haben), bleibt fraglich, aber er brauchte die zwei Generationen, um alle göttlichen Gewalten unterzubringen. Denn darauf war er aus; das Systematisieren lag ihm am Herzen, und er machte damit Ernst, in allem, was er als wirkend kannte oder empfand, eine Person einzuführen. Das war nichts Neues; Traum und Schlaf waren bei Homer Personen, der letztere in der *Διὸς ἀπάτη*, Deimos Phobos Kydoimos, aber so maßlos wie Hesiodos hat es keiner getrieben, und dann zieht es sich durch alle Dichtung, griechische und römische, durch diese dann noch viel weiter hin, tiefsinnig und flach, flaue Allegorie und Personifikation und doch oft eine Offenbarung religiöser Empfindung. Hinzu kam die Leidenschaft des Hesiodos, Namen zu erfinden, Nymphen und Meermädchen, auch durch die Auflösung von Dreivereinen in Einzelpersonen; die neun Musen bringt er gleich im Proömium, und mit diesem Spiele hat er besonderes Glück gemacht. Noch stärker als durch Homer ist durch ihn die Religion von Mythologie überwuchert, zumal da er auch Ungetüme in seine Stemmata einreiht, die er der Heldensage von Herakles und Perseus entnahm.

Jahre werden vergangen sein, als Hesiod, nun ein angesehener und wohlhabender Dichter, sein anderes Werk verfaßte, das noch viel persönlicher war. So etwas mögen damals schon ionische Elegiker gewagt haben; er hielt sich an die epische Form, aber sein besonderes Verdienst ist, daß im Gegensatze zu der vornehmen kriegerischen Gesellschaft die breite Schicht der arbeitenden und erwerbenden Bevölkerung in ihrem Leben geschildert wird; in unserer Odyssee, die nicht älter als Hesiod ist, finden sich verwandte Partien, aber in die heroische Geschichte eingeflochten. Hier ist der mythische Inhalt nicht mehr Theogonie oder heroische Taten, sondern die Geschichte der Menschheit von ihren Anfängen bis zur Gegenwart mit ihren ökonomischen und sittlichen Nöten. Wie die Männer entstanden sind, erfahren wir nicht; danach gefragt würde Hesiod geantwortet haben, sie stammten ebenso wie Pflanzen und Tiere von der Erde, die Götter nicht minder, denn gleiche Herkunft von Göttern und Menschen gibt er an. Das Weib hatten die Götter geschaffen, nicht zum Segen der Menschen; das stand schon in der Theogonie, und wieder benutzt er dasselbe Gedicht von Prometheus. Hesiod hat diesen als Gegner des Zeus unter die Titanen eingereiht, was vielfach dazu verführt hat, in ihm einen alten Gott zu sehen. Aber der *Προμηθεύς*, der von den Töpfern im Kerameikos als ihr Patron verehrt und erst spät durch Hephaistos verdrängt ward (die Künstler der Dipylonvasen werden ihm geopfert haben), hat mit dem Gegner, den Zeus gekreuzigt hat, nicht viel mehr als den Namen gemein. Der alte Dichter, der den Namen „Vorbedacht" aufgriff (wenn er ihn nicht etwa selbst erst so gedeutet hat) und ihm einen Bruder Nachbedacht zufügte, hat über das Menschenleben sehr pessimistisch gedacht, und über die Götter erst recht: sie haben dem Manne das Weib gegeben, und dessen Neugier hat die in einem Pithos eingeschlossenen zahllosen Übel herausgelassen, die nun über die Erde hinfliegen. Höchst merkwürdig, zumal in so alter Zeit: der Götterfeind ist ja eigentlich der Dichter. Aber das ist ihm schwerlich ganz bewußt gewesen; von Aischylos darf man so wenig in ihn hineinlegen wie von Goethe oder Shelley. Er hatte nicht die Götter, sondern die Weiber aufs Korn genommen, und das war dem Hesiod ganz nach seinem Sinne. Er hat es nicht bemerkt, wie wenig es zu dem Zeus, dem er huldigt, passen will, den Prometheus zu kreuzigen, weil dessen Klugheit imstande gewesen war, ihn zu betrügen.

Dieser Gott, der dafür gesorgt, aber auch gebüßt hat, daß wir Menschen von den Tieren, die wir den Göttern opfern, selbst die besten Stücke bekommen, ist doch der Wohltäter der Menschen geworden, denn er hat ihnen das Feuer verschafft, das die Götter sich vorbehalten hatten, und daß ohne Feuer die Menschheit zugrunde gegangen sein würde, sagen wir uns leicht. Nun ist der Wohltäter gepfählt und wird gepeinigt[1]. Wer das wirklich glaubt, muß in Zeus einen Tyrannen sehen und wird hoffen, daß doch einmal ein Befreier des Prometheus kommen wird, wie das schon ein Zusatz in unserer Theogonie berichtet. Wir werden gern den frommen Sinn anerkennen, der sich nicht beruhigen konnte, ehe nicht Zeus und Prometheus sich versöhnten, und daß der Heros und Sohn des Zeus das vollbrachte, ist die schönste Lösung. Aber einleuchten muß, daß es die gewaltsame Lösung eines Dichters ist; die Erschaffung des Weibes und die Bestrafung des Feuerraubes waren es auch gewesen. Religion, soweit sie irgend mit einem Kultus zusammenhängt, ist hier nirgend, wohl aber die-

[1] Sehr wichtig, daß ein rohes Elfenbeinplättchen bei der Orthia (Pl. C) den gefesselten Prometheus darstellt, dem der Adler in die Brust hackt. Das wird doch aus der Theogonie stammen.

selbe Schätzung des Menschenlebens, die Hesiodos auch damit ausspricht, daß die Götter dem Menschen den βίος verborgen haben. So haben die gedacht, welche ihn mit saurem Schweiße herausarbeiten mußten; auch das mag man pessimistisch nennen; aber dann hat Hesiodos durch das ἐργάζευ den Pessimismus überwunden.

Hesiod trägt noch eine andere Lehre vor, die mehr als Mythos ist, die mit den Metallen verglichene Folge der Weltalter. Er hat sie erweitert, aber zugekommen ist sie ihm von Ionien, und da ist sie sogar in den Kultus eingedrungen[1]. Das Bedeutende daran ist der Glaube an eine paradiesische goldene Urzeit, die bei den Ioniern und nur bei ihnen, aber auch in Athen, zu dem Feste der Kronien geführt hat. Die Last des arbeitsvollen Lebens glaubt den Wunsch, es leichter zu haben, in der Vorzeit erfüllt, und da die Götter, welche jetzt die Welt regierten, den Menschen das Leben so schwer machten, mußten damals andere das Weltregiment gehabt haben, wo sich denn Kronos, der homerische Vater des Zeus, von selbst bot. So erfahren wir, wie die λαοί gegenüber den ἥρωες der homerischen Gesellschaft empfanden; die hörig gewordenen Bauern Attikas empfanden auch so, und ähnlich sind die Verhältnisse ziemlich überall gewesen. An dem Traum einer seligen Urzeit haben auch später nicht nur die mühselig Arbeitenden festgehalten, auch Dikaiarchos, in gewissem Sinne sogar Poseidonios. Das Gegenteil, daß die Menschheit sich allmählich zur Kultur emporarbeitet, hat Aischylos aus der Prometheusgeschichte herausgebildet, und die Sophistenzeit hat es weiter entwickelt[2]. Dagegen der andere Traum, daß die selige Zeit in der Zukunft läge, hinter der Zerstörung dieser Welt, ist den Hellenen fremd geblieben. Hesiod hat die Weltalter in sehr bezeichnender Weise ausgebaut. Die Helden des Epos paßten nicht in das eherne Zeitalter, da er eine moralisch immer tiefer sinkende Menschheit annahm. Daher erscheint bei ihm die Vorstellung der halbgöttlichen Heroen, die neue Auffassung dieses Begriffes, die uns später beschäftigen wird. In der Gegenwart aber findet er eine so starke sittliche Verwilderung, daß er geradezu den verdienten Untergang dieser Menschheit in Aussicht stellt. Dieser leidenschaftliche Ausbruch seiner sittlichen Entrüstung hindert doch nicht, daß er dem Menschen

[1] Ich wiederhole nicht, was in der Erklärung der Erga und in Kronos und Titanen steht.

[2] Euripides Hiket. 201. Protagoras in Platons Dialog.

den Weg weist, wie er in dieser Welt zufrieden leben kann. Und daß die Götter dem Menschen seinen βίος, seinen Lebensunterhalt, verborgen haben, so daß er ihn mit Mühe und Arbeit aus der Erde herausarbeiten muß, hindert es auch nicht. Denn die Arbeit ist keine Schande, sondern nur der Müßiggang. Steil ist der Weg zur ἀρετή, Wohlstand und geachteter Stellung in der Gesellschaft. Saure Wochen, frohe Feste sei dein künftig Zauberwort. Und die Ungerechtigkeit wird in der Welt auch nicht siegen, denn Zeus lebt. Zahllose Wächter, ungesehene Geister, beobachten auf Erden das Treiben der Menschen und bringen ihm Botschaft. Dike selber kommt klagend an seinen Thron, wenn sie mißhandelt ist. Der allmächtige Zeus kann freilich tun was er will, aber wir glauben, daß er das Gerechte will und das Unrecht straft bis in die Nachkommenschaft des Sünders. Die sittlichen Forderungen sind von dem Kultus, der Religionsübung, ganz gelöst; da wird nur verlangt, daß diese Pflichten regelmäßig erfüllt werden, das σέβεσθαι θεούς, wie es zu allen Zeiten gefordert worden ist. Hier kann man lernen, daß das Sittliche nicht in dem Gottesdienste wurzelt; die Götter haben es nicht gelehrt, man kann sagen, sie haben es von den Menschen lernen müssen. In den Erga kommen Dike, der Horkos, die dreißigtausend Wächter des Zeus vor; die sind nicht für den Kultus, sondern für den Dichter Personen, wie er so viele in der Theogonie hat: die Olympier kommen nicht vor, Zeus ist der einzige, und er ist hier nicht mehr der Wolkensammler, er ist Gott, und wenn auch seine Allmacht ganz besonders gepriesen wird, so glaubt doch Hesiod auch an seine Gerechtigkeit.

Damit ist ein großer Fortschritt über Homer hinaus getan. Da es ein Fortschritt auch gegenüber der Theogonie scheint, kann es sein, daß Hesiod durch seine eigenen Erlebnisse zu der tieferen Auffassung gelangt ist. Aber daß erst sein Glaube auf die Ionier des Ostens eingewirkt hätte, ist nicht wahrscheinlich. Archilochos ist kein religiös eingestellter Mensch und will nichts Neues sagen, wenn er sagt Ζεὺς ἐν θεοῖσι μάντις ἀψευδέστατος καὶ τέλος αὐτὸς ἔχει (84 D.). Da er der τέλειος ist, kann er allein mit Sicherheit sagen, was der Ausgang sein wird[1]. ὦ Ζεῦ πάτερ Ζεῦ, σὸν μὲν οὐρανοῦ κράτος, σὺ δ' ἔργ' ἐπ' ἀνθρώπων ὁρᾷς λεωργὰ καὶ θεμιστά (94). Ganz ebenso

[1] τέλειος wird er schon früher in dem Sinne genannt worden sein, daß er im Kampfe die Entscheidung gab. So faßt ihn Klytaimestra, Aisch. Agam. 973.

Semonides *τέλος μὲν Ζεὺς ἔχει βαρύκτυπος πάντων ὅσ' ἐστὶ καὶ τίθησ' ὅκῃ θέλει*. So ist aus dem Gotte, der das Wetter machte, der Gott geworden, der alles macht, der Welt und dem Menschen zuteilt, was er will, und die Person, von der die Mythen erzählen, tritt ganz zurück. Der persönliche eine Wille, der eine Gott als Urheber von allem Geschehen in der Menschenwelt ist erreicht, den wir dann im Glauben der frommen Dichter finden, Solon und Pindar, Aischylos und Sophokles, der aber auch neben den vielen anderen religiösen Stimmungen und ihren Exponenten im Glauben des ganzen Volkes lebt. Die Beteuerung *νὴ Δία* steht neben *νὴ τοὺς θεούς*; es gibt kein *νὴ θεόν* oder *τὸν θεόν*, weil in *Ζεύς* Gott gehört wird. Der Name Zeus wird nun so umfassend und dadurch so wenig bezeichnend, daß Beinamen zutreten müssen, *πολιεύς* kann noch der Gott werden, der auf den Bergkuppen saß, *ἑρκεῖος* ist er schon als Schützer des Hofes, aber dessen *ἕρκος* war der Burgmauer analog, so daß der Name zu Anfang vielleicht noch durch diese Analogie bedingt war. Aber dann wird er zum Schützer des Grundbesitzes und tritt für die Bewohner von Mietshäusern als *κτήσιος* dazu, dessen Name natürlich auch weitere Bedeutung erhielt[1]. Eine schöne Inschrift aus einem Gutshofe südlich von Pangaion ist aufklärend: *Διὸς ἑρκείο πατρώιο καὶ Διος κτησίο* (Sylloge 991 mit Dittenbergers Erklärung). Der Stifter hat das Gut von den Vätern her, hat aber auch hinzuerworben, der *κτήσιος* lehnt sich an den *ἑρκεῖος*. Beinamen wie *φράτριος ἀγοραῖος ὁμόγνιος*[2] *ἀπατούριος*

[1] Nilsson, Ath. Mitt. 33, 279, hat eine schöne und gelehrte Abhandlung an einen thespischen Stein geknüpft, auf dem unter *Διὸς κτησίου* eine Schlange steht. Schon das ionische *κτήσιος* zeigt den importierten Gott. Gewiß ist die Schlange dieselbe, die als Hausschlange in dem Boden lebt, hier gehört sie dann dem benannten Gotte, aber die Zeit, da sie der Gott selbst war, ist längst vorbei. Ich kann auch nicht zugeben, daß Zeus an die Stelle eines Schlangengottes getreten sei, denn es ist nicht das Tier, das den Kult erhält, auch wenn es von der vergrabenen *πανσπερμία* frißt, in der sich alle *κτήματα* dem Gotte weihen, sondern der Gott, dessen Schutz der erworbene Besitz fordert, erscheint zuerst selbst in dieser Gestalt. Nicht auf den sinnlichen Ausdruck des religiösen Gefühles kommt es an, sondern auf dieses, das bleibt, während sein Ausdruck wechselt. Belegstellen für *κτήσιος* bei Nilsson. *μειλίχιος*, der sehr oft ohne Zeus steht und zur Unterwelt gehört, muß ganz gesondert werden. Er kann Schlangengestalt haben.

[2] Possierlich ruft der Sklave Xanthias, Frösche 750, *ὁμόγνιε Ζεῦ*, als er in Aiakos die verwandte Sklavennatur entdeckt.

gehen den Schirmherrn des Rechtes in verschiedenen Beziehungen an[1]; als *ξένιος ἱκέσιος φύξιος προστρόπαιος καθάρσιος* fordert er die Erfüllung bestimmter moralischer Pflichten[2]. Alles Namen ganz oder vorwiegend aus ionischem Sprachgebiete, denn in Ionien ist der Fortschritt gemacht, das Göttliche, das in so verschiedener Richtung den Menschen band und zugleich schützte, mit dem einen Gottesnamen zu rufen. Und wenn sich die meisten auch nicht begrifflich klarmachten, welche Folgerungen auf die Einheit der Gottheit in dieser Person zu ziehen wären, die Dichter, welche das taten und alles voll aussprachen, haben mit ihren Worten starken Widerhall gefunden. In den Kulten freilich blieb Zeus was er gewesen war, vielleicht der oberste, aber doch einer von vielen. Der Zeus, der nur durch den Eigennamen sich von *θεός* unterschied wie Jehova bei den Lutheranern, gehört einer anderen Religion an, als sie in dem Kulte der Staaten geübt ward. Der Jude meinte Jahve, wenn er Gott sagte, der Grieche Gott, auch wenn er Zeus sagt. So früh schon hat sich diese Kluft aufgetan, die nicht überbrückt werden sollte.

Weil alles, was da war, so wie es war, nicht von den Menschen stammte, also irgendwie auf eine göttliche Macht zurückgeführt werden mußte, die Personen der mythischen Kosmogonien aber nun als Dichtung betrachtet wurden, kann Zeus als Urheber bezeichnet werden. Bei Semonides hat er die einzelnen Charaktere der Weiber gemacht. Ein angeblich delphisches Orakel verbietet den Durchstich der Halbinsel, auf deren Spitze Knidos liegt. *Ζεὺς γάρ κ' ἔθηκε νῆσον, εἴ κ' ἐβούλετο* (Herodot I 174). In der nicht so sehr sophistischen wie populären Mahnung zur *εὐσέβεια* redet Xenophon Memor. I 4 von dem weisen *δημιουργός*, der die Menschen gemacht hat. Daraus darf man keinen Zeus Schöpfer der Menschen oder

[1] Als höchster Herr des Rechtes tritt er neben *Ἀθηνᾶ φρατρία μορία*, die den Staat vertritt, schirmt er die Geschlechter als *ἀπατούριος*, den Marktfrieden als *ἀγοραῖος* usw. *ὁμάριος* heiligt die Vereinigung der achäischen Städte.

[2] In der Adrastosnovelle (Herodot I 44) ruft Kroisos den *Ζεὺς καθάρσιος ἐπίστιος ἑταιρεῖος* und begründet die Beinamen. Die Reinigung des *προστρόπαιος* hat Zeus an Ixion vollzogen; da ist die paradigmatische Geschichte noch unabhängig von Apollon. In den solonischen Gesetzen stand irgendwo eine Vereidigung auf einen *ἱκέσιος, καθάρσιος, ἐξακεστήρ*, wie es scheint ohne den Namen Zeus. Die Gelegenheit läßt sich aus Pollux VIII 142 nicht erschließen.

der Erde ableiten, weder diesen Schöpfergott noch den Begriff der Erschaffung von Himmel und Erde. Selbst im Spiel haben die Hellenen so etwas selten gesagt[1]. Die plumpe Vorstellung einer Schöpfung aus dem Nichts verstieß gegen ihre altüberkommene Frömmigkeit, die in der Natur die ungeschaffene Offenbarung Gottes, also das Göttliche in ihr, nie verkannt hat, solange sie wirkliche Hellenen blieben.

Wenn Zeus über die moralische Haltung der Menschen wenigstens in einigen schweren Fällen wachte, so muß man erwarten, daß er Verfehlungen bestrafte; so ist die Geschichte von Ixion dazu da, den *ἱκέσιος* und *καθάρσιος* als Stifter dieser Pflichten einzuführen; die Bestrafung des Ixion trifft den Undankbaren, schärft also eine andere Menschenpflicht ein. Solon 1 D. 17–32 führt aus, wie er, der *πάντων τέλος ἐφορᾶι*, an dem Schuldigen oder seinem Geschlechte Rache nimmt. Von einem Gerichte nach dem Tode weiß er nichts; in die Unterwelt kann Zeus doch nicht kommen, und wenn da ein gleich mächtiger Richter ist, so ist das ein anderer Zeus (Aischyl. Hik. 231), er heißt aber auch Hades (Eum. 274). Auch wenn der Herr der Toten euphemistisch *Μειλίχιος* heißt und oft *Ζεύς* zu diesem Namen hinzutritt, so ist damit nicht gemeint, daß es der Olympier wäre; *Ζεύς* ist nur ein gesteigertes *θεός*. Viel weniger wird von dem rächenden Zeus geredet als von dem, der den Menschen ihr Geschick gibt, und da ist er auch der Geber von Übeln, *τὰ καὶ τὰ νέμει* sagt Pindar Isthm. 5, 52. Mimnermos klagt 2, 16, es ist kein Mensch, dem nicht *Ζεὺς κακὰ πολλὰ διδοῖ*; zu denen gehört das Alter, das hat *θεός* so schmerzlich gemacht, 1, 10. Vor Augen liegt, daß *θεός* und *Ζεύς* dasselbe sagen. Was dem Menschen geschieht, in der allgemeinen oder seiner besonderen Natur liegt, was er daher hinnehmen muß, wie es auch sei, das kommt aus einer stärkeren Macht, also von einem Göttlichen, einem Gotte, persönlicher gefaßt, von Zeus, seitdem dieser zu dem universalen Gotte geworden ist.

Dieser Glaube an einen persönlichen Gott, der die Geschicke der Menschen bestimmt (*μοῖρα Διός*), sittliche Forderungen erhebt und ihre Verletzung ahndet, ist aus der Erhöhung des Zeus zum

[1] Kallimachos, Hymn. 4, 29 kann so den Poseidon die Inseln verfertigen lassen, aber er spaltet sie nur von dem Lande ab. Bei Pindar, Ol. 7, 69, sieht Zeus, wie die Insel Rhodos aus der Tiefe emporwächst, ebenso wachsen die Pfeiler empor und machen Delos fest, als Apollon auf ihr geboren wird, Fr. 88.

Vater der Götter und Menschen erwachsen, also in Fortbildung des homerischen Zeus. Er hat sich in Ionien gebildet. Hesiod hat das meiste dazu getan, daß er sich auch im Mutterlande verbreitete, große Dichter haben den Glauben vertieft. Damit waren die Götter, die unter ihm standen, nicht verdrängt, manche von ihnen wurden im Kultus und auch von den gläubigen Menschen stärker verehrt, weil sie ihnen näher standen und die alte Religionsübung sich erhielt; der höchste blieb er doch. Als die Einheit alles Naturlebens von den Philosophen erfaßt war, konnte die einheitliche Macht, die es beherrschte, den Namen Gott und Zeus behalten, aber dabei ging die Person verloren, so daß er mit dem Äther gleichgesetzt ward; verloren ging unbedingt seine Verbindung mit den sittlichen Forderungen, die nun nicht mehr auf die Pflichten des Einzelnen gegen die Gesellschaft zurückgeführt wurden, aus denen sie erwachsen waren, sondern auf das sittliche Gefühl in der Seele des Menschen.

Wir mußten tief in spätere Zeiten herabgehen, um Zusammenhänge nicht zu zerreißen. Nun müssen wir wieder zu Homer zurück und betrachten, wie seine Menschen ihr Leben führen und werten, ob sie einen freien Willen besitzen, sich frei oder gebunden fühlen, sei es durch einen fremden Willen, göttlichen oder menschlichen Zwang, sei es durch Rücksichten, denen sie sich mit Bewußtsein unterwerfen.

Der Dichter sagt öfter, daß er von einem Geschlechte erzählt, das mehr konnte als seine Gegenwart. Aber auch an jenen Menschen hebt *θνητός* den Gegensatz zu den *ἀθάνατοι* hervor, *ὀιζυρός* den zu den *μάκαρες*. Zeus selbst sagt *οὔτι ὀιζυρώτερον ἀνδρός* (*P* 446), und dieses und ähnliche Beiwörter, *ἐφημέριοι, κηριτρεφεῖς* u. dgl., werden später stehend. Schöner sagt Apollon in der Theomachie, *Φ*465, zu Poseidon „es schickt sich nicht, daß wir Götter um der Menschen willen miteinander kämpfen, die bald vor Stolz glühen (*ζαφλεγέες*), bald mut- und kraftlos zugrunde gehen“, *ἀκήριοι*, herzlos, denn im Herzen sitzt der Mut. Aber diese Vergänglichkeit bedrückt die Helden selbst nicht; sie fühlen sich frei und folgen ihrem inneren Drange, ihrem *θυμός*, ihrem Ich, ohne Rücksicht auf andere. Es kann ein Gott hemmend eintreten, dem läßt sich nicht widerstehen, und Achilleus ordnet sich auch dem anerkannten Herzoge, dem *βασιλεύτερος*, so weit unter, daß er sich eine Sklavin abnehmen läßt, wie auch die anderen Könige dieses Vorgehen

Agamemnons mißbilligen, aber nichts dagegen tun. So weit geht die militärische Subordination; in die Schlacht geht Achilleus aber nicht mit. Wir sind in einem Heerlager, da gibt es keine bürgerliche Staatsordnung, die in Mykene nicht gefehlt haben kann, erfahren auch sonst nichts darüber[1]. Auch von den ungeschriebenen Gesetzen, die man später die *κοινοὶ νόμοι Ἑλλάδος* nannte, werden nur wenige innegehalten. Wer einen Totschlag begangen hat, muß außer Landes gehen, aber an wessen Herd er sich setzt, der muß ihn aufnehmen. Die Blutrache droht, obwohl sich mancher auch das Blut eines Bruders abkaufen läßt, und der Gewinn eines *θεράπων* ist dem willkommen, der den Landflüchtigen aufnimmt[2]. Den Feind, der sich ergibt, zu töten steht im Belieben des Siegers, und wenn wir das Amt des Heroldes respektiert sehen, so würde wohl die wilde Leidenschaft auch an ihm sich vergriffen haben; Achilleus traut sich selbst zu, daß er Hand an Priamos legen könnte, den er an seinen Herd aufgenommen hat (*Ω* 570)[3]. Denn der Mensch tut alles was ihn gelüstet, soweit ihn nicht ein Mächtigerer daran verhindert, wie Achilleus durch Athena davor zurückgehalten wird, den Heerkönig tätlich anzugreifen. Als Agamemnon sich nachher mit Achilleus versöhnen muß, schreibt ihm Odysseus vor, was er zu tun hat, und fügt hinzu *σὺ δ' ἔπειτα δικαιότερος καὶ ἐπ' ἄλλωι ἔσσεαι* (*T* 181), die einzige Stelle der Ilias, in der *δίκαιος* von einem handelnden Menschen steht; *ἄδικος* ist noch nicht gebildet[4].

[1] Die Gerichtsszene auf dem Schilde des Achilleus ist uns wertvoll, weil sie einen Eigentümerprozeß vor einem Schiedsgericht darstellt. Daß so etwas in den ionischen Städten vorkam, wie unvollkommen auch die Staatsordnung war, ist selbstverständlich.

[2] In den heiligen Gesetzen von Kyrene § 17 stehen sehr altertümliche, aber wohl verständliche Bestimmungen über die Aufnahme eines Mannes, der aus seinem Geschlechtsverbande ausscheiden und in einen anderen eintreten will. Ich habe sie erläutert und kann einer anderen Deutung weder sprachlich noch sachlich auch nur die Möglichkeit zugestehen.

[3] Der feine Dichter will zeigen, welche Überwindung es den Achilleus kostet, dem Bittenden nachzugeben. Er gestaltet die Erzählung so, daß Achilleus auch ohne den Befehl des Zeus Gnade üben würde. Dieser entspricht dem epischen Stile, die Sendung der Thetis wird aber kurz abgemacht, ganz anders als die der Iris an Priamos, und da war das Eingreifen der Götter unerläßlich.

[4] Chiron ist *δικαιότατος Κενταύρων Λ* 832, die *Ἄβιοι* sind es vor allen Menschen *N* 6, außerhalb der Gesellschaft, in der wir uns bewegen. Der Odyssee ist *δίκαιος* geläufig.

Agamemnon hatte im Iota 119, der Vorlage des *T*, zugestanden, daß er *φρεσὶ λευγαλέῃσι πιθήσας* Unrecht getan hätte. Hier entschuldigt er sich damit, die Zeustochter Ate hätte ihn gepackt, *ἣ πάντας ἄαται*, selbst den Zeus. Wir sehen also, was die Einführung einer solchen durchsichtigen Person bedeutet. Sie ist eine Göttin, weil sie mächtig ist, so mächtig, daß sie von Zeus stammt; was eine solche Vaterschaft bedeutet, ist auch klar. Aber wir sehen auch, daß der Mensch die Verantwortung für seine Handlung durch die Berufung auf den Zwang der Ate nicht von sich abschieben kann, und daß nicht mehr darin liegt, als daß alle Menschen, oder vielmehr Götter und Menschen, solche falschen und sich bestrafenden Handlungen begehen, was den einzelnen entschuldigen mag. Danach werden wir es beurteilen, wenn der Dichter den Impuls zu einer Handlung einem Gotte zutraut, der den Menschen bestimmt. Dabei erscheinen die Götter bald in einer anderen Gestalt, bald ohne solche Verhüllung. Es wirkte noch der Glaube, daß die Götter wirklich sich unter die Menschen mischen, Athena neben Diomedes im *E* ist das leuchtendste Beispiel; daß er Aphrodite verwunden darf, rechtfertigt ihr Befehl. Hier ist von irgendwelcher Psychologie nicht die Rede. Anders steht es um die schöne Erscheinung Athenas, als sie den Achilleus zurückhält, der das Schwert gegen Agamemnon zücken will. Die antike Deutung macht die Göttin zu *φρόνησις*, hebt also die Göttin auf und zerstört die Poesie, aber der Irrtum lag nahe. Der Dichter kennt das Gefühl eines Menschen, der sich eingesteht, ich hätte es getan, wenn mich nicht ein guter Geist oder mein Schutzengel oder Gottes Hand gnädig zurückgehalten hätte. *θυμός* und *λογισμός* kämpfen in seiner Seele, er fühlt ein *κρεῖττον*, das plötzlich sein Schwert in die Scheide zurückstößt, er kennt auch seine Beschützerin: sie hat ihn am Schopfe genommen. So sinnlich sieht es der Dichter; wenn wir es ihm nicht glauben, sind wir nicht wert, ihn zu lesen. In vielen Fällen weiß nur der Dichter, daß der oder jener Gott einem Menschen etwas zum Guten oder Bösen getan hat oder ihm eingibt, wie er handeln soll. Daß die *δωτῆρες ἐάων* auch Böses geben, folgt daraus, daß sie lieben und hassen, und ist den Menschen so gut bekannt wie dem Dichter, nur müssen die Menschen meist unbestimmt lassen, wer ihnen schadet. Als dem Teukros *O* 467 die Sehne reißt, kann er nur den oder einen *δαίμων* dafür verantwortlich machen; der Dichter weiß, daß Zeus es getan hat. *Π* 121 erkennt Aias, daß Zeus gegen die Achäer ist; er ist ja der Lenker der Schlachten. *P* 630 erkennt er dasselbe; da hat Zeus den Nebel erregt, das kann nur von dem Wettergotte stammen. Wenn aber ein Held überlegt, was er tun soll, so denkt er nicht an einen Gott, der sein Handeln mißbilligen oder hemmen könnte, er denkt auch an kein Gesetz, auch kein Moralgesetz, das er übertreten würde. Er entscheidet sich wie Odysseus, *Λ* 404, für das, was sich für ihn schickt, also das Gebot der persönlichen Ehre. Er darf kein *κακός* sein. Wir bewundern Hektors *εἷς οἰωνὸς ἄριστος ἀμύνεσθαι περὶ πάτρης*, der Dichter will auch, daß wir es tun. Da schlägt er die Warnung des Zeichens sich aus dem Sinn, weil ihn eine höhere Pflicht ruft. Trügerisch ist das Zeichen aber nicht: Aias wird ihn niederstrecken. Gerade darum ist er der große Held, daß er sich dem Vaterlande opfert. Es lebt in ihm das Gefühl einer sittlichen Pflicht. Und doch schlägt er hier ein von den Göttern gesandtes Vogelzeichen in den Wind. Die Götter können überhaupt nicht Träger der Moral sein, denn noch bindet sie nicht ihre Handlungen. Den feierlichen Eid, der im *Γ* geschworen wird, bricht Pandaros, aber Athena treibt ihn dazu. Dieselbe Athena beschleunigt Hektors Tod, dem er freilich verfallen ist, durch einen Betrug; natürlich läßt der Dichter die Götter nur so handeln, wie er weiß, daß die Menschen es auch ohne Bedenken tun.

Hektor bleibt vor dem Tore, wo ihn Achilleus erreichen wird, und spricht aus, warum er es tut: *αἰδέομαι Τρῶας*, *X* 105. Vorwürfe auch aus dem Munde feiger Menschen kann er nicht ertragen, lieber in Ehren fallen. Die *αἰδώς* ist die einzige sittliche Kraft in dem Menschen, sie aber ist keine Göttin[1], die von außen käme, selbst als Hesiod sagt, daß die Menschheit zugrunde gehen wird, wenn Aidos und Nemesis die Erde verlassen, ist das nur gemäß dem epischen Stile persönlich gefaßt. Die spätere Zeit hat die *αἰδώς* nicht mehr entsprechend gewertet. Arat hat sie durch Dike ersetzen müssen, wo er die hesiodische Schilderung aufnimmt, und schon Protagoras bei Platon 322c verbindet *αἰδώς* und *δίκη*. Pla-

[1] Ein Altar auf der athenischen Burg besagt nicht mehr, als daß ihre Macht einmal so stark empfunden ward, daß sie als Person erschien; das ist selbst dem *Γέλως* begegnet, der sogar ein *ἀγαλμάτιον* hatte (Plutarch Lykurg 25). Die Aidos des Altares war aber den Späteren so unverständlich, daß sie eine nichtige Deutung erfanden. Dies und mehr was ich nicht wiederhole zu Eurip. Herakl. 557. Rätselhaft ist nur eine Statue der Aidos, dreißig Stadien von Sparta und war es den Erfindern eines *αἴτιον*, Pausan. III 20, 10.

ton[1] und Aristoteles[2] sehen in ihr nur noch eine Art der Furcht, dem Sprachgebrauche ihrer Zeit entsprechend, der *αἰδώς* und *αἰδεῖσθαι* überhaupt nur noch selten anwandte, schon im fünften Jahrhundert; Bakchylides z.B. hat es nicht mehr. Es ist auffällig, daß Aristoxenos[3] die alte *αἰδώς* noch sehr viel richtiger verstand; er sieht sie in der huldigenden Anerkennung eines jeden Vorzuges an einem anderen. Ehrfurcht ist sie, nicht Furcht[4]. Man sieht es am besten an dem Adjektiv *αἰδοῖος*, das nach Aischylos selbst aus der Dichtersprache verschwindet. Es wird von allen Menschen

[1] Euthyphr. 12 mißdeutet den Spruch der Kyprien *ἵνα γὰρ δέος, ἔνθα καὶ αἰδώς*, der begründet, warum jemand den Zeus nicht schelten will, *αἰδεῖται διότι δέδιεν*, Zeus würde es sich nicht gefallen lassen, daher scheut sich der Mann. Umgedreht, wie es Sokrates wendet, trifft es für die alte Zeit nicht zu: Alkaios fürchtet sich nicht vor Sappho, wenn er sich scheut, ihr einen Antrag zu machen. *O* 657 weichen die Achäer von den Schiffen, aber sie laufen nicht auseinander, *ἴσχε γὰρ αἰδὼς καὶ δέος*, zweierlei, Ehrgefühl verbietet ihnen die Flucht, und Furcht hat jeder, wenn er allein aus dem Schutze der geschlossenen Schar wegläuft. Dem Platon ist die *αἰδώς* wenigstens noch ein *θεῖος φόβος*, Ges. 671 d.

[2] Nikom. Ethik 1128b. Die *αἰδώς* kann keine Tugend sein, weil sie keine *ἕξις* ist, sondern ein *πάθος*; das Erröten gehört dazu, und das *αἰδεῖσθαι* paßt nur für die Jugend. Die stoische Ethik, die in den Distinktionen der Tugenden und Laster schwelgt, nimmt kaum noch von der *αἰδώς* Notiz. Die kurze Definition *φόβος ἐπὶ προσδοκίαι ψόγου*, Arnim Stoic. fr. III S. 101, ist vom Peripatos übernommen. Dion macht in der ersten Königsrede 25 mit Recht einen Unterschied zwischen *φόβος* und *αἰδώς*; wen man fürchtet, vor dem möchte man fliehen, der *αἰδούμενος* bleibt stehen und schaut bewundernd auf den *αἰδοῖος*. Am schönsten Demokrit Fr. 264 *ἑωυτὸν μάλιστα αἰδεῖσθαι καὶ τοῦτον νόμον τῆι ψυχῆι καθεστάναι.*

[3] Ammonios S. 6 Valck. *᾿Αριστόξενος ἐν πρώτωι νόμων παιδευτικῶν. αἰδὼς πρὸς ἡλικίαν, πρὸς ἀρετήν, πρὸς ἐμπειρίαν, πρὸς εὐδοξίαν, ὁ γὰρ ἐπιστάμενος αἰδεῖσθαι πρὸς ἑκάστην τῶν εἰρημένων ὑπεροχῶν προσέρχεται οὕτω διακείμενος ... διὰ τὸ σέβεσθαι καὶ τιμᾶν τὰς εἰρημένας ὑπεροχάς.*

[4] Im *Γ* hat Priamos zu Helene gesagt, nicht ihr, sondern den Göttern schöbe er die Schuld zu, den Krieg über Ilion gebracht zu haben. Da erwidert sie 172 „*αἰδοῖός τέ μοί ἐσσι φίλε ἑκυρὲ δεινός τε.* Wenn ich für mich doch den Tod gewählt hätte, als ich deinem Sohne folgte. Jetzt härme ich mich unter Tränen". Gerade die freundlichen Worte des ehrwürdigen Königs lassen sie im Bewußtsein ihres verhängnisvollen Fehltrittes zusammenfahren. *αἰδώς* und *δέος* sind ganz verschiedene Empfindungen. Die erstere empfand sie immer vor dem Schwiegervater, jetzt packt sie ein Schauder, lieber tot, als so vor ihm stehen. Aischylos Eum. 516, 698 verlangt ein *δεινόν* im Staate, vor dem der Mensch sich so fürchten soll

gesagt, vor denen man *αἰδώς* fühlt[1], und reicht noch weiter, als Aristoxenos angibt, denn auch der *ἱκέτης* ist *αἰδοῖος*, gerade durch seine Hilflosigkeit, freilich auch durch die Bindung, die seine Bitte in sich trägt, daher später durch die Wollbinden symbolisiert. Alkaios schlägt vor Sappho die Augen nieder (der Vasenmaler hat die Verse gut verstanden), da ist die *αἰδώς* die Scheu vor der Frau, die er zu verletzen fürchtet. Diese *αἰδώς* zeigt sich in den Augen (Aristoph. Wesp. 447), daher *κυνὸς ὄμματα A* 225, denn der Hund ist *ἀναιδής*[2]. Aber *αἰδώς* ist auch das Ehrgefühl, das den Krieger zum Standhalten zwingt, *αἰδομένων ἀνδρῶν πλέονες σόοι ἠὲ πέφανται E* 531, so mehrfach in der Ilias. Da haben wir eine in dem Menschen wirkende göttliche Kraft, die der Dichter mit einem Worte bezeichnet. Sie wirkt nach verschiedener Seite, bändigt aber immer die *αὐθάδεια*, ein jüngeres Wort zu brauchen, Eigenwillen und Selbstliebe. Die Bezeichnung tritt später zurück, aber in der War-

wie vor den Erinyen. *θεουδής* hat die Odyssee in gutem Sinne für gottesfürchtig; die Form zeigt, daß es ein altes Wort ist, *δεισιδαιμονία* ist jung; da war Furcht vor den Göttern schon meist etwas mindestens Uebertriebenes, *δεῖσθαι* ist aber überhaupt in diesem Verhältnis ungebräuchlich. Da gehört *σέβας* hin, *σέβας μ' ἔχει* ist eine Steigerung von *αἰδοῖός μοί ἐστι*.

[1] Einzeln wird *αἰδοῖος* auch von solchen gesagt, die *αἰδώς* einflößen, die *αἰδοίη ταμίη*, die in der Odyssee bei Tisch serviert, ist „ehrbar", im Gegensatze zu den liederlichen Mädchen. Aber wenn der Rat auf dem Areopag *αἰδοῖος ὀξύθυμος* heißt (Eum. 705), so soll er ebenso *αἰδώς* üben wie die *ὕβρις* heftig verfolgen. Es hängt mit der *αἴδεσις* zusammen, die von den Bluträchern in bestimmten Fällen gefordert wird, wo sie sich aus *αἰδώς* mit dem Verfolgten vertragen müssen, den sie von dem *λίθος ἀναιδείας* aus angegriffen haben.

[2] In der alten Sprache wird *ἀναιδής* sehr besonders gesagt, öfter von einem Steine; *Δ* 521 ist die gute aristarchische Erklärung *ἀνένδοτος*, er hat keine *αἰδώς*, nimmt auf nichts und niemand Rücksicht, der *λᾶας ἀναιδής* des Sisyphos, den jeder kennt, macht es deutlich, denn der hätte doch einmal dem armen Sisyphos nachgiebig sein sollen, *σκληρός* in dem Scholion ist falsche Ausdeutung für den einzelnen Fall. *θάνατος ἀναιδής* Theognis 207. *πόντος ἀναιδής* in dem altkorinthischen Epigramm des Dweinias IG. IV 358. Eurip. Medea (28) hört *ὡς πέτρος ἢ θαλάσσιος κλύδων*, das entspricht gut. *κάπρος ἀναιδομάχας* Bakchylides V 105. *πότμος* (oder *νόμος*) *ἀναιδής*, bei Pindar Ol. X am Ende, hat keine Scheu vor der Jugendschönheit der Knaben; am schönsten die *ἐλπὶς ἀναιδής* Nem. 11, 45, die uns alle bindet; das besagt viel mehr als „unverschämt", was das Wort später allein bedeutet.

nung vor ὕβρις und der Forderung der σωφροσύνη lebt die Gesinnung fort. αἰδώς σωφροσύνης πλεῖστον μετέχει läßt Thukydides den echt spartanischen König Archidamos sagen (I 84). Im Menschen selbst sitzt sie, das ist die Hauptsache. Kein Gott hat sie gefordert, kein Gott hat sie gegeben. Auf sich sieht der Mensch, und wie er sich zu halten hat, sagt ihm sein Herz, es bleibt Menschenforderung, wenn die Gesellschaft dieselbe Haltung vorschreibt, und ihre Verletzung mit νέμεσις[1], Mißbilligung und Mißachtung, straft. Von den Göttern konnte der Mensch die αἰδώς nicht lernen. Sie haben sie nicht nötig, sondern dürfen ganz nach ihrer Laune handeln. Die Götter mögen einen Menschen lieben, φιλεῖν, ein Mensch liebt keinen Gott, θεοφιλής will der Mensch sein oder werden, θεόφιλος ist wohl Eigenname, aber θεοφίλος lebt nicht als Prädikat[2]. Der Gott ist auch nicht Herr des Menschen, es sei denn, dieser stehe in besonderem Dienstverhältnis wie der Handwerker δμῶιος Ἀθηναίης ist (Erga 430), Teiresias δοῦλος des Apollon (Soph. Oed. 410). Der freie Mensch steht auch in seinem Handeln unter keiner göttlichen Kontrolle. Der Dichter mag wissen, daß dieser oder jener Gott dem Menschen einen Entschluß eingab; dieser selbst handelt so, wie ihn Überlegung oder Leidenschaft treibt; hinterher mag er je nach dem Erfolge meinen, daß ihn ein Dämon bestimmt hätte; darin liegt, daß er den Urheber nicht kennt. Nicht ein kaltes oder blindes Schicksal bestimmt Menschen und Götter, sondern die Menschen handeln frei, die Götter auch, je nach ihrer Willkür, die aber auch ihre Grenzen hat, was der Erfolg zeigt;

[1] *Z* 351 sagt Helena „ich wollte, ich hätte einen Mann bekommen ὃς ᾔιδη νέμεσίν τε καὶ αἴσχεα πόλλ' ἀνθρώπων. Die Stelle hilft *N* 122 verstehen, ἐν φρεσὶ θέσθε αἰδόα καὶ νέμεσιν, sie sollen an das denken, was sie haben sollen, und was sie trifft, wenn sie es nicht haben. So erklärt sich auch *Λ* 649 αἰδοῖος νεμεσητός von Achilleus, dem gegenüber man nach *N* 122 handeln muß. οὐ νέμεσις geht auch nur das Menschenurteil, keine Göttin an. Über Hesiod zu Erga 200. νέμεσις gehört immer zu νεμεσᾶν, das später verschwindet. Nur die Νέμεσις von Rhamnus muß ursprünglich zu νέμειν gehören, aber sie ist schon von der anderen Nemesis in ihrem Wesen getrübt, als sie Mutter der Helene wird, und so hat man sie empfunden, als Themis neben ihr verehrt ward.

[2] Aristoteles Rhet. II 1391 b sagt, die Menschen, denen es gut geht, εὐτυχεῖς, sind φιλόθεοι καὶ ἔχουσι πρός τὸ θεῖόν πως, πιστεύοντες διὰ τὰ γιγνόμενα ἀγαθὰ ἀπὸ τῆς τύχης. Er bildet sich das Wort für seine sarkastische Beurteilung dieser Sorte Gläubigkeit. εὐσεβεῖς konnte er nicht sagen, weil das eine bürgerliche Pflicht ist.

nur wenn dieser, also als zukünftiger, ihnen vorher bekannt ist, scheint die Zukunft durch eine Übermacht bestimmt. Eine Kontrolle des menschlichen Handelns, also eine Bestrafung von Sünden, üben die Götter vollends nicht. Wenn Apollon die Pest sendet, weil Agamemnon dem Chryses seine Tochter nicht zurückgibt, erzwingt das der Gott als Beschützer seines Priesters, nicht um die Ungerechtigkeit des Königs zu bestrafen. Und wenn Zeus eine Überschwemmung schickt, weil die Könige durch krumme Richtersprüche die Dike vertrieben haben (*Π* 387), so waren sie in seinem Dienste und haben ihren Auftrag schlecht erfüllt. Da ist ein Ansatz zu der Erhebung des Zeus zum Schirmherrn der Gerechtigkeit, Hesiod hat daher die Verse benutzt, aber es ist nur ein Ansatz, und wir können das Verhältnis des Menschen zu den Göttern losgelöst von aller Moral nicht scharf genug fassen, denn so mußte es vor Homer gewesen sein, und es hat sich trotz allen religiösen Wandelungen gegenüber den Göttern des Kultus niemals ganz geändert.

Daß alles was ihm zuteil wird schließlich von den Göttern kommt, ist dem Menschen bewußt. Der Kultus beruht darauf, sie gnädig zu stimmen, damit sie die Bitten erhören. Homer redet zwar von dem Kultus selten, und auch Gebete sind nicht zahlreich. Aber wie eindringlich ist der stolze Ruf des Aias an Zeus, der Nebel über das Schlachtfeld gebreitet hat, *ἐν δὲ φάει καὶ ὄλεσσον*, P 647. Und wie rührend bittet Achilleus den Zeus, daß er den Patroklos siegreich werden und heil heimkehren lasse. Der Vater, wie der Dichter hier den Zeus nennt (*Π* 250), gewährt nur das erste. *δωτῆρες ἐάων* heißen die Götter; sie geben aber auch das Schlimme. Apollon hat den Achilleus und den Meleagros erschossen. Solche unberechenbaren Eingriffe können immer kommen; das weiß der Mensch, aber er betrachtet doch das Leben, das er seit seiner Geburt geführt hat und weiter führt, als eine Einheit, einen in sich und durch sich bedingten Zusammenhang. Da es so oder so geworden ist, mußte es so werden, und wenn fremde Gewalt es abschneidet, so war auch das ein Stück von dem zusammenhängenden Ganzen, das sein Leben darstellte. Achilleus weiß von seinem frühen Tode, das beirrt ihn nicht, und der Todestag wird für ihn ein *αἴσιμον ἦμαρ* sein, wie er es für Hektor ist, *X* 212. Obwohl dieser Tod gewaltsam ist, ist er doch sein Tod[1], der für ihn recht und billig war; das ist ja das *αἴσιμον*, wie die Ableitung *αἰσιμνήτης* und

[1] W. Schulze Berl. Sitz.-Ber. 1912, 694. 1918, 331.

die Wendung *κατ' αἶσαν* lehrt. *αἶσα*, in dem die Wurzel von *ἴσος* steckt, ist ein Wort der ältesten Einwandererschicht, die es im Sinne von *μερίς*, (gleicher) Anteil am Opferfleisch, noch lange verwandte[1]. Ob es sich wie in Argos auch in Sparta bei den Dorern erhalten hatte, oder Alkman es aus dem Epos entlehnte, läßt sich nicht entscheiden. In seinem Partheneion bezwingen *Αἶσα καὶ Πόρος θεῶν γεραίτατοι* alle Hippokontiden. Poros ist nicht sicher zu fassen[2], Aisa kaum etwas anderes als die spätere Moira, also dasselbe wie *αἶσα πάνδωρος* bei Bakchylides Fr. 20 I. Schon bei Homer, *Υ* 127, spinnt sie, in der Odyssee, *η* 197, ist sie mit den Spinnerinnen, *Κλῶθες*, verbunden. Sie lebt als Person nur in der Poesie bis zu den Tragikern, und das Spinnen oder gar Weben[3] paßt eigentlich nicht für sie. Das ist aber ein so naheliegendes Bild für ein Leben, das in einer Linie allmählich verläuft, sich abspinnt, daß eine oder mehrere Spinnerinnen von den Dichtern eingeführt werden; zuerst heißen sie geradezu *Κλῶθες*; spinnende Moiren hat zuerst Kallinos 1, 9. Mehr als poetische Erfindungen sind sie alle nicht. Noch

[1] In Arkadien IG. V 2, 265. 269. Kypros GDI. I 73. Argos Hegesandros bei Athen. 365 d. Kallimachos, 8, 15 Pfeiffer, sagt *ὕδατος αἶσαν*, kennt also diesen Gebrauch durch die damals schon betriebene Sammlung dialektischer Wörter. Das junge Gedicht Theognis 907 sagt gar *αἶσα* wie *μόρος* vom Todesgeschick. Ein kaum begreiflicher Vers steht im Demeterhymnus 300, den die Erklärer übergehen, als wäre er ganz klar, höchstens auf 235 verweisen. Hier steht von Demophon, den Demeter betreut, *ὁ δ' ἀέξετο δαίμονι ἴσος*, wie ein Götterkind. Gut; nun aber 300. Es wird der Göttin ein Tempel gebaut, *ὁ δ' ἀέξετο δαίμονος αἴσῃ*. Schon der Anklang befremdet, *ἀέξετο* von einem Bauwerk ist auch nicht gut. Soll das nun die *αἶσα* der Göttin bewirken? Dann ist *αἶσα* unerhört gebraucht, und *δαίμων* für die *θεά* erwartet man auch nicht. Was aber soll der Dativ anders sein? Oder soll es heißen „in wunderbarer Weise", periphrastisch für *δαιμονίως*? So mag es gemeint sein; entstanden aber ist der Vers doch durch Umbildung von 235, und das ist arge Stümperei. – Den Tragikern ist *αἶσα* synonym mit *μοῖρα*. Höchst eigentümlich Aischylos Choeph. 927, Orest zu Klytaimestra: *πατρὸς αἶσα* bestimmt dir deinen *μόρος*. Beide Wörter bezeichnen das Geschick, aber *μόρος* ist zugleich Tod, in *αἶσα* liegt zugleich die talio. *αἶσα φασγανουργός* Choeph. 647. Später ist das Wort verschollen.

[2] Als Platon seinen Poros als Widerpart der Penia erfand, hat er von dem alkmanischen nichts gewußt; das ist der *πόρος χρημάτων*.

[3] Das Weben hat der Dichter des schönen Hymnus, adesp. 5 D., von den Moiren gesagt, die er Aisa Lachesis und Klotho nennt, Beisitzer des Zeus, also von seinem Willen abhängig.

näher lag dem Griechen, das Leben als ein Los zu betrachten, das der Mensch bei seiner Geburt empfängt, wie er den *κλῆρος*, das Landlos, erbt, *λαγχάνει*. Daher ist die Verloserin Lachesis eine den ionischen *Κλῶθες* entsprechende Göttin der Griechen des Mutterlandes und wird mit Eileithyia verbunden[1]. Bei Pindar ist auch der *Πότμος* ein *ἄναξ*, Nem. 4, 42, also wörtlich der Zufall, öfter heißt er *συγγενής*, entscheidet, *κλαροῖ*, und *τύχαι Πότμου* kann gesagt werden, Pyth. 2, 56, von dem *οὗ διὰ τὸν Πότμον τυγχάνομεν*, wo Abstraktum und Concretum nicht geschieden sind. Inhaltlich kaum etwas anderes als *μοῖρα*.

Μοῖρα[2] und *Μόρος* sind der Anteil und können erst durch völlige Umbiegung der Bedeutung aktiv als Zuteiler gefaßt werden. *μόρος*[3] ist das nicht geworden, und für die *μοῖρα* findet sich in der Ilias erst vereinzelt ein Ansatz, wenn es heißt *ἔλλαβε πορφύρεος θάνατος*

[1] Pindar Oxyr. 1792, 1, 27. Entsprechend ist Ol. 6, 42 Eileithyia mit den *Μοῖραι* verbunden und heißt sie N. 7, 1 *πάρεδρος Μοιρᾶν*. Im Hymnus des Isyllos ist Lachesis gar selbst *μαῖα*. Ungeschickt wird in dem Seherspruche bei Herodot IX 43 *ὑπὲρ Λάχεσίν τε Μόρον τε* verbunden. Olen bei Pausan. VIII 21, 3 nennt die Eileithyia *εὔλινος*, wodurch sie selbst eine *Κλωθώ* wird, und rückt sie vor Kronos, also unter die Urgewalten als Mutter des Eros (des hesiodischen), IX 27, 2. Alt war das Gedicht nicht, gehörte aber nach Delos (I 18, 5), in den Kult der vorgriechischen Göttin.

[2] Als Anteil an dem Opferfleisch steht *μοῖρα* noch oft, später sagt man *μερίς*. Überhaupt war die eigentliche Bedeutung noch lange lebendig. Merkwürdig ist Semonides 7, 104 *ἀνὴρ δ' ὅταν μάλιστα θυμηδεῖν δοκῇ κατ' οἶκον ἢ θεοῦ μοῖραν ἢ ἀνθρώπου χάριν*, zu Hause ohne besonderen Anlaß oder beim Opfer, wo er eine *μοῖρα* von dem Göttermahle bekommt, oder wenn ihm jemand *χαρίζεται*, ihn eingeladen hat.

[3] *μόρος* als *κλῆρος*, Landparzelle, was auch bei Hesych neben anderen Erklärungen steht, ist lebendig in Lokris, Sitz.-Ber. Berl. 1927, 15, und Lesbos IG. XII 2, 74. Für Athen bezeugt es *Ζεὺς μόριος*, der über die *μόριαι ἐλαῖαι* wacht, die vom Areopag auf privaten Grundstücken gepflanzten Oliven. Sparta hat die *μόρα* als *τάξις στρατοῦ*. Gleich *μροῖα* in den epischen Wendungen *ὑπὲρ μόρον*; dann ist der *μόρος* gleich *μοῖρα θανάτου* synonym von *θάνατος* geworden, daher Sohn der Nacht bei Hesiodos Theog. 211 mit diesem und der *Κήρ*. *μόριμον* und *μόρσιμον* ist *πεπρωμένον*, meist vom Tode gesagt, und bezeichnet das, was zu der *μοῖρα* des Betreffenden gehört. *O* 117 sagt Ares „ich räche meinen Sohn, auch wenn meine *μοῖρα* ist, vom Donnerkeile des Zeus zu Boden geworfen zu werden“. Nichts anderes als „auch wenn dabei herauskommt, daß...“. Aischylos Fr. 288 spielt mit dem Anklange der Wörter *δέδοικα*

καὶ μοῖρα κραταιή, wo doch die μοῖρα so wenig Person ist wie der Tod, sondern nur das Beiwort so klingt[1]. Es ist aber auch hier die dem betreffenden Menschen gehörige Moira, der Anteil am Leben, der ihm zugeteilt war, und das bedeutet das Wort überall. Der Plural steht Ω 49, aber da sind auch die Anteile aller Menschen gemeint; es wird aber auch vollkommen deutlich, wie der Plural dazu gekommen ist, die Zuteilerinnen zu bedeuten. Überaus häufig steht neben der μοῖρα noch der, welcher sie zuteilt, μοῖρα θεῶν oder Διός, sie kann geradezu synonym mit δῶρα θεῶν werden (Solon 1, 63 D.). Belege sind überflüssig. So meint es auch Hesiod, wenn er neben den Horen, in denen er die Gesetzlichkeit und ihren Segen findet, die Moiren zu Töchtern von Zeus und Themis macht[2]. Man darf nicht glauben, daß diese erst durch ihn zu einer Trias von Göttinnen geworden sind und ihre Namen erhalten haben. Gerade die Atropos, die er allerdings erfand, ist noch lange nicht durchgedrungen; ich habe vor Platon außer der Nachahmung in der Aspis keine Spur von ihr bemerkt. Es gibt übrigens in Athen einen

μῶρον κάρτα πυραύστου μόρον, ich fürchte den törichten Tod der Motte, die selbst ins Licht fliegt. Herakleitos 20: die Menschen wollen leben und (was daraus folgt) μόρους ἔχειν, sterben. Das ist schon seltsam gesagt, aber παῖδας καταλείπουσι μόρους γενέσθαι wird dadurch nicht verständlich, daß Diels übersetzt „daß auch sie den Tod erleiden".

[1] Π 849 hat den Patroklos μοῖρ' ὀλοή und Apollon getötet. Da sieht man gut, daß der Gott den Tod gab, dem Patroklos durch seine μοῖρα verfallen war.

[2] Theog. 904–6. Jacoby wirft diese Verse aus, nicht ohne einen scheinbaren Grund. Denn wenn wir alle die Metis als erste Gattin des Zeus verwerfen, weil Pindar Fr. 30 ausdrücklich Themis die erste Gattin nennt, so ergibt sich ein Widerspruch zu Hesiod, weil bei Pindar die Moiren die Themis dem Zeus zuführen, während sie in der Theogonie von diesen Eltern stammen. Das scheint zwingend – wenn nicht Pindar sagen wollte, daß die Verbindung des göttlichen Herrn mit der Göttin des ewigen Rechtes die Διὸς μοῖρα, die alles beherrscht, zu ewiger Gerechtigkeit macht. Er schlägt doch nicht die Theogonie auf, sondern hat die erste Ehe, weil sie seiner Religion entspricht, im Gedächtnis und gestaltet eben dieser Religion entsprechend das andere, mythisch ist doch für ihn alles. Jacoby aber, den auch die Triade unter Triaden nicht beirrt, erreicht nun, daß sein Hesiod zwar den Moros, aber gar keine Moiren kennt. Denn die Verse 217–22 (von denen 218, 19, zugeschrieben aus der anderen Stelle, von selbst fortfallen) weist er auch aus, sogar die Hesperiden 215, 16, was keiner billigen wird, der diese Wesen genügend kennt. Diese Stelle ist oben, S. 265, behandelt.

sehr eigentümlichen Kult der Moiren. Einmal werden sie bei der Hochzeit angerufen[1], was ebenso berechtigt ist wie die Verbindung mit Eileithyia. Dann erfahren wir durch Pausanias, I 19, 2, daß bei der Aphrodite ἐν κήποις ein Steinpfeiler stand, der sie darstellte und zugleich als οὐρανία und als πρεσβυτάτη Μοιρῶν bezeichnete. Dann war diese Bildung in Hermenform und dieser Kult älter als der Tempel, dessen Kultbild Alkamenes machte[2]. Wenn aber diese Moiren, zu denen die himmlische Aphrodite gehörte, „in den Gärten" verehrt und zugleich bei der Hochzeit angerufen wurden, so waren sie die Seelen dieser Gärten, wie die Agrauliden und die Chariten in dem Garten am Nordfuße der Burg, und zu ihnen paßte die fremde Urania als Führerin so trefflich wie sonst Artemis ἡγεμόνη. Da walteten sie alle in der Natur.

Gerade wenn man sich nur die Mühe gibt, nachzusehen, was μοῖρα und μοῖραι bei Homer und Hesiod sind, kommt die bodenlose Verkehrtheit an den Tag, die immer wieder den alten Hellenen den Glauben an ein kaltes Schicksal zutraut, dem Götter und Menschen gehorcht haben sollen. Ananke und Heimarmene sind erst sehr viel spätere Abstraktionen, die mit dem Kultus gar nichts zu tun haben. Schuld an dem Irrtum hat in erster Linie die späte Mythologie in Poesie und bildender Kunst, auch der Modernen seit der von den Parzen abhängigen Renaissance. Mißverständnis der Kerenwägung des *X* kam hinzu, aber unschuldig ist die christliche Tendenz auch nicht, die doch mit der Vorsehung, die sie von den Stoikern entlehnt hat, wo sie neben der εἱμαρμένη steht, und dem „unerforschlichen Ratschlusse Gottes" oder der augustinischen und kalvinischen Gnadenwahl die Ungerechtigkeiten des Menschenschicksals nicht besser erklären kann, als es der Wille des hesiodischen Zeus und die μοῖρα jedes Menschen auch tat. Schlichter frommer Gottesglaube, der sich durch nichts beirren läßt, sollte vielmehr hier wie dort anerkannt werden. Und wenn das Unbegreifliche geschieht und als Hohn auf die Gerechtigkeit erscheinen muß, soll man keiner Zeit und keinem Menschen verdenken, daß er sich als hilflosen Sklaven einer blinden Ananke oder eines grausamen Gottes fühlt.

[1] Aischylos Eum. 958. Interpretationen 227.

[2] Wenn man sich überlegt hätte, was diese Aphrodite war, würde man die sog. genetrix niemals auf sie gedeutet haben.

ὦ μάκαρ Ἀτρεΐδη μοιρηγενὲς ὀλβιόδαιμον. „Glückseliger Atreussohn, der du als deinen Anteil bei der Geburt einen glücklichen Dämon erhalten hast". Γ 182. Die beiden letzten Vokative müssen zusammengenommen werden. Mit einer μοῖρα werden alle Menschen geboren, der Vorzug des Agamemnon, der ihn μάκαρ macht, wie es die Götter sind, liegt darin, daß er einen ὄλβιος δαίμων hat, genauer, daß ein Dämon ihm ὄλβος als seine μοῖρα zuteilt. Es ist ein so künstlicher, beinahe gekünstelter Ausdruck, wie man ihn in der chorischen Lyrik begrüßen würde, während er im Epos befremdet. Er stellt die μοῖρα neben den δαίμων; damit komme ich endlich zu diesem Worte, das man wegen der Fülle von Bedeutungen, die es bis heute angenommen hat, ein dämonisches Wort nennen kann. Ob es älter als das Epos ist, läßt sich nicht sicher sagen, also auch nicht, ob die Vorstellung, die bei Homer in ihm liegt, in die Urzeit zurückreicht. Wir können nur da beginnen, wo wir es haben, und sein Leben von da aus verfolgen. Es ist nicht so, wie es vielen scheint, daß die Griechen zwei Wörter für Gott hätten, wo denn gar δαίμων das ältere sein soll, von anderen dagegen für ein Lehnwort erklärt wird. Beherzigen wir demgegenüber einige Tatsachen. Der Kultus nennt seine Götter nie Dämonen, und ein Kult von Dämonen ist verschwindend selten[1]. Götter haben ihre besonderen Namen, Dämonen nicht. ϑεός wird prädikativ gebraucht, und eigentlich liegt ein prädikativer Begriff darin. δαίμων läßt sich so nicht brauchen. Wenn also das Epos und ihm folgend die Poesie die Götter im Plural δαίμονες nennt, so sind das nicht zwei gleichbedeutende Wörter; ϑεοί sind Götter, δαίμονες heißen sie wie μάκαρες oder δωτῆρες ἐάων, und dieses weist den Weg ganz gerade, δαίμων ist ja der Zuteiler, ὡς μνήμων ἴδμων τλήμων, substantivisch wie γνώμων. Das haben die Grammatiker gewußt und δαιμόνα, ὡς Μναμόνα, aus Alkman herangezogen[2]. Die Götter im ganzen heißen δαίμονες

[1] τοῖς δαιμόνεσσι Schwyzer 482, Gemeindekult von Thespiae, etwa um 300. In der Heimat Hesiods konnten seine Dämonen wohl verehrt sein wie die „hesiodischen Musen", Sylloge 1117. δαίμων μειλίχιος ausnahmsweise in Lebadeia, Δελτίον 1917, 422, während der Meilichios als Herr der Toten Zeus genannt zu werden pflegt.

[2] Scholion AD zu A 222, διαιτηταί εἰσι καὶ διοικηταὶ τῶν ἀνθρώπων. Der Vers Alkmans δαιμόνας τ' ἐδάσσατο Fr. 45 D (man druckt δαίμονας!). Platons Herleitung aus δαήμονες, Kratylos 398b, durfte niemals ernsthaft genommen werden; nur δαήμων nennt er ein altes Wort. Archilochos 3, 4 D. ist geheilt.

ebensogut wie δωτῆρες. Wenn ein einzelner Gott δαίμων heißt, so mag das eine mißbräuchliche Folgerung aus δαίμονες = θεοί sein; häufig ist es in guter Zeit nicht, und manchmal ist der Anlaß fühlbar[1]. Den δαίμων, der persönlich unbestimmt bleibt, zu verstehen, muß man eine Anzahl Stellen prüfen. *H* 291 εἰς ὅ κε δαίμων ἄμμε διακρίνῃ: da ist der διαιτητής deutlich[2]. *Λ* 480 schickt er einen Löwen, *Φ* 93 jagt er den Lykaon dem Achilleus in die Hände, *O* 418 hat er den Hektor vor die Schiffe geführt. *O* 468 sagt Teukros, als die Sehne seines Bogens platzt, der Dämon (oder ein Dämon) zerstöre damit die Kraft der Abwehr. Der Dichter weiß, daß Zeus die Sehne zerrissen hat, 461. Es ist also etwas Unerwartetes, meist Unwillkommenes, was einem unbestimmten Zuteiler zugeschrieben wird[3]. Zufall soll es nicht sein: ein göttlicher Wille steht hinter allem was geschieht, aber mehr erkennen wir nicht immer; manchmal sagt es die Muse dem Dichter. Also der Dämon ist keineswegs Gott neben den anderen; er konnte freilich einer werden oder mehr als einer, da so Verschiedenes auf einen δαίμον bezogen ward.

[1] Wenn Helene von Aphrodite gezwungen zu Paris gehen muß, *Γ* 420, und der Dichter zufügt ἦρχε δὲ δαίμων, so geht eben Aphrodite als der Zuteiler voran, der Helene ihr Schicksal gegeben hat. Helene hat die Göttin δαιμονίη genannt, 399: sie empfindet in ihr die unheimliche Gewalt, unter der sie steht. Sophokles OK 1480 donnert es wiederholt. Da ruft der Chor ἵλαος ὦ δαίμων. Darin liegt, daß er zunächst ein δαιμόνιον τέρας (Ant. 375) wahrnimmt. Die Erkenntnis, wer der Donnerer ist, kommt nach. Die Strophen schließen mit ὦ Ζεῦ. Am Schlusse des Philoktet bricht dieser dahin auf, wohin ihn führen die große Moira, die Entscheidung der Freunde und der πανδαμάτωρ δαίμων ὃς ταῦτ' ἐπικραίνει. Das ist nicht Zeus direkt, sondern „die alles zwingende Gottheit". – Aisch. Sieben 106 wird Ares angeredet ὦ χρυσοπήληξ δαῖμον, weil θεός keinen Vokativ hat.

[2] Aisch. Ag. 1663. Choeph. 513 vor dem Entscheidungskampfe δαίμονος πειρώμενος.

[3] Nilsson, Daimon, gudemakter og psykologi hos Homer, Kopenhagen 1918 S. 28. „Es ist kein ganz oder halb philosophisches Begriffsgebilde, sondern erwachsen auf dem Grunde des Volksglaubens, um einen Ausdruck für das Gefühl zu schaffen, daß höhere Mächte oder eine höhere Macht einwirke, die man nur unbestimmt und allgemein fühlte und weder zu individualisieren noch zu charakterisieren vermochte". Wahr und schön; die Schrift ist mir förderlich gewesen. Irgendwie charakterisieren mußte man die Macht doch, die man fühlte, denn man mußte sie bezeichnen. Das tut ihr verständlicher Name; individualisiert hat er sie nicht.

Dieser Gebrauch gilt dann weiter, und das wird nicht nur banale Nachahmung des Epos sein. Die Odyssee redet sehr häufig so von dem Dämon, der ein Geschick zuteilt, geht aber über die Ilias damit hinaus, daß es auch ein *κακός* oder *στυγερὸς δαίμων* sein kann, was später einmal dazu führen mußte, persönliche Dämonen verschiedener Art anzunehmen. Doch hielt sich der Dämon, wie ihn die Odyssee hat, noch lange[1]. Bedeutsam ist in der Ilias, daß *P* 98 und 104 *καὶ πρὸς δαίμονά περ* gekämpft werden soll, also auch gegen den Zuteiler, gegen das, was nach göttlichem Willen kommen muß; es ist inhaltlich dasselbe wie *ὑπὲρ μόρον*. Umgekehrt gelingt was *σὺν δαίμονι* getan wird, *Λ* 792. *Τ* 188 *οὐκ ἐπιορκήσω πρὸς δαίμονος*. Als Zeuge des Schwures und Rächer des Meineides wird der Dämon nicht aufgerufen, sondern benannte Götter. Aber die Folge

[1] Die Nuance ist natürlich verschieden. Ich greife Belege aus den Theognideen und Bakchylides heraus, weil diese Dichter selten etwas Besonderes haben. Theogn. 149 Geld gibt der Dämon auch dem Schlechten; *ἀρετῆς μοῖρα* haben wenige. Gleich 151 ist *θεός* der Geber. 161 Viele haben gemeinen Sinn, aber guten *δαίμων*; so gebraucht wie bei Hesiod Erga 314. 166 wirkt der Daimon auf gute und schlechte Lebenslage. 403 verführt der Dämon einen, der hoch kommen will, zu falscher Spekulation. Eigentümlich ist 638, *ἐλπίς* und *κίνδυνος* sind gleichermaßen *χαλεποὶ δαίμονες*, so genannt, weil Hoffnung und Risiko Gutes und Schlechtes bringen, zuteilen. Götter mag er sie nicht nennen. Bakchylides 17, 46 *τὰ ἐπιόντα δαίμων κρινεῖ*. 5, 113 *δαίμων κάρτος ὄρεξεν*. 135 die Geschosse treffen und fehlen *οἷσιν ἂν δαίμων θέλῃ*. Noch Thrasymachos 1 kann ganz altertümlich sagen *εἰς τοιοῦτον* (*τοσ.* codd.) *ἡμᾶς ἀνέθετο χρόνον ὁ δαίμων*; er denkt ihn gewiß nicht mehr persönlich. Es leuchtet ein, daß in manchen Fällen *τύχη* für *δαίμων* stehen könnte. Aristophanes Vögel 544 sagt schon *κατὰ δαίμονα καὶ κατὰ συντυχίαν ἀγαθήν*. Diagoras 2 hatte sogar gesagt *κατὰ δαίμονα καὶ τύχαν*, was wirklich alles andere als gottesfürchtig war. Euripides Fr. 901 denkt scharf und sagt *εἴτε τύχη εἴτε δαίμων τὰ βρότεια κραίνει*, Gottheit oder Zufall. Für Pindars Frömmigkeit ist von der Gottheit gegeben, was *δαιμονίαι* geschieht, Ol. 9, 110; er kennt eine *τύχη δαίμονος*, durch die ein Sieger Erfolg hat, Ol. 8, 68; *τύχα πότμου* kennen wir schon; und Zeus lenkt den Dämon der Menschen, die er liebt, Pyth. 5, 123. Hier ist der Zuteiler fast zur *μοῖρα* geworden. Etwas ganz Besonderes steht bei Menander (Genethlios) S. 33 Burs., daß Simonides *Αὔριον δαίμονα κέκληκεν*, von Kallimachos Ep. 14 übernommen, dessen Gedicht den Sinn erkennen läßt: es ist der Zuteiler des nächsten Tages, wir aber wissen nicht, was er bringen wird. bright king To-Morrow läßt Anatole France die englische Dichterin rufen, Le lys rouge IX am Ende.

des Meineides liegt in dem, was dem Schuldigen zuteil wird. Inhaltlich entspricht unser „bei meinem Leben"; gut sagt der Paraphrast κατὰ θεῶν im Plural, „bei der Gottheit" mögen wir übersetzen. Nur ein Fehlgriff des späten Dichters ist Θ 166 πάρος τοι δαίμονα δώσω; er hat den δαίμων zum μόρος gemacht, wie nach Homer die μοῖρα zum Zuteiler geworden ist[1]. Auffallen kann E 438, wo Diomedes δαίμονι ἶσος gegen die Mauer stürmt, von der ihn Apollon mit einem Worte zurückweist. Die Scholien fassen δαίμων als θεός, was es doch gerade da nicht sein kann, wo der Gott sich überlegen zeigt. Aber der Dichter will doch eine unheimliche Steigerung des menschlichen Wollens bezeichnen und greift nach dem Worte, das von einer solchen Macht gebräuchlich war. Dazu stellt sich die häufige Anrede δαιμόνιε[2], die gebraucht wird, wenn der Angeredete etwas sagt oder tut, das man ihm nicht zugetraut hat, das also eine Steigerung seines Wesens in sich schließt, meist nicht nur verwundernd, sondern mißbilligend gesagt. Das war so abgegriffen, daß Zeus die Hera δαιμονίη anreden kann, Δ 31. Γ 399 haben wir es bedeutsam gefunden. Eine merkwürdige junge Stelle sei noch erklärt, Aspis 89. Dem Iphikles φρένας ἐξέλετο Ζεύς, so daß er zu Eurystheus überging. Da hat er nachher viel geklagt ἣν ἄτην ὀχέων, ἣ δ' οὐ παλινάγρετός ἐστιν. Er mußte seine ἄτη tragen, die war sein

[1] Euripides Phoen. 1650 behauptet Kreon, Polyneikes werde mit Recht nicht bestattet. Antigone erwidert, dieses Recht sei ἄνομον, verstieße gegen die νόμοι κοινοί, ἄγραφοι. Kreon begründet seinen Standpunkt, er war ein perduellis, was unbestreitbar ist. Antigone: οὐκοῦν ἔδωκε τῆι τύχηι τὸν δαίμονα. Kreon: dann muß er der Bestattung δίκην δοῦναι, also als perduellis unbegraben bleiben. Worauf sie mit der Berufung auf sein Recht, sein Erbteil zu fordern, einen Grund anführt, auf den Kreon nichts erwidern kann. Was heißt der ausgeschriebene Vers? Er hat der Tyche, dem Erfolge des Zweikampfes, seinen Dämon anheimgestellt. Was war sein Dämon? Nicht der Tod wie Θ 166, nicht sein Schicksal, denn das lag nicht in seiner Hand. Sein δαίμων war, was Kreon eben angab, πόλεως ἐχθρός ἦν οὐκ ἐχθρὸς ὤν. Die Entscheidung über dieses Dilemma überließ er dem Zweikampf. δαίμων ist genau so gesagt wie Sophokles Oed. Kol. 76, wo der δαίμων des Ödipus seine Blindheit und auch sein Bettlertum ist.

[2] Plutarch Is. Osir. 361 findet in der Anrede δαιμόνιε und dem δαίμονι ἶσος dasselbe. Wie verschieden nuanciert die Anrede zumal von Platon gebraucht wird, offenbar auch wirklich in der Unterhaltung, wie die Komödie zeigt, gehört nicht her. Nur das in der Komödie häufige ὦ δαιμόνι' ἀνδρῶν weist auf das δαίμονι ἶσος.

falscher Schritt; daß er sich durch die Verblendung, weil sie von Zeus kam, entschuldigt fühlte, glaubt der Dichter nicht. Er verwendet die alte Formel, *Z* 234. Von sich sagt Herakles ἐμοὶ δαίμων χαλεποὺς ἐπετέλλετ' ἀέθλους. Da nennt er den Zeus nicht, kann keinen bestimmten Urheber nennen, aber weiß, das war ihm auferlegt, war seine μοῖρα, sein Anteil, und dann war da einer, der es ihm zuteilte. Er muß das Seine tun.

Hesiod vermeidet es, die Götter δαίμονες zu nennen, aber in den Erga läßt er die Menschen des Goldenen Zeitalters zu Dämonen werden, die aus der Erde den Menschen Reichtümer spenden und von Zeus zu Wächtern über die Menschen gemacht werden[1]. Volkstümliche Vorstellungen werden von ihm benutzt sein, und wenn seine Dämonen auch keine verstorbenen Menschen waren, so leistete seine Darstellung doch dem Glauben Vorschub, daß bevorzugte Verstorbene zu Dämonen werden können[2]. Er hat also damit angefangen, diesen Namen für göttliche Wesen niederen Ranges zu verwenden, während er ihn von den Olympiern fern hält. Im Anhange der Theogonie 991 wird Phaethon als Tempelwächter Aphrodites zu einem δῖος δαίμων. Das setzt voraus, daß πάρεδροι großer Götter als Dämonen bezeichnet werden. Die Absonderung der Olympier drängte auf eine solche Unterscheidung, und dem kam der Dämonenname entgegen. Theognis 1348 wird Ganymedes auf dem Olymp ein Dämon. Diesen Namen verwenden Parmenides und Empedokles für die göttlichen Wesen, die sie erfinden[3] Auch die Theologie hat sich seiner bedient. Es ist doch schwerlich ein Volksglaube, auf den sich der Sokrates der Apologie 27d beruft, die Dämonen wären νόθοι τινὲς ἐκ Νυμφῶν ἢ ἔκ τινων ἄλλων, aber die Dämonen als eine Rangklasse unter den

[1] Text und Erklärung in meiner Ausgabe.

[2] Alkestis wird als μάκαιρα δαίμων in ihrem Grabe verehrt, 1002, Dareios wird als Dämon aus dem Grabe gerufen, heißt aber gleich auch Περσᾶν θεός, Aisch. 641. 44. Isokrates Paneg. 151 von den Persern θνητὸν ἄνδρα δαίμονα προσαγορεύοντες τῶν δὲ ὀλιγωροῦντες. Da ist δαίμων nur gewählt, weil die Antithese ausschloß, was eigentlich zutraf, die göttliche Verehrung.

[3] Plutarch tranqu. an. 474b nennt die Wesen, welche bei Empedokles den neu eingekörperten Menschen empfangen, μοῖραι καὶ δαίμονες. Die in dem Proömium des Parmenides auftretenden Wesen sind δαίμονες. (Nur dies gibt 1, 3 Sinn. ὁδὸς δαίμονος „Weg zu dem Dämon" ist kein Griechisch). 12,3 ist eine seiner Fiktionen, der Aphrodite des Empedokles ähnlich, eine δαίμων. Empedokles 59 sind in seiner katachresti-

Göttern waren anerkannt[1], ohne Zweifel auch die oft erwähnte Dreiheit, Götter, Dämonen, Heroen; es mag Zufall sein, daß ich aus alter Zeit die Bezeichnung Dämonen für die *πάρεδροι* eines Gottes nicht belegen kann. Aus dieser Lehre ohne jeden Anhalt im Volksglauben hat Platon die Dämonen als Mittler zwischen Göttern und Menschen eingeführt. Seine nächsten Schüler, Xenokrates zumal, haben diese Mittelwesen ganz ernsthaft genommen, und diese sind schließlich verwandt worden, um die wahren Götter von den ihnen anhaftenden Mythen zu befreien, weil es allerdings im Volksglauben schädigende böse Dämonen (Heroen auch) gegeben hatte. Das Christentum, das den Glauben an die Existenz dieser Geister festhielt, hat es dann bequem gehabt, die Götter insgesamt zu Dämonen zu degradieren.

Einen bösen Dämon, Zuteiler des Übels, hatte es seit der Odyssee gegeben, und er kann nicht furchtbarer erscheinen, als wie ihn Klytaimestra nach ihrer Mordtat aufruft (Agam. 1476). Hier, wo er der Geschlechtsfluch eines Hauses ist, sieht man am besten, daß er aus dem Zuteiler erwachsen ist, der sich auch bei Theognis in der Sinnesart der Menschen offenbart. Aus den Taten, die er verursacht, ist es erwachsen, daß er wie ein Höllengeist *ἀλάστωρ παλαμναῖος* erscheint. Für Aischylos ist er der sinnlich poetische Ausdruck für die fortzeugende Gewalt der ersten Schuld. Als der Bote in den Persern 353 von dem Truge des Themistokles erzählen soll, fängt er an *ἦρξε τοῦ κακοῦ φανεὶς· ἀλάστωρ ἢ κακὸς δαίμων ποθέν*. Themistokles ist der Dämon nicht, höchstens ein Werkzeug desselben. Aischines 3, 157 warnt die Athener vor dem *δαίμων* und der *τύχη*, die den Demosthenes begleiten, weil er überall Unglück im Gefolge hat. Wenn ein Haus oder ein Mensch *δαιμονᾶι*, so sind sie in der Gewalt eines bösen Dämons; das wird bei dem Menschen zur Besessenheit, Verrücktheit. Eine Person ist der Dämon hier nicht, wirklich handelnd wird er auch von der Poesie selten gedacht, wie wenn er über den Menschen lacht, den seine Hybris in den Untergang führt (Aisch. Eum. 560). Wenn der geblendete Ödipus ins

schen Manier selbst seine beiden Urkräfte Dämonen. In den Katharmen nennt er sich *θεός*, wenn er die Würde seiner erreichten Stellung hervorheben will, und zugleich *δαίμων*, weil er noch ein vom Himmel ausgeschlossener Gott ist.

[1] Sophokles Fr. 511 *οὔτε δαίμων οὔτε τις θεῶν*. Eurip. Helen. 1137 *θεός ἢ μὴ θεὸς ἢ τὸ μέσον*; in die Mittelklasse gehören Dämonen und Heroen.

Freie tritt, 1311, ruft er *ἰὼ δαῖμον ἵν' ἐξήλου*. Da ist der Dämon die Macht, welche sein Handeln und Geschick soweit geführt hat. Aber diese Macht wirkt in ihm. Die Menschen sind nun soweit, daß sie ihr persönliches Schicksal als ihren Dämon empfinden. Aber es sind doch nur wenige, die zwar nicht klar erfassen, was Herakleitos mit *ἦθος ἀνθρώπωι δαίμων*[1] schön und kurz zusammenfaßt, aber doch ahnen, daß sie kein persönlicher Dämon von außen stößt. Im Volksglauben hat sich dadurch das individuelle Empfinden des persönlichen Dämon gebildet, der jeden Menschen bei der Geburt übernimmt, wie es allbekannte Verse Menanders aussprechen, oder auch es sind ihrer zwei, wie dem Brutus sein böser Dämon erschienen ist[2]. Das führt dann weiter zu dem Dämon, der in dem Menschen ist, eine Entwicklung, die dem lateinischen Genius nahekommt, während die von Platon, weiter von Xenokrates ausgehende Vorstellung von zahllosen Dämonen nebenhergeht, welche die alten persönlichen Götter schließlich ersetzen oder verdrängen. Das ist hier nicht näher darzulegen; aber soweit mußte ich gehen, damit klar würde, wie der Zuteiler in seiner gestaltlosen Persönlichkeit neben den Göttern als Gebern des Guten stand, wie er dann der Moira innerlich fast gleich das allgemeine, aber auch das persönliche Geschick des Menschen bezeichnete, immer mehr die persönliche Geltung verlor, je nach dem Glauben dem Zufall gegenübertrat oder sich ihm gesellte, während die Dämonen, weil die Bedeutung des Wortes vergessen war, aus einem fast gleichwertigen Namen für die Götter zu einer anderen Klasse überirdischer Wesen wurden. Das Schwinden und Wiederaufleben des Glaubens an den persönlichen Dämon und die Verwandlung von Göttern in Dämonen ist eine überaus merkwürdige Erschei-

[1] Fr. 119. Wenn er 79 dem Menschen den Dämon so gegenüberstellt wie das Kind dem Erwachsenen, so wählt er den Namen, der weiter greift und nicht so hoch ist wie *θεός*.

[2] Schon Phokylides, 16 D, unterscheidet Dämonen, die die Menschen aus übeler Lage erlösen und die ihnen das Übel zufügen, was man ergänzt, weil Clemens, der die Stelle anführt, die beiden Klassen mit den guten und gefallenen Engeln gleichsetzt. Sobald sich der Dämon mit dem einzelnen Menschen verband, ergab sich seine Verdoppelung. Sehr eigentümlich verdoppelt Xenophon Kyrop. VI 1, 41 die Seele, uns eine vertraute, bei den Griechen vielleicht singuläre Bezeichnung für den Widerstreit von Begierde und Pflichtgefühl, *θυμός* und *λογισμός*, die den Griechen zu Teilen oder Kräften der Seele werden.

nung, deren Verständnis unerläßlich ist, wenn wir durch das Äußere des Wortgebrauches zum Inhalte des Glaubens durchdringen wollen. Ereignisse, in denen sich eine Absicht, meist wunderbar, oft schädigend, zu offenbaren scheint, sind *δαιμόνια* (schon Aischylos Hik. 97), für *κατὰ δαίμονα* sagt man auch *δαιμονίαι* (Pindar Ol. 9, 110), aber die Gottheit mit *δαιμόνιον* zu bezeichnen, wie es seit dem fünften Jahrhundert geschieht, ist vorher unerhört. Das *δαιμόνιον* des Sokrates ist eine innere Weisung, die irgendwie vom Dämon oder seinem Dämon kommt, unerklärlich aber tatsächlich.

Nur über ein Wort muß noch etwas gesagt werden, *εὐδαίνων*. Ich kann mich nach der Erläuterung von Euripides Her. 440 kurz fassen. *κακοδαίμων* ist erst in Athen danach gebildet und bezeichnet sowohl den Unglücklichen wie den, in dem ein arger Dämon steckt, auch wohl den *δαιμονῶν*. *εὐδαίμων* dagegen steht neben *ὄλβιος* als synonym in den *Ἡμέραι* 826 und in den Theognideen 1013, verliert auch diese Bedeutung nicht (z. B. Aischyl. Agam. 336. *εὐδαιμονία* eines schönen, fruchtbaren Landes wird immer gerühmt). Aber es war berufen ein ganz anderes Lebensziel zu bezeichnen, das höchste, das dem Sterblichen erreichbar ist, wenn er nicht träumt Gott zu werden oder auf irgendwelche selige Inseln oder sonstwohin zu sinnlicher Seligkeit zu gelangen. Diese Wendung ist im Attischen geschehen, steht auch schon in einem Spruche der Theognideen, vielleicht also schon bei einem älteren Ionier, aber daran kann ich kaum glauben, es klingt auch nicht so.

653 *εὐδαίμων εἴην καὶ θεοῖς φίλος ἀθανάτοισιν,*
Κύρν'· ἀρετῆς ἄλλης οὐδεμιῆς ἔραμαι.

Kein anderes Gedeihen begehrt er als das *θεοφιλὴς γενέσθαι*, was Diotima dem in Aussicht stellt, der bis zur Schau des wahrhaft Schönen vorgedrungen ist. Es ist eine Vorahnung. Damit diese *εὐδαιμονία* recht erkannt würde, mußte der Dämon sein *οἰκητήριον* in der Seele gefunden haben, wie es Demokrit, 170–171, ausspricht. Mit seiner Seele steigt der Mensch zu der Höhe empor, wo ihm die wahre Schönheit sichtbar wird und er die wahre Eudaimonia empfängt. Den Weg führt auch jetzt ein Dämon, der Mittler zwischen Irdischem und Göttlichem, *Ἔρως ὁ Διὸς παῖς*. Mit eigener Kraft erreichen wir das Ziel nicht. Da ist freilich der Dämon etwas ganz anderes geworden, als er bei Homer war. Die Seele, die er in diesem schönen Mythos führte, war auch etwas anderes geworden, als da sie in den Hades ging ὃν πότμον γοόωσα λιποῦσ᾽ ἀνδρότητα καὶ ἥβην.

Wann sind sich die Hellenen bewußt geworden, daß der Mensch in sich eine lebendige, schließlich eine göttliche Seele hat, sein anderes Ich, das in ihm denkt und seinen Leib beherrscht? Homer kennt ja diese ψυχή nicht und Hesiod auch nicht. ψυχή ist bei ihnen der Lebenshauch, der Odem, der im Tode entweicht, ψυχή ist Leben[1]. Den eben angeführten Vers übersetzt Vergil, XII 952, mit *vitaque cum gemitu fugit indignata sub umbras*. Mit seinem θυμός kann der homerische Mensch reden, wie es noch Archilochos tut, aber seine φίλα ψυχά anreden wie Pindar, Pyth. 3, 61, oder Euripides, Ion 859, das kann er nicht. Dazu mußte sie erst das werden, was in ihm lebt. Noch ist sie nicht einmal die Luft, die er einatmet und dadurch lebt, sondern nur der kalte Hauch des Todes; ψυχή gehört doch zu ψύχειν. Es war kein kurzer Weg von hier aus zu der Seele zu kommen, die der eigentliche Mensch ist. Der heiße θυμός, *fumus*, ein μεγαλήτωρ, der in dem Menschen sowohl mitdachte wie alle Leidenschaften teilte, hatte einen viel näheren Anspruch darauf, zur Seele zu werden, hat auch bis in die Tragödie hinein das Übergewicht über die ψυχή behalten, um dann neben dem νοῦς ein Teil von ihr zu werden, nur bei den Philosophen, denn im Leben war er höchstens noch der Zorn. Daß die ψυχή zur Seele geworden ist, erklärt sich nur so, daß zunächst das Leben des Einzelnen in den Hades überging, und nun diese einzelnen ψυχαί dort in einer körperlosen, leblosen Existenz dauerten. Das entspricht dem Verschwinden des Totenkultes bei Homer; im Mutterlande, wo das nicht der Fall war, konnte dieser Glaube nicht aufkommen. Patroklos erscheint dem Achilleus im Traume; er ist noch nicht bestattet und kann daher nicht in das Reich des Hades eingehen, die εἴδωλα καμόντων wehren es ihm. Achilleus hat das Begräbnis vor, und auch was Patroklos sonst bittet, wird ihm im Sinne liegen. Der Dichter weiß also, daß er träumt, und nur in seinem Traume kann die ψυχή des Patroklos

[1] Hesiod Erga 686 χρήματα γὰρ ψυχὴ πέλεται δειλοῖσι βροτοῖσιν. Das Geld wird den Menschen so lieb wie das Leben. Das ist die einzige Erwähnung. Herakleitos 85, der θυμός kauft, was er begehrt, um die ψυχή, ist ganz dasselbe. Über den homerischen Gebrauch mein Anhang zur Heimkehr des Odysseus. Noch bei Herodot III 130 τὴν ψυχὴν ἀπέδωκε von dem Arzte, der jemandem „das Leben rettete".

bitten, daß er ihr die Hand zum Abschiede für immer reiche (Ψ 75). Das ist ja nicht möglich, da Patroklos keine körperliche Hand hat, obwohl er ganz so wie im Leben, auch in seiner Kleidung, dem Freunde erscheint. So mißlingt es denn, als der erwachende Achilleus den Versuch macht, und die *ψυχή* verschwindet in die Erde mit einem schrillen Ton. Achilleus ist verwundert, daß er sich überzeugt hat, im Hades existiere noch *ψυχὴ καὶ εἴδωλον*, wenn auch ohne *μένος*, *ἀμενηνός*. Er hatte also nichts davon gewußt. Der Dichter hält die Erscheinung für ein Traumbild, rechnet aber doch mit den *εἴδωλα*, die zwar körperlos dennoch *τρίζειν* können. Aber nur weil der Leib noch unbestattet ist, kann das entschwundene Leben noch erscheinen[1].

Noch schärfer spricht sich die Mutter des Odysseus aus, als ihr *εἴδωλον* Blut getrunken und dadurch Besinnung erhalten hat. Der Körper ist durch das Feuer zerstört.

> *ἐπεί κεν πρῶτα λίπηι λεύκ' ὀστέα θυμός,*
> *ψυχὴ δ' ἠύτ' ὄνειρος ἀποπταμένη πεπότηται* (λ 222).

Sehr merkwürdige Verse, denn sie zeigen, wie der *θυμός* den Körper belebt hat, die *ψυχή* keine wirkliche Existenz besitzt, und wie nahe sich doch schon *θυμός* und *ψυχή* für diesen Rhapsoden stehen.

[1] Es verlohnt sich, den Prolog der Hekabe zu vergleichen. Es spricht das *εἴδωλον* des Polydoros, der noch unbegraben ist, aber doch „die Pforten des Hades“ verlassen hat. Er wartete vor ihnen auf Einlaß. Drei Tage schwebt er schon über seiner Mutter. Man sollte denken, er sagte sich an, wäre ihr also als Polydoros erschienen. Aber sie hat nicht ihn gesehen, sondern ein Traumgebilde mit schwarzen Flügeln; sie sagt es 71 und 705, wo sie erst erfährt, was diese Erscheinung bedeutete, weil die Leiche gefunden ist. Das *εἴδωλον* war also geflügelt, anders als das des Patroklos. So dachte man sich nun die *ψυχαί*. Euripides hatte das Ψ vor Augen, ihm war die Erscheinung auch nur ein Traum, aber sprechen mußte dieser als Polydoros und die Flügel erhalten, weil er eine *ψυχή* war, eine Seele anderer Art als die *θεία ψυχὴ Ἑλένου*, die der Hekabe den Traum deuten soll, 87. Achilleus aber ist nicht als *εἴδωλον*, sondern selbst im Glanze seiner Waffen aus dem Grabe aufgestiegen und hat die Polyxene gefordert, 37, 110. Der ist eben ein Heros, lebt also noch. Verständlich ist alles; der Tragiker benutzt die verschiedenen Vorstellungen, und der athenische Zuschauer wird keinen Widerspruch empfinden. Die Erscheinung des Achilleus war ihm aus der Polyxene des Sophokles vertraut. Spätere Schauspieler haben doch vermittelnde Zusätze gemacht, die ich gekennzeichnet habe, Herm. 44, 446.

Dieser älteste Teil der Nekyia ist eine Totenbeschwörung; *ψυχαγωγοί* hieß die Tragödie des Aischylos, die sie bearbeitete. Das Blutopfer, das bei der Bestattung damals herkömmlich war, aber den Göttern des Jenseits galt, wird wohl von Totenbeschwörern wirklich so ausgedeutet sein. Hier ist es dazu da, die Toten für die Handlung zu beleben; das ist Ausnahme oder besser, es ist Mythos[1]. Im Glauben sind sie für die Lebenden ab und tot, wirken ja auch nicht herüber. Das ist auch weiterhin die herrschende Ansicht. Das Gefühl der Vergänglichkeit und der Schmerz, daß es zu kurz ist, nimmt dem Leben nicht seinen Wert, sondern mahnt nur dazu, es zu genießen. Das läßt noch Aischylos den Dareios sagen, der doch auch im Hades König ist. Aischylos hat auch gesagt, daß Prometheus den Menschen die Wohltat erwiesen hat, daß sie ihren Tod nicht vorher wissen, so daß sie sich der Gegenwart hingeben können. Fortleben will der Mann in seinen Kindern und Enkeln, er selbst kann es nur im Gedächtnisse, womöglich wie die Heroen im Liede. *κλέος ἐσθλόν* ist sogar ein köstlicheres Gut als das Leben. So hat Achilleus entschieden und das Leben darangegeben. Sappho, 58 D., sagt zu einer Feindin „an dich wird nach deinem Tode keiner denken, keiner sich nach dir sehnen, denn du bist keine Dichterin. *ἀλλ' ἀφανὴς κἠν 'Αίδα δόμοις φοιτάσεις πεδ' ἀμαυρῶν νεκύων ἐκπεποταμένα.*" Sie dagegen lebt in ihren Liedern[2]. Wenn Pindar immer wieder einschärft, daß die Heldentaten, d.h. die athletischen Siege, nur durch seine Gedichte den Ruhm der Sieger erhalten, liegt dieselbe Vorstellung zugrunde. Denn nur im Liede lebt der Ruhm und damit auch der Sieger weiter.

Der nächste Schritt über Homer hinaus, bei dem die *ψυχή*, das Leben, nur wenn es scheidet, genannt wird, ist, daß der Mensch dieses Leben hingibt oder zu lieb hat, um es hinzugeben, oder das Leben einsetzt[3]. So wird aus *ἄψυχος*, leblos oder ohnmächtig, ‚mut-

[1] Da Teiresias, der *οἶος πέπνυται*, erst Blut trinkt, sollte Antikleia nicht zum Bewußtsein kommen; das hat der Dichter doch um der Handlung willen zugelassen. In der Fortsetzung haben die Heroen Selbstbewußtsein, weil sie eben Heroen sind.

[2] Und da hat man behaupten können, Sappho dächte an ihre Heroisierung! Wer so etwas sagt, hat die echten Hellenen niemals verstanden.

[3] *ψυχέων φειδόμενοι* und *φιλοψυχεῖν* Tyrt. 6, 14. 18, *ἐχθρὴν ψυχὴν θέμενος* 8, 5. Das ist mit der ionischen Sprache übernommen. In dem viel jüngeren Gedichte 9, 18 *ψυχὴν καὶ θυμὸν τλήμονα παρθέμενος*. *ψυχή* und *θυμός* so verbunden *φ* 154, 171. *ψ. παραθέσθαι γ* 74. *παραβάλλεσθαι Ι* 322.

los', und das bleibt im Ionischen, so daß man von κακοὶ τὴν ψυχήν reden kann, die keinen Mut besitzen, nicht mehr bloß, wenn es sich gerade um das Sterben handelt[1]. Hierfür stammen die Belege erst aus dem fünften Jahrhundert, als der Mensch allgemein für bestehend aus Leib und Seele gilt. Aber einige Stellen aus älterer Zeit kennen auch schon die Seele im Menschen, ganz wie wir es gewöhnt sind. Anakreon 4 sagt zu seinem geliebten Knaben τῆς ἐμῆς ψυχῆς ἡνιοχεύεις, und schon Semonides 29, 13 ψυχῆι τῶν ἀγαθῶν χαριζόμενος. Das ist wenig[2], aber bei den geringen Resten der altionischen Poesie, der Verstümmelung der lesbischen[3] ist das kein Wunder; Simonides versagt auch[4]. Bakchylides 11, 48 läßt die Proitiden παρθενίαι ἔτι ψυχᾶι in den Heratempel gehen, als ihre Seele noch kindisch war. Die ionischen Physiker sind verloren, und der Doxographie darf man nicht zu rasch vertrauen, da sie oft die für

[1] ἄψυχος πόθωι Archilochos 104. ἀψυχία, wo man später λιποψυχία sagt, Hippokrates ἀρχ. ἰητρ. 10. ἄψυχος mutlos Aischylos Sieb. 192, das entsprechende εὐψυχία ist erst attisch belegt, zufällig, denn εὔψυχος steht bei Hippokrates ἀέρ. ὕδ. τόπ. 23, τὴν ψυχὴν κακοί 24. Es handelt sich nicht mehr bloß um Sterben, sondern um ταλαιπωρεῖν, und wenn die Seelen der Asiaten durch die Knechtschaft δεδούλωνται, sind das wirklich die Seelen. Es wird auch schon σῶμα καὶ ψυχή verbunden. Bei Herodot V 124 ist ψυχὴν οὐκ ἄκρος feige, III 14 διεπειρᾶτο τῆς ψυχῆς, stellte seine Selbstbeherrschung, seine Seelenstimmung auf die Probe. Das geht auch weiter. Herodot kennt natürlich die Lehre von einer unsterblichen Seele, wenn auch nur als eine fremde.

[2] Eben erbringt Immisch den willkommenen Nachweis, daß zu dem Verse des Archilochos 83 D τοιήνδη δ' ὦ πίθηκε τὴν πυγὴν ἔχων eine Variante ψυχήν gar nicht existiert. Dann wollen wir aber auch allen gelehrten Dunst wegblasen und dem Affen seine πυγή lassen; der Venetus des Aristophanes ist zuverlässig, und die πυγή des Affen leuchtet wie die Wahrheit.

[3] Sappho 66, 8 ψυχὰ ἀγαπατά ist wie das ganze kurze Gedicht noch unverstanden; aber eine geliebte Seele wird doch wohl ein geliebter Mensch sein. Alkaios 109, 32 ist nur eben ψυχάν erhalten. Archilochos 21 ψυχὰς ἔχοντες κυμάτων ἐν ἀγκάλαις kann das Leben bezeichnet haben, im Zusammenhange freilich auch mehr. Simonides 29 ist die γλυκεῖα ψυχά nur das Leben des Archemoros.

[4] Wenigstens wage ich mich nicht auf Albericus (Mythogr. Vat. III 27. Fr. 195 Bgk.) zu verlassen, der von reichen Statiusscholien zu Theb. VIII 736 abhängt. Es wäre sonst sehr wichtig, wenn Simonides wirklich gesagt hätte, *animam non deserere corpus, cum potius corpus animam deserat*, denn dann lebte die Seele weiter.

sie selbstverständlichen Begriffe den Alten unterschiebt. Aber es scheint sich doch zu ergeben, daß die Seele zwar das war, was im Körper Leben, Fühlen, Denken bewirkte, aber selbst körperlich, Luft oder Äther, oder wofür sich der Physiker entschieden hatte. Von Thales weiß Aristoteles *ψυχ.* 405a nur von Hörensagen, daß er dem Magneten eine Seele zugeschrieben hätte, und schließt daraus, daß sie ihm das Bewegende war; darum konnte sie immer etwas Materielles sein[1]. Bei Anaxagoras (Fr. 4 und 12) lesen wir *ἄνθρωποι καὶ τὰ ἄλλα ζῶια, ὅσα ψυχὴν ἔχει.* Wenigstens im Menschen wird auch *νοῦς* sein, etwas Unvergängliches, aber mindestens so gut wie Materielles, so daß die Seele sowohl luftförmig wie unsterblich heißen kann (A 93)[2]. Eine individuelle nach dem Tode als solche fortlebende Seele gab es darum doch nicht. Diogenes 4 spricht es aus, daß die Seele Luft ist und im Tode vergeht. So zeigt sich überall, daß sie im Leben der Träger des Lebens, der geistige Mensch war, anders als bei Homer, dafür aber nach dem Tode nicht einmal als *εἴδωλον* fortlebte. Wie und wo und wann sich dieser Wandel vollzogen hat, darüber wage ich nicht mehr zu sagen, als daß es in Ionien geschehen ist. Es mußte sich aber dann der Gedanke aufdrängen, daß die Seelenkraft, die den Körper belebt hatte, nicht verdiente, nach dem Scheiden von dem materiellen Körper, der sich in die Elemente auflöste, zu einem tatenlosen Schatten zu werden oder sich in die Luft zu verflüchtigen; war sie doch bewegende Kraft gewesen. So schloß denn der Ionier Pythagoras, daß sie ewig war; aber zu dem Menschen, dessen Körper sie belebt

[1] Daß Anaximenes 2 kein originales Wort ist, hat Reinhardt (Kosm. u. Sympathie 210) bewiesen. Es hätte jeder schon an einem Worte wie *συγκρατεῖν* erkennen sollen.

[2] Eurip. Hik. 532 kehrt im Tode der Leib zur Erde, das *πνεῦμα* zum Äther zurück, aus denen sie kamen. Das unterscheidet sich durch die Bezeichnung des Lufthauches als *αἰθήρ*. Genau so in dem Epigramm auf die Gefallenen von Poteidaia *αἰθὴρ μὲν ψυχὰς ὑπεδέξατο, σώματα δὲ χθών.* Da gilt ein Dualismus von Äther und Erde, wie es Melanippe 484 und der Chor des Chrysippos ausspricht. Das ist nicht Lehre von Anaxagoras oder Diogenes, wie es immer dargestellt wird. Der Äther heißt auch Himmel, gerade wenn er stofflich ist, denn aus ihm ist das Scheinbild der Helene gemacht, Hel. 34, wofür auch *νεφέλη* gesagt wird, 705. Aber der *αἰθήρ* ist zugleich Zeus, Fr. 941. Von der Entstehung der Welt aus *αἰθήρ* und *γαῖα* singt Amphion, Fr. 1023. Da ist der *αἰθήρ* zugleich materiell und geistig göttlich, *νοῦς* ist er nicht. Euripides antizipiert die stoische Lehre.

hatte, gehörte sie nicht. Der hat sie nicht mancipio, sondern nur usu, mit Lucrez zu sprechen. Sie geht nun in einen anderen Körper über. Herakleitos ist der erste, der über die Seele im Menschen tief nachgedacht und mancherlei gesagt hat. Auch über ihr Leben nach dem Tode hat er sich ausgesprochen; er kannte ja den Pythagoras. Aber was er gedacht hat, scheint für uns ganz rätselhaft zu bleiben, und vor dem Phantasieren sollen wir uns hüten. Bei Parmenides kommt ψυχή nicht vor, bei Empedokles einmal in der homerischen Bedeutung. Er hat statt der Seele einen Gott im Menschen gesehen, was nur als Fortbildung des Heroenglaubens verständlich wird; der Dorer bildet so die Lehre des Ioniers Pythagoras um.

Es ist mir unmöglich gewesen, einen Beleg des Wortes ψυχή zu finden, der darauf deutete, daß es den Griechen des Mutterlandes anders als durch die ionische Poesie bekannt gewesen wäre. Ebensowenig habe ich eine Spur davon gefunden, daß sie den Menschen irgendwie zerteilt hätten. Wie er in ihrer primitiven Vorstellung in einem anderen Leben körperlich weiterlebt, ißt und trinkt, so erscheint später der Heros in voller Leiblichkeit wie die Götter, meist vollgerüstet. Wenn er die Gestalt von Schlange oder Vogel annimmt, so tun das die Götter auch. Auf diesem Glauben beruht der Kult, der den Toten mit Speise und Trank versieht, auch dem Heros solche Opfer bringt. Dieser Kult ist in Asien erstorben; Homer weiß nichts davon. Hier gibt es erst die ψυχή, das aus dem Leibe scheidende Leben, das als εἴδωλον des Menschen im Hades ein nichtiges Dasein hat. Dann wird die ψυχή zu der Seele, die dem Leibe das Leben gibt, sein geistiges Ich. Aber diese Seele schwand wie die homerische ψυχή im Tode, und der Mensch war ab und tot. Daran änderten die Nekyien nichts, wenn sie die Schatten zeigten und die Heroen den Vorzug des Fortlebens genießen ließen, das doch in seiner Schattenhaftigkeit dem Achilleus zur Qual werden mußte, wie er es in der zweiten Nekyia ergreifend ausspricht. Als das Epos zuerst die ψυχή der Ilias und dann die ψυχαί der Nekyien überallhin verbreitete, und vollends als die Seele in den Iamben und Liedern den Hellenen des Mutterlandes eine neue Welt des Geistes auftat, mischten sich die ältesten Vorstellungen mit den allerneuesten, neue religiöse Erschütterungen kamen auch dazu. Schon das führte zu bemerkten und noch mehr unbemerkten Widersprüchen, die auf einem Gebiete unvermeidlich sind, das dem Wissen verschlossen bleibt.

Die bildende Kunst bewahrt die Bildung des εἴδωλον, das sich von dem lebendigen Menschen nicht unterscheidet. In den Darstellungen der Unterwelt bei Polygnotos und schon früher, z. B. wenn Sisyphos den Stein wälzt, war nichts anderes möglich. Dareios und Protesilaos konnten auf der Bühne auch nicht anders erscheinen. Daneben aber sehen wir auf den Vasen schon im sechsten Jahrhundert die kleinen geflügelten Menschlein sei es im Hades Wasser in den durchlöcherten Pithos tragend[1], sei es um die Gräber flatternd. Das sind die körperlosen Seelen, so gut wie die Kunst etwas Körperloses sinnfällig machen kann. Entscheidend ist die Beflügelung. ἐκπεποταμένα sagt schon Sappho 58. Polydoros schwebt so über seiner Mutter; der Dichter hat das εἴδωλον mit der Gestalt des Traumes zu einer Person vereinigt. Aber für die Mutter, die ihn im Traume sieht, ist er nicht Polydoros. Diese Seelen haben keine Persönlichkeit. Nach ihnen ist der Schmetterling „Seele" genannt worden; das kann nicht anders zugegangen sein. Wir finden diesen Namen nur in der Zoologie seit Aristoteles, aber gibt es einen anderen? Die Schmetterlingsflügel der Psyche sind freilich mir wenigstens aus der alten Kunst nicht bekannt, so daß ich sie für hellenistisch halte. Sie hat die Seele erst bekommen, als sie dem Schmetterling ihren Namen gegeben hatte.

Die herrschende Meinung wird sich gegen diese Schlüsse sträuben. Sehe sie zu, ob sie die Zeugnisse des Sprachgebrauches beseitigen oder beweiskräftige ihnen entgegenstellen kann; mit Allgemeinheiten und dem gewaltsamen „so muß es gewesen sein" ist es nicht getan.

Der Glaube an die ψυχή, der sich von der homerischen Bedeutung Lebenshauch zu der uns vertrauten Seele erhebt, aber ein Wirken der vom Leibe getrennten Seele ausschließt, bedarf einer Ergänzung, wenn wir die hellenische Religion der alten Zeit fassen und die folgende Entwicklung begreifen wollen. Das ist der Glaube des Mutterlandes an den Heros, das aus der Sterblichkeit und dem Tode zu einem in das irdische Leben hineinwirkenden Fortleben erhöhte Wesen. Das ist viel mehr als die Bevorzugung der Könige im Hades, wenn auch wohl von ihnen übertragen. Diese

[1] Polygnot sieht in diesen Wasserträgerinnen ἀμύητοι, denn er folgt der Deutung in seinen heimischen Demetermysterien. Wer die Danaiden in ihnen zu sehen gelehrt hat, die sich selbst um das τέλος der Ehe gebracht haben, ist nicht bekannt. Schwerlich hat ein ernsthafter Glaube die ehelos verstorbenen Mädchen alle im Hades mit ewiger Strafe belegt.

beiden Vorstellungen, *ψυχή* und Heros, stoßen aufeinander, schon als das Epos herüberkommt. Es läge nahe, vom Heros in diesem Zusammenhange zu handeln, allein der Gegensatz wird besser herauskommen, wenn ich es in den folgenden Abschnitt verweise. Nur ein Monument führe ich an, das diesen Gegensatz vor Augen führt, wenn man es recht versteht. Es ist eine sf. Lekythos aus dem Schatze der Hera von Delos (Délos X Fig. 546). Ein Wagenlenker steht auf dem Wagen, an dem Hektors Leiche angebunden ist. Achilleus ist abgestiegen, steht, zwei Speere gesenkt in der Hand, dem hohen Grabhügel des Patroklos zugewandt. Über diesem erscheint in der Luft ein kleiner geflügelter Krieger mit dem Speere vorstürmend. Neben dem Wagen steht eine große prächtig gekleidete geflügelte Frau und erhebt abwehrend die Arme gegen Achilleus und den geflügelten Krieger. Der Maler hat die Handlung der Ilias ganz vorzüglich in seiner Sprache wiedergegeben. Die geflügelte Göttin kann nur Iris sein, die im *Ω* nur zu Priamos geht; sie läßt uns den Befehl des Zeus, die Leiche auszuliefern, deutlicher erkennen, als wenn Thetis beibehalten wäre. Das Neue ist die Erscheinung des Patroklos, der sich dagegen wehren will, daß der Feind, der ihn erschlagen hat, ein ehrendes Begräbnis erhalten soll. So denkt der Maler, denn für ihn ist Patroklos nicht ab und tot wie für Homer, sondern lebt als Heros in seinem Grabe. Ist es nicht belehrend, ist es nicht Fortschritt, daß dieser Athener den Konflikt empfindet, der in der Seele des Achilleus sein muß, wenn er von dem ablassen soll, was er dem toten Freunde schuldig zu sein glaubte, während er bei Homer der göttlichen Weisung mit keinem Worte widerspricht? Wie es der Dichter wirklich meinte, das liegt tiefer; von dem Maler ist dafür Verständnis nicht zu verlangen. Dem erschien es notwendig, daß Patroklos sein Recht auf Rache an dem Feinde nicht preisgeben wollte; dafür war er Heros.

BEILAGEN

1. *ΘΡΙΑΙ*

Vor allem muß eine Angabe beseitigt werden, die von einem Losorakel des Apollon selbst berichtet. Suidas *Πυθώ*. Die Herkunft kann ich nicht erraten; wer anfängt „Phokis ist eine Landschaft von Hellas, da war eine Stadt Delphi, und da war ein Orakel", der ist ein später Christ, und wenn er von dem Dreifuß sagt, auf ihm stand eine Schale, in der die *μαντικαὶ ψῆφοι* lagen, steckt keine grammatische Tradition darin. In der Schale saß die Priesterin oder für den Glauben der Gott selbst.

Am wichtigsten ist Philochoros bei Zenobios V 75 zu dem Sprichwort *πολλοὶ θριοβόλοι, παῦροι δέ τε μάντιες ἄνδρες*. Er weiß von drei Nymphen am Parnaß, *τροφοὶ Ἀπόλλωνος*, *Θρίαι*, nach denen die *μαντικαὶ ψῆφοι θρῖαι* und diese Weise der Wahrsagung *θριᾶσθαι* heiße. Es ist anzunehmen, daß er das sagte, um den Namen des Demos *Θρία* zu erklären, nicht das Sprichwort. Es folgt eine andere Geschichte, danach hat Athena die *διὰ ψήφων μαντική* erfunden, die besser war als die delphischen Orakel, aber Zeus hat sie zugunsten des Apollon unwahr gemacht, daher das Sprichwort. Damit deckt sich Stephanus Byz. *Θρία*, der zur Herleitung des attischen Demosnamens dasselbe erzählt, noch genauer Bekk. An. 265 *Θριάσιον πεδίον*. Dadurch verstehen wir, weshalb Athena herangezogen ist. Auf denselben Atthidographen oder sonst attische Dinge behandelnden Autor, vermutlich Demon, geht Et. M. *θρῖαι* zurück; da heißen die Steinchen selbst so, und das wird dieser Autor auch ebenso wie Philochoros gemeint haben; Athena hatte sie dann da hingeworfen, wo jetzt das Dorf *Θρία* liegt. Hier gab es gar keine Wesen mit dem Namen, aber Philochoros gibt das Ältere, Delphische. Kallimachos, Hymn. 2, 45, sagt mit Beziehung auf das Sprichwort, *ἀμφὶ σὲ καὶ ... θρῖαι καὶ μάντιες*; da sind *θρῖαι* zugleich die *θριο-*

βόλοι. In der Hekale 63 K. scheinen sie die Krähe der Alten begeistert zu haben[1].

Diese Zeugnisse hat G. Hermann glücklich mit dem Hermeshymnus verbunden. Da erzählt Apollon selbst von drei geflügelten Jungfrauen, die am Parnaß, also nicht in Delphi selbst, wohnten und eine Weissagung übten, die er selbst als Kind erfunden hatte, von der Zeus aber nichts wissen wollte. Diese tritt Apollon dem Hermes ab; manchmal traf sie auch das Wahre. In der freien Nacherzählung des Hymnus (die auf unsere Fassung nicht notwendig zurückgeht) gibt die apollodorische Bibliothek, III 115, an, daß Apollon dem Hermes die *διὰ ψήφων μαντεία* abtritt, die Thrien werden nicht erwähnt. Worin die Wahrsagung besteht, mußte doch auch in dem Hymnus angegeben werden, und da das nicht explizite geschieht, konnte es implizite durch den Namen *ϑϱῖαι* geschehen. Den hat Hermann 552 eingesetzt, wo der Mosquensis gibt *σεμναὶ γάϱ τινές εἰσι, κασίγνηται γεγανῖαι, παϱϑένοι*, die andere Klasse hat *Μοῖϱαι*, ganz unmöglich, aber mit dem farblosen *σεμναί* konnte der Poet auch nicht anfangen „es gibt gewisse erhabene“, es sei denn, das war ihr Name, was er doch nicht sein kann. Also haben die beiden Handschriften eine Lücke verschieden, aber gleich verkehrt ausgefüllt, und Hermann hat mit *Θϱῖαι* ganz recht, wenn die modernste verständnislose Kritik es auch nicht einsieht.

Zu der Zeit dieses Rhapsoden gab es also ein Losorakel mit kleinen Steinen, das mit Apollon verbunden ward, aber der wollte nichts mehr davon wissen; daß es Hermes übernommen hat, muß man schließen, aber eine andere Spur davon gibt es nicht; man wird es nur dem Geber der *ἕϱμαια* zugeschrieben haben, wenn es einmal nicht trog. *ϑϱῖαι* mag man nun die Steinchen genannt ha-

[1] Aus einem Bodleianus des Cyrill-Lexikons hat Cramer An. Paris. IV sehr wertvolle, aber schwer verderbte Glossen herausgegeben, die Reitzenstein, Gesch. der Etymolog. 308, auf Herodian zurückführt. Da steht S. 183 *Θϱιαϑϱίκη ’Αϱχίλοχος. καὶ ὅτι ἀπὸ Θϱιῶν τῶν Διὸς ϑυγατέϱων διωνομάσϑησαν, ὡς Φεϱεκύδης ἱστοϱεῖ. ἐπεὶ τϱίαι εἰσὶν οἷον τϱισσαὶ τὸν ἀϱιϑμόν*. Es folgt unter demselben Lemma die hier fehlende Erklärung *μαντεῖαι καὶ ψῆφοι*, das ist *μαντικαὶ ψ*. Das Lemma kann ich nicht verbessern. Die Genealogie aus Pherekydes ist neu, paßt aber zu Hesych *ϑϱ. αἱ πϱῶται μάντεις καὶ νύμφαι καὶ αἱ μαντικαὶ ψῆφοι*. Daß von Archilochos nur der Name da ist, bedauert man, weil er die delphischen Nymphen nicht meinen konnte. Den Hermeshymnus kennen die Grammatiker nicht. Hesych *ϑϱιάζειν φυλλολογεῖν ἐνϑουσιάζειν* mit tragischen Belegen zeigt, daß die Thrien einmal mehr bedeutet haben. Auch *ϑϱιᾶσϑαι* ist als Glosse belegt.

ben, aber zuerst sind es wohl *θρῖα*, Feigenblätter, gewesen. Die Übertragung von Apollon auf die parnassischen Nymphen und damit die Verleihung des Namens *θρῖαι* wird auch schon eine Verleugnung dieser Mantik gewesen sein. Aber die drei *παρθένοι* selbst, die mit ihren Flügeln sich Honig suchen, also Bienengestalt haben, müssen am Parnaß geglaubt sein; sie waren des Gottes *τροφοί* (Philochoros), er war in seiner Jugend bei ihnen (Hymnus), die *Παρνασσίδες νύμφαι*, die ihm nach dem Drachenkampfe Obst brachten (Hypothesis c der Scholien zu Pindars Pythien), sind dieselben. Zu seinen *τροφοί* sind sie wohl erst durch die Analogie der *Διονύσου τροφοί* geworden, waren aber im Glauben längst vorhanden. Ob sie aber *θριοβόλοι* waren, mag dahinstehen. Wenn der Gott das Losorakel selbst geduldet hatte und nun loswerden wollte, konnte er es auf sie abwälzen. Nicht ohne Schein ist der Orakelspruch *ἐμοὶ μελήσει ταῦτα καὶ λευκαῖς κόραις* auf die *Θρῖαι* bezogen, deren Köpfe nach dem Hymnus 554 mit weißem Mehl bestreut waren. Es ward gewöhnlich auf die Abwehr des Kelteneinfalls bezogen (Cicero divin. I 81, Diodor XXII 9 mit einer unmöglichen Deutung), aber auch auf eine Bedrohung durch Iason von Pherai, wie die vollständigere Fassung des Sprichwortes, App. prov. 2, 55, in dem Athous des Zenobios, Miller mél. 352, gelehrt hat. Damit ist wenigstens die Deutung auf Schneenymphen (von denen ich auch nichts weiß) ausgeschlossen, aber so hat man es nach dem Keltensturme umgedeutet. Es war wohl ein Spruch, der die Macht des Pythiers aussprach, ohne eine bestimmte historische Beziehung, die dann verschieden hineingelegt ward. Dann konnte es ursprünglich die *Θρῖαι* gemeint haben.

2. LAPHRIA

Die Göttin Laphria hat in ganz Nordgriechenland von Kephallenia bis Phokis[1] eine starke Verehrung gefunden, wie besonders die Monatsnamen *Λάφριος* oder *Λαφριαῖος* beweisen; in Delphi ist der Name in der uns bekannten Zeit durch den *Θεοξένιος* ersetzt und die Göttin zur Artemis geworden, aber die Labyadeninschrift bezeugt ihr Fest *Λάφρια*, und bei Hesych steht ein Geschlecht *Λαφ-*

[1] In der Literatur kommt sie nur in einem Epigramm des Leonidas vor, Anth. Pal. VI 300. Er lebte in Epirus, da ist es begreiflich. Hellenist. Dicht. II 109.

ϱιάδαι[1]. Auch in dem phokischen Hyampolis ist der Name des Festes auf dem Steine IG. IX 1, 90 noch *'Ελαφηβόλιά τε καὶ Λάφρια*, aber bei Plutarch[2] nur noch *'Ελαφηβόλια*. Es wird einmal überall bestanden haben, wo der Monat *'Ελαφηβολιών* hieß und die Göttinnen sich nur im Namen unterschieden. Die Messenier von Naupaktos haben bei ihrer Rückkehr in die Heimat die Laphria mitgenommen (Pausan. IV 31, 7), und die Eleutherolakonen nahmen den Monatsnamen der ihnen befreundeten Ätoler an, als sie die spartanischen Namen nicht mehr anwenden wollten (IG. V 1, 1145). Das ändert nichts daran, daß die Göttin dem Peloponnes fremd war[3]. Den Namen nennt Pausanias (VII 18, 8) in Patrai fremd, d.h. aus Kalydon übernommen; der Theologe bei Antoninus Liberalis 44 führt sie wie die Aphaia auf die kretische Britomartis zurück, was die Modernen begierig aufgegriffen haben, obgleich die weite Entfernung dagegen und nichts dafür spricht. Den Namen auf einen Ort zurückzuführen legt seine Form nahe, denn viele mit Artemis gleichgesetzte Göttinnen haben nach dem Orte des Kultes geheißen. Das ist nun durch die delphischen Steine bewiesen[4]. Die Ausgrabungen in Kalydon haben den Tempel der Laphria und daneben eines Apollon Laphrios ans Licht gebracht; man sieht, wie der Gott die Laphria zu seiner Schwester gemacht und sich damit neben sie gedrängt hat. Es ist

[1] Der Ahnherr ist *Λάφριος Κασταλίου*, der in der merkwürdigen delphischen Archäologie des Scholion Eurip. Orest 1094 eine Rolle spielt. Nach Pausanias VII 18, 9 hat er das älteste (nicht mehr erhaltene) Bild der Göttin in Kalydon gestiftet und ihr den Namen gegeben. Das ist erfunden, als das Bild noch bestand und die Göttin in Delphi ihr Fest hatte, also recht früh.

[2] Mul. virt. 244b, ein Auszug aus seinem Leben des phokischen Helden Daiphantos.

[3] In Knidos heißt ein Monat *'Ελάφριος*, Sylloge 953, 85, wohl verschrieben, jedenfalls geht er die Laphria nichts an, obgleich deren Name bei Pausanias auf *ἐλαφρός* zurückgeführt wird, was unverdienten Beifall gefunden hat.

[4] Bull. Corr. Hell. VII 193 *ἐν Λάφρωι*. Sylloge 366 *ἐλ Λοφρίωι*, wohl das Heiligtum der Ortsgöttin. Mehr wird die editio minor von IG. IX 1 bringen. Lykophron 835 nennt den Hermes *Λάφριος*, was die Scholien mit *φιλόξενος* erklären, und die Athena *Λαφρία* dreimal, immer mit einer anderen Epiklesis zusammen. Die Scholien schweigen. Unverstanden. In dem *τέμενος* der Laphria in Patrai nennt Pausanias einen Tempel der Athena *Παναχαΐς*, aber den konnte Lykophron nicht meinen.

begreiflich, daß die vornehme alte Stadt das Dorf, in dem die Göttin eigentlich zu Hause war, überflügelt hat. Für uns war ihr Kult in Patrai bisher die Hauptsache, weil Pausanias von ihm allein eingehend handelt; es fragt sich aber, wann er über das Meer herüber gekommen ist. Pausanias hat ihr Fest selbst in Patrai mitgemacht, denn er sagt, 18, 13, *ἄρκτον καὶ ἄλλο τι ἐθεασάμην τῶν ζώιων* usw. Damals war die Stadt eine römische Kolonie, einer der wenigen blühenden Orte des Peloponneses, wo sich der Freund Plutarchs, der Konsular Sosius Senecio niedergelassen hatte (Symp. qu. IV, Vorwort). Pausanias wird sich nach der anstrengenden Reise durch das verfallene Innere der Halbinsel in Patrai gern ausgeruht und das glänzende Fest abgewartet haben. Zur Zeit Ciceros, als die Schiffe auf dem Wege von und nach Korinth dort anlegten, war Patrai ein elender Ort[1], seit der Katastrophe von 146 (Polybios XXXIX 9) so heruntergekommen, daß die Bevölkerung aus der Stadt auf die Dörfer verzog (Pausan. 18, 6). Das hat sich durch die Kolonie geändert, die Augustus anlegte und dabei die Griechen in die Stadt zog. Da ist auch der Kult und das Kultbild der Laphria aus dem gänzlich verödeten Kalydon überführt. Die Künstler waren Menaichmos und Soidas von Naupaktos und sollten aus der Zeit des Kanachos gewesen sein; aber die Münzen der Kolonie zeigen eine Artemisstatue, die zur Beschreibung des Pausanias stimmt, aber einen viel jüngeren Stil hat, auch nicht aus Gold und Elfenbein bestanden haben kann. Wie dieser Widerspruch zu erklären ist, bleibt rätselhaft[2]. Damals huldigten auch die Römer der Laphria[3]. Es muß wenigstens gefragt werden, ob der Name und Kult der Laphria nicht erst mit dem Bilde nach Patrai gekommen ist oder vielmehr sich an die Stelle einer vorher

[1] Cicero, der auf der Reise nach und von seiner Provinz in Patrai Station machte, und den kranken Tiro dort zurückließ, hat den Eindruck erhalten, den er ad famil. VII 28 so zusammenfaßt, Rom passe für die humanitas seines Adressaten besser als der ganze Peloponnes, geschweige Patrai.

[2] Imhof Blumer und Percy Gardner Numism. Comm. on Pausanias S. 74, Taf. Q VI–X, zum Teil mit dem Namen der Göttin. Auf XI XII ist Artemis in anderer Haltung dargestellt. Ich sehe keinen Grund, deswegen an eine andere Göttin, die *τρικλαρία*, zu denken.

[3] CIL III 498. 499. 510. Dessau 4044 aus Aquincum, Weihung an die Diana Patrensis von einem Soldaten, der offenbar der heimischen Göttin huldigt.

dort verehrten Artemis gesetzt hat. Daß die Antwort nicht einfach ist, liegt an Pausanias. Kap. 19 ist er noch im Heiligtum der Laphria, 20, 2 ist er auch noch da. Aber die Erwähnung eines Grabes zwischen Tempel und Altar führt ihn zu einer Abschweifung, denn da liegt Eurypylos, zu dem er auch erst auf einem Umwege gelangt. Er erzählt, daß drei Dörfer, die jetzt zu Patrai gehörten, als sie noch ionisch waren, eine Ἄρτεμις τρικλαρία verehrten. Priesterin war eine Jungfrau; da verging sich eine Komaitho mit Melanippos. Mißwachs und Pest ist die Folge. Delphi verlangt die Opferung der Schuldigen und weiterhin Schlachtung eines Jünglings und einer Jungfrau. Das soll gelten, bis ein fremder König mit einem fremden Gotte kommt. Eurypylos[1] kommt mit einem Kasten, in dem der unbekannte Gott steckt, als gerade das Opfer vollzogen werden soll, das Orakel ist erfüllt. Nun heißt der Fluß, der neben der Triklaria fließt, nicht mehr Ameilichos sondern Meilichos. Der Kasten wird in einer bestimmten Nacht von neun Männern und Frauen, die dem Gotte dienen, herausgeholt, und die Jugend geleitet die Prozession, mit Ähren bekränzt, an den Meilichos; diese Kränze bringen sie der Artemis, setzen selbst Efeukränze auf und ziehen zu dem Heiligtume des Gottes zurück, der Aisymnetes heißt. Die Ährenkränze tragen sie, weil die Menschenopfer früher so bekränzt wurden. Die Schilderung der Feier ist alles andere als vollständig und klar. Der Efeu deutet auf Dionysos; Eurypylos erhält auch an den Dionysien seine ἐναγίσματα, und es steht auch vorher, in der Kiste wäre ein Dionysosbild gewesen; sie scheint aber niemals aufgemacht zu sein, und der Name Αἰσυμνήτης ist gar nicht dionysisch, sondern bezeichnet den Gott, der das αἴσιμον herstellt und das grausame Opfer abschafft. Dionysos ist erst aus einem andern Kulte, den die drei Gemeinden so wie den der Artemis hatten, hineingezogen (21. 6). Nun muß jedem, der die Motive hellenistischer ätiologischer Fabeln kennt, einleuchten, daß Pausanias eine solche aus einem Buche nimmt; wenn es nicht zu weit abführte, würde ich auch Wendungen aufzeigen, die er nicht erfunden, sondern übernommen hat. Er fand aber die Geschichte bereits mit

[1] Wer Eurypylos war, wird breit erörtert, was wir übergehen können; den homerischen Helden in ihm zu sehen, gefiel den meisten und auch dem Pausanias. Aber die ihn für einen Sohn des Dexamenos hielten, haben mindestens besser erfunden, wenn dessen Teilnahme am Zuge des Herakles gegen Ilion auch erst auf Grund der anderen Geschichte behauptet worden ist.

Varianten vor, wohl aus einem recht jungen Buche, das bereits den jetzigen Gebrauch unterschied. 21 bringt er gleich eine ähnliche Novelle, die in Kalydon spielt, weil auch der kalydonische Dionysos nach Patrai überführt ist. Nun kommt in dieser ganzen Geschichte keine Laphria vor, sondern nur eine Triklaria. Pausanias selbst weiß nichts von dieser, müßte doch aber ihren Tempel irgendwo getroffen haben und den Fluß Meilichos auch; aber mit dem steht es ebenso. Er befindet sich immer noch bei der Laphria, und muß man nicht die *θεός*, bei der die Kränze abgelegt werden, für dieselbe Laphria halten, deren *περίβολος* wenige Zeilen später genannt werden wird, und in dem wir vor der Einlage 19,1 waren? Die Göttinen sind also identisch, aber den Namen Laphria hat die Göttin erst erhalten, als ihr Bild aus Kalydon herüberkam; da kann sich auch ihr Fest geändert haben. Die hellenistische Novelle ist entstanden, als Kalydon noch seine Laphria hatte, Patrai nur die Triklaria.

Betrachten wir nun diese zuerst. Der Name gibt Gewähr dafür, daß der Tempel als gemeinsames Heiligtum der drei Gemeinden gestiftet ist, also bei einer Art von *συνοικισμός*, der zu der Anlage der Stadt geführt hat, die *Πάτραι* heißt, weil dort wenn nicht alle Glieder der *πάτραι* wohnten, so doch ihre Amts- und Versammlungshäuser waren. Die Göttin war eine von denen, welche den Namen Artemis übernommen haben, wenn die Gründung nicht so spät war, daß der homerische Name bereits galt. Sie hatte eine jungfräuliche Priesterin und erhielt Menschenopfer, bis sie abgelöst wurden, wofür das Sühnfest eingerichtet ist, bei dem das Bad im Meilichos die Entsühnung durch Menschenblut ersetzte. Was die Ährenkränze bedeuteten, lasse ich lieber unbestimmt; es ist zu billig, an die Sorge für die Feldfrucht oder die *ἡμέρα τροφή* zu denken, die der Artemis auch fernliegt.

Nun die Laphria. Deren Fest beschreibt Pausanias, und wir werden nicht anzweifeln, was er selbst gesehen haben will. Es war ein Fest der römischen Kolonie, begangen zur Zeit des äußersten Archaismus. Wir werden doch nicht glauben, daß die Kalydonier, denn von Patrai dürfen wir da nicht reden, in den Zeiten der Verödung sich einen solchen Aufwand geleistet hätten; zwei Jahrhunderte lang kann es nur ganz ärmlich begangen sein, wenn überhaupt. Es ist also auf Grund einer wie auch immer beschaffenen Überlieferung von der Kolonie erneuert worden, als sie die Laphria übernahm, und so wie es Pausanias sah, konnte es nur eine Gemeinde feiern, die wohlhabend geworden war, und eine Zeit, die sich darin gefiel, uralte Bräuche aufzunehmen und einen Gottesdienst zu spielen, der ihrer wirklichen religiösen Empfindung ganz fernlag. Das Gespann zahmer Hirsche und das Schauspiel, wie wilde Tiere in die Flammen getrieben wurden, ausbrachen und zurückgejagt wurden, war etwas für die Zeit der venationes und für den römischen Geschmack. Diana spielen und auf einem von Hirschen gezogenen Wagen in einer Prozession paradieren, das konnte einer jungen Dame der römischen Gesellschaft schon verlockend sein; der Vater mochte für die Hirsche sorgen. Der alten hellenischen Zeit kann man diesen Hauptzug der Feier nicht zutrauen. aber er war aus der Poesie und bildenden Kunst bekannt. Ob sich die Hirsche regelmäßig fanden, bezweifle ich. Aber gerade in die Zeit der Reisen des Pausanias fällt die Münze bei Imhof und Gardner Taf. Q XIII, auf der das Hirschgespann erscheint.

Diese Einschränkungen ändern aber nichts daran, daß das Opfer von allerhand Gaben, das lebend in die Flammen geworfen ward, wirklich der Laphria zukam, also früher in Kalydon geübt war. Das hat M. Nilsson[1] bewiesen, indem er das entsprechende Opfer in Hyampolis damit kombinierte, wo die Legende erzählte, daß Frauen und Kinder sich selbst und auch ihre Haustiere verbrannt hatten, und zum Gedächtnis der Artemis im Elaphebolion ein Fest gefeiert ward, das daher *'Απόνοια* hieß[2]. Hier liegt es nahe, an Ersatz alter Menschenopfer zu denken; es ist ein Aition aus der Geschichte herangezogen. Die Triklaria dürfen wir nicht heranziehen, das Fest des Aisymnetes ist auch unvergleichbar, denn es gilt der Abschaffung des Menschenopfers. Dies an sich ist nichts besonderes; die Artemis von Brauron und Aulis hat es auch erhalten und dann darauf verzichtet. Wenn aber Iphigeneia durch eine Hinde[3] oder einen Bären ersetzt wird, darf man auf einstige Opfer solcher Tiere schließen. Später gab es sie nicht. Über den Zweck dieser Opfer ist damit durchaus nicht entschieden; es ist nicht einmal

[1] Griechische Feste 216ff. Journ. Hell. St. 1923, 148. Mycen. rel. 399. Ich habe das viele, was er vor mir richtig bemerkt hat und worin ich abweiche, nicht angegeben.

[2] Plutarch mul. virt. 244. Pausan. X 1, 3.

[3] *'Εφημ. ἀρχαιολ.* 1901 *τ.* 6 steht ein hübsches Weihrelief von Aigina, auf dem eine Gans und ein junges Reh der Göttin zugeführt wird. Wir dürfen darin eine Bestätigung für die Hirschopfer sehen, die Theophrast (Porphyr. abstin. II 25) bezeugt.

wahrscheinlich, daß es ein Sühnfest war, denn in Hyampolis wurden der Göttin heilige Tiere gehalten, die besonders gedeihen und von Krankheiten verschont bleiben sollten. Es konnten ihr sehr wohl *ἀπαρχαί* dargebracht werden; als *καλλιστεῖον* des Nachwuchses aus einem Jahre ist Iphigeneia geopfert. Eine Göttin, die gefährlich werden konnte und daher von jedermann reiche Opfer verlangte, muß sie freilich gewesen sein. Aber nicht das Geringste bietet einen Anhalt, an kretischen oder sonst fremden Ursprung zu denken. Von der *πότνια θηρῶν*, der homerischen Bezeichnung der asiatischen Artemis, deren Bild von Kretern, später von Griechen übernommen ist, spricht man besser gar nicht, denn sie entspricht den echt hellenischen Göttinnen im Wesen unvollkommen, das entlehnte Bild noch weniger. Viel näher liegt es, an die Artemis zu denken, welche dem Oineus von Kalydon den Eber in seine Gärten schickte. In dem Ritual von Patrai fällt der grausame Brauch auf, die Tiere lebendig in das Feuer zu jagen. Das ist unerhört, gilt weder in Hyampolis noch bei den Daidala, die sonst ähnlich sind. Da ist es gewagt, die Praxis der Antoninenzeit in die Urzeit zu verlegen. Vor diesem Anachronismus sich zu hüten, möge die Laphria von Patrai überhaupt warnen.

3. SARONIA

Der Saronische Meerbusen führt den Namen schon bei Aischylos, Agam. 306. Zu ihm stellt sich der Name *Σαρωνία* der Artemis in Troizen mit einem jährlichen Feste *Σαρώνια*. Der Tempel lag östlich von der Stadt entfernt; es liegt auf der Hand, daß die Göttin später der Artemis gleichgesetzt nach dem Orte hieß, wie so viele ihrer Beinamen von dem Orte genommen sind. Dieser Ort heißt in unserem Auszuge des Stephanus *τόπος*, aber Eustathius zu Dionys. Perieg. 420 fügt dem erhaltenen Scholion die Ableitung von einem Flusse Saron ein, offenbar aus seinem Exemplar des Stephanus. Entscheiden kann man zwischen *τόπος* und *ποταμός* nicht, aber *τόπος* ist wahrscheinlicher. Daneben steht ein heroischer Eponymus Saron, und das ist die troizenische Auffassung, wo er ein alter König war, und man sein Grab an dem versumpften Meeresstrande zeigte; da kann auch ein Bach gewesen sein. Er sollte ein Jäger gewesen und bei der Verfolgung eines Hirsches ins Meer gestürzt sein; ältester Zeuge Euphorion im Scholion zu Dionysios, wo er ein Wildschwein verfolgt; mit dem Tiere konnte man also wechseln. Wie jemand darauf verfallen kann, hier eine Ähnlichkeit mit der Geschichte zu finden, nach welcher Diktynna, als ein Liebhaber sie verfolgt, ins Meer springt, aber von Fischern in ihren Netzen aufgefangen wird, ist schwer begreiflich. Ihrem Verfolger passiert nichts; die Geschichte ist zudem eine leere Etymologie des Namens Diktynna. Nicht die mindeste Veranlassung, mehr in der Geschichte zu suchen, als die Antwort auf die Frage, wie kommt das Grab des Saron an einen sumpfigen Uferplatz; in Wahrheit könnte der alte König zur Erklärung des Namens *Σαρωνία* erfunden sein.

Dabei bleibt wunderbar, daß der Meerbusen nach dem Saron oder der Saronia heißen sollte, denn weder die Lage Troizens noch seine Seemacht gab dazu Veranlassung. Hier treten zwei Zeugnisse ein. Aristeides im Themistokles S. 274 D. stellt *Σάρων, τὸν ἐπώνυμον τῆς θαλάσσης*, mit Glaukos von Anthedon zusammen; beide leben nun im Meere; da muß auch Saron ein Mensch gewesen sein. Dionysios im *'Ανάπλους Βοσπόρου* 26, 36 Güng., in der Übersetzung des Gillius, kennt am asiatischen Ufer eine *Saronis herois Megarici ara*, die von Chalkedoniern gesetzt sein muß. Das ist wenig, führt aber darauf, daß man in Megara von einem Saron einmal gewußt hat, er wäre ein Mensch gewesen und zum Seedämon geworden, nach dem der *Σαρωνικὸς κόλπος* hieß. Ob er bei ihnen gewohnt haben sollte, ist nicht gesagt, liegt aber nahe. Der Glaube an einen solchen Gott ihres Meeres, also wie in Korinth an Palaimon, ist an sich nicht befremdend; mehr schon, daß man es in Troizen ganz vergessen haben müßte. Aber eine megarische Bezeichnung des Busens entspricht gut ihrer einstigen Seemacht und konnte im sechsten Jahrhundert von Athen, das noch nichts zur See bedeutete, übernommen werden. Der troizenische Artemistempel unweit des Strandes konnte vielleicht davon saronisch heißen, auch wenn man dort noch keinen Saron kannte.

Eine weitere Frage geht auf die Bedeutung des Namens Saron und Saronia. Da steht eine Hesychglosse *σαρῶνες τὰ τῶν θηρατῶν λίνα*. Der Saron der Legende brauchte zwar keine Netze, aber er war ein Jäger, also greift einer nach dieser Glosse. Unter den Text von M. Schmidt sieht er nicht; der verweist auf *σαρδόνες· ἐν κυνηγετικῶι* (Abteilung eines sachlich geordneten Onomastikon) *μέρη τινὰ δικτύων δηλοῦνται*. Das bestätigt Pollux 5, 31. Damit ist das erledigt. Daneben stehen die *σαρωνίδες*, Eichen, keinesweges bloß alte

Eichen, bei hellenistischen Dichtern und in Glossen; die des Hesych muß auf eine bestimmte Stelle gehen. Es ist nicht unmittelbar deutlich, wie das mit dem Saron und der Saronia zusammenhängt, aber den Zusammenhang zu bestreiten ist nur möglich, wenn man durchaus anderswohin strebt. Wie so oft sind wir gehalten, uns über das, was wir wissen können, klar zu werden und uns zu bescheiden, wenn das zu vollem Verständnis nicht reicht. Daher will ich, so leicht es wäre, auf jeden Versuch verzichten, die Eichen, den megarischen Saron und die troizenische Saronia zusammenzubringen. Was soll man aber sagen, wenn für den Meergott Saron Apostolius in den Göttinger Parömiographen angeführt wird, weil er sich das angebliche Sprichwort *Σάρωνος ναυτικώτερος* erschwindelt hat, eben aus dem Aristidesscholion, das ebenso bei Dindorf III 639 steht. Und nun sehe man all den modernen Unsinn, den die Realenzyklopädie unter mehreren Lemmata teils wiederholend teils bestreitend auftischt.

Für die troizenische Artemis Saronia kommt gar nichts weiter heraus als der vom Orte genommene Name; der Kult ist erst später städtisch geworden. Die Göttin ward hier aber so stark verehrt, daß auch die Schiffer auf sie vertrauten, nicht weil sie Artemis, sondern weil sie eine von der Gemeinde hochverehrte Göttin war. Ihr Gegensatz zu Aphrodite, wie ihn die Legende des Hochzeitsdämons Hippolytos voraussetzt, ist auch schon troizenisch; die heilige Wiese, die Euripides erwähnt, wird vorhanden gewesen sein, nicht weil er sie erwähnt, sondern weil sie zu der Göttin, zumal draußen im Gelände, gut stimmt.

4. HELLOTIS

Über eine Göttin Hellotis ist sehr viel geredet worden. Statt darauf einzugehen ordne ich die wenigen Zeugnisse. In Argos hatte sie ein Heiligtum *Ἑλλώτιον*, Vollgraff Mnemos. 47, 162. Ebenso bei Marathon, wo sie Athena *Ἑλλωτίς* war, IG. II² 1358, 25. 35. 41. Davon wußte der Scholiast zu Pindar Ol. 13, 56 (ausgeschrieben im Et. M.) und leitet die von Pindar erwähnten gymnischen Spiele aus Marathon ab. Ein anderes Scholion weiß von einem Fackellauf in Korinth und gibt ein *αἴτιον* an, das die *Ἑλλωτίς* mit der *Χαλινῖτις* (Pausan. II 4) gleichsetzt; auch dann war sie Athena. Es folgt eine dritte Herleitung von einem verbrannten

Mädchen Ἑλλωτίς[1] und wertlose Etymologien von ἕλος und ἑλεῖν. Ein Sühnfest konnte niemals der Athena gehören, es deutet auch nichts darauf. Seleukos ἐν Γλώσσαις (Athen. XV 678) sagt, Ἑλλωτίς heißt ein riesiger Myrtenkranz, der in der Prozession der Ἑλλώτια getragen ward. Es sollten da auch die Knochen der Europa getragen werden, die man Ἑλλωτίς nannte. Wo das geschah, ist bei Athenäus ausgefallen, denn er fügt hinzu, es gab auch in Korinth Ἑλλώτια. Die Ergänzung liefert Hesych; es versteht sich ja von selbst, daß seine Angabe auf dasselbe Lexikon zurückgeht wie die des Athenäus. Er hat zwei Glossen Ἑλλώτια ἑορτὴ Εὐρώπης ἐν Κρήτῃ und eine gleichgültige über den Kranz. Die Ortsangabe nehmen wir mit Dank an, aber daß die Ἑλλώτια der Europa galten, ist eine flüchtige Angabe, von der Seleukos nichts sagt. Endlich Stephanus Γόρτυν ... πρότερον ἐκαλεῖτο Ἑλλωτίς, οὕτω γὰρ παρὰ Κρησὶν ἡ Εὐρώπη. Was folgt daraus? Ἑλλωτίς ist ein Adjektiv, das trägt Athena, das trägt der Kranz und trägt Europa, weil deren Knochen an den Ἑλλώτια in der Prozession geführt werden, und trägt die Stadt, welche Ἑλλώτια feiert. Wir verstehen das nicht, und ich versuche keine Deutung. Daß es eine Göttin Ἑλλωτίς gegeben habe, ist möglich: dann war sie derart, daß man sie mit Athena gleichen konnte; der Name sieht nach einem Ethnikon aus. Die Gleichung mit Europa ist ein Mißverständnis. Wir finden die Göttin in den benachbarten Orten Argos, Korinth, der Tetrapolis; da muß es dieselbe sein, aber wo sie ursprünglich ist, bei den Griechen erster Schicht oder von Argos in die Tetrapolis übernommen, wo sie sogar dorisch sein könnte, ist nicht zu sagen. Sie ist hier früh verschollen. In Gortyn hat sich das Fest gehalten, wurden in einer Prozession die Knochen der dort verstorbenen Europa an dem Feste getragen; ob Europa sonst mit ihm etwas zu tun hatte, wissen wir nicht. Das Fest für minoisch zu halten ist willkürlich und nichtig; Übertragung aus Hellas nach Kreta, etwa aus Argos, ist

[1] An sich ist die Geschichte nicht wertlos, weil sie zu der Tradition von der Eroberung Korinths durch die Dorer gehört. Wendel hat durch schöne Verbesserungen des Theokritscholions zu 6, 40a ein anderes Zeugnis für diese Geschichte hergestellt, freilich eine Variante. – Beiläufig eine Verbesserung im Pindarscholion S. 367, 23 Drachmann. Timandros hatte vier Töchter, deren Namen aufgezählt werden. ἁλούσης τῆς πόλεως τὴν νεωτάτην (νέαν τῆν codd.) Χρυσῆν ἡ Ἑλλωτὶς ἁρπάσασα usw. In der Parallelerzählung des folgenden Scholions wird Ἑλλωτίς μετὰ παιδίου verbrannt.

ungleich wahrscheinlicher als das Umgekehrte. – Ich erlaube mir, noch eine mißdeutete Angabe über die Tetrapolis heranzuziehen, obgleich sie ebenso rätselhaft bleibt wie die Hellotis. Bei Stephanos Byz. steht die verlorene Notiz, die Tetrapolis hätte *Ὑττηνία* geheißen. Da zieht man ein etruskisches Zahlwort *huth* heran, das (hoffentlich) im Etruskischen vier bedeutete, und die Tyrrhener, die nach einer zur Berechtigung der Annexion von Lemnos erfundenen Geschichte einmal attische Frauen nicht weit von der Tetrapolis geraubt haben sollen oder auch einmal in Attika gewohnt haben. Flugs sind Etrusker Vorbewohner Griechenlands. *ττ* ist eine auf Böotien und Attika beschränkte Aussprache des Lautes, der sonst *σσ* geschrieben wird. Die Ableitung führt auf *Ὕττηνες*, wie es *Ἑλληνία γῆ* von *Ἕλληνες* heißt. Wer wird ein Zahlwort in einem Völkernamen erwarten. Viel eher wird man den lykischen Stadtnamen *Ὕτεννα* heranziehen; aber auch das schwebt ganz in der Luft.

5. NEMEEN

Das Tal von Nemea liegt unter dem hohen Berge Apesas, auf dem Zeus wohnte, und in dem der Löwe seine Höhle hatte. Eine größere Ansiedelung hat in dem Tale niemals bestanden, aber es ist begreiflich, daß schon in mykenischer Zeit ebenso wie später ein Bauernhof dort lag, und daß der Zeus des Berges Verehrung fand. Davon haben sich Spuren gefunden, aber welche Berechtigung hat man, den Kult für unhellenisch zu halten? Pausanias II 15, 2 erwähnt neben dem verfallenen Tempel in einem Haine von Zypressen das Grab des Opheltes in einer steinernen Einfriedigung; innerhalb standen Altäre und ein Grabhügel des Lykurgos. Das sind Anlagen, die aus der später vulgären Geschichte gedeutet sind. Wie verwegen ist es, in ihnen so etwas wie die Umfriedigung der Schachtgräber von Mykene zu finden (Belger Arch. Jahrb. X 124). Die offenbar unbeschriebenen Altäre können doch nur Grabsteine gewesen sein. Als die Heraklessage vom Löwenkampfe aufkam, hat man sie natürlich mit dem Zeuskulte des Ortes und auch mit den Kampfspielen verbunden, die vor der Stiftung der panhellenischen Feier bestanden; die Erinnerung ist geblieben, auch als das große Fest von den Kleonäern, offenbar in Konkurrenz zu den korinthischen Isthmien gestiftet ward und eine andere

Gründungsgeschichte erhielt. Seit der Hypsipyle des Euripides ist diese hineingezogen, das getötete Kind also ein Sohn des Lykurgos und dieser der Besitzer des Landgutes; mehr ist er nicht. Robert (Herm. 44) hat festgestellt, daß dies von Euripides erfunden ist; ganz gewaltsam ist die Lemnierin hineingezogen und erst recht ihre Söhne. Von denen ist Euneos der Ahn des athenischen Geschlechtes der Euneiden, der seinen Namen von dem lemnischen Könige der Ilias erhalten hat. Dabei bleibt immer noch unbekannt, wie die Verbindung mit Nemea entstanden ist; vermutlich bot die Familiengeschichte der Euneiden dem Dichter die Handhabe.

Aber seit der Stiftung der nemeischen Spiele war allgemein anerkannt, daß sie auf Spiele zurückgingen, welche die Sieben auf ihrem Zuge gegen Theben gefeiert hatten, und die Veranlassung war der Tod eines Kindes durch Schlangenbiß gewesen. Ein Kind ist es bei Bakchylides IX und bei Aischylos in der Nemea, hier ein Kind der Nemea selbst; aber es gibt andere Namen, die nur auf einen Teilnehmer des Kriegszuges passen (Hypothesis c von Pindars Nemeen und Schol. Clemens protr. S. 306 St. aus derselben Quelle). Die Hauptsache ist, daß dieser Tod ein Unheil verkündendes Vorzeichen ist und der Seher Amphiaraos in dem Toten einen Ἀρχέμορος erkennt. Damit fassen wir sicher den Dichter, der diese Geschichte geformt hat, den Dichter jener Thebais, welche das alte homerisch-asiatische Epos ganz verdrängt hat, denn sie hat ihren Personen die redenden Namen Polyneikes Kapaneus Parthenopaios gegeben. Für dieses Epos paßte das Vorzeichen, und in Nemea war ganz naturgemäß die erste Rast, auf dem Zuge, der von Argos kam. Leichenspiele für den Toten ergaben sich leicht; sie waren ausführlich behandelt, denn Adrastos hat mit dem Hengste Areion gesiegt (Antimachos bei Pausan. VIII 25). Es ist ganz begreiflich, daß die Stiftung der panhellenischen Nemeen auf das damals allbekannte Epos zurückgriff; irgendwelche nemeische Ortssage war gar nicht dabei, auch der Name Lykurgos gehörte nur nach Argos, und Dichtererfindung war alles. Das Fest aber blieb ein Zeusfest; es sind nur spätere Theorien, die alle Feste zu Epitaphien machten. So ist die Hauptsache ganz klar. Was hat es nun für Bedeutung, wenn wirklich in der Zeit, aus der die mykenäischen Funde stammen, eine größere Ansiedlung dort gewesen sein sollte. Griechen waren es auch dann, und die kretische Religion hat nicht das mindeste mit Zeus und Herakles und Archemoros zu tun.

Bei Hygin 74 steht, ein Orakel habe dem Vater des Kindes verboten, es auf die Erde zu legen; daher legte Hypsipyle es auf eine Eppichstaude, aber die Schlange biß es doch, und daher käme der Eppichkranz der nemeischen Sieger. Das ist also eine ätiologische ganz späte Fabelei, wie man an der Einführung Hypsipyles und eines Orakelspruches sofort merken muß. Aber da soll uralte tiefe Symbolik zugrunde liegen: „Mutter Erde, von der es einst der Vater aufgenommen hatte, fordert es als ihr Eigentum zurück" (Robert Heldensage II 934). In einem Zusatze zu den Erga des Hesiod 750 sollen Kinder nicht auf *ἀκίνητα* gelegt werden, sonst verlieren sie die Manneskraft. Ob ein ähnlicher Aberglaube hier nachwirkt, stehe dahin: in einer so späten Ätiologie soll man keinen uralten Volksglauben suchen. Was sie will, ist durchsichtig, und mit der Heldensage hat sie nichts zu tun; bei Hygin ist die Einmischung von solchen Autoschediasmen gewöhnlich.

6. MALEA

Isyllos von Epidauros[1] nennt in demselben Verse den *Μᾶλος* Gründer des Heiligtumes *'Απόλλωνος Μαλεάτα* und behält die verschied ne Quantität der beiden Wörter bei. Es war bei ihm begreiflicher als bei den modernen Deutern des Maleatas, die leichten Herzens über eine solche Kleinigkeit wie die Quantität eines Alpha hinweggehen, Usener an der Spitze, und es fertigbringen in einem Gotte, der mit Apollon geglichen ist, „etwas Chthonisches zu finden" oder gar einen „Apfelgott"; was der bedeutet, wie er zu Apollon werden konnte, wird uns vorenthalten; der Herakles *μήλων* soll auch ein Apfelgott sein. Wenn man sich bescheiden an die griechische Sprache hält und dem Isyllos verzeiht, was den Modernen schwer verziehen werden kann, so ist Maleatas der von Malea, und Malea ist ein ungriechischer Ortsname, während Namen mit langem Alpha griechisch und vom Apfel abgeleitet sind,

[1] Ich brauche wohl nicht erst zu sagen, daß ich Isyllos für einen echtbürtigen Epidaurier halte, *Βούσπορος* in seinem Gedichte *E* 6 für *Βούπορϑμος* ,wenn das auch bei Pausanias II 34, 8 ein Vorgebirge ist, denn der Name zeugt für einen *πορϑμός* gleich *πόρος*. Wer einen Hexameterschluß *ἦλϑεν κάμνων* verdaut, ist in der Metrik so ignorant wie der Steinmetz. *ἤλυϑε* ist unanfechtbar.

wie das auch die alten Grammatiker beurteilt haben[1]. Der Malos des Isyllos ist natürlich aus Maleatas künstlich gemacht. Dahin gehört *Μαλοῦς*, Nebenfluß des Alpheios, Maloitas, Fluß bei Methydrion, vermutlich auch die Landschaft Malis, nach der die Malier heißen, *Μᾶλος* die Insel, so von den Dorern wegen ihrer runden Gestalt benannt, und das Vorgebirge *Μαλόεις* mit dem ebenso benannten Apollon auf Lesbos[2]. Wenn Xenophon Hell. I 6, 26 *ἐπὶ τῆι Μαλέαι ἄκραι* geschrieben hat, ist es ein Versehen von ihm; die Stelle ist aber so verdorben, daß auf die Form wenig Verlaß ist. Er hat sich dann durch das bekannte Südkap des Peloponneses täuschen lassen. Dieses heißt bei Homer Maleia und Maleiai. Geheißen hat so die ganze Landschaft, so daß ein Tanz *διὰ Μαλέας* heißen konnte, dessen Erfinder zu der Stadt Pyrrhichos gehört, die schon auf der tainarischen Halbinsel liegt; er sollte auf dem *Μαλέας ὄρος* aufgewachsen sein[3]. Ein anderes Malea lag in der Aigytis, Paus. VIII 27, 4; die Gegend wird von Xenophon Hell. VI 5, 24 *Μαλεᾶτις* genannt, zeigt also deutlich, daß Maleatas den Bewohner von Malea bezeichnet. Diese Maleatis scheint sich weiter östlich erstreckt zu haben, denn man wird sich scheuen, noch ein drittes Malea anzunehmen, das in Plutarchs Agis 8 genannt wird[4].

[1] Meineke hat die verwirrten und verschriebenen Glossen der Epitome des Stephanos Byz. durch die Verbindung von *Μαλέα* mit *Αἴγινα* in Ordnung gebracht.

[2] Von *μᾶλον*, allerdings als einem Anhängsel eines Halsbandes, abgeleitet von Hellanikos 33 Jac. Ich sehe in dem patmischen Thukydidesscholion III 3 einen Auszug aus Stephanus. Da Manto dieses Apollonheiligtum gründet, hat es ein Orakel gehabt, wie bei dem asiatischen Apollon zu erwarten war. Asklepios ist später der Gott, bei dem die Mytilenäer ihre Volksbeschlüsse aufzeichnen, also ein Hauptheiligtum. Wo Asklepios herkam, ist hier nicht überliefert. Möglich, daß er den Apollon beerbt hat.

[3] Pausan. III 25, 2. Pollux IV 104.

[4] Ich scheue mich nicht, dies Malea bei Xenophon Hellen. VII 1, 28. 29 zweimal für *Μηλέας* einzusetzen, denn die Gegend scheint zu passen, und Bölte hat auch so geurteilt, aber dem Xenophon die Umgestaltung des Namens zugeschrieben, was ich ihm nicht zutraue. Hier hat ein Schreiber gemeint, *Μαλέας* attisch machen zu müssen, weil er den Apfelbaum verstand. Das *μηδέας* unserer Handschriften ist eine weitere, längst beseitigte Verlesung. In der apollod. Bibliothek II 84 haben die Abschreiber ebenso *Μηλέας* aus *Μαλέας* gemacht. Endlich ist auch der *δρυμὸς Μαλεαῖος* des guten Epigramms A. P. VII 544 auf diese Landschaft

Ein weiteres Malea in der Nähe von Psophis hat Reitzenstein in dem Epigramme eines Glaukos A. P. IX 341 gefunden[1]. Daphnis bestellt seinem Liebhaber Pan *πρὸς Μαλέαν, πρὸς ὄρος Ψωφίδιον ἔρχεν*. Es ist ein Fehler des Dichters, daß wir nicht erfahren, wo Pan die Einladung des Daphnis erhält, ob er lange zu laufen hat, um nach Malea zu kommen, dessen Lage im Gebirge von Psophis angegeben ist, wenn Glaukos beim Worte genommen werden kann. Er setzt das Verhältnis des Pan zu Daphnis voraus, wie es in den Pseudotheokritea 2, 3 und in der bekannten Gruppe gegeben ist, hängt also von junghellenistischer Dichtung ab[2]. Bestimmt kann ihn auch der Vers des Kallimachos haben, Fr. 412 *Πὰν ὁ Μαλειήτης, τρύπανον αἰπολικόν*, über den wir weiter nichts wissen, und dann kann man schließen, Kallimachos meine ein Malea bei Psophis. So hat Bölte geschlossen. Dann wird nur seltsam, daß der Nachahmer den Pan gerade nach Malea schickt, wo er zu Hause ist. Der Gott bei Malea, der Pyrrhichos oder Kentaur oder Silen, konnte auch Pan werden, Pindaros 324. Es ist peinlich, daß wir zur Sicherheit nicht kommen können und auch damit rechnen müssen, daß Glau-

Malea zu beziehen. Da der unter die Räuber gefallene Thessaler nach Sparta wollte, führte ihn mehr als ein Weg durch sie, zumal wenn sie die Ausdehnung hatte, die man aus Plutarchs Agis erschließt. – Das perrhaebische Malloia niemals mit Malea verbunden werden sollen.

[1] Reitzenstein (Epigr. u. Skol. 245) hatte noch an eine unglückliche Konjektur Meinekes geglaubt, der bei Theokrit VII 103 *Ὁμόλας πέδον* in *Μαλέας* ändern wollte, obwohl *πέδον* zu Malea niemals, wohl aber neben *Ὁμόλη* paßt, da dieser Name an *ὁμαλός* anklingt. Mit derselben Konjektur, die in den Theokrit gar nicht eingedrungen ist, setzt sich wieder Bölte in der Realenc. s. v. Malea auseinander. Es ist schrecklich, wenn eine falsche Konjektur immer von neuem totgeschlagen wird. Wo Theokrit seltene Gelehrsamkeit her hat, wissen wir oft nicht, und nur danach ist hier zu fragen. Die merkwürdige Entdeckung einer Grotte bei Pharsalos, in der neben anderen Göttern auch Pan verehrt ward (Stählin Thessalien 144 und was er anführt, erledigt ist das Gedicht noch nicht), gibt auf diese Frage keine Antwort.

[2] Glaukos scheint Verfasser von zwei andern Epigrammen, VII 285 und XII 44; vgl. Stadtmüllers Vorrede Anthol. II, XXII. Bei dem ersten dieser Gedichte heißt er Nikopolit; das kann schwerlich ein anderes Nikopolis sein als das bei Aktium. Andererseits deutet die Stellung von XII 44 auf Herkunft aus dem Kranze Meleagers, die Technik ist hellenistisch. Auch hier ist also nicht zur Sicherheit zu gelangen.

kos und selbst Kallimachos über das Geographische nicht genau unterrichtet waren oder auch so frei damit verfuhren, wie es die Römer tun, die den Pan Tegeaeus oder Maenalius nennen, obwohl er dem östlichen Arkadien fremd war. Auf dieses Malea dürfen wir uns also nicht zu sehr verlassen. So steht es auch mit einer Stelle der apollodorischen Bibliothek II 83–87. Herakles soll den erymanthischen Eber fangen, der das Land von Psophis verwüstet. Auf dem Wege dahin kommt er zu dem Kentauren Pholos, der ihn bewirtet; der Duft des Weines lockt die anderen Kentauren. Herakles vertreibt die ersten Eindringlinge mit Feuerbränden, *τοὺς δὲ λοιποὺς ἐτόξευσε διώκων ἄχρι τῆς Μαλέας, ἐκεῖσε* (*ἐκεῖθεν* cod.) *δὲ πρὸς Χείρωνα συνέφυγον, ὃς ... παρὰ Μαλέαν κατῴκησε.* Folgt Verwundung und Tod des Chiron usw.[1]. Auf der Rückkehr bestattet Herakles den Pholos[2], der ebenso wie Chiron durch einen der giftigen Pfeile gestorben ist. Hier könnte man in der Tat ein psophidisches Malea finden, allein schon der Artikel vor Malea zeigt, daß der Verfasser einen allgemein bekannten Ort meint, und die Kentauren laufen so weit, wie sie nur können, und suchen bei Chiron Schutz, der in der Gegend wohnt. Immer noch könnte man sagen, nur der letzte Erzähler hätte in Malea das ferne Vorgebirge verstanden,

[1] Von den überlebenden Kentauren fliehen einige *εἰς ὄρος Μιθέην*, unverständlich, verdorben, aber die herrschende Änderung *Μαλέαν* ist gewaltsam und sinnlos. Eurytion flieht zur Pholoe, wird nachher, 91, von Herakles erschlagen, als er eine Tochter des Dexamenos sich zur Frau nehmen will, was ganz zu Bakchylides (Schol. *φ* 295) stimmt. Da ist aus der Kentauromachie ein Einzelkampf gemacht; das ist schwerlich ursprünglich, denn die Molioniden haben Töchter des Dexamenos geheiratet, Pausan. V 3, 3. Das gab eine Hochzeit wie die des Peirithoos. Bei Apollodor flieht noch Nessos an den Euenos; der mußte für den Einzelkampf aufgespart werden. Einen Rest von Kentauren verbirgt Poseidon in einem Berge bei Eleusis. Das ist unerhört; wenn der Name echt ist, wird er eher ein lakonisches als das attische Eleusis angehen. Diese Kentauren leben also der Welt entrückt weiter; Chiron war auch unsterblich, aber im Hades. Diodors Erzählung, IV 12, die aus Matris stammt, stimmt darin, daß Pholos und Chiron nicht zusammen wohnen, aber denselben Tod finden, sonst ist sie in dem, was man wissen müßte, verkürzt, immerhin ist diese Übereinstimmung bemerkenswert.

[2] Pholos stammt von Silenos und einer *Μελία*, die Eschennymphe entspricht der Linde, die Chirons Mutter ist. Der Silen als Vater des Kentauren ist sehr wichtig; ich hätte die Genealogie S. 186 und 192 anführen sollen.

während es ursprünglich in der Nähe lag. Entscheidend wird, daß Pholos und Chiron hier nicht zusammen wohnen wie z.B. bei Theokrit 7, 149. Das ist für die Erzählung sehr unbequem, kann also nur dadurch entstanden sein, daß Chirons Wohnung bei Malea diesem Erzähler gegeben war, und dann war es nicht das Malea dicht bei der Pholoe, denn Chiron ist hier einzeln, nicht mit dem ganzen Kentaurenvolke vom Pelion vertrieben, wohnt also nicht mit ihnen zusammen. Wir haben also zwar für das Malea des Glaukos keine Bestätigung, aber Chiron in dem lakonischen Malea war dem Mythographen gegeben. Davon gleich. Nur sei aus den Einzelangaben der Schluß gezogen: wenn Malea die östlichste Südspitze des Peloponneses heißt, andererseits der Silen von Pyrrhichos auf der taenarischen Halbinsel in dem Gebirge von Malea geboren ist, wenn Malea in der Aigytis liegt, aber als Landschaft weiter östlich sich erstreckt, so dürfte der Name nicht sowohl Orts- als Landschaftsname sein und vielleicht ohne feste Begrenzung sehr weit gereicht haben. Ob einmal bis Epidauros, bleibt ungewiß, auch Psophis ist nicht ganz gesichert.

Es kann kein Zweifel sein, daß ein Gott *Μαλεάτας* nach der Landschaft *Μαλέα* heißt. Wir haben Belege für seinen Kultus in einer archaischen Weihung aus dem lakonischen Prasiai, das Pausanias Brasiai nennt, IG. V 1, 927, oder aus der Nähe. 929 wird wohl von demselben Heiligtume stammen; der Lesung *Μαλέαις* unter *Μαλεάτα* traue ich nicht[1]. 928 gleicher Herkunft ist eine Weihung *Πυθαιεῖ*; es wird ein anderer Kult sein. In Sparta war Maleatas Beiname des Apollon geworden, Paus. III 12, 8. Damonon hat in *Μαλεάτεια* gesiegt (213, 57), deren Ort sich nicht bestimmen läßt. Das sind alles Orte, die in einer sonst bekannten *Μαλεᾶτις* nicht liegen; es ist auch denkbar, daß der Gott nach einem entfernten Sitze hieß. Wir kennen ihn selbständig nur noch aus Epidauros, denn Munichia hängt von da ab. Er ist dann in Apollon aufgegangen, dies auch in Trikka. Wie er nach Epidauros gekommen ist, bleibt unbestimmt. Für sein Wesen haben wir nur noch den Anhalt, daß Apollon an seine Stelle getreten ist, offenbar als heilender Gott, für den schließlich Asklepios eintritt, aber vielleicht ist dieser

[1] Die Steine 929a bis c, angeblich in einem attischen Grabe gefunden, können nicht aus Prasiai stammen, wo man *'Ασκλεπιõ* nicht schreiben konnte, aber *Λ* als *λ* paßt auch für Athen nicht. Die beiden anderen haben ganz späte Schrift; wenn *Μαλεατο* dasteht, wird das Ganze verdächtig. Der Aufenthalt der Steine scheint unbekannt.

ohne Vermittlung durch Apollon neben Maleatas getreten. Da muß dieser durch sein Erscheinen oder die Träume, welche er den in seinem Heiligtume Schlafenden sandte, geheilt haben. Schwerlich war damit seine Wirksamkeit erschöpft. Resultat: wir wissen von diesem Gotte nichts als seine Herkunft aus dem südlichen Peloponnese und sein Aufgehen in heilende Götter, vor allem wissen wir, daß wir nichts Rechtes wissen, und daß es eitel ist, aus dem x ein u oder y z usw. zu machen.

7. DEMETER ERINYS UND DIE ERINYEN

Pausanias VIII 25 findet am Ladon vor der Stadt Thelpusa[1] ein Heiligtum der Demeter *'Ελευσινία*, das nicht alt gewesen sein kann, da Dionysos mit verehrt wird. Dann kommt die verfallene Stadt, und hinter der liegt der Tempel der Demeter Erinys in einer Flur, die hier *Ὄγκειον* heißt (Stephanus Byz. hat es aus Pausanias), als Ort *Ὄγκαι* im Scholion Lykophron 1225 wie die Vorstadt Thebens mit der Athana Onka[2]. Demeter hat in Roßgestalt von Poseidon, der sie als Hengst besprungen hat, den Hengst Arion (so wird der Name bei Pausanias geschrieben, auch bei Homer, wo aber *'Αρείων* auch eingedrungen ist, das sonst häufiger ist) und eine Tochter geboren, deren Namen Ungeweihte nicht erfuhren. Gegen den Namen Themis wird scharf polemisiert. In dem Tempel stehen zwei Statuen, eine große der Demeter, die ihre *κίστη* neben sich hat[3], woraus sich ergibt, daß sie erst gemacht ist, als man in der Göttin die gewöhnliche Demeter sah; Erinys war nur noch der alte Name, abgeleitet von einem arkadischen Verbum *ἐρινύειν*

[1] Der Name wird verschieden geschrieben; die Varianten bei Hiller IG. V 2, S. 101. Die Entscheidung bringen die Münzen.

[2] Was Lykophron mit *ναῶι 'Ογκαίου βόθρου* sagen will, verstehe ich nicht. 1040 nennt er die Erinys einen telphusischen Hund vom Ladon; der Hund ist ebenso wie im folgenden Verse der Drache nur eine Periphrase im Orakelstil, aber Telphusisch ist eine Mischform von Thelpusa und dem böotischen Tilphusa.

[3] Auf einigen Münzen von Thelpusa aus dem vierten Jahrhundert hat Demeter Schlangenhaare, soll also als Erinys bezeichnet sein, wie diese damals gebildet ward (Imhof Blumer Numism. Comm. on Pausan. S. 102 Taf. T 22). Schwerlich muß man daraus schließen, daß die Göttin noch den entsprechenden Charakter im Glauben der Leute hatte. Das Tempelbild ist aber jünger gewesen.

θυμῶι χρῆσθαι. Die kleinere Statue sollte wieder Demeter sein, Λουσία genannt, weil sie sich im Ladon gebadet hätte. Für den Hengst Arion wird aus Homer der Vers Ψ 346 angeführt, der sich auf die Thebais bezieht, da Arion dem Adrastos gehört; er ist θεόφιν γένος, was auf seine Abstammung von den beiden Göttern deutet, was der Rhapsode aber umdeuten will. Daß Adrastos auf ihm aus dem Kriege gegen Theben entkam, wird mit einem Verse der homerischen Thebais belegt; die des Antimachos hat so weit nicht gereicht. Dieser hat von Arion offenbar bei den Leichenspielen für Archemoros gehandelt, wie es Kallimachos Fr. 82 tut. Bei Pausanias stehen die Verse, in denen der Hengst bei dem Tempel des Apollon Onkaios aus der Erde entsprungen sein soll. Auch daß Adrastos sein dritter Herr war, wird aus Antimachos belegt, und da schon vorher von diesem ein Vers Δήμητρος τόθι φασὶν Ἐρινύος εἶναι ἕδεθλον angeführt ist, liegt der Schluß nahe, daß Antimachos sich über die Geschichte des Hengstes verbreitet hatte, und was mit λέγεται καὶ τοιάδε berichtet wird, daß Herakles den Arion von Onkos (bei Pausanias sonst Ὄγκιος) erhielt und auf ihm Elis eroberte, wird bei Antimachos auch gestanden haben, aber in der Vorlage des Pausanias reicher belegt gewesen sein. Wir wissen wenigstens so viel, daß Herakles den Arion auch bei dem alten Tegeaten Araithos besessen hat[1].

Daß Pausanias diese reiche Gelehrsamkeit aus einem Buche nimmt, leuchtet ohne weiteres ebenso ein, wie daß er die Erfahrungen des eigenen Besuches verwertet, daher der Widerspruch über den Namen der Tochter, deren wahren Namen er nicht erfahren hat, also nicht geweiht war, wohl aber sich berechtigt hielt, den Namen Themis abzulehnen. Daß die kleinere Statue auch Demeter sein soll, wird man nicht leicht glauben, die Bezeichnung Λουσία als „Gebadete“ erst recht nicht; die müßte von Lusoi stammen. Aber wenn diese Deutung galt, durfte Themis nicht anerkannt werden. Da hat also Pausanias das von der Lusia durch den Küster erfahren und glaubt sein Buch zu berichtigen. Auf die Frage, wie hieß denn aber die Tochter, erhielt er die Antwort „das

[1] Tzetzes aus vollständigeren Scholien zur Aspis 120, hergestellt von Kalkmann (Pausan. 126) und Schwartz. Ἄραιθος ὁ Τεγεάτης τὸν Ἡρακλέα τῶι Ἀρείονί φησι κεχρῆσθαι, ὧι ὁ Ἄδραστος ἐν Θήβαις ἐξέφυγεν. Den Vater des Arion Poseidon kennt noch Statius Theb. VI 302; da ist er das erste Pferd, das ja auch sonst von Poseidon aus der Erde hervorgelockt wird.

darf ich nicht verraten". Ob es *τελεταί* gab oder der Küster sich herausredete, stehe dahin. Die Etymologie von *'Ερινύς* hat auch in dem Buche gestanden, denn Dialektstudien trieb Pausanias nicht, was zu seiner Zeit auch nichts mehr ergeben haben würde. Stammt sie aber aus dem gelehrten Buche, so haben wir keinen Grund zum Mißtrauen, denn das Arkadische ist in sehr früher Zeit auf Glossen studiert worden[1].

Verfolgen wir nun zuerst den Hengst. Den nennen die Münzen *'Ερίων*, er heißt also nach der Mutter, und das ionische Epos hat davon nichts mehr gewußt, sprach *'Αρίων*, und Spätere haben daraus den „Stärkeren" gemacht. Dann muß er zuerst etwas von einer Erinys in sich gehabt haben. Das zeigt sich in der Sage des attischen Kolonos[2]. Da sind Erinyen, sind Demeter und Poseidon, ist ein Hadeseingang. Adrastos ward zwar von dem schnellsten Rosse aus der Schlacht getragen, aber zu seinen Eltern in die Unterwelt. Es war also notwendig, daß Herakles den Arion nicht behalten durfte, wenn er ihn eine Weile besaß; die Sage von Adrastos war auch älter und verlangte daher die Schenkung. Wie aber Herakles zu dem Rosse kam, hat eine geistreiche und von seinen Kritikern nicht widerlegte Vermutung von Robert[3] aufgeklärt, der aus den ältesten Denkmälern geschlossen hat, daß in dem Dodekathlos noch bis ins fünfte Jahrhundert nicht die Rosse des Diomedes von Abdera, sondern das arkadische göttliche Roß bezwungen war. In den T Scholien Ψ 347[4] steht von Arion *῞Ομηρος μὲν ἁπλῶς ὅτι θειοτέρας ἦν φύσεως, οἱ δὲ νεώτεροι Ποσειδῶνος καὶ ῾Αρπυίας αὐτὸν γενεαλογοῦσιν, οἱ δὲ ἐν τῶι κύκλωι Ποσειδῶνος καὶ 'Ερινύος*, was vielleicht auf die Thebais geht. Poseidon gibt ihn dem Kopreus von Haliartos, der dem Herakles, der auf ihm reitend den Kyknos bei Pagasai überwindet. In der Aspis 120 fährt er mit ihm, und ein reitender Herakles ist ja gar nicht denkbar. Zu Haliartos gehört das *Τιλφούσιον ὄρος* mit seiner Quelle[5]; da hat also Poseidon den Arion

[1] Hiller IG. V 2, p. XVI. *ἐρινύς : ἐρινύειν = οἰζύς : οἰζύειν.*

[2] Ich habe das behandelt bei Tycho v. W. Kunst des Sophokles 325.

[3] Zuletzt Heldensage II 436, wo die Zeugnisse gesammelt sind.

[4] In AD steht die Umarbeitung des Mythographus Homericus mit dem unverständlichen Zusatze, daß das Heiligtum des pagasäischen Apollon bei Troizen läge.

[5] *Δελφοῦσα* heißt die Quelle im Apollonhymnus 244 allgemein, 256 und 276 in *M Τελφοῦσα*, 276 ist in L ein *τ* übergeschrieben; es war also eine alte Variante. Der Poet wird die Quelle, an der sein Apollon bei-

erzeugt. Im Scholion Soph. Antig. 126 stammt der Drache, den Kadmos erschlug, von einer Erinys *Τιλφῶττα*. Es ist also einmal wegen der Ähnlichkeit, vielleicht ursprünglichen Identität, der Ortsnamen die arkadische Sage nach Böotien übertragen, denn am Tilphusion gibt es weder Demeter noch Poseidon. Das wird von einem böotischen Lokalhistoriker geschehen sein, der auch den Namen Kopreus von dem Herolde des Eurystheus, *O* 639, entlehnte.

Von der Tochter hören wir sonst nur durch den von den Lykophronscholien, also für die arkadische Stadt, angeführten Vers des Kallimachos Fr. 207, *τὴν μὲν ὅγ' ἐσπέρμηνεν 'Ερινύι Τιλφωσσαίῃ*, wo also eine Vermischung der Ortsnamen vorliegt, falls der Scholiast sich nicht geirrt hat; bei Tilphusa ist auch von einer Tochter keine Spur. Neben einer Demeterstatue kann eine kleinere weibliche Gestalt nicht wohl jemand anders als die allgemein mit ihr verbundene Tochter sein, und wenn sie zu Pausianas Zeit eine zweite Demeter sein sollte, wofür eine Begründung ersonnen war, so mag sie nach einer *Κόρη* nicht ausgesehen haben, was nicht durchschlägt[1]. Es konnte auch ein Attribut dagegen sprechen. Die andere Deutung auf Themis mochte daran anknüpfen; auch pflegt Themis sonst mit Ge, nicht mit Kore[2] gleichgesetzt zu werden. Aber es ist sehr gut vorstellbar, daß einerseits die Erdgöttin zur Grollenden gemacht ward, deren Sohn Erion diesen Charakter beibehielt, andererseits in der Tochter die segnende Seite der Erdmutter bis zur Themis-Thesmophoros gesteigert ward. Wir müssen uns nach nachbarlichen Demeterkulten umsehen. Unterhalb des Lykaion liegt das Heiligtum der Despoina mit der Statuengruppe des Damophon. Diese Despoina ist Tochter von Poseidon und Demeter, also offenbar dieselbe wie in Thelpusa, hier aber die Hauptperson[3]. Auch sie hatte einen nur den Geweihten bekannten

nahe ein Orakel gegründet hätte, aus einer *Τιλφοῦσα* zu einer delphischen gemacht haben, was in das Normale geändert ward, immer noch mit falschem *ε*.

[1] Die *θεώ* auf dem eleusinischen Relief sind von unseren Archäologen verschieden auf Mutter und Tochter verteilt worden.

[2] Unweit des Dorfes Divritza hat Leonardos, Deltion 1891, 99, die Fundamente eines Tempels und darin eine Weihung an Kore gefunden, IG. V 2, 414. Der Tempel hat nur ein Götterbild gehabt, war also nicht das Heiligtum der Erinys. Das muß man suchen.

[3] Eine junghellenistische Gruppe wie die des Damophon ist nicht

Namen, 37, 9; da Pausanias ihn kennt, aber nicht nennen mag, hat er sich hier weihen lassen, was er in Thelpusa versäumt hat. Er unterscheidet hier die Despoina von der Kore, was doch nur geschieht, weil deren Vater gemeiniglich Zeus war, und er gesteht, daß auch die *Κόρη* bei den Arkadern *Δέσποινα* hieße, nach 31, 1 auch Soteira. Und bei der schwarzen Demeter von Phigaleia, deren Beiname auf ein Wesen wie die Erinys deutet, Kap. 42, gibt er an, daß auch hier die Verbindung von ihr mit Poseidon in Roßgestalt anerkannt war, aber aus ihr kein Roß, sondern nur die Despoina hervorging. Damit wird genügend erwiesen sein, wie über die Themis von Thelpusa zu urteilen ist. Wir haben wie ziemlich überall Mutter und Tochter, aber in der Mutter ist die dunkele Seite der Erdgöttin allein gefaßt, was dann die Tochter ergänzen mußte, einerlei ob sie Despoina oder Soteira oder Themis hieß.

Über die schwarze Demeter will ich hier beiläufig meine Ansicht aussprechen. Das Kapitel ist für Pausanias charakteristisch. Er macht sich die Mühe von Phigaleia 30 Stadien in die Berge zu der Höhle der Demeter zu gehen, bringt ihr auch die vorgeschriebenen Opfer und zeigt sich über das Ritual unterrichtet. In der Höhle aber finder er die erwartete Statue des Onatas nicht, es weiß auch niemand in Phigaleia von ihr, auch nicht von der früheren Existenz des Bildes, nur der in solchen Fällen auch heute auftretende älteste Greis erinnert sich an einen Sturz der Felsen von der Decke der Höhle; daß da einmal etwas heruntergefallen sei, glaubt man zu bemerken. Dabei könnte die Bronzestatue zerschlagen sein. Soweit scheint alles in Ordnung. Aber Onatas hatte, wie vorher erzählt wird, nur eine Kopie eines uralten verbrannten hölzernen Bildes gemacht. Um die Zeit der Perserkriege gab es noch eine Zeichnung oder eine Nachbildung jenes Xoanon; im übrigen halfen Traumgesichte nach. Es war eine sitzende Frau mit einem Pferdekopfe mit Schlangen und anderem Getier auf diesem Kopfe, in der einen Hand hielt sie einen Delphin, auf der anderen saß eine Taube. Solch ein Werk des Onatas ist ein archäologisches Wunder,

ohne weiteres ein Zeugnis des echten alten Glaubens. Artemis ist zugefügt, schwerlich nur, weil sie, eigentlich Hekate, vor dem Eingange stand. Die Arkader werden gern die von ihnen überall verehrte Göttin auch hier gesehen haben. In Anytos sah man einen Titanen oder Giganten, was den Späteren dasselbe war; als Gigant war er gerüstet nach Hesiod Theog. 185. An einen Erzieher der Despoina werden wir nicht glauben; erwartet wird ihr Vater.

und nun erst das hölzerne Original. Wo wußte denn aber Pausanias von dem in Phigaleia unbekannten Werke, um dessentwillen er den Marsch ins Gebirge machte? Es versteht sich von selbst, daß er durch das Buch gereizt war, dem er nun die schöne Geschichte nacherzählt, und wer auf Stil achten kann, wird schon vorher die Mätzchen eines Fabulanten spüren, der ein abenteuerliches *θαυμάσιον* erfindet und die Göttergeschichte entsprechend aufputzt. Daß jemand sich die Mühe machen würde, seine Statue des Onatas aufzusuchen, die in einem arkadischen Winkel stehen sollte, erwartete er nicht, und wenn einer auf den Leim ging, konnte er sich ins Fäustchen lachen. Pausanias scheint nicht einmal, als er ins Garn gegangen war, den Schwindel durchschaut zu haben. Er hat sich bemüht, den Onatas durch Anführung einer Statue, die in Pergamon stand, und durch Epigramme aus Olympia, die er aus den Eliaka hierher versetzte, zu beglaubigen, was der Künstler nicht nötig hatte, und für das monströse angebliche Demeterbild wird damit nichts bewiesen. Wir aber lernen die Frechheit des Fabulanten gern kennen: es ist ebenderselbe, der auch in der Nähe von Phigaleia ein fischschwänziges Tempelbild erfindet, von dem die Leute, die Pausanias befragt, nichts wissen können, denn sie wissen, die Eurynome wäre Artemis, während der Schwindler sie nach Hesiod für ein Meerwesen hielt, das an der Neda wahrlich nicht am Orte war (vgl. oben S. 216). Wir werden uns hüten, das Buch, aus dem Pausanias über Thelpusa berichtet, mit dem Schwindel auf eine Stufe zu stellen; wessen wir uns bei Pausanias versehen können, lernen wir auch, und daß wir an diesen Orten Autopsie und Lektüre scheiden können, ist wichtig. In Wahrheit macht man diese Erfahrung häufig, und gerade wenn er die Orte besuchte, konnte es nicht ausbleiben. Bei den Daidala haben wir gesehen, daß er ganz auf die Exegeten in Plataiai angewiesen war. Diese Gewährsmänner treten auch in Olympia hinzu. So ist die Interpretation recht schwierig, aber es sollte einleuchten, daß man ohne sie das wichtige Buch gar nicht richtig benutzen kann.

Die Erinys, die zugleich Demeter hieß, haben wir betrachtet, ohne von der Erinys und den Erinyen[1] zu reden, die seit Homer in der Poesie auftreten. Sie müssen miteinander zusammenhängen,

[1] Ich wiederhole nicht, was ich in der Einleitung zu der Übersetzung der Eumeniden vorgetragen habe.

aber auch hier muß die Betrachtung zunächst nur auf diese Erinyen gerichtet werden. Bei Homer sind sie unheimliche, schädigende Wesen, die aus der Unterwelt im Nebel kommen, oft durch die Flüche von Menschen beschworen, oder auch um den Meineidigen zu verfolgen[1]; sie verleiten auch einen Menschen zu einer schlechten Tat (*T* 87) und verhindern die Rosse des Achilleus weiter zu reden. Hesiod nennt sie nur Kinder des Uranos, entstanden aus seinem blutigen Samen, also jedenfalls als feindliche Wesen; er ist dem Homer gefolgt. Das ergibt positiv wenig, negativ reicht es wenigstens aus, die Sinnlosigkeit der Deutung auf unversöhnte Seelen darzutun. Dieser Irrtum kommt daher, daß sie in den Eumeniden des Aischylos den Vatermörder verfolgen; sie nennen sich aber auch Flüche, 417[2], wollen dem Mörder Blut aussaugen und ihn in die Unterwelt jagen, wo seiner ein unerbittlicher Richter wartet; auch andere Schwerverbrecher finden dort ihre Strafe, 264 bis 276. Sie sind also die Schergen dieses Richters, und ihr zweites großes Lied geht von dem Einzelfalle zu der allgemeinen Wahrung der strafenden Gerechtigkeit über. Schließlich geben sie diese Tätigkeit auf, die das Gericht des Staates übernimmt, werden zu Eumeniden und nehmen ihren Wohnsitz in der Höhle des Areshügels, auf dem die Mordprozesse verhandelt werden. Sie sind segnende Mächte geworden. Da haben wir einen Kultplatz, aber da wohnen sie als die Freundlichen. Einen anderen Kultplatz dieser Eumeniden lernen wir durch Sophokles am Kolonos kennen, wo Ödipus Frieden findet, einen Hain, in dem ein Opferdiener den Verehrern das Nötige beschafft, 506. Sie sind die Freundlichen (42), aber Ödipus konnte vor seinen Erinyen (1434) nur bei Erinyen Ruhe finden. Wir haben auch schon gesehen, daß Arion den Adrastos

[1] In der älteren Parallelstelle *Γ* 278 stehen an ihrer Stelle die Götter, welche an den Toten die Strafe für den Meineid vollziehen. Der Sprecher in Antiphons erster Rede schließt damit, daß ihm die *κάτω θεοί* helfen müssen, *οἷ ἠδίκηνται*. Die *'Ημέραι* 803 nennen die Erinyen, während bei Hesiod, Erga 219, der Horkos selbst den Meineidigen verfolgt. 804 ist allein die schlechter bezeugte Lesart *τινυμένας* syntaktisch möglich.

[2] Choeph. 406 ruft Orestes die *'Αραὶ φθινομένων*, also diese selbst, nicht die Erinyen als *'Αραί* sind tätig. Der Dichter verrät, was für ihn in Wahrheit die überirdische Kraft besitzt, die Erinyen sind ihm selbst mythische Gestalten. – Hesych *'Αραντίσιν' Ἐρινύσι Μακεδόνες*. Das scheint auf *'Αραί* zu deuten und diese Gestalten als allgemein urhellenisch zu erweisen, aber der Dativ deutet auf ein Dichterwort, das eine Glosse verwenden konnte. Möglich ist auch ein Zitat aus einer Opferordnung.

dorthin getragen hat, wo Demeter und Poseidon wohnen, die Eltern des Erion von Thelpusa. Es ist also ganz deutlich, daß sich ihr Wesen gegenüber Homer und Hesiod gewandelt hat, und der Kultus den Namen Erinyen gar nicht mehr kennt. Nur die Theogonie des Epimenides, 19 D., kennt noch die *Ἐρινύες αἰολόδωροι* neben Aphrodite und den Moiren als Kinder des Kronos, der für Uranos eintreten muß, den dieses System nicht kennt; *οὐρανίη* heißt Aphrodite aber doch; das war ihr Kultname in den athenischen Gärten, den das attische Gedicht nicht missen wollte[1].

Wir würden nicht weiterkommen, wenn nicht monumentale Zeugnisse hinzuträten, denn die Angaben des Pausanias, daß die Eumeniden in Sikyon Kult haben (II 11, 4), in Keryneia einen Tempel (VII 25, 7), fördert nur damit, daß es in Keryneia ein Frauenkult ist. Aber südlich von der Stadt Argos haben sie einen heiligen Hain gehabt, aus dem mehrere Weihreliefs erhalten sind. Da sind sie drei, wie zu erwarten[2], und tragen Schlangen und Blumen in den Händen, womit ihre Doppelnatur bezeichnet ist; sie sind aber praktisch *γυναικεῖαι θεοί* geworden[3]. Hinzugetreten ist ein merkwürdiger Kultplatz östlich vor der Stadt Kyrene[4], wo neben anderen Göttern vornehmlich Meilichios oder Zeus, was dasselbe ist, und die Eumeniden verehrt wurden, vielfach ausdrücklich als Eigentum bestimmter Menschen bezeichnet. Es sind keine Aufschriften von Gräbern. Was die Weihenden von den Göttern der Unterwelt wünschten, dürfen wir wohl aus der Geschlechtssage der Könige von Kyrene entnehmen; da wird den Erinyen des Laios ein Heiligtum gegründet, um dem Geschlechte Nachkommen zu verschaffen (Herodot IV 149). So sind in dem Wandel des Glaubens die Grollenden zu Freundlichen geworden, was zuerst ebenso euphemistisch gemeint war wie in dem Namen Meilichios.

[1] *αἰολόδωροι* gibt den Erinyen eine den Moiren entsprechende Tätigkeit; wenn aber Aphrodite hier erscheint, so ist sie die älteste der Moiren, wie sie es in den Gärten war. Auch in Sikyon sind Erinyen und Moiren im Kult verbunden.

[2] So gilt die Dreizahl später; wer die Einzelnamen erfunden hat, scheint unbestimmbar.

[3] Lolling Ath. Mitt. IV 175, die Reliefs Taf. IX. X.

[4] Ferri Contributi di Cirene alla storia della religione Greca, Rom 1923, S. 13. Ich habe den Ort besucht und manche Inschriften gelesen. Eine Aufnahme der ganzen Anlage und Revision aller Inschriften ist dringend zu wünschen.

Dem entspricht die Erinys, die zu Demeter wird. Das erste war, daß in der Erde eine finstere, schauerliche Macht empfunden ward, die sich in ihren Kindern spaltete, in den Erion, der die Roßgestalt behielt und die Menschen in die Unterwelt hinabzog, und die Tochter, mochte diese Themis oder Despoina oder Soteira heißen. So in Thelpusa. Anderswo erfaßte man die Grollenden als eine Mehrzahl, und sie wandelten sich selbst zu Eumeniden. In Argos und Keryneia erhielten sie sich in einem Frauenkult, der in Athen an die Moiren abgegeben ward[1], die in Keryneia mit verehrt wurden. In Kyrene sind die Eumeniden Wesen der Unterwelt geblieben, aber der neue Name zeigt, daß sie sich innerlich gewandelt hatten. Als die Erinyen Homers leben sie gar nicht mehr, weder im Kultus noch im Glauben, aber die Poesie hält sie fest, und Aischylos hat für die Folgezeit hierzu das meiste getan. Er vermehrt ihre Zahl für seinen Chor und schafft ihnen Kostüm und Maske. Dabei hebt er die Flügellosigkeit hervor, während sie sonst wie Harpyien aussähen, die auch nur in Poesie und Malerei lebten. Die Erinyen würden Flügel haben, wenn sie früher schon gemalt wären. Sie bleiben nun in diesen Regionen der künstlerischen Phantasie, die sich der alten Formensprache bedient, wie Lyssa, Mania[2] und ähnliche Personen, die kaum je einen Kult erfahren hatten, und Dichter und Künstler mögen weiter mit ihnen wirtschaften, wie sie bei Euripides geradezu für das Gewissen des Schuldigen eintreten, Orest 396[3]. Diesem Wandel in der Auffas-

[1] Aisch. Eum. 960. Wenn sie vorher *ἀνδροκμῆτας ἀώρους τύχας* abwenden wollen, so geht das auf das Sterben von *ἄωροι*, das Absterben des männlichen Nachwuchses, berührt sich also mit den Eumeniden von Kyrene.

[2] Bei dem arkadischen Oresteion-Oresthasion lagen in geringer Entfernung voneinander zwei Heiligtümer, nach denen die Plätze ***Μανίαι*** und *Ἄκη* hießen, Pausan. VIII 34. Es waren keine Erinyen, wenn sie auch später dafür ausgegeben wurden. Ein Eumenidenheiligtum trat hinzu, als Orestes auf Grund des Ortsnamens herangezogen ward und sogar eine Gerichtsszene nachwuchs, von der Euripides und Pherekydes nichts gewußt hatten. Was die Plätze eigentlich bedeuteten, läßt sich nicht erkennen.

[3] In einer anderen Tragödie, Fr. 1022, wahrscheinlich dem ersten Alkmaion (de tragic. frgm. 14) hat er eine Erinys sagen lassen, sie wäre *τύχη νέμεσις μοῖρα ἀνάγκη* für den Menschen, der schuldig geworden ist, also das unerbittliche und allmächtige Sittengesetz, die persönlich gefaßte Kausalitätsverbindung von Schuld und Strafe. Das ist eine schöne

sung uralter Exponenten religiöser Gefühle, dem Absterben ihrer Verehrung und des Glaubens an ihre reale Existenz, aber ihrer dauernden Verwendung in Poesie und bildender Kunst nachzugehen, daran hängt das wirkliche Verständnis der Religion.

8. KADMOS UND SEINE TÖCHTER

Für Pindar ist Kadmos ein Beispiel des höchsten Menschenglückes; seine Braut ist eine Göttin, alle Götter steigen zu seiner Hochzeit herab, und die Musen singen das Brautlied, aus dem das tiefe Wort *ὅττι καλὸν φίλον ἐστί* bei Theognis 17 erhalten ist. Aber Kadmos ist zugleich ein Beispiel für den Unbestand menschlichen Glückes, denn seine vier[1] Töchter haben ihm nur Leid gebracht; verloren hat er sie alle, aber Semele ist wenigstens schließlich in den Olymp gekommen, eingeführt von ihrem Sohne als *Θυώνη*[2]. Der Nachtrag der hesiodischen Theogonie 975 zählt die vier auf; die mythologische Vulgata hat sie immer festgehalten. Agaue ist nichts als die Mutter des Pentheus, der durch Dionysos zugrunde geht. Autonoe ist nichts als die Mutter des Aktaion, und der geht zugrunde, weil er Semele als Mitbewerber des Zeus zu freien wagt: dies ist die echte Ursache seines Todes[3]. Nur Ino ist eine alte Göt-

Steigerung über das hinaus, was das zweite große Lied der Eumeniden des Aischylos ausspricht.

[1] Pindar Pyth. 3, 98 stellt Semele neben die drei so, daß man sie nicht wohl unter die verlorenen begreifen kann, wie es die Scholien tun, aber die Aufzählung in dem Anhange der hesiodischen Theogonie 975 entscheidet für die Vierzahl.

[2] Euripides, Antigone 177, sagt dafür Dione. Ob er oder andere vor ihm *Θυώνη* so geändert haben, um einen inhaltlos gewordenen alten vornehmen Götternamen zu verwenden, da Thyone unter den Olympiern nie erschien, ist Nebensache; mehr liegt keinesfalls darin. Ganz rätselhaft ist Hesych *Ἐγχώ· ἡ Σεμέλη οὕτως ἐκαλεῖτο.*

[3] So erzählten Akusilaos 33 Jac. und Stesichoros 68 B. Die vulgäre Begründung seines Todes, weil er Artemis im Bade belauschte, ist zwar älter als die Übertragung auf Teiresias und Athena, die bei Pherekydes stand, aber die Menschlichkeit der Göttin sowohl in dem Bedürfnis sich zu baden wie in der halb lüsternen Schamhaftigkeit ist ein Zeichen späten unfrommen Spieles; man fühlt auch das Streben, den Zeus zu entlasten, der sich seines Nebenbuhlers entledigt. – Beiläufig, Akusilaos 21, apollod. Bibl. III 156, muß ein Irrtum zugrunde liegen; es widerspricht

tin, war aber bereits zu einer Tochter des Kadmos gemacht (*ε* 333), die zwar mit ihrem Sohne in das Meer sprang, aber zur Göttin Leukothea erhöht ward, wie es auch Pindar (Ol. 2, 28) neben Semeles Erhöhung hervorhebt. Ob auch sie mit Dionysos verbunden war, muß unsicher bleiben, weil die Bezeugung zu schwach ist[1]. Unverkennbar ist in dieser Heimsuchung der Familie des Kadmos die Erfindsamkeit desjenigen Dichters zu sehen, der die phrygische Semele, die doch die Erdgöttin war, zur Tochter des Kadmos gemacht hat und damit eben den Gott in Theben geboren werden ließ, gegen den sich dann das Geschlecht des Kadmos abweisend verhielt und dadurch unterging. Ein Bekenner der neuen Religion, der ihren Kampf und endlichen Sieg erlebt hat, spricht aus diesen Geschichten, und er hat mit ihnen vollen Erfolg gehabt. Kaum ist das anders möglich als in einem Gedichte. Das würde ganz sicher sein, wenn die Hochzeit von Kadmos und Harmonia dazu gehörte, und Euripides legt den Spruch *ὅτι καλὸν φίλον ἀεί* seinen Bakchen in den Mund[2]. Noch unsicherer ist es, ob die Verweisung des Kadmos zu den Encheleern und seine Verwandlung in eine Schlange hergehört; darüber wissen wir überhaupt zu wenig. Ausgeschlossen aber ist, daß Kadmos einen männlichen Erben hat; er ist ja auch bei Euripides ganz verwaist. Den Polydoros kennt freilich das Stemma Theog. 975, aber er ist eine leere Füllfigur, benannt nach den Hochzeitsgaben, die Harmonia von den Göttern erhielt, und soll Kadmos mit den Labdakiden verknüpfen. Die waren wirklich das letzte Königshaus Thebens (Pindaros 33) und hatten ihren Eponymos in das Geschlecht geschoben, das in der uralten Geschichte der Thebais herrschte. Ödipus ist der ein-

dem wörtlichen Zitate Fr. 1, und Fr. 16 verstößt die Ergänzung von Philodem *εὐσεβ.* 17, 8 *Πίνδ|αρος* gegen die Silbenteilung. Zu schreiben ist *κά[ναξίμαν]δρος*, vorausgesetzt, daß die Abschrift zuverlässig ist.

[1] In der mythographischen Vorlage, der Ovid Fast. VI 485 nacherzählt, und ähnlich in der apollod. Bibliothek III 28, erhält Ino den neugeborenen Dionysos zur Pflege, wofür Hera sie wahnsinnig macht. Bei Hygin 4, angeblich nach Euripides, geht Ino als Bakchantin auf den Parnaß. Graef, Archaeol. Jahrb. VI 43, hat nicht ohne Schein die Übergabe des Kindes an Ino auf zwei Vasenbildern erkennen wollen, was die Frage entscheiden würde.

[2] Harmonias Herkunft und Ehe steht in der hesiodischen Theogonie 937, aber der Vers ist verdächtig und die ganze Versreihe, die er abschließt, nicht von Hesiodos.

zige alte Name, wichtig als Vater der entzweiten Söhne, die schon redende, also erfundene Namen tragen[1]. Amphion und Zeathos-Zethos, die Dioskuren, ummauern Theben, eine Sage für sich. Kreon ist in der thebanischen Heraklessage und den Sprossen der Thebais immer ein „Herrscher", der gar keine individuelle Bedeutung hat. Gerade gegenüber dieser Fülle unvereinbarer, dann künstlich zusammengeschlossener Sagen tritt planvolle einheitliche Dichtung in den Geschichten, die den Dionysos angehen, also das Werk eines Schöpfers unverkennbar hervor. In der Sonderung von Sagen und späten Erfindungen liegt allein die Möglichkeit, zu dem Verständnisse der Heldensage zu kommen, sonst bleibt sie eine wirre Masse. Statt des verschwommenen Geredes von dem dichtenden Volke werden dann neben den Künsteleien der Mythographen hier und da schöpferische Dichter faßbar.

9. ARIADNE

In dem Anhange der hesiodischen Theogonie 940–55 steht, daß Dionysos die Semele und die Ariadne unter die Götter gebracht hat. Dem entspricht ihre Verbindung mit ihm, die das ganze Altertum hindurch populär war, wie die Monumente zeigen. Aber im Kultus wird Ariadne nicht mit ihm verbunden, es ist Mythologie. Sie hat einen Kult nur auf Naxos[2]. Das dürfen wir der scheußlich pragmatisierten Erzählung Plutarchs, Theseus 20, entnehmen. Ein fröhliches und ein Trauerfest ward ihr gehalten. Was die *Ἀριάγνη*, wie der Name etymologisch richtig lautet, bedeutete, ist hieraus nicht mit Sicherheit zu entnehmen; die Ausdeutung auf die von Theseus verlassene, von Dionysos erhöhte ist bereits eine mythologische Ausdeutung[3]. Aber die Verbindung mit Dionysos kann

[1] Es ist ein billiger, aber ganz leerer Einfall zu sagen, Eteokles kann ein Mensch geheißen haben. Als ob ich das nicht wüßte. Aber Polyneikes kann kein Mensch heißen, und wenn die beiden Namen dem berechtigten und dem unberechtigten Bruder und Erben gehören, so sind beide Namen bedeutungsvoll, also zugleich erfunden.

[2] Auf ein Ariadnefest in Lokris kann man schwerlich viel geben, das in der Novelle vom Tode des Hesiodos vorkommt, Certamen 14.

[3] Eine *Ἀφροδίτη Ἀριάδνη* in Amathus, die Plutarch zusammen mit der naxischen erwähnt, ist so wenig hellenisch wie die *Ἀφροδίτη ἁγνή* unter den fremden Göttern von Delos.

nur auf Naxos erfolgt sein, wo es auch Söhne des Paares gab. Damit ist gegeben, daß Naxos für den Dionysosdienst eine wichtige Etappe gewesen ist. Die Söhne[1] zeugen dafür, daß naxische Überlieferung andere Kykladen von sich aus besiedelt haben wollte, wie Delos durch Söhne des Anios.

In der Ilias *Σ* 590 bildet Hephaistos einen *χορός*, wie ihn Daidalos in Knossos für Ariadne gemacht hat. Die folgende Schilderung der Tänzer widerlegt die antike Erklärung, daß der *χορός* ein Tanzplatz wäre. Offenbar hat der Dichter die Darstellung eines Reigentanzes vor Augen, wie sie seit den ältesten Zeiten in der Vasenmalerei vorkommen, ohne Zweifel auch in der Toreutik vorkamen. Für einen Rundschild paßte das vortrefflich, aber für eine Dame konnte es nur an einem Schmuckstücke angebracht werden, und Ariadnes Krone, die noch am Himmel steht, ist der rechte Platz dafür[2]. Aber Zenodotos las in dem Homerverse *'Αριδήλη*[3], und wie sollte dies Korruptel sein, wo doch vielmehr das später Gewöhnliche leicht eindrang. Wenn die Kreterin Aridele bereits jene *στεφάνη* trug, so war sie dieselbe wie die Ariadne der späteren

[1] Die naxischen Traditionen im Inselbuche Diodors 50ff. sind stark pragmatisiert, allein die Thraker und nachher die Karer bleiben wertvoll, ebenso die naxischen Ansprüche auf Dionysos. Plutarch redet nur von den *περὶ Στάφυλον*, die anderen Söhne des Dionysos stehen Schol. Apollon. III 997; Staphylos als Besiedler von Peparethos heißt Kreter bei Skymnos 581, da sind die kretischen und naxischen Ansprüche in eins zusammengeflossen. Einiges bei Diodor deckt sich mit Parthenios 9, und da liegt der Lokalhistoriker Andriskos zugrunde. Naxos ist mit kretischen Sagen auch bei Aglaosthenes verbunden. Wie viel würden wir wissen, wenn wir die alten *Ναξιακά* erreichen könnten. Wie frech die Pragmatisierung mit Ariadne umgegangen ist, lehrt auch die Zusammenstellung bei Plutarch Thes. 20, da soll sie sich aufgehängt haben wie Phyllis oder einen Priester Oliaros geheiratet haben, offenbar den Eponymos der kleinen Insel neben Paros. Der Name ist so gut wie überliefert.

[2] Es war verführerisch, auf der geometrischen Vase, Pfuhl 15, Ariadne in einer Frau zu finden, die einem zu Schiff steigenden Krieger einen Kranz reicht. Aber das ist nicht mehr möglich, denn ebenso begrüßt eine Frau einen heimkehrenden Schiffer auf der Elfenbeinplatte, Orthia pl. CIX.

[3] Hesych hat *'Αριδήλαν τὴν 'Αριάδνην Κρῆτες*. Daraus habe ich das Homerscholion verbessert, und Schwartz hat die Namensform in den Text aufgenommen. Ob freilich auf die Angabe *Κρῆτες* Verlaß ist, kann man zweifeln.

Theseussage, wie viel oder wenig auch davon dem Dichter und seinen Hörern bekannt war.

In der Nekyia 324 will Theseus die Ariadne nach Athen bringen.

ἦγε μὲν οὐδ' ἀπόνητο, πάρος δέ μιν Ἄρτεμις ἔκτα
Δίηι ἐν ἀμφιρύτηι Διονύσου μαρτυρίηισιν.

Da las Aristophanes *ἔσχεν* für *ἔκτα*, also ward sie nur auf Dia festgehalten; das tat Artemis auf das Zeugnis des Dionysos hin. Die Scholien, also die aristarchische *παράδοσις*, halten sich an *ἔκτα* und erfinden, Dionysos hätte bezeugt, daß sie in seinem heiligen Haine (dies ergänzt Eustathios richtig) ihr Beilager mit Theseus vollzogen hätte, was dann Artemis rächen konnte. Das richtet sich selbst; aber die *μαρτυρίαι* bleiben ganz unklar. Sie passen nur zu *ἔσχεν*, sollen sagen, daß er der Artemis die Flucht der Ariadne nach Dia angibt, worauf sie dafür sorgt, daß Ariadne auf Dia zurückgehalten wird. Da hat sie dann Dionysos sich geholt, der doch nur herangezogen werden konnte, weil sie ihm später gehört hat. Artemis aber hat mit dem Zurückhalten nichts zu schaffen, für sie paßt nur *ἔκτα*, und das fordert die Nekyia. Also ist *ἔσχε* samt dem folgenden Verse Umdichtung[1], die aber von Naxos nichts wissen wollte, das erst auf Grund dieses Verses *Δία* genannt worden ist – wenn man den Namen nicht für älter hält, was sehr wohl möglich ist, da Aglaosthenes die Erziehung des Zeus und seinen Aufbruch zum Titanenkampfe nach Naxos verlegt[2]. Dann ist die Heranziehung des Inselchens vor Kreta in den Scholien eine unberechtigte Abweisung der späteren Ariadnesage; daß Aristarch eine *διπλῆ πρὸς τοὺς νεωτέρους* setzte, spürt man deutlich in den Scholien. Ein athenischer Zusatz ist die Versreihe schwerlich, denn Phaidra hatte mit Athen nichts zu tun, sondern gehörte wie Theseus nach Troizen; daß er hier Athener ist, kann Umarbeitung sein. In der ursprünglichen Fassung ward er von dem Treubruch an Ariadne entlastet.

Schließlich das Grab Ariadnes in Argos, Pausanias II 23, 8. Es gehört zu dem Kampfe des Perseus gegen den fremden Gott, von dem wir jetzt am ausführlichsten bei Nonnos lesen, dessen Abhängigkeit von Euphorion Meineke (An. Al. 50) erkannt hat. Daß später Dionysos doch Aufnahme fand, war unvermeidlich, und um

[1] Daß die junge Form *Διόνυσος* den Vers verdächtig macht, hat schon Payne-Knight bemerkt.

[2] Eratosthenes Kataster. 30, Robert Erat. 243.

Ariadnes willen nannte man ihn *Κρήσιος*. An einen aus Kreta importierten Dionysos sollte doch niemand denken. Im späteren Kreta ist auch von Ariadne keine Spur.

Das Ergebnis ist, daß die Naxier eine Göttin Ariagne hatten, die sie mit Dionysos verbanden, als dieser aus Asien herübergekommen war, und die Geltung ihres Dionysos hat sie mit in dessen Thiasos gezogen. Die Aridela-Ariadne, die Minostochter, gehört in die Sage von Theseus im Labyrinth, die einzige alte Theseussage, deren älteste Fassung wir nicht mehr erreichen. Für sie zeugt der Tanz der geretteten Kinder auf Delos.

Als dies längst geschrieben war, ist die Festschrift „Theseus und Ariadne" von A. von Salis erschienen, die durch die Fülle der Gelehrsamkeit und des Scharfsinns wohl dazu verführen kann, die Geschichte von der Abfahrt einer knossischen Königstochter mit einem Helden in die Mitte des zweiten Jahrtausends zu versetzen. Vom Minotauros und dem Labyrinth ist noch nichts zu sehen. Wie sollte auch den minoischen Kretern in ihrem Königsschlosse ein Ungeheuer leben oder dieses Schloß kein Wohnhaus, sondern ein Bau sein, bestimmt dazu, daß wer hineinging, sich nicht wieder herausfand. Ohne Minotauros ist aber die ganze Geschichte gehaltlos. Das tarentinische Relief kann eine Liebeswerbung sein; gerade A. v. Salis hat das in dem kunstvollen Bau seines Aufsatzes gezeigt. Und der Ring aus Tiryns? Sehen Frau und Mann, die auf Fig. 29 vor dem Schiffe stehen, so aus, als wollte sie ihm willig folgen? Ich verstehe, daß Nilsson an Frauenraub gedacht hat. So bin ich nicht imstande, die Schlüsse mitzumachen; vorläufig sehe ich nirgend einen Zwang, hellenische Heroensage aus dem Kreta des Minos abzuleiten, und bleibe auch gegen Heroensage auf den Werken geometrischer Kunst skeptisch.

Von der kretischen Aridele wissen wir, soviel ich sehe, nichts, als daß Daidalos ihr einen *χορός* gemacht hat, und daß sie dann mit der naxischen Göttin Ariadne gleichgesetzt ist; aber die Krone wird von ihr stammen, im Grunde eine Sternsage, denn die Beobachtung des Sternbildes ist das erste. Nach ihm konnte sie *'Αριδήλα* heißen.